U0361984

FUNDAMENTALS
OF MANAGEMENT
10TH EDITION

管理学
原理与实践

（原书第10版）

[美] **斯蒂芬 P. 罗宾斯**（Stephen P. Robbins） **玛丽·库尔特**（Mary Coulter） **戴维 A. 德森佐**（David A. DeCenzo）©著
圣迭戈州立大学 密苏里州立大学 卡罗来纳海岸大学

毛蕴诗◎主译

机械工业出版社
CHINA MACHINE PRESS

图书在版编目（CIP）数据

管理学：原理与实践（原书第 10 版）/（美）斯蒂芬 P. 罗宾斯（Stephen P. Robbins），（美）玛丽·库尔特（Mary Coulter），（美）戴维 A. 德森佐（David A. DeCenzo）著；毛蕴诗主译 . 一北京：机械工业出版社，2019.4（2024.2 重印）
（华章教材经典译丛）
书名原文：Fundamentals of Management

ISBN 978-7-111-62225-3

I. 管⋯ II. ①斯⋯ ②玛⋯ ③戴⋯ ④毛⋯ III. 管理学 – 教材 IV. C93

中国版本图书馆 CIP 数据核字（2019）第 046165 号

北京市版权局著作权合同登记 图字：01-2019-0269 号。

本书是一本优秀的管理学教材，在世界许多国家和地区广受欢迎。全书以管理过程为框架，按照计划、组织、领导和控制四种基本管理职能，对管理的各个方面进行了详尽的阐述。本书共 5 篇 15 章，荟萃了近年来管理学各个领域重要的、最新的研究成果。不仅如此，作者还编写了大量的专栏和精彩案例，从而使本书既适用于教学和培训，又适用于各类管理人员自学。

本书不仅适用于工商管理、市场营销、会计学等专业本科生、研究生和 MBA 的教学，也适用于各类企事业管理人员的培训，还可以作为自学者的必读参考书。

出版发行：机械工业出版社（北京市西城区百万庄大街 22 号 邮政编码：100037）
责任编辑：施琳琳　　　　　　　　　　　　责任校对：殷　虹
印　　刷：北京捷迅佳彩印刷有限公司　　　版　　次：2024 年 2 月第 1 版第 10 次印刷
开　　本：185mm×260mm　1/16　　　　　印　　张：28
书　　号：ISBN 978-7-111-62225-3　　　　定　　价：69.00 元

客服电话：（010）88361066　68326294

欢迎阅读《管理学：原理与实践》（原书第10版）。自从20多年前本书首次出版以来，这个世界已经发生了很多变化。但是，我们并没有改变当初的承诺，那就是为读者提供市场上引人入胜的、最新的管理学知识。那么，我们是如何做到这一点的呢？我们通过阐明基本的管理学概念，提供完整的、用于理解关键问题的基础知识，重点关注实践性的问题，包括哪些能为管理者所用与哪些不能为管理者所用的最新研究成果，并且通过一种让你和你的学生觉得简单、有趣的写作方式来实现这一点。

本书继续采用新颖的设计，它的表现形式和表述管理学概念的方式，希望读者喜欢。这是一个很适合自学的学习资源包。除了每一章后面的本章概要和复习思考题，你还可以选择阅读管理技能建设和应用案例等。此外，本书还配有最全面的补充材料包，你将会发现需要了解的基本知识和需要应用的管理概念在书中都有体现。你可以选择如何更好地使用这些资源：仅使用这本教科书或补充材料，或者将这本教科书和补充材料结合起来使用。

第10版做了哪些重要改变

你也许认为一本书不可能增加太多的新内容……尤其已经是第10版了。但是，对一本讨论管理者和管理的书来说，新内容是非常重要的。通过对新闻事件的关注，我们很容易找到新材料。管理者会不断地遇到新问题和产生新想法，而且我们也的确使书中涵盖了诸如合作制、共享经济、游戏化、数据分析/大数据、自备设备（BYOD）和可穿戴技术等热点话题。除了新的主题，我们还做了一些其他的重要工作。

重视可持续性

可持续性是一个重要的话题，对于我们的学生——我们未来的商业领袖而言，熟悉它是至关重要的。所以，我们将帮助你和你的学生认识到普遍存在的可持续性。在本书中，你会发现有关可持续性的探讨一直贯穿于章节讨论、图片示例或者章节末尾的练习中。你可能会对我们在管理教学中渗透了如此众多的可持续性感到惊讶。

持续改进的特点

我们对每章的开篇语——"管理偏见"和"矫正管理偏见"的内容进行了更新和替换。我们发现学生常常认为自己已经知道很多管理知识。毕竟，这只是常识，但是管理并不仅仅是常识。当谈论管理时，许多被认为是常识的东西其实是错误的，这就是管理偏见。所以，我们保留并改进了这些章节的开篇内容。我们认为你会喜欢学生讨论这些"管理偏见"和"矫正管理偏见"！

每章我们还保留了三个"应用案例"，其中许多是全新的或更新的。这些应用案例是用于讲述关于管理者、管理层和组织的当前故事的很好方式，并让学生参与评估情况，回答有关"如何""为什么"和"你会做什么"的问题。这些应用案例涵盖了从谷歌和塔吉特到美捷步和 Keurig 的所有领域。

此外，我们保留了每一章中开发管理技能的完整的、自成一体的部分，并试图使它们更加实用。知道某件事是一回事，能够利用知识则是另一回事。每章结尾部分的"管理技能建设"练习有助于你应用管理概念。我们选择了 18 种技能（有些章节不止一种技能），因为它们与开发管理能力并且与本书中一个或多个专题领域有关。

最后，我们在每一章中保留了一个部分——新颖别致并具有视觉吸引力。这些精选材料的编排有助于强化关键的主题和观点，使学生容易阅读并一看就知道每章的重点是什么。另外，由于当今的学生已经习惯了视觉元素丰富的环境，所以我们在整章中呈现了更多的视觉材料，以提高学生的学习兴趣。

除了所有这些主要变化之外，我们在第 10 版中还按各章列出了所增加和变化的专题。

第 1 章　管理者与管理

- 与章节资料有关的统计数据
- 新的"个人评估清单：运用影响力策略"
- 修正的更具应用导向的"管理技能建设"
- 新的"应用案例：谁需要上司"

第 2 章　管理环境

- 新的"管理偏见"
- 新的经济统计数据
- 关于共享经济的新讨论
- 关于物联网的新讨论

- 对 Z 一代人的延伸讨论
- 新的"道德观察"专栏
- 修改学习目标的内容
- 新的"个人评估清单：公司文化评估"
- 修正的更具应用导向的"管理技能建设"
- 新的"应用案例：回归本真"

第3章　综合性管理问题
- 更新开篇内容"管理偏见"
- 更新统计数据
- 有关"数据分析道德"的"技术与管理者的工作"专栏
- 新的"个人评估清单：符合职业道德的领导行为评估"
- 修正的更具应用导向的"管理技能训练建设"
- 新的"应用案例：野村控股和雷曼"
- 新的"应用案例：重视可持续发展"

第4章　决策基础
- 新的"管理偏见"
- 新的统计数据
- 新的"道德观察"专栏
- 新的"个人评估清单：问题解决、创造力和创新"
- 修正的更具应用导向的"管理技能训练建设"
- 新的应用案例：效率狂

第5章　计划工作的基础
- 战略管理引言中的新事例
- 按需要更新的其他事例
- 新的"道德观察"专栏
- 新的"个人评估清单：对模棱两可的容忍程度"
- 新的"应用案例：利维斯特基金的危机计划"
- 新的"应用案例：关注未来"

第6章　组织结构与设计
- 更新开篇内容"管理偏见"
- 新的"个人评估清单：获得权力和影响力"
- 新的"应用案例：发射"

第 7 章 人力资源管理

- 修改开篇内容"矫正管理偏见"
- 更新整章的统计数据 / 信息
- 新的"道德观察"专栏
- 新的"管理技能建设：提供好的反馈"
- 新的"个人评估清单：工作绩效评估"
- 新的"应用案例：寻找杰出人才"

第 8 章 变革与创新管理

- 修改开篇内容"矫正管理偏见"
- 新的"技术与管理者的工作"专栏
- 新的"个人评估清单：控制职场压力"
- 更新案例
- 新的"应用案例：改变雅芳"

第 9 章 个体行为基础

- 新的"管理偏见"
- 新的"道德观察"专栏
- 新的"技术与管理者的工作"专栏
- 新的"个人评估清单：理解员工情绪"
- 更新案例
- 新的"应用案例：在谷歌变得情绪化"

第 10 章 认识群体和管理工作团队

- 更新"矫正管理偏见"
- 更新"技术与管理者的工作"专栏
- 新的"管理技能建设：培养你的教练技能"
- 新的"个人评估清单：团队建设的需要"
- 新的"应用案例：方法：团队合作"
- 新的"应用案例：红雀方式"

第 11 章 激励和奖励员工

- 更新开篇内容"管理偏见"
- 新的"道德观察"专栏
- 新的"技术与管理者的工作"专栏
- 引入"游戏化"概念

- 新的"个人评估清单：工作动机"
- 新的"应用案例：为了钱……"

第 12 章　领导与信任

- 简化"矫正管理偏见"
- 增加新的统计数据
- 新的"个人评估清单：领导风格"
- 新的"应用案例：培养年轻一代领导人"

第 13 章　沟通与信息管理

- 增加新的统计数据
- 更新"技术与管理者的工作"专栏
- 新的"道德观察"专栏
- 新的"个人评估清单：沟通方式"
- 新的"应用案例：传达坏消息"
- 更新另外两个案例

第 14 章　控制的基础

- 新的"矫正管理偏见"
- 新的"道德观察"专栏
- 增加新的统计数据
- 新的"个人评估清单：职场纪律指标"
- 新的"应用案例：如果你不能说好话，那就什么也别说"
- 更新其他应用案例

第 15 章　运营管理

- 简化"矫正管理偏见"
- 新的"管理技能建设：做一个优秀的冲突管理者"
- 新的"个人评估清单：处理冲突的策略"
- 更新应用案例

致谢

编写和出版一本教科书需要很多幕后的天才，我们真心欣赏并感谢那些为了本书出版而贡献技术与能力的非凡的团队成员。

这个团队成员包括 Kris Ellis-Levy，我们的高级策划编辑；Sarah Holle 和 Kelly Warsak，

我们的项目经理；Lenny Ann Kucenski，我们的高级营销经理；Stephanie Wall，我们的总编辑；Nancy Moudry，我们的天才图片编辑；Lauren Cook，我们才华横溢的数字媒体奇才；Allison Campbell，副总编辑。

我们也要感谢无论是以前还是现在为我们提供了深刻见解的评阅者：

David Adams, *Manhattanville College*

Lorraine P. Anderson, *Marshall University*

Maria Aria, *Camden Community College*

Marcia Marie Bear, *University of Tampa*

Barbara Ann Boyington, *Brookdale Community College*

Reginald Bruce, *University of Louisville*

Jon Bryan, *Bridgewater State University*

Elena Capella, *University of San Francisco*

James Carlson, *Manatee Community College*

Pam Carstens, *Coe College*

Casey Cegielski, *Auburn University*

Michael Cicero, *Highline Community College*

Evelyn Delanee, *Daytona Beach Community College*

Kathleen DeNisco, *Erie Community College, South Campus*

Jack Dilbeck, *Ivy Tech State College*

Fred J. Dorn, *University of Mississippi*

Michael Drafke, *College of DuPage*

Myra Ellen Edelstein, *Salve Regina University*

Deborah Gilliard, *Metropolitan State College, Denver*

Robert Girling, *Sonoma State University*

Patricia Green, *Nassau Community College*

Gary Greene, *Manatee Community College, Venice Campus*

Kenneth Gross, *The University of Oklahoma*

Jamey Halleck, *Marshall University*

Aaron Hines, *SUNY New Paltz*

Robyn Hulsart, *Austin Peavy State University*

Todd E. Jamison, *Chadron State College*

Edward A. Johnson, *University of North Florida*

Kayvan Miri Lavassani, *North Carolina Central*

Kim Lukaszewski, *SUNY New Paltz*

Brian Maruffi, *Fordham University*

Mantha Vlahos Mehallis, *Florida Atlantic University*

Christine Miller, *Tennessee Technological University*

Diane Minger, *Cedar Valley College*

Kimberly K. Montney, *Kellogg Community College*

James H. Moore, *Arizona State University*

Dr. Clara Munson, *Albertus Magnus College*

Jane Murtaugh, *College of DuPage*

Francine Newth, *Providence College*

Leroy Plumlee, *Western Washington University*

Pollis Robertson, *Kellogg Community College*

Cynthia Ruszkowski, *Illinois State University*

Thomas J. Shaughnessy, *Illinois Central College*

Andrea Smith-Hunter, *Siena College*

Martha Spears, *Winthrop University*

Jeff Stauffer, *Ventura College*

Kenneth R. Tillery, *Middle Tennessee State University*

Robert Trumble, *Virginia Commonwealth University*

Philip Varca, *University of Wyoming*

Margaret Viets, *University of Vermont*

Brad Ward, *Kellogg Community College*   *University College*

Lucia Worthington, *University of Maryland*   Seokhwa Yun, *Montclair State University*

感恩

　　在这里，我们要感谢你考虑并选择我们的书作为你的管理学教材。我们在这一领域中有多年的教学经验，并且深知写作这样一本教材是多么富有挑战性却又非常值得的事情。我们的目标是为你提供最好的资源来帮助你获得良好的教学效果。

斯蒂芬 P. 罗宾斯（Stephen P. Robbins）

亚利桑那大学博士。他曾在壳牌石油和雷诺兹金属有限公司工作，并执教于奥马哈市的内布拉斯加大学、蒙特利尔的康考迪亚大学、巴尔的摩大学、爱德华兹维尔市的南伊利诺伊大学和圣迭戈州立大学。他是圣迭戈州立大学的管理学名誉教授。

罗宾斯博士的研究方向集中于组织冲突、组织职权和组织政治、行为决策等。他的论文发表在诸如《商务视野》《加利福尼亚管理评论》《商业与经济瞭望》《国际管理》《管理评论》《加拿大员工与工业关系》和《管理教育杂志》等众多期刊上。

罗宾斯博士是全世界管理学和组织行为学领域畅销教科书的作者。他的书已经售出多达700多万册并被翻译成20种语言，被遍布加拿大、拉丁美洲、澳大利亚、新西兰、亚洲和欧洲的1 500所大学与学院以及数百家学校采纳为教材。

罗宾斯博士还参加了大师田径赛。自从1993年50岁以来，他已经赢得了23次美国冠军和14次世界冠军。2005年，他被引入美国田径名人堂。

玛丽·库尔特（Mary Coulter）

阿肯色大学博士。她在完成研究生工作之前，从事过不同的工作，包括高中老师、法律助理和政府项目策划人。她曾在德里大学、阿肯色州立大学、三一大学（得克萨斯州）和密苏里州立大学任教。她目前是密苏里州立大学管理学的荣誉退休教授。除了《管理学：原理与实践》，库尔特博士还在培生教育出版集团出版了其他书籍，包括与罗宾斯共同出版的《管理学》《行动中的战略管理》和《行动中的创业精神》。

当她不忙于写作的时候，库尔特博士喜欢在花园里闲逛，尝试新的食谱，阅读各种不同类型的书籍，和丈夫罗恩、两个女儿（莎拉、凯蒂）以及两个女婿（詹姆斯、马特），尤其是她的两个外孙布鲁克林和布莱克，一起享受各种活动，他们是她一生的快乐！

戴维 A. 德森佐（David A. DeCenzo）

西弗吉尼亚大学博士。他是南卡罗来纳州康维市卡罗来纳海岸大学校长。他从 2002 年起就待在沿海地区，当时他接任了老克雷格·沃尔在工商管理学院的领导职务。作为校长，德森佐博士负责大学的总体规划和管理。德森佐博士开发了一个全面的战略规划流程，通过政策和实践确保财政问责，促进了整个大学的评估以及提高了透明度。自 2007 年他当选校长以来，该大学的入学率提高了近 19%，本科课程的学术项目已从 39 个增加到 65 个，同时增加了 6 个新的硕士学位项目。在 2002 年加入该大学之前，德森佐在马里兰州的托桑大学经济管理学院任合作关系开发部门主管。他是一位经验丰富的产业咨询师、公司培训师和演说家。德森佐博士撰写的教科书被遍布全世界的多所院校采用。德森佐博士和他的妻子特里有 4 个孩子：马克、梅雷迪思、加布里埃拉和娜塔莉，他们一家住在波利斯岛。

目 录

CONTENTS

第二篇 计 划

XVI

第五篇
控　制

PART1

第一篇

导 论

第 **1** 章

管理者与管理

管理偏见

**只有那些想成为管理者的
人才需要学习管理学课程。**

任何在一个组织中工作的人（不只是管理者），通过学习管理学课程都可以获得关于组织如何运作和上级行为方式的见解。

假设今天是你第一次去上一门物理入门课，老师叫你拿出一张纸并写下牛顿第二定律。你对此会有什么反应？我猜，大多数学生都会觉得莫名其妙："我怎么会知道这一定律？我就是因为不知道才会来上这门课的啊！"

接下来，我们再假设你也是第一次去上一门管理学入门课。老师提问道："一个优秀的领导者需要具备什么品质？"并要求你写下你的答案。当以前在课堂上向学生提出这个问题时，我们发现他们心里有许多答案，似乎每个人都认为自己很清楚该如何成为一名优秀的领导者。

这个例子阐明了人们对管理学的一个偏见：管理不过是常识而已。我们可以告诉你，事实并不是这样的！对管理而言，所传递的许多普通常识都是错误的。管理学的研究需要深入、广泛的调查研究，这往往与那些似乎是普通的常识背道而驰。这就是为什么我们决定在本书的每一章开始用一个专门的栏目——"管理偏见"来提出这个普通常识问题，然后通过解释为何它只是一个普通常识的偏见来加以矫正。

让我们先简单地重新审视本章的"管理偏见"与"矫正管理偏见"。这一"矫正"的偏见常常会使会计学、金融学、统计学、信息科学或广告学等专业的学生感到惊讶。因为他们并不打算成为一名管理者，所以他们认为花一学期的时间学习管理学是浪费时间并且与其职业生涯目标并无关系。在本章的后面部分，我们将解释为什么学习管理学对每位学生来说都是有益的，无论你是经理或者你有志于成为一名管理者都是如此。

学习目标

1. 识别谁是管理者以及他们在哪里工作。
2. 定义什么是管理。
3. 描述管理者的工作。
4. 解释为什么学习管理学非常重要。
5. 描述重新塑造和重新定义管理的要素。

虽然我们更倾向于认为所有管理者都很擅长他们的工作，但你可能已经在以往的工作中发现，有的管理者很擅长他们的工作而有的却并不擅长，甚至可能某一天做得很好，第二天却做得很糟！你必须明白一件事，那就是所有的管理者，包括你曾经与其在同一组织内共事过的管理者和其他组织里的管理者，都有重要的职责在身。本书就是讲述他们的职责是什么。在这一章中，我们将介绍管理者和管理：谁是管理者，他们在哪里工作？什么是管理？管理者的工作是什么？为什么学习管理学？最后，我们将描述重新塑造和重新定义管理的因素。

1.1 谁是管理者，他们在哪里工作

没有任何模式、原型或标准可以用来筛选谁能成为一名管理者。管理者可以小于 18 岁，也可以超过 80 岁；可以是女性，也可以是男性；可以存在于每个行业、每个国家中。他们管理着企业业务、大型公司、政府机关、医院、博物馆、学校以及非营利性组织；有的是高层管理者，有的是督导员或者一个团队的领导者。无论如何，所有的管理者都有一个共同的特点：他们在一个组织中工作。组织（organization）就是：将一些人系统地安排在一起以达到某些特定的目标。你所在的大学或学院就是一个组织，诸如联合之路（United Way）这样的慈善组织、你家邻近的便利店、新奥尔良圣徒橄榄球队（New Orleans Saints）、兄弟会与姐妹会（Fraternities and Sororities）、克利夫兰诊所（Cleveland Clinic），以及像雀巢（Nestle）、乐高（Lego）和三星（Samsung）这样的全球化公司等，这些都是组织。作为一个组织，它们都具备三个共同特征（见图 1-1）。

图 1-1　组织的三个共同特征

1.1.1 所有组织都必备的三个共同特征

组织的第一个共同特征是它有一个特定的目的（purpose），经常表现为一个目标（goal）或一组目标。例如，鲍勃·伊格尔（Bob Iger）是迪士尼公司的总裁兼 CEO，他曾说过迪士尼的目标是专注于提供高质量的创造性内容及体验，从而为利害相关者创造最大的价值。[1]组织的第二个共同特征是组织的成员通过工作来实现那些目标。如何实现？通过做出决策并开展工作活动，从而使所期望的目标变成现实。例如，在迪士尼，许多员工努力工作来创造独特的服务内容与体验，这对公司来说具有重要意义。另外一些员工则直接与顾客接触，提供支持性服务。最后，也就是第三个共同特征，所有组织都需要构建一个考虑周全的系统化结构来规范和限制其成员的行为。比如迪士尼与其他众多的大公司，都有自己的一套相当复杂的组织结构，包括不同的业务、部门和职能范围。在组织结构中，规则、规章制度以及政

策明确了人们能做什么、不能做什么；组织中的一些人将管理另外一些人；或许会形成或解散工作团队；或许会设计或改变职务描述，这样组织成员就知道组织要求他们做什么。这个组织结构就是管理者在其中从事管理工作的环境。

1.1.2　管理者与非管理类员工的区别何在

尽管管理者在组织中工作，但并非每一个在组织中工作的人都是管理者。为简便起见，我们可以把组织内的所有成员分为两类：非管理类员工和管理者。所谓非管理类员工（nonmanagerial employees）是指那些直接从事某项工作或任务，不必负有责任去督导他人工作的员工。例如在家得宝公司（Home Depot）里把销售额计入收银机上的员工，在墨西哥连锁店 Chipotle 里做墨西哥玉米圆馅饼的厨师，在学校办公室里办理学生课程注册的工作人员等，都是非管理类员工。这些非管理类员工也有其他称谓，例如同事、团队成员、促动者甚至员工伙伴。管理者（managers）指的是在一个组织中直接督导他人工作，使组织目标得以达成的那群人。管理者的工作与个人成就无关，而是要去帮助他人完成他们的工作。

Stephen Lam/Reuters

Pocker Gems 是一家位于美国加利福尼亚州旧金山市的手机游戏开发商，曾开发出了诸如《宠物旅馆》（Tap Pet Hotel）以及《天堂港湾》（Paradise Cove）等手机游戏产品。Ajiti Bange 任这家公司的助理产品经理，她与一群工程师和设计师合作，管理手机游戏产品从创意触发到进一步开发再到产品上线的全过程。

这可能意味着协调整个部门的工作，或者督导某个人的工作。它也可以涉及部门之间乃至与组织外个人之间的工作协调，比如与本组织供应商的临时员工协调。可是，这个区别并不意味着这些管理者可以不去承担具体任务。某些管理者确实有一些工作任务是跟督导他人工作没有直接关系的。例如，摩托罗拉公司的地区销售经理既要负责管理在其辖区内其他销售人员的活动，同时也有责任亲自服务客户。

1.1.3　管理者在组织中的称谓是什么

尽管组织中的管理者可能有各种不同的头衔，但正确识别他们并非难事。大体而言，我们可以将管理者分为：高层、中层、基层和团队领导者（见图 1-2）。高层管理者（top managers）是那些位居组织的顶层或接近于顶层的人员。他们负责制定有关组织发展方向的决策、相关政策和行为准则，而这些又都将影响组织全体成员。高层管理者的称谓主要有：副总裁、

图 1-2　组织的层级

总裁、行政长官、总经理、首席运营官、首席执行官和董事会主席等。中层管理者（middle managers）位于组织中的基层管理者和高层管理者之间。他们管理另外一些管理者，并可能同时管理一些非管理类员工。中层管理者的一个明显特征在于，要负责把高层管理者制定的目标落实到具体事务中，让基层管理者监督执行。中层管理者可能有这样的称谓：部门或机构主管、项目经理、业务主管、地区经理、部门经理或门店经理。基层管理者（first-line managers）是直接负责非管理类员工日常活动的那些人。他们也可以称为督导、轮值经理、办公室主任、部门主任或部门协调人。我们想指出一种特殊类型的管理者，这类管理者在组织中更为普遍地使用员工工作团队。这些管理者或者说是团队领导者（team leaders），是负责管理和促进团队活动的个人。

从过去到现在：管理——找到一种最好的工作方式？

"管理"和"管理者"这两个词其实已经流传了几个世纪。[2]有一种说法是，"管理者"这个词起源于 1588 年，被用来描述负责管理的人。大约始于 18 世纪初期，这个词被用来特指督导整个公司或公共组织的工作的人。然而，像我们先前定义的那样，"管理者"和"管理"指监督和指导组织里的其他人，更应该是出现在 20 世纪初期。"管理"这个词首先是由弗雷德里克·温斯洛·泰勒（Frederick Winslow Taylor）使用，而后流传开来。泰勒是管理史上一位举足轻重的大人物，我们来看看他对今天的管理实践做出了哪些贡献。

- 1911 年，泰勒所著的《科学管理原理》（*Principles of Scientific Management*）一书在商界引起一阵风暴潮，他的思想自此传遍了美国，后传到其他国家，影响了许多人。
- 他的科学管理（scientific management）理论的内容是：用科学的方法找到"一种最好的方法"来完成一项工作。
- 作为宾夕法尼亚钢铁公司的一名工程师，泰勒一再对于工人的效率低下感到震惊：

  - 工人们总是用不同的方法去完成同一项工作，而且工作时总是不紧不慢；
  - 很少有设定好的工作规范；
  - 配置在工作岗位上的工人几乎没有要利用自己的能力去完成其任务的意识。

  结果，工人的产出是应有产出的 1/3。

- 泰勒提出的解决方法：将科学的方法应用到手工作坊的实地操作工作中。结果，工人产出和效率明显提高，高达 200% 甚至更多！
- 由于他的突出贡献，泰勒被称为"科学管理之父"。

想要尝试使用科学管理原则来使你的工作更有效率吗？选择一项你经常做的工作（比如洗衣服、去杂货店购物、准备考试、做晚饭等）。通过写下完成工作的步骤来进行分析哪些活动可以合并或消除，找到完成这项工作的"最佳方法"。看看你是否能变得更有效率——记住，改变习惯并不容易。

讨论

- 什么是"泰勒式"工作场所？
- 泰勒的观点是如何影响今天的管理实践的？

1.2　什么是管理

简单来说，管理就是管理者要做的事情。不过，这样简单的定义似乎没有解释清楚。一个更好的解释是：所谓管理（management），是指通过与其他人共同努力，既有效率又有效果地把事情做好的过程。该定义中有几个关键词尤其值得我们密切关注。

过程（process）是指一系列正在进行中的互相关联着的活动。在我们对管理的定义中，它泛指管理者所执行的主要活动或职能。我们稍后将着重对这些职能进行详细讨论。

谈谈发现新的有效率的方法

ROWE（results-only-work environment）是百思买集团（Best Buy）总部尝试的一项激进的实验。在这个弹性的项目中，仅仅通过员工完成任务或结果的情况，而不是通过其花费在工作上的时间来判断绩效。员工表示不知道自己工作了多长时间，因为他们已经停止计算工时。但是，在这个项目中员工的生产率提高了 41%！ [3]

效率和效果所要回答的是我们在做什么和我们怎么做的问题。效率（efficiency）是指正确地完成一项任务（即正确地做事），用一定的投入获得最大的产出，或用最小的投入获得一定的产出。因为管理者投入的都是一些稀缺的资源，诸如人员、资金、设备等，所以他们很关心这些资源的使用效率。管理者都想最少地使用资源，从而节省成本。

但是，仅有效率还远远不够。管理者还要关注重要工作的完成。按管理学术语，我们可以称之为"效果"。所谓效果（effectiveness）是指做正确的事，通过做这些工作任务从而帮助组织实现既定目标。其实，"效率"一词关注的是做事的"手段"，而"效果"一词关注的是"结果"，也就是说要实现组织的目标（见图 1-3）。

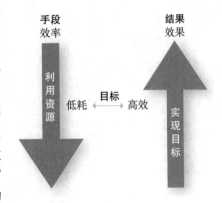

图 1-3　效率与效果

让我们简单回顾一下管理者与效率和效果

- 概念是不同的，但密切相关。
- 如果不考虑做事的效率，就很容易达到效果。
- 低效的管理通常意味着：
  - 既无效率也无效果，或者达到了某种效果却没有考虑效率。
- 有效的管理常常要：
  - 兼顾达到效果（目标）并尽可能提高效率。

1.3 管理者的工作是什么

　　没有两个组织是相类似的，管理者的工作各不相同，但管理者的工作也有一些共同的方面，描述管理者工作的观点有三种。

1.3.1 管理者的四项职能

- 管理者在指挥和监督其他人工作时要执行若干活动、任务或者职能。
- 亨利·法约尔（Henri Fayol）首先提出：所有的管理者都要执行五项相同的管理活动。这五项管理活动是：计划、组织、指挥、协调和控制（POCCC）。[4]
- 今天，这些职能已经被简化为四项，即计划（planning）、组织（organizing）、领导（leading）和控制（controlling）。
- 这就是管理者行使的四项职能（P-O-L-C），如图 1-4 所示。

Jacques Boyer/Roger-Violiet/ The Image Works

人物：亨利·法约尔，法国矿业公司工程师、管理者实业家

时间：20 世纪 90 年代早期

方法：个人经验和观察

计划
定义目标，制定战略，建构层级计划并协调活动

控制
监督活动确保能够按计划实施

组织
决定需要做什么工作、怎么做、谁去做

领导
指导和协调组织成员的工作活动

实现组织既定的目标

图 1-4　管理者的四项职能

1.3.2 管理者的角色是什么

- 亨利·明茨伯格（Henry Mintzberg）认为管理者在管理他人的过程中会扮演某些特定的"角色"。
- 明茨伯格所说的管理者的工作是什么：他提出了一项有关管理者活动或行为的特殊分类体系来区分并定义管理者的角色（如果不明确"角

32 Muschi/Getty Images

人物：亨利·明茨伯格

时间：20 世纪 60 年代

方法：对 5 位在任总经理进行了实证研究[5]

色"是什么，可以想象一下你扮演的不同角色，例如学生、员工、志愿者、保龄球队员、男/女朋友、兄弟姐妹等，以及你在扮演这些角色时应该做的不同事情）。

- 明茨伯格总结出管理者所要扮演的 10 种内容不同但密切相关的角色。这 10 种角色被分为以下三类：人际关系角色、信息转换角色以及决策角色（见图 1-5）。

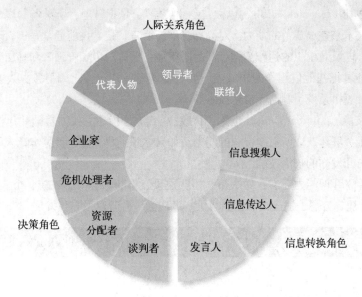

图 1-5　明茨伯格的管理者角色

资料来源：Based on Mintzberg, Henry, *The Nature of Managerial Work*, 1st edition, © 1973.

哪种观点在定义管理者的工作方面更好，职能观点还是角色观点？

- 两种观点都能描述管理者做什么。
- 在描述管理者的工作方面，职能观点似乎是最好的方法。这种观点之所以能经久不衰是因为它清晰而简单。[6] 不过，明茨伯格的角色观点也从另外的视角为人们提供了了解管理者事务的方法。

1.3.3　管理者应具备怎样的技能

- 他认为管理者需要具有某些特定的管理技能来管理其他人。

- 罗伯特·卡茨（Robert Katz）和其他研究人员发现，管理者必须拥有四项关键的管理技能。[7]

  - **概念技能**（conceptual skills，也称"理念技能"）是指分析和判断复杂形势的能力。这

人物：罗伯特·卡茨以及其他研究人员
时间：20 世纪 70 年代至今
方法：来自多位研究人员的研究

种能力可以帮助管理者厘清各相关事件，并有助于做出正确的决策。

- 人际关系技能（interpersonal skills）是指管理者与其他个体和群体良好合作的能力。管理者既然要借助于其他人的努力合作才能完成工作或任务，他们就必须具备良好的人际关系技能以沟通、激励、指导和委派任务。
- 技术技能（technical skills，也称"专业技能"）是指管理者所具备的用与工作相关的知识或技术来完成任务的能力。对高层管理者而言，技术技能通常是指管理者对该行业的认识，以及对组织的运作流程和产品的整体把握。对中层管理者和基层管理者来说，技术技能是指在他们工作的领域内所要具备的专业知识，比如财务、人力资源、市场营销、计算机系统、制造、信息技术等。
- 政治技能（political skills，也称"行政技能"）是指建立权力基础并建构合适的社会关系为相关群体获取所需要资源的能力。如果你想了解更多，参见本章末尾的"管理技能建设：开发你的政治技能"。

● 其他重要的管理能力还有：做决策、团队建设、果断、魅力、礼貌、个人责任、可信赖、忠诚、专业、容忍、适应力、创新思维、顺应力、倾听以及自我发展。[8]

1.3.4　管理者的工作具有普遍性吗

至此，我们把管理当成一种普遍性的活动进行了探讨。倘若管理真的具有普遍性，那么，无论他是高层管理者还是基层管理者，无论他是在企业工作还是在政府部门工作，无论他是在一家大公司还是在一家小企业，无论是在得克萨斯州的休斯敦还是在法国的巴黎，管理者所做的工作应该都是一致的。事实果真如此吗？下面，让我们来进一步讨论这一问题。

管理者，无论他在哪里都是管理者吗？

---

1. 组织中的层级

虽然苹果公司零售店天才吧（Genius Bar）的主管所做的事情与苹果公司总裁库克所做的事情并不相同，但是，这并不意味着他们的工作有本质上的区别。他们所做的工作虽然存在差别，但那只体现在其程度和侧重点不同而已，区别并不在于其活动本身。

在一个组织中，管理者的层级越高，他们所做的计划工作就越多，而直接监督他人的工作就越少。从图1-6中我们可清楚地看到这种区别。所有的管理者，无论其层级高低都要制定决策。他们都在执行计划、组织、领导和控制这四项基本活动，但是他们用在这四个方面活动上的时间各有所不同。另外，管理活动的内容也随着管理者层级的改变而改变。例如，我们将在第 6 章中探讨，高层管理者所关注的是整个组织的结构设计活动，而基层管理者关注的则是个体和小组的工作设计活动。

图 1-6　不同组织层级管理的时间分配

2. 营利性组织与非营利性组织

美国邮政服务公司（US. Postal Service）、纪念斯隆 – 凯特琳癌症研究中心（Memorial Sloan-Kettering Cancer Center）或者红十字会这些组织里的管理者与亚马逊（Amazon）或赛门铁克公司（Symantec）的管理者所做的工作相同吗？换句话说，管理者在营利性组织与非营利性组织里所做的工作相同吗？从他们所做的大部分工作来看，回答是肯定的。所有的管理者都要进行决策，设定目标，创建合适的组织结构，雇用和激励员工，确保公司存在的合法性，赢得内部政治支持以实施项目，等等。当然，两者之间最重要的区别在于绩效的衡量方式不同。毫无疑问，对营利性组织来说，绩效衡量的一般标准是"利润"或"成本底线"。但对那些非营利性组织来说，没有这种普遍意义上的衡量标准。所以，对非营利性组织的绩效衡量就比较困难。但是，这种对营利性组织和非营利性组织之间不同的解释并不意味着非营利性组织中的管理者可以忽视其在财务方面的运营情况。即使是非营利性组织也需要为其生存而创造收入。不过，对非营利性组织的所有者而言，盈利并不是其基本目标。

这名一年级学生参加了一个由马奎斯（Marquis）工作室提供的为期 10 周的马戏团艺术项目，马奎斯工作室是一个为纽约公立学校提供艺术教育服务的非营利性组织。它与营利性组织的管理方式大致相同，会举办一些活动来鼓励学生探索、研究视觉艺术、戏剧、音乐、舞蹈、建筑、马戏团艺术和木偶艺术。

3. 组织规模

你认为，在一个只有 12 名员工的联邦快递店（FedEx）里从事管理工作，与在一个有 1 200 名员工、位于孟菲斯的联邦快递全球配送中心（FedEx Global Distribution Center）从事管理工作有什么不同吗？我们不妨先来考察一下小企业管理者的工作，同时比较前面已经讨论过的管理者角色之后再来回答这个问题。首先，我们先给小企业下个定义。

到目前为止，还没有一个能被普遍接受的小企业定义，因为"小"有不同的划分标准。例如，我们可以把员工数量、年销售额以及总资产等作为划分企业大小的标准。根据我们的定义，小企业（small business）是指员工在500人以下，不必一定从事全新的或者具有创新性的实践活动，相对来讲对其所在行业影响甚微的独立经营单位。[9] 现在，我们来回答前面所提出的问题：小企业的管理工作与大企业的管理工作是否存在区别？两者之间的确存在一些区别。如图 1-7 所示，小企业的管理者所扮演的最重要的角色是公司的发言人，他们要花费大量时间从事外部的指导性活动，比如与客户会面，与银行家进行融资方面的洽谈，寻找新的发展机会，激励变革，等等。相反，在大企业中，管理者最重要的角色是面向内部，决定哪些业务单元获得哪些资源以及获得多少资源，等等。而企业家的角色，例如寻找商业机会和制订提高绩效的活动计划等，对大企业的管理者（尤其是高层管理者和中层管理者）来说是最不重要的。

同大企业的管理者相比，小企业的管

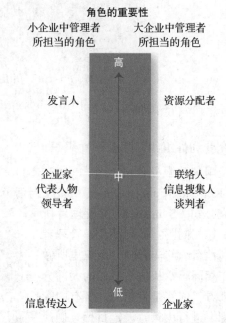

角色的重要性

图 1-7　大小企业中管理者角色的重要程度

资料来源：Based on J. G. P. Paolillo, "The Manager's Self-Assessments of Managerial Roles: Small vs. Large Firms," *American Journal of Small Business* (January–March 1984), pp. 61–62.

理者可能更像是通才。他们的工作既包括大企业首席执行官所要做的工作，也包括基层管理者的许多日常性工作。此外，大企业的管理者的结构性和正式的工作常被小企业里非正式的工作所取代。小企业的计划可能不像一个安排周密的管弦乐队仪式那样完整，组织设计的复杂性和结构化程度较低。在小企业中，管理者更多需要依靠直接的观察来进行控制，而不是依靠复杂的计算机监控系统来进行控制。再者，从组织层级上来看，管理活动本身没有太大的不同，不同的只是管理工作的程度和侧重点。大小企业的管理者所从事的主要活动是相同的，区别仅仅在于他们完成的方式，以及在每项工作上的时间安排有所不同而已（你可以在附录 1A 中找到更多关于管理小企业的信息）。

4. 管理概念与国家界限

最后一个普遍性问题是关于管理概念可否超越国界的问题。如果管理概念完全具有普遍性，那么管理岂不是可以普遍地适用于世界上各个国家，而不用理会这些国家在经济、社会、政策或文化等方面有何不同了？但对国与国之间管理实践方面的比较研究并不支持管理的这种"世界普遍性"观点。在本书第 3 章中，我们将考察国与国之间在管理概念上有哪些具体的不同，并探讨这些不同对管理的影响。在这点上，必须说明，我们在后面章节中所给出的大部分概念主要适用于美国、加拿大、英国、澳大利亚和其他讲英语的国家。倘若企业把这些概念运用于印度、智利或其他国家，就需要对相关概念进行修正。

1.4　为什么要学习管理学

好的管理者很重要是因为

- 当今社会环境充满了复杂性、无序性和不确定性，组织需要他们的技能和能力。
- 他们是保证工作完成的关键。
- 他们在保证员工满意度和参与度中扮演着重要角色。

或许，你还在困惑为什么要学习管理学？你的专业或许是会计学、市场营销、信息技术，或许还不太理解学好管理学怎么会对自己的职业生涯有帮助呢？那就让我们看看到底我们为什么要更多地了解管理学。

某咨询公司的调查结果显示，在 2000 年后出生的人中，有 82% 表示有兴趣成为一名管理者。[11]

首先，我们都想要改进周围组织的管理方式。为什么这样说呢？因为我们每天的生活都与管理息息相关，了解管理可以使我们对组织的各个方面有更深入的洞察。如果你在机动车辆管理部门花了几个小时更新驾照，你不觉得很沮丧吗？这么一件小事怎么会花那么长的时间？倘若你从没想到某家知

> **道德观察**
>
> - **26%** 的新管理者感到他们并没有为成为一名管理者而做好准备。
> - **58%** 的新管理者没有接受过任何帮助他们转换角色的训练。
> - **48%** 的第一次担任管理者的人没能成功地完成角色转换。
>
>   我们从以上数据可以看出：转变角色，成为一名管理者不是一件易事。[10]
>
> **讨论**
> - 组织在道德上有责任去帮助在新岗位上工作的新管理者吗？为什么？
> - 组织能做些什么来让这种转变变得更加容易？

名企业会破产，可是它突然宣布破产了；整个产业都要靠政府出钱来经济援助才能在变化的经济环境中求得一线生机，你不感到惊讶吗？当你向航空公司打了三次电话，但是它对同一航程给出了三种不同的票价时，你不觉得很愤怒吗？当你在免下车服务店准备享用你的食物或饮料的时候，你发现部分订单被忽略了或者所提供的不是你预订的食物时，你不会觉得恼怒吗？这些问题很大程度上是由低效管理导致的。

管理比较好的公司，诸如苹果、塔塔、星巴克、耐克、新加坡航空以及谷歌等，在不断发展并拥有许多忠实的客户群。即使在经济环境充满挑战的时代，这些公司也能够想到继续成长壮大的办法。而那些管理较差公司的客户却正在减少，营业收入也在不断下降，甚至，最终的结果是要寻求破产保护。例如，金宝汤（Gimbels）、W. T. Grant、好莱坞影视（Hollywood Video）、Dave & Barry's、电路城（Circuit City）、东方航空（Eastern Airlines）以及安然（Enron）等公司都曾经辉煌一时，雇用数万名员工，每天为数以万计的客户提供商品和服务。今天，这些公司都已不复存在。糟糕的管理葬送了它们。通过学习管理学，你就可以意识到什么是低效的管理，也会知道优秀的管理者应该做些什么。

其次，更多的是出于现实的考虑，你们中的大部分人一旦大学毕业开始了自己的职业

生涯，就会要么管理他人，要么被人管理。对那些致力于管理生涯的有志者来说，对管理学的了解构成了他们掌握管理技能的基础，而对你们中那些不认为自己能走上管理岗位的人来说，仍有可能要与管理者共事。同样，假定你为了生计而工作，并且知道要去一个组织里工作，那么即使你不是一个管理者，你也将担负一些管理责任。以往的经验告诉我们：通过学习管理学，你会对老板、同事的行为以及组织的运行，获得大量深入的洞察。我们的观点是，你并不需要为了成为管理者才从管理学课程中获益。

一个好的上司能做什么？
- 在职业和品格上激励你。
- 激励你和你的同事共同完成凭一己之力不能完成的工作。
- 就你如何工作提供反馈意见。
- 针对你面临的问题提供指导。
- 改变你的一生。[12]

1.5　描述重新塑造和重新定义管理的要素

欢迎来到管理的新世界！

不断改变的工作环境 + 不断改变的劳工队伍

- 不必感到奇怪，如今每项业务都会涉及技术。科技正在改变我们工作和娱乐的方式。
- 随着移动技术和社会技术的不断发展，越来越多的组织开始使用手机应用程序与移动网站来管理其员工队伍和其他组织工作。
- 劳务派遣公司，如 Uber、TaskRabbit、Gigwalk 和 IAmExec，正在改变临时性工作的状况。
- 在 60 岁以上的员工中，大约 58% 的人正在推迟退休。[13]
- 30% ～ 45% 的员工采用家庭或远程办公。[14]
- 新泽西州一家社会化媒体管理公司的首席执行官从未见过她的团队成员，因为他们是虚拟员工队伍的一部分。[15]
- 目前约有 3% 的美国企业为员工提供无时间约束的假期，而且这个比例很可能会继续增加。[16]

在当今世界中，管理者天天都要和变化着的工作职场、道德与信任问题、全球经济不确定性以及日新月异的技术打交道。例如，杂货店仍然在为留住顾客以及削减成本而苦苦挣扎。美国大众超市（Publix Super Markets）是美国南部地区的一家大型杂货连锁店，包括经理在内的所有员工都在寻找服务顾客的最佳途径。公司总裁托德·琼斯（Todd Jones），在位于佛罗里达州新士麦拿比奇（New Smyrna Beach）的杂货店开始了他的职业生涯，从帮顾客把商品装到袋子里做起，目前正在带领这家公司应对充满挑战的经济时代，他要每个人——从装袋工、收银员到寄存管理员都要注重为顾客送上优质服务。[17] 或者，我们考虑一下罗杰·奥格尔斯比（Roger Oglesby）所面临的管理挑战，他是《西雅图邮讯报》（*Seattle Post-*

Intelligencer）的出版商和编辑。如其他报纸一样，他在挣扎着寻找一条能在这个产业里成功的途径，这个产业正以惊人的速度丢失读者，收入也大幅下降。于是，公司决定在 2009 年年初转向全方位数字模式，即变成了一个纯互联网的新闻源。接下来，该公司处境困难，因为其员工由原来的 165 人裁至 20 人左右。当组织前进时，其他挑战仍然存在（奥格尔斯比必须面对的挑战），他需要在这样一个新环境中计划、组织、领导和控制。[18] 任何地方的管理者都可能要去管理变革的环境，而且，事实上，管理者的管理方式也在变化中。通过本书的其他章节，我们将讨论这些变革以及它们是如何影响管理者去执行计划、组织、领导和控制各个职能的。我们想重点讲讲对组织和管理者来说日益重要的 4 个变革：客户、创新、社会化媒体和可持续发展。

克莱尔·霍宾（Claire Hobean），瑞泰姆生物钟调节器有限公司（Re-timer Pty. Ltd）的运营经理，这次正在全球消费电子展销会上为澳大利亚人演示公司创新的生物钟调节眼镜，这种医疗设备能通过发出特殊的柔和绿光，有效帮助人们解决失眠、倒时差以及季节性影响失调等各种睡眠问题，从而帮助调整人体生物钟。

Steve Marcus/Reuters

1.5.1　为什么对管理者工作来说客户很重要

约翰·钱伯斯（John Chambers）是思科公司的 CEO，喜欢听那些不满意的客户发给他的语音邮件，因为他想亲自了解、听到所接触顾客的情绪、抱怨，而用电子邮件是无法感知这些内容的。[19] 这才是一个真正了解客户重要性的管理者。你需要客户，没有他们，多数组织都将不复存在。不错，关注客户长期以来就被看成市场部相关人员的责任。"让市场人员去担心客户吧"是许多管理者的想法。然而，我们发现，员工的态度和行为在客户满意度方面起着非常重要的作用。想想每次你遇到比较好或者比较差的服务时，你心里是什么感受。

管理者正意识到能为客户提供持续的高质量服务对于在当今竞争激烈的环境中生存和成功是相当重要的，而员工是这个方程式里重要的一部分。[20] 言外之意很明确：他们必须创造客户反应型组织，即员工是友善的、礼貌的、容易亲近的、知识渊博的，对客户的需要能够快速反应，并且愿意做取悦客户必须做的事情。[21]

🌼 技术与管理者的工作：管理机器人仍然是一种管理吗

未来的办公室内很可能会出现一些完成工作更快、更聪明又更负责任的机器人员工。[22] 你会对此感到惊讶吗？尽管过去机器人大多出现在工厂里，但是现如今它们的身影在办公室内也越来越常见，使人们重新审视如何完成工作和管理者该如何管理这两个问题。那么，管理者要怎么管理机器人呢？更有趣的是，这些"员工"可能会怎样影响人类同事与它们的接触互动呢？

当机器变得越来越智能化，研究人员一

直在研究人机互动以及人们如何与他们职业和个人生活中不可缺少的智能机器进行互动。其中一个结论是，人们很容易与一个机器人相处，即使它看上去和听起来都不像个真人。在工作场所里，如果机器人按规定好的方式行走，人们会倾向于把它视为同事。人们会给机器人起名字，甚至揣测它此刻的心情和发展趋势。随着远程监控机器人越来越普遍，其中的人性因素显得愈发重要。例如，弗吉尼亚州克利尔布鲁克镇一家小公司 Reimers Electra Steam 的电气工程师欧文·德宁格尔（Erwin Deininger）因妻子工作调动，随她搬去了多米尼加共和国，但他通过他的 VGo 机器人仍然能够在公司"现场"办公。如今机器人"德宁格尔"能够轻松地在办公室和工厂之间行动，使得真正的"德宁格尔"如公司现场的工作人员一样工作。该公司的总裁对机器人展现出的功能感到满意，更为自己对机器人的反应感到惊奇，有时感觉他在和德宁格尔自己打交道。

毫无疑问，机器人技术会被纳入组织环境的方方面面。由于人必须和机器人共同合作实现组织的目标，管理者的工作变得越来越激动人心而且充满挑战。

讨论

● 管理机器人仍然是一种管理吗？请讨论。

● 如果你不得不同时管理人和机器人，你认为你作为管理者的工作与本章所描述的管理者的工作有哪些不同之处？（从职能、角色、技能 / 能力的角度考虑。）

1.5.2 为什么对管理者工作来说创新很重要

当代商业的成功需要创新。创新意味着用不同的方法做事情，探索新的领域，承担风险。创新不仅仅是高技术公司或者其他技术复杂的组织的事，创新几乎可以在所有类型的公司中找到。你会首先想到一些可能在全球前 50 名最具创新能力的公司排行榜上的公司，比如苹果、Facebook、谷歌和耐克；[23] 但是像美国最大的面包连锁品牌 Panera Bread 这样的公司，情况又如何呢？这是一家利用技术来改进它所有经营活动的公司。该公司在北美地区安装了超过 1 800 个新的电子系统，这将为客户提供新的方式来订购他们的食物（甚至有娱乐功能）。同时，厨房工作人员将更好地处理客户的订单。又如 Kickstarter 是如何创建"众筹"活动的呢？现在，该公司正在研究如何更好地推进潜在的创业项目和创业公司，同时该公司也在扩大业务范围，将其业务拓展至出版和发行领域。在今天充满挑战的环境中，创新是十分重要的。管理者必须认识到：什么该创新？何时该创新？在哪里创新？怎么创新？为什么要创新？为什么创新要在整个组织内推行？他在沃尔玛全球业务管理者的个人展示中提到，他认为的（个人和组织的）成功之道在于：持续不断地找到新方法来更好地完成工作，也就是要创新。管理者不仅自己要富有创新精神，还要鼓励员工创新。我们将在本书中分享创新实践和方法的案例。

1.5.3 社会化媒体对管理者工作的重要性

你很可能无法想象员工在没有电子邮件或者互联网的情况下工作。然而在 20 年前，这些通信工具刚刚在工作场所普及的时候，管理者面对着如下挑战：在组织中建立正确使用互联网和电子邮件的准则。今天，他们面对的新挑战是社会化媒体（social media），比如 Facebook、推特（Twitter）、领英（LinkedIn）、汤博乐（Tumblr）、Instagram 等线上交流工具平台，超过 10 亿人使用它们进行在线沟通，分享想法、资料、个人信息等。[24] 员工不仅可以在私人时间利用社会化媒体，也可以利用它们来完成工作，这就是为什么管理者必须认识到并掌握好社会化媒体的积极力量与危险之处。例如，SuperValue 连锁超市的管理者意识到如果公司的 13.5 万员工能更好地沟通交流，那么连续不断的成功势在必行。[25] 他们决定引进一套内部社会化媒体工具来使得分布在 44 个州的 10 个不同的商店品牌之间能建立起协作关系。这种情况十分常见。越来越多的公司选择了社会化媒体，不仅用来与客户保持联系，更把它作为一种人力资源管理、激发创新的工具。这就是社会化媒体隐藏的力量。但是，社会化媒体的危险性隐藏在其使用方法里。如果社会化媒体成为自负的员工吹嘘个人成就，管理者向员工发送单向信息，或者员工互相抱怨、搬弄是非的平台，那么它就失去了应有的价值。为了避免这种情况发生，管理者应时刻记住对社会化媒体必须加以控制，使其发挥积极作用。在 SuperValue，有大约 9 000 个门店经理和副经理在使用社会化媒体。尽管现在下结论为时过早，但似乎积极利用该系统的经理所管的门店相比之下有着更高的收入。在本书后面的内容中，我们将介绍社会化媒体如何影响管理者的工作，尤其是在人力资源管理、沟通、团队和战略方面的影响。

1.5.4　可持续性对管理者工作的重要性

说到可持续性，你大概首先会想到德国宝马公司（BMW）。然而，这家标志性生产高性能豪华车的德国汽车制造商，正在把宝押在生产供城市居民使用的新能源汽车上。[26] 这是一款名为 i3 的全电动车，与宝马公司或者其他任何汽车制造商生产的汽车都不同：车身由极轻的碳纤维材料制成，上面有各种电子仪器和智能软件，让用户能更便捷地使用，对环境也更加友好。宝马公司的高管认为，面对急速变化的环境，他们必须开发新产品来应对。公司的这一举措证明了可持续性和环保管理已成为管理者所考虑的主流议题。

Milwaukee Journal Sentinel/MCT/Landov

以可持续的方式进行管理对 MillerCoors 的可持续发展主管基姆·马洛塔（Kim Marotta）很重要。为实现公司节水的目标，她负责制订在 MillerCoors 啤酒厂的生产过程和供应过程中减少用水量的工作计划和供应链方案，同时将节水管理的相关信息纳入公司的营销活动。

在 21 世纪兴起的可持续性管理这个概念拓宽了公司责任的范围。公司不仅仅应该以既有效率又有效果的方式管理，更应该在战略上回应大范围的环境和社会挑战。[27] 尽管"可持续性"对不同的人意味着不同的东西，但根据世界企业永续发展委员会（World Business Council for Sustainable Development, 2005）的定义，它大体上指的是"既满足当代人的需求，又不损害后代人满足其需求的能力"。[28] 从商业的角度来说，可持续性（sustainability）指的是一家公司通过把经济、环境、社会因素集成到企业战略里来实现目标、增加长期股东价值的能力。[29] 对企业领袖和成千上万家公司的管理层来说，可持续发展的问题已逐渐提上日程。例如，沃尔玛的管理者已意识到，用更具持续性的方式管理公司意味着做决策要建立在与各种利害相关者的详尽沟通之上，了解他们的要求，并且在决定如何追求企业目标时开始综合考虑经济、环境和社会因素。

管理者很重要！

1.5.5 总结

你可以看到，做一个管理者既充满挑战，又让人激动。我们很清楚的一件事情是：管理者对组织很重要。盖洛普公司（Gallup Organization）已经对上百万名员工和成千上万名管理者进行民意调查，发现影响员工工作效率以及忠诚度的最重要因素不是待遇，不是福利，也不是工作环境，而是员工与他们直接上司之间融洽的关系。盖洛普公司还发现，对于衡量**员工敬业度**（employee engagement）——员工对工作有多认真、满意和有热情，其中最重要的因素就是员工与他们的管理者的关系，这在单个员工的满意度中占到至少 70% 的比重。[30]盖洛普公司发现，当公司增加了能力更强的管理者的数量，并将下属员工的比例提高一倍后，他们的每股收益高于竞争对手 147%。[31]同样的研究也表明，有才能的管理者对公司的利润提升作用比一般管理者高出 48%。[32]此外，另一项研究发现，当一个表现不佳的管理者被一个优秀的管理者所取代时，员工的生产力可提高 12 个百分点。[33]从这些报告里，我们能总结出什么呢？那就是管理者对组织来说确实很重要。

本章概要

1 识别谁是管理者以及他们在哪里工作。

管理者指的是在一个组织里指导和监督他人工作的那群人。管理者通常可分为：高层管理者、中层管理者、基层管理者和团队领导者。管理者在组织中工作，每个组织都有三个共同特征：目标、人员以及考虑周全的组织结构。

2 定义什么是管理。

管理是指通过与其他人共同努力，既有效率又有效果地把事情做好的过程。

3 描述管理者的工作。

对于管理者做什么，我们可以通过三种观点来描述：职能的观点、角色的观点和技能的观点。

职能的观点是说管理者要执行计划、组织、领导和控制这四项基本职能。明茨伯格的角色的观点认为管理者要担当 10 种工作角色。这 10 种角色被归为三类：人际关系角色、信息转换角色以及决策角色。技能的观点则从管理者必须掌握的技能出发将其概括为四项关键的管理技能，分别是：概念技能、人际关系技能、技术技能和政治技能。尽管管理者怎么做以及做多少是依他们在组织中的层级不同而变化的，但是不管组织是营利性机构还是非营利性机构、组织的规模有多大以及组织位于什么地方，所有的管理者都要从事计划、组织、领导和控制工作。

4 解释为什么学习管理学非常重要。

学习管理学非常重要的一个原因是我们每天的生活都与各种组织息息相关，所以，对组织的妥善管理跟我们的利益息息相关。另外一个原因是等你走上工作岗位后，要么你管理他人，要么你被他人管理。通过学习管理学，你可以对你的上司、同事的行为以及组织的运行有大量深入的理解。

5 描述重新塑造和重新定义管理的要素。

在当今的世界中，管理者天天都要处理变化着的工作职场、道德与信任问题、全球经济不确定性以及日新月异的技术方面的问题。对管理者来说，最为关键的四个领域分别是：提供高质量的客户服务、鼓励创新努力、有效使用社会化媒体，以及认知如何持续对组织的有效性有所贡献。

复习思考题

1-1　什么是组织？组织有哪三种属性？

1-2　管理者与非管理类员工的区别是什么？

1-3　对组织今天面对的环境来说，如果你必须在效率与效果之间做出选择，哪一个更重要？请解释。

1-4　管理的四项职能有什么相同点与不同点？

1-5　找一本知名商业期刊，例如美国的《商业周刊》《财富》《华尔街日报》《快公司》，从中找一些执行了四项基本职能的管理者事例，对体现这些职能的例子进行描述和分析。

1-6　你们大学的教师是一名管理者吗？按照计划、组织、领导、控制活动和明茨伯格的管理者角色的观点分别加以讨论。

1-7　企业管理是一种职业吗？为什么？回答此问题时，请进行一些外部调查研究。

1-8　是否存在一种最好的管理风格？为什么？

1-9　管理者的四项职能如何有助于实现管理的效率与效果？

1-10　所有的组织都需要管理者吗？解释你的看法。

1-11　解释一下在描述管理者工作方面，为什么四种职能的观点优于角色观点、技能观点和能力观点？

管理技能建设：开发你的政治技能

任何有工作经验的人都知道组织中的政治无处不在。也就是说，人们努力去影响组织内部优劣资源的配置，以使之对自己更有利。那些懂得组织政治之道的人通常十分成功。相反，那些不懂得组织政治的人，不管实际工作做得多好，都常会受到不那么正面的业绩评价，不怎么得到晋升机会，工资收入也鲜有增加。如果你想成为一名成功的管理者，那么熟练运用政治技能是很有必要的。研究显示，人们在政治技能上是存在差异的。[34]那些熟谙政治技能的人能更有效地运用影响力策略。此外，当其利害关系重大时，政治技能似乎更有效。最后，熟谙政治技能的人能够行使他们的影响力而不为他人所发现，这之所以重要，原因在于你不会被认为是在玩弄政治手段。一个人的政治技能取决于：①他的人际关系网络能力；②人际关系影响力；③社会敏锐性；④明显的诚意。

个人评估清单：运用影响力策略

看一下你是如何运用影响力策略的。此个人评估清单将帮助你确定如何巧妙地运用影响力策略以及你还需要做哪些工作。

技能基础

暂时忘掉那些政治活动的道德问题和你对组织中运用政治技巧者的不好印象。如果你希望在组织中能更好地运用政治技能，请看如下建议：

- 培养你的网络交往能力。一个好的交际网络可以成为一个强大的工具。你可以通过了解你的工作领域和组织中的重要人物来建立一个关系网络，然后与有权力的个人发展关系。自愿参加委员会或者提供项目帮助，这些工作将会被那些有实权的人注意到。参加重要的组织工作，有助于你被视作一个团队成员或者一个关注组织成功的人。现在开始列出你遇到的人，哪怕只是简单粗略的名单。然后在你需要关于工作的建议时，你可以向组织关系网络里的有关人员请教。

- 致力于获得人际影响力。当你周围的人感到舒适和自在的时候，人们就会听取你的想法。所以，你需要在组织的各个领域和各个层面，努力与人们建立良好的关系。你的人际影响力会受到像你这样的人的影响。

- 培养你的社交能力。有些人天生就有理解别人和感知他们想法的能力。如果你没有这种能力，你就必须去开发你的社交能力，比如在适当的时间谈合适的事情，密切关注人们的面部表情，并尝试去确定其他人是否有隐藏的动机。

- 保持真诚。真诚是推动你与他人交往的重要因素。你需要对自己所说的话和所做的事情保持真诚，同时对他人和他们的处境表现出真切的关注。

技能应用

把政治技能的每个组成部分都列出来，在你的学校生活和工作生活中花一周的时间来实践。用简短的笔记来描述你的经历，包括好的和坏的。你是否能够开始建立一个人际网络，让你可以依靠或联系这些人来完成学业或工作任务？你怎样才能更好地影响你周围的人？你是否擅长更好地与同事沟通，或与所属项目团队成员建立良好的关系？你是否致力于培养你的社交敏锐性，也许是从识别和解释人们的面部表情以及这些表情背后的含义开始？你是否有意识地在与他人的关系中表现得更真诚，尤其是对那些不是亲密朋友的人？你还能做些什么来提高政治技能？一旦你开始认识到政治技能所涉及的内容，你就会发现自己变得更有人脉，更有能力影响他人，也就是说，更擅长运用政治技能。

实践练习：主管培训及管理证书项目

公　　司：Heartland's Traditional Fragrance
收件人：埃里克·金姆，培训协调员
发件人：海伦·默金，人力资源总监
主　　题：主管培训及管理证书项目

好消息：我们的销售额在稳步地增长。坏消息：这也给我们的生产经理带来了压力。生产经理发现越来越难激励生产线上的员工了。我们需要采取一些适当的行动培训这些主管，以应对这一高速的增长，否则，生产线上的员工很可能压力更大，产品质量也可能会下降。

我希望你能给我处理好两个问题。一是我们需要一个培训项目，这个培训项目重在为主管提供若干重要的技能。我希望你能做一些调查，列出那些你认为对主管来说最重要的技能，并附上说明，解释为什么这些技能是重要的。

二是我们如何帮助我们的主管获得认证，以验证他们的技能、知识和专业水平。我知道的一个认证项目是职业经理人认证。请研究这个项目，准备一个简短的（不超过半页）项目列表，列出所涉及的内容，并尽快给我提供相关信息。

注：文中提及的公司和信息都是虚构的，只是为了教学目的而设，并不意味着所反映的任何同名公司的积极的或消极的管理实践。

应用案例 1-1

谁需要上司

在美捷步，他们正在学习如何在没有管理者的情况下进行管理！

合作制（holacracy）[35] 贯穿于内华达州的在线鞋类和服装零售商美捷步的日常运作中。在2013年年终的员工会议上，首席执行官谢家华（Tony Hsieh）宣布，他将取消公司传统的管理和结构层次结构，以实施一种合作制的管理模式。你会问，什么是合作制？简而言之，这是一个组织系统，没有职称，没有管理人员，也没有上层、中层或更低层次的自上而下的等级制度，将取消这些层级的决策。这种新型安排背后的设想是，把重点放在需要做的工作上，而不是放在使有益的想法和建议可能在报告渠道中丧失的某种层级结构上。合作制的概念是宾夕法尼亚州软件创业公司的创始人布莱恩·罗伯逊（Brian Robertson）构想出来的。它的名字来自希腊语"holos"，即一个单独的、自主的、自给自足的单位，同时依赖于一个更大的组织。[36] 罗伯逊对于合作制的观点的一个简单解释是：员工是合作伙伴，工作描述代表角色，同时合作伙伴会组成小组。[37]

在美捷步，工作（包括 1 500 名员工的业务）围绕着大约 400 个小组来组织（把这些员工小组看作某种重叠的员工"群体"有助于理解这一设想，该群体成员更易于流动并承担更多的个人责任）。在这些小组里，员工可以承担多种工作。此外，小组的期望是每个员工能随时随地提供力所能及的帮助。小组中没有头衔或等级制度，任何人都可以提出一个计划并实施其创新的想法。人们希望，小组里的成员会互相交流想法并互相关注。其目标是达到充分透明，并让更多的人负起责任。美捷步只有办法保持高标准，就可以信任那些可能比任何"管理者"更了解工作细节的人，使其认真、有创意、有效率地进行工作。美捷步最不希望看到懒惰的、消极的员工。

谢家华总是以独特而激进的方式来领导他的业务。他坚信个人的力量，创造了一个非常成功的组织（现在该公司已经被亚马逊收购），并以其"zany"文化而闻名。在这个组织里，公司价值观与个人价值观相匹配。[38] 然而，随着该公司从传统的工作模式转向这个新系统，它可能会面临一些挑战。美捷步和罗伯逊都警告说，尽管"合作制"会消除传统管理者的工作，但仍然存在结构和责任问题。表现不佳的人显而易见，因为没有足够的"工作"来填满他们的时间，或者负责监督公司文化的

小组可能会认为他们不适合某些工作。此外，仅仅因为没有"传统"的管理者并不意味着领导者不会出现。重要的是，某些具有权威性的主导人物可能会导致其他员工心怀不满或行为逆反。美捷步认为并不存在领导缺失。某些人希望发挥更大的作用或有更大的野心，会赋予每个角色相应的领导力。"每个人都应该在自己的角色中起领导作用和成为一名企业家，而合作制则可以帮助他们实现这一目标。"[39] 此外，该系统还会有一些结构安排，"最广泛的小组可以在某种程度上告诉子群体所要做的工作"。[40] 但是，责任将会以不同的方式在整个组织中体现。需要弄清楚的其他挑战包括谁拥有雇用、解雇和决定薪酬的最终权力。美捷步希望最终每个角色的职权都将在合作制的框架内实现。所以，如果没有人有头衔，也没有上司，那么谢家华仍然是 CEO 吗？到目前为止，他还没有公开说明自己的角色是如何受到影响的。

2015 年 3 月，谢家华向员工发送了一份备忘录，称该公司向新管理系统转型的过程中所用的时间太长。[41] 他向所有员工表示，在 4 月 30 日之前，员工可以决定是否继续留下。但是如果无法继续在这个全新的管理系统下工作，他们可以获得三个月的离职费。最终，该公司大约 14% 的员工（210 名员工）选择离开。很明显，这些人觉得合作制不适合他们的工作习惯。

讨论题

1-12 什么是合作制？

1-13 对于一个没有职位头衔、没有管理人员、没有等级制度的组织，它具备什么优点？

1-14 使用合作制这一管理方法将面临什么挑战？

1-15 讨论你为什么愿意或不愿意在这样的组织里工作。

应用案例 1-2

打造更好的上司

谷歌公司做事从不半途而废。当它决定要"打造更好的上司"时，它做了自己最擅长的

事：看数据。[42] 利用来自业绩综述、反馈调查和个体为获"顶级经理人奖"所提交的报告等

数据，谷歌公司试图从中发现一个好上司应该是什么样的、应该做什么。这个被称为"氧气计划"的项目，检验了超过 100 个变量，最终界定了谷歌公司最有效管理者所具备的 8 项特质和习惯，分别是：

- 提供一个对未来的清晰的愿景；
- 帮助每个人达成长期工作目标；
- 关心员工的福祉；
- 保证自己有必要的技术和技能来支持员工的工作；
- 展现有效的沟通技巧，尤其是倾听；
- 在必要的时候提供指导；
- 专注于高效产出和最终结果；
- 避免过度管理，让你的团队自我负责。

乍一看上去，你可能会认为这 8 项特质都十分浅显，还可能会很好奇为什么谷歌公司要花这么多时间和精力去发掘这些。就连谷歌公司的人事副总裁拉斯洛·博克（Laszlo Bock）都表示："我的第一反应是，就这？"另一位笔者描述它为"就像《办公室》（The Office）连续剧里的白板上写的空话一样"。但是俗话说得好，事实远远比看到的多。

当博克和他的团队仔细检验并对这 8 项特质按重要程度排序时，事情就变得有趣起来。要明白其中的趣味，你首先要弄清楚谷歌公司自 1999 年成立后沿用的管理方法。简单直白地说，管理者被建议"不要去管员工，让工程师自己做自己的事"。如果他们遇到困难，他们会马上求助于有丰富技术经验并能第一时间帮助他们解决问题的上司。不难发现，谷歌公司希望它的管理者都是特别出色的技术专家。博克解释说："在谷歌公司，我们总是认为，作为一名管理者，尤其是管理工程师这一方面，你就必须和你手下的员工一样，甚至更懂技术。"然而，结果表明技术和技能的重要性排在第 8 位（最后一位）。以下是按重要程度由高到低排序的必要特质列表。

（1）在必要的时候提供指导：提供明确的反馈；定期开展一对一会议；根据不同员工的特长提供指导。

（2）避免过度管理，让你的团队自我负责：给员工一定的空间去解决问题，但要能够提供建议。

（3）关心员工的福祉：让新来的员工感受到自己是受欢迎的；人性化地关心、了解你的员工。

（4）专注于高效产出和最终结果：通过优化任务次序和扫除工作障碍来帮助团队达到目标。

（5）展现有效的沟通技巧，尤其是倾听：学会倾听、学会分享信息；鼓励开放的沟通环境；关注团队关心的事。

（6）帮助每个人达成长期工作目标：公开每个人的努力和工作进度，让他们知道努力工作如何推进了自身的事业；公开奖励员工的努力工作。

（7）提供一个对未来的清晰的愿景：领导整个团队，但要让每个人都参与发展和建设过程，以达成团队愿景。

（8）保证自己有必要的技术和技能来支持员工的工作：明白团队面临的挑战，有能力帮助团队成员解决问题。

如今，谷歌公司鼓励其管理者不仅要做伟大的管理者，更应知道管理者要做到什么。同时，公司也做好该做的事。运用这份列表，谷歌公司开始训练它的管理者，并且提供个人指导和业绩回顾课程。我们完全可以这么认为：氧气计划项目给谷歌公司的管理者注入了新的活力。博克称，公司的付出很快得到了回报："经统计，75% 原来表现不佳的管理者在管理质量上都有了明显的进步。"

讨论题

1-16 分别用职能观点、明茨伯格角色观点和管理者技能观点描述"氧气计划"的发现成果。

1-17 你对于"打造更好的上司"的结果感到惊讶吗？说说为什么。

1-18 "鼓励管理者成为伟大的管理者"和"知道管理者应做什么"之间有什么区别？

1-19 其他公司能从谷歌公司的经验中学到什么？

1-20 你会愿意为一家像谷歌一样的公司工作吗？为什么？

应用案例 1-3

拯 救 世 界

在一个瞬息万变的工作环境中管理有才能的人是非常
具有挑战性的！

在过去，你或许还能够识别谁是坏人，但在数字化的网络世界中，已经不再如此。[43] 在今天这个时代，坏人都是匿名的、不露脸的，并且他们仍能给个人、企业、政府以及其他组织带来各种各样的破坏。研究表明，数据外泄攻击在以惊人的频率发生。你在家或学校的计算机可能没遭到黑客和病毒的攻击，但这并不表示是安全的，黑客的最新目标是智能手机和其他可移动设备。不过，正派的人也在不断地还击。例如，致力于安全技术的赛门铁克公司针对此开展了一项"蜂蜜棒行动"（Operation HoneyStick），它将 50 部智能手机分发在硅谷、华盛顿、纽约、洛杉矶和加拿大的渥太华。这些手机装载了大量重要但虚假的数据，并被放置在小偷可能会想要把它们捡起来的地方，比如餐馆、电梯、便利店和大学生聚会场所。这些智能手机还安装了监视软件，这样，一旦设备的信息被搜寻方接收，安全专家就可以追踪。这个例子仅仅是现阶段赛门铁克公司尝试"拯救世界"的其中一步，这也不是一项简单的任务。

"想象一下，你的产品永远也完成不了，你的工作永远也结束不了，你所面临的市场一天变换 30 次，生活会是什么样子？"这听起来是不是很不可思议？然而，赛门铁克公司的反黑客和信息安全专家不需要想象，因为这就是他们每天的现实生活。例如，在公司的一个隐蔽的都柏林设施中（全球三个中的一个），运营经理帕特里克·菲茨杰拉德必须让他的程序员和研究者每时每刻辨别并消灭黑客在互联网上制造的病毒。现在，他们正在尝试领先于大规模病毒威胁一步，Stuxnet 蠕虫病毒的目标是攻击工业设备中运行环境控制的计算机程序，诸如发电厂的温度控制、输油管的压力控制、自动时间设置，等等。如果黑客计划恶意地控制这些重要设备，结果将是一场灾难。

赛门铁克公司，这家为消费者和企业制作网络安全软件的公司，反映了今天许多公司都面临的现实：顾客期望的快速变化、不断涌现的全球竞争者和来自全球的威胁。在这样的环境中，管理有才能的人也是极富挑战性的。

赛门铁克公司的病毒猎手每个月在全球处理 20 000 个病毒样例，并不是每一个病毒都是独特并且独立运行的。让猎手的工作更加"有意思"的是，全球的罪犯也发起了越来越多的计算机袭击，他们想要窃取信息，不管是企业数据还是个人账户信息都可以被他们用来进行欺诈。处理这些关键又紧迫的问题需要特殊技能。回应中心是一个成员多元化的组织，其成员都难得一见。"大学每年并没有培育出多少我们能雇用的反流氓软件专家和安全专家。如果你在任何地方发现他们，就要努力争取他们。"回应中心的团队结构反映了这一点。例如，高级研究者有的来自匈牙利，有的来自冰岛，有的来自墨尔本，但他们有一个共同点：他们的工作都是为了解决问题。

2003 年 8 月，冲击波病毒（Blaster-B worm）的出现改变了公司处理病毒的方式，这是一种极其可恶的病毒。冲击波病毒和其他病毒所产生的多米诺效应使一流的软件分析员不分昼夜地工作了两周。员工精疲力尽的表现使公司意识到搜索病毒的团队需要进一步提升能力。现在，回应中心的成员数以百计，管理者能使员工从负责应对新出现的安全威胁的一线，轮换到负责开发的群组中。另外一部分人撰写研究报告，还有一部分人被委派开发新的工具以帮助同事抵御下一次威胁的浪潮，甚至会有一个人去弄清病毒程序编写者这样做的原因，但对病毒搜索人员来说，他们永无宁日。当都柏林团队完成任务后，由圣莫尼卡的同事接管，当美国的团队完成任务后就移交给日本东京的同事，最后交还给都柏林，又开始新的任务。全球的工作环境开始变得疯狂、混乱和具有挑战性。但是，对病毒猎手的管理是为了消除混乱，使员工对乏味的工作有激情，开发可预计的、有明确规定的程序以对付病毒的威胁，把工作均匀地分配给公司各地分支机构。这些都是管理者所面临的管理上的挑战。

讨论题

1-21 对赛门铁克公司的管理者而言，使员工对常规的、标准化的但又混乱的工作保持热情是一个很大的挑战。他们如何用技术、人际关系和概念技能来维持一种鼓励病毒猎手创新和具有专业精神的环境？

1-22 什么管理能力对这些管理者可能是重要的？为什么？

1-23 运营经理帕特里克·菲茨杰拉德每周与全球同事召开安全情况会议，评估新增网络安全咨询服务的可行性，使员工关注公司对顾客的承诺时，他分别扮演了什么角色？

1-24 登录赛门铁克公司的网站（www.symantec.com），查阅公司信息，你能讲述一下该公司对顾客服务和创新的关注点是什么吗？组织是如何支持员工进行顾客服务和创新的？

附录 1A　管理的历史溯源

亨利·福特曾经说过："历史或多或少都是一种空话。"然而，他错了！历史之所以重要是因为透过它才能正确地看待当前的管理实践。我们认为，你需要了解管理的历史，因为历史能够帮助你理解当今管理者所做的事情。在这个附录中，我们将会沿着时间的脉络讨论管理理论发展中的重要里程碑。在每章的"从过去到现在"专栏中，我们都会聚焦于一位关键的人物或是一个关键的历史事件，突出其对当代管理理念的重要贡献和影响。我们相信这一方法将帮助你更好地了解许多当代管理理念的起源。

早期的管理

管理实践已经有一段很长的历史，专人负责计划、组织、领导和控制活动等有组织的管理已经存在数千年之久。不管人们当时将这些"管理者"称为什么，事实是必须要有人来履行这些职能。

公元前 3000 年~ 1776 年	1911 ~ 1947 年	18 世纪末~ 20 世纪 50 年代	20 世纪 40 年代~ 20 世纪 50 年代	20 世纪 60 年代至今
早期的管理	古典学派	行为学派	定量分析学派	现代管理学派

公元前 3000 年至公元前 2500 年

埃及金字塔表明，人类在几千年前的古代就能完成规模浩大、由成千上万人参加的大型工程。[1]建造一座金字塔需要动用 10 万以上的工人，不停地劳作 20 年，因此必须要有人来计划所要完成的工作，组织人力和物力，确保工人完成工作，并施加控制来保证一切都按计划进行。扮演这些角色的人就是管理者。

15 世纪

在威尼斯的兵工厂，军舰沿着运河航行，经过每一站都会有物料和索具添加到船上。[2]这就像一辆车沿着装配流水线流过，难道不是吗？此外，威尼斯人使用仓库和存货系统来记录物料情况，使用人力资源管理职能来管理工人队伍，以及使用会计系统来掌握收入和成本的情况。

1776 年

这不仅是美国历史上的一个重要年份，也是早期管理发展史上重要的一年，因为亚当·斯密的《国富论》一书在这一年出版。他在书中指出，组织和社会将从劳动分工（division of labor，或是工作专业化，job specialization）中获得巨大经济利益，就是把工作拆分为小范围的、重复性的任务。利用劳动分工，个人生产率能够得到大大的提高。工作专业化也一直是组织中决定如何完成工作的一种流行方式。但你将会在第 6 章中看到，这种方式也有其缺点。

18 世纪 80 年代至 19 世纪中叶

工业革命（Industrial Revolution）可能是 20 世纪之前对管理产生影响的最为重要的事件。为什么呢？因为伴随工业时代到来的是公司的诞生。随着高效率的大型工厂不断生产产品，这时就需要有人来预测需求、确保足够的原料供应、给工人分配任务等。扮演这些角色的人就是管理者！这的确是一个重要的历史性事件，原因包括：所有组织方面的问题（组织层级、控制、工作专业化等）都成为工作完成方式的一部分；管理已经成为确保企业取得成功的必要组成部分。

Transcendental Graphics/Getty Images

古典学派

从 20 世纪之交开始，管理学科逐渐发展为一个统一的知识体，这时开始发展出一些管理的规则和原则，能够在各种环境下传授和使用。这些早期的管理倡导者被称为古典管理学家。

1911 年

在这一年，弗雷德里克 W. 泰勒所著的《科学管理原理》一书出版了。在这本具有开创性的书中，他对科学管理理论进行了详尽阐述，即应用科学方法确定从事某项工作的最佳方法。他的理论被世界各地的管理者广泛接受和使用，也成就了泰勒"科学管理之父"的名望[3]（第 1 章的"从过去到现在"专栏中描述了泰勒所做的研究）。科学管理理论的其他主要贡献者还有弗兰克·加尔布雷思（Frank Gilbreth）和莉莲·加尔布雷思（Lillian Gilbreth）（时间与动作研究的早期倡导者、《儿女一箩筐》中描述的大家庭父母的原型），以及亨利·甘特（Henry Gantt）（其开发的工作进度甘特图是当今项目管理的基础）。

1916～1947 年

与泰勒主要关注单个生产工人的工作不同，亨利·法约尔和马克斯·韦伯（Max Weber）将组织实践研究的重点放在管理者的工作和构造良好管理的因素上。这个学派被称为一般管理理论学派（general administrative theory）。我们在第 1 章中曾对法约尔进行过介绍，他是第一个把管理分为五种职能的人。他进一步提出了 14 条管理原则（14 principles of management），这是适用于所有组织的基本管理规则[4]（这 14 条原则如表 1A-1 所示）。韦伯广为人知的是其对官僚科层制（bureaucracy）的描述和分析，他认为这种科层制是组织结构理想的和合理的形式，特别是对大型组织来说。在第 6 章中，我们将详细阐述这两位重要的管理学先驱。

Hulton Archive/Getty Images

表 1A-1　法约尔的 14 条管理原则

1. 工作分工　这条原则与亚当·斯密的"劳动分工"原则是一致的；专业化使员工的工作更有效率，从而提高了产出量

2. 职权　管理者必须能够发布命令，职权赋予管理者这种权力；但是，责任应当与职权相对应，凡行使职权的地方，就应当建立责任

3. 纪律　员工必须遵守和尊重组织中的督导规则，良好的纪律是有效领导的结果；对管理者与员工间关系的明确认识事关组织的规则；公平运用惩罚可以抑制违规行为

4. 统一指挥　每一位员工应当只接受来自一位上司的命令

5. 统一指导　每一个具有同一目标的组织活动，应当在同一计划下由一位管理者指导进行

6. 个人利益服从整体利益　任何一个员工个人或员工群体的利益，不应当置于组织的整体利益之上

7. 报酬　对员工的劳动必须付给公平的工资

8. 集权　集权是指下属参与决策的程度；决策的集权（集中于管理层）还是分权（分散给下属）涉及一个适度的问题，管理层的任务是找到每种情况下最适合的集权限度

9. 等级链　从最高层管理到最低层管理形成的职权直线代表了一个等级链，沟通应当按这个等级链进行传递；但是，如果遵循等级链会导致信息传递的延迟，而所有当事人都同意并通知了各自的上司，则可以允许横向交叉沟通；等级链也被称为权力线

10. 秩序　人员和物料应当在恰当的时候放到恰当的位置上

11. 平等　管理者应当诚恳和平等地对待下属

12. 人员的稳定　过高的员工离职率是低效率的；管理层应当提供有章法的人事计划，并保证有合适的人选接替空缺的职位

13. 首创精神　允诺员工自发制订和实施计划将会极大地调动他们的积极性

14. 合作精神　鼓励团队合作精神将会在组织中建立起和谐与团结的氛围

行为学派

该学派侧重于员工行为的研究。管理者如何通过激励和领导员工，取得高水平的绩效？

18 世纪末至 20 世纪初

　　管理者与他人共同完成工作。早期的一些管理倡导者已经认识到"人"对组织成功的重要性。[5]比如，罗伯特·欧文（Robert Owen）非常关注恶劣的工作条件，并设想了理想主义式的工作场所。雨果·闵斯特伯格（Hugo Munsterberg）是工业心理学的先驱人物。他建议在员工选拔中使用心理测试，将学习理论应用在员工培训中，还建议进行人的行为研究以激发员工。玛丽·帕克·福列特（Mary Parker Follett）是最早认识到应当从个人和群体行为规范的角度来考察组织的学者之一。她认为组织是建立在集体伦理而不是个人主义基础上的。

Ken Welsh/Newscom

1924 年至 20 世纪 30 年代中期

　　霍桑实验（Hawthorne Studies）为个人和群体行为的研究提供了新的见解，毫无疑问是行为学派对管理理论最重要的贡献。[6]这项研究是在西方电气公司（Western Electric）设在伊利诺伊州西塞罗的霍桑工厂中实施的，该研究最初是作为一个科学管理实验来设计的，公司的工程师希望检验不同的照明强度对工人生产率水平的影响。他们使用了控制组和实验组两组工人，希望能发现实验组中工人的个人产出与光照强度的直接相关关系。然而，令工程师吃惊的是，他们发现这两组的生产率都随光照强度的变化而变化。由于无法解释这种现象，西方电气公司的工程师邀请哈佛大学的埃尔顿·梅奥教授加入这项研究中，这项研究合作

霍桑工厂

关系一直持续到 1932 年，期间对工人在工作中的行为做了大量的实验。那么，他们得出一些什么结论呢？群体压力对个体生产率有显著的影响，而且当人们处于被观察的状态下会表现出不同的行为。学者普遍认为，霍桑实验对关于组织中人的作用的管理理念有重大的影响，这也使人类行为因素成了组织管理中的新重点。

20 世纪 30 年代至 50 年代

　　人际关系运动（human relations movement）在管理思想史上也占有重要的一席之地，因为其倡导者从来没有动摇过追求更富有人性化管理实践的坚定信念。该群体中的成员一致相信员工满意度是十分重要的，还相信一个满意度

自我实现需求

尊重需求

社会需求

安全需求

生理需求

较高的员工一定会成为一个高产出的员工。[7]因此，他们提出了像员工参与、赞扬、友好对待员工等建议以提高员工满意度。比如，亚伯拉罕·马斯洛（Abraham Maslow）是一位人道主义心理学家，因提出人类需求的五层次理论（这是一个著名的员工激励理论）而广为人知，他认为一旦某种需求得到充分满足，它就不再对行为产生激励作用。道格拉斯·麦格雷戈（Douglas McGregor）提出了 X 理论和 Y 理论的假设，这两种假设与管理者如何看待员工的工作动机密切相关。尽管马斯洛和麦格雷戈的理论从来没有得到研究的充分支持，但他们的理论还是非常重要的，因为它们是当今激励理论发展的基础。在第 11 章中，我们将对这两种理论进行更全面的阐述。

20 世纪 60 年代到现在

组织中的人仍是管理研究的关注重点。这种对员工在工作中的行为进行研究的领域被称为**组织行为学**（organizational behavior，OB）。组织行为学研究者对组织中的人类行为做了许多实证研究。在管理员工时，当今管理者所做的大部分工作（激励、领导、建立信任、团队工作、管理冲突等）都来自组织行为学的研究。对于这些相关主题，我们将在第 9 ～ 13 章中进行深入探讨。

Monkey Business Images/Shutterstock

定量分析学派

定量分析学派注重数据应用、最优模型、信息模型、计算机模拟和其他定量技术在管理活动中的应用，为管理者提供工具，降低工作难度。

20 世纪 40 年代

管理学中的**定量分析学派**（quantitative approach）（即利用定量技术改进决策）是在第二次世界大战中对军事问题用数学和统计方法求解的基础上发展起来的。战争结束后，许多曾用于解决军事问题的定量分析方法被用到商业中。[8]例如，20 世纪 40 年代中期，一个号称"天才小子"的军官小组加入福特汽车公司，并且立刻开始用统计方法改进公司的决策。在第 15 章中，我们将会介绍更多定量方法应用的信息。

Bert Hardy/Getty Images

20 世纪 50 年代

第二次世界大战之后，日本的很多组织都积极接受了由一小部分质量专家所提倡的理念，其中最有名的是爱德华·戴明（W. Edwards Deming）和约瑟夫 M. 朱兰（Joseph M.

Juran）。当这些日本制造商开始在质量上击败美国对手后，西方的管理者很快对戴明和朱兰的理念采取更为重视的态度。[9]他们的理念也成为全面质量管理（total quality management，TQM）的基础，这是一种致力于持续改进以及响应客户需求和期望的管理理念。我们将在第 15 章中更深入地阐述戴明和他的全面质量管理理念。

Richard Drew/AP Images

现代管理学派

大多数早期的管理学派侧重于管理者对组织内部的关注。从 20 世纪 60 年代开始，管理研究者开始考察组织以外的外部环境中发生的情况。

20 世纪 60 年代

切斯特·巴纳德（Chester Barnard）曾是一家电话公司的总经理，尽管他在其 1938 年出版的《经理人员的职能》（*The Functions of the Executive*）一书中就写道，组织以协作系统（system）的方式运作，然而直到 20 世纪 60 年代，管理研究者才开始重视系统理论以及它与组织如何关联。[10]系统是自然科学中的基本概念。当与组织相结合时，系统就是一组相互联系和相互依存的构件，这些构件按一定的方式组成了一个统一整体。组织以开放式系统（open system）的方式运作，这意味着组织与环境处在持续不断的相互作用之中。图 1A-1 描述了一个开放式系统的组织。为了实现既定目标，管理者必须有效率和有效果地管理系统中的各个部分。在第 2 章中，我们将会介绍更多有关内外部因素如何影响组织管理的信息。

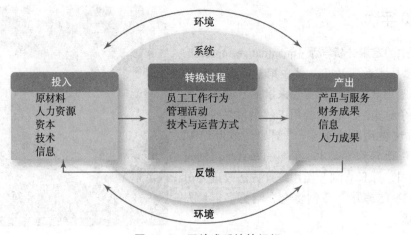

图 1A-1 开放式系统的组织

20 世纪 60 年代

早期管理学家提出管理原则时，他们通常假设这些原则是普遍适用的。后来的研究逐渐发现很多管理原则的例外情况。**权变学派**（contingency approach），有时被称为**情境学派**（situational approach）认为，由于组织、员工、所处的情境不同，组织也需要不同的管理方式。"如果……那么……"关系是描述"权变"的一种很好的方式。如果我面临的情况是这样，那么某种相应的模式是管理这一局面的最佳方法。弗雷德·菲德勒（Fred Fiedler）是早期权变理论的研究者之一，他考察了在特定情境下什么样的领导风格是最有效的。[11] 目前，研究发现的权变变量包括组织规模、工作的惯例、环境的不确定性和个体差异。

20 世纪 80 年代到现在

尽管萨缪尔·摩斯（Samuel Morse）在 1837 年发明的电报使信息时代初露曙光，然而信息技术最引人注目的变化发生在 20 世纪下半叶，并直接对管理者的工作产生影响。[12] 现在的管理者可能管理着那些在家中或世界各地工作的员工。过去，一个组织的计算机资源通常是那些放在控温房间中的大型中央处理机，并且通常只有专家才可以进入。现在，组织中的几乎每个人都可以用不超过手掌大的有线或无线设备彼此连接起来。就像 18 世纪的工业革命对管理产生的影响一样，信息时代带来的巨大变化将继续影响着组织的管理方式。信息技术对管理者如何开展工作的影响是非常深刻的，我们在几个章节中都设计了"技术与管理者的工作"专栏。

2

第 2 章

管理环境

管理偏见

组织文化无关紧要。
我在哪里工作都很快乐。

　　那些认为自己在任何类型的公司中工作都能过得很愉快的人肯定会遭遇巨大的落差！即使是那些被评为"最受欢迎的雇主"的公司，也并不见得适合于每个人工作。为了更快乐地工作，你还要找到一个与你相匹配的工作环境与公司文化。

　　假设你找到了一份让你很满意而且每天都想去上班（至少是大多数日子里）的工作，这很美好。尽管存在其他影响工作选择的因素，但是组织文化是判断员工与公司是否匹配的重要指标——我是否喜欢在这里工作？这是不是我能够很好适应并做出贡献的地方？组织文化大不相同，员工也各有特点。在本章的第二部分中，我们一起来学习什么是组织文化，以及组织文化由什么组成。而在这之前，我们还需要看看组织所面临的外部环境。

　　"强劲的外部力量正席卷全球，重塑我们的生活，同时也在创造一波新的机遇……"[1] 成功的组织及其管理者都必须理解身边剧烈的外部环境变化。为了更好地理解外部环境，我们需要聚焦于现今影响组织管理的那些重要因素。

学习目标

　　1. 解释什么是外部环境，外部环境为何重要。
　　2. 讨论外部环境是如何影响管理者的。
　　3. 定义组织文化，解释组织文化为何重要。
　　4. 对组织文化如何影响管理者做出描述。

2.1　什么是外部环境及其重要性

当今管理者所犯的最大错误之一就是未能适应变化的世界。

当冰岛的艾雅法拉火山（EyjafjallajÖkull）喷发时，谁想到这竟会导致宝马公司在南卡罗来纳州斯帕坦堡的工厂或日产汽车公司在日本的组装厂关闭呢？[2]然而，在这个全球化和相互联系的世界中，我们根本就无须对此感到惊讶。由于火山灰造成整个欧洲的飞机停飞，因此位于冰岛的轮胎压力传感器供应商不可能把传感器及时交付给宝马工厂或日产工厂。我们生活在一个"相互联系"的世界中，管理者必须意识到组织外部环境的影响。

外部环境（external environment）指的是影响组织绩效的外部因素、力量、情境和事件。如图 2-1 所示，外部环境包括几种不同的构成成分。经济环境涉及利率、通货膨胀、失业率、可支配收入、股市波动、行业周期阶段等因素。人口环境涉及人口特征，如年龄、种族、性别、教育水平、地理位置、收入和家庭构成。技术环境涉及技术或行业创新。社会文化环境涉及价值观、态度、流行趋势、风俗习惯、生活方式、信仰、口味、行为方式等社会和文化因素。政治法律环境涉及联邦法律、州法律和地方法律，以及他国法律和国际法，另外还包括一个国家的政治条件和稳定性。全球环境包括与全球化有关的事件（如火山爆发、政治动荡、恐怖袭击）和世界经济。虽然所有这些环境都可能影响管理者的决策与活动，但我们将重点审视经济环境与人口环境。

图 2-1　外部环境的构成

资料来源：Robbins, Stephen P., Coulter, Mary, *Management*, 13th Ed., © 2016, p. 73. Reprinted and electronically reproduced by permission of Pearson Education, Inc., New York, NY.

当以下事件发生时，你就知道经济环境发生了变化

- 一家像通用汽车这样的超一流公司破产了，新的管理层又把它带回盈利的轨道。
- 全球新闻报道显示，在某些国家中，通胀紧缩很可能卷土重来。
- 如今初级水平的工作也更多是"思考"导向的，并包含更复杂的责任。
- 气候变化正在重塑供应网络、制造过程和资源获取。

2.1.1　经济如何变化

在经历了几年的危机之后，美国和其他全球经济体似乎已经渡过了难关。然而，对管理者而言，在经济领域现在不是，并且未来也不是坦途。毕竟，在处理一些重要的因素，如工

作、收入、自然资源和消费品价格、股票市场估值与商业周期阶段时，管理者必须注意那些可能限制组织决策和行动的因素。这里有一个关于当今经济的某些更重要特征的简要概述，这些特征有可能影响管理者的计划、组织、领导和控制：

- 尽管生产率的提高在美国仍然缓慢，但全球生产力的放缓状况已有所缓解。生产率（一个工人一小时能生产多少）是衡量经济状况的一个重要指标。影响生产力的因素包括创新的类型和效率、工作方式的改变、技术、劳动力教育/培训/技能水平等。[3]
- 从 20 世纪 70 年代末到 2008 年，全球贸易强势增长，但之后的全球经济危机造成经济崩溃而且持续萎靡不振。一些分析人士怀疑，这是否预示着一个潜在而重大的宏观经济变化，世界经济的联系是否正变得不那么紧密。[4]
- 美国的就业人数上升了。5.5% 的失业率是 7 年来最低的。然而，不利的一面是，就业增长最强劲的是低工资岗位。[5]
- 许多美国工人（接近 700 万）找不到全职工作，只能从事兼职工作。[6]
- 许多低工资行业（餐馆、零售、仓储和其他服务）的企业都在利用兼职工人来规避医疗保健法规的影响。[7]
- 根据《纽约时报》的民意调查显示，只有 64% 的美国人表示他们仍然相信"美国梦"：努力工作，你就能获得成功和安乐。这是 20 年来最低的数字。[8]

在民意调查中，这些较低的数据可能反映出世界经济论坛所指出的，未来 10 年企业领导者面临的一个重大风险：严重的收入差距。[9]让我们简单地看一下这个问题，理解管理者不仅会受到实际经济数据的限制，还会受到社会对经济所持态度的限制。

1. 经济不平等与经济环境

哈里斯互动调查发现，只有 10% 的成年人认为，经济不平等"根本就不是问题"，大多数受访者（57%）认为这是一个严重的问题，23% 的受访者认为这是一个小问题。[10]为什么这个问题如此敏感？首先，勤奋工作并因辛勤或富有创造性而获得报酬的人一直受到认可。是的，收入差距总是存在。几十年来，在美国，富人和其他人的收入差距比其他发达国家大得多，这被认为是美国价值观和行为方式的一部分。然而，"我们对不断扩大的收入差距的容忍度可能在下降"。[11]随着经济增长失去活力，人们对任何人都能紧紧抓住机会并在繁荣时期拥有很好的机会的信仰发生了动摇，社会对不断扩大的收入差距的不满增加了。企业领导者必须认识到，这种经济背景下的社会态度对企业决策和管理企业所可能产生的约束。

最后，在关于经济环境的部分中，我们来看看在美国和全球范围内发生的一个有趣的现象——共享经济。

2. 共享经济

你听说过 Airbnb、Uber、Zipcar 还是 Snapgoods？也许你们还使用过其中一个。它们只是这类快速成长的公司中的少数几家公司，这种现象被称为共享经济（the sharing economy）。什么是共享经济？它是一种经济环境，通过点对点的服务，资产所有者与其他个人分享他们未充分利用的有形资产（如房子、汽车、服装、工具或其他实物资产），同时收取一定的费用。一些分析家还把对专业学识、技能或时间的共享也包括在内。[12]共享经济（或协作消费）背后的概念是，将未充分利用的资产有效利用。资产所有人"出租"资产，这些资产面向的对象不是需要这些资产的消费者，而是那些不愿购买这些资产的消费者。例如，Snapgoods 提供一种个人可以付费借用如相机、乐器、厨房用具等昂贵的家用物品的服务。[13] 一家名为 Kitsplit 的新创业公司已经建立了一种客户之间的分享，它把寻找包括无人机、谷歌眼镜或耳机、眼睛裂谷系统、昂贵的相机等复杂高端和高创造性的设备的消费者，和想要短期出租这些资产的制作公司、制片厂和个人之间联系起来。[14]

一些经济学专家表示，这些安排并不是真正的共享，我们可以更好地将其描述为市场调节，因为由一家公司或一项服务来负责协调消费者之间的交流。他们认为这种管理更像一种"接入型经济"，因为消费者的需求是便利地获得一种他们没有但需要使用的资产，而并不关心与资产所有者建立商业或社会关系。[15] 无论它采取什么形式或定义，这个概念很可能仍是我们经济体系的一个组成部分。

从过去到现在：管理者——是全能还是无用

管理者对组织运行到底起多大作用

在回答这个问题时，管理理论提供了两种视角：全能视角与象征视角。

管理的全能视角

- 管理者直接决定了组织的成败。
- 绩效差异取决于管理者的决策与行动。
- 优秀的管理者能预测变化，开拓机会，改进糟糕的绩效，带领他们的组织前行。
- 当利润上升时，管理者会获得荣誉与奖金。
- 当利润下降时，管理者通常会被解雇。
- 要有人（管理者）为糟糕的绩效负责。
- 这一观点有助于解释大学和专业体育教练的流动。

管理的象征视角

- 管理者影响绩效的能力受到外部因素的制约。

- 管理者对组织绩效没有显著影响。
- 绩效受到管理者几乎无法控制的因素（如经济、客户、政府政策、竞争对手的行为等）的影响。
- 管理者通过提出计划、制定决策，以及从事其他管理活动来应对随机、混乱和不确定的环境，从而象征性地实施控制和影响。
- 对于组织成败，管理者的作用有限。

在现实中，管理者既不是全能的，也不是无用的，但他们的决策和行为会受到约束。外部约束来自组织的外部环境，而内部约束则来自企业文化。

讨论

- 你认为这两种管理观点为什么重要？
- 这两种观点有何相似之处？有何差异？

另一个我们特别想谈及的外部环境是人口环境，因为人口环境的变化和趋势往往与工作场所和管理密切相关。

2.1.2　人口特征起什么作用

对管理者而言，年龄是特别重要的人口特征。

你听说过"人口决定命运"这句话吗？它的意思是，一国的人口规模和特征可能对它所能取得的成就产生重要影响。例如，专家认为，到 2050 年，"由印度和中国带领的发展中经济体将集体超越发达经济体"。像奥地利、比利时、丹麦、挪威和瑞典这些出生率低的欧洲

小国将跌出 30 强经济体名单。用于社会研究目的的人口特征对于管理者如何管理有着重要影响。[16] 这些人口统计数据（demographics）包括年龄、收入、性别、种族、教育水平、民族构成、就业状态、地理位置等，远多于政府进行人口普查时收集的信息。

年龄是特别重要的人口特征，因为在工作场所，不同年龄的群体往往在一起工作。婴儿潮一代、X 一代、Y 一代、Z 一代，也许你以前听过或见过这些术语。它们是人口研究者对美国人口的四个著名年龄群体的命名。婴儿潮一代是那些在 1946 ～ 1964 年出生的人。你之所以老是听到"婴儿潮"，是因为这一时期出生的人很多。这一代人的绝对数量意味着他们对外部环境的各个方面（从教育系统到娱乐 / 生活方式的选择，再到社会保障系统等）都有重要影响，他们已经历了生命周期的各个阶段。X 一代用于描述在 1965 ～ 1977 年出生的人。这一年龄群体被称为生育低谷一代，因为他们紧随婴儿潮，是较小的年龄群体之一。Y 一代（或 Z 一代）是由 1978 ～ 1994 年出生的人组成的年龄群体。作为婴儿潮一代的孩子，这一年龄群体在数量上也很多，因此对外部环境条件也有影响。从技术到穿衣风格，再到工作态度，Y 一代影响着组织的工作场所。[17] 接下来是最年轻的 Z 一代。尽管人口统计学家并未就 Z 一代出生年份的确切范围达成一致意见，但是大多数人认为他们是在 1995 ～ 2010 年出生的。Z 一代是一个庞大的群体，那些 20 岁以下的人共占美国人口的 25.9%。[18] Z 一代的特点之一是，它是美国任何一代人中，最为多元化、最具有多元文化特征的一代。[19] 这个群体的另一个特点是，他们的主要社交活动是通过网络进行的。他们可以在网络上自由表达自己的观点和态度。这是第一个把互联网、移动设备和社交网络融入现实的群体。[20]

Martin Meissner/AP Images

对苹果的零售店经理而言，年龄是一个重要的人口特征。公司很看重年轻一代的员工，就像这张图片中的年轻人，他们服务于德国奥伯豪森（Oberhausen）的一家苹果零售店，正在欢迎顾客。他们热情地与顾客分享自己掌握的苹果产品的技术知识。

人口年龄群体对我们研究管理非常重要，因为如果处在特定生命周期阶段的人数多，就会影响企业、政府、教育机构和其他组织的决策与行动。研究人口特征要看现在的统计数据和未来的发展趋势。未来的趋势是什么呢？

- 最近对出生率的分析表明，世界范围内超过 80% 的婴儿来自非洲和亚洲。[21]
- 到 2020 年，印度将成为最年轻的国家，国民年龄中位数将是 29 岁。[22]

- 据预测，到 2050 年，中国 65 岁以上的人口将比世界其他国家 65 岁以上的人口加起来还要多。[23]
- 在人类历史的大部分时间里，65 岁以上的人口从未超过一个国家人口的 3% 或 4%，然而到 2050 年，这个数字的平均水平可能达到 25%。[24]

试想一下上述的人口趋势将怎样影响全球组织及其管理。

2.2 外部环境会影响管理者吗

对管理者而言，了解外部环境的各种构成并研究环境的相应方面非常重要，而理解环境如何影响管理者也同样重要。我们将研究外部环境对管理者产生约束和挑战的三个方面：工作岗位和雇用、评估环境不确定性、管理利害相关者关系。

技术与管理者的工作：技术能改进管理者的管理方式吗

持续的技术进步为员工的工作方式和管理者的管理方式提供了许多激动人心的可能。技术（technology）包括提高工作效率的设备、工具或运营方式。技术产生影响的一个领域是把投入（劳动力、原材料等）转化为产出（供出售的产品和服务）的过程。过去，这种转化是由人来完成的。然而，随着技术的发展，人被电子和计算机设备所取代。从办公室里的机器人到在线银行系统，再到员工与客户互动的社会网络，技术使得产品创造、运输和服务等工作的效率更高、效果更好。

技术发挥重要作用的另一个领域是信息方面。信息技术（IT）使得工作地点不再局限于组织所在的位置。借助笔记本和台式计算机、平板电脑、智能手机、组织内网和其他信息技术工具，负责信息处理的组织成员能够在任何地点、任何时间开展工作。

最后，技术还改变着管理者的管理方式，特别是他们可以在任何时间与任何地方的员工进行互动。与外地员工进行有效沟通并确保其达到工作目标是管理者必须应对的挑战。在本书其他部分中，我们将讨论管理者如何在计划、组织、领导和控制过程中应对这些挑战。

> **250 亿！** 高德纳公司预测，到 2020 年，智能手机、智能手表、气候控制系统传感器、厨房冰箱和汽车等能连入互联网的实物器件数量将达到 250 亿。这个物联网正在改变商业世界，大大影响着全球各地的工业和社会。[25]

讨论
- 技术是使管理变得更容易，还是更困难了？解释你的看法。
- 技术为员工和管理者带来了哪些好处？产生了什么问题？

1. 工作岗位与雇用

当外部环境发生变化时，管理者面临的最大约束之一就是这种变化（不管是坏的变化还是好的变化）对工作岗位和雇用的影响。在最近的全球经济衰退中，这种约束力是明显令人痛苦的。工作岗位减少了几百万个，失业率上升到多年未见的水平。尽管状况有所改善，经济学家仍预测，在最近的经济衰退中，美国减少的 840 万个工作岗位中的 1/4 不会恢复，它们将被成长性行业中其他类型的工作所取代。[26] 其他国家也面临着同样的问题。虽然这些再调整从本质上看不是坏事，但确实给管理者带来了挑战，他们必须在工作需要与吸引足够多有适合技能的人员来完成组织工作之间达成平衡。

Flex Work 成功了！威瑞森通过组织的"志愿者"
在公司出资的客户服务网页上回答客户提出的技术问题。

外部环境的变化不但影响着可获得的工作岗位，还影响着创造和管理这些工作的方式。例如，许多雇主在需要时聘请自由职业者、专职的临时工，或找人轮岗，对于由这些人完成的任务会采用弹性工作制。有一些组织，如威瑞森公司，甚至使用组织的"志愿者"来完成工作。[27] 记住，正是因为外部环境的约束，组织才会使用这些方式。作为管理者，你必须认识到这些工作安排会如何影响你的计划、组织、领导和控制的方式。弹性工作制非常流行，也成了现今非常重要的管理方法，我们在其他章节中还会进行讨论。

2. 评估环境不确定性

外部环境施加的另一个约束在于环境中存在的不确定性，它会影响组织的绩效。环境不确定性（environmental uncertainty）指的是组织环境的变化和复杂程度。图 2-2 的矩阵描述了这两个方面。

变化程度		
	稳定	动态
复杂程度 **简单**	**第一象限** • 稳定而可预测的环境 • 环境的构成要素很少 • 这些构成要素在某种程度上是类似的，并基本保持不变 • 不需要环境构成要素的复杂知识	**第二象限** • 动态的、不可预测的环境 • 环境的构成要素很少 • 这些构成要素在某种程度上是类似的，但在不断变化 • 不需要环境构成要素的复杂知识
复杂	**第三象限** • 稳定而可预测的环境 • 环境的构成要素很多 • 这些构成要素差异很大，但基本保持不变 • 非常需要环境构成要素的复杂知识	**第四象限** • 动态的、不可预测的环境 • 环境的构成要素很多 • 这些构成要素差异很大，且不断变化 • 非常需要环境构成要素的复杂知识

图 2-2　环境不确定性矩阵

不确定性的第一个维度是变化的不可预测程度。如果组织环境的构成要素变化频繁，就是一个动态的环境。如果变化很少，就是一个稳定的环境。在稳定的环境中，没有新的竞争对手，现有竞争对手没有技术突破，压力集团没有采取行动来影响组织等。例如，芝宝公司（Zippo）最为人熟知的是芝宝打火机，它所面对的是一个相对稳定的环境，几乎没有竞争对手和技术变化。公司主要关注的外部因素可能是烟草使用量减少的趋势。相反，音乐录制行业面临着一个动态（高度不确定和不可预测）的环境。数字格式、应用软件、音乐下载网络以及歌手通过个人社交账号发布精选歌曲，这些都颠覆了这个行业，并带来了高度的不确定性。

来自世界各地的软件开发者和设计者是雅虎公司（Yahoo）宝贵的利害相关者。公司通过举办黑客活动，与这些计算机专家建立了联系。图中所示是在印度班加罗尔，这种活动可能带来技术创新。

🌐 道德观察

听说过位智（Waze）吗？这是谷歌公司的一个非常流行的实时交通软件平台，提供实时交通指导和关于交通堵塞、建筑区、速度陷阱、停滞不前的车辆和不安全的天气条件等的建议和警告。但它有一个功能让美国的执法人员非常担心。[29] 警方恳求谷歌关闭提醒司机有关警察位于附近地区的功能，他们害怕暴露自身位置后会危及安全，甚至可能危及公共安全。虽然迄今为止对警察的任何袭击和位智的使用之间并没有什么联系，但他们担心潜在的恐怖分子或警察杀手会使用这个应用平台来找到目标警官，并且认为这种事情的发生仅仅是时间问题。位智的一个新闻发言人说公司非常注意安全问题，并会与纽约市警察当局和其他机构开展合作，共享信息，保障安全。

讨论

- 这是一个道德问题吗？为什么？
- 利害相关者对这个问题最为关心什么？你认为他们会持有怎样的观点？如何使利害相关者帮助管理者采取最负责任的方法？

不确定性的第二个维度是环境的复杂性（environmental complexity），它涉及组织环境构成要素的数量，以及组织掌握的关于这些环境要素的知识。如果一个组织需要应付的竞争对手、客户、供应商或政府机构很少，或者不需要什么环境方面的知识，那么环境的复杂性和不确定性就会比较小。

环境的不确定性如何影响管理者？我们再来看一看图 2-2，每个象限都代表着复杂程度和变化程度的不同组合。第一象限（稳定而简单的环境）代表环境不确定性最低，而第四象限（动态而复杂的环境）代表环境不确定性最高。不足为奇，管理者对位于第一象限的组织绩效的影响最大，对位于第四象限的组织绩效的影响最小。因为不确定性对组织绩效有威胁，管理者必须尽可能减少其影响。如果可以选择，管理者更愿意在不确定性最小的环境中运营，不过他们几乎无法控制这种选择。如今，外部环境的特征是大多数企业正面临着更加动态的变化，环境的不确定性也在增加。

3. 管理利害相关者关系

是什么使得音乐电视网（MTV）年复一年成为年轻人喜欢的电视频道？原因之一是它明白与不同的利害相关者——观众（网络能不间断地监控目标受众的偏好）、真人秀参与者、音乐明星、广告客户、附属电视台、公共服务团体等建立关系的重要性。[28] 利害相关者关系实质上是环境影响管理者的另一种方式，这些关系越明显、越牢固，管理者对组织绩效的影响就越大。

利害相关者（stakeholders）是组织环境中受到组织决策和活动影响的群体。这些群体与组织存在利益关系，或受到组织行为的显著影响，它们反过来也会影响组织。例如，受到星巴克决策和活动影响的群体包括种咖啡豆的农民、员工、竞争对手、当地社区等，其中一些利害相关者也可能反过来影响星巴克管理者的决策与行动。组织存在利害相关者这一观点目前被管理学者和管理者广泛接受。[30]

图 2-3 指出了组织需要应对的、最常见的利害相关者。需要注意的是，这些利害相关者既包括内部群体，也包括外部群体。为什么？因为它们都能对组织做什么以及如何做产生影响。

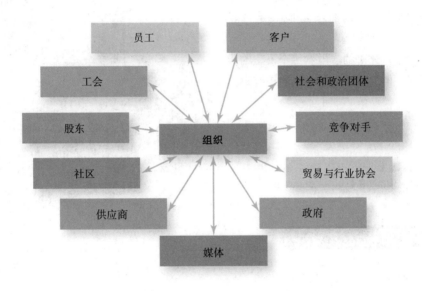

图 2-3 组织的利害相关者

为什么管理者要关心如何管理利害相关者关系？首先，它能带来令人满意的组织绩效，包括提高环境变化的可预测性、更多的成功创新、更高的利害相关者信任度、组织更具弹性，从而减少变化产生的影响。例如，当法律制定者与监管者研究修改在线隐私法律时，社交媒体公司 Facebook 把更多时间用于拜访和游说政府官员。Facebook "致力于在美国国会塑造它的形象，防止可能损害其信息共享业务的政策出台"。[31]

对利害相关者进行管理能影响组织绩效吗？答案是肯定的！研究这一问题的管理学者发现，高绩效企业的管理者在做决策时，往往会考虑所有重要利害相关者的利害关系。[32]

管理外部利害相关者关系的另一个理由是：这是应该做的"正确的"事情。因为组织依靠着这些外部群体，它们是组织投入（资源）的来源与产出（产品和服务）的出路。因此，管理者在做决策时必须考虑利害相关者的利害关系。我们将在第 3 章中更详细地讨论这一问题。

正如我们在这一节中着重说明的那样，组织和管理者都不再是"一切照常"。管理者必须做出艰难的决定，思考该如何经营管理，如何对待员工。理解外部环境的变化如何影响组织和管理经验是很重要的。我们接下来要讨论组织的内部环境，特别是组织文化。

2.3 什么是组织文化

每个人都有独特的个性，影响着我们行为和交往的方式。组织也有个性，我们称为文化。下面就是你需要了解的组织文化。

（1）文化是可感知的。文化摸不着、看不见，但员工能够依据在组织中的体验感知到它。

（2）文化是可描述的。这是指员工如何感知或描述文化，而不是他们是否喜欢它。

（3）文化是可分享的。虽然每个员工的背景或层级不同，但大家往往用相似的语言来描述组织文化。

谷歌在加利福尼亚州的总部建立了一个富于创造性和创新性的文化，你可以带着安卓超级计算机、自行车和狗去上班。

2.3.1 怎样描述文化

组织文化有 7 个维度，如图 2-4 所示。[33]

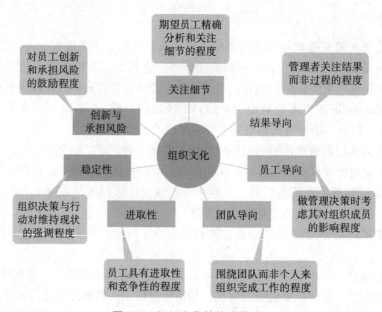

图 2-4　组织文化的构成维度

- 范围从低（不典型）到高（特别典型）。
- 提供了组织文化的构图。

  组织文化可能受某一特定的文化维度影响更大，进而影响组织个性和组织成员工作的方式。例如：

  - 索尼公司（Sony Corporation）的重点是产品创新（创新与承担风险）。公司依靠新产品开发而"生存"，而且员工的工作行为支持该目标。
  - 西南航空（Southwest Airlines）把员工视为其文化的核心组成部分（员工导向），并通过对待员工的方式塑造了这种理念。

2.3.2　文化来自哪里

文化来自哪里	员工如何学习文化
通常反映了创始人的愿景和使命	组织的故事：重要事件和人物的故事
关于组织应该是什么和价值观是什么，创始人构想出一幅图画	公司仪式：那些用于表达和强化组织重要价值观与目标的一系列可重复的活动
由于新组织规模小，创始人可以把自己的愿景"强加"给员工	物质符号或物品：设施的布局、员工的衣着、办公室的大小、提供给管理层的物质津贴、家具，等等
组织成员创造了共同的历史，他们被绑在一起成为一个共同体，并提醒他们"我们是谁"	语言：专用的缩写，用于描述设备、重要人员、客户、供应商、流程、产品的独特词汇

2.4　组织文化如何影响管理者

Hootsuite 公司的人力副总裁安布罗西亚·汉弗莱（Ambrosia Humphrey）了解组织文化的力量以及组织文化对其作为管理者产生的影响。培育和丰富公司的文化是她的首要任务之一。她通过不断创造员工体验来做到这一点，这些经历反映了一个重要的公司价值——透明度。比如说，她为全体员工组织了一个名为"问我任何事"的与公司首席执行官之间的讨论活动。她使用的另一个策略是员工"黑客马拉松"，员工聚集在一起解决问题。当然，她还将社交媒体作为她对员工、客户和社区的透明度承诺的一部分。她鼓励员工在推特上，发表他们对于在 Hootsuite 工作的看法。这些帖子包括从屋顶会议上拍摄的照片，到员工对其他员工辛勤工作的称赞，媒体报道该公司是一个很好的工作场所。[34]

组织文化通过两种方式影响管理者：影响员工的行为，以及影响管理者自身的行为。

2.4.1 文化如何影响员工的行为

> 我认为文化是护栏……你所主张的，从本质上来看就是基本
> 规则，以便让员工知道如何去做。[35]

组织文化对员工行为的影响取决于文化的强弱。相较于弱文化，强文化（strong cultures）的核心价值观根深蒂固，被广泛接受，它对员工的影响更大。接受组织核心价值观的员工越多，他们对这些价值观的信奉程度越高，文化就越强大。大多数组织都有从适中到强大的文化，也就是说，对于什么是重要的、如何定义"好的"员工行为、成功的必要条件等具有相对一致的看法。文化越强大，它对员工行为和管理者计划、组织、领导、控制方式的影响就越大。[36]

推特公司的员工对他们公司高度协作学习和开放交流的文化给予了高度评价。在这个环境中，他们能够分享解决困难问题的想法和信息。员工也很珍视工作环境，包括在旧金山推特总部的一个屋顶花园，他们可以很容易地与同事建立联系和密切合作。

在强文化的组织中，文化可能会取代指导员工的正式规则和规定。其实，强文化能够创造预见性、秩序与一致性，根本不需要书面文件。因此，组织文化越强大，管理者就越不用关心正式规章制度的制定。当员工接受组织文化时，他们就会认同这些规则，并将其融为自我意识的一部分。相反，如果组织文化弱，没有起主导作用的共同价值观，则它对员工行为的影响就不会太明显。

2.4.2 文化如何影响管理者自身的行为

> 据调查，10% 的高管表示他们还没有形成或传达组织文化。[37]

总部位于休斯敦的阿帕奇公司（Apache Corp.）是最好的独立石油开采企业之一，因为它塑造了重视冒险和快速决策的文化。该公司在招聘员工时会向应聘者提供其他企业的项目

供其分析,而是否录用取决于应聘者在这一过程中表现出来的首创精神。如果员工实现利润和产量目标,将获得丰厚的报酬。[38] 由于组织文化约束着管理者能做什么、不能做什么以及如何管理,因此它与管理者的关系特别大。这种约束是不明确的,它们没有被记录下来,甚至不太可能被说出来。但它们就在那儿,而且所有的管理者很快就会知道,在他们的组织中能做什么、不能做什么。例如,你不会发现哪里写着下面这些价值观,但它们中的每一条都来自一个真实的组织。

- 即便你不忙,也要让别人以为你很忙。
- 如果你在这儿冒险并失败了,你将会付出昂贵的代价。
- 你在做决定前要告诉你的上司一声,这样他就不会感到惊讶。
- 产品质量只需要达到竞争迫使我们达到的水平。
- 过去让我们成功的做法,未来也将令我们成功。
- 如果你想向上发展,你必须是一个有团队精神的人。

这些价值观与管理行为之间的关系是相当明确的。比如,在推崇"准备—瞄准—开火"文化的组织中,管理者会对建议项目进行无休止的研究与分析,然后着手去做,而在奉行"准备—开火—瞄准"文化的组织中,管理者会直接采取行动,然后对已采取的行动进行分析。再如,若组织文化支持这样一种信条:通过降低成本就可以提高利润,季度利润缓慢而稳定的增长符合企业的最佳利益,则管理者就不太可能推行创新性的、有风险的、长期的或扩张性的项目。如果一个组织奉行不信任员工的文化,管理者就更可能采用集权式领导,而不是民主式领导。为什么?文化为管理者确立了恰当的、预期的行为。你可以从酒店管理公司 Winegardner & Hammons 的行动中看到这一点。在这家公司里,公司领导人建立了一种"成功的职场文化",其中有四个特点:鼓励管理者创造让员工感到受到关心和重视的积极的工作环境;鼓励管理者专注于选择"合适的"员工的选拔过程;基于员工参与培训经理项目,有利于他们获得正确的技能、知识和经验,进而形成有活力的工作环境;管理者持续强化员工优势的工作环境。这种组织文化特征取得了什么效果?公司的员工流动率下降了 34%,盈利能力提高了 11%。[39] 如果管理者能多关注自己的组织文化,能认识这种文化的有关行为和预期行为,就会取得上述良好的效果。

如图 2-5 所示,文化影响着管理者的决策。组织文化,尤其是强文化,影响和制约着管理者实施计划、组织、领导和控制的方式。

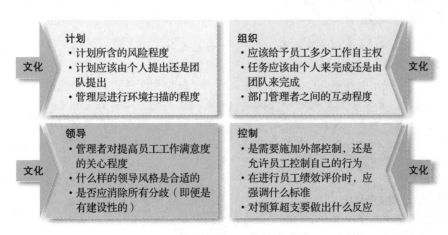

计划
- 计划所含的风险程度
- 计划应该由个人提出还是团队提出
- 管理层进行环境扫描的程度

组织
- 应该给予员工多少工作自主权
- 任务应该由个人来完成还是由团队来完成
- 部门管理者之间的互动程度

领导
- 管理者对提高员工工作满意度的关心程度
- 什么样的领导风格是合适的
- 是否应消除所有分歧(即便是有建设性的)

控制
- 是需要施加外部控制,还是允许员工控制自己的行为
- 在进行员工绩效评价时,应强调什么标准
- 对预算超支要做出什么反应

图 2-5 受文化影响的管理决策

本章概要

1 解释什么是外部环境，以及它为何重要。

外部环境指的是影响组织绩效的外部因素、力量、情境和事件，包括经济环境、人口环境、政治法律环境、社会文化环境、技术环境和全球环境等组成部分。外部环境很重要，因为它会对管理者产生约束和挑战。

2 讨论外部环境如何影响管理者。

外部环境影响管理者的方式有三种：工作岗位与雇用、环境的不确定性以及利害相关者关系的性质。

3 界定组织文化，解释组织文化为何重要。

组织文化是指共同的价值观、行为准则、传统和做事方式，它们影响着组织成员的行为方式。它之所以重要，是因为它影响着组织成员的决策、行为和行动。

4 描述组织文化如何影响管理者。

组织文化从两个方面影响着管理者：对员工做什么和如何做产生影响，对管理者的计划、组织、领导和控制产生影响。

复习思考题

2-1 管理者对组织的成败能产生多大的影响？

2-2 描述外部环境的六个组成部分，为什么对管理者而言理解这些环境要素是重要的？

2-3 经济环境的变化如何影响管理者的行为？从商业期刊中找出两三个组织活动和实践的例子，从环境变化的角度对其进行讨论。

2-4 为什么关注人口趋势及其变化对管理者而言是重要的？

2-5 环境的不确定性是什么？它对管理者和组织有何影响？从商业期刊中找出两个例子，以说明环境不确定性对组织的影响。

2-6 "企业是建立在关系上的。"你认为这句

话是什么意思？这对管理外部环境有何寓意？

2-7 组织文化是组织的资产吗？请解释。它可能成为一项负债吗？请解释。

2-8 如何形成并保持组织文化？

2-9 讨论强文化对组织和管理者的影响。

2-10 选择两家你经常打交道的企业（作为员工或客户），根据图2-4中的维度对它们的文化进行评价。

2-11 管理者怎样才能最好地应对环境的不确定性？

2-12 解释一下组织文化如何帮助组织取得成功，以及组织文化如何阻碍组织取得成功。

管理技能建设：理解文化

组织文化是一个拥有共同意愿的系统。当你理解所在组织的文化时，你就会知道它是否鼓励团队协作、奖励创新或遏制首创精神。在参加求职面试时，管理者对文化的评价越准确，他寻得"个人-组织"良好匹配度的可能性就越大。一旦进入组织，对文化的理解会让管理者知道什么行为可能得到奖励，什么行为可能受到惩罚。[40]

个人评估清单：公司文化评估

想知道一家公司的文化是什么样的吗？此个人评估清单会告诉你评估一家公司的文化所

涉及的问题。

技能基础

组织文化不同，个体也各不相同。你越能将自己的个人偏好与企业文化相匹配，就越有可能在工作中获得满足感，离职的可能性就越小，获得良好绩效评估的可能性就越大。

理解组织文化是一项重要的技能。如果你在找工作，你肯定希望找到一个文化与你的价值观一致且你在其中感到舒服的组织。如果你在做决定前能对潜在雇主的组织文化做出准

确评价，那就可能避免失败，减少做出错误决定的可能性。同样，在职业生涯中你一定会和数不清的组织进行业务来往，如销售产品或服务，就合同进行谈判，安排联合作业项目，或者是仅仅找出组织中谁在某个问题上说了算。有能力评价其他组织的文化能够为成功完成这些工作加分。

为了简化问题，我们将从求职者的角度来说明这一技能。虽然这些技能适用于很多情况，但我们还是假定你是一位求职者。下述做法能帮助你了解一个组织的文化。

- 做好准备工作。请朋友或熟人帮忙介绍在该组织中工作过的员工，与他们交谈。与该组织员工所在的专业协会的从业人员交谈。找到与这个组织打过交道的猎头公司，并与之交谈。在组织年报和其他文献讲述的故事中寻找线索。在组织的网页上寻找高流动率和管理层最近人事变动的证据。
- 观察文化的有形展示。注意标志、海报、图画、照片、着装风格、头发长短、办公室的开放程度、办公家具以及办公室的布局。
- 注意你遇到的那些人。你遇到了谁？他们希望你怎么称呼他们？
- 你会把你遇到的人归为哪种类型？正式？休闲？严肃？热情？开放？不愿提供信息？
- 研究组织的人力资源手册。手册中有正式的规章制度吗？如果有，详细程度如何？覆盖了哪些内容？

- 询问你遇到的那些人。对很多人提同样的问题（看他们的回答是否一致），往往能获得最有效、最可靠的信息。能让你了解组织流程和实践的问题包括：创始人的背景如何？现任高层管理者的背景如何？这些管理者的工作特点是什么？他们是从组织内部提拔的还是空降的？组织如何帮助新员工融入集体？有熟悉环境的正式步骤吗？有正式的员工培训项目吗？如果有，是怎么安排的？上司是如何定义工作成功的？在报酬分配上，你如何定义公平？这儿有处在"快车道"上的人吗？你认为是什么让他们上了"快车道"？这个组织中有不正常的人吗？组织是怎么对待他的？你能讲一个决策深受好评的例子吗？你能讲一个决策进展不顺利的例子吗？决策制定者承担了什么后果？你能描述组织最近发生的危机或紧急事件吗？最高管理层是怎样应对的？

技能应用

大学毕业后你做了三年的自由平面设计师，现在正应聘一家平面设计公司的业务经理。你感到任务范围和要求的技术培训远远不是靠自己就能完成的，于是打算拓展能力，去面对全新的挑战。然而，你想要确定自己与每周要为之工作 8 小时以上的组织是否匹配。写一份报告描述你将如何找到在其中感到愉快，并懂得欣赏你的风格与个性的组织。

实践练习：创造一个有趣的工作场所

公　司：快速洗车服务公司
收信人：员工关系经理米歇尔·布拉德利
寄信人：董事长亚历克斯·比利厄
主　题：创造一个有趣的工作场所

米歇尔，我那天看了一篇文章，解释一项调查的结果。该调查显示，只有 8% 的组织会利用娱乐活动来减轻员工的工作压力。这篇文章还说，研究表明从工作中获得乐趣的人更有创造性，效率更高，与他人合作得更好，而且较少请病假。我被说服了！那我们怎么开始呢？从哪儿开始呢？我们怎样才能创造一个既充满乐趣又使员工专注于工作的场所呢？请给我一份分层次的方案清单，我相信你需要就此做一些调研。那么……开心地去做吧！

注：文中提及的公司和信息都是虚构的，只是为了教学目的而设，并不是对那些同名公司的管理实践进行正面或反面的披露。

应用案例 2-1

回归本真

靶心——塔吉特公司文化。

可以说塔吉特公司事件是 11 月最大规模的信用卡黑客攻击事件。

- 这是美国历史上最大的零售违约案件。
- 破坏了 1.1 亿条客户记录。[41]

然而，即使在这次惨败之前，塔吉特公司，这个全国第二大零售商的情况也不乐观。在前首席执行官格雷格·斯汀哈弗尔（Greg Steinhafel）的领导下，公司迷失了方向。塔吉特公司本来在市场营销上做得极好，一直被视为时髦、有趣、新鲜和充满活力。[42]但斯汀哈弗尔不是那样的人。作为公司前首席财务官，斯汀哈弗尔的技能、个性和举止，体现为注重数字，而不是注重人的管理方式。

他培育的公司文化以严格的绩效衡量为导向，不再奖励与鼓励创意和新奇（想一下关于塔吉特公司吉祥物——狗的有趣的目标广告）。相反，公司买家不太愿意在最新和最独特的商品上冒风险，产品销售商被迫承担成本压力，而那些曾经使公司成为最令人兴奋的采购商之一的东西被忽视了。例如，一个使用人体模特商店的计划，在经过几个月的测试和评估之后，第一次停滞不前。[43]然后公司发生数据泄露，这件事影响了员工士气和客户信心。公司明尼阿波利斯总部的工作场所文化，进一步恶化，甚至开始废弃。

2014 年 5 月初，总部一位中层员工匿名在高客网（Gawker）就公司最高管理者斯汀哈弗尔和公司的未来发了一顿牢骚。[44]这位员工在牢骚中还指出了公司非常孤立和抵触变革的文化。[45]塔吉特公司的首席市场官杰夫·琼斯（Jeff Jones）对这个帖子做出了回应。虽然

琼斯一开始很生气，但他的回应还是诚实和率直的。他承认，在公司的文化上需要做许多工作，且对塔吉特公司的目标和定位发表了自己的真知灼见。不久之后，公司的董事会解雇了斯汀哈弗尔。这一决定在一定程度上是由于公司的文化问题和大规模的数据泄露问题造成的，但同时也有充分证据表明公司的绩效很糟糕，尤其是在加拿大分部。当公司的高层领导被给予如此负面的评价时，公司就不可能不进行必要的改变。而这些改变必须来自新领导层。

布莱恩·康奈尔（Brian Cornell）于 2014 年 8 月接任塔吉特公司的新首席执行官。自从他任职以来，公司文化上发生了重大转变。一家曾经被描述为非常孤立和抵制变革的公司现在正在转向透明、开放和变革。员工普遍认为康奈尔非常热心于客户和公司的业务。[46]这种热情不仅会传染给总部的员工，而且会影响整个组织的员工。公司员工的期望也发生了其他文化方面的变化。创新在加速，决策在简化，一些以往不可接受的行为的陈旧的文化象征正在消失。[47]塔吉特公司高管并没有低估他们面前的艰苦工作，而是通过专注于靶心的"客户"，回归塔吉特公司原来的廉价时尚之根。[48]

讨论题

2-13 首席执行官在组织文化中扮演什么角色？其他领导者和管理者扮演什么角色？

2-14 描述塔吉特公司在前首席执行官领导下的文化以及在现首席执行官领导下的

文化。

2-15 社交媒介对于塔吉特公司在管理组织文化方面有哪些好处和挑战？

2-16 你从这里的案例中看出了什么管理观点？管理是全能的还是无用的？并解释一下。

2-17 关于组织文化，你会给新的首席执行官什么建议？

应用案例 2-2

卖不完的电影票

什么可以吸引顾客去电影院？

院线行业中的竞争者希望他们已经平稳通过了由于经济衰退而带来的挑战。[49] 这几年的票房收益像是坐上了过山车：2011 年同比下降了 4%，2012 年上升了 6.1%，2013 年票房收益也上升了，不过仅仅上升了不到 1%，2014 年则又下降了大约 5%。电影的观众人数则在不断下降。

美国总共有超过 40 000 个电影大荧幕，而其中 4 个最大的连锁影院就能提供近 20 100 个大荧幕以及大量的座位。美国最大的连锁影院——帝高娱乐集团（Regal Entertainment Group，总部位于田纳西州的诺克斯维尔），拥有 7 400 多个大荧幕；第二大的 AMC 娱乐（AMC Entertainment，总部位于美国密苏里州的堪萨斯州市）拥有大约 5 000 个大荧幕，另外两个主要的竞争者是喜满客（Cinemark，总部位于得克萨斯州的普莱诺，大约有 5 200 个大荧幕）和卡麦克院线（Carmike Cinemas，总部位于佐治亚州的哥伦比亚，大约有 2 500 个大荧幕）。这些公司面临的挑战就是让观众经过重重考虑之后，做出去电影院看电影的决定。

行业分析家指出，观众想如何观看电影的不确定性是一个重要的影响因素，这很大程度上是在便利性与高质量（即专家所说的高保真体验）之间的一种权衡。观众会因贪图便利而牺牲质量，在平板电脑（iPad）等移动设备上看电影吗？他们会为了方便而降低部分质量要求，使用环绕立体声、纯平荧幕的高清家庭影院系统吗？抑或即使不方便，他们也会去拥有宽大荧幕、高质量立体音响系统的电影院，与

常看电影的人一起享受高保真体验吗？影院管理者认为，虽然移动通信设备很方便，但还不足以构成威胁，更有可能威胁影院发展的是家庭影院系统，因为其价格越来越便宜，质量也越来越"可接受"。分析家还指出，虽然不太可能取代那些放映质量更高的影院，但汽车影院正在复苏，尤其是在那些可全年开放的地方。伴随着电影屏幕越来越大，影院连锁公司也在和大屏幕电影（IMAX）公司争夺客户。由五大影院公司建造的超大屏幕的数量已经增长到几乎等同于巨幕电影地点的数量。影院连锁公司投资了这些超大屏幕，因为它可以提高票价，从而增加收入。

管理者需要应对的另一个问题是观众对去电影院看电影的感觉。一项关于消费者生活方式的调查显示，36% 的被调查者指出，成本高是他们不喜欢去电影院的主要原因，其他原因包括环境嘈杂、座椅不舒适、不方便、拥挤以及影片播放前的商业广告太多。

对影院管理者和电影制片商而言，最后一个问题就是如何积极应对非法下载问题，这与音乐录制行业类似。娱乐产品（包括音乐和视频）的网上销售量保持着两位数的增长速度。目前，最大的威胁来自 YouTube，在母公司谷歌的支持下，它已成为媒体世界中一支强大的力量。为了应对这一威胁，业内高管要求使用过滤机制以阻止非法材料上传至网站，并提出一些许可安排，以保护有版权的影片内容。但现在亚马逊公司（Amazon）和奈飞（Netflix）以及其他竞争对手，也在展示其电影实力。为了应对这种威胁，业内高管要求建立过滤机

制，以防止非法资源进入这些网站，并制定某种类型的许可安排，以便对该行业具有版权保护的电影内容提供一定的保护。

考虑了这些因素后，影院连锁公司在做什么？它们正在想方设法让电影体验更特别，如提供昂贵的观赏服务、舒适的环境（想想躺椅、毯子以及带给你的美食）、代客泊车、看孩子和加强特许权等，这些是不能复制或者无法在家里享受的。这些也是保持影院满座的方式中的一部分。

讨论题

2-18　结合图2-1，思考对连锁影院的管理者来说，最需要了解的外部环境构成要素是什么以及为什么。

2-19　结合本案例，思考连锁影院的管理者需要应对的外部环境趋势是什么。

2-20　你认为这些趋势会如何影响连锁影院管理者的决策？

2-21　你认为对连锁影院而言，最重要的利害相关者是谁？他们的利益体现在哪里？

应用案例 2-3

做 到 极 致

美捷步——优质的服务。

美捷步是排名第一的最好在线零售商，对曾在美捷步网站（Zappos.com）上买过东西的人来说，或许不会对这一排名感到惊讶。[50] 即使你不曾在其平台上购物，也很快就能知道它排名第一的原因。这不仅是因为美捷步能为顾客提供海量的商品、超快的送货以及免费退换服务，其成功的真正秘诀在于它拥有一个能让顾客感受到独一无二的优质购物体验的员工队伍。这家从1999年开始在网上销售鞋子和其他产品的公司，"付出了非凡的努力，打造出了具有强大吸引力的企业文化，为公司成功提供了明确的路径"。

公司的10条价值观是其企业文化的一部分。其中最重要的一条就是："通过服务创造WOW效应。"美捷步的员工的确为顾客提供了赞不绝口的服务。即使面临经济危机，公司仍在不断发展壮大，这正是其企业文化在起作用的明显标志。

美捷步不但在电子零售行业名列榜首，而且也是100家"最佳雇主"之一。让我们来更仔细地看一看（也可以查阅第1章应用案例1-1）。

1999年，美捷步开始在网上销售鞋子和其他产品，4年后公司开始盈利。截至2009年，其销售额已超过10亿美元。也是在2009年，美捷步被《商业周刊》评为"顾客服务冠军"，还获得北美商业促进会（Better Business Bureau）最高级别A+的认证。同年，亚马逊公司以1 000万股亚马逊股票（时值9.28亿美元）收购了美捷步。美捷步的员工分得价值4 000万美元的现金和限制性股票，并得到承诺将保留公司原有的管理团队。

2000年，谢家华成为美捷步公司的首席执行官。他致力于"营造一种鼓励搞怪和谦逊的文化"，而他本人恰恰就是这种文化的代表。在加入美捷步之前，谢家华曾是互联网广告公司LinkExchange的联合创始人之一。在那里，他亲身经历了"创建一家技术能力决定一切的企业可能产生的严重问题"。因此，他决定在美捷步推行不一样的政策。他先是邀请300名员工列出作为企业文化基础的核心价值观，并最终据此制定了10条企业价值观，推动拥有约1 400名员工的组织一直向前发展。

美捷步在企业文化上的与众不同还在于，公司意识到企业文化不只是价值观的书面清单，它必须具有活力。为此，美捷步建立了"复合人际交往网络"。在公司内，社交媒体得到广泛而自由地使用，它不仅为内部员工提供了彼此交流的平台，还维系着员工与公司顾客之间的沟通。例如，最近有人在推特上写道:"嗨,今天有人带了电吹风来办公室吗?"这样的办公室友谊有利于保持员工对公司的忠诚感。

不仅如此,美捷步每个月还会对其文化的"进展度"和"健康度"进行调查。在这些充满愉快的调查中,员工被要求回答一些其他公司不大可能提出的问题,例如:"你相信公司有比获取利润更高的目标吗?""你感受到个人对公司的重要性了吗?""你对自己的职场生涯有把握吗?""你想过把自己的同事当成家人或者好朋友一样吗?"调查结果按部门进行分解,公司往往能从中找到提升的方向并采取行动。例如,当某个月的调查结果显示,公司内某个部门"偏离航向并觉得被其他部门孤立"的时候,公司就会采取措施,让员工意识到对其他部门而言他们的工作是不可或缺的。

还有一件关于美捷步的事。为了庆祝取得的成就,公司每年都会出版一本书——《文化之书》来彰显其文化实力,因为美捷步秉承着一种信仰:正确的文化加上正确的价值观会产生最好的组织绩效。关于如何经营商业的这一理念正是美捷步这家公司的本质所在。

讨论题

2-22 找出美捷步的10条价值观,选择其中两条来解释这些价值观如何影响员工的工作行为。

2-23 结合这张企业价值观清单和图2-4,对美捷步的企业文化进行描述。你认为美捷步的文化在哪个方面非常典型?请解释。

2-24 美捷步的企业文化是如何建立的?又是如何保持的?

2-25 优秀的企业文化加上正确的价值观能造就最好的组织绩效。你对这句话有什么看法?你同意吗?为什么?

2-26 其他企业能从谢家华和美捷步的经验中得到什么启示?

第 **3** 章

综合性管理问题

管理偏见

当今的员工比过去的员工更不道德。

实际上，调查发现在工作中有不道德行为的员工比例最近下降到了一个新的水平——41%。[1] 组织一旦发现员工（也包括管理者）有不道德行为就会立刻对其惩罚甚至直接开除，并公示这样的行为是不能容忍的。大公司开始特别认真地提高它们的道德标准。例如，97% 的大公司都有自己的道德规范。

如果你依赖电视、报纸和其他媒体来形成你的感知，你可能会立刻下结论，认为现在的管理者比二三十年前的管理者更不道德。例如，在最近的 6 个月里，我们发现媒体披露了很多不道德的商业行为，包括内部交易、欺骗、贿赂、利益纷争、性骚扰、掩饰产品缺陷、滥用费用账户和环境暴力等。

但是，不要把媒体宣传与现实相混淆。你倾向于相信当前不道德行为日益增加的原因在于，更多媒体进行了大量披露，并都在竞相吸引你的注意。媒体带给读者的正是那些他们喜欢的"有趣的"丑闻。网络、电信、在线新闻、博客和报纸都在力图通过揭发下一位管理者说谎、欺骗或者幕后操纵行为来提高它们的点击率或收视率。

而对今天的管理者来说，员工的道德行为确实是一个很重要的问题。此外，管理者也在面临全球化、雇用和管理多样性的全球劳工队伍等其他重要问题。因为多样性、全球化、伦理道德 / 社会责任等每一个问题都贯穿于管理者做什么、怎么管理的各个方面，所以我们将在这一章近距离地审视这些综合性管理问题。

1. 解释全球化及其对组织的影响。
2. 讨论社会期望如何影响管理者和组织。
3. 讨论导致组织中道德行为与不道德行为的因素。
4. 描绘劳工队伍正在经历怎样的变化以及它对组织管理方式的影响。

3.1　什么是全球化及其如何影响组织

> "这就像在急诊室对伤员进行验伤分类一样。"

这就是惠普高级运营副总裁在获悉灾难性地震和海啸对日本造成的冲击之后给出的回应。[2] 在得知新闻后不久，公司就建立了一个虚拟"情报室"，以让公司在日本、中国台湾和美国的经理能立即分享信息。专家称，这种急诊室的比喻是非常合适的，因为"现代全球供应链就像是复杂生物系统的镜子……它们可以有明显的适应性和自我治愈能力。然而，有时它们却对某些并不起眼的小缺点显得非常脆弱。通常，全球货物流每天的流入与流出，都会适应各种各样的故障与周折。不过，当出现一个主要的灾难冲击时（例如，日本和新西兰的地震、冰岛的火山爆发、中东的政治动荡、印度的洪水，或者世界上任何地方的飓风、龙卷风和暴风雪），全球供应链的脆弱性都会突显出来。[3]

管理者必须要应对的一个重要问题就是全球化（回顾我们在第2章中的讨论，全球竞争市场只是外部环境的一个组成部分）。像严重的自然灾害和近几年的全球经济低迷这些重大事件，都为管理者的全球业务活动带来了极大的挑战。尽管有这些挑战，但全球化是不会消失的。国家和企业在数世纪以来，无论各种各样的自然灾害以及经济的好坏都要彼此交易。在20世纪的最后几十年，我们看到在世界各地经营的公司数量呈爆炸式增长。就业务活动而言，国家边界是甚少考虑的问题。德国公司宝马在南卡罗来纳州生产汽车，麦当劳在中国销售汉堡包。印度塔塔公司（Tata）购买了美国福特公司在英国开创的"捷豹"品牌。这些所谓的美国公司每年的大半收入都来自北美地区之外。

全球销售（非北美地区）占比：

雅芳	89%
麦当劳	63%
IBM	58%
可口可乐	56%
通用电气	52%
苹果	52%[4]

尽管世界还是一个地球村（global village，即商品和服务在世界各地生产与销售的无边界世界），但管理者在这个地球村从事业务活动的方式正在发生改变。为了在这个无边界的世界里更有效地运作，管理者需要适应已经改变的环境，也要逐渐理解与他们自身不同的文化、制度和技术。

3.1.1　"全球化"指的是什么

组织如果与其他国家的消费者交换产品和服务，就被认为是全球化了。这样的市场全球化是最普遍的全球化方式。毕竟，很多组织，尤其是高科技企业被认为是全球化组织，是因为它们从其他国家雇用管理和技术人才。其中，一个影响人才全球化的因素是移民法律和法规，管理者必须对这些法律和法规的变化有所警觉。此外，如果组织使用本国以外的资金来源和资源也被认为是全球化组织，这被称为金融全球化。[5] 也许正如所预料的那样，全球经济衰退极大地影响了全球金融资源的有效性。即使各国经济开始缓慢复苏，但是这个影响仍在全球范围内会被感知。

3.1.2 全球化组织有哪些不同类型

跨国公司（multinational corporation，MNC）是指在多个国家从事经营活动的各种国际公司。

1. 什么产品适合你

多国公司：一家多国公司把管理决策权和其他决策权都集中到业务活动所在的当地国家。

- 雇用本地员工管理业务活动。
- 根据每个国家的独有特点实施战略。
- 产品为许多消费品公司使用。

例如，美国迪尔公司（Deere）的绿色和黄色拖拉机在农业国很常见。它曾努力把它的农机设备销售到海外，其高度定制化的产品为它创造了巨大利润。

Lyroky/Alamy

2. 我们不想让人们认为我们仅仅是基于某一个地方的公司

跨国或无边界组织：一种消除人为地理障碍的组织方式。

- 母国和在哪里进行业务活动已经变得不相关。
- 在竞争性的全球市场提升效率和效果。

一款新的运动型汽车在改变着福特开发和生产汽车的方式，福特 Escape 就是用全球福特汽车的普通零部件制造而成的。

Oleksiy Maksymenko Photography/Alamy

3. 我们在总部所做的决策在公司范围以及全球范围都具有意义

全球化公司：管理决策权和其他决策权都集中在母国。

- 将全球市场视为统一的整体。
- 聚焦在控制和全球化效率上。

索尼公司在产品创新上的优势是一个传奇，如 Walkman、Handycam、PlayStation。它将全球新产品的研发和生产都置于公司总部的指导与监管之下。

Mouse in the House/Alamy

3.1.3 组织怎样全球化

当组织确实要走向全球化时，它们经常使用不同的方法（见图 3-1）。首先，管理者想用最小的投入进入全球化市场。在这一阶段中，他们会从全球筹供（global sourcing，也称全球外包）开始，就是从全球任何地方购买最便宜的原材料或雇用最廉价的劳动力，其目标是利用低成本以增强竞争力。例如，马萨诸塞州通用医疗公司雇用印度放射医师解读 CT 扫描图。[6] 进行全球筹供对很多公司来说是走向国际化的第一步。如果全球筹供能够提供有竞争力的优势，很多公司通常会继续采用这种方式。无论怎样，在当今经济危机加剧时，很多组织要重新考虑全球筹供的决定。例如，戴尔、苹果和美国运通公司恰恰是为数不多的几家缩减了离岸客户服务业务的公司。一些公司已经把生产带回母国，例如，苹果宣布计划在美国生产一些 Mac 计算机，这是近十几年来的第一次。这家公司面临着政治压力，被要求"将工作机会带回国，并且减少对一些外国分包商的依赖，那些分包商对工人有着严酷的监视"。[7] 公司正试图选择最好的地方来完成给定的工作，不论是离岸、境内还是近岸。当这种转变发生时，工作分布到世界各地，公司进行全球化以适应这种情况。[8] 当公司想要在全球化中采取进一步行动时，全球筹供的每一个后续阶段都需要更多的投入，这样公司也要承担更多的风险。

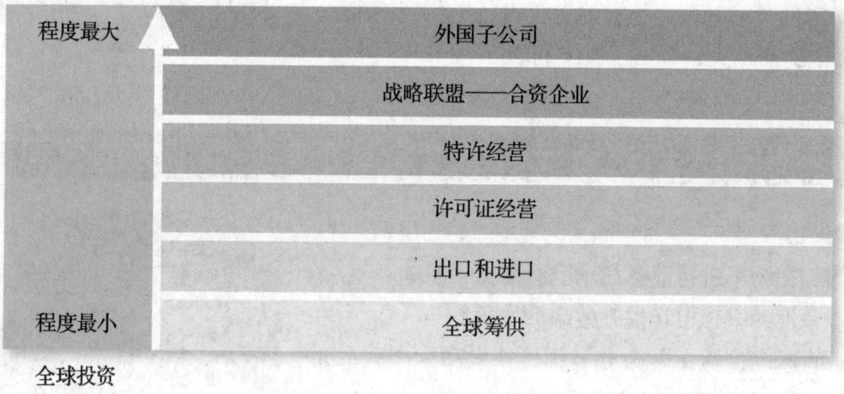

图 3-1　组织如何全球化

资料来源：Robbins, Stephen P., Coulter, Mary, *Management*, 13th Ed., © 2016, p. 106. Reprinted and electronically reproduced by permission of Pearson Education, Inc., New York, NY.

　　其次，全球化的下一个步骤也许包括将组织的产品出口（exporting）到其他国家，即在国内制造产品并销售到国外；同时，组织也需要进口（importing），即在国外进行产品制造并在国内进行销售。这两种方法伴随着最小的投资和风险，这也就是为什么很多小公司经常采用这些方法在全球从事业务活动。

　　另外，管理者也可以采用许可证经营（licensing）或者特许经营（franchising），这两种相似的方法都包括一个组织授予另一个组织使用其品牌名称、技术或者产品规范的权利，作为回报，它可以得到一次性收入或者通常是基于销售额的一定比例分成。唯一的不同是许可经营主要是由制造型组织采用，生产或者销售另外一家公司的产品，而特许经营主要是服务型组织使用另外一家公司的品牌和经营方法。例如，新德里的消费者可以享用赛百味三明治，纳米比亚人可以在 KFC 享受炸鸡，俄罗斯的人则可以消费唐恩都乐，这都是因为上述公司在这些国家和地区进行特许经营所致。此外，百威英博授权其他酿造商诸如加拿大的拉巴特啤酒、墨西哥的莫德罗啤酒和日本的麒麟啤酒来酿造与推广它的百威啤酒。

　　一旦组织做了一段时间的国际化业务，并从国际市场上得到了一些经验后，管理者也许会决定进行更多的直接投资。这样做的一种方法就是创建全球战略联盟（global strategic alliance），即组织和外国公司建立伙伴关系，并在此基础上双方共享资源和知识来研发新产品或建设生产设施。例如，本田摩托和通用电气合作生产一种新的喷气式发动机引擎。全球战略联盟的一种特殊类型是各方为了某个商业目标建立一个独立的组织，即合资企业（joint venture）。例如，惠普与全球范围内不同的供应商成立了无数的合资企业来为它的计算机设备研发不同的部件。这样的伙伴关系为公司提供了相对容易的全球化竞争方法。

最后，管理者可以选择在外国直接投资，其方法是建立国外子公司（foreign subsidiary）作为独立的工厂或办事机构。这样的子公司可以按多国组织（当地管控）或者全球化组织（集中管控）来进行管理。如同你所推测的，这种安排要求最大的资源投入，同时也会带来最大的风险。例如，美国伊利诺伊州的韦斯特蒙特联合塑料集团在中国苏州建立了三家注塑成型工厂。公司业务发展部的执行副总裁说，这样的投资规模是必需的，因为"这有利于帮助我们成为全球客户的全球供应商"。[9]

印度塔塔全球饮料和星巴克咖啡公司的高级经理宣布成立一个合资企业。这个合资企业将拥有并负责星巴克咖啡在整个印度城市的运作。塔塔星巴克公司这个新的组织，将为印度消费者提供一系列的咖啡、茶和创新饮料。

3.1.4 在全球化组织里，管理者需要了解哪些管理知识

全球化的世界（特别是在文化不同的国家进行管理工作）给管理者带来了新的挑战。[10]具体的挑战是识别可能存在的差别，并找出有效的沟通方法。

美国的管理者对于商业世界曾经有过（有些人现在仍然有）非常狭隘的观念。本位主义（parochialism）是一种狭隘的思想，带有这种思想的管理者仅以自己的眼光、从自己的角度看待事物。他们不认为其他国家的人有不同的做事方法，或者有与美国人不同的生活方式。这种观念在地球村里是不可能成功的，在今天也已不是主流的观念。改变这样的想法需要他们理解不同的国家有着不同的文化和环境。

一个持本位主义态度的人无法在今天的世界获得成功。

每个国家都有不同的价值观、道德观、风俗习惯、政治和经济体制以及法律，所有这一切都会影响企业管理的方式。例如，在美国，法律禁止雇主仅根据员工的年龄来采取对他们不利的行动，而其他国家则没有类似的法律。因此，管理者在其他国家从事业务活动时必须要了解其法律规定。

然而，对管理者而言，最重要且最难了解的差异是与一国的社会背景或文化有关的差异。例如，不同国家对"地位"的理解是不同的，在法国，"地位"是由诸如资历、教育程度等对组织重要的因素决定的；在美国，"地位"则源于个人所取得的成就。管理者需要了解在另一个国家可能会影响公司运营的社会问题（如社会地位），并认识到组织的成功有赖于

多种不同的管理行为。幸运的是，管理者从文化环境的差异研究中得到了很多帮助。

1. 霍夫斯泰德框架

吉尔特·霍夫斯泰德框架是应用最广泛的分析文化差异的方法之一。他的研究对我们了解不同国家的文化差异具有重要作用，其要点表述见下面的"从过去到现在"专栏。

从过去到现在：霍夫斯泰德框架——国家文化的 5 个维度

对文化环境差异的开创性研究是由吉尔特·霍夫斯泰德在 20 世纪 70 年代和 80 年代率先进行的。[11] 他调查了 40 个国家中超过 11.6 万名 IBM 员工的工作价值观，发现管理者及员工在 5 个国家文化维度上存在差异。

- **权力距离**。权力距离是指人们在一个国家的系统和组织里接受权力并不平等地进行分配的程度。权力距离的范围从较低（低权力距离）到极度不平等（高权力距离）。
- **个人主义与集体主义**。个人主义是指在一个国家中人们宁愿独立行动而不愿意作为群体成员行动的程度。集体主义相当于低个人主义。

- **成就与教养**。成就是指人们对自信、金钱和物质商品的获得与竞争的程度。教养是指人们重视关系与体察、关心他人幸福的程度。
- **不确定性规避**。不确定性规避是指一国的人们偏好结构性环境多于非结构性环境的程度和人们是否愿意承担风险。
- **长期导向与短期导向**。处于长期导向文化中的人们关注未来，崇尚节俭和坚持不懈，而处在短期导向文化中的人们则重视过去和现在，强调尊重传统与履行社会义务。

表 3-1 是霍夫斯泰德框架中的其中 4 个文化维度的一些显著特点，以及不同国家在这些维度上所处的等级。

表 3-1　霍夫斯泰德文化维度的例子

国家	个人主义 / 集体主义	权力距离	不确定性规避	成就 / 教养①
澳大利亚	个人主义	小	中等	强
加拿大	个人主义	中等	低	中等
英国	个人主义	小	中等	强
法国	个人主义	大	高	弱
希腊	集体主义	大	高	中等
意大利	个人主义	中等	高	强
日本	集体主义	中等	高	强
墨西哥	集体主义	大	高	强
新加坡	集体主义	大	低	中等
瑞典	个人主义	小	低	弱
美国	个人主义	小	低	强
委内瑞拉	集体主义	大	高	强

①成就分低则意味着高教养。

资料来源：Based on G. Hofstede, "Motivation, Leadership, and Organization: Do American Theories Apply Abroad?" *Organizational Dynamics* (Summer 1980): 42-63.

讨论

- 根据霍夫斯泰德关于墨西哥和美国的数据，你认为每个国家的员工：可能会对一个以团队为基础进行回报的项目有所反应；可能会审视他们自己和雇主的关系；可能会对工作流程的改变有所反应？
- 这个例子告诉你如何理解文化差异的重要性？

2. GLOBE 的研究结果

尽管霍夫斯泰德的研究为区分国家文化提供了基本框架，但这些数据已经有近 30 年的历史了。近期的一项研究计划称为**全球领导和组织行为有效性**（global leadership and organizational behavior effectiveness，GLOBE），这是一个正在进行的关于领导及国家和地区文化的跨文化研究项目。通过使用来自 62 个国家和地区超过 17 000 名经理的数据，GLOBE 研究团队（由罗伯特·豪斯主持）确定了 9 个国家和地区的文化差异维度。[12] 对于每个差异，我们指出了哪些国家和地区得分高，哪些得分适中，哪些得分低。

- **自信**是指社会鼓励人们坚强、勇敢、果断、进取而非谦虚、谨慎的程度（高分：西班牙、美国、希腊；适中：埃及、爱尔兰、菲律宾；低分：瑞典、新西兰、瑞士）。
- **未来导向**是指社会对制订计划、投资未来、推后享受等诸多未来导向行为的鼓励和回报程度（高分：丹麦、加拿大、荷兰；适中：斯洛文尼亚、埃及、爱尔兰；低分：俄罗斯、阿根廷、波兰）。
- **性别差异**是指社会最大限度地利用性别角色差异的程度（高分：韩国、埃及、摩洛哥；适中：意大利、巴西、阿根廷；低分：瑞典、丹麦、斯洛文尼亚）。
- **不确定性规避**。诚如霍夫斯泰德具有划时代意义的研究所定义的，GLOBE 研究团队将其定义为团队社会成员为了降低未来事件的不确定性而依赖社会规范及程序的程度（高分：澳大利亚、丹麦、德国；适中：以色列、美国、墨西哥；低分：俄罗斯、匈牙利、玻利维亚）。
- **权力距离**。与在过去的研究一样，GLOBE 将其定义为社会成员对权力分配不均的接受程度（高分：俄罗斯、西班牙、泰国；适中：英国、法国、巴西；低分：丹麦、荷兰、南非）。
- **个人主义 / 集体主义**。仍与过去的研究相似，它被定义为社会制度鼓励人们融入组织和社会内部群体的程度（高分：希腊、匈牙利、德国；适中：中国香港、美国、埃及；低分：丹麦、新加坡、日本）。
- **小群体主义**。与注重社会惯例相反，它是指社会成员以自己能够加入到某一小群体而感到自豪的程度，比如家庭、好朋友圈和供职的机构（高分：埃及、中国内地、摩洛哥；适中：日本、以色列、卡塔尔；低分：丹麦、瑞典、新西兰）。
- **绩效导向**。它是指社会鼓励和奖励团队成员提高业绩和追求卓越的程度（高分：美国、中国台湾、新西兰；适中：瑞典、以色列、西班牙；低分：俄罗斯、阿根廷、希腊）。
- **人本导向**。它是指社会鼓励和奖励人们公正、无私、慷慨、友爱和仁慈地对待他人的程度（高分：印度尼西亚、埃及、马来西亚；适中：中国香港、瑞典、中国台湾；低分：德国、西班牙、法国）。

GLOBE 的研究进一步证明霍夫斯泰德的维度依然有效，并且扩展了其研究而非取而代之，GLOBE 的研究为衡量国家文化差异提出了更多新的维度指标。人类行为和组织行为的跨文化研究可能会越来越多地采用 GLOBE 维度指标来评估不同国家和地区间的差异。

3.2 社会对组织和管理者有什么样的期望

这是一个非常简单但可能改变整个世界的想法。

每卖出去一双鞋子，就会有一双捐赠给需要的儿童。这就是 TOMS 鞋业公司的商业模式。CBS 真人秀节目《极速前进》（*The Amazing Race*）的选手、TOMS 鞋业公司的创始人布莱克·麦考斯基（Blake Mycoskie）2006 年来到阿根廷时感慨道："看到很多孩子因没有鞋穿而使他们的脚遭受着伤害。"他很受感触，希望能做一些力所能及的事情。那正是 TOMS 鞋业公司现在所做的事情：把商业与慈善结合在一起。目前，公司捐赠的鞋子已超过 350 万双，而这也是 TOMS 品牌成功的核心要素。

社会对组织和管理者有什么期待呢？这似乎是一个难以回答的问题，但是布莱克·麦考斯基并不觉得如此。他认为社会期待组织和管理者能够负责任、有道德。然而，就如同我们在安然、伯纳德·麦道夫投资证券、美国南方保健以及其他臭名昭著的公司财务丑闻报道中所看到的，管理者并非总是负责任或有道德的。

3.2.1 组织如何表现其社会责任行为

很少有术语像社会责任那样有如此众多的定义，其中较常见的含义包括利润最大化、超越单纯获利、自愿行为，以及对更大社会系统的关心。[13] 一方面是经典的或纯粹经济的定义，即管理的唯一社会责任是利润最大化[14]；另一方面是社会经济的观点，认为管理的责任不只是获取利润，还包括保护和提升社会福利。[15]

我们所说的社会责任（social responsibility），也被称为**企业社会责任**（corporate social responsibility，CSR），是指企业除了承担法律和经济责任外，还以一种对社会有益的方式行事。请注意，这个定义假定企业遵守法律和追求经济利益，同时也将企业视为一种道德力量。在企业努力去做对社会有益的事情时，它一定会分清正确与错误的行为。

如果我们把社会责任与另外两个相似的概念加以比较，就能更好地理解社会责任。**社会义务**（social obligation）是指企业因负有承担某些经济和法律责任的义务而要从事的社会行为。它遵循法律规定的最低要求，而追求社会目标是因为这有助于它达到其经济目标。**社会响应**（social responsiveness）是企业为响应一些普遍的社会需求而从事的社会行为。这些企业的管理者受到社会规范和价值的指引而对他们的行为做出一些实际的、符合市场导向的决策。[16] 当一家美国企业符合联邦污染标准或者安全包装法规的规定时，它就是在履行社会义务。然而，若这家美国企业为员工提供现场儿童看护设施，或者使用环保纸包装产品，是由于该企业双职工父母和环保主义者提出了这些社会问题并要求采取相应的行动措施，则它所做的就是对这些要求的社

意大利智高（Chicco）婴儿护理产品制造商 Artsana，投资于社会责任组织，以此帮助意大利和世界上最贫穷地区需要帮助的儿童。智高公司名为"幸福在心间传递"的全球项目，旨在治疗儿童心脏病，这也符合其"让孩子快乐，给他们带去微笑"的品牌使命。

会响应。至少根据我们的定义，在许多企业中，它们的社会行为大概更应该理解为社会响应而非社会责任。不过，此类行为仍然对社会有利。社会责任从道德上要求企业去做那些使社会变得更好的事情，而不做那些使社会变得更糟的事情。

3.2.2 组织应当承担社会责任吗

管理者经常会遇到涉及社会责任问题的决策。

20 世纪 60 年代，社会激进分子开始质疑企业把经济效益作为唯一的经济目标，这时，企业社会责任的重要性开始显现。直至今天，人们对企业是否应当承担社会责任仍有许多争论（见表 3-2）。然而，尽管有争论，但时代在改变。管理者经常会面临带有社会责任特征的决策：慈善事业、定价、员工关系、资源保护、产品质量和在不同制度环境的国家做生意，这些只是一部分而已。为了妥善处理这些问题，管理者需要重新考虑包装设计、产品的循环使用、环境安全措施、外包决策、国外供应商措施和员工政策等。

表 3-2　赞同和反对企业社会责任的观点

赞同企业社会责任的观点	反对企业社会责任的观点
公众期望 公众舆论支持企业追求经济和社会目标 长期利润 承担社会责任的企业往往会有更为稳定的长期利润 道德责任 企业应当负起社会责任，因为承担责任就是做正确的事情 公众形象 企业可以通过追求社会目标来创造令人赞赏的公众形象 更好的环境 企业参与可以帮助解决棘手的社会问题 减少政府管制 如果企业有社会责任感，政府就可以减少管制 责任与权力的平衡 企业拥有很大的权力，因此需要承担同样的责任来平衡这些权力 股东利益 从长期看，社会责任感会提升企业的股价 拥有的资源 企业拥有的资源可以支持需要帮助的公共项目和慈善项目 预防胜于惩治 企业应在社会问题变得严重和解决代价很高之前处理这些问题	违背利益最大化原则 企业只有在追求其经济利益的前提下才能称得上具有社会责任感 淡化目标 追求社会目标淡化了企业的主要目标——经济生产率 成本 许多社会责任行为不能覆盖其成本，因此，必须有人来承担这些成本 过多的权力 企业已经拥有了许多权力，如果再追求社会目标，它们将会拥有更多权力 缺乏技能 企业领导者缺乏解决社会问题的技能 缺乏明确的责任 社会责任行动没有直接的责任范围

看待这个问题的另一种方式是承担社会责任是否会影响公司的经济绩效，这方面已经有了大量的研究。[17] 虽然大多数研究发现存在微小的正相关关系，但是依然不能得出一般性的结论，因为这些研究显示这一关系受到很多因素的影响，如公司规模、行业、经济环境和环境规制。[18] 另一些研究者也在质疑这个因果关系。如果某项研究显示社会参与和经济绩效呈正相关关系，那也不能肯定这是社会参与造成的高绩效。因为这也可以简单理解为高利润使公司可以"奢侈地"承担社会责任。[19] 不能轻视这些看法。实际上，一项研究发现，即使这些研究中有瑕疵的实证分析是"正确的"，社会责任对公司财务绩效的影响也是中性的。[20]

另一项研究发现，企业参与同组织中主要利害相关者无关的社会活动时，会对股东价值产生负面的影响。[21] 即使对这些都有考虑，在重新分析若干研究之后，一些研究者得出结论，认为管理者可以（而且应该）承担社会责任。[22]

3.2.3　什么是可持续性，它为什么如此重要

全球最大零售商变得"绿色"

- 每年 4 822 亿美元的收入；
- 220 万名员工；
- 11 400 多家商店。

可持续性目标：

从供应链中消除 2 000 万吨温室气体，相当于每年在路上减少 380 多万辆汽车。

是的，我们说的正是沃尔玛。考虑到沃尔玛的规模如此巨大，它可能是提到可持续性时，你能想到的最后一家公司。然而，沃尔玛一直在坚持提升它的可持续性努力。实际上，它最近宣布重新使用或再利用它在美国商店和其他美国运营部所产生的 80% 以上的废品。[23] 公司的这一行为表明，可持续性已经变成了管理者的主流话题。

我们在第 1 章中介绍了可持续性，讨论了在今天的组织中重塑管理的因素。在此重新提一下：我们把可持续性定义为通过将经济、环境和社会机会融入其战略来实现其业务目标和增加长期股东价值的公司能力。[24] 各组织正在扩大其责任范围，不仅要以讲求效率、效果的方式进行管理，而且还要从战略上应对广泛的环境和社会挑战。[25] 正如沃尔玛的管理者，他们发现以更可持续性的方式来运营一个组织将意味着管理者在追求企业目标时必须和众多利害相关者进行全面的沟通，了解他们的需求，并充分考虑经济、环境和社会等方面的因素，在此基础上形成他们的经营管理决策。

75% 的工作场所至少有一个可持续的实践措施。[26]

实践可持续性的想法影响着经营管理的各个方面，从产品和服务的创造、使用，再到消费者接下来的处置。遵循可持续性的实践，也是组织展示它们社会责任承诺的一种方式（可参见本章应用案例 3-2）。在今天的社会里，许多人正在失去对企业的尊重，很少有组织能够承受名声不好的压力或者被视为缺失社会责任时所造成的潜在损失。管理者也希望被视为是有道德的，这是我们接下来要讨论的主题。

3.3　什么因素决定道德或者不道德行为

- 佛罗里达一家法律公司的员工，在公司管理者进行审计时将他们手中掌握的房地美公司（Freddie Mac）和房利美公司（Fannie Mae）丧失抵押赎回权的数千个文件进行了修改并将它们藏了起来。[27]
- 巴黎的一个法官裁定法国兴业（Societe Generale）银行前金融交易员杰罗姆·科维尔（Jerome Kerviel），在引发一系列的交易丑闻中有罪，为他所在的公司带来了严重的金

融问题。科维尔辩称，他的公司只关注了他的交易方法带来的问题，却没有看到带来的巨大利润。[28]

- 国家足球联盟最终在联邦法院的文件中承认，他们预计将近 1/3 的退休球员会产生长期的认知问题，而且产生这一问题的球员将呈现显著年轻化趋势。[29]

你可能会对这三个不相关的故事之间的联系感到好奇。每当你听说此类行为和行动时，你也许会认为企业都是不道德的。虽然情况未必如此，但管理者确实面临着道德问题和道德困境。

道德（ethics）通常是指一套定义正确和错误的行为规则或者原则。[30] 然而，我们有时很难确定某种行为到底是对还是错。大部分人认为违法的事情也是不道德的。但是有争议的"合法"领域或者严格的组织政策又如何呢？例如，你管理的一名员工因为一项紧急任务而整个周末加班，你告诉他迟些时候再休息两天，并将这两天登记为"病假"，因为公司有明确的政策规定不论什么原因加班都没有报酬。[31] 这是不是错误的？作为管理者，你将如何处理这样的情况？

3.3.1 用什么方式审视道德

为了更好地理解管理道德涉及的知识，我们首先需要了解有关管理者如何做道德决策的三个不同观点。[32] 道德功利观（utilitarian view of ethics）是指仅根据结果或者后果做出决策的一种情形。功利观的目的是按最大的数量提供最大的好处。道德权利观（right view of ethics）是指人们关注尊重和保护个人自由与权利，包括自由选择权、隐私权、信仰自由、言论自由等。按照这种观点进行道德决策是相对简单的，因为这种观点的目的是避免干扰可能会受这个决策影响的人们的权利。最后，道德公正观（theory of justice of ethics）是指个人公正无私地实施和执行规则。例如，管理者可能会利用公平理论对拥有相似能力、绩效或者相同责任的员工支付同样的工资，而不是按照性别、性格或者个人喜好来随意支付工资。这种观点的目的是在做决策的时候保持平等、公平和公正。

管理者（或员工）的行为道德与否将取决于几个因素。

这些因素包括个人的品德、价值观、个性和经验、公司文化以及所面临的道德问题。[33] 如果缺乏强烈道德感的人受到规则、政策、职位描述或者强大的文化规范约束，则其犯错的可能性会大大降低。例如，假如你们班上的一名同学偷了期末考试的试卷，并以 50 美元的价格卖出其复印件。你需要在这次考试中考好，要不就会有不及格的风险。你怀疑班上有些同学已经买了试卷，这样的话就会影响你的考试成绩，因为教授是以全班的成绩曲线来评分的。你会因害怕不买就会吃亏而去买一份试卷吗？你会拒绝买试卷而尽全力去考试吗？又或者，你会将你所知的情况报告给老师吗？期末考试的例子说明了道德概念的模糊是如何给管理者造成问题的。

3.3.2 管理者如何鼓励道德行为

参议院指控华尔街公司高盛集团（Goldman Sachs）在房地产市场衰落的时候欺骗它的

员工，参议员约翰·麦凯恩（John McCain）说："我不知道高盛集团是否做了不合法的事情，但毫无疑问它的行为是不道德的。"[34] 你不得不质疑公司管理者在做出如此有问题的道德决策和行为时，他们在想什么、做什么。非常明显，他们不是在鼓励道德行为。

技术与管理者的工作：数据分析的道德问题

每次你点击 Facebook 上的任何内容，在谷歌上搜索，在亚马逊上购买任何东西，或者在 Instagram 上发布任何内容时，关于你的数据都正在被这些企业收集。随着技术的发展，企业可以通过消费者在任何时候访问某个网站的记录，在社交媒体上所发的帖子，进行信息搜索，或者通过在网上购物的记录来分析其消费习惯。此外，企业收集和分析数据不仅仅只在外部网站进行。《华尔街日报》上的一篇文章讨论了某些公司如何分析关于员工的各种各样的数据，试图找出谁有可能离开公司。[35] 由于员工离职给公司带来金钱和时间成本，公司希望早做准备，这样管理者就可以在员工尤其是优秀的员工，决定离开前采取行动。

统计学家和数据科学家对缺乏道德准则的大数据研究和分析，尤其是对于在网上进行的分析表示担忧。难道因为我们拥有技术，可以收集大量的可量化信息，并可以通过高度复杂的数据处理加以分析，我们就可以这样做吗？组织（管理者）可以这样做吗？当人们发现 Facebook 对随机挑选的超过 50 万名用户进行正面或负面的新闻反馈加以操纵，以观察他们的情绪是如何在社交媒体上传播的时候，人们被激怒了。但 Facebook 并不是唯一一个操纵和分析用户数据的组织。谷歌、雅虎、亚马逊和其他公司，也在"改善用户体验"的幌子下，操纵和分析这些数据。[36] 数据分析技术本身是无道德风险的，它既不好也不坏。但是在如何使用这项技术的过程中，就会出现道德问题。

讨论
- 怎么理解"数据分析的技术本身是没有道德风险的"这句话？
- 管理者怎样才能合乎道德地使用大数据？

> 如果管理者真的鼓励道德行为，那么他们有很多事情是可以做的。

做什么呢？他们可以雇用高道德标准的员工，建立道德规范，树立榜样，将工作目标与绩效评估联系起来，提供道德培训以及为面临道德问题的员工采取保护措施等。只通过员工自己，这些行动并不能产生多大的影响。但是，如果组织实施一个全面的道德计划，它就可能改善自身的道德氛围。然而，这里的关键词是：可能。一个设计完好的道德计划并不能保证所想要的结果。有时，公司的道德计划更多的是一种公关指导，对管理者和员工影响甚小。例如，安然通常被认为是公司不法行为的"典范"，在它的年报中标示出了很多被认为是道德伦理的价值观，例如沟通、尊重、正直、卓越。然而，高层管理者的行为完全没有体现出这些价值观。[37] 我们接下来讨论管理者鼓励道德行为和建立综合道德计划的三种方式。

1. 道德规范

道德规范是旨在减少员工有关什么符合道德或什么不符合道德的模糊认识的常用方法。[38] 道德规范（code of ethics）是阐述组织期望管理者和非管理者遵从其主要价值观与道德规则的正式文件。理想的道德规范应当很具体，在应当做什么方面可为组织成员提供指导，但同时又给他们留足自由判读的余地。研究表明有 10 000 名员工规模的组织，97% 有书面的道德规范。即使在小一点的公司，此比例也接近 93%。[39] 道德规范在全球范围内越来越流行。全球道德研究所的研究表明，共同的价值，如诚实、公平、尊重、责任感和关心是为全世界所普遍接受的。[40]

这些道德规范是否有效很大程度上取决于其管理者是否支持，是否将这些道德规范深植于公司文化之中，以及个人如果违反了这些道德规范会受到怎样的对待。[41] 如果管理者认为这些规范非常重要，并且定期重申这些内容，自己也遵守这些规范，公开谴责违规者，道德规范就能成为有效的公司道德计划的坚实基础。[42]

2. 道德领导

2011 年，蒂姆·库克被任命为苹果公司的首席执行官。尽管苹果公司是一家非常成功的公司，但是它被一些人视作贪婪的资本主义的缩影，不关心自己的产品是如何制造的。在商业道德方面，库克被誉为 100 位最有影响力的人物之一，他提高了公司对供应链伦理和合规问题的关注。苹果公司成为第一家加入公平劳动协会的科技公司，这意味着公司现在可以在供应链中审查公司的劳工实践。此外，在最近与投资者和记者举行的年度股东大会上，库克受到了一位来自保守派的发言人的挑战，要求他解释公司的可持续性努力如何符合股东的最大利益。他直言不讳地表示，苹果公司不仅仅是为了盈利，而且提出"希望世界因我们苹果公司而变得更美好"。[43]

符合道德的商业运作要求管理者有所承诺。为什么？因为他们是坚持共同价值观和文化基调的人。管理者必须在言行上，更重要的是在行动上符合道德。例如，如果管理者将公司的资源为己所用，滥用他们的费用支出，或者给朋友好处，他们就相当于在暗示这样的行为对所有员工来说都是可以做的。

在为员工树立道德榜样时，你所做的远比你所说的重要得多。

管理者也通过奖励和惩罚来建立规则。选择谁将得到奖励，用什么来奖励促进并强化了传递给员工的信号。正如我们前面所说，当一个员工在处理一个模糊的道德问题中取得了好的结果并得到奖励时，这就暗示这样的行为对其他员工来说是被接受的。当一个员工做出不符合道德的行为时，管理者必须加以惩罚并将结果公示以告诫组织中的每一个成员。这个措施传递了一个信息，即犯错误是有代价的，不符合道德的行为并不是员工的最大利益所在。表 3-3 展示了做一个符合道德的领导者的建议。

表 3-3　做一个符合道德的领导者

- 做一个符合道德、诚实的好榜样
- 经常说实话
- 不要隐瞒或者操纵信息
- 愿意承认自己的错误
- 通过日常交流将你的价值观传递给你的员工
- 强调组织或者团队中重要的共同价值观
- 使用奖励机制让每个人对价值观负起责任

3. 道德培训

雅虎使用一个现成的在线道德培训模块进行道德培训，但是员工认为那些用于阐明不同观念的情境并不符合雅虎的实际，而且对多为年轻员工的全球化公司而言显得过于美国式和中年化。所以，该公司改变了它的道德培训方式。新的道德培训模块更加人性化和强调互动，而且有更多这个行业的真实情境。这个 45 分钟的培训模块涉及公司的行为规范和可用资源，有助于员工更好地理解。[44]

就像雅虎一样，越来越多的组织开始开设课程、讲座和相似的道德培训项目以鼓励符合道德的行为。这些培训项目并非没有争议，争议的焦点在于道德是否可以被传授。批评者强调，这种努力是毫无意义的，因为人们的价值观在年幼时就已经形成。而支持者却认为，很多研究显示年幼之后的学习有助于价值观的形成。此外，他们举例说明，教授道德问题的解决方式可以改变道德行为，[45] 而且培训可以帮助提升个人的道德水平。[46] 最后，道德培训可以增强企业的道德问题意识。[47]

Charles Platiau/Reuters

欧莱雅的主席和首席执行官让 – 保罗·阿根（Jean-Pau Agon）在言行中致力于践行其业务活动的道德信念。他以身作则，希望所有的管理者和员工都能仿照其道德行为，并将道德准则体现于欧莱雅所有业务活动中，从而与公司的客户建立信任关系。

3.4   当今员工队伍状况以及它对组织管理方式的影响

> 很神奇，你可以在米高梅集团的任何一个酒店大堂听到各种不同的语言。因为顾客来世界各地，这正是公司工作场所中多样性的反映。

米高梅集团实施了一个项目，即最大限度地将组织中的每个人百分之百地包括进来。[48] 在各国以及全球的工作场所中，我们都能看到这种多样性，而且这些场所中的管理者正在寻求不同方法来评价和发展这种多样性。

3.4.1   什么是工作场所多样性

环顾一下你的教室（或者你的工作场所），你很可能看到年轻的 / 年老的、男的 / 女的、高的 / 矮的、白色皮肤的 / 黑色皮肤的、蓝色眼睛的 / 棕色眼睛的、各种各样的种族、各种类型的穿着。你可以看到有的人在课堂上讲话，有的人集中注意力在记笔记，或者有的人正在做白日梦。你是否注意到你所在的小世界中的多样性？你们中的许多人是在一个多元个体的环境中成长的，而其他人或许并没有这样的经历。我们将聚焦于工作场所中的多样性，首先来看看什么是工作场所多样性。

多样性是近 20 多年来最流行的管理主题之一。它和现代管理问题中的质量、领导力、商业伦理等齐名。即使很流行，它也是最具争议且最难懂的主题之一。[49] 基于其民事合法权利与社会公平，多样性常常会涉及人们的态度和情绪反应方面的问题。从传统上看，多样性是人力资源部门所使用的一个术语，并常常与公平雇用、歧视、不平等联系在一起。但是，今天多样性的用途已经更为广泛。

我们将员工队伍多样性（workforce diversity）定义为组织中人们之间的不同之处和相似

之处。注意，我们的定义不仅聚焦于员工之间的不同之处，也聚焦于员工之间的相似之处。这强化了我们的理念，即管理者和组织应该通过了解员工之间的相似之处以及不同之处来审视和区分他们。这并不意味着这些不同之处不重要，而意味着管理者要重视并找到与全体员工建立密切联系的方式。

3.4.2　工作场所中有哪些多样性类型

多样性是今天工作场所中一个宽泛而重要的问题。我们在工作场所中所发现的多样性类型有哪些呢？图 3-2 列举了几种工作场所中的多样性。

1. 年龄

人口年龄是工作场所发生变化的主要关键因素。近 8 500 万婴儿潮中的许多人仍然在工作，管理者必须确保这些员工不会因年龄而受到歧视。1964 年的《美国民事权利法案》第七款和 1967 年的《美国就业年龄歧视法案》都禁止年龄歧视。后者还限制在一定年龄实行强制性的退休政策。除了遵守这些法律，组织还需要一些计划和政策来保证其年长的员工得到公平公正的对待。

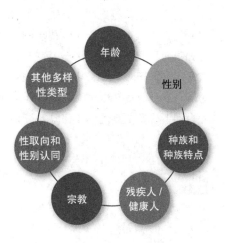

图 3-2　工作场所中的多样性类型

2. 性别

现在的工作场所中男女差不多各占一半，女性占 49.8%，男性占 50.2%。[50] 然而，性别多样性问题在组织中仍然存在。这些问题包括性别报酬差距、职业生涯的起步和发展，以及对女性员工能否同男性员工一样完成其工作的误解。对管理者和组织而言，挖掘出男性和女性能够带给组织的优势以及他们在为组织做贡献时所面临的障碍等都是很重要的。

3. 种族和种族特点

种族以及不同种族之间的人们如何对待对方这个问题，在美国和世界其他地方都有很长和很具争议性的历史。种族和种族特点是组织多样性中的一个重要类别。我们将种族（race）定义为人们用来识别自身的生物遗传（包括诸如个人的肤色以及相关的生理特征）。大多数人都将自己归类到某个种族群体，这样的种族分类是一个国家文化、社会和法律环境的组成部分。**种族特点**（ethnicity）和种族相关，但是它指的是为人们所共享的社会特点，例如一个人的文化背景或他所忠于的文化背景。

美国人口的种族和种族特点多样性一直在以指数级速度增长。这在劳动力构成方面也是一样的情况。大多数关于工作场所中种族和种族特点多样性的研究主要集中在招聘决策、绩效评估、报酬和工作场所歧视方面。管理者和组织需要将种族与种族特点问题作为有效管理工作场所多样性的关键点。

4. 残疾人 / 健康人

对身有残疾者来说，1990 年是一个不一样的年份，这一年美国出台了《美国残疾人法案》

（ADA）。该法案禁止歧视残疾人并且要求雇主配置合理的设施，使残疾人便于进入他们的工作场所，并能有效地完成工作。这个法案实施之后，残疾人成为美国工作场所中一个具有代表性的组成部分。

道德观察

吸烟者和肥胖者，特别是在工作场所中，这两组人群经常被讨论和提到。一项调查发现：大多数美国人称如果雇用员工，他们不会对肥胖者（79%）和吸烟者（74%）有任何不同的对待。然而，大多数美国人（60%）称为吸烟者设置更高的健康保险是公平的。大多数美国人（57%）称为肥胖者设置更高的健康保险是不公平的。

讨论

- 这两类员工在工作场所中会遇到什么样的道德问题？
- 作为管理者，你怎么处理这些问题？

要有效管理工作场所中的残疾员工，管理者需要创造和维持让员工感到舒适的环境。一些法律规定的优惠政策让残疾人可以完成他们的工作，但是管理者也要意识到这对于非残疾员工的公平性。这是管理者需要面对和平衡的问题。

5. 宗教

汉妮·汗（Hani Khan）是一个大学二年级的学生，曾经在旧金山的霍利斯特（Hollister）服装店担任过三个月的存货管理员。[51] 一天，主管要求她取下头上戴着的头巾，她戴头巾是因为她是一名伊斯兰教的教徒。主管认为她戴头巾触犯了公司的"着装原则"（规定员工的服装、发型、化妆和首饰）。她出于对宗教的忠诚拒绝了主管的要求，一个星期后她被解雇了。像其他许多穆斯林女性一样，她提出工作歧视诉讼。Abercrombie & Fitch（霍利斯特的母公司）的一位发言人称："如果有任何一家 Abercrombie 会员公司根据 Abercrombie 政策来认定宗教冲突……那公司将与这家会员公司一起努力以寻求解决办法。"

《美国民事权利法案》第七款禁止宗教歧视（包括种族和种族特点、来源国和性别）。然而，美国宗教歧视的诉讼数量一直在增加。[52] 为了协调宗教多样性，管理者需要认识和了解不同的宗教以及它们的信仰，特别要关注不同的宗教有些什么特定的假日。若能协调好，企业将会从中受益。如果可能的话，企业应按照某些方式对待有特殊需求的员工，而且要使其他员工并不觉得这是"特殊对待"。

6. 性取向和性别认同

GLBT 是男同性恋（gay）、女同性恋（lesbian）、双性恋（bisexual）以及变性者（transgender people）四个单词首个字母的组合，它被更广泛地应用于与性取向和性别认同相关的多样性中。[53] 性取向曾经被称为"尚可接受的偏见"。[54] 我们想强调的是，我们并不赞成这个观点。这个评估只是指出大多数人理解的种族和种族特点分类是"无限制的"。不幸的是，关于贬损男同性恋和女同性恋的评论并非很少听

Jane Hobson/Alamy

在高层管理团队中增加性别多样性是索迪斯（Sodexo）公司的首要问题。索迪斯是一家全球食品和设备管理服务公司。索迪斯拥有最具潜力的天才，例如索迪斯在英国和爱尔兰的 CEO 黛比·怀特（Dabbie White），开展了培训、管理、女性网络和可视工作评估等工作。

到。美国联邦法律并没有禁止员工性取向的歧视，但是一些州法案禁止此类歧视。然而，在欧洲，平等就业法要求所有的欧洲联盟成员国立法禁止对员工的性取向加以歧视。[55] 即使这一进展是为了让男同性恋和女同性恋在工作场所中更受认可，但很明显还有很多事情需要去做。一项研究发现，超过 40% 的男同性恋和女同性恋员工表示他们在工作中因为自己的性取向而遭受不公平待遇，升职受阻或者公司迫使他们辞职。[56]

　　根据我们在这一小节中讨论的大多数多样性类型，管理者需要知道如何更好地处理 GLBT 员工的需求。他们需要回应此类员工的问题，同时也要为全体员工创造一个安全和有创造力的工作环境。

7. 其他多样性类型

　　正如我们之前所说，多样性是指任何在工作场所中可能出现的不同和差异。

　　管理者面临并必须处理的工作场所的其他多样性类型包括：社会经济背景（社会阶层和收入相关因素）、来自不同的职能领域或者组织单元的团队成员、外表吸引力、肥胖 / 苗条、工作资历或者智力能力。这些多样性类型也会影响员工在工作场所中的待遇。同时，管理者需要确保所有员工（无论在相同点上还是在不同点上）受到公平对待，并给予他们机会和支持，使其能够把工作做到最好。

3.4.3　组织和管理者如何应对员工队伍的变化

管理者的挑战：员工工作和个人生活之间的模糊不清。

　　由于组织无法脱离员工而开展业务，管理者必须适应员工队伍中正在发生的一些变化。他们也正在对员工工作 - 生活平衡计划、非固定工作和承认年龄间的代际差异方面做出回应。

1. 组织如何帮助员工平衡工作与生活

　　20 世纪六七十年代，普通员工要从周一一直工作到周五，每天的工作时间是八九个小时，工作场所和时间都是明确指定的，而今天大多数员工已经不再如此。员工越来越多地抱怨工作与非工作时间之间的界线越来越模糊，由此带来了不少冲突和工作压力。[57] 有许多原因导致员工工作与个人生活的界线变得模糊。第一，全球化组织的出现意味着员工的世界里已经没有了"睡觉"的字眼。例如，任何一天的任一时刻，都有数以千计的卡特彼勒（Caterpillar）员工在世界的某地工作。由于需要为相隔 8 ～ 10 个时区以外的客户提供咨询服务，这意味着全球化企业的员工必须一天 24 小时随时"待命"。第二，随着通信技术的发展，员工可以在家里、汽车里或者在塔希提岛的海滩上工作。这使得许多从事技术性工作或专门职业的人，可以在任何时间、任何地点开展工作，但这往往也意味着无法逃避工作。第三，由于经济衰退时，组织不得不裁减部分员工，"幸存的"员工就不得不延长工作时间。第四，组织要求员工工作更长时间。员工每周工作超过 45 个小时不足为奇，有些人的工作时间更是长达 50 多个小时。第五，更少的家庭只由一个成员工作负担家计。如今，多数已婚员工都是双职工夫妇，这使得他们越来越难以抽时间去履行对家庭、配偶、小孩、父母及朋友的承诺。[58]

有更多员工感受到，工作正在更加挤占他们的个人生活时间，他们对此很不高兴。当今先进的工作场所必须适应多样性员工队伍的不同需求。作为回应，许多组织提供了家庭亲和福利（family-friendly benefits），这种福利提供一系列广泛的选择方案，保证员工的工作有更多的灵活性，满足他们工作－生活平衡的需求，还引入了诸如现场托儿服务、夏令营、弹性工作制、工作分享、学校休假、远程办公和兼职就业方案。值得注意的是，年轻人对家庭更为看重，对工作则较为看轻，他们希望组织能给他们更多的工作灵活性。[59]

云计算公司思杰（Citrix）的员工通过灵活的工作方式和工作安排来平衡工作与生活。思杰公司给员工自主决定工作的方式、时间和地点的权力，允许他们用自己的设备工作，自主选择在家还是在办公室工作。

2. 非固定工作

"企业希望能够拥有根据需要招之即来挥之即去的员工队伍。"[60] 尽管这句话可能会让你震惊，但事实上员工队伍已经从传统的全日制工作转向非固定劳动力（contingent workforce），比如兼职、临时工、合同工（可以根据需要租用）。在当今经济中，许多组织已经通过将全日制的固定工作转为非固定工作而对此做出回应。据预测，在下一个 10 年结束之际，非固定劳动力的人数将会增长到约占劳工队伍的 40%（现在是 30%）。[61] 实际上，一位薪酬与福利专家认为："越来越多的员工需要在这种模式下构建他们的职业生涯。"这其中可能也包括你！[62]

这种现象对管理者和组织有什么影响呢？由于非固定劳动力不是传统意义上的"雇员"，对他们的管理也存在一些特有的挑战和期望。管理者必须认识到，由于非固定劳动力缺乏像全职员工那样的稳定性和安全性，他们可能对组织缺乏认同感，也难以富于承诺或动力。管理者可能要在实践和政策上区别对待非固定劳动力，然而若能进行良好的沟通和领导，组织的非固定劳动力也可以像固定员工一样成为组织的宝贵资源。今天的管理者必须认识到，他们的重要职责是激励组织的整个员工队伍，包括全职员工和非固定劳动力，并使他们承诺做好工作。

3. 代际差异

管理代际差异是一种独特的挑战，特别是对婴儿潮一代和 Y 一代来说更是如此。从着装、技术到管理风格各方面都可能出现冲突和不满等问题。

首先，合适的办公着装应该是怎样的？这个答案可能取决于你问的人，但更重要的是取决于工作的类型和组织的规模。为了适应代际差异中对适当着装的不同理解，关键在于灵活性。比如，当员工不与组织以外的人交往时，随意一点的穿着（有一定的限制）是可以接受的。

其次，技术方面呢？Y 一代是在 ATM 机、DVD、手机、电子邮件、短信、笔记本电脑和互联网中成长起来的，当他们需要一些他们没有的信息时，只需通过几个按键就可以得到。他们愿意通过虚拟会议的方式来解决问题，而婴儿潮一代则期望能够通过人与人面对面召开会议的方式来解决重要的问题。婴儿潮一代常抱怨 Y 一代不能专注于一项任务，而 Y 一代则认为同时进行多项任务并没有错。同样，灵活性和相互理解将是使他们一起富有效率和富有效果地工作的关键。

最后，在对待管理风格方面呢？ Y 一代希望上司有开放的态度，而且是各自领域的专家（即使他们不精通技术）、组织者、导师、培训者、向导；不是独裁或者家长式作风；尊重他们这一代；理解他们对工作 - 生活平衡的需求，经常提供反馈；用生动而有说服力的方式进行沟通；提供新颖的激励和学习经验。[63]

由于 Y 一代员工在知识、热情和能力等方面能为组织提供很多帮助，管理者必须充分认识和理解这个群体的行为，营造一个富有效率、富有效果和没有破坏性冲突的工作环境。

本章概要

1 解释全球化及其对组织的影响。

当组织与其他国家的消费者进行产品和服务的交换时，或者利用了国外管理人员和技术员工的能力时，或者使用了本国以外的融资渠道和资源时，这类组织往往被认为是全球化的。企业走向全球化往往被称为跨国公司。一家跨国公司可能会以多国公司、全球化公司、国际公司等方式来运营。当企业走向全球时，它们往往会开始将全球采购转向出口或进口，使用许可证经营或特许经营，建立全球战略联盟，或者设立外国子公司。在全球范围内开展业务时，管理人员需要充分认识到政治、法律和经济体制的不同，但最大的挑战是对不同国家文化的理解。霍夫斯泰德的文化维度研究和 GLOBE 模型是管理者可以使用的跨文化分析框架。

2 讨论社会期望是如何影响管理者和组织的。

社会期望管理者和组织是负责任的、有道德的。一个组织的社会参与可以从社会义务、社会响应、社会责任的视角评判。通过大量分析，研究者认为管理者可以（而且应该）承担社会责任。对管理者和组织而言，可持续性已经变成了一个重要的社会议题。

3 讨论导致组织中道德和非道德行为的因素。

我们可以通过道德功利观、道德权利观或者道德公正观三个视角来审视道德问题。一个管理者的行为是否符合道德主要看他的品德、价值观、个性和经历，组织的文化，以及面对的道德问题。管理者可以通过雇用高道德标准的员工，树立榜样，将工作目标与绩效评估联系起来，提供道德培训以及为面临道德问题的员工采取保护措施等方式鼓励道德行为。

4 讨论员工队伍的变化及其对组织管理方式的影响。

员工队伍表现出日益多样性的特点，其他趋势包括年龄、性别、种族和种族特点、残疾人 / 健康人、宗教、性取向和性别认同。组织和管理者需要通过工作 - 生活的平衡计划、非固定工作以及承认年龄间的代际差异来对不断变化的员工队伍做出反应。

复习思考题

3-1　地球村这个概念是如何影响组织和管理者的？

3-2　描述全球化组织的不同类型和组织进行全球化的不同方式。

3-3　霍夫斯泰德的文化环境研究有什么管理意义？ GLOBE 研究呢？

3-4　社会责任、社会义务和社会响应有哪些不同点和相同点？

3-5　什么是可持续性？组织该如何实践可持续性？

3-6　管理者如何根据三种不同的道德观来进行道德决策？

3-7　讨论管理者鼓励道德行为的具体方式。

3-8　什么是工作场所多样性？它对管理者而言为什么如此重要？

3-9　描述工作场所中的六种多样性类型。

3-10　描述并讨论组织和管理者适应员工队伍变化的三种方式。

3-11　为什么对组织而言，对多样性的界定非常重要呢？

3-12　你如何看待管理者为塑造长期道德行为的最佳选择：是制定一个书面的道德规范并结合道德培训，还是拥有一个强有力的道德领导？并进行阐述。

管理技能建设：建立高道德标准

道德包含我们用于判断对错的准则和原则。虽然很多组织有了正式的道德规范指导管理者与员工的决策和行为，但个人还是需要建立自身的道德标准。如果管理者要成功领导他人，他们需要看起来真诚和有道德。

个人评估清单：领导道德评估

组织需要来自所有员工，尤其是管理者的道德领导。在这份个人评估清单中，你会看到在你的职场行为中，你在道德上投入了多少心思和努力。

技能基础

你要想在自己的领导下使员工更有道德，必须关注你能做什么，以及你的组织能做什么。以下是一些如何做到这一点的建议。

你能做什么

- 了解你的价值观。什么对你很重要？你的底线是什么？
- 行动前先思考。你的行为会伤害到别人吗？你背后的动机是什么？你的行为会危害你的声誉吗？
- 考虑所有的后果。如果你做了错误的决定，将会发生什么？每一个决定都会有后果，你必须确定自己考虑了这些后果。
- 应用"公众测试"（publicity test）。如果当地报纸的头版或者当地电视新闻详细描述了你的行为，你的家人和朋友会怎么想？
- 征求他人的意见。从你所尊重的人那里询问意见，利用他们的经验，倾听他们的看法。

你的组织能做什么

- 建立正式的道德规范。组织应该在正式的道德规范中建立它们的道德标准和政策，并将这个规范广泛地告知所有员工。
- 建立道德文化。组织应该公开奖励高道德标准的员工，公开惩罚有不道德行为的员工。
- 确保管理者成为道德榜样。员工从他们的直接领导和上级领导那里寻求线索判断什么是可接受的行为、什么是不可接受的行为。管理者应该是正面的道德榜样。
- 组织道德工作坊。员工应该参与常规道德培训以强化高道德标准的重要性，理解组织道德规范并允许员工认清他们所认为的"灰色地带"。
- 提出道德行为的建议。组织应该使员工接触到高层管理者并与之单独商讨道德问题。
- 保护举报不道德行为的员工。组织应该有一个制度可用来保护举报不道德行为或其他不良后果的员工，因为他们的举报令人不快。

资料来源：Based on L. Nash, "Ethics without the Sermon," *Harvard Business Review* (November-December 1981): 78-92; W. D. Hall, *Making the Right Decision: Ethics for Managers* (New York: John Wiley, 1993); and L. K. Trevino and K. A. Nelson, *Managing Business Ethics: Straight Talk about How to Do It Right* (New York: John Wiley, 1995).

技能应用

组建4～5个人的团队。复印一份你们大学的行为规范。你们这个小组中有多少人知道这些行为规范？你们中有多少人读过它？评估这个行为规范的政策。你有没有对这个规范中的任何条款感到不舒服？为什么？你觉得这个行为规范在多大程度上约束了学生和老师的行为？如果它并不是那么有效，你该如何完善？

请向全班同学展示你们小组的发现。

实践练习：全球扩张

公 司：德莱尼环境服务公司
收件人：桑迪·伯克，运营总监
发件人：J. 德莱尼，总经理
主 题：全球扩张

桑迪，我们需要开始寻找拓展全球市场的机会了。在圣安东尼奥，我们已在提供环境咨询和设计服务方面取得了成功，而且我相信以我们的经验，我们可以给拉美市场（尤其是墨西哥）提供很多服务。

请研究一下进入墨西哥市场时我们可能面临的潜在问题。请把调研集中在：文化差异；

当前的货币汇率及其过去三年的变化；任何需要我们注意的法律或是政治环境方面的问题。因为这仅仅是一个初步分析，所以请把你的报告控制在一页纸的篇幅之内。

注：文中提及的公司和信息都是虚构的，只是为了教学目的而设，并不是对那些同名公司的管理实践进行正面或反面的披露。

应用案例 3-1

野村控股和雷曼

文化耦合的挑战

日本证券公司野村控股（Nomura Holdings Inc.）的高管发现，在全球范围内开展业务并不总是那么容易的。[64] 在雷曼兄弟母公司寻求破产保护后，野村证券收购了雷曼兄弟的国际业务，这一行动给公司增加了约 8 000 名非日本员工。对于野村证券来说，加强其全球扩张战略的时机似乎正当其时。然而，自收购以来，两个组织之间的文化和业务差异一直是公司发展主要的绊脚石。耦合两种不同的文化需要在不同组织并购时付出加倍的努力，特别是如果跨国并购中的关键资产是被收购的组织的员工时，这一点就变得更具有挑战性了。

高管薪酬问题、公司决策的速度和对待女性的问题都使员工在工作场所中产生了焦虑情绪。例如，在野村证券为新员工举办的初期培训中，男女被分开。这些女性中的许多人都曾在如哈佛大学等著名大学获得学位，她们学会了如何留头发，如何泡茶，如何根据季节选择衣服。公司对女性的着装规定也有严格的解释。来自雷曼兄弟的女性被告知要去掉头发上的装饰，袖子不要低于二头肌中部，还要避免穿颜色鲜艳的衣服。几个女员工因其穿着"不

合适"而被从交易大厅送回家。她们其中的一个说："公司说我穿着短袖不合适，所以把我送回家，但是我明明还穿了件夹克。"野村证券的一位发言人表示："着装规范登载在公司内部网上，旨在确保客户和同事不会因为着装问题感到不舒服。"

雷曼兄弟的银行家还表示，他们发现，获得交易批准的过程"比起在雷曼兄弟时更为缓慢和困难"。此外，在雷曼兄弟，大部分客户是按他们支付的费用来分类的。而在野村证券，更多的重点被放在其他因素上，比如关系的长久程度。野村证券的银行家则表示，他们的新同事过于乐意为了快速获利而抛弃忠诚的客户。

为了平息对公司的各种质疑，野村证券试图耦合这两种文化。公司向欧洲和除日本以外的亚洲各办公室都派遣了许多不同国籍的人。此外，该公司还提拔了一些非日本籍员工担任高管。"为了减少该公司以东京为中心的特征，全球投行业务负责人山源弘美（Hiromi Yamaji）搬到了伦敦工作，全球股票主管松田直树（Naoki Matsuba）搬到了纽约工作。"在 2010 年 3 月以前，野村证券的执行委员会成

员都是日本人。然而，为了让公司更为全球化，一位雷曼兄弟前高管和印度本地的外国人杰斯·博泰（Jasjit "Jesse" Bhattal）被提升为委员会成员。野村证券的副总裁兼首席运营官柴田拓美（Takumi Shibata）说，对于全球化业务，管理也需要全球化。但两年后，由于无法获得东京高层对全球批发银行业务进行全面改革的支持，博泰辞去了野村证券最高外国高管的职务。

讨论题

3-13　在这个案例中，你认为野村证券和雷曼兄弟之间存在什么明显的文化差异？

3-14　你认为野村证券全球经营的行为特征是什么？具体描述一下。你是否看到任何证据表明这种变化？

3-15　对日本和美国进行一些文化上的研究，比较一下这些文化特征，有什么相似点和不同点？这些文化差异是如何影响野村证券的发展的？

3-16　野村证券的管理者能做些什么来支持、促进和鼓励员工的文化意识？阐述一下你的看法。

3-17　你怎么看"对于全球化业务，管理也需要全球化"这句话？在你看来，野村证券做到这一点了吗？阐述一下你的看法。

应用案例 3-2

重视可持续发展

这肯定是有史以来最方便的产品之一，特别是对于那些希望能更快喝到咖啡（茶或其他热饮）的消费者而言。胶囊咖啡机（Keurig K-Cup）是由约翰·西尔万（John Sylvan）在1992年发明的。和其他创新者一样，西尔万在寻找更好的方法以满足消费者的这一诉求。对他而言，这就是他找到的一种更好的方法，以一种可定制和简单的方式提供每天三四十杯咖啡。[65] 有趣的是，Keurig 在荷兰语中是整洁的意思，这一咖啡机和它无处不在的 K 型杯子相当整洁。与传统的咖啡壶相比，单口咖啡机是一种非常有效和方便的替代品，或者它可以免去人们每天早上上班路上停下来买一杯咖啡的麻烦。[66] 然而，西尔万没有预料到的是：一方面这种方法的普及程度惊人；另一方面则由于这种流行，单一咖啡豆荚所产生的浪费量同样惊人。

如今，几乎 1/3 的家庭，都有一台豆荚咖啡机。这些豆荚的销售额构成了制造这些豆荚的公司的绝大部分收入，也促成了绿山咖啡公司（Keurig Green Mountain）的成功。公司的目标是每个柜台都有它的咖啡机，每个场所都有咖啡饮料。[67] 公司正在通过与可口可乐公司的合作，朝着其饮料的全面覆盖目标迈进。2015年年底，该公司开始销售一种名为"Keurig Cold"的机器，用来售卖可口可乐的各种品牌产品。澎泉思蓝宝集团（Dr Pepper Snapple group）最近也在就绿山咖啡公司具有风味选择功能的新机器签约合作。[68] 虽然这些机器很受欢迎，而且方便，但它有一个更令人不安的特点：需要不断购买更多的 K 型杯子。这种被设计成一次性使用的杯子，在2014年销售了98亿个。这些 K 型杯子因其不可回收性，给垃圾填埋场造成了很大的压力。这98亿个 K 型杯子可以环绕地球12圈以上。[69]

环保人士批评该公司在创造和销售可回收的产品方面反应迟缓，而这并不是不可能完成的任务。例如，当 K 型杯子的设计专利于2012年到期时，其他公司推出了一款可完全进行生物降解和可回收的一次性杯子。为了进一步突显可持续发展问题，2015年年初有人匿名在 YouTube 上传了一段名为"杀死 K 型杯子"的视频。这一视频严厉地谴责该公司，在以一种"根本无法维持"的方式继续制作咖啡，这是一种极端浪费和不负责任的行为。[70] 后来发现视频的制作者是新斯科舍省哈利法克斯的一家生产公司。公司的员工曾经喜欢绿山咖啡公司的咖啡机，直到他们开始注意到产生了越来越多的丢弃的 K 型杯子。尽管加拿大的回收利用工作做得很好，但是仍难以处理这些废弃的 K 型杯子。

公司是怎么回应的呢？首席可持续发展官

莫妮克·欧迅得（Monique Oxender）说公司也不满意这些杯子带来的消极影响。2014 年，该公司承诺在 2020 年前创造一种完全可回收利用的 K 型杯子。而批评者对 2020 年的目标提出了质疑，认为用 5 年来继续填埋垃圾时间过长，并且指出，由于塑料的类型，用于 K 型杯子的塑料永远不可能被完全回收利用。在其年度可持续发展报告中，绿山咖啡公司描述了其为强化全球公民意识和可持续发展领导力所做的努力。[71] 也有其他人表示，尽管 K 型杯子遭到强烈抗议，但咖啡机及这些一次性杯子还是有一些可持续性方面的好处。例如，相较于需要保持"运作"的状态以维持咖啡的温度的咖啡壶，这种咖啡机更节省电力。此外，可以证明这样做比碾磨方式提取咖啡更为有效，因此也节省了资源。其他制作方法可能会使用更多的水来冲泡咖啡，在这种情况下咖啡豆实际上可能尚未完全利用就被倒入下水道了。所以，尽管"环保意识从来不是坏事"[72]，但在这件事上，批评者的反应是否过度了？

讨论题

3-18 你在这个案例中看到了哪些全球性问题？你看到了哪些道德和社会责任问题？

3-19 批评者对这种情况反应过度了吗？你认为绿山咖啡公司的管理者是否在以最好的合乎道德的方式处理这一问题？他们还能做什么来体现其道德感和责任感？

3-20 公司提出的行动方案被描述为什么更恰当？社会义务、社会反应还是社会责任？请阐述一下你的看法。

3-21 你认为"环保意识从来不是坏事"的说法是什么意思？

3-22 你从这个案例中学到了哪些关于可持续性和业务活动的经验教训？

应用案例 3-3

从上到下

专业的服务公司因其人才而兴衰。

在普华永道会计师事务所（Pricewaterhou-seCoopers，PwC）实行多样性管理是最重要的。[73] 该公司在多样性方面的努力使其在《多样性管理》（*DiversityInc*）杂志公布的多样性公司 50 强榜单中位居榜首。那么，什么样的公司会被认为是在多样性管理方面排名第一的公司呢？我们首先要从公司的高层说起。

普华永道的主席与高级合伙人鲍勃·莫里茨（Bob Moritz）是多样性管理的坚定支持者，他说："组织要实现可持续的全球性增长，多样性管理是关键。"莫里茨之所以推崇多样性是因为他的个人经历。当他还是一个年轻的专业人士时，他作为外国人在日本生活了三年。他回忆道："当你在国外或在一个没人说自己母语的国家，或者因为你是一个外国人，被出租车深夜拒载时，你会有不同的感受。"另外，他的团队里有法国人、澳大利亚人、英国人和日本人。他很快意识到，来自不同文化的人处理问题的方法不同，因而他的方法不一定就是正确的方法，肯定也不是唯一的方法。因此作为公司高管，他认识到要使公司在今天的全球经济中取得成功，有一种能吸引和留住不同人才的、具有包容性的文化至关重要。

普华永道已经执行了若干个多样性项目和新方案。公司在 2003 年任命了第一位首席多样性执行官（CDO）。和很多组织一样，这一职位最初放在人力资源部。但现在，首席多样性执行官直接向莫里茨报告——信赖和责任使得这一职位变得更重要了。普华永道首席多样性执行官职位的另一件趣事是它采用轮值制，也就是说，由合伙人轮流担任，每两年一换。玛利亚·卡斯塔隆·莫茨（Maria Castanón Moats），一位审计合伙人，最近被任命为首席多样性执行官。

普华永道在多样性方面的另一项努力是技能开发。像普华永道这样的专业化服务公司的成败取决于员工的技能。普华永道把"寻找、聘用与提拔最优秀、最聪明的员工，尤其是来自被忽视的群体的那些人"放在优先位置。为了吸引这些杰出的多样性人才，公司向员工提供了诸多令人羡慕的利益。因为在专业化服务公司工作可能很艰苦、要求很高，所以普华永道想方设法为员工提供工作/生活的灵活性，让员工可以应对个人生活和职业方面的挑战。它提供的利益包括托儿津贴、带薪亲子假、提供或介绍保姆、现场宗教协调、福利报酬，以及为所有美国合伙人支付平衡税。

最后，普华永道多样性管理的关键是它的"世界级"导师项目。导师由高级员工担任，向经验不足的员工（被称为徒弟）提供帮助和支持。尽管一半以上的师徒配对都是跨文化的组合，但莫里茨还要求普华永道的 2 500 名合伙人"有意识地提高徒弟团队的多样性程度"。对合伙人的部分评估基于他们对徒弟的支持和投资。然而，普华永道并非仅仅期望员工知道如何去辅导，它创造了一个成功的支持工具包，包括指导方针、推荐读物以及其他内部资源。该工具包中最重要的部分是：合伙人通过导师项目与员工分享其个人经验的真实案例视频。

讨论题

3-23　人口趋势可能会如何影响普华永道这样的专业化服务公司？它应该做些什么来适应这些趋势？

3-24　为了适应更具多样性的大学毕业的应聘者，普华永道面临哪些挑战？

3-25　公司常常面临如何在培训后留住多样性员工的困境，为了留住多样性员工，普华永道可以做些什么？

3-26　你认为普华永道的导师项目有哪些优势，可能有什么不足？

3-27　普华永道的首席多样性执行官轮值制是一种不寻常的做法，你认为这一安排有何优缺点？

PART² 第二篇

计 划

4

第 章

决策基础

管理偏见

决策的好坏
应由结果来评判。

一个好的决定应该由过程来判断，而不是看取得的结果。在某些情况下，一个好的决定会导致不好的结果。作为决策者，你可以控制这个过程。但在现实世界里，可能会有你无法控制的因素对结果产生不利影响。过程正确并不总是能带来理想的结果，但是它增加了实现理想结果的可能性！

在组织的不同层次和领域中，管理者要做出大量常规或非常规的、或大或小的决策。这些决策的总体质量事关组织的成败。无论是要成为一名成功的管理者还是一名有价值的员工，你都需要了解决策。在这一章中，我们将了解决策的不同类型，决策是如何被制定的，阐明一些影响决策质量的偏见和错误，以及讨论管理决策制定面临的当代问题。

学习目标

1. 描述决策过程。
2. 解释管理者用于决策制定的三种方法。
3. 描述决策类型和管理者面临的决策情境。
4. 讨论群体决策。
5. 讨论管理决策制定的当代问题。

4.1　管理者如何决策

管理者如何在业务活动中实施新的想法？通过大量的决策，这就是方法。当在新英格兰和中大西洋地区的一家购物中心连锁餐厅贝图斯（Bertucci's）想要创办一个更具时尚吸引力的分连锁店时，从提出概念到开业，管理者花了 9 个月的时间做出了大量的决策。当然，管理者希望能够证明所做出的是好的决策。[1]

每周 40 小时：公司认为人们要成为强有力的决策者要花费的时间。[2]

决策通常被描述为在不同的方案中进行选择，但这种观点显然过于简单了。为什么呢？因为决策是一个过程，而不是在多种方案中进行选择的简单活动。图 4-1 描述了决策过程（decision-making process）的 8 个步骤。从识别问题开始，到选择能解决问题的方案，最后结束于评价决策的效果。这一过程既能运用于诸如"你如何度假"这样的决策之中，也能运用于联合包裹服务公司（United Parcel Service）的管理者关于处理组织未来盈利问题的种种决策之中（参阅本章应用案例 4-1），还能应用于个人决策以及组织决策之中。下面我们将运用一个与我们密切相关的简单例子——购车决策，详细考察决策过程，了解决策过程的每个步骤需要做什么。

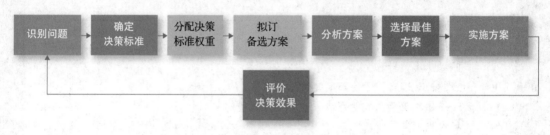

图 4-1　决策过程

4.1.1　什么是决策问题

步骤 1　决策过程始于对问题（problem）的识别，或者更为具体一些，问题就是现实与理想状态之间的差异。[3]以美国辉瑞制药有限公司（Pfizer）的某销售经理为例，她将大量时间用于交通上，在过去几年中花费近 6 000 美元用于汽车维修。现在，这辆汽车的发动机坏了。据估算，修车是不经济的，而且公共交通也不是很方便。这样就产生了一个问题：在该经理需要一辆能跑的汽车和目前这辆不能使用的汽车之间存在着矛盾。

识别问题是重要的……而且具有挑战性！[4]

在上述例子中，坏了的发动机已经给了该经理一个明确的信号：她需要一辆新车，但是很少有问题这么明显。在现实世界中，大多数问题并不像霓虹灯广告牌所显示的那样清楚。问题的识别是主观的，而且错误地解决某一不正确问题的管理者与那些无法正确识别问题且未采取任何措施的管理者的表现都同样的糟糕。管理者如何意识到他们存在问题呢？管理者必须将事物现实状态与事物应该具有的标准状态进行比较。标准状态可以是过去的效果、预先设定的目标，或者组织内其他部门或其他组织的绩效。在购买汽车的例子中，标准就是过去的效果——一辆能跑的汽车。

4.1.2 与决策过程有关的因素

步骤 2 管理者一旦确定了需要注意的问题，就必须确定对于解决问题起重要作用的决策标准（decision criteria）。在购买汽车的例子中，那位销售部门经理要评价与决策相关的因素，有关的标准可能是价格、样式（两门的还是四门的）、大小（小型的还是中型的）、制造厂商（法国、日本、韩国、德国还是美国）、备选设备（如自动变速、侧撞保护系统、真皮内饰等）及维修记录。这些标准反映出该经理在决策过程中的想法。无论明确表述与否，每一位决策者都有指导其决策的标准。了解这一点之后，我们可以看到在决策制定过程中，"其所不明确的"和"其所明确的"同等重要。如果该经理认为省油不构成一个标准，那么这个因素将不会影响她对汽车的最终选择。因此，倘若决策者在步骤 2 中没有确定某个特定因素，这个因素就不会对其产生影响。例如，尽管销售经理并不认为省油是一个参考标准，也不会用它来影响她对汽车的选择，但她必须先评估这一因素，然后再决定是否将其纳入相关标准。

Mark Richards/PhotoEdit, Inc.

涉及购买汽车的步骤为决策过程提供了很好的例子。对于图中的这个年轻女人，这个过程始于识别一个问题：她需要一辆汽车到新的工作单位上班，结束于评估她的决策效果。

4.1.3 决策者如何确定标准的权重和分析备选方案

步骤 3、4、5 在很多决策情境中，标准并不都是同等重要的。[5] 因此，为了在决策中确定这些因素对决策过程的影响，对步骤 2 所列的标准分配权重就变得十分必要（步骤 3）。一种简单的方法就是给最重要的标准赋予 10 分的权重，然后参照这个最重要的标准，依次给其他标准打分。这样，与你赋予 5 分的一个因素相比，最高分的标准将比之重要一倍。这种思路是从你的个人偏好来判定决策相关标准重要性的方法，各标准的权重得分体现其在决策中的重要程度。表 4-1 列示了该经理更换车辆决策过程中的相关标准及其权重。在她的决策过程中，什么是最重要的标准？价格。什么因素的相对重要性要小一些？性能和操控性。

表 4-1 汽车购买决策过程中的标准及权重

标准	权重
价格	10
车内舒适性	8
耐用性	5
维修记录	5
性能	3
操控性	1

然后，决策者列出能成功解决问题的备选方案（步骤 4）。这一步骤无须评价方案的优劣，只需列出备选方案。[6] 假定该经理已经列出了 12 种车作为备选方案。这 12 种车的名字依次为：吉普指南者、福特福克斯、现代伊兰特、福特嘉年华 SES、大众高尔夫、丰田普锐斯、马自达 3MT、起亚秀尔、宝马 335、日产 Cube、丰田凯美瑞、本田飞度运动 MT。

备选方案一经确定，决策者必须以批判的眼光分析每一个备选方案（步骤 5）。要怎样做呢？就是和决策标准进行比较。这些方案经过按步骤 2 和步骤 3 所述的决策标准及权重进行比较后，每个方案的优缺点就变得显而易见了。表 4-2 就是该经理在对每一种车进行试驾后所列出的 12 种备选新车购买方案的评价结果。注意，在表 4-2 中，12 种车的得分是以该经理的评价为基础的。当然，我们在这里仍然使用的是 10 分制。其中，有些评价结果可以达到相当客观的程度。例如，购买价格指的是该经理能从当地经销商那里得到的最低价格，从消费者杂志的报告上也可以得到由车主提供的维修频率数据。但是，对操控性的评价显然是一种个人的主观判断。判断体现在步骤 2 所选的标准、所赋予标准的权重以及对备选方案的评价上。个人判断的影响解释了为什么两个花了同样多钱的购车者会关注两个截然不同的方案，或者即使审视同一组备选方案但对其排序不同。

大多数决策包含判断（judgments）。

表 4-2　购车备选方案的评价

备选方案	价格	车内舒适性	耐用性	维修记录	性能	操控性	总分
吉普指南者	2	10	8	7	5	5	37
福特福克斯	9	6	5	6	8	6	40
现代伊兰特	8	5	6	6	4	6	35
福特嘉年华 SES	9	5	6	7	6	5	38
大众高尔夫	5	6	9	10	7	7	44
丰田普锐斯	10	5	6	4	3	3	31
马自达 3MT	4	8	7	6	8	9	42
起亚秀尔	7	6	8	6	5	6	38
宝马 335	9	7	6	4	4	7	37
日产 Cube	5	8	6	4	10	10	42
丰田凯美瑞	6	5	10	10	6	6	43
本田飞度运动 MT	8	6	6	5	7	8	40

表 4-2 只给出了按决策标准对 12 个方案的评价，并没有表示出步骤 3 所述的权重。如果一个方案的各项标准都得 10 分，你就不必考虑其权重了。同样，如果所有的标准权重都相同，你只需要将表 4-2 的每一行分别加总起来就可以对各方案进行评价。例如，福特嘉年华 SES 得了 38 分，而丰田凯美瑞得了 43 分。如果你将每一项评价值与它们的权重相乘，就会得到如表 4-3 中所列示的数据。例如，在耐用性方面，起亚秀尔得了 40 分，是由耐用性权重得分（5）和该经理就这一标准对起亚秀尔的评价得分（8）相乘而得的。这些得分的总和构成了依据前述标准和权重对每个方案进行的评价。我们注意到，标准的权重极大地改变了本例中备选方案的排序。例如，大众高尔夫从第一降到了第三。从我们的分析中可以看到，价格和车内舒适性改变了这种车型的排名。

表 4-3　各车型的评价（评价值 × 标准权重）

备选方案	价格（10）		车内舒适性（8）		耐用性（5）		维修记录（5）		性能（3）		操控性（1）		总分
吉普指南者	2	20	10	80	8	40	7	35	5	15	5	5	195
福特福克斯	9	90	6	48	5	25	6	30	8	24	6	6	223
现代伊兰特	8	80	5	40	6	30	6	30	4	12	6	6	198
福特嘉年华 SES	9	90	5	40	6	30	7	35	6	18	5	5	218
大众高尔夫	5	50	6	48	9	45	10	50	7	21	7	7	221

（续）

备选方案	价格（10）		车内舒适性（8）		耐用性（5）		维修记录（5）		性能（3）		操控性（1）		总分
丰田普锐斯	10	100	5	40	6	30	4	20	3	9	3	3	202
马自达 3MT	4	40	8	64	7	35	6	30	8	24	9	9	202
起亚秀尔	7	70	6	48	8	40	6	30	5	15	6	6	209
宝马 335	9	90	7	56	6	30	4	20	4	12	7	7	215
日产 Cube	5	50	8	64	5	25	4	20	10	30	10	10	199
丰田凯美瑞	6	60	5	40	10	50	10	50	6	18	6	6	224
本田飞度运动 MT	8	80	6	48	6	30	5	25	7	21	8	8	212

4.1.4 什么决定最佳方案的选择

步骤 6 从所列出并经过评价的备选方案中选择最佳方案。既然我们已经确定了所有与决策相关的因素，正确地进行了加权，并确认和评估了备选方案，那么步骤 6 就十分简单，只需选择步骤 5 中所列出的得分最高的方案就可以了。在购买汽车的例子中（见表 4-3），决策者将选择丰田凯美瑞。在经过标准的确定过程、对每一标准赋予权重、决策者根据标准对每一种汽车评分的基础上，丰田凯美瑞得分最高（224 分），因而成为最佳选择。

4.1.5 决策实施

步骤 7 尽管决策方案的选择过程在先前的几个步骤中已经完成，但如果不能正确地加以实施，决策仍然有可能遭到失败（步骤 7）。因此，决策实施（decision implementation）这个步骤关系到如何将决策付诸实践。如果决策会影响有关人员，决策实施要传递给受影响的有关人员并得到他们的行动承诺。[7] 想要得到人们的行动承诺，就要让他们参与到决策制定的过程中。稍后我们将在本章中谈到，群体决策（或者委员会制）如何能帮助一个管理者实现承诺。

4.1.6 决策过程的最后一个步骤

步骤 8 在决策过程的最后一个步骤中，管理者评价决策效果，看问题是否得到解决。步骤 6 所选择的方案以及步骤 7 所实施的方案是否取得了理想的结果？对该经理来说，它指的是：她是否有了一辆可以可靠使用的汽车？决策结果的评价是管理控制的一部分，我们将会在第 14 章中讨论。

4.1.7 决策过程容易犯的错误有什么

当管理者制定决策时，他们不但采用自己特定的方式，还运用经验原则（rules of thumb）或直觉（heuristics）以简化决策。[8] 经验原则很有用，因为它可以帮助理解复杂、不确定和模糊的信息。尽管管理者可以运用经验原则，但这并不表明它们是可靠的。为什么呢？因为它们可能会导致信息加工与评估出现错误和偏差。图 4-2 指出了管理者会犯的 12 种常见的错误和偏差。让我们简单看看每一种错误。[9]

制定决策时，你对哪种错误或偏差感到内疚呢？

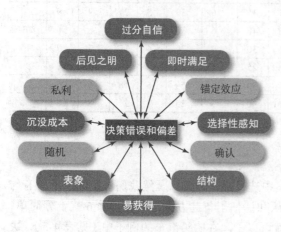

图 4-2　决策常见的错误和偏差

当管理者倾向于认为自己知道的事情很多，或对他们自己和工作绩效持不现实的肯定态度时，他们就会产生过分自信偏差（overconfidence bias）。即时满足偏差（immediate gratification bias）是指决策制定者倾向于获得即时的回报和避免即时的成本。对他们来说，能迅速获得回报的决策比将来才能获得回报的决策更有吸引力。锚定效应（anchoring effect）是指决策制定者过分看重初始信息而难以考虑后续信息来做出调整，也就是第一印象、想法、价格和估计比其后得到的信息更为重要。当决策制定者根据他们带有偏差的感知有选择地组织和解读事件时，他们是在运用选择性感知偏差（selective perception bias）。这会影响他们所关注的信息、所界定的问题，以及所制订的备选方案。当决策制定者寻找可以再次确认他们过去选择的信息，并低估与以往判断相悖的信息时，他们表现出来的是确认偏差（confirmation bias）。他们倾向于接受那些可以确认他们预想中的看法的信息，而对那些挑战这些看法的信息持批评和怀疑的态度。结构偏差（framing bias）是指决策制定者选择和强调一种情况的某些方面或排除其他方面。当他们过分关注和强调一种情境的特定方面，同时轻视或排除其他方面时，就会扭曲他们所看到的现象并产生不正确的参照标准。易获得偏差（availability bias）是指决策制定者倾向于记住那些记忆中最近发生的生动的事件。结果呢？它扭曲了他们客观地回忆事件的能力，导致判断和对可能性的估计也出现扭曲。当决策制定者根据其所熟悉的其他事件推断某事发生的可能性时，这就是表象偏差（representation bias）。存在这种偏差的决策制定者将过去和现在的情况进行类比，并认为情境是相同的（实际上并不是）。随机偏差（randomness bias）是指决策制定者根据随机事件进行推断。他们之所以会这样做，是因为大多数决策制定者难以处理可能性这一问题。尽管随机事件会发生在每个人身上，但人们无法对此进行预测。沉没成本错误（sunk costs error）是指决策制定者忘记现在的决策并不能更正过去的决策。他们在评估备选方案时，不是从将来的结果出发，而是错误地依据以往所花费的时间、金钱或精力，即他们难以忘记而不是忽略沉没成本。当决策制定者很快地将成功的功劳归于自己而把失败归咎于外部因素时，这就是私利偏差（self-serving bias）。最后，后见之明偏差（hindsight bias）是指当结果已是众所周知时，决策制定者还错误地认为他们已经恰当地预测到事件的后果。

管理者如何避免决策错误和偏差的消极影响？首先，管理者可以保持警觉与避免这些决策错误和偏差。其次，管理者还应该关注"如何"制定决策，努力区分出他们经常会使用的直觉，并批判性地评估其准确性。最后，管理者可以让同事帮助指出其决策方式的不足之处并努力完善它们。

4.2 管理者制定决策的三种方法

> 决策是管理的本质。[10]

- 尽管组织中的每个人都有做决策的时候，但做决策对管理者来说尤为重要。
- 管理者制定的决策中大部分都是常规决策，例如，下周轮到哪个员工值哪一班工作，报告里需要包含什么信息，或如何解决客户的投诉等。因为他们要行使计划、组织、领导和控制的职能（见表4-4）。

表 4-4　管理者制定的决策

计划	领导
• 什么是组织的长期目标	• 我应该如何处理员工缺乏动力的情况
• 采取什么战略可以最好地实现这些目标	• 在特定情境下，什么是最有效的领导风格
• 组织的短期目标是什么	• 某些改变将如何影响员工的工作效率
• 制定个体目标有多困难	• 何时是激发冲突的好时机
组织	控制
• 应该有多少员工向我直接汇报	• 组织中的什么活动需要控制
• 组织的集中化应该达到什么程度	• 如何控制这些活动
• 工作应该如何设计	• 什么时候绩效偏差是重大的
• 组织应如何实行一种不同的结构	• 组织应该具有什么类型的管理信息系统

- 管理者想要成为好的决策者和展示好的决策行为，所以他们在他们的上司、员工与合作者面前表现得富有胜任力（competent）和明智（intelligent）。

4.2.1　决策的理性模型

这一模型假设决策者会理性地（rational）行事。[11]

怎么做？使用**理性的决策制定**（rational decision making），也就是说，管理者会做出符合逻辑和具有一致性的选择以实现价值最大化。[12]

（请查找"技术与管理者的工作"里面描述的两个决策制定工具。）

一个理性的决策制定者……

应该是	总是
完全客观而且合乎逻辑 ⟶	我们能够完全保持客观和合乎逻辑吗？
问题清晰而不模糊 ⟶	问题能够总是清晰而不模糊吗？
目标明确和具体 ⟶	目标能够总是明确和具体吗？
所有可能的备选方案和结果已知 ⟶	所有可能的备选方案和结果都是已知的吗？
选择实现目标的可能性最大化的方案 ⟶	存在哪个方案总能够做到这一点？
考虑组织利益最大化 ⟶	管理者应该做但可能面对超出他们控制的因素

"理性模型并不是一个真正现实的模型。"

4.2.2 有限理性模型

"一个比较现实的模型。"

iQoncept/Fotolia

- 有限理性（bounded rationality）：管理者可以理性地制定决策，但受限于自身获得信息的能力。[13]
- 管理者做出的大部分决策并不符合完全理性的假设。
- 没有谁能够分析所有备选方案的所有信息，所以他们……
- 满意（satisfice）：他们为有待解决的问题选择一种"足够好"的方案，而不是耗费时间与其他资源去找到最好的（请查阅"从过去到现在"栏目）。

例子： 假设你是金融专业的毕业生，想找一份工作。你希望在离家不超过 100 英里⊖的范围内找到一份起薪为 55 000 美元的个人理财规划师的工作。在进行了一些不同的选择后，你接受了一份起薪为 52 000 美元、离家约 50 英里的商业信用分析师的工作——虽然不完全是个人理财规划师，但仍属于金融领域。如果进行更为广泛的求职，你本来可以找到一份信托公司的个人理财规划师的工作，距家只有 25 英里，起薪为 57 000 美元。虽然第一份工作是令你满意（或者"足够好"）的，你的决策制定也是理性的……但这是在你能力范围内处理信息的。

从过去到现在

当选择太多时，我们选择令人满意的！

有限理性和令人满意是赫伯特 A. 西蒙（Herbert A. Simon）的贡献，他曾经因其决策方面的著作而获得诺贝尔经济学奖。

他最初关注的是人们如何运用逻辑和心理学制定决策。他指出个体受到"捕捉现在和预测未来"的能力的限制，这一有限理性使人们难以"获得最佳的可能性选择"，因此，人们做出"足够好"或"令人满意的"选择。[14]

西蒙对管理思想的重要贡献来自他的理念，即研究和了解组织意味着需要研究决策过程所包含着的复杂网络。

他对有限理性的研究帮助我们理解：即使是在信息处理能力有限的情况下，管理者如何理性地行事并制定出令人满意的决策。

讨论

- 令人满意是次优决策吗？请讨论。
- 了解有限理性是怎么帮助管理者成为更好的决策者的？

⊖ 1 英里 = 1 609 米。

- 大部分的管理决策并不符合完全理性的假设，但仍受到一些因素的影响，包括组织文化、内部政治、权力及"承诺升级"的现象。

"承诺升级"（escalation of commitment）：增加对原有决策的投入，尽管证据表明这有可能是错误的。[15]

- 为什么任何人，尤其是决策者，要对错误的决策进行承诺升级呢？
  - 他们不想承认自己先前做的决策可能是错误的。
  - 他们没有搜寻新的方案。

4.2.3 直觉在管理决策中有什么作用

托德斯（Tod's）豪华鞋国的董事长迭戈·德拉·瓦尔（Diego Della Valle）在决定同意或拒绝新鞋款式的时候，并没有使用像焦点小组或者调查测试这样的一般性决策工具。他会穿一段时间的新款鞋，如果它们不符合他的喜好，他的结论是：不! 他的直觉决策方式帮助托德斯成为一家成功的跨国公司。[16]

- **直觉决策方式**（intuitive decision making）——根据经验、感觉和所积累的判断制定决策。
- 被描述为"无意识的推理"。[17]
- 直觉的五个方面，如图 4-3 所示。[18]

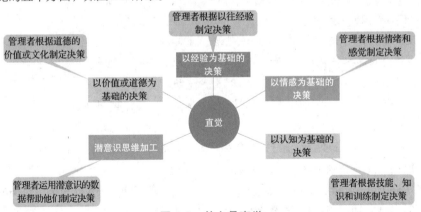

图 4-3 什么是直觉

资料来源：　Based on J. Evans, "Intuition and Reasoning: A Dual-Process Perspective," *Psychological Inquiry*, October-December 2010, pp. 313-326; T. Betsch and A. Blockner, "Intuition in Judgment and Decision Making: Extensive Thinking Without Effort," *Psychological Inquiry*, October-December 2010, pp. 279-294; R. Lange and J. Houran, "A Transliminal View of Intuitions in the Workplace," *North American Journal of Psychology*, 12, no. 3 (2010), pp. 501-516; E. Dane and M. G. Pratt, "Exploring Intuition and Its Role in Managerial Decision Making," *Academy of Management Review*, January 2007, pp. 33-54; M. H. Bazerman and D. Chugh, "Decisions Without Blinders," *Harvard Business Review*, January 2006, pp. 88-97; C. C. Miller and R. D. Ireland, "Intuition in Strategic Decision Making: Friend or Foe in the Fast-Paced 21st Century," *Academy of Management Executive*, February 2005, pp. 19-30; E. Sadler-Smith and E. Shefy, "The Intuitive Executive: Understanding and Applying 'Gut Feel' in Decision-Making," *Academy of Management Executive*, November 2004, pp. 76-91; and L. A. Burke and M. K. Miller, "Taking the Mystery Out of Intuitive Decision Making," *Academy of Management Executive*, October 1999, pp. 91-99.

> 几乎一半的管理者依靠直觉——而非正式分析——
> 去制定公司的决策。[19]

- 应用直觉决策的几点建议：
  - 运用直觉决策补充而非替代其他决策方法；[20]
  - 拥有处理类似问题经验的管理者能根据有限的信息更快地付诸行动；
  - 制定决策时，要关注经历的紧张情绪和感觉。

如果你注意到了以上几点，那么回报将会是更好的决策！[21]

技术与管理者的工作：利用技术做出更好的决策

信息技术为管理者提供了许多决策支持。[22]这里的两种决策工具分别是专家系统和神经网络。

专家系统（expert systems）
- 使用软件程序对专家的相关经验进行编码。
- 像专家一样分析和解决结构不良问题。
- 通过向使用者询问有关情况的一系列问题，并依据所给出的答案得出结论，专家系统引导使用者解决问题。
- 通过模仿专家以前对类似问题所进行的推理过程而简化决策过程。
- 使员工和较低层次的管理者做出过去只能由高层管理者做出的高质量决策。

神经网络（neural network）
- 使用计算机软件模拟人脑细胞结构及细胞间的联系。

- 有能力辨别对人类来说太微妙或太复杂的图案或趋势。
- 能够认识数百个变量间的相互关系，而不是像人类有限的脑容量，不易一次处理两三个以上的变量。
- 能同时进行许多操作，认知图案，进行联想，将之前尚未接触的问题一般化，并通过经验进行学习。
- 举例：通过神经网络系统，能在几小时内侦破信用卡诈骗活动，而在运用神经网络之前则需要两三天时间。

讨论
- 管理者在制定决策时总能有过多的数据吗？请解释。
- 技术是如何帮助管理者制定更好的决策的？

4.3 管理者会面对什么决策类型和决策情境

劳拉·伊普森（Laura Ipsen）是智能电网（Smart Grid）的高级副总裁和总经理。智能电网是美国思科系统的一个业务部门，致力于帮助公共事业公司找到方法建立开放、互联的系统。她把自己的工作描述为"就像必须把1 000块比萨饼拼起来，然而却缺少（盒子上的）比萨饼的完整图片，而且还缺少若干块比萨饼"。[23] 在这种环境下的决策制定跟一个经理在社区的盖璞（Gap）专卖店的决策制定是很不一样的。

管理者在决策情境下所面对的问题类型，通常决定了问题是如何得以解决的。在本节中，我们将针对问题和各种决策进行分类组合，然后阐明管理者采用的决策类型如何反映问题的特征。

4.3.1　问题的类型

有些问题很直观，决策者的目标是明确的，问题是熟悉的，与问题相关的信息也是清晰而完整的。例如，供应商延迟一项重要的交货，客户希望退换一项网上购物商品，报社需要对突发而且快速传播的新闻事件做出反应，大学对一名学生申请资助的处理，这些情况都称为结构性问题（well-structured problems）。

然而，管理者面临的许多问题都是非结构性问题（ill-structured problems）。它们是新的或是不寻常的，有关此类问题的信息也是模糊和不完全的。非结构性问题的例子包括进入一个新的细分市场、聘任设计师设计新的办公区或者合并两个组织。决定是否投资一种新的、未经证实的技术也属于这类决策。例如，当出泽刚（Takeshi Idezawa）创建移动通信应用程序 LINE 时，他所面临的情况可恰当地称为非结构化问题。[24]

4.3.2　管理者如何进行程序化决策

决策也可以分为程序化的和非程序化的两类（我们将在下一部分中讲到）。程序化的（programmed）或者是常规的（routine）决策是处理结构性问题的有效途径。

汽车修理工在给车装新轮胎的时候弄坏了轮毂。管理者应该如何处理呢？因为公司可能有一种标准化的方法来处理这一类型的问题，（所以）它被称为程序化决策（programmed decision）。例如，管理者可以花公司的钱换一个轮毂。决策是例行而且重复进行的，处理这类问题也存在专门的方法，就此而言，决策是程序化的。因为这个问题是结构性的，所以管理者不必费事去建立一个复杂的决策程序。程序化决策相对简单，并且在很大程度上依赖以前的解决方法，因此程序化决策制订方案的阶段要么不存在，要么不受重视。为什么会这样呢？这是由于结构性问题一旦得以识别，其解决方案往往不言自明，或者至少备选方案可以减少到熟悉的并在过去获证成功的有限几种。在许多情况下，程序化决策变成依照先例的决策，管理者仅须按自己或别人在以前相同情况下所做的那样去做。轮毂被弄断这种问题，并不需要公司管理者确定决策标准及其权重，也不需要列出一系列可行的解决方案。

玛氏（Mars）巧克力北美公司的高层管理者决定在堪萨斯州托皮卡市建立一个新的工厂来生产 M&M 糖豆和其他糖果。这是在 35 年间玛氏建立的第一家新的巧克力工厂。非程序化决策牵涉收集和分析 13 个州的 82 个潜在选址的人口地理因素及其他数据。

对于结构性问题，应使用：

- 程序；
- 规则；
- 政策。

1. 程序

程序（procedures）是管理者能用于处理结构性问题的相互关联的一系列步骤。程序确定中唯一的真正困难在于确定问题。一旦问题明确了，程序也就可以确定了。例如，采购经理从计算机服务中心收到一份采购申请单，需要安装 250 份诺顿杀毒软件。采购经理知道，处理这一决策有着明确的程序。采购申请单填好并得到批准了吗？如果没有的话，把采购申请单退回并注明还缺什么；如果所需采购申请程序齐备，那么就应该估计大约的开支。如果总金额超过 8 500 美元，那么就必须要有三家公司来投标；如果总金额等于或少于 8 500 美元，则只需要对一家供货商发出订单。决策过程只是执行一系列简单而有序的步骤而已。

2. 规则

规则（rules）是一种清晰的描述，告诉管理者应该做什么，不应该做什么。因为规则易于遵守而且保持了一致性，所以当管理者遇到结构性问题时常使用规则。在上述例子中，以 8 500 美元分界的规则简化了采购经理何时使用多个投标的决策。

3. 政策

程序化决策的第三种方法是政策（policies）。政策引导管理者沿着特定的方向思考。"只要有可能，我们都将从内部提拔"，就是一条政策。与规则相比较，政策为决策设立了参数，而不是具体说明应该做什么，不应该做什么。政策经常给决策制定者留下了解释空间。从这种意义上讲，管理者的道德水准将产生作用。

4.3.3　非程序化决策与程序化决策有什么差异

当遇到的问题是非结构性的，管理者为了制订独特的方案需要依靠非程序化决策（nonprogrammed decision）。非程序化决策的例子包括决定是否收购另一个组织，判断全球哪些市场最具潜力，决定是否出售不盈利的部门。这些决策是独一无二的，不会重复发生。管理者在面对非结构性问题时，由于没有固定的解决方案，因此需要做出非程序化的、有针对性的反应。

新组织战略的开发是一种非程序化的决策。决策跟以往的组织决策是不一样的。因为问题是新的，所存在的一系列环境因素有所不同，其他条件也已经改变。例如，亚马逊公司杰夫·贝佐斯（Jeff Bezos）的"快速做大"战略支持了公司的迅速成长，但这一战略是以长期的财务损失为代价的。为了转向盈利，贝佐斯做出决策，考虑"分类订购，预测需求，更有效地运送，引入国外合作伙伴，并开放市场，允许其他销售商在亚马逊销售图书"。结果，亚马逊实现了盈利。[25]

4.3.4 问题、决策类型和组织层次如何综合

图 4-4 描述了问题类型、决策类型和组织层次三者之间的关系。结构性问题与程序化决策相对应，非结构性问题需要非程序化决策。中低层管理者主要处理熟悉的、重复发生的问题，因此，他们主要依靠像标准操作程序那样的程序化决策。组织层级中管理者层次越高，他们所面临的问题越有可能是非结构性问题。为什么呢？因为中低层管理者自己处理日常决策，仅把他们认为无前例可循的或困难的决策向上呈送。类似地，管理者将例行性决策授予下级，以便将自己的时间用于解决更为棘手的问题。

图 4-4　问题、决策类型和组织层次

管理决策：真实的世界——真实的建议

- 只有极少的管理决策是完全程序化的或者是完全非程序化的，大多数决策介于两者之间。
- 高层管理者面临的大多数问题是独特的，即非结构性的。
- 程序化决策甚至在要求非程序化决策的情境中起作用。
- 对高层管理者而言，他们常常为较低层级的管理者制定政策、标准作业程序和规则，也就是程序化决策，以控制成本及其他变量。
- 采用程序化决策有助于提高组织效率，这可以说明为什么程序化决策得到广泛的应用。
- 程序化决策使管理者行使判断力（discretion）的需要减少至最小。
- 判断力，即做出正确判断的能力，因为高层管理者所面对的大多数问题不具有重复性，所以判断会增加成本。由于准确判断的能力不是人人具备的，因此具备这种能力的管理者进行服务的成本更大。
- 即便在一些程序化决策中，也可能需要个人判断。

4.3.5　管理者要面对什么决策情境

进行决策时，管理者要面对三种不同的情境：确定性、风险和不确定性。让我们看看这三者的特点。

进行决策最理想的情境是具有确定性（certainty），指由于各种备选方案的预期结果可知，因而决策者能够做出准确的决策。例如，当北达科他州（North Dakota）的会计决定将州政府额外的资金存入银行时，他很清楚每家银行可以提供的利率和这笔资金能带来的收益。他对

每种备选方案的结果都很确定。正如你所预计的那样，大多数管理决策并不是这样的。

一个更常见的情境是风险（risk），指管理者能够对可能产生的结果估计概率的情境。在这种条件下，管理者会参考以往的个人经验或二手信息等历史数据，从而帮助他们估计各种备选方案的概率。

当你不确定结果，甚至无法对可能产生的结果做出合理的概率估算时，你该怎么办呢？我们把这一情境称为不确定性（uncertainty）。管理者确实会在不确定条件下做出决策。在这种条件下，备选方案要受到可获得信息的数量和决策者心理倾向的影响。

4.4 群体如何进行决策

工作团队在亚马逊是常见的。杰夫·贝佐斯（亚马逊网络购物中心缔造者和CEO），使用了"双比萨"哲学（"two-pizza" philosophy），也就是让团队保持在两个比萨即可吃饱的小规模上面。[26]

管理者有许多决策是由群体做出的吗？肯定是。组织中的许多决策，尤其是对组织和个人活动有深远影响的重要决策往往是由群体制定的。很少有哪个组织不采用委员会、任务小组、审查组、工作团队或类似群体作为决策工具的。为什么呢？在许多情况下，群体就是那些最受所做决策影响的人。基于他们的专长，这些人最有资格做出足以影响他们自身的决策。

研究告诉我们，管理者把相当大比重的时间花在会议上。毫无疑问，这些时间的大部分都用于确定问题，找到解决问题的方案以及决定实施方案的方法。事实上，将决策过程的8个步骤中的任何步骤分派给群体去完成都是可能的。

4.4.1 群体决策的优点和缺点是什么

个人和群体都可以制定决策，每种方法各具优点，但任何一种方法都不能适用于所有的情况。

1. 相对个人决策，群体决策的优点
- 更加完整的信息。[27]
- 带来决策过程中的多种经验和观点。[28]
- 由于信息的数量和多样性，会产生更多的备选方案，特别是当群体成员来自不同的专业领域时。
- 通过让受决策影响和实施决策的人都参与决策过程，能提高决策方案的接受程度。[29]
- 提高合法性。群体决策制定过程与民主思想相一致，因此，可以认为群体制定的决策比个人制定的决策更为合法，而个人决策可能使人感到独裁和武断。

2. 相对个人决策，群体决策的缺点
- 耗费时间（time-consuming）：组成群体、群体决策等都需要花时间。
- 少数人主导（minority domination）：可能会不当地对最终决策产生影响。这是因为一个群体的成员永远不会是完全平等的。他们可能会因在组织中的职位、经验、问题的相关知识、影响其他成员的能力、语言技巧、自信心等因素的不同而不同。[30]

- 责任模糊（ambiguous responsibility）：群体成员分担责任，但谁对最终结果实际负责呢？[31] 在个人决策中，谁负责任是明确的，而在群体决策中，任何一个成员的责任都被冲淡了。

- 服从压力（pressure to conform）：举例来说，你是否经历过这样的情况——几个人坐在一起讨论一个问题，你持一种与群体的主流想法相反的意见，你却保持沉默；其后你惊奇地发现其他人与你想法一致，却也欲言又止。你们所经历的这种情况在欧文·杰尼斯（Irving Janis）的研究中被称为群体思维（groupthink）。这是一种屈从的形式，它抑制了不同的、少数派的或非主流的观点，给出一致的表象（appearance of agreement）。[32]

群体思维的悲剧

它做的是什么？

阻碍决策，可能通过以下几点危害到决策的质量：

- 破坏群体中的批判性思维。
- 影响一个群体客观评价备选方案的能力。
- 导致个人不愿批判性地说出那些不同的、少数派的或非主流的观点。

它是怎么发生的？

有几点值得注意：

- 群体成员对任何假设的抵制合理化。
- 如果有人对群体认同的某些观点提出质疑，或对多数人已认同的某些结论的有效性提出疑问，群体成员会对质疑者直接施压。
- 某些人虽然存在疑问或有不同意见，但屈从于群体的意见。
- 意见一致有时也是一种错觉。如果某人不表达自己的意见就会被视为完全赞同。

最小化群体思维的做法有什么？

- 鼓励凝聚力。
- 促进开放性的讨论。
- 听取所有组织成员意见的领导者。[33]

4.4.2　何时群体决策最为有效

这取决于你定义有效性的标准，例如准确性、速度、创造性和可接受程度。群体决策往往更为准确。有证据表明，尽管有可能存在群体思维，但一般而言，群体能比个人做出更好的决策。[34] 但是如果决策的有效性是以速度为标准来定义的话，那么个人决策更为优越。如果创造性是重要的，那么群体决策往往比个人决策效果更好；如果有效性指的是最终解决方案的接受程度，那么又是群体决策较好。

群体决策的有效性还受到群体规模的影响。群体越大，差异性出现的机会就越多。另外，大规模的群体需要更多的协调和更多的时间使所有的成员有效参与。这就意味着，群体不宜过大，5～15人最为适合。实际上有证据表明，5～7人的群体是最有效的（回顾一下亚马逊的"双比萨"哲学),因为5和7都是奇数,可避免僵局。我们在评价效果的同时必须考虑效率,群体决策者和个人决策者相比,其效率几乎总是稍逊一筹。几乎没有例外,群体决策比个人决策耗费的工作时间更多。

采用群体决策还是个人决策最重要的是看:
有效性的提高是否足以抵消效率的损失?

道德观察

毫无疑问,美国大学的体育是一项庞大的事业,为大学和美国大学生体育协会(NCAA)创造了数十亿美元的收入。美国大学生体育协会是负责监督、管控和支持这些体育项目的伞状组织。[35] 这个协会去年获得了超过10亿美元的收入,它最近与前足球队员和篮球队员达成了2 000万美元的和解协议,这些球员曾经起诉该协会,认为他们的形象被用于电子艺术制作的电子游戏而受到侵权。这一和解协议被认为具有里程碑意义,因为这是美国大学生体育协会首次支付大学运动员运动费用。这反映了一个潜在的问题:大学运动员应该得到报酬吗?可以确定的是这个决定将有利有弊,同时还将涉及道德问题。

讨论

- 在向大学生的体育运动付费这件事上的利害相关者是谁?他们有什么利益诉求?
- 道德问题会对决策造成怎样的影响?在是否为大学运动员的时间和工作付费的决定中,你看到了什么道德伦理问题?

4.4.3 如何改进群体决策的质量

有三种方法可以使群体决策更具创造性:头脑风暴法、名义群体方法及电子会议。

什么是头脑风暴法? 头脑风暴法(brainstorming)是一种相对简单的创意形成的过程,鼓励提出任何种类的备选方案,同时禁止对这些方案的任何批评。[36] 在某个典型的头脑风暴会议上,一些人围桌而坐。当然,科技不断改变"桌子"的地点。群体领导者以一种明确的方式向所有参与者阐明问题。然后成员在一定的时间内"自由地"提出尽可能多的方案,不允许任何批评,并且所有备选方案都要记录下来,留待稍后再进行讨论和分析。[37]

什么是名义群体方法? 名义群体方法(nominal group technique)通过在决策过程中禁止讨论,帮助群体达到一种更好的情况。[38] 与参加传统委员会会议一样,群体成员必须出席,但要求他们独立行事。他们秘密地写下有关问题的清单或者问题的潜在解决方案。这种方法的主要优点在于,它能使群体正式开会但不限制每个人的独立思考或导致群体思维,传统会议方式往往做不到这一点。[39]

电子会议(electronic meeting)如何增进群体决策? 另一种群体决策方法是将名义群体方法与尖端的计算机技术相结合的电子会议。

会议的技术设施一旦就绪,问题就简单了。许多人围坐在一张马蹄形桌子旁。这张桌子上除了一些计算机终端外别无他物。将问题显示给决策参与者后,决策者把自己的回答打在计算机屏幕上。个人评论和票数统计都投影在会议室内的大屏幕上。

电子会议的主要优点是匿名、真实和迅速。[40] 参与者能匿名地打出自己想表达的任何信息,键盘一敲信息就会显示在屏幕上,所有人都能看到。这使得人们能够诚恳地表达他们的想法而不会受到惩罚。这也很快避免了闲聊和跑题,多数参与者可以同时进行"谈话",而且不必担心打断别人的讲话。

电子会议比传统的面对面的会议要快得多，而且会议花费要低得多。[41] 例如，雀巢公司不断将此方法运用于许多会议，特别是全球性的集中会议。[42] 然而，与所有其他形式的群体活动一样，电子会议也存在一些缺点。打字快的人使得那些口才好却打字慢的人相形见绌。由于这些原因，那些拥有最佳创意的人未得到应有的重视，并且这一过程也不及面对面地口头交流信息丰富。不过，未来的群体决策很可能会广泛地使用电子会议技术。[43]

电子会议的一种延伸形式是多媒体会议。这种会议将处于不同地方的人员连接起来，即使在数千公里之外，与会人员也能面对面地接触。这种能力提高了成员的反馈程度，节约了大量商务旅行的时间，并最终为像雀巢和罗技（Logitech）这样的公司节约了数十万美元，尤其是在最近的全球经济衰退中。因此，这种会议更为有效，也提高了决策的效率。[44]

头脑风暴是提高企业软件供应商 SAP 公司（SAP AG）决策质量的重要途径。为实现公司开拓不断增长的在线软件市场的目标，德国沃尔多夫（Walldorf）公司总部工作的员工在头脑风暴会议期间使用白板来实现产品和服务创新，以实施扩大在线软件市场的决策目标。

4.5　管理者要面对哪些当代决策问题

糟糕的决定可能会导致数百万的损失。

在今天的商业世界里，管理者总是不停地制定决策，这些决策通常存在风险，所需要的信息往往不完整或不准确，并处于紧张的时间压力之下。大部分管理者一个接一个地制定决策，如果这些都不够有挑战性，那么现在比以往任何时候都更加岌岌可危。因为糟糕的决策将会浪费数百万美元的成本。我们将考察管理者在今天这个快速发展的全球世界中要面临的三个重要议题——国家文化、创造力和设计思维。

4.5.1　国家文化如何影响管理者的决策

研究表明，在某种程度上，决策因国别而异。[45] 决策方式（不论由群体、团队成员还是管理者个人决定）和决策人员愿意承受的风险程度，是反映国家文化环境因素的两个决策变量。例如，在印度，权力距离和不确定性规避程度（见本书第3章）很高，因此，只有高层管理者才制定决策，而且更倾向于制定保守的决策。与此相反，在瑞典权力距离和不确定性规避程度很低，因此，瑞典的管理者敢于做出风险比较大的决策。瑞典的高层管理者也会将决策权下放给其下属，他们鼓励中低层管理者及所属员工积极参与影响自身的决策。在另一些时间压力比较小的国家（如埃及），管理者通常在决策方面比美国的管理者更慢，也更仔细。在意大利，由于历史和传统价值观受到重视，管理者为解决问题更倾向于对备选方案进行尝试和证明。

在日本比在美国的决策更加具有群体导向。[46] 日本民族看重一致性和合作关系。在制定决策之前，日本的高层管理者往往会收集大量的信息，这些信息在使群体做出一致的决策中起作用，在日本被称为稟议制（ringisei）。由于日本公司雇员的工作稳定性很高，因此其管理决策经常是瞄准公司的长期前景，而不是像美国公司那样注重短期利益。

在法国及德国，高层管理者的决策风格也与他们的国家文化相一致。例如在法国，专制的决策是经常发生的，管理者则趋于规避风险。德国的管理风格反映了德国文化对结构和秩序的重视。因此，德国的组织一般遵从大量规则和条例。管理者的责任非常清楚，决策只有通过正式的渠道才能被接受。

由于管理者面对来自不同文化的员工，因此在让他们进行决策时，必须事先了解员工的共同点和可以接受的行为。在决策时，一些人对与他人接触过于紧密会感到不舒服，或者不愿意表现出与他人存在过多的分歧。如果管理者能够适应不同的决策理念与实践，并把握不同员工提供的观点和相关优势，就会得到很高的回报。

Bloomberg/Getty Images

三菱汽车（Mitsubishi Motors）是一家总部设在东京的跨国汽车制造商。它的高层管理者在做决策时瞄准公司的长期前景而不是注重短期利益。在重视一致性与合作的日本，管理者根据他们国家的群体导向文化来采取决策。

4.5.2 决策中创造力与设计思维为何重要

你们中的大多数是怎么拍摄并保存照片的？你们还记得必须要将胶卷插入照相机，拍摄你所想要的照片并期待拍到好照片，从相机中取出胶片去进行处理，然后再去取照片吗？当Apple、Facebook和Instagram想要让这个过程变得更简单、更好时，为未来产品制定决策的人必须具备创造力和设计思维。这两者对今天的决策制定者来说都非常重要。

1. 理解创造力

理性决策者需要创造力（creativity），即提出新颖且有用的思想的能力。这些观点虽与之前提出过的观点不同，但同样适用于出现的问题或机会。创造力对于决策为何重要呢？它使决策者更全面地理解和评价问题，包括"看见"那些别人看不见的问题。然而，创造力最明显的价值在于帮助决策者识别所有可行的备选方案。

面对决策问题，大多数人都拥有其可使用的创造潜力（creative potential），但为了发掘这种潜力，他们必须摆脱许多人都会陷入的心理定式，并学会如何以不同的方式思考问题。

学会发挥你的创造力。

我们从显而易见的现象开始。创造力与生俱来，因人而异。爱因斯坦、爱迪生、达利和莫扎特是具有超常创造力的人。毫无疑问，超常的创造力很少见。

一项对461名男性和女性终生创造力的研究发现：
- 不到1%的人具有超常创造力。

- 10% 的人具有很强的创造力。
- 大约 60% 的人具有某种程度的创造力。

这些发现表明，如果学会发掘，我们中的大多数人都会拥有创造潜力。

既然大多数人至少拥有中等程度的创造力，那么为了激发员工的创造力，个人和组织能做点什么呢？基于大量研究，对此问题的最好回答就是创造力的三要素模型。[47] 该模型提出，个体创造力本质上要求专长、创造性思维技能和内在的任务动机。研究证实，三个要素中的任何一个水平越高，创造力就越高。

专长（expertise）是所有创造性工作的基础。达利对艺术的理解和爱因斯坦的物理知识是他们在其领域内做出创造性贡献的必要条件。你不能指望一个几乎没有编程知识的人成为一个很有创造力的软件工程师。当人们在其领域内对能力、知识、熟练程度和相关专业技能做出努力时，其创造潜力也得到了提高。

第二个要素是创造性思维技能（creative-thinking skills）。它包括与创造相关的个性特征、使用类推的能力，以及以不同的眼光观察熟悉事物的能力。例如，以下个性特征被发现与创意的开发有关：智力、独立自主、自信、承担风险、内在控制、容忍模糊，以及面对挫折坚定不移。有效使用类推可使决策者将创意从一处运用到他处。亚历山大·格雷厄姆·贝尔（Alexander Graham Bell）发现，可以将人耳的作用原理运用到他的"发声器"中。他发现人耳中的骨骼由一片精巧的薄膜控制。他心里琢磨着，说不定一张更厚、更结实的膜能鼓动一块钢片呢。基于这个类推，电话诞生了。当然，有人经过技能的培养，具备了用新方法看待问题的能力。他们能将陌生变为熟悉，也能将熟悉变为陌生。例如，我们大多知道母鸡下蛋，但有多少人曾经考虑过母鸡只是一只蛋制造另一只蛋的途径。

模型中最后一个要素是内在的任务动机（intrinsic task motivation），即对从事有趣的、让人着迷的、令人兴奋的、使人满足的或富有挑战性的工作的渴望。这一动机是将创造潜力转化为实际创意的要素，决定了个体充分利用专长和创造性技巧的程度。因此，具有创造性的人往往喜欢自己的工作，以致达到着迷的程度。重要的是，个人的工作环境和组织文化（我们在第 2 章中探讨过的）对内在动机有显著影响。特别需要指出，已经发现五类组织因素会阻碍你的创造力。

- 预期评估：焦点在于如何评价你的工作。
- 监督：在监视下工作。
- 外部促进因素：强调外在的、物质的报酬。
- 竞争：与同事一起面对得失。
- 受约束的选择：在你如何工作方面加以限制。

苹果：设计思维如何使组织获益。

2. 理解设计思维

管理者进行决策制定的方式，即用理性和分析的心态去分析问题，提出选择方案，评估各个方案并做出选择，在如今的环境下或许不是今天最好的，也肯定不是唯一的选择。这就是需要设计思维的原因。设计思维（design thinking）被认为是"处理管理问题就好像是设计师处理设计问题一样"。[48] 更多的组织开始去识别：设计思维是如何使组织获益的。[49] 举个例子，苹果长期以来以其设计思维得名。公司的主要设计者乔纳森·伊夫（Jonathan "Jony" Ive，策划了苹果最成功的产品，包括 iPod 和 iPhone）谈论苹果的设计思维："我们尝试着去设计在某种程度上必不可少的产品。它给你的感觉是那才是唯一可能的解决方案，这样的设计才是有意义的。"[50]

当很多管理者没有明确地处理好产品或过程的设计决策时，他们依旧制定会出现工作问题的决策，设计思维能够帮他们成为更好的决策制定者。设计思维的办法怎么让管理者学会更好地制定决策呢？首先是识别问题。设计思维要求管理者以更深入理解情境为目标，协作地和综合地识别问题。他们不单单关注理性的方面，也关注情感的成分。此外，设计思维当然总会影响管理者如何识别和评估选择方案。"一个传统的管理者（当然在商学院里受过教育）将会获得所有提供的选择方案，通过演绎推理进行分析，然后选定一个净现值最高的方案。"然而，使用设计思维的管理者会说："什么是现在没有存在的，但如果存在会是全新的并且令人愉快的？"[51] 设计思维意味着打开你的视角，通过观察和提问技巧获得新的认识，不仅仅是简单地依赖理性分析。我们也不是说我们不需要理性分析，而是说我们更需要制定更有效的决策，特别是在今天的世界中。

大数据在改变管理者制定决策的方式。

---

3. 大数据的理解

- 亚马逊是地球上最大的在线零售商，每年有数十亿美元的收入（估计是 1/3 的销售额）源于个性化的科技，诸如商品推荐和计算机生成的电子邮件。[52]
- 汽车地带（AutoZone）的决策制定者使用新的软件从各种各样的数据库搜集信息并允许它的 5 000 多家地方门店去锁定交易，希望能减少顾客没有购买便离开的可能。汽车地带的首席信息官说："我们认为这是未来的方向。"[53]
- 开发大数据的不仅仅是商业。旧金山的调查者团队能够通过移动电话

杰克·多尔西（Jack Dorsey）是推特公司的合作创始人，以及四方（Square）公司的首席执行官。其中，四方公司是智能手机和平板电脑的移动支付处理商。设计思维引导着多尔西的战略决策。基于人们需要一种简单的方式亲自付款，多尔西通过观察及调查之后决定成立一家公司。

使用情况分析通话模式，进而预测疾病在世界暴发的程度。[54]

有无数的信息就在那里，据专家数据，在 2010 年之后的 10 年间将产生 100PB 字节（即 1 000 万亿字节）。[55] 商业或者其他组织，正在试图弄清楚如何使用它。什么是大数据（big data）呢？它是大量的可计量的数据，可以通过高度复杂的数据处理来进行分析。一个 IT 专家用 3 个 V 来描述大数据：高容量（high volume）、高速度（high velocity）和多品种信息资产（high variety information assets）。[56]

大数据与决策制定有什么关系呢？正如你所能想到的，关系重大。通过这种在手边的数据，决策制定者有非常强大的工具去帮助他们制定决策。然而，专家警告说：为了数据而搜

集和分析数据是浪费功夫的。搜集和使用这种类型的数据需要目标。有人说："大数据是一个多世纪以前的泰勒科学管理的后裔。"[57] 然而泰勒是用码表去测量和监控一个工人的每一个动作，大数据则是运用数学模型、预测算法和人工智能软件去预测与监控人和机器，好像以前从来没有过（参阅本章应用案例 4-2 和 4-3）。但是管理者在全心全意投入之前，确实需要测试和评估大数据是怎么对他们的管理决策做出贡献的。

本章概要

1. 描述决策过程中的步骤。

决策过程包括 8 个步骤：①识别问题；②确定决策标准；③分配决策标准权重；④拟订备选方案；⑤分析方案；⑥选择最佳方案；⑦实施方案；⑧评价决策效果。当管理者制定决策时，他们可以使用直觉简化过程，但这会使决策产生错误和偏差。12 种决策错误和偏差包括过分自信、即时满足、锚定效应、选择性感知、确认偏差、结构偏差、易获得偏差、表象偏差、随机偏差、沉没成本偏差、私利偏差及后见之明偏差。

2. 解释管理者用于制定决策的三种方法。

第一种方法是理性模型。理性的假设是：问题是清晰和不模糊的，目标是单一并已界定好的，所有备选方案和结果是可知的，并且最终选择可以最大化结果。第二种方法是有限理性模型，即管理者可以理性地制定决策，但受限于自身获得信息的能力。管理者只能寻求满意的决策，即他们为有待解决的问题选择一种"足够好"的方案。第三种方法是直觉决策，即依据经验、感受和积累的判断能力而制定决策。

3. 描述决策类型和管理者面临的决策情境。

程序化决策是可以采用常规方式制定的重复性决策，适用于直观的、熟悉的和易确定的问题。非程序化决策是专门的决策，适用于新的或非常规（非结构）的问题，且包含的信息是模糊和不完整的。确定性是指由于所有结果都是已知的，因而决策者能够做出准确的决策。风险是指管理者能够对可能产生的结果估算概率。不确定性是指管理者不能确定结果，甚至不能做出合理的概率估算。

4. 讨论群体决策。

群体决策的优点是信息更加完全，方案更多，方案的接受程度更大，以及更具有合法性。同时，群体决策浪费时间，可能被少数人所左右，产生遵从的压力并使责任模糊不清。改进群体决策的三种方法是头脑风暴法（它是一种思想产生过程，鼓励提出任何种类的方案设计思想，同时禁止对任何方案进行批评）、名义群体方法（在决策过程中限制讨论）和电子会议（这种最新的团体决策方法将名义群体技术与尖端的计算机技术结合起来）。

5. 讨论决策制定的当代专题。

当管理者管理来自不同文化的员工时，他们在制定决策前，必须了解员工的共同点和可以接受的行为。在决策时，一些人对与他人接触过于紧密会感到不舒服，或者不愿意表现出与他人存在过多的分歧。同时，管理者在制定决策时应富有创造力，因为创造力能使决策者更全面地理解和评价问题，包括"看见"那些别人看不见的问题。设计思维也影响着管理者处理决策制定的方式，特别是他们识别问题的方式与如何识别和评估选择方案。最后，大数据不断改变着决策制定的内容和方法，但管理者需要评估大数据是怎么有助于他们的决策制定的。

复习思考题

4-1　为什么人们通常认为制定决策是管理工作的核心？

4-2　描述决策制定过程的 8 个步骤。

4-3　我们所有人都会在决策中带有偏见，带有这些偏见会有什么不利之处？又会有什么有利之处？请解释。这对管理决策有什么启示？

4-4　"因为管理者有许多强大的决策工具可以使用，所以他们应该能够做出更理性的决策。"你是否同意这种说法？为什么？

4-5　错误和不好的决策之间有什么差异？为什么好的管理者有时会做出错误的或不好的决策？管理者应该如何改善决策技能？

4-6　描述一个你曾经做出的与完全理性假设很相似的决策过程。把它与你所做的选择大学的过程相比较，你的选择过程与理性模型有差别吗？请试着加以说明。

4-7　解释管理者如何在不确定性条件下进行决策。

4-8　组织越来越多地采用群体决策，你认为这是为什么？在什么情况下，你会建议采用群体决策？

4-9　为程序、规则和政策各找两个例子，准备好在班里与同学分享这些例子。

4-10　在网页上搜索短语 "dumbest moments in business"（商业中的无言时刻），并找到最新版本的案例。从中选择三个案例并解释发生的事情。你对每个案例的反应是什么？管理者在每种情况下如何制定更好的决策？

4-11　当今世界是混沌的、快节奏的。时间压力如何影响管理决策的制定？在这样的环境下，管理者做什么可以成为好的决策者？

4-12　试讨论管理者利用技术帮助其决策的利弊。

管理技能建设：成为一名具有创造力的决策制定者

技能开发：在决策制定中使用你的创造力

管理者会制定很多的日常决策，所以他们能够求助于过去的经历和过去行之有效的方法。但其他决策，特别是那些高层管理者制定的决策，都是独特的、以前不曾遇过的。管理者面临问题的独特性和多样性亟须创造力，即一种能产生新奇和有用的主意的能力。如果管理者在一个组织中能够成功晋升，他们会发现提出创造性决策的需求逐渐增加。创造力在一定程度上是思考的框架。你需要去开发头脑的才能，开放你自己以接纳新想法。每个人都有能力去提高他的创造力，但很多人根本就不去尝试。

个人评估清单：解决问题、创造力以及创新水平

做决定就是解决问题。给出一份个人评估清单，找出你在解决问题时的创造力和创新水平。

技能基础

创造力是一项可以发展的技能。这里有一些关于如何做到这一点的建议：

- 认为自己具有创造力。尽管这是一个简单的建议，但研究表明如果你认为自己不具有创造力，你将永远都不会具有创造力。相信自己，是变得更有创造力的第一步。

- 注意你的直觉。每个人的潜意识都运行良好。有时候当你最不注意时，答案却突然闪现出来。例如，在你准备睡觉时，松弛的大脑会给出你所面对的问题的答案。请留意这一点，事实上，许多具有创造力的人在自己的床头上摆放着便条以随时记录灵机一动时产生的"伟大"思想。这样，他们才不会遗忘那些思想火花。

- 远离你的安乐窝。每个人都有一个存在确定性的安乐窝，但创造力与已知世界往往并不相容。要具有创造力，你必须远离现状，把你的思维聚焦于新事物。

- 确定你要做的事情，包括在开始尝试解决问题之前花时间去了解一个问题，把所有的事实都记在心里，并试图找出最重要的事实。

- 跳出固有的思考模式。在任何可能的情况下使用类比（例如，你是否可以像一条离开水的鱼一样处理你的问题，看看鱼是怎么处理的？或者当雾霾笼罩时，你能否通过使用必须做的事情找出方法帮助你解决问题？）。或者采用不同的问题解决策略，如语言、图形、数学或戏剧策略。从不同的角度看待问题，或者问问你自己，面对同样的情况，其他人（比如你的祖母）会怎么做？

- 想办法把事情做得更好。这可能包括有意识地努力成为有独创性的人，不担心自己看起来愚蠢，保持开放的心态，对奇怪或令人困惑的事实保持警觉，思考非常规的方法来使用物品和环境，抛弃惯常的或习惯性的做事方式，并像批判他人的观点那样批判自己的想法，从而力求做到客观。

- 寻找几个正确答案。我们在对有限理性的讨论中，曾指出人们总是寻求足够令人满意的方案，具有创造力意味着即便你认为已经解决了问题，但你仍然不断寻找其他解决方案。也许，你能找到更好、更具有创造力的解决方案。

- 对自己吹毛求疵。挑战自己，不断质疑方案会增强你在创造力方面的自信心。怀疑自己也许会促使你找到更多的创造性解决方案。

- 相信能找到一个有效的方案。正如相信你自己一样，你也需要相信你的思想。如果你认为不可能找到解决方案，恐怕你永远也找不到。

- 与他人展开头脑风暴。具有创造力并非个人行为。与其他人的思想碰撞交流可以达到事半功倍的效果。

- 将创造性思想变成行动。得到思想只是整个过程的一半，一旦有了思想，应该立即予以实施。把伟大的思想保留在没人理会的大脑中或纸张上对提高你的创造力毫无作用。

技能应用

每次电话响起，你的胃收缩、手心出汗，这一点都不奇怪！作为一家机床零件生产商的销售经理，布林克尔斯（Brinkers）不断地被客户的电话纠缠，配送速度太慢使得客户很生气。你的上司卡特·埃雷拉（Carter Hererra），同时担任生产经理和计划者。每次你的销售代表去谈一单销售，都要由卡特来决定生产能否满足客户要求的配送时间，而卡特总是说"没问题"。好的方面是你可以得到很多销售订单，不好的方面是生产经常跟不上卡特所应允的配送时间。他并不担心配送不及时所带来的后果，他说："我们的客户知道他们在以一个优惠的价格获得质量非凡的产品，即使他们四处寻找，也找不到像我们这样的产品。因此，即使要他们多等几天甚至几周，对他们来说仍然是一笔很划算的交易。"然而，客户并不是这样想的。他们会让你知道他们的不开心，然后由你来缓解这种关系。你知道这个问题应该解决，但解决方法是什么呢？毕竟，你要怎么做才可以使你的上司或者你的客户不生气？

分成三组，假设你是那个销售经理，你的小组可以提出什么好的解决办法呢？

实践练习：软件设计决策

公　司：神奇的地毯软件公司
收信人：拉吉夫·杜塔，研发经理
寄信人：阿曼达·施伦克，运营副总裁
主　题：软件设计决策

拉吉夫，在我们的软件设计单元中存在一个问题。毫无疑问，那些极具天赋的和高超技能的多样化设计人员是我们公司最重要的资产之一。但是，我担心的是设计人员对他们设计的软件所产生的情感寄托超过了其他在决策中应该予以考虑的重要因素，比如是否进行新的产品设计。在这方面，我不确定如何处理这一问题。我最不想做的是扼杀他们的创造力，但我担心如果我们不尽快制订一个行动计划，问题会变得更糟糕。

我需要你去调查决策制定中情感的作用。"专家"是怎么说的？它是我们应该关注的问题吗？解决这一问题最好的方法是什么？请用一页纸的篇幅将你调查得出的要点以项目符号列表的形式列举出来，并确保将引用的资料列出来以便我可以做进一步的研究。

注：文中提及的公司和信息都是虚构的，只是为了教学目的而设，并不是对那些同名公司的管理实践进行正面或反面的披露。

应用案例 4-1

效 率 狂

UPS 快递被称为效率狂。

它是世界上最大的包裹递送公司，拥有即时可辨认的卡车。[58] 每天，联合包裹服务公司（United Parcel Service，UPS）在美国以及包括北美其他各处和欧洲在内的超过 220 个国家与地区，运送超过 1 800 万个包裹和文件（2014 年全球交付总量为 46 亿个包裹和文件）。高效、准时地投递这些包裹是其获得青睐的重要原因，同时这也需要公司付出巨大的努力来帮助司机决定最好的运输路线。

效率和一致性对 UPS 来说一直都很重要。公司通过培训和再培训，不断向司机强调工作规则、程序和分析工具的重要性。例如，UPS 要求司机把钥匙挂在小指上，这样他们就不会浪费时间在口袋里摸索钥匙了。出于安全考虑，UPS 规定司机不能左转，不能倒车。而现在公司正在测试和试验一个在一致性与效率上有望取得重大突破的算法，这一制度相较其长期使用的业务模式将存在较大差异。它的名字叫猎户座（ORION），以实现公路上的综合优化和导航。这样做，归根结底就是让 UPS 司机通过使用由数学家组成的团队建立的决策算法来节省数百万英里的运输路线。考虑到每个 UPS 司机平均每天停车 120 次，提高效率最棘手的问题就是确定司机如何按最佳顺序的投递路线停车（共有 $6\ 688\ 502\ 913\ 449\ 135 \times 10^{183}$ 种可行选择），要考虑到诸如"特殊投递的次数、道路管制以及没有体现在地图上的私人道路等变量"。[59] 对物流决策挑战的另一种看法是：有更多的方法可以沿着普通司机的路线传送包裹，"比地球存在以来的奈秒还要多"。[60] 不管你怎么看，都有很多选择。人类的大脑根本无法理解。但是花了 10 年时间和数亿美元建立起来的猎户座算法对人们而言是件大好事。信息技术专家将猎户座描述为现今为止任何公司在运筹学方面的最大一笔投资。

那么，猎户座这个算法是做什么的？它并不是寻找最佳答案，而是设计成能够随着时间的推移自我完善，从而在最佳结果和一致性之间达到平衡，以帮助司机在投递路线上做出最好的决策。考虑到司机每天要走那么多的里程，在不同地方各省一点加总起来数额就会很庞大。当司机在每个工作日上班"登录"他的交付信息获取装置（DIAD）时，就会出现两种可选的方法来实现当天的包裹交付：一种方法使用猎户座，另一种方法是旧方法。驾驶员可以选择使用其中任何一种，但如果没有选择猎户座，就会要求司机对这个选择做出解释。而猎户座的推出也并非没有挑战。一些司机不愿意放弃自主权；另一些司机则不理解猎户座的逻辑：为什么早上在一个街区送包裹，而同一天晚些时候又要再回到同一个街区。尽管存在这些挑战，公司仍然致力于推行猎户座这个算法，它认为："司机和猎户座一起工作，比其单独工作要好。"[61]

讨论题

4-13 为什么效率和安全性对于 UPS 公司来

说那么重要？

4-14 你认为司机在路线选择上的决策是结构性的还是非结构性的、程序化的还是非程序化的？请解释。

4-15 猎户座算法是怎么帮助司机做出更好的决策的？（可结合决策过程的步骤来思考。）

4-16 UPS是怎么成为一家可持续发展的公司的？

应用案例 4-2

棒 球 运 动

棒球比赛……捣弄数字、统计分析与数据。

棒球一直被称为"美国的国家消遣运动"，尽管根据哈里斯民意调查（Harris Interactive Survey），橄榄球无疑是美国人最喜欢的运动。[62] 现在，棒球运动大概更像是美国数字运算员所玩的游戏。例如，桑迪·艾尔德森（Sandy Alderson）是纽约大都会队（New York Mets）的总经理，他决定让队里的击球冠军和代理游击手约瑟·雷耶斯（Jose Reyes）去迈阿密·马林鱼队（Miami Marlins）。"我对我们所采用的分析和追求的战略感到高兴。"他公布这个消息时，他的三个棒球运作人员拿着手提电脑站在旁边，随时准备提供任何需要的数据。一个棒球作家表示运动已经向数据分析方向发展："不要轻视事实、数字、其他数据以及分析这些数据的人所增长的价值。"

正如电影《点球成金》（Moneyball，根据早期一本同名的书所拍的电影）中所强调的，数据（准确的数据）对于棒球运动中的有效决策是很重要的。《点球成金》的中心前提是棒球内部人（运动员、经理、教练、侦察兵、全体决策人员）所集聚的智慧从比赛的进攻开始就是有缺陷的，普遍用于评估运动员的能力和表现的数据，如盗垒、打点的记录和击球率，对于运动员的潜力测量是不够的。严格的数据分析表明占垒的比例和重击的比例是测量运动员攻击潜力的更好指标。那么，这些数字运算的目标是什么呢？是为了做出更好的决策。团队经理希望以一种最好的方式分配他们有限的工资，以帮助他们的队伍获得冠军。

更系统的数据方式也已经运用到大学棒球运动中。在这个层面上，教练长期使用他们的面部（不断地触碰他们的耳朵、鼻子和下巴）与接球手沟通投掷的选择。然而，现在成百上千的大学棒球队已经放弃了这种身体信号的方式并使用一套由教练喊出一系列数字的系统。"接球手通过观看藏在袖口的图表来解读顺序（自从1965年起足球四分卫就开始使用），然后把信息以投球手常用的方式转达给投球手。"教练说这种方法不仅更快、更高效，而且不会被想要偷取相关标记的竞争对手所破译。因为这种方法可以形成多种组合以表达不同的投掷方式，相同的数字顺序不会在余下的比赛中再出现，甚至在接下来的整个赛季都不会再出现。

讨论题

4-17 一般而言，在棒球比赛中会做出什么决策？你可以把这些决策分为结构性问题和非结构性问题吗？请解释一下。你认为应该适合什么类型的决策条件？请加以解释。

4-18 在评估运动员时，对棒球经理而言，只使用定量的、客观的指标是否合适？你认为呢？请说明原因。

4-19 解释棒球比赛决策人员和大学教练如何使用以下标准来做出更好的决策：①理性；②有限理性；③直觉。

4-20 在管理棒球运动的过程中，会不会有过多的信息？请讨论。

应用案例 4-3

体 验 成 功

橙汁与提供橙汁所需的 100 万的三次方次决策。

可口可乐公司在它自己的联盟中。[63] 作为世界最大和排名第一的非酒精饮料企业，可口可乐公司在超过 200 个国家销售超过 3 500 种饮品。可口可乐公司建立了一个价值 150 亿美元的品牌，同时在世界五大软饮料品牌中占据了四席（可口可乐、健怡可乐、芬达和雪碧）。从 2001 年开始之后的每一年，全球品牌咨询公司国际品牌集团（Interbrand），连同《彭博商业周刊》（Bloomberg Business Week），将可口可乐公司评为最好的全球品牌。可口可乐公司的管理层和经理将他们的目标聚焦于雄心勃勃的、长期的企业增长：到 2020 年使可口可乐公司的业务翻番。要达成这个目标，其中很大一部分是要把公司的纯果汁橙汁（Simply Orange Juice）打造成全球果汁品牌。决策制定对于经理尝试击败竞争对手百事可乐公司（PepsiCo）起着重要作用，百事可乐公司在非浓缩果汁市场上占有 40% 的市场份额，而可口可乐公司只有 28%。经理们并不认为在这场激烈的追逐中，百事可乐公司仅仅是侥幸而得。

你可能认为制作橙汁很容易——摘、榨、注，这只是在你的厨房中可能出现的场景。对可口可乐公司而言，制作一瓶纯果汁的橙汁需要"卫星图、复杂的数据算法和果汁管道"。可口可乐公司位于佛罗里达的一家大型果汁包装厂的采购经理说："大自然不是标准化的。"然而，标准化恰恰为可口可乐公司的付出带来了利润。生产一种果汁饮料比把苏打装入瓶中复杂得多。

可口可乐公司使用所谓的"黑皮书模型"，是想保证客户可以一年 12 个月不断地喝到新鲜可口的橙汁，而非只在持续 3 个月的巅峰成长季节能喝到。为了实现这个目标，可口可乐公司依赖其"收入分析顾问"。他说："橙汁是在业务分析中最复杂的应用之一。"为了在大自然的挑战中实现最佳协调，要进行 100 万的三次方（1 后面有 18 个 0）次决策。

黑皮书中没有什么秘诀，那只是一个简单的算法，包含超过 600 种组成一个橙子的不同口味和客户偏好的详细数据。这些数据与每一批次的原料果汁的状况相关联。这个算法会决定如何按不同的批次来调配味道和一致性。在果汁装瓶工厂里："调配技师在装瓶之前执行黑皮书的指令。"他们每周所用的橙汁菜谱都会经过不断地微调。黑皮书还包含外部因素，诸如气候图、庄稼产量和其他成本压力因素的数据。这对可口可乐公司的决策者而言很有用，因为他们必须保证供应至少可以支撑 15 个月。一名可口可乐公司的管理人员说："如果我们遇上飓风或者结冰，我们可以在 5 ~ 10 分钟内迅速重新计划，因为我们已经进行过数学模拟了。"

讨论题

4-21　这个案例中的哪些决策可以被定义为非结构性问题？哪些是结构性问题？

4-22　黑皮书如何帮助可口可乐公司的经理和其他员工进行决策？

4-23　可口可乐公司要怎样运用它的大数据来实现目标？

4-24　在收入分析方面做一些研究，什么是收入分析？收入分析可以怎样帮助经理更好地制定决策？

附录 4A 数量化决策工具：辅助决策的数量化模型

在本附录中，我们将学习几种决策的辅助方法和技术以及一些项目管理的流行工具。[1]具体而言，我们将介绍支付矩阵（payoff matrices）、决策树（decision trees）、盈亏平衡分析（break-even analysis）、财务比率分析（ratio analysis）、线性规划（linear programming）、排队论（queuing theory）和经济订货批量（economic order quantity）等方法。每一种方法都为管理者决策过程提供了一个辅助工具，并为基于更好信息的决策提供更加完全的信息。

4A.1 支付矩阵

在第4章中，我们介绍了不确定性问题，并说明了不确定性是如何影响决策的。尽管不确定性在限制管理者所能获得的信息量方面起着重要作用，但决策者自身的心理导向也是一个重要的因素。举例而言，乐观主义的管理者倾向于使用大中取大（最大最大化）的选择（在各种可能的最大支付中再取最大化的一种方法）；悲观主义的管理者通常遵循小中取大（最大最小化）的选择（寻找各种可能得到的支付中最小的结果，并在这些最小的结果中取最大）。那些期望后悔值最小的管理者喜欢采用最小最大后悔值的（最小最大化）选择。下面通过一个例子，我们来简单看一看这些方法之间有何不同。

我们现在讨论纽约维萨国际公司（Visa International）的一个营销经理的案例。他已经制定了4个可能的战略（我们分别标记为S1、S2、S3、S4），准备在美国的东北部促销维萨卡（Visa Card）。然而，他现在也留意到，其主要竞争对手美国运通为促销自己的运通卡在同一市场上也有3种竞争战略（我们分别标记为CA1、CA2、CA3），并准备在这个市场上推广它的卡片。在这个例子中，我们事先假定，维萨国际公司的管理者对于4种战略成功的概率并没有任何先验的知识。在这些事实前提下，维萨卡经理制定了一个矩阵（见表4A-1），用来表示在美国运通公司选定竞争行为的情况下，维萨国际公司可能采取的不同战略及其可能产生的利润结果。

表 4A-1　维萨国际公司的支付矩阵　　　　　（单位：百万美元）

维萨国际公司的市场战略	美国运通公司的反应		
	CA1	CA2	CA3
S1	13	14	11
S2	9	15	18
S3	24	21	15
S4	18	14	28

在本例中，如果维萨国际公司的管理者是一个乐观主义者，他将会选择 S4，因为这个选择能够产生最大的可能收益（2 800 万美元），这种选择使最大可能收益最大化（大中取大）。如果维萨国际公司的管理者是一个悲观主义者，他会假定只会发生最坏的情况。每种战略最坏的结果如下：S1 = 1 100 万美元，S2 = 900 万美元，S3 = 1 500 万美元，S4 = 1 400万美元。根据最大最小化选择（小中取大），决策者应该选择那些所有最小支付中最大的那一个，因此应该选择 S3。

在第三种方法中，管理者意识到做出的决策，并不一定能产生最大的利润支付。这就存在着一个失去利润的后悔值（regret）。后悔值指的是采用不同的战略能增加的支付额。给定竞争对手的选择之后，决策者从中选择出一个最有利于自己的方案，这个方案的结果是在给定竞争对手状态下的最大值，用最大值减去各种情况下的支付值，就可以得到在竞争对手不同战略情况下本公司的各种战略的后悔值。就本例而言，给定美国运通公司的战略 CA1、CA2 及 CA3，维萨国际公司的最大支付分别是 2 400 万美元、2 100 万美元和 2 800 万美元（每一列中的最大值），用这个最大值减去表 4A-1 中各种情况下的支付，就得出了各种情况下的后悔值（见表 4A-2）。

表 4A-2 维萨国际公司的后悔值矩阵 （单位：百万美元）

维萨国际公司的市场战略	美国运通公司的反应		
	CA1	CA2	CA3
S1	11	7	17
S2	15	6	10
S3	0	0	13
S4	6	7	0

维萨国际公司在各种情况下的最大后悔值分别是 S1 = 1 700 万美元、S2 = 1 500 万美元、S3 = 1 300 万美元和 S4 = 700 万美元，我们所采用的最小最大后悔值决策就是要使我们的最大后悔值最小，因此维萨国际公司的经理会选择 S4。这样，他的后悔值不会超出 700 万美元。对比来说，如果美国运通公司选择 CA1 而维萨国际公司选择 S2，维萨国际公司的后悔值是 1 500 万美元。

4A.2 决策树

决策树（decision tree）是用于分析雇用、营销、投资、设备购买、定价，以及类似含有进展过程之决策的常用方法。之所以称为决策树，是因为画出的图很像有许多树枝的树。典型的决策树为每一种可能产生的结果分配概率，计算每个决策路径的期望值，通过这样一个过程进行分析。

图 4A-1 所展示的是巴里啤酒公司（Barry's Brews）中西部地区选址经理伯克·哈灵顿（Becky Harrington）所面临的一个决定。伯克组织一些专家分析潜在的书店选址，并向中西部地区经理推荐。该公司在佛罗里达冬季公园的租约已经到期，并且产权所有者已经说明不再续租。伯克和他的团队必须为地区经理做出重新选址的推荐。伯克的团队已经在奥兰多（Orlando）一个大商场附近找到了一个很理想的场所。这个大商场的所有者为他提供了两种可能的选择：一个是 12 000 平方英尺⊖（这与他们现在的书店面积相同）；另一个面积要大些，

⊖ 1 平方英尺 = 0.093 平方米。

有 20 000 平方英尺。现在伯克需要决定推荐面积大的方案还是推荐面积小的方案。如果她选择面积大的方案并且经济走强，她估计每年能盈利 320 000 美元；但在经济衰退的情况下，场地过大带来的高昂经营成本意味着公司只能盈利 50 000 美元。如果选择面积小的方案，她估计在经济走强的情况下会盈利 240 000 美元，而在衰退的情况下也能盈利 130 000 美元。

正如你在图 4A-1 中看到的，选择面积大的书店获利的期望利润值是 239 000 美元（= 0.70×320 000 + 0.30×50 000）。选择面积小的书店的期望利润值是 207 000 美元（= 0.70×240 000 + 0.30×130 000）。在进行这些分析之后，伯克决定向大家推荐租用面积大的书店这个备选方案。如果伯克一开始决定租用面积小的书店而等经济走强之后再扩租又会如何呢？她将决策树延伸至第二个决策点。延伸之后，她可以有三种选择：不扩租、扩租 4 000 平方英尺及扩租 8 000 平方英尺。沿用决策点 1 中用过的方法，管理者可以计算出扩租决策之后各种方案的潜在利润，以及各种选择的期望值。

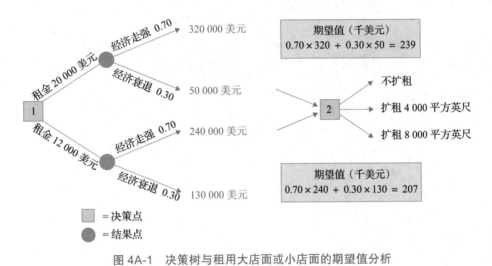

图 4A-1　决策树与租用大店面或小店面的期望值分析

4A.3　盈亏平衡分析

为了达到盈亏平衡（既无盈利也无亏损），企业必须销售多少单位产品呢？管理者可能需要知道为了达到预期的利润目标所要销售的产品的最低数量，或者某种产品是否应该继续销售还是退出企业的产品系列。盈亏平衡分析（break-even analysis）是帮助管理者进行利润预测时广泛使用的技术。[2]

盈亏平衡分析是一种简单的方法，这种方法对管理者而言是很有价值的，因为它指明了产品销售收入、成本以及利润之间的关系。为了计算出盈亏平衡点（break-even point，BE），决策者需要知道单位产品的售价（price，P）、单位可变成本（variable cost，VC）及总固定成本（total fixed costs，TFC）。

当企业总收入刚好等于总成本时，企业达到盈亏平衡。但总成本包括两个部分：固定成本与可变成本。固定成本是指那些不随规模变化的成本，如保险费和财产税。当然固定成本也只是相对短期而言的，因为在长期内，投入会到期，并因而成为可以变化的量。可变成本随产量的改变而改变，包括原材料、劳动力及能源成本。

盈亏平衡点可以通过作图或者根据下列公式计算出来：

$$BE = TFC/(P - VC)$$

这个公式告诉我们：①当我们以某个覆盖所有可变成本的价格销售产品达到足够数量时，总收入将等于总成本；②价格与可变成本的差与销售数量的积等于固定成本。

盈亏平衡点在什么时候可以用上呢？我们假定在乔斯（Jose）的贝克斯菲尔德咖啡店（Bakersfield Espresso）里，乔斯每杯咖啡收费 1.75 美元，如果他的固定成本（工资、保险费等）是每年 47 000 美元，而可变成本是每杯咖啡 0.40 美元，则乔斯可以这样计算出他的盈亏平衡点：47 000/（1.75 - 0.40）= 34 815（美元）（大约每周卖 670 杯咖啡）。或者这样说，每年收入要达到近 60 926 美元。这种关系可以通过图 4A-2 来表示。

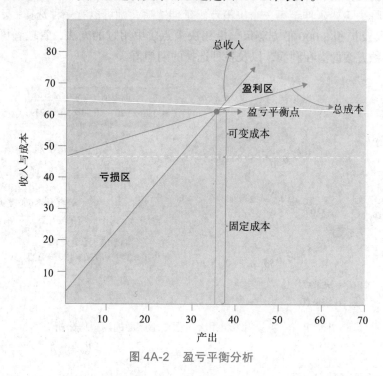

图 4A-2　盈亏平衡分析

盈亏平衡分析是如何用作管理和决策工具的呢？作为一个计划工具，盈亏平衡分析有助于乔斯制定他的销售目标。例如，他可以事先制定一个利润目标，然后反过来推算达到这个利润水平所需的销售水平。盈亏平衡分析作为一个决策工具，可以告诉乔斯在亏损的情况下需要增加多少销售量才能达到平衡，或者在盈利的情况下销售量下降多少仍能保持盈亏平衡。在某些情况下，如对职业体育联赛的管理，我们从盈亏平衡分析中可以看到为了弥补成本需要卖出数量高得不切实际的门票，以至于管理者的最佳决策是出售或停止此项业务。

4A.4   财务比率分析

投资者和股票分析师常常利用企业的财务文件来评估企业价值。通过对这些材料的辅助分析，管理者可以做出决策和计划。

管理者在分析企业的重要财务指标时，一般需要用到企业的资产负债表和损益平衡表；也就是说，通过对财务报表中两个有意义数字的比较，得出用百分比来表示的结果，就是我们所说的财务比率。这种方法使得管理者可以把企业现在的财务绩效与以前的财务绩效以及同行业其他组织的财务绩效相比较。一些最有用的财务指标分别评价了企业的流动性、杠杆运营、营运能力及盈利能力。这些指标的作用可以参见表 4A-3。

表 4A-3　常用的财务指标

目标	比率	计算公式	所表达的意思
流动性指标	流动比率	流动资产 / 流动负债	衡量企业支付短期债务的能力
	速动比率	(流动资产 – 存货) / 流动负债	如果存货周转慢或者存货销售困难，速动比率更加有效地衡量了企业的流动性
杠杆指标	资产负债率	总负债 / 总资产	该比率越高，企业的举债越多
	利息保障倍数	息税前利润 / 总利息费用	测量在企业不能偿还到期利息费用之前，利润下降的幅度
营业指标	存货周转率	收入 / 平均存货	比率越高，表明存货资产使用得越为有效
	总资产周转率	收入 / 总资产	既定销售收入所用的资产越少，企业总资产的管理越为有效
盈利能力指标	边际利润率	税后净利润 / 总收入	识别不同产品产生利润的能力
	投资回报率	税后净利润 / 总资产	衡量资产产生利润的效率

什么是流动性比率？流动性比率（liquidity ratios）是一种衡量企业在债务到期时能将资产转化为现金能力的指标。经常使用的流动性比率包括流动比率和速动比率。

流动比率（current ratio）是用企业的流动资产除以企业的流动负债得到的。尽管没有十分精确的数字表明在什么样的流动比率下企业是安全的，但是财务的经验法则一般认为这个比率应该是 2∶1。流动比率显著高于 2，说明企业的资产没有得到本来可以得到的最好回报。流动比率等于或低于 1，则表明企业在支付短期负债（应付账款、利息支出、工资、税金等）方面可能存在困难。

速动比率（acid test ratio）除了在流动资产项目上扣除存货的货币价值外，其他计算与流动比率相同。如果存货周转慢或者存货销售困难，速动比率能更加准确地衡量企业的流动性，基于大量滞销存货的高流动比率夸大了组织真实的流动性。与之相应，财务人员一般认为速动比率为 1 是合理的。

杠杆比率（leverage ratios）指的是为了发展和壮大规模，企业举债经营的程度。如果资金的回报率比资金的成本率高，那么财务杠杆就会发生有利的作用。举例而言，如果管理者能以 8% 的成本借回资金，而在企业内部的投资有 12% 的投资回报率，那么借贷资金就很有意义，但也存在着过度举债的风险。企业的债务利息是企业现金流的重要消耗者，在极端的情况下，甚至能导致企业破产。因此，企业的目标是要明智地使用负债。杠杆比率包括**资产负债比**（debt-to-assets ratio，总负债除以总资产）、**利息保障倍数**（times-interest-earned ratio，息税前利润除以总利息费用）等，它们能够帮助管理者控制债务水平。

营业比率（operating ratios）衡量管理层有效利用组织资源的能力。最常用的营运能力指标包括**存货周转率**（inventory turnover）和**总资产周转率**（total asset turnover）。存货周转率指的是收入除以平均存货。此比率越高，表明存货资产使用得越为有效。用收入除以总资产就得到了企业的总资产周转率，它表明企业资产产生收入的水平。如果取得既定的收入所用的资产越少，就表明企业内部资产的管理越有效。

营利性组织需要衡量本组织的效果与效率。**盈利比率**（profitability ratio）就是用于测量企业获利能力的指标。最为常用的盈利能力指标是收入边际利润率（profit margin on revenues ratio）和投资回报率（return on investment ratio）。

组织的管理者需要将他们的精力投入到那些最有利可图的产品中。用税后净利润除以总收入就得到了收入的边际利润率，它是一个测量每一元收入能获利多少的指标。

在衡量企业盈利能力指标中运用最为广泛的一个是投资回报率。它由净利润除以总资产得到。这个比率表明绝对利润总额应该与产生利润的资产相符。

4A.5 线性规划

马特·弗里（Matt Free）拥有一家软件开发公司。该公司的一个产品系列是设计和生产反病毒软件。这种软件有两个版本：Windows 版和 Mac 版。生产出来的产品，他都能销售一空，然而这恰恰是他的难题。两种产品在同一个生产部门生产，为了使其利润最大化，每种产品分别应该生产多少呢？

仔细研究弗里的经营问题可以发现，他的资源分配难题可以通过线性规划这种数学方法来解决。下面我们可以看到线性规划（linear programming）对上述问题的解决，但并不是说这种方法可以运用于所有的资源分配问题。这种方法除了具有资源限制、目标最优化的要求之外，还需要存在通过资源组合生产出几种产品的若干可行方式。此外，这种方法也要求在变量之间只存在线性关系。这就意味着某个变量的变动一定会导致其他变量以某一精确的对应幅度变动。对弗里的企业而言，如果给定生产两张光盘的时间刚好是生产一张光盘时间的两倍，条件就可以满足。

利用线性规划可以解决许多不同类型的问题。比如选择运输路线以最小化运输成本，在不同产品品牌之间分配有限的广告预算，在不同项目之间分配人员以及利用有限的资源测定各产品的生产数量等。为了让大家能够清楚认识到线性规划的作用，下面我们回到弗里的问题上。幸运的是，他的这个问题较为简单，因此我们可以很迅速地解决这个问题。对于复杂的线性规划问题，我们已经设计出专门的计算机软件来辅助解决。

首先，关于弗里的经营问题，我们要给出一些条件。他已经计算出边际利润是每张 Windows 光盘 18 美元，而每张 Mac 光盘 24 美元。因此，他可以以下列式子来表达其目标函数：$\text{Max Profit} = 18R + 24S$。其中，Profit 代表利润，$R$ 是生产 Windows 光盘的数量，而 S 则是生产 Mac 光盘的数量。另外，我们还知道生产各种光盘需要的时间以及每个月总的生产能力（2 400 小时的设计能力及 900 小时的生产能力）（见表 4A-4）。在总的能力中，生产能力起着约束条件的作用。现在，弗里可以构造他的约束方程了。

$$4R + 6S < 2\ 400$$
$$2R + 2S < 900$$

表 4A-4 反病毒软件的生产数据

部门	生产每单位产品所需的小时数		每月生产能力（小时）
	Windows 版	Mac 版	
设计部门	4	6	2 400
生产部门	2	2	900
单位利润（美元）	18	24	

当然，由于生产的软件数量不能为负数，弗里也可以写上这样的条件：$R > 0$ 及 $S > 0$。他可以根据图 4A-3 来选择他所需要的结果。深色的阴影区域就是没有超出两个部门生产能力的可行解区域。这个图的意思是什么呢？我们知道总的设计能力是 2 400 小时，如果弗里决定只设计 Windows 光盘，则能够生产出 600 片（= 2 400/4）。如果他决定只生产 Mac 光盘，则他能够生产出 400 片（= 2 400/6）。这种设计的约束在图 4A-3 上表示为线段 BC。弗里必须面对的另外一个约束条件是生产能力。由于每张光盘需要花两小时进行复制、检查和包装，因此每一种光盘的生产能力都是 450 片。生产约束在图 4A-3 上表示为线段 DE。弗里的最优方案一定在可行解区域 ACFD 的一角上，在两个约束条件都满足的前提下，点 F 给出了最大利润点。在点 A，由于两种反病毒软件都没有生产，因而利润是 0；在点 C 与点 D，其利润分别是 9 600 美元（400 单位，售价 24 美元）和 8 100 美元（450 单位，售价 18 美元）。在点 F，利润是 9 900 美元（150 单位 Windows 光盘，售价 18 美元；300 单位 Mac 光盘，售价 24 美元）。[3]

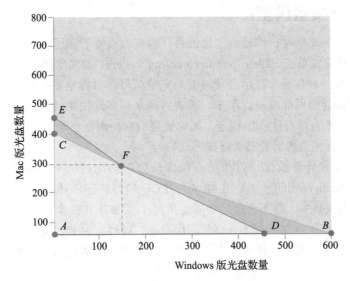

图 4A-3　弗里线性规划问题的图解

4A.6　排队论

假设你是美国银行（Bank of America）驻俄亥俄州克利夫兰市外一个分部的主管。现在你所需做出的一个决策是：6 个业务窗口在某个特定时间需要几个对外营业。排队论（queuing theory），也称为排队等候理论，可以帮助你进行决策。

为了平衡服务成本和客户等待成本，用排队论更易于解决这类问题。这类问题中常见的情况有：加油站设多少个油泵、银行设多少个柜台、收费站安排多少个收费员，以及在飞机检票时设置多少个检票通道等。在各种情况下，管理人员既需要尽可能少开柜台最小化成本，又不至于少到需要考验客户的耐心。在上述银行业务窗口的决策中，某天（比如是每个月的第一天和每周五）可以安排业务窗口全部上班以使得客户等待时间最少；也可以只开一个窗口以最小化人工成本，但是要冒引起骚乱的风险。

排队论所涉及的数学原理已经超出了本书的范围，但通过这个简单的例子，我们可以看到如何应用排队论。假设你的部门有 6 个职员，但你要知道如果你只开一个窗口，你是否可以应付得了。一名顾客排队耐心等候的平均时间是 12 分钟，如果为一个顾客服务的平均时间是 4 分钟，则队伍不应该超过 3 个（= 12/4）人。依照过去的经验，在上午的时候，人们通常每分钟到达 2 个人。根据这些条件，你就可以按照下面的公式计算出等候顾客超过任意数（n）的概率（P）：

$$P_n = （1 - 顾客到达速度 / 服务速度）×（顾客到达速度 / 服务速度）^n$$

此时，$n = 3$ 个顾客，到达速度 = 2 个顾客（每分钟），服务速度 = 4 分钟（每个顾客）。我们将数据代入公式，就会产生如下结果：

$$P_n = （1 - 2/4）×（2/4）^3 = 0.0625$$

计算结果 0.0625 代表什么意思呢？它告诉我们在一般情况下，上午排队的顾客超过 3 个的概率是 1/16。你觉得有 4 个或者是更多的顾客排队的概率是 6% 合适吗？如果你认为合适，那么开一个窗口就行了。当然，如果你认为不合适，就应该安排更多的人上班来多开窗口。

4A.7 经济订货量模型

当你向银行订购支票时，你是否注意到再订购点大概位于你用完 2/3 支票的时候？这是现实中一个**定点再订货系统**（fixed-point reordering system）的简单例子。在这一过程中，在某一事先确定的点上，系统会显示存货需要补充的信号。目标是将存货的储存成本最小化，同时也限制存货缺货的可能性。近年来，零售店越来越多地使用计算机来执行再订货活动。他们的现金登记装置直接与计算机相连，每单销售均自动调整仓库的存储记录。当某项存货抵达关键点时，计算机会告诉管理者需要再订货。

通过数学公式来计算最优订货量的方法中最为人熟识的一个是**经济订货量模型**（the economic order quantity，EOQ）（见图 4A-4）。EOQ 模型在存货管理的订货与存储的四种成本中寻求平衡：购买成本（购买价加运费减折扣）、订货成本（签单、跟单、到货检查以及另外一些过程处理的成本）、持有成本（存货占用资金、储存、保费、税收等）与缺货成本（订货不能及时满足的利润损失、重建客户关系以及到货延迟的额外损失等）。如果我们已经认识了这 4 个因素，我们就可以根据这个模型来确定最优订货规模。

经济订货量模型的目标是为了最小化与订购、存储成本有关的总成本。订货数量越大，平均存货增加，持有成本也就会增加。例如，如果存货的年需求量是 26 000 件，每次订购 500 件，这样公司每年需要下 52 次（= 26 000/500）订单。这种订货频率使组织的平均存货保持在 250 件（= 500/2）。如果每次订货 2 000 件，则订货次数会减少 13 次（= 26 000/2 000），但与之对应，平均存货会增加到 1 000 件（= 2 000/2）。因此，当存货的持有成本上升时，订货成本下降，反过来也是如此。最经济的订货量是达到总成本曲线的最低点。在这种情况下，订货成本等于持有成本，这一点也就是经济订货量（图 4A-4 中的点 Q）。

为了计算最优订货数量，需要得到下列数据：某时期的需求预测（D）、每次订货成本（OC）、存货的价值或单件购买价格（V）、以存货单价百分比表示的存货持有成本（CC）。得到这些数据之后，计算经济订货量的公式如下：

$$EOQ = [2 × D × OC / (V × CC)]^{0.5}$$

让我们以一个例子说明经济订货量的计算。举例而言，巴恩斯电子设备公司（Barnes Electronics）是一家高品质的音像设备零售公司，其店主山姆·巴恩斯希望决定高品质音像设备的经济订货量。假定他讨论的商品是索尼微型磁带录放机。巴恩斯预测其年销售将达到 4 000 件。他也能确定该商品的成本是 50 美元。每单订货成本的平均成本是 35 美元，年保

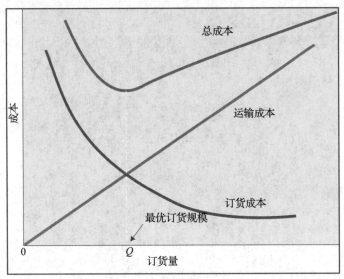

图 4A-4　最优经济订货量

费、税收和其他储存成本是存货价值的 20%。利用 EOQ 模型的公式及前面的信息，巴恩斯
能够计算出最佳订货量如下：

$$EOQ = [2 \times 4\,000 \times 35/(50 \times 0.2)]^{0.5} = (28\,000)^{0.5} = 167.33 \text{ 或 } 168 \text{（件）}$$

该经济订货量模型表明按照每批 168 件左右订货是最经济的。也就是说，巴恩斯可以
每年订货 24 次（= 4 000/168）。然而，如果供应商给出另外的条件，比方说如果每次订货
达 250 件以上就可以提供 5% 的折扣，那又会如何呢？巴恩斯应该每次订货 168 件还是 250
件？没有折扣，且每次订购 168 件，该录放机每年订货的总成本计算如下：

购买成本	$50 \times 4\,000 = 200\,000$（美元）
持有成本（平均存货量、单价、百分比的乘积）	$168/2 \times 50 \times 0.02 = 840$（美元）
订货成本（订单次数乘以每单订货费用）	$24 \times 35 = 840$（美元）
总成本	201 680（美元）

每次订购 250 件，给予 5% 的折扣，单件购买成本就变为 47.5 美元 [$= 50 \times (1-0.05)$]。
每年订货的总成本计算如下：

购买成本	$47.5 \times 4\,000 = 190\,000$（美元）
持有成本	$250/2 \times 47.5 \times 0.02 = 1\,187.5$（美元）
订货成本	$16 \times 35 = 560$（美元）
总成本	191 747.50（美元）

这些计算结果表明，巴恩斯应该利用 5% 的现金折扣。即使他现在不得不持有更大的库
存量，但每年也会节省近 10 000 美元。需要补充一点的是，EOQ 模型假定需求数量和提前
期是已知并且固定不变的。如果不满足这些条件，就不能使用这个模型。例如，由于部件
存货是一次性、一批批或者不固定的，而不是按一定比例发出的，因此加工部件的存货不能
采用这个模型。那是否就意味着如果需求是变化的，经济订货批量模型就毫无用处呢？不是
的，即使在这种情况下，此模型仍然能够用以权衡成本和控制规模。然而，处理这类需求及
另外一些特殊情况，可以使用更复杂的有关批量的数学模型。关于 EOQ 的数学原理，正如
排队论一样，已经远远超出了本书的范围。

5

第 章

计划工作的基础

管理偏见

计划简直就是浪费时间，
毕竟没人能够预测未来。

我们早就听说，未来不可预测。不管你制订的计划多完美，总有意外发生，对管理者来说，可能是突然的经济衰退，竞争者开发出的一种新的、创新型的产品，一位关键客户的流失，一位核心员工的离职，或公司花很长时间建立起来的商业模式的崩塌，等等，这种逻辑直接让许多人得出这样的结论：做计划纯属浪费时间。噢，错了！包含多重脚本的灵活性计划是可以为管理者应对多变的环境做好准备的。

正如我们之前在第 1 章中讨论过的那样，组织都有自己的目标、员工和组织结构，用以支持并使得员工能够通过工作实现目标。在这些组织中，管理者必须建立各种目标、计划和战略，以最好的方式实现组织目标。然而，有时候在评估计划和战略所带来的结果后，管理者不得不随着情况的变化而改变方向。这一章讨论计划工作的基础。你将学到什么是计划工作，管理者如何进行战略管理，如何设定目标并制订计划。最后，我们将探讨管理者在当代计划工作中所面临的若干问题。

学习目标

1. 讨论计划工作的性质和目的。
2. 阐释管理者如何进行战略管理。
3. 比较设定目标和制订计划的各种方法。
4. 讨论当代计划工作所面临的问题。

5.1　计划是什么，管理者为什么需要制订计划

所有的管理者都会计划。

计划（planning）经常被称为管理的首要职能，因为它为管理者的其他职能，即组织、领导和控制，打下了基础。计划这个术语的含义是什么？正如我们在第 1 章中所阐述的那样，计划包括定义组织的目的和目标，制定为达到这些目标的总体战略，以及建立一套综合的计划体系来整合与协调行动。它既涉及目标（做什么），也涉及手段（怎么做）。

计划还可进一步分为正式计划和非正式计划。所有管理者都要从事计划工作，即使这种计划只是非正式的。非正式的计划很少会以书面形式出现，接下来要完成什么，这仅仅存在于一个或少数人的头脑中。此外，组织的目标很少会被表述出来。非正式计划一般存在于一些小企业中，雇主型管理者考虑他想要达到的目标以及如何实现目标。这种计划是笼统的，且缺乏连续性。当然，你会发现非正式计划也存在于一些大组织中，而一些小企业也会制订非常周到的正式计划。

当我们在本书中提到"计划"这一术语时，指的都是正式计划。在正式计划中，每一个时期的具体目标都会有明确的界定。这些目标以书面的形式记录下来并且知会组织成员。有了这些目标，管理者就可以制订明确的计划，清楚地界定组织实现目标的途径。

5.1.1　管理者为什么要制订正式计划

麦当劳——一家在全球 120 个国家拥有超过 35 000 家连锁餐厅、每天接待 6 800 万顾客的公司，是如何一直维持良好的运作的呢？制胜的关键就在于它周密的计划，其中三个重要的部分就是：卓越的日常运营、拔得头筹的市场营销以及持续不断的产品创新。麦当劳的管理者，上到总公司下到每一个门店，都知晓计划工作对公司保持长久成功的重要性。如今麦当劳公司在竭力阻止全球销售额下滑，因此，该计划对于管理者来说也就更加重要。

管理者从事计划工作至少有四个理由（见图 5-1）。首先，计划工作协调各方面的努力，并为管理者与非管理者提供指导。当组织中所有成员都知道组织的目标，并且知道自己必须做哪些工作才能达到这些目标时，他们就会开始协调自己的行动，这时团队工作与协调合作就会开展起来。反之，计划工作的缺失则会导致各个组织成员或单位之间相互对立。这样，组织就不能有效地迈向它的期望目标。

其次，通过促使管理者未雨绸缪，预测未来的变化，估量变化的影响并做出适当的反应，计划工作可以减少不确定性。计划工作还能够将管理者为应对变化而采取的行动结果清晰地表现出来。所以，计划工作正是管理者在变化的环境中所需要的。

再次，计划工作还能够减少重复与浪费。事前协调可以及时发现浪费和冗赘。此外，当手段与目标都非常清晰时，效率低下的那部分就会变得很明显。

最后，计划工作所建立起的目标或标准十分有利于管理中的控制。如果组织成员不清楚应达

图 5-1　计划工作的理由

到什么样的目标，他们怎么能知道自己是否达到了目标呢？管理者在计划工作中制定目标和计划。而在控制职能中，他们会判断计划是否得到执行，目标是否达到（我们将在 14 章中详细讨论控制职能）。一旦识别出明显的偏差，管理者就可以及时进行纠正。因此，倘若没有计划工作，绩效无法与目标相对照，管理者就很难进行有效控制。

5.1.2　对正式计划的批评有哪些以及管理者又该如何应对

虽然确立目标和提供指导对组织很有意义，但计划的某些基本假设也会受到许多批评。[1]

批评 1：计划工作会导致僵化。正式计划会把组织限定在某一具体的目标之中，而这个目标是有具体时限的。这样的目标往往是在环境不会改变的假设下设立的。当环境是随机的和不可预知时，一味地执行计划就可能导致一场灾难。

管理者的回应：管理者需要保持灵活性，不能仅仅因为它是个计划就一味地执行。

批评 2：正式计划不能代替直觉和创造性。成功的组织常常是一些人给出的愿景的结果，这些愿景在演化过程中往往会趋于正式化。如果正式计划的实施使得愿景变成程式化的惯例，那么这也可能导致一场灾难。

管理者的回应：计划工作应强化与支持直觉和创造力，而非取代它们。

批评 3：计划使管理者关注今天的竞争，并非明天的存亡。正式的计划，特别是战略规划（我们将会在后面讨论），倾向于注重如何最好地利用产业内现有的商机。管理者不是去寻找能够再创造或改造产业的方法。

管理者的回应：当管理人员做计划工作时，他们应探求未知领域去发现未被利用的机会。

批评 4：正式计划强化成功，这可能导致失败。美国传统的说法是：成功乃成功之母。毕竟，当物品没有破损时是用不着修理的。然而现实总是这样的吗？未必！事实上，在一个不确定的环境中，成功或许孕育的是失败。人们很难改变或放弃一项成功的计划，很难放弃那些不怎么费事的工作，而去做那些结果未知且让人备感焦虑的工作。

管理者的回应：管理者需要面对未知，乐于尝试全新的做事方式，这样才会更加成功。

5.1.3　正式计划是否改善了组织的绩效

计划是否真有成效呢？

计划是否真有成效呢？批评计划的一方在争论中占上风了吗？让我们来看一些事实。

与批评计划的理由相反，多数证据都支持组织应该做正式计划的观点。尽管大多数对计划与绩效之间关系的实证研究都显示，二者之间一般具有正相关关系，但是，我们并不能就此断言有正式计划的组织总能比无计划的组织取得更好的绩效。[2] 在那些研究的基础上，我们能得出什么结论呢？

- 正式计划通常意味着更高的利润、更高的资产回报，以及其他实实在在的财务绩效。
- 计划过程的高质量以及良好的实施可能会比计划工作本身带来更高的绩效。
- 在那些制订了正式计划而没有取得较高绩效的组织中，外部环境也许是罪魁祸首。例如，政府的管制、无法预见的经济挑战，以及其他环境约束等限制了计划对组织绩效的影响。为什么？因为在此环境下管理者几乎没有太多的选择。

有关组织正式计划的一个重要内容是战略规划，这也是管理者所进行的战略管理过程的一部分。

5.2　管理者如何进行战略管理

- 芝加哥小熊队（The Chicago Cubs）已经制订了一个新的战略计划，经理希望这个计划能够帮助球队在历经几十年的艰难发展后取得成功。[3]
- IBM 与气象公司（The Weather Company）达成协议，获得了提供和发布天气信息的机会。这种类型的数据合作是 IBM 长期战略的一部分。[4]
- 在新工厂建设冻结了 3 年后，丰田公司（Toyota）宣布将投入 10 亿美元建设两家新的汽车工厂：一家在墨西哥，一家在中国。[5]
- 为了庆祝它的 20 周年纪念，美国娱乐与体育节目电视网（ESPN.com）宣布对其极受欢迎的体育网站和移动应用程序进行改造。ESPN 是全球最受欢迎的体育网站，2015 年年初在全球就有创纪录的 1.265 亿人登录该网站。[6]
- 在与麦当劳的早餐大战中，塔可钟（Taco Bell）火力十足地推出了玉米卷饼，它尝起来像饼干，但是形状像玉米卷。[7]

张欣，中国 SOHO 公司的联合创始人兼 CEO，她正在公司建造的位于北京的一座摩天大楼前摆姿势。张欣和她的丈夫创办 SOHO，专注于在北京和上海的黄金地段开发高档商业地产，这些特色建筑产品反映了不断变化的现代中国精神，SOHO 的战略取得了巨大成功。

- 梅赛德斯 - 奔驰公司（Mercedes-Benz）宣布，计划推出首款"豪华"小型货车。高管表示，预计这款车将为公司的全球增长目标做出贡献。[8]

上述不过是近一周内发生的一些商业事件，其中每一个事件都与某一个公司的战略相关。战略管理占据管理者工作中很大的一部分。

5.2.1　什么是战略管理

战略管理（strategic management）是指管理者为制定组织战略所要做的工作过程。那什么是一个组织的战略呢？战略（strategies）是指一个组织所制订的系列计划，这些计划包括从事怎样的业务，如何在竞争中获得成功，以及如何吸引和满足顾客以达到组织目标。

5.2.2　为什么战略管理很重要

经济动荡对大型商场中许多服装连锁店产生了极大的冲击，然而，一家名为巴克尔（Buckle）

的青少年用品零售商却只在经济不景气的最后阶段受到影响，而且没过多久该公司就重整旗鼓。巴克尔公司的战略是什么？其中一个重要内容就是它的选址战略。在 450 多家店中，只有很少一部分位于经济严重衰退的州。公司战略的另一个内容是向客户提供增值服务，如定制的牛仔裤配件和免费的卷边加工。"在竞争激烈的青少年市场中，这项'客户增值服务'投入对巴克尔公司实施其差异化战略起到了关键作用。"[9] 显然，这家公司的管理者对战略管理的价值理解得十分透彻！

为什么战略管理如此重要？一个原因是它可以影响公司的绩效。尽管面对同样的环境条件，但是为什么有些公司成功而有些却不成功呢？研究表明，战略规划和绩效之间一般存在着正相关关系。[10] 那些制定了战略规划的公司显然要比没有制定的公司有更好的财务绩效。

另外一个重要原因是无论是哪种类型和规模的公司，管理者都需要面对不断改变的环境（回想一下我们在第 2 章中讨论过的内容）。在计划未来的行动中，他们要通过战略管理过程，去考察相关因素，以面对这种不确定性。

最后，战略管理之所以重要是因为组织具有复杂性和多样性。组织中的每个单元都要为达到组织目标来共同工作，而战略管理有助于做到这一点。例如，沃尔玛在全球范围内拥有 220 多万员工（他们分布在不同的部门、职能区域以及店铺中），运用战略管理有助于协调并使员工专注于做最重要的事情。

今天，战略管理已经超过企业组织的范畴领域，诸如政府机构、医院、教育机构和社会机构都需要用到战略管理。例如，由于大学教育费用的大幅上涨、来自提供各种教育培训课程的公司竞争、财政收入下降所导致国家教育预算的大幅下降，以及州政府对学生和研究资助的削减，许多大学的管理层重新评估学校的期望目标，努力识别那些能够使学校生存、发展的利基市场。

5.2.3　战略管理过程的步骤有哪些

战略管理过程（strategic management process）包含战略计划工作、实施以及评估等六大步骤（见图 5-2）。尽管前四个步骤描述了必需的计划，但实施和评估同样是很重要的。如果管理层不能够恰当地实施战略或者评价实施结果，即使是最好的战略，也有可能会走偏。

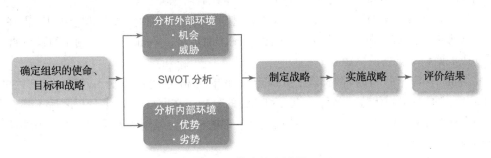

图 5-2　战略管理过程

步骤 1：确定组织的使命、目标和战略。每一个组织都有一项使命（mission），即对组织目标的陈述。对使命进行定义需要管理者识别公司的业务是什么。例如，雅芳（Avon）的使命陈述是"成为一家最了解女性需求，能够满足全球女性对产品、服务以及自我成就感需要的公司"。[11] 澳大利亚国家心脏基金会（National Heart Foundation of Australia）的使命是"减少澳大利亚心脏病、中风和血管疾病所带来的痛苦和死亡"。这些陈述提供了组织如何看待其目标的线索。一个使命的陈述应该包括什么？表 5-1 描述了一些典型的使命组成部分。

表 5-1　组织的使命陈述包括哪些内容

客户：谁是公司的客户

市场：公司在哪里竞争

对生存、成长和盈利能力的关注：公司是否致力于稳健的成长和财务策略

信条：公司基本的信仰、价值观和商业道德取向是什么

对公共形象的关注：公司对社会和环境问题有积极的反应吗

产品或服务：公司主要的产品或服务是什么

技术：公司的技术够前沿吗

自我概念：公司的主要竞争优势和核心竞争力是什么

对员工的关注：员工是不是公司的一项很有价值的资产

资料来源：Based on F. David, *Strategic Management*, 11th ed. (Upper Saddle River, NJ: Prentice Hall, 2007), p. 70.

确定当前的目标和战略对管理者也是重要的。为什么？因为这样管理者才能就是否需要变革进行一个基础性的评估。

步骤 2：分析外部环境。 我们在第 2 章中已经讨论了外部环境。在战略管理过程中，环境分析是一个关键步骤。管理者只有通过外部环境分析才能了解情况，例如，竞争对手正在做什么，即将通过的法律会对组织产生怎样的影响，当地劳动力的供给状况如何。在外部环境分析中，管理者应该考察所有相关的环境因素（比如经济因素、地理因素、政治法律因素、社会文化因素、技术因素以及全球化影响），以找到趋势和变化。

一旦管理者完成了对环境的分析，就需要准确地找出可以利用的机会和必须消除或减轻的威胁。其中，**机会**（opportunities）是外部环境中有利的趋势，而**威胁**（threats）则是不利的趋势。

步骤 3：分析内部环境。 现在，我们将关注转移到内部环境分析上。内部环境分析提供了关于组织内特定资源和能力的重要信息。一个组织的**资源**（resources）就是它的资产——财务的、有形的、人力的、无形的，公司使用这些资源以开发、生产并将产品交付给客户。它们代表了组织所拥有的一切。另外，**能力**（capabilities）指的是完成业务活动所运用的技能和才能，它代表了组织是"如何"工作的。组织中价值创造的主要能力是**核心竞争力**（core competencies）。[12] 资源和核心竞争力共同决定了组织有着怎样的竞争武器。

在完成内部环境分析后，管理者应该能够识别组织的优势和劣势。那些组织做得好的任何活动或拥有的独特资源被称为**优势**（strengths），而**劣势**（weaknesses）则是组织做得不好的活动或需要但不具备的资源。

将外部环境分析和内部环境分析综合起来的分析方法被称为 **SWOT 分析**（SWOT analysis），它是对组织优势、劣势、机会和威胁的分析。在完成 SWOT 分析之后，管理者就可以制定适当的战略，利用组织的优势和把握外部的机会，阻隔或者保护组织免遭外部的威胁，或纠正关键的劣势。

步骤 4：制定战略。 当管理者制定战略时，他们应该考虑外部环境中的现实以及可利用的资源和能力，并设计可以帮助组织实现目标的战略。主要有三种战略类型：公司战略、竞争战略和职能战略，我们将会在下面分别进行描述。

步骤 5：实施战略。 一旦组织制定了战略，就必须实施战略。无论一个组织如何有效地制定它的战略，如果战略没有得到恰当的实施，绩效仍不能实现。

步骤 6：评价结果。 战略管理过程的最后一个步骤是评价结果。战略对组织实现目标的效果怎样？需要做哪些调整？应该出售资产还是收购资产？公司架构是否该重组？等等。

5.2.4　管理者使用什么样的战略

图 5-3 给出了组织战略的几种形式。

图 5-3　组织战略

1. 公司战略

公司战略（corporate strategy）指的是公司现在经营或希望经营的业务，以及打算如何经营业务的组织战略，适用于多业务公司。

三种主要公司战略

（1）成长战略（growth strategy）。它是指组织通过当前的业务或新业务，扩展所服务的市场或增加所供应产品的数量。

公司扩张的方法主要有以下四种。

- 集中化（concentration）：成长的组织，专注于其主要业务活动和增加其主要业务产品的供应数量或扩大其主要业务市场。
- 纵向一体化（vertical integration）：它包括后向一体化、前向一体化或两者兼有。在后向一体化中，组织通过成为自己的供应商，控制投入。在前向一体化中，组织通过成为自己的分销商，控制产出。
- 横向一体化（horizontal integration）：企业通过吸收合并竞争对手的方式来实现成长。
- 多元化（diversification）：企业通过跨行业发展实现成长。
  - 相关多元化：公司与不同但具有相关性的行业内的公司进行合并（"战略契合"）。
  - 无关多元化：公司与不同且无相关性的公司进行合并（"没有战略契合"）。

（2）维持战略（stability strategy）。在经济形势不确定的时期，一些公司选择维持原状，这就是维持战略。它是组织保持现有业务的公司层战略。

维持战略的例子：包括保持为同一客户群提供同样的产品或服务，保持原有的市场份额，并且维持组织现有的业务运作。

在维持战略下，组织既没有成长，也没有落后。

（3）更新战略（renewal strategy）。当一个组织处于困境之中，管理层就需要采取行动，解决正在下滑的绩效问题。

- 收缩战略（retrenchment strategy）：用来解决不算严重的绩效问题的短期更新策略。它主要是帮助公司稳定其运营，重整组织的资源和能力，以便再次参与竞争。

- 转型战略（turnaround strategy）：用来解决严重的绩效问题的激进行动。

管理者在更新战略中要做两件事情：削减成本和对组织的运营进行重构。在实施转型战略时，这些措施会比收缩战略更加全面和彻底。

2. 竞争战略

竞争战略（competitive strategy）指的是组织如何在其所经营的业务中开展竞争。此战略适用于战略事业单元1、2、3等竞争层。

对单一业务的小组织或者没有采取多元化经营的大组织来说，竞争战略描述的是如何在首要或主要市场中竞争。

对于拥有多种业务的组织，每个业务都有其自己的竞争战略，它明确其竞争优势，确定其要提供的产品或服务，以及其想要吸引的客户，等等。当一个组织经营多种不同业务时，那些独立和制定自身竞争战略的单一业务被称为**战略业务单元**（strategic business units，SBU）。

竞争优势的作用　制定一个有效的竞争战略需要充分理解竞争优势（competitive advantage）。竞争优势，即如何使公司与众不同的独特优势，常常来自组织的核心能力，即可以做其他组织不能做的或者比其他组织做得更好的事情；公司的资源，即拥有竞争对手所不具备的资源。

竞争战略的类型　迈克尔·波特（**Michael Porter**）的竞争战略框架具体如下所述。[13]

（1）**成本领先战略**（cost leadership strategy）：在行业中以最低成本为基础进行竞争，争取较大的市场份额。

- 高效率。
- 管理成本保持在最低水平。
- 竭尽全力削减成本。
- 产品必须与竞争对手所提供的质量相当，或至少可以被买家接受。

（2）**差异化战略**（differentiation strategy）：提供具有异质性的产品，且该产品被客户认为极具价值，争取较大的市场份额。

- 产品的差异性可能来自超凡的高品质、优质的服务、创新的设计、技术能力，或者与众不同的正面品牌形象。

（3）**聚焦战略**（focus strategy）：在一个细分市场或利基市场中获取成本优势（成本聚焦）、差异化优势（差异化聚焦）。管理者可以依据产品种类、顾客类型、分销渠道或是地理位置不同而对市场进行细分。

（4）**夹在中间**（stuck in the middle）：如果组织不能够运用上述三种战略来获取竞争优势，那就会"夹在中间"，这样的组织难以获得长期的成功。

管理者可以通过运用战略管理，获得可持续竞争优势。

---

3. 职能战略

职能战略（functional strategy）指的是组织的各个职能部门（如营销、运营、财务会计、人力资源等）需要采用的战略，目的是支持竞争战略的实施。它适用于研发、生产制造、市场扩展、人力资源等职能层。

如今，越来越多的公司使用标杆管理的方法。例如，美国医学协会开发了100多种标准的绩效衡量方式，以改善医疗服务。日产对沃尔玛在采购、运输和物流中的运作进行标杆学习。西南航空公司通过研究在印第安纳波利斯500英里赛事（Indy 500）中15秒内可更换一部赛车轮胎的维修人员，以考察公司登机处工作人员如何使登机的周转时间更快。

5.2.5　管理者使用什么战略武器

娱乐电视节目网的网站（ESPN.com）每月有7 570万独立用户访问，这几乎是纽约市人口的9倍多。然而，在线业务只是娱乐电视节目网众多业务中的一个而已。公司总裁约翰·斯基珀（John Skipper）"成功地在娱乐界运营着一家十分成功又备受他人嫉妒的特许经营企业"，并且清楚地知道如何在当今瞬息万变的环境中管理公司的各种战略。[14]

在当今竞争激烈和混乱的市场中，组织都在寻找可以用于所从事业务活动和实现目标的"武器"。针对现今的环境，以下六个战略"武器"十分重要：客户服务、员工技能和忠诚、创新、品质、社会化媒体以及大数据的应用等。我们已经在前面的章节阐述了客户服务，并将会在第7章和第9～13章中讨论与员工的有关事项。大家可以在本章的"技术与管理者的工作"栏目和第8章中了解有关创新与战略的讨论。剩下的就是我们要谈及的品质、社会化媒体和大数据的应用问题。

技术与管理者的工作：创新的信息技术（IT）和战略

IT对于公司战略有多重要？非常重要，以下两个例子就可以证明。恺撒娱乐（Caesar Entertainment，前身是Harrah's Entertainment）对客户服务有着近乎狂热的态度，它有自己很好的理由。公司调查发现，在哈拉斯的赌场，对服务一般满意的顾客，其支出的赌费增长了10%，而持非常满意态度的顾客则增长了24%。正是因为公司非常先进的信息系统，才发现了这个重要的顾客服务满意度与赌费增长的关系。

但是，并不是所有的IT投资都会带来这么乐观的收益，就像下一个例子一样。在曼哈顿的普拉达旗舰店里，设计师希望找到一种全新的购物体验，或者说至少是一种战略，这种购物体验把新锐建筑艺术和21世纪的顾客服务结合起来。普拉达几乎把旗舰店1/4的预算投入到了IT中，包括连接到存货数据库的无线网络建设。可以想象，销售员都配备掌上电脑，以此来查看顾客所需的商品是否有存货。即使在更衣室里都有触摸屏，这样顾客可以自己来查看。然而，这个战略并不像计划得那样成功。设备发生故障，员工疲于应付拥挤的人群和失灵的设备，显得不知所措。这项数百万美元的投资也许不是最好的战略，也就不足为奇了。当组织的信息技术起作用时，它能成为强有力的战略工具！

讨论
- 管理者应该如何确保组织的 IT 建设有助于战略实施成功？
- 在日常生活中，IT 产品（如智能手机和日历、应用程序、短信等）能够怎样帮助你成为一个良好的计划者？

1. 品质是一种战略武器

当凯洛格（W. K. Kellogg）在 1906 年开始生产谷物玉米片时，他的目标是向顾客提供高品质的、可口的营养产品。今天，对品质的重视仍然很重要。每个凯洛格的员工都有责任维持公司产品的高品质。

许多组织都通过品质管理来建立竞争优势，吸引并留住忠实客户群。若能恰当地实施，品质可以是一个组织创造持续竞争优势的有效方式。[15] 不仅如此，如果一家企业可以持续提高产品的质量和可靠性，它就拥有无法被夺走的竞争优势。[16] 这是因为持续改进已经成为组织运作中不可或缺的一部分，并能演化为非常有利的竞争优势。

标杆管理是最好的！

在卫生保健、教育和金融服务等不同行业的管理者正在发现而且制造厂商早已感知到标杆管理的好处。标杆管理（benchmarking）是指从竞争对手或非竞争对手那里搜寻到的，能使组织获得卓越绩效的最佳实践方法。其基本思想是管理者可以通过分析和模仿不同领域的领先者所采用的方法来改进品质。[17]

标杆管理的背景故事

事件：标杆管理在美国公司的首次出现
时间：1979 年
人物：施乐（Xerox）公司
故事：在此之前，日本企业一直到处积极模仿其他企业的成功之处，它们通过观察其他人在做什么，然后利用它们的新知识来提高产品和工艺水平。施乐公司的管理层无法弄清楚日本制造商如何可以在美国以大大低于施乐公司生产成本的价格出售复印机。

于是，公司制造方面的负责人带领一个团队到日本，去进行一项关于竞争对手成本和流程的详细研究。他们的发现令人震惊：施乐公司的日本竞争对手在效率上领先施乐公司很多。

将效率标杆化是施乐公司在复印机领域复苏的开始。
这就是标杆管理的历史！

---

2. 社会化媒体是一种战略武器

当红罗宾美味汉堡店（Red Robin Gourmet Burgers）开始生产和售卖 Tavern Double

Burger 时，所有的宣传都要精准地面向目标顾客。那么公司的高层管理者做了什么呢？他们选择使用社会化媒体。[18] 利用内部的社交网络诸如 Facebook，460 家分店的管理者都能了解到制作配方和技巧，了解如何高效地制作这款汉堡。这种内部网络也成了一种强大的反馈工具。餐厅的厨师根据顾客反馈和门店经理的建议改进配方。

成功运用社会化媒体的战略能够帮助联系组织内外的人员，削减开支或提高收入，或者二者兼有。管理者想战略性地利用社会化媒体，必须先要有一个目标和对应的计划。例如，业务遍及全球的富国银行（Wells Fargo & Co.）的高层管理者意识到，社会化媒体工具可以用来支持和发展他们的企业策略，并寻找方法来做到这一点。[19] 如今，它利用各类社会化媒体工具来满足服务于公司商业目标的需求。

> 52% 的管理者称社会化媒体很重要，
> 或在某种程度上对他们的事业很重要。

组织选择采用社会化媒体不仅仅是为了社会联系，很多组织发现利用这些工具可以提高生产力。[20] 例如，很多医生每天都会上网发布或者分享科技研究成果，与同行和专家之间的协作可以使得他们更迅速、高效地为病人提供治疗。网上男士服装选购服务平台——衣箱俱乐部（TrunkClub）能够根据顾客的要求发出一箱箱最新款服装，它的 CEO 利用名为 Chatter 的软件来让公司每一位私人购物顾问了解到最新到货的商品情况。当他与员工"聊"着这些信息时，他可以即刻看到有购物顾问把服装添加进顾客的"衣箱"

被公认为社会化媒体营销的创新者——荷兰航空（KLM Airlines）在阿姆斯特丹史基浦机场召集员工，对顾客在推特和 Facebook 上提出的问题做出实时回答。荷兰航空以社会化媒体作为战略武器，以实现为顾客提供最佳航空服务的目标。

里。[21] 由此可见，如若战略性地使用社会化媒体，企业也能拥有一件战略武器，就像利用大数据一样。

3. 大数据是一种战略武器

大数据是利用社会化媒体互换信息过程中产生的有效数据。所有关于顾客、合作伙伴、员工、市场等其他可量化的大量信息都被收集以供有需要的利害相关者使用。利用大数据，管理者可以衡量手头的业务，获取更多信息，并"将知识转化为更佳的决策和绩效"。[22] 举一个恰当的例子：当初沃尔玛开始研究自己的庞大数据库，并注意到出现飓风来袭预报时，销量会增加的不仅是手电筒和电池，还有馅饼。如今，在收到飓风预警后，沃尔玛会在离商场入口处最近的货架摆放馅饼和其他风暴应急物资。这有助于为顾客提供更好的服务，也使得业绩有所增长。[23] 在帮助一家企业做好自己的业务、在商业竞争中获胜、吸引顾客以及满足顾客需求和达成企业目标等方面，大数据是一件重要的战略武器。

一旦管理者确定了合适的组织战略，就该制定目标与计划去执行那些战略。

道德观察

你购物吗？嗯，你可能会在心里说，这是个有点愚蠢的问题，我当然会购物。那么，另一个问题是，你是否意识到零售商店在你购物时监视你的程度？[24] 尽管我们大多数人"接受"这样一个事实：当我们在网上购物时，我们"允许"在线零售商安装它的信息记录程序，跟踪我们的每一步行动和每一次点击。然而现在，技术在实体零售环境中的使用越来越频繁。监视我们的不只有摄像头，很多零售商还使用手机追踪技术、个性化广告和超级间谍摄像头。为什么？就是要追踪你的行为，让你（和其他所有的购物者）买更多的东西。最近的一项调查结果显示，80%的消费者不希望商店通过智能手机追踪他们的行踪。44%的受访者表示，跟踪程序会降低他们在商店购物的可能性。

讨论
- 对零售消费者进行追踪的策略涉及哪些道德问题？
- 哪些因素可能会影响企业使用这种策略的决定？（考虑可能受这个决定影响的各种利害相关者。）

5.3　管理者如何设定目标和制订计划

计划工作 = 目标 + 计划

计划工作包括两个重要方面：目标和计划。目标（goals）是指期望达到的结果或产出。这些结果或产出指引着管理者的决策，并成为衡量其工作成果的标准。计划（plans）是概括目标如何实现的书面表述，一般包括资源分配、预算、进度安排和其他实现目标的必要行动。管理者在制订计划的同时，也在规划目标和计划。

5.3.1　组织目标类型和如何设定目标

尽管组织目标看似是单一的——对企业而言，其目标是盈利；对非营利组织而言，其目标是满足某些群体的需要，但是，一个组织的成功不能仅仅根据一个目标下定论。事实上，所有的组织都有多个目标。例如，企业的目标可能包括：提高市场份额，维持员工工作积极性，或者努力实现环境的可持续发展。而作为非营利组织的教堂，其不仅仅是一个进行宗教活动的地方，同时，它也致力于帮助所在社区经济困难的人，并为教会成员举行社交聚会提供场所。

1. 目标类型

大多数公司的目标可分为战略目标和财务目标。财务目标是与组织的财务绩效相关的目标，而战略目标是除了财务目标之外的其他所有与组织绩效相关的目标。例如，麦当劳的财务目标包括年均销售额和收入增长3%～5%，营业收入年均增长6%～7%，对十几岁青少年的投资取得回报。[25] 一个战略目标的例子如下：日产公司的首席执行官要求该公司的 GT-R 超级跑车赶上或超越保时捷 911 Turbo 的性能。[26] 这些目标是宣称目标（stated goals），是组织所表述的以及它希望其利害相关者相信的正式声明。宣称目标可从组织的章程、年度报告、公告或在管理者的公开声明中找到，但是往往互相矛盾，并且受到利害相关者对组织期望的影响。这些目标往往很模糊，可能更大意义上代表了管理者的公关能力，而不是组织想要达成的目标的有效指导。所以，我们发现组织的宣称目标和组织现实中采取的行动常常不相关时，也就不足为怪了。[27]

宣称目标 vs. 真正目标

如果你想了解一个组织的真正目标（real goals），即那些组织实际上追求的目标，那么请观察其组织成员在做什么。行动定义优先事项。了解真正目标和宣称目标之间的不同对于理解企业的不一致行为非常重要。

2. 设定目标

正如前面所言，目标能够为管理决策和行动指明方向，并成为衡量其实际工作成果的标准。组织成员所做的所有事情都应当以完成目标为导向。目标的设定可以通过传统的目标设定或使用目标管理来实现。

传统的目标设定　在传统的目标设定中，目标由最高管理者设定，然后自上而下贯穿整个组织，并成为组织内各个领域的子目标（见图5-4）。这种传统的观点假定高层管理者知道什么是最好的，因为他们能够看到"全局"。层层传递的目标引导个体员工

皮埃尔－安德烈·谢尼兹格（Pierre-Andre Senizergues）是一家名为 Sole 技术公司的创始人和 CEO，为他的公司设定了一个目标，到 2020 年成为第一家走向碳平衡的极限运动公司。图中显示的是他正代表公司的员工植树。为了实现他的目标，他制订了一项六点计划，包括减少用水以及使用绿色产品材料。

工作以实现这些指定的目标。以制造企业为例，总裁告诉生产副总监他预计未来一年的生产成本预算应是多少，同时告诉营销副总监他期望下一年应达到的销量是多少。这些目标被逐级分解，自上而下逐级传递。目标传递到每一层级时都以书面形式来明确该层级的责任。然后，在未来某个时间里，评估各个层级的绩效以确定所设定目标是否已经完成。或者说，计划是这样的，但实际上，组织并不总是这样做的，因为要把组织宏大的战略目标细化成各部门、团队和个人的目标是一个困难和令人厌烦的过程。

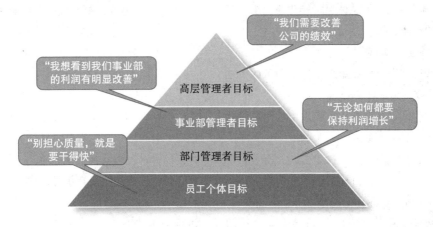

图 5-4　传统的目标设定

传统的目标设定的另一个问题是，当高层管理者从广义上界定该组织的目标，如实现"足够"的利润或提高"市场领导地位"时，这些模糊的目标必须要更加具体和明确，因为它们要自上而下地逐级传递下去。各级管理者界定自己的目标并按照自己的理解和偏好执行，而这使模糊的目标变得更为具体和明确的努力受阻。因此，目标在自上而下传递的过程中经常偏离了原来设定的方向，但也并非一定如此。例如，在墨西哥蒂华纳的 DJ 整形外科，

员工能够看到他们的日常工作绩效是如何影响公司目标实现的。该公司的人力资源经理说，"当员工与他们的工作绩效产生密切的联系时，当他们知道自己每天都应该做什么，以及如何实现这些目标时，公司目标与员工的工作就已经紧密地联系在一起了。"[28]

当组织目标的层次结构明确时，正如在 DJ 整形外科一样，那么它就形成一个完整的目标网络，或是一条"手段 - 目标"链（means-ends chain）。高层级的目标与低层级的目标紧密相连，低层级目标是高层级的目标实现的手段。换句话说，低层级目标的实现是更高一层目标实现的手段，并且贯穿于不同的组织层次。这就是传统的目标设定运作的过程。

目标管理　也有许多组织不是使用传统的目标设定法，而是采用**目标管理**（management by objectives，MBO）来设定目标。目标管理是一个设定双方都认同的目标，并以这些目标的实现来评价员工绩效的过程。如果管理者使用这种方法，他会坐下来与每个小组成员共同设定目标，并定期检查是否取得进展。目标管理包含四个要素：明确目标、参与决策、明确时间期限、绩效反馈。[29]除了制定这些目标以确保员工在做他们应该做的工作，目标管理还通过目标来激励员工。能起到这样的作用，是因为这种方法侧重于激励员工努力实现那些自己一起参与设定的目标（参见"从过去到现在"以了解有关目标管理的更多内容）。

 从过去到现在

你所需了解的目标管理

目标管理（MBO）已不是新概念。在 20 世纪六七十年代，目标管理就已经是普遍得到应用的管理工具。这个概念最早可以追溯到 60 几年前，彼得·德鲁克在他 1954 年出版的《管理的实践》一书中首次提到这个术语。[30]其贡献在于强调了将组织的总体目标转化为组织部门和员工的具体目标。

目标管理如何实现

● 目标管理使得目标在组织里自上而下的传达过程中变得具有可操作性。

● 组织的总体目标被转化为组织中各个层级的部门和员工的具体目标。

● 其结果是形成目标 - 子目标的金字塔结构。

● 对员工个人而言，目标管理为他们提供了明确的个人绩效目标。

● 如果所有的人都实现了自己的目标，那么部门的目标也就实现了。同样，如果各个部门都实现了其目标，那么事业部的目标也就实现了，进而公司目标的实现也会成为现实。

目标管理真的有效吗

● 评估目标管理的有效性并不容易。

● 目标设定的研究可以为我们提供一些答案。

+ 具体的、较难实现的目标（目标管理的重要部分）比没有目标或像"尽最大努力"这样的模糊目标能有更高的产出水平

+ 反馈（也是目标管理的重要部分）会给绩效带来积极影响，因为反馈可以使员工了解其努力水平是已经足够还是有待提高

− 参与（也是目标管理大力提倡的）没有显示出与绩效的一致关系

目标管理成功实施的一个重要因素是高层管理者对目标管理过程的承诺。当高层管理者对目标管理过程具有很强的承诺，并亲自参与执行时，那么相比没有承诺，这样会得到更高的生产率。

讨论

● 为什么管理承诺对目标管理的成功实施是非常重要的？

● 你如何应用目标管理来实现个人目标？

关于目标管理的实践研究表明，它可以提高员工绩效和组织生产率。例如，一篇关于目标管理的文献回顾表明几乎所有的目标管理都有利于提高生产率。[31]但是，目标管理对现代组织

起作用吗？如果把它作为制定目标的一种方法，那么答案是肯定的，因为研究表明，参与目标设定可以成为一种有效激励员工的办法。[32]

认真编写的目标的特点　无论使用哪种方法制订计划，目标都要以书面形式记录下来，而有些目标比其他目标能更好地表述清楚预期要达到的结果。管理者应制定认真编写的目标。表 5-2 列出了认真编写的目标的特点。[33]熟记这些特点后，管理者要开始真正设定目标了。

表 5-2　认真编写的目标的特点：

- 将结果而不是行动写下来
- 可衡量且量化
- 明确的时间期限
- 具有挑战性，同时也具有可行性
- 以书面形式确定下来
- 与所有相关组织成员进行沟通

目标设定的步骤　管理者在设定目标时应遵循以下 6 个步骤。

（1）回顾组织使命和员工的主要工作任务。组织使命对什么是重要的提供了总体指导，目标应该反映使命。此外，明确员工工作应达到的结果也很重要。

（2）评估现有资源。不要设定那些在组织现有资源的基础上不可能实现的目标。尽管目标应具有挑战性，但也应具有现实性。毕竟，不管你多么努力，如果现有资源不能使你实现目标，那么就不应该设定该目标。

（3）逐一地或考虑其他投入后确定目标。目标反映预期成果，并应与组织的使命和组织其他方面的目标一致。这些目标应该是可以衡量的、具体的，并具有时间期限。

（4）确保目标认真编写，然后传达给所有需要知道的员工。把目标写下来并传达的过程促使员工认真思考这些目标。书面的目标能为工作的重要性提供看得见的证据。

（5）建立反馈机制，评估目标的进展情况。如果目标没有实现，那么就要根据实际情况做出改变。

（6）报酬与目标挂钩。员工很自然会想："这对我意味着什么？"报酬与目标挂钩将有助于回答这个问题。

一旦目标已经确定并形成书面形式，然后传达下去，管理者就要制订计划，实现目标。

5.3.2　管理者应制订什么类型的计划以及如何制订这些计划

经理需要计划来帮助他们明确如何实现目标。首先让我们来看看管理者所制订计划的类型。

1. 计划的类型

最常见的描述计划类型的几种方式有：计划的范围（战略的还是战术的）、时期性（长期的还是短期的）、特定性（指导性的还是专项的），以及使用的频次（一次性的还是持续性的）。如表 5-3 所示，这些计划的类型不是孤立的，也就是说，战略计划通常是长期的、指导性的及一次性的。我们接下来看看计划的每一种类型。

表 5-3　计划的类型

使用范围	时期性	特定性	使用频次
战略的	长期的	指导性	一次性
战术的	短期的	专项的	连续的

范围（breadth）　战略计划（strategic plans）适用于整个组织，是组织的整体目标。所谓

战术计划（tactical plans），有时也称运作计划（operational plans）是指如何实现整体计划的具体步骤。例如麦当劳投资于"红盒子"售货亭业务就是战略计划的结果。决定何时、何地以及如何真正地运作企业是市场营销、物流、财务等战术计划的结果。

日本雀巢（Nestle Japan）正在使用一种能够阅读和回应人类情绪的人形机器人来销售其雀巢咖啡机。这一旨在鼓励消费者购买产品的战术促销计划与雀巢公司提高业绩和确保盈利增长的战略计划一致。

时期性（time frame） 由于环境的不确定性，用来判别短期和长期计划的年数已大幅度减少了。长期计划曾经是指超过 7 年的计划。想象一下 7 年后你可能会在做的事情。这似乎很遥远，不是吗？现在你应该明白对管理者而言，制订这么遥远的计划是多么艰难的事情。因此，长期计划现在已被界定为超过 3 年的计划，短期计划指不超过 1 年的计划。

特定性（specificity） 从直觉上看，专项计划要比那些指导性计划（或者说，指导模糊的计划）更好。专项计划是明确界定并且不留任何解释余地的计划。例如，经理希望未来 12 个月内所在部门的产量能提高 8%，于是他可能会制定具体的流程步骤、预算分配和工作时间表，以实现这一目标。但是，当不确定性高时，管理者必须具有灵活性，以应对突发变化，这时，他们很可能会制订指导性计划，即起一般指导作用的灵活计划。例如，摩城唱片公司（Motown Records）的总裁西尔维亚·罗纳普有一个简洁明了的目标——"和伟大的艺术家签约"。[34] 她可以制订一个专项计划，即今年制作并销售 10 张新艺术家专辑。或者，她可以制订一个指导性计划，即利用世界各地的人脉关系网结识新的和有前途的人才，那样她就有更多艺术家可以签约。西尔维亚以及其他参与计划的管理者都必须记住，你必须在指导性计划的灵活性以及专项计划的确定性之间取得平衡。

灵活性←—→确定性

使用频次（frequency of use） 管理者制订的一些计划可以持续地进行，但某些计划则只能使用一次。只能使用一次的计划称为一次性计划（single plan），专为满足某个特殊情况的需要而制订。例如，当戴尔公司开始研制互联网专用袖珍设备时，管理者使用一次性计划来指引他们的决策。相反，持续性计划（standing plan）则是不断重复的计划，为反复进行的活动提供指导。例如，当你在新学期注册的过程中，你使用的是所在大学或学院的标准注册流程计划。虽然时间改变了，但这一流程在每个学期都以同样的方式进行。

2. 制订计划

制订计划的过程受以下三个权变要素和计划方法的影响。

计划中的权变要素 三个权变要素会影响计划的选择：组织层级、环境的不确定性以及未来承诺的期限。[35] 图 5-5 显示了管理者层级与计划类型之间的关系。在大多数情况下，较低层级的管理者制订操作层面的（或战术性的）计划，而高层管理者制订战略计划。

第二个权变要素是环境的不确定性。当不确定性高时，计划要具体，但同时也要具有灵活性。在执行计划的过程中，管理者应随时准备改变或修正计划。例如，大陆航空公司（Continental Airlines，现属美国联合航空公司（United Airlines））的前首席执行官和他的管理团队制定了客户最想要的目标——准时航班，以帮助公司在具有高度不确定性的航空业提高自身竞争力。由于这种不确定性，管理层确定了"目的地，而不是飞行计划"，而且为了达到准时服务的目标，必要时公司会改变计划。

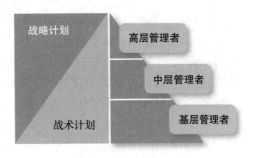

图 5-5　计划与组织层级

最后一个权变要素与计划的期限有关。承诺概念（commitment concept）是指计划周期应该够长，可以兑现制订计划时所做出的承诺。太长或太短时间的计划是既无效果又无效率的。例如，组织计划要提高公司的计算机运行能力，我们可以从这个计划里看到承诺概念的重要性。在安置计算机的公司数据中心，人们发现他们那"极度渴望电力的计算机"散发出大量的热能，导致员工对空调的需求增加，最终导致电费开支暴涨。[36] 这如何说明承诺概念呢？随着组织提高其计算机技术水平，它们要"承诺"支付由于该计划未来产生的所有费用。也就是说，它们不得不对计划及其结果负责。

38% 的管理者直言制订下一年度的计划是一大挑战。[37]

计划的方法　联邦、州和地方政府官员正在共同制订一项计划，以增加美国西北部野生鲑鱼的数量。3M 公司全球舰队图形事业部的部门经理正在制订详细的计划，以满足客户越来越高的需求，并且打败更激进的竞争对手。传媒大亨埃米利奥·阿兹卡拉伽·让（Emilio Azcarrage Jean）是墨西哥电视集团（Grupo Televisa）的董事长、总裁和首席执行官，他一般是在参考了不同人提供的信息后才制定公司目标，然后将如何实现该目标的计划部署给各个高层管理者。在以上各种情况中，制订计划的过程均略有不同。一个组织制订计划的方法可以从组织中是谁在制订计划这点来判断。

在传统的计划方法下，计划完全由高层管理者完成，他们背后有正式规划部门（formal planning department）的一群规划专家的帮忙，这些专家唯一的责任是帮助管理者制订各种组织计划。根据这一办法，计划由高层管理者制订，然后通过其他组织逐级传递下去，就像传统的目标设定。当计划贯穿整个组织时，它根据组织中每个层级的特殊需要而形成子计划。虽然这种方法使得计划全面、系统、协调，但其重点往往只是所谓的"计划"，即只是由毫无意义的信息组装起来的厚厚的装订本而已，高高地存在书架上，不会有人去翻阅和用它来帮助指导或协调自己的工作。

在一项对管理者进行的自上而下的正式的组织计划
过程的调查中，超过 75% 的管理者表示，其公司的
计划方法并不能令人满意。[38]

他们普遍抱怨说："计划只是你为公司规划人员准备的文件，之后就会忘得干干净净。"[39]虽然很多组织使用这种传统的自上而下的办法制订计划，但是要使这种计划奏效，只有使管

理者明白组织成员实际使用该计划的重要性，而非只是使计划看上去令人印象深刻，却从未使用过。

另一种计划的方法是让更多的组织成员参与到计划中。在此方法中，计划并不是层层分解下来，而是由组织的各个层级上各个部门的成员共同制订，以满足其具体需要。例如，在戴尔公司，生产部门、供应管理部门、渠道管理部门的员工每周召开会议，讨论当前产品的供求情况，并以此为基础制订计划。同时，各个部门制定各自的日常安排，并跟进各自的进展情况。如果其中一个团队跟不上进度，那么该团队里的员工就要相应修改计划以赶上进度。[40] 当组织成员更积极地参与计划时，他们看到的计划就不仅仅是写在纸上的东西了。他们真正能体会到，计划是用来指导和协调工作的。

5.4　当代计划工作所面临的问题

在现代汽车 21 层高的总部大厦的 2 楼，每天每时每刻都充斥着信息。在这里你可以找到企业全球指挥控制中心（GCCC），它被 CNN 报道为"数以十计地计算机屏幕通过视频和数据来监督现代汽车在全球的操作"后，广为其他企业模仿。企业管理者通过供货商与工厂间的交货来获取信息。摄像机监视着现代汽车的各个装配线以及在韩国的厂房，这是世界上最大的整装车工厂，密切留意竞争企业的间谍和劳工动乱的蛛丝马迹。GCCC 也同样监视企业在欧洲、日本、北美的研究开发活动。现代汽车可以及时鉴别问题并迅速反应。现代汽车是进取和速度的典型，也体现了 21 世纪成功企业是如何进行计划管理的。[41]

作为本章的最后一部分，我们将讨论两个当代计划工作中的问题。具体来说，我们将探讨动态环境下计划的有效性，以及管理者将如何充分利用环境分析手段，特别是如何取得竞争对手情报。

5.4.1　动态环境下管理者怎样有效地计划

动态环境 = 计划挑战

正如我们在第 2 章中所看到的，外部环境是不断变化的。在不断变化的外部环境中，管理者如何有效地计划呢？我们已经讨论过环境的不确定性，并将其作为影响管理者计划类型的权变因素。因为动态的环境是一种常态而非特例，下面我们将讨论在这种环境下，怎样有效地计划。

在一个不确定的环境中，管理者应制订详细但又灵活的计划。虽然这可能看起来是矛盾的，但实际上并非如此。计划必须要详细才有用，但又不应该一成不变。管理者必须认识到计划是一个持续的过程。尽管目标可能会因为动态的市场环境而改变，但计划依然发挥着"路线图"的指引作用。如果环境需要改变，那么他们就应该随时准备改变行动方向。这种灵活性在计划执行过程中尤其重要。管理者需要对环境变化保持警觉，因为其可能影响计划的执行情况，然后根据需要做出相应的调整。请记住，即使是在高度不确定的环境中，管理者仍然需要继续制订正式计划，因为正式计划能影响组织绩效。持续地制订计划有助于显著提高组织绩效。为什么？因为与大多数活动一样，在持续制订计划过程中，管理者也"学习计划"，从而提高计划的质量。[42] 最后，为在动态的环境中有效地进行计划，组织层次应该扁平化。这意味着允许较低的组织层次设定目标和制订计划，因为保证目标和计划自上而下传递的时间太有限了。管理者应教会员工如何制定目标和计划，并相信他们能够做到这一点。你只要去印度的班加罗尔找一家公司看看，就能更好地理解这一点。仅仅10 年前，威普罗有限公司（Wipro）仅是一个主要活动在印度的"默默无闻地销售食用油和个人计算机"的集团。而今天，它已成为拥有年销售额达64 亿美元的全球公司，其主要业务来源于信息技术服务。[43] 埃森哲、EDS、IBM 以及美国大型会计师事务所等组织都十分清楚威普罗所表现出来的竞争威胁。威普罗的员工不仅成本低，而且有着丰富的知识和娴熟的技能，他们在公司的计划方面发挥着重要作用。由于信息服务业正在不断变化，公司培训员工学会分析各种情况，以确定客户问题的程度和范围，以便为客户提供最佳的解决方案。这些员工在客户服务的第一线，做什么和怎么做是他们自己的责任。这就是威普罗成功应对行业变化的一种方法。

Richard Lautens/Newscom

弗吉尼亚·保利是一家加拿大招聘公司的创始人和首席执行官，她在公司客户喜欢雇用临时工的情况下经营管理公司。为了公司的成功，她计划让她的员工致力于和客户保持长期的友好关系并且以顾问而非销售员的身份提供服务。

5.4.2　管理者如何使用环境分析法

通过**环境分析**（environmental scanning），可以获取大量的信息以预测未来发展趋势，这有助于管理者分析外部环境。发展最快的环境分析方法之一是**竞争情报**（competitive intelligence），它提供关于竞争对手的准确信息，使管理者能够预测竞争对手将要采取的行动，而不仅仅是被动回应。[44] 它企图寻求竞争对手的基本信息，包括：他们是谁？他们在做什么？他们正采取的行动将如何影响我们？

许多关于竞争情报的研究表明，大部分关于竞争对手的信息是易于获取和公开的，管理者需要它们以做出重要的战略决策。[45] 换言之，获取相关竞争情报不需要靠组织实施间谍行为。广告、促销材料、新闻报道、政府公告、年度报告、招聘广告、报纸的相关报道、互联网上的信息以及产业研究均是容易得到的信息来源。一个产业及其相关组织的具体信息已越来越容易通过电子数据库得到了。实际上，管理者只需要通过付费即可进入数据库，获取这些有价值的竞争情报。参加贸易展览会和听取销售人员的汇报也可能是获取竞争者信息的有效来源。此外，许多组织还经常购买竞争对手的产品，并要求自己的员工评价它们，从中学习竞争对手新的技术革新。[46]

在一个不断变化的全球商业环境中，环境分析和获取竞争情报可能很复杂，特别是当这些信息必须从世界各地收集的时候。但是，管理者可以订阅新闻服务，该新闻服务评论世界各地的报纸、杂志的主要内容，为订阅者提供总结概要。

管理者需要关注信息收集的方式，特别是竞争情报，以防止牵涉任何关于法律或道德问题。例如，最近，喜达屋酒店（Starwood Hotels）起诉希尔顿酒店（Hilton Hotels），指控两名前雇员窃取商业机密，帮助希尔顿酒店开发新系列的豪华时尚酒店，以吸引年轻人。[47] 法庭文件中显示："这是最明显的商业间谍活动，涉及窃取商业秘密、不公平竞争和计算机欺诈。"当出现不择手段地获取竞争对手的专利材料或商业机密的行为时，竞争情报就成为非法商业间谍活动的产物。在美国，《经济间谍法》（Economic Espionage Act）规定，从事经济间谍活动或窃取商业秘密是犯罪行为。[48] 对竞争情报的裁定变得很困难，因为竞争情报在被认为既合法又符合道德与合法但不道德之间很难界定。虽然一家竞争情报公司的高层管理者称 99.9% 的情报收集是合法的，但毫无疑问，某些人或公司会不惜一切代价（如采取不道德的做法）获取有关竞争对手的信息。[49]

本章概要

1. 讨论计划的本质与目的。

作为首要的管理职能，计划是管理者做其他所有事情的基础。我们关注的是正式计划，也就是说，在一个具体的时间期限内设定要实现的具体目标，形成书面文字，并且制订具体的计划以确保这些目标得以实现。管理者需要进行计划有四个原因：①计划能使行动协调一致；②降低不确定性；③可以减少重复和浪费的活动；④确定目标和标准以实施控制。虽然计划遭到批评，但是证据表明组织受益于正式计划工作。

2. 解释管理者如何进行战略管理。

管理者通过战略管理过程制定组织的战略，它包含 6 个步骤的过程，涉及战略规划、实施和评估。这 6 个步骤如下：①确定组织的使命、目标和战略；②分析外部环境；③分析内部环境——步骤②和③统称为 SWOT 分析；④制定战略；⑤实施战略；⑥评价结果。这个过程的最终结果是公司战略、竞争战略和职能战略，这使得组织能确定和从事其业务并实现其目标。在当今商业环境中，6 项战略武器十分重要：客户服务、员工技能与忠诚度、创新、品质、社会化媒体和大数据的应用。

3. 比较设定目标和制订计划的各种方法。

大多数公司的目标被分为战略目标和财务目标。我们还可以将目标分为宣称目标和真正目标。在传统的目标设定中，目标由最高管理者设定，自上而下贯穿整个组织，并分解为每个部门的子目标。组织还可以使用目标管理，这是一种通过共同商讨来制定目标的过程，并利用这些目标来评估员工绩效。计划类型通过计划的范围、时期性、特定性和使用的频次来描述。计划可以由正式的规划部门或更多的组织成员共同参与制订。

4. 讨论当代计划工作所面临的一些问题。

当代计划工作面临的问题之一是要在动态环境中计划，这通常意味着计划要具体但又灵活。此外，尽管环境高度不确定，持续性地计划工作依然是很重要的。最后，由于在动态环境中计划自上而下贯穿组织的时间太少，因此应该允许较低层级的员工参与设定目标和制订计划。另一个问题是利用环境分析能够更好地分析外部环境。环境分析的一种方法是竞争情报，它在发现竞争对手行动方面尤其有用。

复习思考题

5-1 比较正式与非正式计划。

5-2 讨论为什么计划工作是有好处的。

5-3 详细描述战略管理过程的 6 个步骤。

5-4 什么是 SWOT 分析？为什么它对管理者是重要的？

5-5 "没有计划的组织注定走向失败。"你同意这种观点吗？解释你的观点。

5-6 你认为目标管理在什么情况下最有用？请讨论。

5-7 描述管理者如何在当今的动态环境中进

行规划。

5-8　在你的个人生活中，你会做什么类型的计划？按分类：（a）战略的还是战术的，（b）短期的还是长期的，（c）指导性的还是专项的，（d）一次性的还是持续性的，描述你的计划。

5-9　做一份个人的 SWOT 分析。评价你的优势和劣势（技能、天赋和才能等）。你擅长什么？不擅长什么？你喜欢做什么？不喜欢做什么？然后，通过反复研究你感兴趣的行业的就业前景，识别你职业生涯的机会和威胁。通过查阅有关劳动

统计机构所提供的就业前景资料来了解行业趋势和预测。一旦掌握上述信息后，马上写一份职业行动规划。列出你五年的职业目标以及你要达到这些目标需要做哪些工作。

5-10　"竞争优势的概念对营利组织和非营利组织来说同等重要。"你同意这个观点吗？解释你的立场，并举例说明。

5-11　对管理者来说，计划将来或多或少会变得更重要吗？为什么？

5-12　互联网如何能够帮助管理者遵循战略管理流程中的步骤？

管理技能建设：成为一个优秀的目标制定者

技能开发：设定目标

俗话说，如果你不知道你要去哪里，那你只能随波逐流。我们也知道两点之间最短的距离是直线。这两句"格言"说明了目标的重要性。管理者是典型地通过其实现目标的能力来被评判的。如果组织中的个人或团队缺乏目标，那将会没有方向，也没法集中力量，因此成功的管理者善于设立自己的目标并帮助他人确立目标。

个人评估清单：对模棱两可的容忍度

管理者经常不得不处理模棱两可的情况，这会使计划变得非常具有挑战性。在此个人评估清单中，你将评估你对模棱两可的容忍度。

技能基础

除了你自己对目标的关注外，员工也应该对他们要努力完成的目标有一个清晰的认识。管理者有责任帮助员工建立这样的认识以确立他们的工作目标。以下 8 条建议能帮助你更有效地确立目标。

（1）确定一位员工的主要工作任务。建立目标的第一步是弄清楚你希望员工去完成什么。获取这一信息的有效来源是每位员工的工作说明书。

（2）为每一项主要任务建立可测量、具体而又有挑战性的目标。明确对员工绩效的期望和员工工作的目标。

（3）为每个目标设立具体的截止期限。给目标加上期限能减少歧义，但确定截止期限时

不应武断，而要根据现实情况留足时间让员工完成任务。

（4）允许员工参与制定目标的过程。当员工参与建立目标的过程时，他们会更有可能欣然接受这个目标。然而，这必须是真正地参与。也就是说，员工必须感受到你在真诚地寻求他们的意见，而不是走过场。

（5）分清主次目标。当你给某人多于一项任务时，给这些任务按重要程度排出先后次序十分必要。按轻重缓急排序是为了鼓励员工按不同目标的重要程度合理行动和分配精力。

（6）按困难程度和重要程度给目标打分。目标的制定不应鼓励大家都去选择简单的目标。相反，目标应该按其困难程度和重要程度被打分。打分后，选择困难目标的人可被予以表彰，即使他们可能并未完全达成目标。

（7）建立反馈机制来评估工作过程。通过反馈，员工能了解到他们的努力是否足以达成目标。反馈可以源于自身，也可以来自上司。反馈应该是频繁的和循环的。

（8）报酬与目标挂钩。员工很自然会想："这对我意味着什么？"报酬与目标挂钩将有助于回答这个问题。

资料来源：Based on E. A. Locke and G. P. Latham, *Goal-Setting: A Motivational Technique That Works*! (Upper Saddle River, NJ: Prentice Hall, 1984); and E. A. Locke and G. P. Latham, "Building a Practically Useful Theory of Goal Setting and Task Motivation," *American Psychologist*, September 2002, pp.705-17.

技能应用

你在读大学期间，一直在食品城（Food Town）超市兼职帮忙打包商品。你非常喜欢在食品行业工作，因此你毕业后找了一份在食品城做管理培训的工作。3年过去了，你在杂货店和大型超市中积累了足够的工作经验，几个月后你被升为门店经理，如今管理着其中一家连锁店。你最喜欢食品城的一点就在于公司给予门店经理极大的自主权决定如何运营一家超市，仅设有一般的准则。公司高层关注的是绩效底线，如何达到相应的绩效则是经理的事。作为门店经理，你希望在你的门店开展目标管理类型的项目。你希望每个人都能有自己清晰的目标并努力工作，最终根据是否完成目标来评估工作。

你的门店有70位员工。除了管理者外，大多数员工每周只工作20～30个小时。你手下有6个人负责向你汇报，包括一名经理助理、一名周末经理，以及食品杂货部、生产部、鲜肉部和面包部的部门经理。唯一一项需要极高专业技能的工作是屠宰工人，他们经过严格的训练并且必须遵守监管指引。其他不需要专业技能的工作有收银员、货架整理员、保洁人员和商品打包员。

请具体说明获得新职位后，你将怎么给员工设立目标，举例说明你为屠宰工人、收银员和面包部经理设立的目标。

实践练习：环境问题

项　目：温伍德绩效改进计划
收件人：汉娜·保罗，人力资源部经理
发件人：埃里克·温伍德，CEO
主　题：环境问题

汉娜，你也知道，这几年我们公司的娱乐咨询业务蒸蒸日上，这少不了各位同事的努力工作，我也很荣幸能和你们这群聪明而负责的人共事。我认为，公司下一步发展应该朝着更具有环境责任性的方向前进。所有人，包括我在内，在日常工作中都会使用大量的纸张。所以我想第一步，也是目前最主要的工作，就是控制并减少纸张的浪费。我希望你能开展一个面向全公司的控制纸张浪费的项目。在通知各位同事之前，我希望你能先为这个项目设定目标并制订计划，内容请控制在一张纸之内，概述这些目标和计划，形成报告，尽快交给我。

注：文中提及的公司和信息都是虚构的，只是为了教学目的而设，并不是对那些同名公司的管理实践进行正面或反面的披露。

应用案例 5-1

快时尚

Zara 的快时尚奥秘。

早期以制作浴袍为业的一个西班牙人阿曼西奥·奥特加（Amancio Ortega），萌生了一个简单的创业想法：生产与当前流行款式极为相像的服装，并以较低的价格出售给精打细算的欧洲人。[50] 于是，他开设了第一间飒拉（Zara）服装店，获得了巨大成功。阿曼西奥因此决定直接挑战传统服装业，不采用原来从服装设计到购买成衣耗时6个月的模式，而是建立所谓的"快时尚"，让消费者能够更快地购买到最新设计的服装，缩短等待时间。这就是飒拉一直所做的！

西班牙时尚服装零售集团印第迪克集团（Inditex SA）旗下的飒拉，被认为是一家产品比盖璞更时尚、比塔吉特成长得更快、比沃尔玛更懂物流管理的公司。飒拉本身也承认，它在时尚界的成功不过是基于一个简单的规则：让产品更快地流入市场。看上去简单，但是要做到这一点，并不容易。它要求公司必须要对时尚、科技和它们的目标市场有着清晰的、主次分明的认识，并具有快速应对潮流做出改变的能力。

印第迪克集团是全球最大的时装零售商，拥有7个品牌的生产链，分别是飒拉（包括Zara Home 和 Zara Kids）、Pull and Bear、Massimo Dutti、Bershka、Stradivarius、Oysho、Uterque。印第迪克集团在全球88个国家拥有超过5 600家门店，其中飒拉带来的收入超过公司总收入的2/3。尽管如此，飒拉在美国并不是一个家喻户晓的品牌，它在全美仅有50家门店，包括在纽约的一家旗舰店。

飒拉在快时尚领域制胜的法宝到底是什么呢？一件新设计的服装，从出现在设计师的画板上到成为门店的成衣，仅需要约两周的时间；成衣均从工厂被直接运送到门店，使得各门店内每两周就会换一批新设计的时装。由此可见，飒拉商业活动的方方面面，无一不服务于产品快速的周转。那些在外观前卫的飒拉总部"立方体"里工作的销售经理，都坐在一长排计算机前面，通过显示屏时刻详细查看每间门店的销售情况。他们几乎能即刻关注到热销品和滞销品。他们也负责通知内部设计师团队，让他们设计新的时装风格并决定应采用哪种与设计和定价完美结合的布料。一个新设计样稿出来后，马上就会以电子形式传送到街对面的飒拉工厂，并据此制作一件样衣。为了减少浪费，在激光制导仪器裁衣前，计算机程序会反复将服装样板与大量的各式布料组合比对。飒拉的大部分服装都是在摩洛哥、葡萄牙、西班牙和土耳其生产的，成衣会在一周内被送回工厂，加上最后的润色（如加纽扣、修剪、细节处理等），并进行质量检验。未通过质检的衣服会被丢弃，通过的则进行熨平处理。接着，根据所要销往的国家，每件衣服被加上标签和安全标志。一捆捆衣服经铰链横档传送带传送过几个隧道，最后送到一个4层高、500万平方英尺（大约等同于90个足球场大小）的仓库里。运送途中，专门的设备通过识别衣物上的电子条形码来把它们分配至正确的暂存区。储存区域首先按国家分类，后细分至每一家门店，以保证每家门店都能精准无误地收到它所需要的服装。出仓库后，发往欧洲门店的服装被送至装卸码头，与其他货物一起装车；发往其他地区的服装则采取空运方式。每小时约有60 000件，即每周超过2 600万件服装，经由这个超复杂的配送中心，运往世界各地。整个配送过程只需要少数几位员工监控。飒拉的准时生产制度（just-in-time, JIT，一个源自汽车工业的生产概念）使得它在速度和灵活性上具有了竞争优势。

飒拉的竞争对手都在努力加快生产周期，因此尽管飒拉已经在快时尚行业获得巨大成功，它的CEO巴勃罗·伊斯拉（Pablo Isla）却并未止步于此。为了让飒拉保住领先地位，他引进了一套新方法来使门店经理能够自主下订单，更快地反映出商品信息且支持查看在途货物的最新路线。此外，飒拉终于进军了线上购物领域。一位分析师预测，这家公司在美国的销售额能翻4倍，而且大部分的销售额来自线上销售。

讨论题

5-13 这个案例是如何阐述战略管理的？

5-14 SWOT 分析对印第迪克集团的高层来说如何起到帮助作用？它对飒拉门店经理来说又如何起到帮助作用？

5-15 你认为飒拉在追求什么样的竞争优势？它又是如何开发利用这种竞争优势的？

5-16 你认为飒拉的成功是取决于外部因素、内部因素，还是二者兼有？请说明理由。

5-17 飒拉开展线上零售业务是基于什么战略内涵（提示：从资源和能力的角度出发考虑）？

应用案例 5-2

利维斯特基金的危机计划

拯救一场灾难……或许计划就已足够。

兰斯·阿姆斯特朗（Lance Armstrong），现已声名狼藉的职业自行车选手在 1996 年被诊断患有睾丸癌。他发现自己得了癌症时只有 25 岁，阿姆斯特朗决定要努力生存下来，不向病魔屈服。在与癌症的斗争中，他很快意识到，癌症患者严重缺乏应对病魔的资源。他决定建立基金，致力于帮助他人在与癌症抗争的过程中更好地生活。自 1998 年以来，利维斯特基金已经为数百万癌症患者提供了服务。然而，在 2012 年 10 月，该组织发生了天翻地覆的变化。美国反兴奋剂机构发布报告，"最终断定兰斯·阿姆斯特朗——癌症慈善机构的创始人和主席，在他传奇性的自行车生涯中犯了服用兴奋剂罪。"[51]

利维斯特基金当时的主席兼总裁道格·乌尔曼（Doug Ulman）说他清楚地记得那一天。事实上，他几个月前就预料到这一天会到来。作为好朋友，乌尔曼多年来一直相信阿姆斯特朗的无罪申明。但是现在："再也瞒不住了。"[52]消息爆出后，乌尔曼召开了员工会议，所有 100 号员工全都挤进了基金会的会议室，他们紧紧地地挤在一起，以往的怀疑和令人不安的传言突然变成了千真万确的事实。当乌尔曼宣布组织不能再"保护"其创始人时，这其实就是一个决定性的转折点。利维斯特基金是一家非常成功的慈善机构，这些年来已经筹集了 5 亿美元，但现在正面临着一场危机，甚至可能是一场生死攸关的危机。从现在开始，利维斯特基金将会在"没有创始人阿姆斯特朗"的模式下运作。

尽管利维斯特基金容易被看作没有希望的案例，但是，为使基金会继续生存和发展，乌尔曼和基金会的其他员工一直在努力工作并

专注于最初的目标。组织面临的挑战不容忽视，因为这是艰巨的挑战。但在应对危机的过程中，乌尔曼必须提振员工的士气，同时必须制订计划实施变革，并与阿姆斯特朗先生划清界限。[53]一家危机沟通公司建议他抓住危机中的机会向外界传达基金会的思想理念。和许多癌症患者一样，利维斯特基金想要在经历劫难后变得比以往更强大。这并不容易，因为该基金已经失去了包括耐克（Nike）和无线电器材公司（RadioShack）在内的部分最大的赞助商，2012 年和 2013 年连续两年收入下降。乌尔曼不但承担了"危机管理"责任，还在积极制订计划和战略。他说："这太讽刺了，我们从事的是生存的事业，这是我们的工作。现在我们竟在完全不同的处境中做着同样的事情。"[54]

利维斯特基金史上的一个新阶段始于 2015 年年初。[55]基金董事会宣布钱德尼·波特乌斯（Chandini Portteus）为新一任总裁和首席执行官。她之前在美国最广为人知、规模最大、资金最雄厚的乳腺癌组织苏珊 G. 科曼任职。由于她在筹款、全球规划和宣传方面拥有丰富的知识和技能，利维斯特基金现在有了一位能够带领它克服未来征途中艰难险阻的领导人。

讨论题

5-18 组织能否为这种情况做计划？如果能，那要怎么做？如果不能，为什么？

5-19 在这种情况下，目标起什么作用？什么样的目标可能是必需的？

5-20 什么样的计划对利维斯特基金有用？解释一下为什么你认为这些计划很重要。

5-21 就计划而言，管理者可以从利维斯特基金的遭遇中获得什么经验教训？

应用案例 5-3

关 注 未 来

未来的愿景。

狂热地专注于执行和品牌，这就是分析师对纽约一家新创的眼镜公司沃比·帕克

（Warby Parker）何以能很快就搅乱老式眼镜业战略方法的描述。沃比·帕克公司是在 2010

年由戴维·吉尔博（David Gilboa）和尼尔·布卢门撒尔（Neil Blumenthal）共同创立的（两人现在也是公司的联合首席执行官）。沃比·帕克公司已成长为行业中强大而又成功的竞争者。原因何在？"一个词——深思熟虑。"[56]他们对自己的品牌有严苛的要求，同时他们乐于接受和利用技术来打破僵化保守的眼镜销售方式。沃比·帕克公司到底是怎么做的呢？

为了探寻公司的所作所为，我们需要回顾公司的构想是如何产生的。吉尔博背着包在东南亚旅行时，将一副价值700美元的普拉达（Prada）镜架遗落在飞机座椅靠背的袋子里。这使他不断自问：为什么一部价格200美元但拥有技术可让人做许多酷炫事情的iPhone手机仍在自己的口袋里，而眼镜却不见了？再换一副普拉达眼镜（已有几百年历史的技术）的花费要远远高于200美元的iPhone手机。[57]与其他的创业者一样，他相信这个问题一定有更好的解决方法。他通过探究发现，眼镜行业实际上是由一家非常强大的眼镜供应商掌控的垄断行业，这就是眼镜产品价格居高不下的原因。吉尔博和他的一个朋友（两人都曾在沃顿商学院读MBA）对是否能与如此强大的竞争对手直接竞争没有把握，但是，他们与布卢门撒尔（也曾在沃顿商学院学习）合作以后，就有了信心。据传闻，布卢门撒尔"比世界上的其他任何人都更了解如何在传统眼镜供应链之外生存和发展"。[58]没过多久，他们就开始在费城的一间公寓里在线售卖眼镜了。

今天，沃比·帕克公司设计和制造时尚的眼镜架，并以一副95美元的价格在互联网上直接出售给消费者。这个价格还包括验光单、运费以及给布卢门撒尔担任董事的非营利组织VisionSpring的捐款。公司已开始布局实体店，目前已有11家店。其他增长计划包括扩大他们的产品组合，使镜架选择多样化，如新增儿童镜架和渐变眼镜，以及探索在线视力检查的革命性技术。沃比·帕克公司被《快公司》杂志评为2015年最具创新精神的公司，公司创始人在2014年获得《今日美国》评选的年度企业家殊荣。[59]沃比·帕克公司的另一个创举是"买一副，送一副"活动，这项活动惠及发展中国家的视力受损人士。与此同时，为了实现公司的成功发展，吉尔博和布卢门撒尔将继续严肃、认真地对待他们所做的每一件事情，狂热地将注意力集中在执行和品牌上。这一未来愿景将帮助沃比·帕克公司不断取得成功。

讨论题

5-22 你认为目标在沃比·帕克公司的未来规划中扮演什么角色？列出一些你认为重要的目标（确保这些目标具有书面目标的特点）。

5-23 像案例中这样的行业需要什么样的计划？（例如，长期或短期，或两者兼而有之？）解释一下为什么你认为这些计划很重要。

5-24 什么偶然因素可能会影响沃比·帕克公司高管对未来的规划？这些偶然因素会如何影响计划？

5-25 你认为沃比·帕克公司有什么竞争优势？你认为公司面临哪些竞争性挑战？

PART3

第三篇

组织

CHAPTER6

第6章

组织结构与设计

管理偏见

科层制组织无效率。

机械结构，或者称其为科层制组织，常被认为是低效率的。批评者认为这类组织反应缓慢、受规则约束，并且使那些必须与规章制度打交道的员工和外部人士产生抵触心理。如果你相信媒体的说法，你就会认为科层制组织已经消亡，取而代之的是被赋权的团队、松散并且适应能力强的组织。尽管现在许多组织似乎如此，但事实是科层制组织依然存在并大行其道。大多数中型和大型组织的结构都是科层制，因为这种结构有着专业化、正式的规章制度，明确的指挥系统和部门化等特点，这恰恰有助于有效地安排人员和任务。

欢迎进入 21 世纪奇妙的组织结构与设计世界。在这一章里，我们将介绍组织的基础、定义、概念及其重要的组成部分，并解释管理者如何利用这些因素来创造一个井然有序的环境，以便组织成员可以卓有成效地工作。组织目标、计划和战略一旦确定，管理者就必须建立一种最有利于这些目标实现的组织结构。

学习目标

1. 描述组织设计的六大要素。
2. 识别有利于机械模式或有机模式的权变因素。
3. 比较传统的与当代的组织设计。
4. 讨论当今组织面临的设计挑战。

6.1   组织设计的六大要素是什么

在俄克拉荷马州麦卡莱斯特市南部不远的地方，员工在一家巨大的化工厂生产"万无一失"的产品。这些人"非常擅长其所做的事情，他们长期从事这一工作，因而拥有了100%的市场份额"。[1] 他们为美国军队制造炸弹，这样的工作务必要求其工作环境既普通平凡又严格有序，同时兼有风险，要求员工热爱工作。在这样的环境中，人们高效出色地完成工作。思科公司的工作也是高效出色地被完成的，尽管思科公司并没有采用那种结构化和正式化的工作方式。在思科公司，约70%的员工至少有20%的时间在家工作。[2] 两个组织都把必做的工作完成了，尽管它们采用的组织结构不同。

高效出色地完成工作。

这就是组织的内容。回顾第1章的内容，我们把组织定义为一种管理职能，它决定了需要做什么、怎么做以及谁来做；换句话说，它是产生组织结构的职能。当管理者建立或是改变组织结构时，他们就是在从事组织设计（organization design）工作。这种过程包括决定怎样分配专门化的工作，制定指导员工行为的规章制度，并决定制定决策的组织层次。尽管组织设计的决策通常都由高层管理者做出，但所有人都应当了解这个过程。为什么呢？因为我们每个人都在某种类型的组织结构中工作，需要知道组织中的任务如何得到执行和为什么会得到执行。此外，在环境日益变化并需要组织快速适应的条件下，我们也应该了解明天的组织结构可能是什么样的——那是我们将来的工作环境。

在过去几年里，管理中变化最大的两个主题当属组织和组织结构。管理者正在重新评估传统的方法并探索最能支持和促进员工从事组织工作的新的结构设计——既有效又灵活的设计。

管理学家诸如亨利·法约尔和马克斯·韦伯所确立的组织设计的基本概念是管理者可以遵循的结构原则。从最初提出这些原理至今，已有90多年了（查阅第1章相关内容）。经历了这么长时间以及各种各样的变化，你可能会认为这些原理在当今已失去了价值，但令人惊讶的是，事实并非如此。大多数原理仍可为你设计合理、高效的组织提供重要的指导。当然，随着时间的流逝，我们对这些原理的局限性已有了充分的认识。在以下各节中，我们将探讨组织结构的6种基本要素：工作专门化、部门划分、职权和职责、管理幅度、集权与分权、正式化。

6.1.1   什么是工作专门化

1. 传统观点

位于俄亥俄州埃达的威尔逊体育用品工厂（Wilson Sporting Goods factory）里的工人生产全美足球联赛所用的所有足球与大学和高中足球比赛的大部分足球。为了完成每天的产出任务，工人分别从事制模、缝合、镶嵌饰物等不同的工作任务，[3] 这就是工作专门化的实例。工作专门化（work specialization）是指把工作活动分成单个的任务，为了提高产出，个人专门从事工作的某一部分而不是整项工作，因而又被称为劳动分工。

工作专门化使不同员工的多种技能得到有效的利用。在大多数组织中，有些任务要求高度熟练的技能，而另一些则可由未经训练的人员来完成。如果每个人都要从事制造过程的每一个步骤的活动，他们就必须同时具备从事最容易的工作和最困难的工作所必要的技能。其结果只会是，除了从事需要最高技能的、最复杂的任务之外，员工大都在低于其技能水平的状态下工作。此外，熟练工人所得的工资高于非熟练工人，由于工资水平一般反映最高的技能水平，以高工资雇用高技能的工人做简单的工作，是在低效使用资源。这就是你很少看到一位外科医生在做完心脏手术之后还要去缝合病人的原因。做完心脏手术之后的一些缝合性工作，通常是由那些旨在提高技能的实习医生来完成的。

工作专门化的早期倡导者将其视为增加生产率的一个不尽的源泉。在 20 世纪初，这一结论是正确的。当时专门化没有得到普遍推广，应用它通常总能产生更高的生产率。但物极必反，在某一点上，由工作专门化产生的人性不经济性（human diseconomies）（它通过无聊、疲劳、压力、低生产率、低质量、常旷工和高离职流动率等表现出来）会超过专门化的经济优势（见图 6-1）。[4]

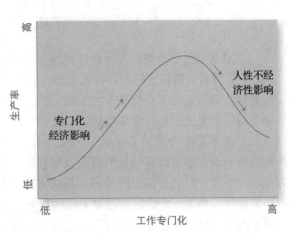

图 6-1　工作专门化的经济性与不经济性

2. 当今的观点

当今的多数管理者将工作专门化视为重要的组织机制，因为它可以帮助员工提高效率。例如，麦当劳利用高度的专门化来有效地制造产品并为顾客提供服务。然而，管理者也必须看到它的局限性。正因为这一点，许多公司，诸如艾弗里 – 丹尼森（Avery-Dennison）、福特澳大利亚（Ford Australia）、Hallmark 和美国运通已极大地降低了工作专门化的程度，让员工做一系列广泛的工作。

6.1.2　什么是部门划分

1. 传统观点

早期管理学者指出首先应对组织内的活动进行分工，然后再将其归类以便通过协调统一的方式完成任务。把工作进行归类的方式称为部门划分（departmentalization）。尽管组织可以采用其独特的分类方式，但仍存在五种常用的部门划分方式（见表 6-1）。早期管理学者并不提倡任何单一的部门划分方式，部门划分方式应当反映最有利于实现组织目标与部门目标的分类方式。

镶嵌条纹是威尔逊体育用品工厂手工制作橄榄球的 13 道工序之一。公司采用工作专门化作为分配工作任务的机制，这有助于提高员工的产出和有效利用员工多样化的技能。

表 6-1 部门划分的类型

- 职能 根据所做的工作将员工分成不同的部门（如工程、会计、信息系统、人力资源等）
- 产品 根据公司主要产品领域将员工分成不同的部门（如女鞋、男鞋、服装及配件等）
- 顾客 根据顾客的问题和需要将员工分成不同的部门（如批发、零售、政府等）
- 地区 根据服务地区将员工分成不同的部门（如北方、南方、中西部、东部等）
- 流程 根据工作或顾客流程将员工分成不同的部门（如测试、收款等）

怎样将活动分类？

（1）对活动进行分类的一种最常用的方式就是按职能划分部门（functional departmentalization）。管理者可能将他的工厂分成工程、会计、信息系统、人力资源和采购等不同的部门。按职能划分部门可用于任何类型的组织，只是职能应随组织目标和活动变化而改变。按职能划分部门的主要优点是可将具有相同技能和专长的人置于同一部门，从而实现规模经济性。

（2）按产品划分部门（product departmentalization）注重公司的主要产品领域。每一项产品都由一名在该领域有专长的高级经理管理，并且他还负责与产品线有关的任何事情。耐克就是一个按产品划分部门的公司，其结构基于不同的产品线，包括运动鞋、休闲鞋、服装及服装配件。如果一个组织的活动是提供服务，而不是生产产品，那么就可以按各种服务类型划分部门。按产品分类的优点在于它可以增强人们对产品的责任感，因为专门有一个经理负责与具体产品有关的所有活动。

（3）组织试图赢得的顾客类型也可作为划分部门的依据。例如，办公用品供应公司的销售活动可以分为三个部门：零售、批发和政府客户。一家大型律师事务所可按其服务对象是公司还是个人将其员工分类。按顾客划分部门（customer departmentalization）的假定条件是：每个部门的顾客面临同样的问题，具有同样的需要，只有专业人员才能最好地解决这些问题，并满足他们的需要。

（4）另一种划分部门的方法基于地理区域，即按地区划分部门（geographic departmentalization）。销售职能可分布于西部、南部、中西部和东部地区。如果一个组织的顾客分布在范围很大的地区内里，这种部门划分方式就会非常有用。例如，可口可乐公司在 21 世纪的组织结构就反映了公司在两大地区中的经营活动，这两大区域是北美部和国际部，后者包括环太平洋地区、欧盟、东北欧和非洲、拉丁美洲。

（5）最后一种部门划分方式是按流程划分部门（process departmentalization），即依据工作或顾客流程对活动进行分类。例如美国许多州的机动车辆管理局或保健医院，其部门是由完成某一流程所需的一般技能构成。如果你曾到州车辆管理局办过执照，看到的可能就是按流程划分的部门。在那里，不同的部门办理申请、测试、信息与照片处理及收费等不同的事项。为办理执照，顾客按先后顺序"流经"不同的部门。

H. Mark Weidman Photography/Alamy

从摩托车的构思和设计到摩托车的生产和市场投放，哈雷-戴维森摩托车（Harley-Davidson）公司都运用跨职能团队。由买家、供应商、市场营销人员、运营人员、工程师和来自其他部门的员工组成团队，协同工作，为消费者提供高质量的产品。

2. 当今的观点

多数大型组织仍采用早期管理学者所提出的多种（或所有的）方式划分部门，例如，布莱克－德克公司（Black & Decker）以多种方式构建组织结构，如按职能组建部门，按流程建立制造单位，按地区设立销售单位，按顾客类型确定销售领域。但近期出现的一种趋势是使用跨职能型团队（cross-functional teams），这些团队跨越传统的部门领域并由不同部门中的人员组成。当工作更为复杂并需要多种技能才能完成时，跨职能型团队就尤其有用。[5]

当今的竞争环境使管理者重新把注意力聚焦于顾客。为更好地满足顾客的需要并对这些需求的变化做出反应，许多组织更加强调按顾客划分部门。

6.1.3　什么是职权和职责

1. 传统观点

要了解职责和职权，就必须熟悉指挥链，即权力从组织上层向下层传递的路径，它明确了谁向谁汇报的问题。管理者在组织工作任务时应对其加以考虑，因为它有助于员工认识诸如"我向谁汇报"或者"有了问题我找谁"这一类的问题。那么，什么是职权和职责呢？

职权源于职位而非个人。

职权（authority）是管理职位所赋予的发布命令和希望命令得到遵守的权力。职权是早期管理学者奉行的主要信条，被视为组织紧密结合起来的黏合剂。[6]职权可以向下让渡给低层管理人员，即授予他们一定的权力，同时规定他们在限定的范围内行使这种权力。每一个管理职位都有其特定和固有的权力，任职者可以从其职衔或头衔中获得这种权力。因此，职权与人们在组织中担任的职位有关，而与管理者的个人特征无关，与个体无关。退出权位的人不再有任何权力。职权与职位同在，它属于新的在位者。

管理者在授予员工权力时，必须同时授予他们相应的责任（responsibility）。也就是说，员工被赋予权力的同时也要承担相应的行使权力的责任，他们应该为自己的行为负责。拥有权力而不承担责任和不用承担责任会造成滥用权力的机会，同样地，人们也不应当为其无权过问的事情负责。

2. 有哪些不同类型职权关系

早期的管理学者区分了两种形式的职权：直线职权与参谋职权。直线职权（line authority）是指给予管理者指挥其下属工作的权力。正是这种上下级职权关系从组织的最高层延伸到最低层，从而形成指挥链（见图 6-2）。在指挥链中的每个环节，拥有直线职权的管理者有权指导下属人员的工作，并且可以不征求他人意见而自主做某些决策。当然，指挥链中的每个管理者都要服从其上级的指挥。

应当记住的是，有时，"直线"（line）一词也用来区分业务管理人员（line managers）与辅助工作管理人员（staff managers）。在这种情况下，"直线管理人员"一词是指对组织目标的实现具有直接贡献的那些组织职能的管理者，比如在制造企业中，直线管理者通常指负责生产和销售职能的人员，而人事和财会职能管理人员则被看成是辅助工作管理人员。但一位管理者的职能究竟是属直线职能的还是参谋职能的，完全取决于组织的目标。例如，在提供临时雇员的"人才培养公司"（staff-builders），面试人员具有直线职能。类似地，在 ADP 薪金表公司，薪金表制作是直线职能。

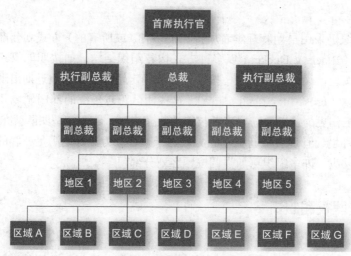

图 6-2 指挥链与直线职权

当组织规模扩大并变得更为复杂后，直线管理者会发现他们缺乏有效完成工作的时间、能力和资源。为此，他们配置了参谋职权（staff authority）职能来支持和协助他们，为他们提供建议及减轻他们的信息负担。医院院长不可能采购医院所需的各种供应品，因此，他设立了采购部这样一个参谋部门。当然，采购部门的领导具有对其属下采购人员的直线职权。医院院长可能发现自己工作负担过重，需要一位助理，他设立的助理职位就是一个参谋职位。图 6-3 表示了组织的直线职权与参谋职权。

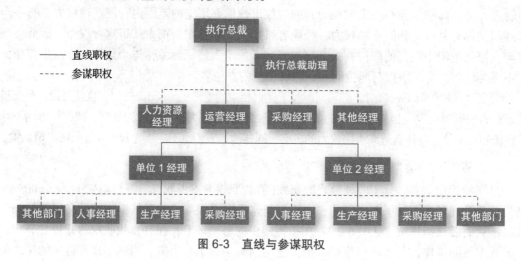

图 6-3 直线与参谋职权

3. 什么是统一管理

若员工必须向两个以上的上司汇报工作，那么他也许就要面对相互冲突的指令，也有可能不得不同时处理多件头等重要的事情。[7] 因此，早期的管理学者认为每个员工应当只向一个经理汇报，并将这种情况称为统一管理（unity of command）。在极少数必须违背统一管理的情况下，早期的管理者往往会将活动清楚地分开，并指定专人负责每一项活动。

一个还是多个上司？

组织结构相对简单时，统一管理符合逻辑。在有些情况下，它仍是合理的建议，组织依然在采用。但是技术的进步，举例来说，已使人们可以获得曾经只有高层管理者才能接触到的组织信息，并且，随着计算机的普遍使用，员工可以同组织中的任何人进行交流，而不必通过指挥链中正规的沟通渠道。因此，在有些情况下，严格遵循指挥链原则会造成组织僵化，妨碍组织取得良好的业绩。

4. 当今的观点

早期管理学者推崇职权的观点。他们认为，组织职位中固有的权力是影响力唯一的源泉。他们相信，管理者具有非常强大的权力。在 30 年或 60 年前，这也许是正确的。那时，组织相对简单，员工的重要性不突出，管理者极少依赖技术专家。在这样的条件下，影响力和职权是一码事，管理者在组织中的职位越高，他所拥有的影响力也就越大。然而，那些条件现已不复存在。管理研究者和实践者现在发现，你可以不必成为一个管理者就拥有权力，权力也不全与个人在组织中所处的地位相关。

职权是组织中的重要概念，但只关注职权往往会形成狭隘的、不切实际的认识。现在，我们应当明白，职权只是广义的权力概念中的一个要素。

5. 职权与权力如何不同

职权和权力经常被混为一谈。职权是一种源于组织中当权者职位的权力。职权与工作密不可分，而权力（power）则是指一个人影响决策的能力。职权是广义的权力概念的一部分。也就是说，来自组织中个人职位的正式权力只是其影响决策过程的一种手段。

图 6-4 形象地描绘了职权与权力的区别。其中，图 6-4a 方形框的二维安排表示了职权的概念。与职权有关的领域以横坐标来表示，每个横向分组代表一个职能领域。个人在组织中拥有的影响力用图中的纵坐标来表示。一个人在组织中所处层次越高，其职权也就越大。

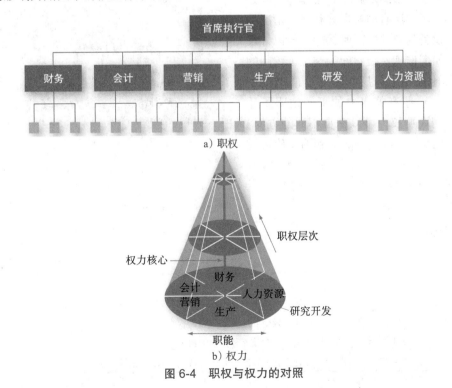

图 6-4　职权与权力的对照

　　不过，权力是一个三维的概念，用图 6-4b 的锥体来表示。它不仅包括职能与职权两维，还增加了第三维，即中心性（centrality）。职权是由一个人在组织层级中的纵向职位决定的，权力则是同时由他的纵向职位以及他与组织权力核心或中心的距离共同决定的。

　　把图 6-4 的锥体想象为一个组织，那么，锥体的中心就是组织的权力核心。距离这个权力核心越近，你对决策的影响就越大。事实上，正是权力核心的存在，才形成了图 6-4a 和图 6-4b 的区别。图 6-4a 中的纵向层次只反映某人在锥体外围边上所处的地位。锥体的顶端对应于职权层级的最上层，锥体的中部对应于职权层级的中层，依此类推。同样，图 6-4a 中的职能组也可以变成锥体的楔形，每个楔形代表一个职能领域。

　　锥体的比喻充分说明了两个事实：①一个人在组织中升得越高（职权增大），他与权力核心的距离就越近；②不一定要有职权才能行使权力，因为他可以沿水平方向靠近锥体中的权力核心，而不必往上升。你是否注意到，为什么高层经理人员的秘书，尽管只有很小的职权，却通常拥有相当大的权力？作为上司的看门人，秘书对于上司约见谁和何时约见有很大的影响。此外，因为人们常常需要依赖这些秘书将有关信息传递给上司，这样，秘书对于上司听到些什么也有一定的控制权。一位年薪 105 000 美元的中层经理，小心谨慎地同一个年薪仅 45 000 美元的上司的秘书打交道，生怕得罪他们，这样的事并不罕见。为什么？因为秘书拥有权力！秘书的职位可能较低，但他们靠近权力核心。

　　低层员工如果有亲戚、朋友或伙伴身居高位，他们也接近权力核心。掌握了短缺而又重要技能的员工也是一样。一位在公司有 20 多年经历的基层制造工程师，可能是公司中唯一了解所有旧机器设备运转情况的人。当旧设备的部件坏了时，除了他以外没有人知道如何修理。突然间，这位工程师的影响力就比他在纵向层级上所处的地位要高出许多。这些有关权力的事例说明了什么呢？它们表明权力可以来自不同的方面，约翰·弗伦奇（John French）和伯特伦·雷文（Bertram Raven）确定了 5 种权力来源或权力基础：强制权、奖赏权、法定权、专家权和关系权。[8] 我们已将它们简要地列于表 6-2 中。

美国职业篮球联赛（NBA）的市场营销高级副总裁梅丽莎·布伦纳（Melissa Brenner）具有专家权。她创新性地使用 Facebook、Instagram 和其他社交媒体，她在这些方面的专业知识，正帮助 NBA 实现在全球范围内提高球迷参与度和比赛享受度的目标。

Jennifer S. Altman/Getty Images

表 6-2　权力的种类

强制权	基于畏惧的权力
奖赏权	因能分配他人重视的东西而产生的权力
法定权	因在正式层级中的地位而具有的权力
专家权	基于专长、专有技能和知识的权力
关系权	因与拥有有利资源或具有个人特质的人的关系而产生的权力

6.1.4　什么是管理幅度

1. 传统观点

一位管理者能够有效地指挥多少个下属？管理幅度（span of control）问题受到了早期管理学者极大的关注。尽管对具体的人数没有形成一致的意见，但大多数人都倾向较小的幅度（通常不超过 6 个人），以便对下属保持密切控制。[9] 不过，也有些学者认为管理幅度受管理级别的影响。他们指出，随着管理者在组织中职位的提升，需要处理更多不确定性问题，因此，高层管理者的管理幅度应比中层管理者小，而中层管理者的管理幅度又应比基层管理者小。然而，在过去的 10 几年中，关于有效管理幅度的理论已出现了一些变化。[10]

2. 当今的观点

许多组织正在扩大管理幅度，例如，通用电气和凯泽铝业（Kaiser Aluminum）等公司，其管理者的管理幅度在过去 10 几年已明显扩大。在联邦政府，管理幅度也扩大了，为节省决策时间，他们正在努力拓宽管理的幅度。[11] 管理幅度受权变因素的影响日益明显。

我能既有效率又有效果地管理多少人

最有效率及效果的管理幅度取决于：

- 员工的经验和培训（经验越丰富、培训越多，管理幅度越大）。
- 下属工作任务的相似性（任务越相似，管理幅度越大）。
- 任务的复杂性（任务越复杂，管理幅度越小）。
- 员工地理距离的接近性（越接近，管理幅度越大）。
- 标准化流程的程度与类型（标准化程度越高，管理幅度越大）。
- 组织管理信息系统的先进程度（越先进，管理幅度越大）。
- 组织价值体系凝聚力（凝聚力越大，管理幅度越大）。
- 管理者喜好的管理风格（个人偏向于管理更多还是更少的下属）。[12]

6.1.5　如何区别集权与分权

1. 传统观点

组织职能需要回答的问题之一就是"应在什么层次做决策"。集权（generalization）是指决策权有多大程度放在组织上层。分权（decentralization）是指下层管理者提供信息意见或实际做出决策的程度。集权 – 分权不是一个非此即彼的概念，而只是程度上的不同。这就是说没有绝对的集权，也没有绝对的分权。如果有的话，也只有极少数的组织完全由特定的少数个人做所有决策（集权化），或者由最接近问题的人做决策。让我们考察早期管理学者对于集权的认识以及集权在当今的情况。

早期管理学者提出组织的集权程度取决于组织的情况，其目标是使员工工作效率达到最高。[13] 传统的组织结构呈金字塔形，职权和权力集中在组织的顶层。在这种结构中，集权决策占主导地位。但今天的组织已经变得更加复杂，并要对环境的动态变化做出反应。因此，许多管理者认为应该由最接近问题的人来做决策，不论其在组织中处于什么层次。实际上，你希望知道公司严格保守的秘密吗？[14] 当下为数不多却日益增多的私营企业向其员工公开从公司财务、员工绩效评估到个人薪酬的所有详细信息。拥护者认为这种做法有助于在员工中建立信任和让员工知道其个人贡献如何影响整家公司，并且能使他们的工作积极性更高。然而，批评者认为这种开放式管理的代价很高，也很费时间。例如，公司可能需要"教"员工怎样阅读财务报表。而可以获取详细信息的员工可能会考虑和权衡所有的决策，因而会减慢决策的速度。由于协力完成工作的情况日益增多，同事间越来越习惯分享彼此的生活细节，工作场所信息的进一步公开已是不可避免的趋势。

讨论

- 透明开放的公司可能产生哪些道德问题？
- 对管理者和员工来说这分别意味着什么？

过去几十年来，至少在美国和加拿大的组织中已经开始出现分权化趋势。[15]

2. 当今的观点

当今，组织采用集权或分权的依据是看如何能最好地执行决策和实现组织目标。[16] 然而，在一个组织中有效运作的方法在另一个组织中不一定有效，因此，管理者必须确定在每个组织和部门的分权程度。当管理者赋予员工权力，让他们自己对与工作有关的事情做决策并改变他们对工作的看法时，这就是分权。然而，值得注意的是，这并不意味着高层经理就不再做决策了。

6.1.6　什么是正式化

1. 传统观点

正式化（formalization）是指一个组织工作标准化的程度以及员工行为受规章制度和程序影响的程度。高度正规化的组织具有清晰的职位说明、大量的组织规则和明确的关于工作过程的程序。在这样的组织中，员工几乎无权决定做什么、何时做及怎样做。然而，在正式化程度低的组织中，对于怎样进行工作，员工有更大的自主权。早期的管理学者希望组织很正式，因为正式化符合科层制组织的要求。

2. 当今的观点

尽管一定程度的正式化是协调和控制所必需的，但是当今的许多组织较少依靠严格的规则和标准来指导与管理员工的行为。请思考下面的情况：

在一家全国性的大型杂货店的一间分店里，一位顾客拿来一卷胶卷，要求当天冲洗出来。商店的规定是当天冲洗的胶卷必须在下午2点以前送达，这位顾客到达的时间比商店的截止时间晚了37分钟。店员知道他应当遵守这样的规定，但同时他希望满足顾客的要求，因为他知道胶卷可以在当天洗出来。他决定答应顾客的要求，收下他的胶卷，但这样做有违公司的规定，他希望经理不会发现这件事。[17]

这位员工做错了吗？他的确"违反"了规定。但通过"违反"规定，他实质上增加了公司的收入，并为顾客提供了优质服务。

考虑到许多情况下规章制度太过严格，很多组织给予员工一定的自由度，让他们可以自主地做最符合情况的决策。但这并不意味着可以抛弃组织中所有的规则，因为总有一些规则是员工必须遵守的——应当向员工解释这些规则，让他们知道为什么必须遵守，但对于另一些规则，则应让员工根据情况灵活把握。[18]

6.2 哪些权变因素影响结构选择

顶层管理者常常绞尽脑汁冥思苦想哪种结构最有效。

如果这些是权变因素，那么这就是最合适的结构。

"那么"部分：合适的组织结构如图6-5所示，详见第6.2.1节。

图 6-5 机械式与有机式组织

机械式组织，即科层制组织，是一种高度专门化、制度化、集权化的结构。

有机式组织，该结构专门化、制度化、集权化程度低。

6.2.1 机械式还是有机式 [19]

机械式组织（或科层制组织）

- 严格且密切控制的结构。
- 包含组织结构全部六要素的传统方面：
  - 高度专门化；
  - 严格的部门划分；
  - 清晰的指挥链；
  - 会形成金字塔形结构的窄小的管理幅度；
  - 集权；
  - 高度正式化（或制度化）。

有机式组织

- 灵活且具有高度适应性的结构：
  - 合作（纵向的及横向的）；
  - 不断调整的职责；

- – 极少的规则；
- – 非正式的沟通；
- – 分散的决策权；
- – 会形成扁平结构的较宽的管理幅度。
- 松散的结构有利于根据变化进行迅速的调整。[20]

"如果"部分：4 个权变因素见第 6.2.2 ～ 6.2.5 节。

6.2.2　战略→结构

- 基于阿尔弗雷德·钱德勒的论著。[21]
- 目标是组织战略的重要组成部分，结构应当有利于目标的达成。
- 简单的战略→简单的结构。
- 复杂的战略→更复杂的结构。
- 不同的组织战略需要特定的结构匹配：[22]
  - – 强烈追求创新→有机式结构；
  - – 强烈追求成本控制→机械式结构。

6.2.3　规模→结构

- 大量的证据表明规模（员工人数）影响结构。[23]
- 幻数（magical number）似乎是 2 000 名员工。
- 大型组织（多于 2 000 名员工）——机械式结构。
- 当组织员工人数达到 2 000 人时，规模的影响力下降。
- 增加更多的员工几乎不产生影响，因为组织已变为机械式结构。

员工少于 2 000 时为有机式结构，员工多于 2 000 时将使组织转变为机械式结构。

有机式结构的小企业增加大量的新员工时
会促使其转变为机械式结构。

6.2.4　技术→结构

- 所有组织均采用某种技术将其投入变为产出（见"从过去到现在"专栏中的表 6-3）：

– 你的智能手机或平板电脑——标准化的装配线；

– 你的简历——按主顾的要求设计和打印；

– 你的一瓶布洛芬——连续流程生产方法。

6.2.5　环境→结构

- 环境会限制管理决策权。
- 环境也对组织结构产生重要影响：
  - 稳定的环境：机械式结构；
  - 动态的、不确定的环境：有机式结构。
- 这有助于解释当今如此多的管理者重构组织，使其精干、快速和灵活的原因。[24]

 从过去到现在：技术怎样影响组织设计

- 技术因素对组织结构影响的研究始于琼·伍德沃德（Joan Woodward）。[25]
- 伍德沃德是英国的一位管理学者。为确定结构设计要素与组织成功相互联系的程度，她对英格兰南部的小型制造企业进行了研究（见表 6-3）。[26]
- 然而，她并未发现任何一致的关系方式。后来，她把企业的技术按复杂性和先进性从高到低分为三类之后，才得到不同的发现。
  - 复杂性和先进性最低：单位生产（unit production），即单个产品生产或小批量生产产品。
  - 大规模生产（mass production），即大批量的制造。
  - 复杂性和先进性最高：流程生产（process production），即连续的流程生产。

- 伍德沃德对技术与组织结构的研究是权变理论最早的研究之一。
- 她对"视情况而定"问题的回答是，组织设计是否合适要看组织的技术状况如何。
- 另一些近期的研究也表明，组织会根据其投入转变为产出技术的常规化程度来使结构适用技术。
  - 技术越平常，其相应的结构则会更为机械化。
  - 越不平常的技术更有可能形成有机式组织结构。

讨论

- 为什么机械式结构更适合那些拥有常规技术的组织，而有机式结构却适合那些拥有非常规技术的组织？
- 伍德沃德的理论对当今的组织仍适用吗？为什么？

表 6-3 伍德沃德关于技术与结构的发现

	单位生产	大规模生产	流程生产
结构特点	纵向差异化低	纵向差异化中等	纵向差异化高
	横向差异化低	横向差异化高	横向差异化低
	正式化程度低	正式化程度高	正式化程度低
最有效的结构	有机式结构	机械式结构	有机式结构

6.3 常用的组织设计有哪些

在进行结构决策时，有一些常用的设计可供管理者选择，如传统的和当代的。让我们来看一看组织设计的一些不同类型。

6.3.1 有哪些传统的组织设计管理者可以采用

管理者在设计组织结构时，可从传统的组织设计中选择一种。这些结构包括简单结构、职能结构和分公司式结构，往往更具机械式特点，图 6-6 是对各种结构优缺点的概括。

1. 什么是简单结构

大部分组织起初都是结构简单的创业型组织。在这种组织设计中，部门少，管理幅度宽，职权集中于一人，正式化程度低。简单结构在小企业中得到最广泛的运用，其优点显而易见，它快速、灵活、维持成本低，而且责任清晰。然而，它仅在小型组织中有效。[27] 当组织成长起来以后，它就不适合了，因为它缺乏指导经营活动的政策或法规，并且权力高度集中，使得高层管理者承载过量的信息。当规模扩大以后，如果单一的管理者仍试图继续由自己做全部的决策，那么决策会变慢，并最终无法做任何决策。如果组织结构不逐渐与其规模相适应，企业将可能失去发展的势头，并可能最终倒闭。简单结构的另一个缺陷是，所有事情都由一个人决定，风险很高。如果所有者出现什么意外，整个组织的信息与决策中心将陷于瘫痪。然而，随着员工人数的增加，多数小企业并不总是保持简单结构，而会变得更为专门化、正式化。组织开始实施规章制度，进行工作分工，建立不同的部门，并增加管理层，这时，科层制结构随之形成。通过按职能和按产品划分部门，两种最普遍的科层制设计出现了，它们分别被称为职能结构和分公司式结构。

2. 什么是职能结构

职能结构（functional structure）是指把相似或相关职业专长组合在一起的一种组织设计。我们可以把这种结构看成按职能划分部门的方式在整个组织中的运用。例如，里维伦公司确立了运作、财务、人力资源和产品研发 4 种职能。

职能结构的优点在于工作专门化所形成的优势。把同类专长归在一起可以产生规模经济性，减少人员和设备的重复配置，并使员工感到轻松愉快，因为同事间有共同语言。职能结构最明显的缺点是：组织常常会因为追求职能目标而忽视整体的最佳利益。没有一项职能对全局结果负责。各职能部门的成员相互隔离，几乎不了解其他职能部门的人在干什么。

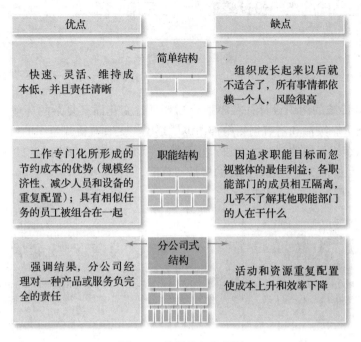

优点		缺点
快速、灵活、维持成本低，并且责任清晰	**简单结构**	组织成长起来以后就不适合了，所有事情都依赖一个人，风险很高
工作专门化所形成的节约成本的优势（规模经济性、减少人员和设备的重复配置）；具有相似任务的员工被组合在一起	**职能结构**	因追求职能目标而忽视整体的最佳利益；各职能部门的成员相互隔离，几乎不了解其他职能部门的人在干什么
强调结果，分公司经理对一种产品或服务负完全的责任	**分公司式结构**	活动和资源重复配置使成本上升和效率下降

图 6-6　传统的组织设计

资料来源：Robbins, Stephen P., Coulter, Mary, *Management*, 13th Ed., ©2016, p. 304. Reprinted and electronically reproduced by permission of Pearson Education, Inc., New York, NY.

3. 什么是分公司式结构

分公司式结构（divisional structure）的组织是由独立自给的单位或部门组成。[28] 在这种结构中，每个分公司或事业部都有一定的自主权，分公司经理对其单位具有管辖权，并对其单位的绩效负责。但在这种结构中，总部一般作为一个外部监管者，协调和控制各分公司的活动，并经常为各分公司提供诸如财务和法律方面的支援服务。例如，健康护理巨头强生公司有 3 个事业部，分别负责制药、医疗诊断设备和消费产品，同时，它还有几家生产和销售多种健康护理产品的分公司。

分公司式结构的主要优点是它强调结果。分公司经理对一种产品或服务负完全的责任。分公司式结构也使总部人员摆脱了关注日常运营中具体事务的负担，使他们能专心致志于长远的战略规划。分公司式结构的主要缺陷是活动和资源出现重复配置。例如，每个分公司都可能有一个市场研究部门。而在不采用分公司的组织中，所有市场研究都集中进行，其成本远比分公司化以后的总花费低得多。因此，分公司式结构的职能重复配置导致了组织总成本上升和效率下降。

戈尔科技公司（W. L. Gore & Associate）是一家技术驱动型公司，其成功的关键就是公司基于团队的结构，这种结构也是员工满意度高和离职率低的重要原因。比尔·戈尔（Bill Gore）在 1958 年创立公司时，创建了工作团队。如今，位于 30 个国家的 9 000 名戈尔合伙人都在跨职能和自我管理的团队中工作。

6.3.2　有哪些当代的组织设计管理者可以采用

精干、灵活、创新。

　　管理者发现传统的组织设计往往不适合当今日益变化而又复杂的环境。在当今的环境下，组织必须精干、灵活和富有创新精神，也就是说，更具有机式组织的特性。因此，管理者正在寻找如何组织工作的创造性方法，并开始采用团队结构、矩阵与项目结构以及无边界组织这类设计。[29] 图 6-7 是对这些设计的概括和总汇。

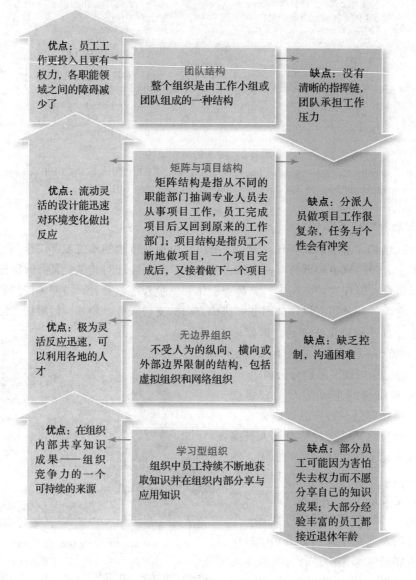

优点：员工工作更投入且更有权力，各职能领域之间的障碍减少了

团队结构
整个组织是由工作小组或团队组成的一种结构

缺点：没有清晰的指挥链，团队承担工作压力

优点：流动灵活的设计能迅速对环境变化做出反应

矩阵与项目结构
矩阵结构是指从不同的职能部门抽调专业人员去从事项目工作，员工完成项目后又回到原来的工作部门；项目结构是指员工不断地做项目，一个项目完成后，又接着做下一个项目

缺点：分派人员做项目工作很复杂，任务与个性会有冲突

优点：极为灵活反应迅速，可以利用各地的人才

无边界组织
不受人为的纵向、横向或外部边界限制的结构，包括虚拟组织和网络组织

缺点：缺乏控制，沟通困难

优点：在组织内部共享知识成果——组织竞争力的一个可持续的来源

学习型组织
组织中员工持续不断地获取知识并在组织内部分享与应用知识

缺点：部分员工可能因为害怕失去权力而不愿分享自己的知识成果；大部分经验丰富的员工都接近退休年龄

图 6-7　当代组织设计

资料来源：Robbins, Stephen P., Coulter, Mary, *Management*, 13th Ed., © 2016, p. 315. Reprinted and electronically reproduced by permission of Pearson Education, Inc., New York, NY.

1. 什么是团队结构

谷歌的共同创始人拉里·佩奇（Larry Page）和塞吉·布林（Sergey Brin）创造的公司结构是"用非常集中的小团队处理非常庞大的项目"。[30] 在团队结构（team structure）中，整个组织都是通过组成工作团队（team）来执行工作任务。[31] 在这种结构下，赋予员工权力是关键，因为管理职权并未从上向下传递。相反，员工团队以它们自认为是最好的方式设计和从事工作，并对其各自领域中的工作绩效负责。在大型组织中，团队结构与职能结构或分公司式结构互为补充，这就使组织既有科层结构的效率又有团队的灵活性。例如，亚马逊、波音、惠普、路易威登、摩托罗拉和施乐等公司都广泛使用员工团队以提高效率。

团队结构作用很大，但是，仅仅将员工编成团队远远不够。员工必须接受培训，以适应团队的工作与获得多种技能，同时员工必须得到相应的回报。如果以团队为基础的报酬方案不能落实，那么也就无法得到团队结构的多种好处。[32] 我们将在第 10 章中更全面地探讨团队。

2. 什么是矩阵与项目结构

除了团队结构，其他广泛使用的当代设计包括矩阵与项目结构。矩阵结构（matrix structure）是指从不同的职能部门抽调专业人员去从事由项目经理负责的项目工作，当员工完成分派给他们的项目任务以后，就会再回到原来的职能部门。矩阵设计的独特之处是它产生了双重指挥链，矩阵组织中的员工有两个上司：职能部门经理、产品或项目经理，两位经理分享职权（见图 6-8）。项目经理对其项目小组中与项目目标有关的职能人员拥有领导权，但其他诸如职位晋升、薪酬建议、年终评议等决策依旧属于职能经理的职责。为了更有效地工作，项目经理和职能经理必须经常沟通，协调双方对员工的要求，并共同解决冲突。

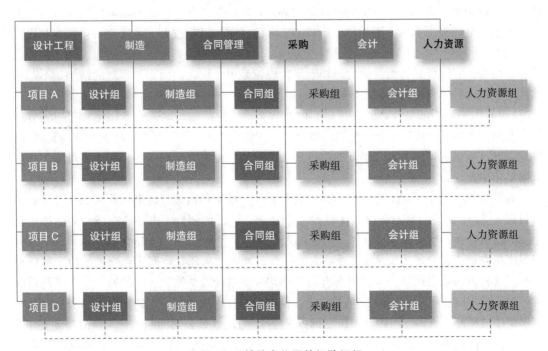

图 6-8　某航空公司的矩阵组织

矩阵结构的主要优点是其在促进一系列广泛复杂而又相互依赖的项目合作的同时，仍保留将职能专业人员聚在一起工作时的经济性。矩阵结构的主要缺陷是，它会产生混乱，并导致权力斗争。当组织摒弃指挥链和统一指挥原则时，不确定性将大大增加，在谁向谁汇报的问题上会出现混乱。这种混乱和不确定将在组织中埋下权力斗争的种子。

现在许多组织不采用矩阵结构，而采用项目结构。在项目结构（project structure）中，员工不断地做项目。与矩阵结构不同，项目结构没有正式的部门，因此员工在项目完成之后也就不可能再回部门。相反，员工会把自己所特有的技术、能力和经验带到其他项目中。项目结构中的所有工作都由员工团队完成。例如，IDEO 设计公司会根据工作的需要成立、拆散和再成立项目团队。员工"加入"项目团队是指他们把所需要的技术和能力带到了项目中。一个项目完成后，他们又接着做下一个项目。[33]

项目结构往往是更为灵活的组织设计。

- 优点：
  - 迅速利用员工对环境变化做出反应。
  - 由于没有部门隔阂和僵化的组织层级，可以迅速进行决策或采取行动。
  - 在这种结构中，管理者起推动、指导和辅导作用。他们排除或尽量减少组织障碍，保证团队获得高效完成工作所需的资源。
- 缺点：
  - 分派人员做项目工作的复杂性。
  - 由之产生的不可避免的任务与人员冲突。

3. 什么是无边界组织

另一种当代组织设计类型是无边界组织。无边界组织（boundaryless organization）不受任何已有结构所固有的纵向、横向或外部边界的限制。[34] 这个术语是通用电气的前董事长杰克·韦尔奇最先提出来的，因为他要拆除 GE 内部纵向和横向边界，消除公司与顾客和供应商之间的障碍。消除边界的观点似乎有些古怪，但是，当今许多最成功的组织发现，保持灵活和无结构，它们可以达到最佳的运作效果，也就是说，对它们而言，理想的结构是不存在僵化的、有边界的和预先确定的结构。[35]

"边界"一词指的是什么？在这里有两种含义：①内部的，即工作专门化和部门划分所形成的横向边界以及把员工分成组织层级和等级的纵向边界；②外部的，即把组织与其顾客、供应商以及其他利害相关者分隔开的边界。为尽量减少或消除这些边界，管理者可采用虚拟或网络结构设计。

虚拟组织（virtual organization）由少数全职核心员工和临时聘请来做项目的外部专业人员组成。[36] 第二人生（Second Life）就是一个实例，该公司创造了由多彩在线网络虚拟角色组成的虚拟世界，现正在开发软件。其创始人菲利普·罗斯戴尔（Philip Rosedale）从全球雇用程序员并把工作分解为 1 600 多项独立的任务，涵盖"从建立数据库到修复故障"的所有工作。这种方法效果很好，该公司所有的工作均采用这种方法来执行。[37] 另一个例子是总部位于纳什维尔的艾玛（Emma）公司，这是一家电子邮件营销公司，它的 100 多名雇员全部在家里或在奥斯汀、丹佛、纽约和波特兰的办公室里工作。[38] 该公司面临的最大挑战是创立"虚拟"文化，因其本身是虚拟组织，因此完成这一任务尤其困难。这种结构设计的灵感来自电影业。在这样的行业里，人们基本上是"自由人"，他们根据需要在一个又一个项目中运用自己的技能，比如导演、人才选拔、设计服装、化妆、设计场景等。

希望最大限度地减少或消除组织边界的管理者还可选择网络组织（network organization），在这种结构中，组织利用自己的员工完成部分工作活动，同时也利用外部供应商网络提供其所需要的其他产品部件或工作流程。[39] 这种组织形式有时被制造企业称为模块组织，这种结构设计可以使组织专注于其最擅长的领域，而把其他业务外包给其他最在行的公司。[40] 许多公司正在采用这种外包组织活动的方法。例如，波音 787 飞机的开发经理管理着数千名员工与世界 100 多个国家和地区的约 100 家供应商。[41] 瑞典的爱立信（Ericsson）将其制造甚至部分研发活动外包给了新德里、新加坡、加利福尼亚和全球其他地方更有成本优势的企业。[42] 潘世奇卡车租赁公司（Penske Truck Leasing）将其许多业务流程，如获得执照和牌照、登记司机计程仪上的数据以及处理税务申报信息资料等都外包给了墨西哥和印度。[43]

6.4 当今组织设计的挑战是什么

改变做工作的方式！

当管理者寻求最能支持和促进员工高效工作的组织设计时，有一些挑战是他们必须加以处理的。这些挑战包括让员工保持联系、管理全球结构、建立学习型组织以及设计灵活的工作安排。

6.4.1 怎样使员工保持联系

许多组织设计概念是在 20 世纪形成的，当时工作任务相当稳定，其变化可以预测。大多数职位是全职的并可以长久保持。员工在雇主的经营场所由管理者监督着进行工作。[44] 但在当今的许多组织里情况已不再如此，在前面对虚拟组织和网络组织的讨论中我们可以看到这一点。管理者所面临的主要结构设计挑战是如何使广泛、分散、流动的员工与组织保持联系。"技术与管理者的工作"专栏描述了信息技术提供支持的方式。

6.4.2 全球差异如何影响组织结构

全球的组织结构是否有差异？澳大利亚的组织结构与美国的相似吗？德国的组织结构与法国或者墨西哥的相似吗？鉴于当今经营环境的全球性，这是管理者应当了解的问题。研究者所得出的结论是：全世界的组织具有相似的结构和战略，"但组织内部的行为仍然有其文化上的独特性"。[45] 这对设计有效的结构有何意义呢？管理者在设计或改变结构时应当考虑某些设计要素的文化含义。例如，有一项研究证实正式化（规则和官僚机制）在经济欠

Melanie Stetson Freeman/AP Images

蒂姆·基尔罗伊（Tim Kilroy）是在线广告公司特里吉特（Triggit）的一个销售员，在星巴克的一间咖啡店或在位于马萨诸塞州的家里通过他的计算机远程工作。由于几乎一半的客户都在其他国家，基尔罗伊利用移动计算和通信技术，与公司广泛分散的客户保持联系。

发达的国家比在经济发达的国家更重要，原因是在经济发达国家，员工受到较高水平的职业教育，拥有较高水平的技能。[46] 其他结构设计要素也可能会受到文化差异的影响。

⚙ 技术与管理者的工作：不断变化的工作领域

确切地说，当今的工作领域已与 10 年前大相径庭。[47]信息技术为员工提供了全新的机会，让他们既可以在遥远的巴塔哥尼亚工作，也可以在西雅图市中心工作。尽管不同的组织一直有员工到外地工作，但他们不必再找最近的付费电话，也不必急着回到办公室去了解出现了什么问题。相反，移动计算和通信为组织与员工提供了保持联系、提高效率和改善环境的途径。让我们来看看改变工作方式的一些技术。

- 带 E-mail、日程表和通讯录功能的手持设备可以在任何有无线网络的地方使用，可以登录公司的数据库和内部网。
- 员工可以通过宽带网和网络摄像机召开视频会议。
- 许多公司给员工配备不断变换编码的智能钥匙，这使他们可以通过任何联网的计算机进入公司网络查看邮件以及获取公司数据资料。

- 手机可以在蜂窝式电话网络和公司 Wi-Fi 无线网络之间自由切换。

随时随地办公最大的问题是安全，公司必须保护重要而又敏感的信息。但是，软件和其他安全设备极大地提高了安全性。甚至保险公司让其在外地的员工进入公司网络获取信息时也更不用担心了。例如，健康保险网络公司（Health Net Inc.）给它的许多管理人员配备黑莓手机，以便他们在任何地方都可以调取客户信息。正如一家技术公司的 CEO 所说："公司现在应开始考虑它所能开发和提供给其员工的革新性的应用程序。"

讨论

- 你认为能够随时随地开展工作有哪些好处（从对某一组织及其人力资源的好处进行思考）？
- 除了安全性以外，你认为能够随时随地开展工作还存在哪些问题（同样，从某一组织及其员工方面进行思考）？

6.4.3　如何创建学习型组织

由于在竞争激烈的全球环境中经营，英国零售商特易购（Tesco）深刻认识到商店内部管理成功的重要性。它采用了一个公认有效的叫"Tesco"的工具箱，该工具箱可以提高经营活动的一致性，并为共享创新创造条件。特易购就是一个学习型组织（learning organization），一个能够持续学习、适应和改变的组织。[48]学习型组织这一概念本身并不涉及具体的组织设计，而是对具有深刻设计含义的组织思想或组织理念的描述。在学习型组织中，员工通过持续地获得和共享新知识，身体力行，进行知识管理，并愿意将这种知识用于决策或执行工作。有些组织设计理论家甚至认为组织的这种能力，即学习与在组织工作中运用所学知识的能力，也许是竞争优势唯一永不枯竭的源泉。

学习型组织是怎样的呢？如你在图 6-9 中所见到的一样，学习型组织的重要特征包括组织设计、信息共享、领导和组织文化 4 个方面，下面我们将较详细地讨论每个特征。

（1）哪些组织设计要素是组织进行学习所必需的呢？在学习型组织中，员工在整个组织范围内——跨不同的职能领域（functional specialties），甚至在不同的组织层次上，分享信息、协同工作非常重要。要做到这一点必须弱化或破除现有的结构范围。在无边界的环境中，员工自由组合，以最佳的方法协同完成组织的工作，并取长补短，相互学习。由于需要合作，

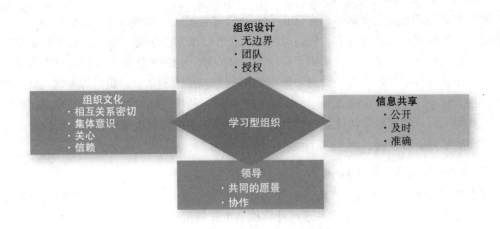

图 6-9　学习型组织的特点

资料来源：Based on P. M. Senge. *The Fifth Discipline*: *The Art and Practice of Learning Organizations* (New York: Doubleday, 1990), and R. M. Hodgetts, F. Luthans, and S. M. Lee, "New Paradigm Organizations: From Total Quality to Learning to World Class," *Organizational Dynamics*, Winter 1994, pp. 4-19.

因此，团队也是学习型组织结构设计的重要特征。员工组成团队，从事任何需要做的工作。这些员工团队在干工作或解决问题方面拥有决策权。由于组织授权给员工和团队，因此，几乎不需要"上司"来指导和控制。经理仅充当员工团队的促进者、支持者和倡导者这样的角色。

（2）学习离不开信息。组织要进行学习，必须让其成员共享信息，也就是说，组织的员工必须进行知识管理，这意味着共享的信息必须公开、及时并尽可能地准确。由于学习型组织中几乎不存在任何有形的结构障碍，因此，这种环境有助于公开交流和广泛的信息共享。

（3）当组织朝学习型组织发展时，领导的作用非常重要。在学习型组织中，领导应该做什么？领导最重要的职责之一就是促进组织未来共同愿景的形成，并确保组织成员朝既定的目标努力。此外，领导应当支持和鼓励合作，这对学习至关重要。若没有坚定有力的领导，组织要成为学习型组织就极端困难。

（4）最后，组织文化是学习型组织非常重要的一个方面。处于学习型组织文化之中，每个人都认同共同的愿景，明白组织流程、活动、职能以及外部环境各方面之间固有的相互联系。组织员工具有强烈的集体意识，相互关心，彼此信赖。在学习型组织中，员工可以自由地公开交流，共享信息，进行试验和学习，而不必担心批评或惩罚。

6.4.4　管理者如何设计既有效率又有效果的弹性工作方式

埃森哲咨询顾问科乌尔·帕特尔（Keyur Patel）的工作安排正逐渐成为常规方式而不是例外。[49] 在最近的一项咨询任务中，他在桌上放了 3 个时钟：一个是马尼拉（Manila）时间（他的软件程序员所在地），一个是班加罗尔（Bangalore）时间（另一个程序支持团队所在地），还有一个是旧金山（San Francisco）时间，在这里他每周花 4 天时间帮助一家大型零售商运行它们的 IT 系统以追踪和提高销售业绩。他的手机是他家所在的亚特兰大（Atlanta）时间，他每周四晚上回家。

对这种新型的职业人员而言，生活正变为办公室与家庭、工作与休闲的混合体。由于技术的进步，人们可以在任何地方、任何时间进行工作。面对新情况，组织开始调整其结构设计，因此，我们发现有更多组织采用了灵活的工作安排。这种工作方式不仅充分发掘了技术的力量，而且允许组织在需要的时间和地点使用员工。在这部分中，我们将考察一些不同类型的弹性工作安排方式，包括远程办公、缩短工作周、弹性工作时间、工作共享以及临时员工。与我们所讨论的其他结构选择一样，管理者必须评估它们对决策、沟通、职权关系、工作任务完成等方面的影响。

1. 远程办公的含义是什么

信息技术使远程办公成为可能，而外部环境的变化又使组织必须加以采用。远程办公（telecommuting）是员工在家工作并通过计算机与工作场所联系的一种工作安排。无须赘言，并非所有工作都适合远程办公，但有许多适合。

在家工作曾被认为是少数幸运员工才可享受的"轻松待遇"，但不可以常用。现在，许多企业认为远程办公必不可少。例如，Scan Health Plan 公司的首席财务官（CFO）指出，让更多的员工远程办公可使公司在发展的同时不用承担办公场所、设备或停车场等额外的固定成本。[50] 此外，一些公司将远程办公视为一种对抗高油价的方式，并以此来吸引能干而希望在工作中有更多的自由和主动权的员工。

全球旅游租赁公司爱彼迎采取远程办公的形式，同时招募包括临时工和自由职业者在内的应急工作人员。公司的工作安排很灵活，包括公司在都柏林办公室的员工安排也是如此，这使公司能够在线或通过手机或平板电脑连接分布在超过 3.4 万个城市和 190 个国家的员工。

尽管远程办公有明显的吸引力，但许多管理者还是不愿让他们的员工成为"笔记本电脑游民"。[51] 他们认为，员工可能会忽略工作，而把时间浪费在网上冲浪或网络游戏上，忽视客户，完全失去与其他员工建立交情和进行交往的机会。此外，管理者还担心如何"管理"这些员工的问题。你怎样与一个根本不在工作场所的员工互动并赢得他们的信任？如果他们的工作表现达不到要求，该怎么办呢？你怎样提出建议？另一个明显的挑战是如何确保员工在家工作时公司的信息是安全的。

在谈到远离工作场所孤立工作时，员工对远程办公也常常表达出同样的顾虑。在埃森哲公司，由于员工遍布全球各地，其首席人力资源经理称，保持集体精神很难。[52] 然而，该公司采用了一些活动和方法来培养员工的归属感，包括网络会议工具、为每位员工分配一名职业顾问、在办公室举行季度交流会议。此外，远程办公的员工可能发现工作和家庭之间的界限变得更加模糊不清了，这使他们备感压力。[53] 这些都是组织设计中的重要问题，是管理者和组织在考虑让员工进行远程办公时必须解决的问题。

2. 组织如何使用缩短工作周、弹性工作时间和工作共享

在英国最近的金融危机中，会计师事务所毕马威（KPMG）需要降低成本并决定采用灵活的工作制以实现该目标。[54] 公司设立了一个名为"灵活未来"的项目，给员工提供 4 种选择：一周工作 4 天，薪水减少 20%；休假 2～12 周，拿 30% 的工资；前两个选项的综合；

按原工作时间工作。约 85% 的英国雇员同意缩短工作周的计划。"因为很多人都同意弹性工作计划，在大多数情况下，毕马威一年能减少 10% 的工资支出。"然而，最好的结果是毕马威不必进行大规模的裁员。

正如上面的例子所示，组织有时发现它们需要采用其他形式的弹性工作安排对工作进行重新设计。一种方法是压缩工作周，员工每天工作时间更长，但每周工作天数减少，最常见的是每天工作 10 小时，一周工作 4 天（a 4-40 program）。另一种方法是弹性工作时间，员工被要求在一周内工作一定的时数，但可以在不同的时间段工作。通常在弹性工作制度下，公司会要求所有员工在某些重要时段在岗，而开始、结束、午饭时间则可自行掌握。还有一种方法是工作共享，即让两个或两个以上的员工共同承担一份全职工作。组织可能在专业人员中实施工作共享制，这些人想工作却又不希望被全职工作的诸多要求和麻烦所牵绊。例如，在安永会计事务所（Ernst & Young），员工能够选择多种（包括工作共享在内的）工作方式。许多公司也在经济下滑时期使用这种方法来避免裁员。[55]

3. 什么是临时员工

"当朱莉·李第一次听说汤格尔公司（Tongal）的做法时，她认为那是一个骗局。汤格尔公司出钱让人们——任何有好点子的人，为美泰公司（Mattel）、好事达公司（Allstate）、帕比薯片公司（Popchips）等制作在线视频，这是真的。"[56] 汤格尔公司将项目分成不同的阶段，并给最有创意的 5 个想法支付现金。李提交的第一个想法仅花费了 3 个小时，为她带来了 1 000 美元收入，另一个点子让她赚了 4 000 美元。一年中，她工作 100 小时赚了约 6 000 美元。汤格尔并不是唯一一家这样做的公司。这种把工作分解为小任务并通过互联网找到相应的人来完成工作的想法由 LiveOps 公司率先采用，随后被亚马逊的劳动交易平台土耳其机器人（Amazon.com's Mechanical Turk）和其他许多公司采用。

像开关开启和关闭那样即刻出现，即刻离开。

"公司希望员工能够随其需要即刻出现或即刻离开。"[57] 这话听起来可能让人感到惊讶，但事实是劳动力已开始由传统的全职员工向临时员工转变，包括临时工、自由职业者或合同工，他们受雇用的机会随社会对其服务的需求而定。在如今的经济情况下，许多组织已经开始将全职的终身工作转变为临时工作。据预测再过 10 年，临时员工的人数将占劳动力的 40%（现在是 30%）。[58] 一位薪酬与福利专家说："越来越多的员工应根据这一模式来规划他们的职业生涯。"[59] 你可能就是其中一员！

这对管理者和组织来说意味着什么？因为临时员工不是传统意义上的员工，所以管理这部分员工会有其特有的挑战与问题。管理者必须认识到，因为临时员工没有长期职工那样的工作稳定性和安全感，他们可能会对组织缺乏认同感以及缺乏奉献精神或干劲。管理者也许需要在政策和做法上区别对待临时员工。然而，若有良好的沟通和领导，一个组织的临时员工也能成为像正式员工一样有价值的资源。当今的管理者必须意识到他们的职责就是激励他们的所有员工，包括全职员工和临时员工，全身心投入工作，把工作做好。[60]

不论管理者为他们的组织选择了怎样的组织结构设计，这种设计都应该帮助员工将工作既有效率又有效果地做到最好。组织结构应帮助而不是阻碍组织成员完成组织赋予的任务。毕竟，结构是实现目标的手段。

本章概要

1. 描述组织设计的六大要素。

第一，工作专门化是指把工作活动分成单个的任务。第二，部门划分是指如何组织工作，通常有5种类型：按职能、产品、顾客、地区、流程划分部门。第三，职权、责任和权力，这三者都与完成组织中的工作任务有关。职权是指管理职位所固有的发布命令和希望命令得到执行的权力。责任是指获得职权后执行工作的义务。权力是指个体影响组织决策的能力，与职权不同。第四，管理幅度是指经理能有效管理的员工数目。第五，集权与分权涉及组织决策的层级，决策是由高层管理者做出，还是把决策制定权下放给组织低层的管理者。第六，正式化是指一个组织工作标准化的程度以及员工行为受规则和程序影响的程度。

2. 识别有利于机械模式或有机模式的权变因素。

机械式组织设计具有科层制结构特征，而有机式组织设计则更具流动性和灵活性。战略—决定—结构要素认为，当组织战略从单一产品向产品多元化发展时，组织从有机式结构转向机械式结构。组织在规模扩大时，就需要更具机械式特征的结构。技术越不平常，就越应当采用更具有机式特征的结构。最后，稳定的环境与机械式结构更相配，动态环境与有机式结构更相宜。

3. 比较传统的与当代的组织设计。

传统的结构设计包括简单结构、职能结构和分公司式结构。简单结构部门少，管理幅度宽，职权集中于一人，正式化程度低。职能结构是把具有相同或相关的职业专长组织在一起。分公司式结构是由不同的业务单位或分部组成。当代结构设计包括：以团队为基础的结构（整个组织由工作团队组成）、矩阵与项目结构（员工短期或持续地从事项目工作）以及无边界组织（结构设计不受人为的边界的限制）。无边界组织既可以是虚拟组织，也可以是网络组织。

4. 描述当今组织面临的设计挑战。

组织设计的挑战：一是保持员工间的联系，这可以通过信息技术来实现；二是理解影响组织结构的全球性差异；尽管组织结构和战略在全球范围内是相近的，但组织内的行为千差万别，这些都能影响设计的某些要素；三是围绕建设学习型组织的思想来设计组织结构；四是管理者在寻找能使组织既有效率又有效果的工作安排，比如远程办公、缩短工作周、弹性工作时间、工作共享及临时员工等方式。

复习思考题

6-1　描述组织设计这一术语所表示的意思。

6-2　分别用传统观点和当代观点来描述组织设计中的六要素。

6-3　可以迅速改变组织结构吗？为什么？应当迅速改变？为什么？

6-4　"组织可以没有结构。"你是否同意这种说法？请解释。

6-5　比较机械式组织和有机式组织。

6-6　解释影响组织设计的权变因素。

6-7　由于可以获得信息技术，员工可以在任何地方任何时候进行工作，组织仍是一项重要的管理职能吗？为什么？

6-8　研究者称简化工作任务对组织和员工均会产生负面影响，你同意这种说法吗？为什么？

6-9　"无边界组织很可能极大地改变我们的工作方式。"你是否同意这种说法吗？请解释原因。

6-10　画一个你熟悉的组织的组织结构图（你的工作单位、你所属的学生组织、你的学院或大学等）。仔细标出其部门（或小组），尤其要细心地画出正确的指挥链。然后与班上的同学分享你所画的结构图。

6-11　本章指出，当代组织设计应当精干、灵活、新颖，这些要求的含义是什么？

6-12　如果进行组织就是要卓有成效地完成工作，那么低层管理者必须应对哪些组织挑战?(提示:根据组织设计的六大要素进行思考。)

管理技能建设:增加你的权力

管理工作随职权而来,但有时仅有职权还不足以完成工作。另一些时候你可能又不想利用正式权力来促使员工完成你希望他们做的工作。例如,你可能更愿意用你的说服技巧而不是职权。因此有效的管理者往往通过培养多种影响力来增加其权力。

个人评估清单:获得权力和影响力

正如本章所述,权力是组织结构的重要组成部分。使用此个人评估清单来确定你获得权力和影响力的方法。

技能基础

如果你懂得如何建立权力基础,便可以提高你自己在组织中生存和成功的可能性。记住,你拥有权力并不意味着你一定得使用它,但当你需要用到的时候,能用到它确实是件好事。你可以从你的工作中获得4种权力,另外3种则基于你的个人特点而定。

- 所有的管理工作都离不开强制权、奖励权以及行使职权的权力。强制权基于害怕恐惧。如果你可以对某人加以开除、停职、降级、给他分配不愉快的工作,或给其表现做负面评价,那么你就对这个人拥有强制权。相反,如果你能给予某人有重要价值的东西或消除不利的东西,如最高的工资率、加薪、奖金、晋升、工作任务,那么你就有奖励权。所有的管理职位都提供对员工行使职权的权力,尽管有具体的限制。如果你要某人去做一件事,而他认为这个要求是其职责以内的事情,那么你就对他们拥有职权。

- 除了强制权、奖励权和职权,许多管理职位还拥有信息权,因为这些职位能够接触和控制信息。如果你有其他人需要的数据或知识,并且只有你知道,这就会赋予你权力。当然,信息权并不只是管理者才有。许多员工惯于秘密工作,隐藏技术诀窍,避免其他人看到他们具体所做的事情,其目的就是不让重要知识落入他人之手。

- 你不需要通过成为管理者或掌握信息来拥有权力。你也可以依靠专业知识、其他人对你的钦佩以及人格魅力发挥影响力。如果你掌握了组织中其他人所依赖的特殊技能或独特知识,你就拥有专家权。在如今这个专业化分工的时代,专家权日益重要。如果其他人支持你、敬慕你,甚至想取悦你,那么你就拥有关系权。它源于敬佩以及想向你看齐的愿望。最后一种影响力是魅力权,这是关系权的延伸。如果其他人因为你身上的英雄气概而追随你,那么你就拥有魅力权。

- 根据这些权力的来源,你可以通过以下途径增长你在组织中的权力:承担管理职责、获取重要信息、培养组织需要的专业知识、展现出令其他人仰慕的个人魅力。

资料来源: Based on J. R. P. French, Jr. and B. Raven, "The Bases of Social Power," in D. Cartwright (ed.), *Studies in Social Power* (Ann Arbor: University of Michigan Institute of Social Research, 1959), pp. 150–167; B. J. Raven, " The Bases of Power: Origin and Recent Developments, " *Journal of Social Issues*, 49 (1993), pp. 227–251; E. A. Ward, " Social Power Bases of Managers: Emergence of a New Factor, " *Journal of Social Psychology* (February 2001), pp. 144–147; and B. H. Raven, " The Bases of Power and the Power/Interaction Model of Interpersonal Influence, " *Analyses of Social Issues and Public Policy*, December 2008, pp. 1–22.

技能应用

玛格丽特(Margaret)是一个大型服装零售商网上销售部的主管。她让所有人都知道她全身心投入这家企业并且计划在这家企业发展她的职业生涯。玛格丽特工作刻苦、值得信赖,总是自告奋勇承担其本职工作以外的项目。她参加公司内部的发展培训课程，加入一个旨在提高员工工作安全度的委员会。她承担了一项为部门领导研发最大效能型办公设备的任务，并牺牲了几次午饭时间和人力资源部的领导讨论她的报告。但玛格丽特没有按时提交报告，其理由是她的助手将文稿弄丢了几页，她不得不在周末重写。最终，她的报告受到好评，玛格丽特的好几位同事都认为，下次若有机会她应该得到晋升。

评价玛格丽特在建立权力基础时所使用的技巧。哪些措施对其达到目标是有用的？是否有些事她应该以不同的方式来做呢？

实践练习：学习型组织

公　司：安大略电器有限公司
收件人：克劳德·福捷，总裁特别助理
发件人：伊恩·坎贝尔，总裁
主　题：学习型组织

首先，非常感谢你在我上星期出席加拿大电器制造行业协会年会期间让公司的一切"运作有序"。会议最后一天，我们的午餐发言人谈到组织对顾客和市场需求做出敏锐反应的重要性，她说保持敏锐反应的方法之一就是成为学习型组织。听了她的发言后，我确信我们公司的未来将完全依赖于我们有怎样的学习能力。

请你找一些有关学习型组织的最新资料。我相信你能找到许多有关该主题的文章，但只选5篇你认为最好的文章，为每一篇写一段摘要。一定要标出所有的参考文献，以方便今后查找原文。我想让我们的团队尽快实施这个想法，请在周末之前把你所做的摘要发给我。

注：文中提及的公司和信息都是虚构的，只是为了教学目的而设，并不是对那些同名公司的管理实践进行正面或反面的披露。

应用案例 6-1

你工作的地方在哪儿

在哪里工作效率、效果最佳？

网络搜索与导航先锋雅虎因面临谷歌、Facebook和推特这类企业的竞争，地位难保，正苦苦挣扎。[61] 它错过了互联网两大趋势——社交网络和移动平台。但在2012年7月，公司经过搜索找到了一个非常难得的人才来做CEO，她就是玛利莎·梅耶尔（Marissa Mayer），谷歌的副总裁。梅耶尔是谷歌少数为公众所熟悉的领导之一，负责谷歌最受欢迎的产品的外观与视觉。正如众多专家所言，带领雅虎重铸昔日的辉煌将是非常艰巨的任务，但他们又说，如果有谁能够迎接挑战，使雅虎再度成为创新者，那么这人非梅耶尔莫属。

她走马上任之后的前两项措施是在办公室提供免费的食物和给每位员工发放一部新的智能手机，这也是谷歌的做法。但她在2013年2月提出的一项员工措施引发了广泛的讨论——有赞成的，也有反对的。她规定从2013年6月起，雅虎所有远程办公的员工一律回办公室工作。人力资源总监在一份备忘录中对新措施实施的原因做了说明，那就是为了解决员工在家办公时常常会出现的效率低下的问题。由于换了新老板并重新致力于把公司打造成极具挑战性行业中强大的公司，员工应当在公司办公，以便相互之间能建立稳固的联系和实现生产效率的提高。这项措施不仅对那些每天都在家办公的人（主要是客服人员）有影响，而且也影响那些每周一两天在家办公的人。雅虎不是唯一要求远程办公员工回归的公司。美国银行也出台了很受欢迎的远程办公方案，但在 2012 年年底又进行了调整，规定某些职位的员工必须回办公室工作。

在梅耶尔接任雅虎的 CEO 之前，没人知道其员工一天到晚到底做了多少事情。她所了解到的情况与谷歌员工的工作情况大相径庭。在上班时间里，雅虎整栋大楼的办公小隔间里只有少数几个员工在工作，公司的停车场里只有零星的几辆汽车或自行车停在那里。而更令人不安的是，一些回公司工作的人不愿多出一点力，做完一点点必做的工作之后就赶紧提前回家。梅耶尔还发现那些在家工作的员工做事很少，或者可能在从事其他副业，但工资照领。一个前经理甚至在办公室里说员工的士气低到了极点，因为他们认为公司即将倒闭。这只是梅耶尔废除雅虎在家办公政策的部分原因。如果雅虎希望再次成为像往昔那样反应敏捷的公司，那就需要在公司建立创新、沟通与合作的新文化。这意味着员工必须回到公司，一起工作。恢复雅虎的"酷劲儿"——从产品到低落的士气，如果公司的员工不在公司，文化建设将无从谈起。正因为要改变员工不在公司办公的状况，梅耶尔的政策在雅虎引起了轩然大波。关于这项新政策，公司只有简单的说明："这不是行业广泛的看法，这是当前对雅虎来说合适的做法。"

在什么地方（办公室、家，或两个地方）能够既有效果又有效率地完成工作是有关工作场所的重要问题。生产率、创新和合作是三个主要的管理问题。灵活的工作安排是会带来更高的产生率，还是会抑制创新与合作？另一个问题是员工，尤其是年轻的员工希望能够远程办公，的确工作场所的选择更加灵活了，但这种灵活性是否会产生浮夸、懒散、低效的远程员工队伍呢？这些都是工作结构设计时所面临的挑战。

讨论题

6-13　评价雅虎的新工作政策，是否必须是一项绝不妥协、坚决执行的措施？请讨论。

6-14　管理者和组织如何能帮助在家工作的员工卓有成效地工作？

6-15　以三个主要问题——生产率、创新和合作为例，分别从管理者和员工的角度思考，灵活的工作安排会产生什么样的结果？

6-16　"见面时间"（即亲临工作场所工作让老板和其他人都能见到）是否对一个人的事业成功来说非常重要？请讨论。

6-17　能够远程办公对你来说很重要吗？为什么？

应用案例 6-2

发　射

管理 NASA 的知识资源。

多年来，美国国家航空航天局（NASA）为我们提供了一些见证壮观的资料，从尼尔·阿姆斯特朗（Neil Armstrong）第一次登上月球到哈勃望远镜上令人着迷的遥远恒星和星系照片。[62] 正如 NASA 2014 年的战略规划所提出的，组织的愿景是不断达到新高度并为全人类的利益探索未知世界。它的使命是推动科学、技术、航空和太空探索的进步，以增强知识、教育、创新、经济活力和对地球的管理。

这些远景目标已经指导并将继续指导管理团队对项目和任务的决策。2011 年 NASA 的一个主要项目——航天飞机计划结束后，组织一度苦苦寻找新的目标和价值。事实上，当时组织的一个项目经理认为 NASA 的未来充满了不确定性。然而，尽管前路迷茫，NASA 的领导人一直在规划新的航向。可能的新目标包括在 2025 年前到达小行星，并在 2030 年前将宇航员送上火星（在这里顺便讲一件小事：火星距离地球 225 300 000 公里）。实现这些目标的关键是必须对这一复杂的技术型组织加以指导，并必须清楚如何最好地管理对其未来至关重要的大量知识资源。

根据美国《国家航空航天法》的规定，NASA 于 1958 年 7 月 29 日成立，该组织致力于领导美国的太空探索，包括阿波罗登月任务、太空实验室空间站以及可重复使用的载人航天器，也就是我们更为熟悉的航天飞机。这是一个独特的组织，其设备花费数百万美元，其人员的生命面临危险。多年来，NASA 已有许多成功的尝试（也有一些惨痛的失败）。把人类不止一次而是 6 次送上月球，反映了其杰出的技术实力，远远超过任何其他国家。能够用火箭把航天飞机送入太空，然后它能自行返回到地球，这反映了 NASA 拥有极具天赋和知识的员工。现在 NASA 正在努力开发新的技术和能力，以便送宇航员进入比以前更遥远的太空。2014 年 12 月初 NASA 取得了一个重要的里程碑，它成功试飞了猎户座（Orion），一个为超长距离旅行而设计的航天器。这些成就之所以能实现，是因为 NASA 的人员把他们的知识、天赋、技能和创造力带到了这个组织。而要"管理"好这些人才则需要组织结构能够促进和激励他们共享知识，但这件事的设计和落实并不容易。

一个能够恰当描述 NASA 组织环境的词是复杂。这里不仅有技术上的复杂性（是的，我们这里说的是火箭科学），同时有许多项目正在进行，变化持续地发生，组织内外众多利害相关者的要求不断涌现。面对这些纷繁复杂的情况，最难的问题就是如何在项目团队和整个组织中分享其丰硕的知识财富。NASA 是怎么做的呢？

由于认识到管理组织庞大的知识资源是多么重要，NASA 已经确定了目前正在使用的知识共享活动和其他需要进行的活动，其中包括：合作和分享网站、视频图书馆、门户等在线工具；可以标记和分类的搜索引擎；可搜索案例研究和出版物的图书馆；明确的流程或"经验教训"索引；各领域"专家"知识网络、协作活动、协作工作空间等；论坛、研讨会和其他将人们聚在一起的交流活动。通过这些知识管理活动，NASA 的管理人员已经证明，他们明白了组织结构对高效和有效地管理知识资源的重要性。

讨论题

6-18　你会称 NASA 为学习型组织吗？为什么？

6-19　从哪些方面看，NASA 的组织环境是复杂的？

6-20　复杂性如何影响组织结构的选择？

6-21　结合图 6-9，就学习型组织而言，你会给 NASA 的管理者提什么样的建议？

应用案例 6-3

一种新结构

你难道不想有一个魔力按钮，轻轻一按就能找到他人来替你做所有烦琐与枯燥的工作吗？ [63]

坦白承认吧，有时我们所做的事情（学习、工作，或二者）相当单调乏味。要是有个魔力按钮，手指一按就能找到其他人来做这些烦琐、耗时的事情，岂不美哉？在辉瑞制药公司（Pfizer），对大量的员工来说，"魔力按钮"已成为真正的现实。

作为一家全球性制药公司，辉瑞制药公司不断寻找提高员工工作效率和效果的方法。公司的高级组织效率经理深有感触地说："我们招聘的哈佛 MBA 毕业生现在不是在酝酿战略和进行创新，而是在搜索资料和做 PPT 演示文稿。"事实上，公司内部对其宝贵的人才到底花多少时间做琐碎的工作进行了研究，研究结果大大出人意料。辉瑞制药公司的员工平均花 20%～40% 的时间做辅助工作（建立文档、输入文稿、做调查、处理数据、安排会议），仅用 60%～80% 的时间从事知识工作（战略、创新、网络联系、协作、批判性思考）。问题不只存在于低层，甚至还殃及最高层的员工。以全球工程管理执行董事戴维·凯恩为例，他的主要工作是评估不同环境中不动产的风险、管理设施以及控制数百万美元的预算，这些他都很乐意做，但不喜欢弄电子表格和演示文稿之类的东西。现在好了，由于辉瑞制药公司有了"魔力按钮"，这些事情都可以交给公司以外的人做。

"魔力按钮"到底是什么？它早先的名称是未来服务，后来改为辉瑞工作方式，实质上就是辉瑞制药公司的员工通过点击其计算机桌面的一个按钮，把手头单调乏味而又耗费时间的任务交给别人去做。他们把任务要求写在一个在线表上，然后发送给印度两家服务外包公司中的一家。印度公司接到任务后，一个团队成员会打电话给辉瑞制药公司的员工核实任务要求和完成时间。紧接着，该团队成员将完成工作所需的费用细目通过电子邮件发给对方，如果辉瑞制药公司的员工认为可以请对方来做，那么相关费用就计入该员工的部门中。凯恩喜欢把这种独特的安排称为"个人咨询机构"，他很愿意与之合作。

66 500 这个数字有力地说明了辉瑞工作方式的作用，这个数字代表的是根据估算员工使用辉瑞工作方式所节约的工作时数。凯恩的经历如何？他把调查整合公司设施有效战略行动这个复杂的项目交给印度团队，不到一个月的时间他们就把报告写出来了。要是凯恩自己来做，大概要花 6 个月的时间。他说："辉瑞制药公司给我付工资，不是让我做战术上的事情，而是让我做战略性工作。"

讨论题

6-22 描述并评价辉瑞制药公司如何使用辉瑞工作方式。

6-23 这种方法有什么结构上的含义——好的与不好的（从组织设计六大要素角度来思考）？

6-24 你认为这种安排是否适合其他类型的组织？为什么？它可能还适合什么类型的组织？

6-25 你认为组织结构在组织效率和效果上起了什么作用？请解释。

第 **7** 章

人力资源管理

管理偏见

**管理者不需要了解人力资源，
因为它是人力资源部门的工作。**

诸如甄选和绩效评估这样的人力资源工作问题往往被认为仅由组织中的人力资源部门的员工负责解决。事实上，所有的管理者都应当关心其工作单位中人员配备、解聘或培训等人力资源职能。尽管人力资源部门提供了很多必要的意见、建议和支持，但管理者负有重要的人力资源责任并参与其工作单位中的人力资源决策。[1]

当组织结构已经存在时，管理者就必须找人来充任已经设立的工作岗位或者根据经营环境的要求裁减人员，这就是人力资源管理（HRM）发挥作用的地方。在对的时间、对的地点找到合适数量的、对的人是一项重要的任务。在这一章中，我们将考察管理者所采用的人力资源管理过程，该过程包括面试和评估应聘者、帮助新员工融入新环境、推荐培训以及评估员工绩效。此外，我们还将讨论管理者所面临的一些当代人力资源管理问题。

学习目标

1. 描述人力资源管理过程的关键组成部分及其重要影响因素。
2. 讨论有关识别和选择称职员工的工作。
3. 解释如何为员工提供必需的技能和知识。
4. 说明留住有能力、高效、称职员工的策略。
5. 讨论当代人力资源管理问题。

7.1　什么是人力资源管理过程以及影响它的因素有哪些

一个组织素质的高低在很大程度上取决于其所聘用员工的素质。大多数组织的成功也都有赖于能够发现并使用具有高水平技能的员工，而且这些员工往往能够成功地执行各项任务，并最终达到公司的战略目标要求。人员配备和人力资源管理的决策及方法对于确保组织聘到并留住合适人员至关重要。

人力资源管理的全部内容就是完成这些任务，图 7-1 概括了 8 个重要的人力资源管理活动（黑色边框）。

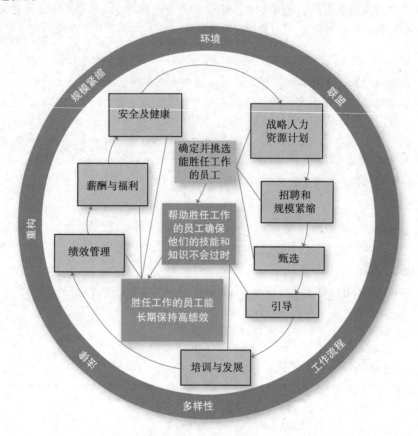

图 7-1　人力资源管理过程

组织一旦建立起自己的战略并完成组织结构的设计，接下来的就是人员的配备问题。这是人力资源管理最重要的职能之一，由此也增强了人力资源管理者在组织中的重要性。前三项活动分别是雇用计划、通过招聘增员与通过解聘减员和甄选。若能按照这些步骤正确执行，组织便能够确定并挑选出胜任工作的员工，这有助于战略目标的实现。

组织一旦挑选出称职的员工之后，就需要帮助他们适应组织，确保他们的工作技能和知识不会过时。这两项活动可通过情况介绍和培训来完成。人力资源管理过程最后几个步骤的设计是：确定绩效目标，纠正绩效改进中所暴露出的问题，以及帮助员工在其整个职业生涯发展过程中始终维持高绩效水平。这几个步骤包括：绩效评估以及薪酬与福利。人力资源管理过程还包括安全及健康保障，但本书未讨论最后这两项。如果能够正确地执行，所有这些活动可为组织配备高效、称职的人员，这样的员工能够长期保持高水平的绩效。

人力资源管理 = 对的人 + 对的地点 + 对的时间

从图 7-1 可知，整个过程深受外部环境的影响。我们在第 2 章中所介绍的许多因素直接影响所有的管理活动，但它们对人力资源管理的影响也许是最大的。因为组织的任何波动，最终都会影响它的员工。为此，在说明人力资源管理过程之前，我们有必要考察影响人力资源管理的首要环境因素——法律环境。

什么是人力资源管理的法律环境

人力资源管理活动受到国家法律的影响，这些法律因国家而异。一国之中，还有进一步影响具体行为的州法（省法）和当地法规。因此，我们无法详细描述你需要了解的相关法规环境。但作为管理者，不管在哪里，从法律上知道什么能做和什么不能做非常重要。

1. 美国影响人力资源管理的主要法规有哪些

自 20 世纪 60 年代中期以来，美国联邦政府通过颁布大量法律法规（见表 7-1），加大了政府对人力资源管理干预的力度。尽管近年来联邦政府没有颁布多少法律，但各州通过的多项法律增加和补充了联邦法律的条款。因此，当今的雇主必须保证应聘者及现有雇员都有平等的就业机会。例如，除非存在特殊理由，在雇用或者选拔员工参加管理培训项目等决策问题上，不得牵涉种族、性别、宗教、年龄、肤色、民族或者残疾人歧视等问题。只有特殊情况例外，例如，某一社区的消防站可以拒绝接收乘坐轮椅的残疾人为消防员。但是，如果该人申请的是一个文员职位，比如消防站调度员，那么，身体残疾就不能成为被拒绝雇用的理由。然而，这种特殊情况的界定通常是不明确的。例如，由于宗教信仰要求，绝大多数需要有特定穿着（如穿长袍、长衫以及披长头发等）的职员是受劳动法保护的。然而，如果这种特定的穿着在工作场合（比如操作机械设备的时候）是危险或不安全的，那么公司可以拒绝雇用不愿更换穿着的人员。

表 7-1　人力资源管理的主要法律法规

法律或法规	年　份	说　明
平等就业机会和性别歧视		
《平等工资法案》	1963	禁止同种工作因性别不同而存在工资差异
《民权法案》第七条款	1964（1972 年修订）	禁止种族、肤色、宗教、国籍或性别方面的歧视
《就业年龄歧视法案》	1967（1978 年修订）	禁止对 40 岁以上的员工存有年龄歧视
《恢复就业资格法案》	1973	禁止对身体或精神方面的残疾存有歧视
《美国残疾人法案》	1990	禁止雇主歧视有残疾或慢性病的人，并给予他们合理照顾
薪酬 / 福利		
《工人调整与再培训通知法案》	1990	要求拥有 100 名及以上雇员的雇主在关闭工厂或大规模裁员前 60 天发出通知
《家庭和医疗休假法案》	1993	允许人数在 50 人以上的组织中的员工，因为家庭或医疗的原因，每年不带薪休假 12 周
《健康保险便利及责任法案》	1996	允许雇员健康保险的流通
《莉莉·列得贝塔同工同酬法案》	2009	改变工资歧视法令的限制条款，规定在每次付薪后的 180 天内支付

（续）

法律或法规	年 份	说 明
健康/安全		
《职业安全与健康法案》	1970	在组织内建立强制性的健康标准
《隐私权法案》	1974	给予员工查阅有关其个人材料信函的法定权利
《统一综合预算调解法案》	1985	员工离职后有权购买雇主提供的医疗保险（员工自行支付）

我们在试图平衡这些法律所规定的"应该做什么"和"不应该做什么"时，常会涉及平等就业机会（equal employment opportunity，EEO）以及赞助性行动（affirmative action）问题。EEO 力求保证每个人都有基于自身资格的平等机会。许多在美国经营的组织都要制订赞助性行动计划（affirmative action programs）来保证公司的决策和活动能够强化对少数民族、妇女等弱势群体人员的雇用、晋升和留用。

在法律的约束下，美国的管理者不能完全自由地决定谁被雇用、晋升或解雇。这些法规虽然在很大程度上有助于减少雇用歧视和不公平对待员工的行为，但同时也削弱了管理者在人力资源管理决策方面的自主权。

 从过去到现在

雨果·闵斯特伯格是工业心理学的先驱，"通常被誉为工业心理学领域的创立者。"[2]作为弗雷德里克 W. 泰勒和科学管理运动的仰慕者，闵斯特伯格指出："泰勒提出了工业领域不可忽视的最为珍贵的观点。"根据泰勒的思想，他强调"有效利用工人进行经济生产的重要性"。他对组织提高工人绩效和福祉方法的研究与探索对 20 世纪初管理学的兴起至关重要。今天，工业组织心理学被界定为对工作场所的科学研究。工业组织心理学家运用科学原理和基于研究的设计探讨工作场所中的问题，并形成了有关这些问题的观点（通过 www.siop.org 网站，可以了解到有关工业组织心理学协会的情况）。他们研究的组织主题包括工作绩效、工作分析、绩效评估、薪酬、工作/生活平衡、工作样本测试、员工培训、雇用法规、员工招聘和甄选等。他们的研究对人们所说的人力资源管理领域有着重大的贡献，而这一切皆源于闵斯特伯格早期所从事的研究。

讨论

- 为什么对工作场所的科学研究很重要？
- 你是否认为就现在而言，对工作场所的科学研究比闵斯特伯格所在的那个时代更容易？为什么？

2. 在全世界人力资源管理法规是否相同

世界上的人力资源管理法规并不一样，作为一个全球经理，你必须了解与你公司有关的法规。下面我们将快速回顾一下其他国家的一些人力资源管理法规。

加拿大 涉及人力资源管理行为的法规与美国的极为相似，比如加拿大《人权法案》与联邦法规一样，禁止下列各种原因的歧视：种族、宗教、年龄、婚姻状况、性别、身体或精神残疾、国别等。这一法案影响整个国家的人力资源管理行为。

然而，加拿大的人力资源管理环境又与美国的有所不同，加拿大各省的立法更为分散化。例如，除了魁北克以外，加拿大其他各地都不禁止语言歧视。

墨西哥 尽管墨西哥曾一度积极组织工会，但工会化的速度一直在下降。

墨西哥劳工问题由《墨西哥联邦劳工法》裁决。

例如，一项与雇用有关的法律规定，雇主可有28天时间评定新员工的工作业绩。28天之后，员工就有了工作保障，解雇他们相当困难，而且代价很高。

违反《墨西哥联邦劳工法》会受到严厉的惩罚，甚至会被定为犯罪行为。例如，若雇主不支付最低限额的工资，就会被重罚，甚至被判入狱。

澳大利亚 直到20世纪80年代，澳大利亚才颁布歧视法规。这一法律适应于（缺乏机会的）妇女。澳大利亚劳工关系专职人员的重要性增加了，而直线经理（line managers）对工作场所劳工问题的控制权则减少了。

通用电气这家跨国公司在全球160个国家从事经营活动，它致力于遵守所有不同国家的劳动法规。图中所示的是通用电气在越南的风轮机厂的员工。越南的《劳动法》于1994年首次通过，为整个国家的员工提供了强有力的保护。

1997年澳大利亚对其劳工关系法规进行了彻底的修改，目的是提高生产率和减少工会权力。《工作场所关系法案》为雇主同雇员直接商讨工资、工时和福利提供了更大的灵活性，它同时也简化了联邦劳资关系法规。

德国 就人力资源管理行为而言，德国与大多数西欧国家相似。

法律要求公司实行代表参与制。代表参与制的目的在于重新分配组织内部的权力，给员工提供更平等的平台，以便与管理层和股东共享公司的利益。

代表参与制最常见的两种形式是工作委员会和董事会代表。**工作委员会**（work councils）是由提名或选举产生的雇员组成，管理层做人事决策时，必须征询他们的意见。**董事会代表**（board representatives）是指雇员成为公司董事会成员，并代表公司员工的利益。

7.2 管理者如何识别和选择称职的员工

每个组织都需要有人来做组织从事经营所必须做的任何工作。组织如何获得这些人员？

道德观察

这对人力资源管理者而言可能是一个很有挑战性的问题，这就是员工使用药用大麻的问题。14个州和哥伦比亚特区（the District of Columbia）的法律或宪法修正案允许患有某些疾病诸如癌症、青光眼或慢性疼痛的病人使用大麻，而不必担心被起诉。现任政府已经给联邦检察官提出指示，不要起诉那些遵循其所在州法规的大麻使用者。[3] 然而，这使雇主陷入了一个两难的境地，他们一方面努力适应所在州的有关药用大麻的法律，同时又必须执行联邦法或基于联邦法律的公司药品使用政策。尽管法院通常裁定企业不必容忍药用大麻使用者，但法律规范仍然不够明确。法律专家警告雇主"不要触犯残疾法律和隐私法律"。除了法律问题，雇主还为维持工作场所的安全问题担心。

讨论
- 这个问题如何影响人力资源过程，如招聘、甄选、绩效管理、薪酬与福利以及安全与健康等？
- 哪些利害相关者可能会受到影响？会受到怎样的影响？

更重要的是，如何确保获得能干、称职的人员？人力资源管理过程的第一阶段包括三项任务：雇用计划、招聘和裁员以及甄选。

7.2.1　什么是雇用计划

> 供给与需求不只适用于经济学，对人力资源管理也很重要！

互联网新兴企业奋力争夺稀缺人才，甚至是知名企业，如 Facebook、推特和谷歌，也希望增加员工以支撑其不断的成长与发展，一场场人才争夺战在硅谷上演。

在最近这次经济衰退中，波音削减了 3 000 多个工作岗位，这些岗位主要是商用飞机事业部的。但与此同时，其国防事业部增加了 106 个员工，并且还要再增加好几百个员工。与大多数公司一样，波音正在调整其人力资源以满足发展的需要。[4]

平衡人力资源的供给以满足需求对许多公司而言都是一项挑战。

雇用计划（employment planning）是一个管理过程，在这个过程中，管理者能够确保在适当的时间、适当的地点获得适当数量和种类的员工，这些员工能够既有效率又有效果地完成各项工作，进而实现组织的整体目标。雇用计划是把组织的任务和目标转化为人事计划以便于实现组织的目标，它可以划分为两个步骤：评估当前及未来人力资源的需求；制订满足人力资源需求的计划。

1. 组织如何对现有的人力资源进行评估

管理者首先要考察现有的人力资源状况。这种考察的结果通常会形成一个**人力资源信息库**（human resource inventory）。对大多数组织来说，运用完善的计算机系统来编制人力资源信息库不会太难。信息库的原始资料源于由员工所填写的表格中的内容。其内容包括：每个员工的姓名、教育程度、培训和工作经历、能力以及特殊技能等。管理者有了该信息库就可以着手评估组织现有的能力和技术。

人力资源现状评估的另外一个内容是**工作分析**（job analysis）。人力资源信息库可让管理层了解每个员工能做什么，而工作分析则更为基本。它是一个较长的过程，通过这个过程对工作流程进行分析并确定完成各项工作所需的能力和行为。例如，《华尔街日报》国际记者的工作是什么呢？完成该工作必须具备哪些最基本的知识、技术和能力？国际记者的工作与国内记者或报刊主编的工作相比有什么不同？这些问题都可以通过工作分析来回答。工作分析的目的就是确定要成功完成每项工作所需要的技能、知识和态度。有了这方面的信息就可以制定或者修改"工作说明书"和"工作规范书"。

为什么工作分析如此重要

工作分析的结果：工作说明书→描述工作 & 工作规范书→描述员工

工作说明书（job description）是关于员工做什么、如何做以及为什么要这样做的书面描述。它通常给出工作的内容、环境以及工作条件。**工作规范书**（job specification）描述的则是员工成功完成工作所应具备的基本资格。它确定了为有效完成工作所必要的知识、技能和态度。在招聘和甄选时，工作说明书和工作规范书是两份重要的文件。例如，工作说明书可

以用来向应聘者说明其未来的工作内容，工作规范书则使管理者关注员工完成工作所必需的资格并确定应聘者是否符合要求。同时，在这两份文件所提供信息的基础上雇用员工，还有助于保证整个招聘过程中不带有歧视性。

2. 组织如何确定未来的员工需求

未来人力资源需求取决于组织的战略方向。对人力资源的需求实际上是对组织产品或服务需求的结果。根据对总收入的估计，管理者确定所需要的人力资源数量和组合以实现该收入目标。然而，有时候，情况可能刚好相反。当需要特殊的技能并且其供给稀缺时，令人满意的人力资源的获取将决定收入。高档的老人护理中心可能会存在这种情况，这些机构发现它们所面对的商业机会超过其能力范围，创造收入的首要局限因素是雇用和配备合格的护理人员。但是，在大多数情况下，组织的总体目标以及对收入的预测是决定组织人力资源需求的主要因素。

评估了现有能力和未来需求之后，就可以进行人力资源不足的评估，包括数量和种类，并特别关注组织中的超员问题。在该评估的基础上，组织可以制订一个与未来人力资源供给预测相适配的计划。由此可见，雇用计划不但能指导现有人员的需求，而且还可预测未来人员的需求及需求的可获得性。

7.2.2 组织如何招聘员工

管理者在了解现有的人员配备状况之后（不论是缺人还是超员），就可开始采取行动了。如果存在职位空缺，他们就可以根据工作分析所得出的结论来指导招聘。招聘（recruitment）是指确定、发现和吸引有能力的应聘者的过程。不过，如果雇用计划显示组织中有人员过剩现象，管理者可以通过裁员或解雇以解决人员冗余问题。

急需！杰出的应聘者！

现在……我们如何获得这样的人才？

管理者到哪里招募员工

可以通过多种渠道（包括互联网）招聘员工，表 7-2 提供了一些指导。招聘员工的渠道应当反映当地劳动力市场的情况、职位类型或职位层次以及组织规模。

表 7-2 传统的招聘渠道

来　　源	优　　点	缺　　点
互联网	可接触到大量的人群；能迅速获得反馈	会带来许多不合格的求职者
员工推荐	可通过现有员工提供对组织的认识；可找到很有实力的应聘者，因为被推荐者的好坏会影响到推荐人的名声	可能不会增加员工的多样性和融合性
公司网站	传播广泛；可瞄准特定的人群	会引来许多不合格的求职者
学校招聘	大量、集中的求职者	只适合初级岗位
专业招聘机构	熟知行业的挑战和要求	对具体的组织缺乏了解

资料来源：Robbins, Stephen P., Coulter, Mary, *Management*, 13th Ed., © 2016, p. 346. Reprinted and electronically reproduced by permission of Pearson Education, Inc., New York, NY.

哪些招聘渠道可能产生优秀的应聘者？大多数研究发现员工推荐通常能产生最好的应聘者。[5] 为什么呢？第一，现有员工已先行考察过所推荐的应聘者。此外，由于推荐者同时了解工作和被推荐者，他们容易推荐合格的应聘者。[6] 第二，现有员工通常会觉得推荐事关自身声誉，只有在确信推荐不会让他们感到难堪时，才会做出推荐。然而，管理者也不能都选择由员工来推荐应聘者，因为员工推荐可能不会增加员工的多样性和融合性。

7.2.3　管理者如何处理好裁员问题

可口可乐公司的全球员工减少了 1 600~1 800 人。[7] 美国运通削减了 4 000 个工作岗位。[8] eBay 裁减 2 400 人（它工作团队的 7%）以"适应正在变化的全球环境"。[9]

过去 10 年，像许多政府机构和小企业一样，大多数全球企业也被迫缩减人员规模或重组技能结构。裁员（downsizing）已经成为组织满足动态环境要求的一种有效手段。

1. 裁员的方式有哪些

显然，组织可以直接炒掉某些员工，但是还可以选择其他一些对组织更为有利的裁员方式。表 7-3 列举了可供组织备选的一些主要裁员方式。但需要注意，不管选择哪一种方式，对员工来说都会非常痛苦。我们将在本章后面给员工——被裁员工和留用员工更详细地谈谈这种现象。

表 7-3　裁员的备选方式

方　式	描　述
解雇	永久性，非自愿性地终止合同
临时解雇	临时、非自愿性地终止合同；可能持续几天，也可能长达数年
自然减员	不再填补因自愿辞职或正常退休而腾出的职位空缺
调换岗位	横向或向下调换员工岗位；通常不会降低成本，但可减少组织内人员供需的不平衡
缩短每周工作时数	让员工每周少工作一些时间；分担工作或以兼职方式工作
提前退休	为年龄大、资历深的员工提供激励，让其在正常退休期限前退休
工作分享	一项全职工作由两位兼职人员分时来完成

7.2.4　管理者如何选择应聘者

通过招聘活动选出一批求职者之后，第二步是确定谁最能胜任所要求的工作。本质上讲，甄选过程（selection process）是一项预测行动，即需要预测出哪一位应聘者在被组织雇用之后将会取得成功，哪一位应聘者符合组织对员工的评估标准。例如，组织需要配备一名网络管理人员，通过甄选过程应该预测出哪一个应聘者能够正确地安装、调试以及管理计算机网络系统。同样，对于销售业务代表这一职位，组织应能预测出哪一位应聘者将会有效地取得骄人的销售业绩。毫无疑问，任何甄选过程只会产生以下四种可能的结果，如图 7-2 所示，有两个结果为正确

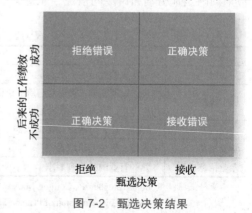

图 7-2　甄选决策结果

的决策，另外两个为错误的决策。

以下情况的决策是正确的：①应聘者被认为（已被接收）且后来被证实是成功的；②应聘者被认为是不合适的（已被拒绝），如果被雇用，将确实不能胜任工作。对于前一种情况，我们说组织成功地接收了合适人员，而后一种情况，则说组织成功地拒绝了不合适人员。然而，如果我们拒绝接收那些原本可以成功地完成工作的应聘者（这被称为"拒绝错误"），或者接收了那些常常表现极差的应聘者（这被称为"接收错误"），问题就来了。不幸的是，现实中所发生的这类问题通常十分严重。以前，出现拒绝错误仅意味着组织中增加了甄选成本，因为组织不得不再去考察更多的应聘者。而现在，由甄选技术所产生的拒绝错误可能会使组织遭遇雇用歧视方面的官司，特别是在大量弱势群体应聘者得不到接纳的情况下，此类问题更为突出。另外，发生接收错误会明显增加组织的成本，如培训成本、员工能力匮乏所产生的额外成本或利润损失、服务成本以及随后额外增加的招聘、甄选和考察成本等。任何甄选活动的关键在于在做出正确决策的同时，要尽可能地减少拒绝错误和接收错误。我们可以通过采用既可靠又有效的甄选程序来做到这一点。

1. 什么是可靠性

可靠性（reliability）是指运用某一甄选方法反复测度同一特征所得结果一致。例如，假设某项测试可靠，所测试的特征具有稳定性，同时假定所测试的特征也是稳定的，那么，被测试者的分数应当长期保持相对稳定。可靠性非常重要，因为任何可靠性低的甄选方法都是无效的。使用这样的方法犹如你每天用一杆不稳定的磅秤称体重。如果磅秤不可靠，且你每次站上去，体重都会有10～15磅[⊖]的出入，那么这样称出来的结果就没有任何意义。因此，要想有效地进行预测，甄选方法一定要具备较高的一致性。

日本这家萨库快餐店管理职位的应聘者必须参加笔试，这是公司甄选员工的重要步骤。设计合理的笔试试题可以考察应聘者的智力、人格、性格和兴趣，能帮助公司比较准确地预知谁将会在工作中取得成功。

Michael S. Williamson/*The Washington Post*/Getty Images

2. 什么是有效性

除可靠性之外，管理者所采用的任何甄选方法，不管是申请表、考试、面试还是体检等，都应同时具备有效性。有效性（validity）是指甄选方法与相关测度之间应能证实确实存在某种相关性。例如，前面我们曾提到，某个坐轮椅的残疾人申请了消防员职位，由于消防员对身体有特殊要求，此人将无法通过体检这一关。在这种情况下，拒绝雇用该残疾人被认为是合理的。但是，如果对调度员的职位也做同样的体检要求，那将是与工作无关的。法律禁止使用任何无法证明与成功完成某项工作有直接关系的甄选方法。此类限制对于求职考试同样有效，管理者一定要能证明，就工作而言，考分高的人要比考分低的人表现更好。总之，管理者必须要能证实其所使用的应聘者甄选方法是与工作相关的。

⊖ 1 磅 = 0.454 千克。

考试……不只在学校使用!

---

3. 考试和面试作为甄选方法效果如何

管理者可以使用多种甄选方法来减少接收错误和拒绝错误。其中,最常见的方法包括笔试、绩效模拟考试以及面试。让我们简单地考察一下这些方法,并关注各种方法预测工作绩效的效度。

常见的笔试内容包括对智力、资质、能力以及兴趣等内容的测试。笔试的应用虽然时强时弱,但这种甄选方法已有很久的应用历史。笔试在第二次世界大战之后的 20 多年曾得到了最为广泛的应用,但到了 20 世纪 60 年代,开始受到冷落。笔试常被认为带有某种歧视性,并且许多组织确实无法证明笔试与工作之间存有相关性。然而,当今笔试再次得到青睐,并且许多是在互联网上进行的。[10] 管理者已经越来越认识到雇用失策的代价是昂贵的,而经过正确设计的考试可以减少这种失策出现的概率。[11] 另外,为某一特定的工作有效设计一套考试方案的成本已经显著降低了。

有关证据表明,智力、空间理解能力与机械操作能力、准确感知能力以及汽车驾驶能力的考试,能够有效地对工业组织中许多半技能和非技能操作工作进行预测。[12] 然而,人们对笔试的批评一直不断。批评者主要认为,智力或其他方面的考试内容有时对工作本身来说并不必要。[13] 例如,在智力测试中得高分的人并不能有效地表明其一定能成为一名出色的计算机程序设计员。这些批评也最终导致了绩效模拟测试的广泛使用。

若要考察一位申请苹果公司技术写作职位的应聘者的能力,难道还有比让他去编写技术手册更好的办法吗?这种合理的逻辑性使公司对绩效模拟测试(performance-simulation tests)兴趣大增。毫无疑问,由于这种测试建立在工作分析数据的基础上,因而比笔试更易满足工作相关性的要求。绩效模拟测试是由现实中的实际工作行为(actual job behaviors)组成的,不存在所谓的"替代"问题。最著名的绩效模拟测试要属工作抽样法(work sampling,即对实际工作进行微缩式的模拟操作)和评估中心法(assessment centers,即模拟可能在工作中遇到的实际问题)。前者适合于测试那些常规性工作的应聘者,后者适合于测试管理人员。

比起传统的测试方法,绩效模拟测试的优点是显而易见的。因为测试内容本质上与工作内容相同,绩效模拟理应是预测短期工作绩效的较好方法,并能最大限度地减少雇用歧视等违法现象出现的可能性。另外,其内容的性质以及用以确定内容的方法,也决定了构思良好的绩效模拟测试是有效的。

面试以及填写求职申请表也许是最普通的甄选方法了。很少有人不经过一次或几次面试就能直接申请到职位。具有讽刺意义的是,作为一种甄选方法,面试正越来越多地成为争论的焦点。[14]

面试可能是一种较为可靠和有效的甄选方法,但实际情况常常不是这样的。要使面试成为有效的预测方法,则需要:

- 严格的组织;
- 精心安排;
- 面试官提相关的问题。[15]

然而,很多面试并不具备这样的条件,典型的面试情境是在一个非正式的场合,随机地向应聘者提一些问题，这种面试通常很难提供有参考价值的信息。如果没有经过精心组织和标准化设计，各种潜在的偏差就可能在面试中产生。

有关面试的研究向我们提供了什么样的结论呢？

- 对应聘者的预先了解将使面试人员产生评估上的偏差。
- 对于什么样的应聘者才是一名合格的应聘者，面试人员免不了带有一种固化的观点。
- 面试人员会对那些与自己持有相同看法的应聘者抱有好感。
- 应聘者的面试顺序会影响面试的最终结果。
- 面试期间，提问的顺序会影响评估结果。
- 负面信息在评估中的权重过高。
- 面试人员可能在面试前 4 ~ 5 分钟就对应聘者的合适与否下了结论。
- 在做出结论几分钟后，面试人员可能就会忘记面试的内容。
- 面试在判断应聘者智力、积极性以及人际关系技能方面通常是有效的。
- 严格安排和精心组织的面试比未加组织和随便安排的面试更可靠。[16]

我怎样才能做一个优秀的面试官

给管理者的建议：使面试更有效和更可靠！

（1）复查工作说明书和工作规范书。

（2）准备好一系列结构化问题以询问应聘者。

（3）面试之前，先看一下应聘者的申请表和简历。

（4）提问并仔细聆听应聘者的回答。

（5）趁记忆清晰时，写下你对应聘者的评价。

新近出现的面试变化形式被称为行为或情境面试，很受现代组织的欢迎。[17] 在这种面试中，招聘人员不仅要听应聘者说什么，还要看他们如何做。招聘人员会给应聘者提供情境，常常是复杂的问题，包括角色扮演，并让他们去"处理"这些问题。这种面试使招聘者有机会去了解潜在雇员的行为以及他们对压力的反应。支持行为面试的人指出这种方法比单纯让求职者告诉面试者他做了哪些事情更能了解他们的情况。实际上，这一领域的研究表明，行为面试预测工作成功的准确性比其他形式的面试高出近 8 倍。[18]

4. 如何使招聘工作有圆满的结果

如果面试人员仅把招聘或雇用员工当成"购买"应聘者来工作的行为，只告知他们组织中那些积极正面的情况，那么面试人员很有可能会为组织招进一位满意度低且极易跳槽的员工。[19]

圆满的结果！

在应聘过程中，应聘者总会对组织或正在申请的工作抱有某些期望。当应聘者所接受的信息过于夸大时，就可能会对组织产生某些潜在的负面影响。首先，不合适的应聘者不大可能在甄选过程中被筛除。其次，由于夸大的信息使应聘者产生了不切实际的期望，新员工可能很快就会产生失望感并过早地提出辞职。再次，面对工作中未曾料到的严酷现实，新员工往往会理想破灭，失去对组织的信心和忠诚。在多数情况下，这些人员会感到自己在应聘过

程中被欺骗和误导，最后可能会变成问题员工。

为增加员工对工作的满意度，同时减少离职率，可以考虑采用**现实工作预展**（realistic job preview，RJP）的方式。[20] 现实工作预展包括有关工作以及公司的正面与负面资讯。例如，在面试中，通常所给的是一些正面信息，求职者还将了解到工作中那些不很吸引人的一面。例如，他可能被告知：工作期间不许跟同事聊天，组织中的升职机会较少，工作时间很不固定以至于在晚上或周末都有可能要加班。调查表明，比起那些只是得到夸大信息的人来说，经历现实工作预展的求职者对未来的工作持有较低和符合现实的期望，并且能更好地处理工作中的意外情况。结果，新员工意外辞工的现象大大减少。现实工作预展也使管理者对人力资源管理过程有了更深刻的理解。也就是说，留住好人才跟最初的挑选与聘用人才一样重要。

留住人才与最初的招聘一样重要。

对应聘者来说，如果只是给他们提供工作的正面信息，那么，一开始可能会很容易吸引他们加盟组织，但最后的结果有可能是，双方都会为不愉快的合作而后悔。

7.3　如何为员工提供必需的技能和知识

成功完成招聘及甄选工作之后，组织就拥有一支有能力并能顺利进行工作的员工队伍。但是，拥有一定技能还不能保证员工能够顺利进行工作。新员工一定要适应组织文化，他们必须经过培训并以一种与组织目标相一致的方式来进行工作。为此，人力资源管理首先要做的事情就是让员工熟悉情况并对其进行培训。

7.3.1　如何让新员工熟悉组织的情况

应聘者一旦被录用，组织就得向其介绍工作岗位和组织情况。这种介绍被称为**情况介绍**（orientation）。[21] 其主要目的如下：

- 减轻新员工在开展新工作时的焦虑情绪；
- 帮助新员工熟悉工作岗位、部门乃至整个组织；
- 帮助他们从"外部人"向"内部人"的转化。

岗位情况介绍将丰富新员工在招聘和甄选阶段所获得的组织信息。通过介绍，新员工将知道其具体的责任和义务，了解其绩效的评估方式，同时纠正其对岗位的不切实际的期望。

部门情况介绍将使新员工熟知本工作部门的目标，了解其自身的工作对实现部门目标的作用，同时让新员工与其部门的人相互认识。

组织情况介绍是让新员工了解组织的目标、历史、经营理念、程度与规章。组织情况还应当包括重要的人事政策，如工作时间、薪酬制度、加班要求以及福利待遇等。通常，参观组织的设备设施也是情况介绍的部分内容。

让新员工尽可能顺利地融入组织是管理者应负的责任。无论正式与否，成功的情况介绍：

- 能使新员工从外部人转变为内部人，从而让他们在新的环境中心情舒畅，容易适应；
- 降低他们绩效低下的可能性；
- 降低他们一两周内突然辞职的可能性。[22]

技术与管理者的工作：社会化与数字化的人力资源

人力资源已经社会化和数字化了。[23] 在使用视频与游戏授课的小规模课程中，移动设备越来越多地被用于培训。例如，房地产公司凯乐·威廉姆斯（Keller Williams）的 75 000 多个员工使用智能手机和平板电脑观看 2 ～ 3 分钟的关于销售和顾客服务的视频课程。少数热衷技术的营销公司正在使用社交网络（推特）上发的帖而不用传统的求职简历 / 面试过程。推特上发的帖被用来选拔人才。有人说："网页就是你的简历，社交网络就是你的大众推荐信。"许多其他公司也在用社交媒体平台扩大它们的招聘领域。社交媒体工具不仅被企业用于招聘，还被用来让员工通过共享文件、图像、文档、视频以及其他材料的方式协同工作。

在数字化层面上，软件的应用使许多基本的人力资源流程，如招聘、甄选、指引、培训、绩效评估、储存和获取员工信息等实现了自动化，人力资源部门节约了成本并优化了服务。培训是信息技术冲击最大的领域。例如，总部位于克利夫兰的金融服务机构 KeyBank 运用虚拟的"模拟工作试用期"来降低 90 天内的跳槽率和创造更一致的人事决策。这些模拟活动促成了互动的多媒体体验，并且模仿关键的工作任务以培养诸如提供顾客服务、适应变化、支持团队成员、遵守程序以及有效地工作等方面的能力。在使用这些虚拟评估之前，该银行有

13% 的新出纳员和呼叫中心员工在入职后 90 天内辞职。在实施虚拟评估之后，离职率下降到 4%。

深受信息技术影响的另一个领域就是培训。美国培训与发展协会（American Society for Training and Development）所做的一项调查表明，95% 的应答公司采用了某种形式的电子学习（e-learning）。运用技术提供员工所需的知识、技能和态度有许多好处。正如一位研究者所言："电子学习的最终目的不是减少培训的成本，而是提高组织的经营能力。"在许多情况下，似乎的确是这样的。例如，惠普在调查其综合运用电子学习和其他培训方法，而不只是采用课堂培训对其服务的影响时发现，"销售代表能更快、更准确地回答问题，增进顾客与服务商之间的关系"。联合利华（Unilever）发现，对销售人员进行电子培训后，销售增加了几百万美元。

讨论

- 人力资源应当是"以人为本"的工作，各种技术的使用是否会降低该工作中"以人为本"的程度？为什么？
- 大学毕业后，你希望找一份工作。由于知道将来找工作时可能会碰上网络招聘和选拔流程，你该怎样充分准备以使自己在这个过程中脱颖而出呢？

7.3.2　什么是员工培训

总体而言，飞机失事的原因是人而不是飞机。数据显示，在各种撞机、坠机以及其他不幸的事件中，由于飞行员或导航员犯下致命的错误，或是因为没有全面细致地对飞机进行保养维护而出事大约占事故发生的 3/4，事故的另外 1/4 才是由于气候变化和飞机结构性缺陷等因素所导致的。[24] 上述统计结果足以说明培训在航空产业领域中的重要性。通过更好的员

工培训，那些由于保养维护不当或人为因素所导致的错误是完全可以减少或避免的。下面的
事例就能说明这一点，2009 年 1 月，美国
航空公司的 1549 航班令人惊讶地在哈德
逊河（Hudson River）上降落，保障了机
上所有人员的生命安全。机长切斯利·沙
勒恩伯格（Chesley Sullenberger）把这个
美好的结果归功于所有飞行员和机组人员
所接受的广泛而又细致的培训。[25]

　　员工培训（employee training）是一种旨
在持久改善员工工作能力的学习经历。培训
的内容包括改变员工的技能、知识、态度或
行为等。[26] 这也意味着培训将改变员工的知
识、工作方式或他们对待工作、同事、领导
以及组织的态度等。据估计，为开发员工的
技能，美国的工商企业每年用于正规课程和
培训项目的费用达几十亿美元之多。[27] 当然，管理层负责决定员工培训的时机与培训内容。

创业别墅高级生活社区（Villa Venture senior living community）的员工在参加虚拟痴呆症旅游中的感知练习，这一培训工具有助于他们理解阿尔茨海默症（Alzheimer's disease）和其他类型的痴呆症。该旅游是一种学习体验，旨在提高员工看护痴呆症患者的能力。

　　判断一个组织是否需要进行员工培训通常可以通过回答一些问题来确定。如果你感觉某些问题非常熟悉，那说明你已经在关注这些方面的问题了。管理者在确定实现战略目标的组织结构时，所做的正是这种分析，只是现在重点放在员工上了。[28]

何时需要培训？

　　图 7-3 中的主要问题提醒管理者组织在何时需要培训。较为明显的信息与生产率直接有关。产量减少，质量下降，事故增多以及返货率、拒货率上升等都是反映组织工作绩效正在下降的重要信息，上述任何情况的出现都表明工人的技能需要得到改善。当然，我们的前提是员工绩效下降不是因为员工不努力。管理者必须认识到，由于工作场所不断变化，因此，培训是必要的。另外，由于工作的重新设计或者技术创新所引起的变化也使员工培训成为必要。

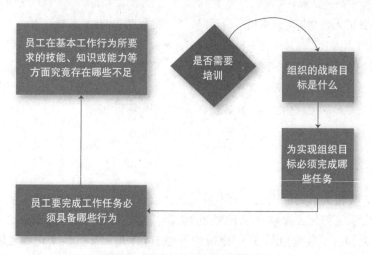

图 7-3　确定是否需要培训的信息

1. 如何进行员工培训

大多数培训都在工作岗位上进行。在岗培训的盛行是由于其简便易行且成本较低。然而，在岗培训也可能会干扰工作，可能会在培训期间增加工作失误，而且有些技能培训很复杂以至于不允许边干边学，这时候，就应该进行脱产培训。

培训的方法多种多样，大致可以把它们分为在岗培训和脱产培训。我们在表 7-4 中列举了一些较为常用的培训方法。

表 7-4　几种常见的培训方法

传统的培训方法	
在职培训	通常首先向员工简要地介绍工作任务，然后让他们在实际工作中学习如何做事情
工作轮换	员工在某个特定的领域从事不同的工作，执行各种不同的任务
指导与引导	经验丰富的员工带新员工一起工作，给他们提供信息、支持和鼓励；在有些行业叫作带徒弟
体验练习	员工参与角色扮演、模拟或其他面对面的训练
操作手册 / 工作指南	员工查阅操作手册或工作指南以了解不懂的情况
课堂讲授	员工参加旨在传达特定信息的讲座
基于技术的培训方法	
CD-ROM/DVD/ 录像带 / 录音带 / 播放机	员工收听或观看传达信息或演示做法或步骤的特定媒体内容
电视会议 / 电话会议 / 卫星电视	员工亲临现场聆听信息或观看演示
在计算机上学习	员工通过互联网进行学习，包括模拟或其他互动活动
在移动设备上学习	员工通过移动设备提供的材料进行学习

资料来源：Robbins, Stephen P., Coulter, Mary, *Management*, 13th Ed., © 2016, p. 353. Reprinted and electronically reproduced by permission of Pearson Education, Inc., New York, NY.

2. 管理者如何保证培训是有效的

启动一个新的培训项目很容易，但是，如果不对培训效果进行评估，那么任何员工培训都有理由进行。尼尔·哈夫曼汽车公司（Neil Huffman Auto Group）宣称，公司在培训上每投入 1 美元可增加 230 美元的产出，如果所有的公司都能取得尼尔·哈夫曼汽车公司那样的回报，自然是好事。[29] 但是，培训效果究竟如何只有通过评估才能知道。

如何评估培训项目呢？通常采用的方法包括向管理人员、人力资源管理者以及刚刚完成培训项目的员工征求意见。如果评价总体上是正面的，那么这个项目可能会得到一个积极的评价，组织会继续进行，直到有人提出应当淘汰或者采取替换项目为止（无论出于何种原因）。

参与者或管理人员的反馈意见虽然很容易获取，但是并不算有效。他们的观点在很大程度上受到其他一些可能与培训效果无关的因素的影响，如培训难度、娱乐性或者培训师的个人特点。即便如此，参与者还是对培训价值提供了实际反馈。除了一般性的意见外，管理者还应该根据参与者的学习收获、运用新技能进行工作的实际效果（他们的行为有没有改变）以及培训计划是否实现了预期结果（如降低了离职率，提升了客户服务等）来对培训进行总体评估。[30]

7.4 组织留住杰出人才的两个途径

7.4.1 绩效管理系统

- 组织和管理者确定预期的员工绩效水平
- 管理者评估实际的员工绩效水平
- 绩效管理系统

是将员工相互比较，还是根据某套标准来评估（见表 7-5）？

表 7-5 具体的绩效评估方法

方 法	优 点	缺 点
（a）书面叙述法：描述员工的优缺点	使用简单	与其说是评估员工的实际绩效，不如说是在衡量叙述者的书面表达能力
（b）关键事件法：特别有效或特别无效的行为事例	基于行为；丰富的事例	耗费时间；难以量化
（c）评定量表法：列出描述性的绩效因素（工作数量与质量、知识、合作、忠诚度、出勤率、诚实、主动）并提供量化评分	提供量化数据；比其他方法更节省时间	对工作行为的评估深度不够
（d）行为定位评分法：评定量表 + 实际工作行为例子[31, 32]	关注特定和可测量的工作行为	耗费时间；测度较难
（e）目标管理法：评估具体目标的完成情况	关注最终目标；结果导向	费时
（f）360 度评估法[33]：与员工上下左右有联系的所有人的反馈	更加全面	费时
（g）多人比较法：对员工团队进行比较评估	对员工进行互相比较	若员工人数较多，则不适用

注：（a）～（f）是根据一套确定的或绝对的标准评估员工绩效的方法；（g）是将一个员工的绩效与另外一个或多个员工的绩效进行比较的方法，是一种相对而非绝对的评估工具。

1. 三种多人比较法

分级排序法（group-order ranking） 评估者将员工分成具体的等级类别（"最好的 1/5""较好的 1/5"等，或"顶尖的 1/3""中间的 1/3""最后的 1/3"，或其他任何理想的分类）。注意，每个等级中员工的人数必须尽可能相等。

个人排序法（individual ranking） 评估者将员工按照绩效的高低顺序排列。注意，只能有一个是"最好"的。在对任何数量的员工进行评估时，一般认为，第一名和第二名的区别与任何其他相邻两名员工的区别是一样的，不允许两名员工排在同一位置。

配对比较法（paired comparison） 将每位员工与其他员工进行配对比较，评出"优秀者"或"落后者"。在所有配对比较完成之后，每个员工将获得一个最终的名次，而这一排名基于员工累计获得"优秀者"的次数。如果参与评估的员工数量众多，将每位员工与其他任何一位员工进行比较是一项极为艰巨的任务。

2. 传统的自上而下的绩效评估体系可能已经过时了

原因在于：[34]

- 裁员以提高效率，管理者可能会管理更多的员工，因此很难广泛了解每一个员工的绩效；
- 项目团队与员工的加入，其他人（非管理者）更能做出准确的评估。[35]

员工的绩效未达到要求时……

原因是什么？	采取什么措施？
不适合工作岗位（雇用错误）——→	把员工调到更合适的工作岗位
未经适当的培训 ——————→	提供培训
缺乏工作意愿 ——————→	提供员工咨询服务，这是一个旨在帮助（纪律问题）员工克服与绩效有关的问题的过程，试图找出员工为什么会失去有效工作的意愿和能力，并找出解决问题的方法，或者采取惩罚措施（口头警告与书面警告、停职察看，甚至辞退）。

7.4.2 给员工报酬：工资和福利

薪酬即工作所得的工资。

> 大多数人都是为钱而工作。

有效、合理的薪酬制度：[36]

- 有助于吸引和留住能干称职的员工；
- 会对战略绩效产生重大的影响；[37]
- 能不断地激励员工。

薪酬制度应当反映工作和工作场所不断变化的特征。

> 什么决定了薪酬水平？
> 谁的时薪是 15.85 美元？
> 谁的年薪是 325 000 美元？

- 确定工资水平不容易，但员工希望得到合理的报酬。

不同的工作要求：

- 不同种类和不同水平的技术、知识及能力，其对组织的贡献也各不相同；
- 不同的职责与职权。

> 对技术、知识和能力的要求越高，职权和职责越大，
> 薪酬水平也就越高。

确定薪酬的不同方法有以下两大方面。

- 基于技能的薪酬制度：根据员工的技术和能力给他们付报酬。员工的技能而非职衔决定其报酬。[38] 这类薪酬制度在制造企业比服务企业和寻求技术创新的企业更有效。[39]

> **90%** 的美国公司采用可变薪酬方案。[40]

- 可变薪酬制度：根据员工的绩效确定薪酬。

影响一揽子薪酬和福利的其他因素（见图 7-4）有以下诸种。

薪酬的主要决定因素：员工的工作种类。

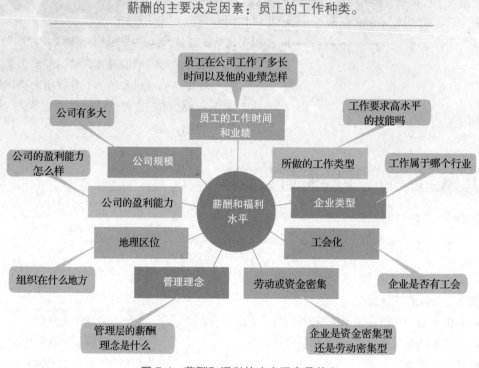

图 7-4　薪酬和福利的决定因素是什么

薪酬与员工的福利（雇主所给的非现金报酬）：

- 一揽子薪酬多于小时工资或年薪；
- 也包括员工福利（employee benefits），即旨在提高员工生活质量的各种重要的非货币奖励；
- 各种一揽子福利方案差别很大，反映了组织为员工提供他们所看重的东西所做的努力；
- 有些福利（社会保险、在岗补贴或失业救济）是法律要求提供的，但有些组织还提供其他福利，如带薪休假、寿险和残疾保险、养老保险及健康保险等。[41]

7.5 当前管理者面临哪些人力资源管理问题

当今管理者所面对的人力资源问题包括：裁员、员工多样性、性骚扰、职场精神及人力资源成本等。

7.5.1 管理者如何管理裁员

裁员是有计划地削减组织中的工作岗位。裁员带来的直接影响是人员缩编，因此，这是人力资源管理中的重要问题。当组织人员太多，如面临经济危机、市场份额减少、增长过快或管理不善时往往会导致这种情况，提高利润的一种方法是解雇部分多余的员工。在过去的几年中，许多有名的公司，诸如 AmEX、波音、麦当劳、大众、微软、戴尔、通用汽车、尤尼西斯、西门子、默克、丰田等进行了好几轮裁员。管理者如何管理裁员的组织？

裁员会扰乱组织工作和员工的个人生活。留职者和离职者典型的反应是紧张、失望、焦虑和愤怒，你可能会感到吃惊，留职者和离职者竟会有同样的感受。[42] 许多组织在帮助被裁减人员方面做得相当好，它们为失业的员工提供多种促进就业服务、心理咨询、支援组织、解雇金、长期的健康保险与细致的思想沟通等。尽管有些人在其解雇后会采取过激行为（最坏的情形是到以前的工作单位制造暴力事件），但是，组织提供的支持表明它们非常关心曾经的员工。离职者可以了无羁绊、问心无愧地重新开始，而留职者却不能。不幸的是那些保住了工作的员工，尽管承担着维持组织运作或重振组织的任务，却几乎未得到帮助。一种新的综合征似乎正在越来越多的组织中蔓延，这种综合征被称为解雇—留职并发症（layoff-survivor sickness），特指在组织非意愿性减员中保住了工作的员工的一系列态度、感受和行为。[43] 这些症状包括工作不安全感、不公平感、负罪感、情绪低落、工作超负荷带来的压力感、对变革的恐惧感、忠诚度和认同度降低、不如以前努力、消极且不愿意做任何超出最低要求的工作等。

在关心留职者方面，管理者可为这些员工提供机会，以便他们可以向咨询指导人员倾诉内心的愧疚、愤怒和焦虑。[44] 集体讨论也可以为这些留职者提供发泄情感的机会。有些组织正以裁员为契机执行员工参与程度更高的项目，如授权和自我管理工作团队。简言之，为保持良好的士气和较高的生产效率，组织应尽一切努力让那些仍在组织里工作的员工知道自己是有价值的，是组织最需要的资源。表 7-6 概括了管理者为减轻裁员创伤所采取的一些措施。[45]

表 7-6 管理裁员的方法

- 公开而诚实地沟通
  - 尽快通知拟要裁减的人员
  - 告诉留职者新的目标和期望
  - 解释裁员的影响
- 遵守任何有关解雇金或解雇福利的法令
- 为留职者提供支持或咨询
- 根据员工的才能和背景重新布置任务
- 注重提高士气
  - 提供个性化的安慰
  - 继续进行沟通，尤其是一对一的沟通
  - 保持关注并留在现场

7.5.2 怎样处理员工队伍多样性问题

本书第 3 章已谈到员工结构变化这一问题。**员工队伍多样性**（workforce diversity）也会影响人力资源管理中有关招聘、甄选，以及情况介绍等基本问题。[46]

若要提高员工队伍的多样性，管理者必须扩大他们的招聘网络。例如，根据员工的推荐挑选应聘者的做法在目前颇为盛行，但是这种做法容易产生一群与现有员工特征相类似的应聘者。因此，管理者必须从另外一些以前没有留意的渠道去寻找应聘者。为增加员工多样性，管理者正不断利用非传统的招聘渠道，如妇女就业网、50岁以上俱乐部、城镇就业中心、残疾人培训中心、少数民族报刊以及同性恋权利组织等。这种非传统招聘渠道的开拓，扩大了组织选择应聘者的范围。

以指导的方式培养员工的才能是塔吉特公司（Target）多样性管理的一部分。塔吉特给员工，例如图中所示的经理团队领导人雪尼尔·英格利希－博斯韦尔（Chenille English-Boswell）提供团队的、虚拟的、同级的以及跨级的指导。在跨级指导中，高层领导者会指导比其低几个薪酬等级的团队成员。

在出现应聘者多样性的情况下，管理者要努力确保整个甄选过程不会出现歧视，要使新员工尽快适应组织文化，并让他们知道组织会照顾他们的需要。例如，在 TCL Friday 公司，管理层努力协调员工差异，为多样化的员工提供多种可供选择的岗位。其他诸如索迪斯集团（Sodexo）、强生、安永、万豪国际集团（Marriott International）和宝洁公司等也是如此。[47]

最后还要补充的一点是，让女性和少数民族员工熟悉情况通常很困难。现在，有些组织，诸如莲花软件和惠普公司为现有员工提供专门的工作站，增强他们的多样性意识，并为新员工提供针对多样性问题的培训项目。这些举措的意义在于加深员工对工作场所差异性的理解。针对较低级别的女性和少数民族管理者缺乏认可的角色模型，许多公司设立了专门的项目对他们进行指导。[48]

7.5.3　什么是性骚扰

性骚扰是一个严重的问题！

不论是在公共还是私营部门的组织里，性骚扰都是一个很严重的问题。美国平等就业机会委员会（EEOC）每年都要受理 7 000 ～ 8 000 多件涉及此类问题的投诉，[49] 男性投诉申请超过 17%。[50] 法庭对那些案件的裁决给公司造成了很大的损失，它是当今公司所面临的最大的财务风险，可导致公司股价下跌 30% 以上。[51] 例如，三菱公司（Mitsubishi）向 300 名女性支付了 3 400 多万美元的赔偿，以弥补她们遭受的严重的性骚扰。[52] 但是，问题还不只是这些，除了法院的判决，由性骚扰引发的误工、生产效率低下以及人员离职等所造成的经济损失高达数百万美元。[53] 此外，性骚扰不只是美国才有的现象，事实上，它已成为全球性的问题。例如，在日本、澳大利亚、荷兰、比利时、新西兰、瑞典、爱尔兰以及墨西哥等国家，也出现了员工起诉性骚扰的案件。[54] 尽管人们只关注法院对性骚扰案件的重大判决，但雇主面临更多的问题，性骚扰不仅给员工造成不愉快的工作环境，还会削弱他们的工作能力。那么，究竟什么是性骚扰呢？

任何强加于人、对员工工作造成影响的、具有性色彩的行为或活动都可视为性骚扰（sexual harassment）。性骚扰可发生于异性或同性之间、同公司员工之间或员工与非员工之间。[55] 尽管这样的行为不受第七条款（性歧视）的制约，但近年来人们对这一问题有了更多的认识。总体而言，在 20 世纪 80 年代中期之前，多数人把性骚扰问题看成孤立的事件，只需过错方单独为自己的行为负责（如果证据确凿的话）。[56] 然而，自 21 世纪初以来，对性骚扰的指控仍然经常见诸报端。

与性骚扰有关的问题的要点是弄清楚到底是什么造成了这种非法行为。[57]1993 年，平等就业机会委员会列举了三种可能发生性骚扰的情况。在这些情况下，针对别人的语言和身体行为：①会造成一种威胁、冒犯或敌对的局面；②会无端地干扰别人的工作；③会严重影响员工的就业机会。[58]

你必须警惕这种使同事难堪的事情。

对许多组织来说，冒犯或敌对的局面是问题所在。[59] 对一件事是否属性骚扰，组织成员如何判断呢？例如，在办公室讲黄段子会产生一种敌视的环境吗？讲下流的笑话呢？展示全裸的女人画像呢？回答是："可能会！"但具体如何还取决于组织员工以及他们的工作环境。如果我们不知道什么使他人难堪，那么我们应该弄清楚！[60] 组织的成功会在一定程度上反映出公司每一位员工对他人是否很敏感。[61] 例如，杜邦公司（Dupont）的文化和多样性的项目有助于员工了解与尊重其他人员，从而可以消除性骚扰。[62] 这意味着员工相互了解，而更为重要的是，尊重他人的权利。联邦快递公司（FedEx）、通用面粉公司（General Mills）以及李维·施特劳斯（Levi Strauss）都有类似的项目。

如果性骚扰会增加组织的潜在成本，那么公司怎样才能保护自己呢？[63] 通常，法院需要了解以下两件事情：组织是否知道或应该知道被指控的性骚扰行为？组织采取了什么措施来阻止这种行为？[64] 随着现在对组织判罚次数和罚金数目的增加，管理者更加需要对所有员工进行有关性骚扰方面的教育，同时需要建立可行的机制来防范这种情况的发生。此外，组织需要确保提出性骚扰指控的员工不会遭到报复，例如减少他们的工作时间、不给他们休息时间、让他们轮轴转地加班等。鉴于美国最高法院的裁决扩大了报复行为的内涵，组织尤其不能在这方面疏忽大意。[65]

最后，管理者应当记住，一旦陷入性骚扰事件，骚扰者也有权利。[66] 在未经全面调查之前，不可以对任何人做出判决。此外，在对被指控的骚扰者进行判决前，应当请一位独立而不带偏见的人对调查结果进行审核。即使这时，性骚扰者也应该有申辩的机会，如果他们有要求，还应当举行惩罚听证会。此外，他们应有申诉的途径，让与案件无关的更高层的管理者了解实情。

7.5.4　组织控制人力资源成本的方式和原因是什么

人力资源成本，尤其是与员工医疗保健及退休金有关的成本急剧上升，组织正在想办法控制这些成本。

1. 员工医疗保健成本

在 Paychex 公司，参加匿名健康检查和健康风险评估的员工与同意加入戒烟项目的员工每年可以免费体检和做结肠镜检查、100% 覆盖的预防性保健以及较低的自付额和成本。在百得公司（Black & Decker），员工及家属若证明自己在无人监督的情况下已至少 6 个月未吸烟，则每月可少交 75 美元的医疗及牙科保险费。Amerigas Propane 公司的员工得到的最后通牒是：要么参加体检，要么取消健康保险。67% 的雇主担心肥胖对医疗索赔费用会有影响。[67]

所有这些例子均表明，公司正在想办法控制员工高昂的医疗成本。自 2002 年以来，医疗成本平均每年上升 15%，预计到 2016 年，医疗成本将会是 2007 年 2.2 万亿美元的两倍。新的联邦保健政策据估计会进一步增加医疗成本。[68] 吸烟者的医疗成本甚至更高，比不吸烟的人高 25%。[69] 然而，公司最大的医疗成本来自肥胖——肥胖导致的医疗开支和旷工损失估计每年达 730 亿美元。[70] 一项对制造组织的研究发现，中等至严重肥胖员工的怠工率（其定义是员工不尽力工作）比其他所有员工高 1.8%，造成这种情况的原因可能是他们的身体太胖、活动不便或者是有关节炎之类的疼痛症状。另一项研究发现，与受同样的伤但不肥胖的员工相比，肥胖员工的治疗费用要高很多，而且他们所受的伤害更可能导致永久性残疾。[71]

知道组织为什么要想办法控制成本吧？那么，方式有哪些呢？首先，许多组织给员工提供机会，让他们养成健康的生活方式，措施包括各种现金奖励和公司资助的健康福利项目，其目的是限制医疗成本的上升。大约 41% 的公司采取了某种积极措施鼓励员工的健康行为，1996 年，只有 34% 的公司这样做。[72] 另一项研究显示，将近 90% 的受调查的公司计划在未来的 3 ～ 5 年中积极促进员工健康的生活方式。[73] 许多公司趁早开始了：谷歌、美洲雅马哈公司（Yamaha Corporation of America）、卡特彼勒（Caterpillar）和其他公司在其休息室、自助餐厅和自动售货机中放置健康食品，提供新鲜的有机水果，对脂肪含量高的食品征 "卡路里税"。韦格曼斯食品超市倡导员工每天吃 5 杯水果和蔬菜，行走 10 000 步，并在部门与门店之间开展 "竞争" 以促进这种健康生活方式的普及，结果证明该项措施很有效，吃果蔬、步行在公司已蔚然成风。[74] 对吸烟的员工，有些公司采取了非常激进的态度，如增加吸烟者缴纳医疗保险费的额度或者解雇拒不戒烟的员工。

2. 员工退休金计划成本

组织正在想办法控制成本的另一个方面是员工退休金计划。公司退休金起源于 19 世纪。[75] 在过去很长一段时间里，公司给员工支付大量的退休金，保障他们退休后的收入，但现在这种情况已不复存在。退休金已成为公司再也无法支撑的沉重负担。事实上，人们称公司退休金制度已 "基本瓦解"。[76] 不只是陷于困境的公司取消了退休金计划，许多经营不错的公司，如 NCR、联邦快递、洛克希德·马丁等都不再提供退休金。《财富》排行榜前 100 的公司里现在只有 42 家给他们的新员工提供退休金。2004 年就取消了新员工退休金计划的 IBM 甚至也告诉员工，他们的退休金将不再增加。[77] 显然，退休金问题会直接影响人力资源的决策。一方面，组织希望通过提供令人向往的福利诸如退休金，吸引能干的人才；另一方面，组织必须权衡其支出。

本章概要

1 描述人力资源管理过程的重要组成部分及其影响因素。

　　人力资源管理过程由 8 项活动组成，可为组织配备高效、称职的人员，这样的员工能够长期维持高水平的绩效。前三项活动分别是雇用计划、通过招聘增员与通过解聘减员和甄选。接下来的两个步骤是帮助员工适应组织和确保他们的技能与知识不过时，因而涉及情况介绍和培训两项人力资源活动。人力资源管理过程的最后几个步骤是：确定绩效目标，纠正绩效改进中所暴露的问题，以及帮助员工维持高绩效水平。这几个步骤通过绩效评估、薪酬与福利以及安全与健康保障这几项人力资源活动来完成。尽管其他环境条件诸如重构、裁员、多样性等会影响人力资源管理过程，但其最大的影响因素是法律。

2 讨论有关识别和选择称职员工的工作。

　　第一项工作是雇用计划，包括工作分析以及工作说明书和工作规范书的编制。如果存在职位空缺，就要进行招聘。招聘是指努力找出一批潜在的应聘者。组织通过裁员解决人员冗余问题。甄选是指确定谁最胜任工作。甄选方法必须既可靠又有效。管理者可能会给潜在的员工提供现实的工作预展。

3 解释如何为员工提供必需的技能和知识。

　　新员工必须适应组织文化，并进行培训和学习，以便以一种与组织目标相一致的方式从事工作。情况介绍，包括岗位、部门及组织的情况，可为新员工提供了解其工作的信息。培训旨在帮助员工提高从事工作的能力。

4 描述留住高效、称职员工的策略。

　　在这方面起重要作用的两项人力资源管理活动是管理员工绩效及制订合适的薪酬与福利方案。管理员工绩效包括确定绩效标准和对绩效进行评估以了解员工是否达到了标准。管理者可以采用多种绩效评估方法。如果员工的绩效没有达到规定的水平，管理者应当了解原因并采取相应的措施。薪酬和福利方案有助于吸引与留住能干称职的人员。管理者必须确定谁得多少报酬以及提供哪些福利。

5 讨论当代人力资源管理问题。

　　裁员是有计划地削减组织中的工作岗位，组织必须从留职者和离职者的角度来管理裁员问题。员工多样性必须通过招聘、甄选和情况介绍等人力资源活动来进行管理。性骚扰是组织和管理者要特别注意的问题，也就是说，必须形成计划和机制以便对所有员工进行这方面的教育。职场精神是指组织努力使员工的工作更有意义。最后，组织要想办法控制人力资源成本，尤其是医疗保健成本和退休金成本。

复习思考题

7-1　人力资源管理如何影响全体管理者？

7-2　雇主是否可以不受政府干预自主选择员工？请找出证据支持你的观点。

7-3　有些批评者声称公司的人力资源部门超出了其应有的作用，不再是帮助员工，而是保护组织不受法律问题的困扰。你对此有什么看法？组织具有正式的人力资源管理过程有什么好处和不好之处？

7-4　你认为潜在的雇主通过面试、笔试以及背景调查等方式探询应聘者的生活情况是否符合职业道德？如果他们查看你的

Facebook 或个人博客，你怎么看？阐述一下你的观点。

7-5　讨论各种招聘渠道的优缺点。

7-6　讨论各种甄选方法的优缺点。

7-7　现实工作预展有哪些优点和缺点（分别从组织与员工的角度进行讨论）？

7-8　列出影响员工薪酬与福利的因素。

7-9　你认为什么是性骚扰？请说说公司如何才能把工作场所的性骚扰降至最低？

7-10　研究你所选择的职业，从教育、技能、经验等方面分析这种职业成功所需的条件，写一份详细阐述以上内容的个人职

业指南。

7-11 全球环境如何影响人力资源管理？

7-12 人力资源管理如何帮助组织实现在"对的时间和对的地点获得合适数量对的人"？

管理技能建设：提供好的反馈

每个人都需要反馈！如果你想让人们做到最好，他们需要了解他们哪儿做得好以及哪儿能做得更好。这就是为什么提供反馈是如此重要的技能，但想有效地给予反馈是很棘手的。这也是为什么我们经常看到管理者要么不想给出反馈，要么给出反馈却不会产生任何积极的结果。

个人评估清单：工作绩效评估

根据本章节内容，绩效评估工作是 HR 的一项重要工作。请使用个人评估清单来评价以下案例。

技能基础

如果你遵循以下建议，你将能更轻易和更有效地提供反馈。

1. 专注于特定行为。反馈应该是具体的，而不是泛泛的。避免"你的态度很差"或者"我对你的杰出工作印象深刻"这样的陈述。含糊其辞的话，尽管管理者提供了信息，但他们没有给予接收者足够的信息来纠正"坏的态度"，或者根据什么得出"好工作"已经完成的结论，而知道这些人们才知道该重复或避免哪些行为。

2. 保持真实。把反馈集中在可以改变的事情上。当人们对那些他们无法控制的事情发表评论时，那将令人沮丧。

3. 保持客观。反馈，尤其是负面反馈，应该是描述性的，而非评判或评价。不管你有多懊恼，都要把反馈集中在与工作相关的行为上，不要因一个不恰当的行为而攻击别人。

4. 保持反馈的目标导向。反馈不应该只是让另一个人泄气。如果你不得不说一些消极的话，请确保它是针对接收者的具体目标。问自己这些反馈帮助了谁，如果答案只有你，那就闭嘴不言。这类反馈会损害你的信誉，降低未来反馈的意义和影响。

5. 知道什么时候给予反馈，这会使得时间安排得恰到好处。当他的行为与针对这一行为的反馈之间的间隔很短时，反馈对于接受者

来说是最有意义的。此外，如果你特别关注不断变化的行为，延迟提供反馈的不良行为会减少反馈有效带来预期改变的可能性。当然，如果你没有足够的信息，很生气，或是在其他方面感到不安，那么仅仅为了提示而迅速做出反馈会适得其反。在这种情况下，"合适的时机"可能是"再等等"。

6. 可被理解。确保你的反馈足够简洁和完整，以便接收者清楚、完全地理解这种交流。让接收者重新组织你的反馈内容以便找出反馈是否完全表达了你的主要想法，这种方式可能会对理解有所帮助。

7. 注意你的肢体语言、语调以及面部表情。你的肢体语言和语调比语言本身更有说服力。想想你想说的话，确保肢体语言符合这个信息。

资料来源: Based on A. Tugend, "You've Been Doing a Fantastic Job. Just One Thing…," *New York Times Online*, April 5, 2013; C.R. Mill, " Feedback: The Art of Giving and Receiving Help", in L. Porter and R.Mill(eds.), *The Reading Book tor Human Relations Training*(Bethel, ME: NIL Institute for Applied Behavioral Science, 1976), 18-19; and S. Bishop.*The Complete Feedback Skills Training Book* (Aldershot, UK:Gower Publishing, 2000).

技能应用

克雷格是个优秀员工，他的专业知识和生产力总是达到或超过你的期望。但最近他一直在为广告团队中的其他员工制造麻烦。和他的同事一样，克雷格研究并计算了广告公司客户的媒体报道成本。这项工作需要费力翻找几本大型参考书找到正确的基本价格和每个电台/电视台的附加费，计算实际费用，并将结果编制成电子表格。为了让事情变得更加有效和方便，你总是允许你的员工在他们需要重复使用时把参考书带到他们的办公桌上。然而最近，克雷格将书堆在身边好几天，有时甚至一次就是几个星期。这些书干扰了他办公桌上的流转，其他人不得不大费周章地从克雷格的书堆

里取书。是时候和克雷格谈谈了。

准备一份你将如何同克雷格解决这个问题的大纲。根据"技能基础"中的建议，尽可能具体说明你要说什么，以及你将如何处理这个问题。需要的话可以以此开展角色扮演。

实践练习：性骚扰

公　司：西蒙大拿电力及照明公司
收件人：桑德拉·吉列奥，人力资源主管
发件人：威廉·马洛尼，总经理
主　题：性骚扰

桑德拉，我想我们公司可能存在一个问题：部分员工似乎不清楚哪些行为会构成性骚扰。你知道，大家必须对这件事有清楚的认识。我们需要马上制订一个针对所有员工的培训计划，并建立切实可行的程序，处理任何可能出现的投诉。

我想把性骚扰问题作为下个月执行董事会议的主要议题。为了便于大家讨论，请你给我做一份要点列表，以说明一次约两个小时的关于性骚扰的员工初步讨论会的内容。

注：文中提及的公司和信息都是虚构的，只是为了教学目的而设，并不是对那些同名公司的管理实践进行正面或反面的披露。

应用案例 7-1

简历懊恼

为了得到你想要的工作，你会在简历中说谎吗？70% 的大学生称他们会！

人力资源经理称 53% 的简历和工作申请含有虚假信息，而简历中的虚假信息有 21% 达到了欺诈的程度。在当今这个数字化和社会化媒体时代，很难想象有人会篡改履历，更难想象身处公司高层的 CEO 会有这样的行为。[78]

经过广泛的搜寻之后，2012 年年初，斯科特·汤普森（Scot Thompson）被任命为雅虎的 CEO。在此之前，他是 PayPal 的总裁，在这之前是 PayPal 的首席技术官。雅虎当时的 CEO 是卡罗尔·巴茨（Carol Bartz），计算机行业内最著名的经理人，他之所以被汤普森取代，是因为他就任两年后仍没能解决雅虎的问题。汤普森在担任 CEO 的最初几个月里制订了扭转公司局面的战略计划，其中包括大规模的裁员。然后，整个形势开始转变，2012 年 5 月初，一个激进主义投资者给雅虎的董事会寄了一封信，表达了他对美国证券交易委员会（SEC）管理的一份备案文件的关注。该文件有汤普森的签名，并"声明据他所知内容准确无误"。那份文件显示汤普森于 1979 年获得了波士顿南部一所小型大学的会计与计算机科学学士学位。而这位激进主义投资者说他有理由相信汤普森只获得了会计学位，因为他发现该大学 20 世纪 80 年代初才有计算机科学学位项目，学校当局证实汤普森获得了企业管理科学学士学位。这位激进主义投资者提出了两点质疑：汤普森是否修改了他的文凭？雅虎是不是没有进行"应有的调查，疏忽了它最重要的一项任务——发现和雇用 CEO？"

在这件事情发生之后，一位人士透露："若没有证据表明汤普森先生有意造假误导雅虎，那么雅虎的董事很可能不会逼他辞职，现在让他继续当 CEO 显然比其是否有计算机科学学位更重要。"这就是雅虎董事会当时的态度。然而，事情越闹越大，汤普森不得不在雅虎高层的一次会议上加以解释。他说他"后悔没有及时发现他公开发行的传记中的一个错误"，接着又表明可能是早在 7 年多前一家高管猎头公司把这个信息加进了他的简历中。然而，这一推责行为的结果完全超出了他的预料，他说过的一些话最终传到了技术博客上，惹恼了那家猎头公司，该公司找出汤普森提供的资历材料，其中就包括那不准确的传记。正如熟悉该情况的一位人士所说："掩盖比罪行更恶劣。"不久之后，汤普森以辞职收场，但他可以保留当初他就任时所获得的700万美元的现金和股票。仅工作4个月就赚了700万美元，相当不错的收入啊（后记：接替汤普森的是梅利莎·梅耶尔，我们在第6章的应用案例1中介绍了她）！

讨论题

7-13　这个案例在有关核实应聘者的背景情况方面对你有什么启发？

7-14　当职业经理人的简历中存在不准确信息时，股东将会受到什么影响？

7-15　你对案例第一段中的统计数字感到惊讶吗？为什么？

7-16　这个故事对你个人及工作有何教育意义？

应用案例 7-2

停 止 前 行

对彭尼百货及其新CEO罗恩·约翰逊而言，情况似乎不妙。[79]

红、黄、绿三种颜色对于彭尼百货而言有了新的含义。[80]

　　由于约翰逊成功地领导了苹果的零售事业，他的到来备受欢迎。为了使彭尼百货在极其艰难和极具挑战的行业中保持成功，他迅速启动了零售业最宏大的一项改革，其具体措施包括"店中店概念""无促销活动"以及"三级定价计划"。他认为"彭尼百货需要一点苹果那样的魔力"。从一开始，分析师和专家就对彭尼百货的顾客是否会接受这种新措施提出了质疑，因为他们已习惯了促销和赠券。总之，顾客对新措施并不买账。2012年整个财年，彭尼百货亏损9.85亿美元（2011年的亏损为1.52亿美元）。现在你也许会好奇上述情况与人力资源管理有何关系？事实证明关系很大！当公司财务陷入困境时，势必会影响其员工。

　　对彭尼百货的员工而言，这种影响表现为交通灯颜色标记的绩效评估制度。公司通过广播告知主管按三种颜色将员工分类：绿色表示员工的绩效可以；黄色表示需要辅导以提高绩效；红色表示绩效未达标，因而得离开公司。许多员工甚至不知道这项制度，到底要不要告诉员工，主管也未得到任何指示。公司总部不想让员工知道绿、黄、红三色评估制度。

　　是否将这项人力资源政策告诉员工，又如何告诉他们很令人纠结，但沟通专家及人力资源专家称绿黄红三色评估制度还存在其他问题：一是以这种方式"处理人类生存问题"缺乏敏感性，红黄绿容易理解的简单特性不适合许多员工个体的困难情况，尤其是评估结果为红色的员工。二是给员工贴上不同的标签会造成人际关系紧张，这些标签会引发幽默、取笑，还可能演变成伤害，甚至歧视。"无论颜色标记的制度看上去有多好，也绝不可能有效。"这并不是说公司不要评估员工，而是应当向员工公开这些。员工应当知道公司在对他们进行评估，评估的标准是什么，如果评估结果很差，有什么改善的途径。此外，如果员工觉得有失公允，还应当有公平的上诉或反抗途径。

讨论题

7-17　许多管理者称评估员工的绩效是其最困难的任务之一，你认为他们为什么会有这种感觉？组织（和管理者）如何才能使评估成为有效的过程？

7-18　组织和管理者能做些什么来使工作过程中的绩效变得可测量？

7-19　你对彭尼百货所采用的颜色标记评估制度有什么印象？作为一家商店的分部主管，你会如何处理这种情况？

7-20 彭尼百货的高层管理者可以采取什么措 施使评估过程更为有效？

应用案例 7-3

寻找杰出人才

提防紫松鼠！

吸引和选择合适的人才对公司的成功至关重要。对于科技公司来说，这个过程更为关键，因为决定这些公司效率、创新和最终成就的是员工的知识、技能和能力。[81] 那么，像谷歌和 Facebook，甚至 IBM 和微软这样的公司是如何吸引它们所需要的人才的呢？正如你所看到的，这些公司各有一些独特的方法。

Modis 公司是 IT 人员和招聘的全球供应商，该公司有一个有趣的哲学，与寻找有才华的技术类型有关。随着企业面临寻找合格员工的压力，寻找"完美"候选人的能力已变得越来越具有竞争力。这家公司把寻找完美的候选人称为"紫松鼠之旅"。有时你只需要意识到，就像紫松鼠一样，"完美"的候选人并不存在，但这并不意味着不去寻找最好的人才。

一些大型科技公司是如何发掘人才的？对于"成熟的"技术公司，如 IBM、微软和惠普而言，这可能是较为困难的挑战，因为它们缺乏创业公司或年轻的、"更性感的"科技公司的吸引力。因此，这些企业必须真正提高它们的竞争力。以 IBM 为例，计算机华生（Watson）在一场电视比赛中击败了两名前 Jeopardy 冠军后，该公司将这台机器拖到了卡内基梅隆大学（Carnegie Mellon）。卡内基梅隆大学是一所顶级大学，学生们在那里有机会挑战计算机。IBM 的目标是吸引一些学生考虑 IBM 的工作机会。惠普则利用各个学校的比萨派对 / 技术谈话等方式，试图在其他科技公司和创业公司抢走年轻学生之前吸引这些人。微软曾经是那些创业公司之一，现在则已经把校友送回学校，宣传为什么微软是一个能发挥他们才华的好地方。同时，它还举办游戏之夜、期末考试学习派对、应用程序建设会议以及其他一些活动来试图吸引学生。

对于 Facebook 和谷歌这样的公司来说，即使潜在人才市场的供求都在不断增加，这一追求仍然具有挑战性。因此，即便是这些公司也必须拥有富有创造力的人才发掘方式。以谷歌为例，它发现它对简历的看法过于狭隘，因为它把注意力集中在教育、GPA，甚至是 SAT 成绩上，试图找到那些 IQ 最高的候选人。但是它发现一些所谓的天才在工作中并没有像预期的那样高效。因此，它开始从不同的角度看待简历。它开始从下往上看，试图找到一些罕见的、特殊的贡献，表明申请者是一个独一无二的人才。Facebook 发现老式的招聘渠道不能足够快地得到人才，所以它尝试以在线拼图和编程挑战来吸引和发现人才。这是一种简单、快捷、廉价的可从潜在候选人处获得意见的方法。尽管有这些独特的方法，年轻的科技公司对候选人之所以能有内在的吸引力，主要还是因为其"专注"和"时髦"。在许多的年轻科技公司中，没有根深蒂固的官僚主义或文化限制，如果一位员工想穿着运动短裤、T 恤和人字拖来工作，他们就会这样做。事实上，许多有才华的员工被吸引到这样的公司，是因为他们可以在自己的工作时间带他们的宠物上班，公司还提供免费的食物和饮料以及各种各样的额外津贴。

讨论题

7-21 这个案例暗示了存在哪些有关员工需求和支持的因素？对于商业而言，那些东西有何意义？

7-22 隐含在"紫松鼠"研究背后的有关寻找杰出人才的寓意是什么？它对于非科技公司来说是否依然有关？请讨论。

7-23 你是否认为成熟的科技公司总是更难吸引到科技人才？请解释。

7-24 你如何看待谷歌和 Facebook 曾尝试过的招聘策略呢？

附录 7A　发展你的职业生涯 [1]

"career"这个词有多种意思，通常，它可以指"提升"（"她进入了管理通道"）、"职业"（"他选择了会计职业"）或"职业生涯"（他在 6 个组织中从事过 12 种不同的工作，这些构成了他的工作生涯）。在这里，我们把"career"解释为一个人一生所从事的各种工作。从这个意义上来看，显然，所有人都有或将会有一份职业。此外，这个概念不仅适合软件设计师或物理学家，也适合无技术的劳动者。但当今的职业发展已与过去不同了。

7A.1　以往的职业发展情况如何

职业发展成为管理学相关课程的重要主题已有很多年了，但其概念已发生了显著的变化。过去，职业发展计划的目的是帮助员工提升其在某一组织中的工作生活，宗旨是向员工提供信息，对他们进行评估和必要的培训，以帮他们实现职业目标。此外，职业发展也是组织吸引和留住高素质人才的一种手段。但这种方式在当今的组织中已难觅踪影，现在，具有传统职业规划的组织很少了。裁员、重构和其他调整让我们看到了一个重要的有关职业发展的现实：是员工自己而不是组织需要承担设计、指导和发展其职业的责任。

7A.2　当今的职业发展情况如何

为自己的职业承担更多个人责任的观念被描述为无限职业（boundaryless career），其挑战是几乎没有明确的规则可循。

首先要做的决定之一是职业选择。最佳选择能将你对生活的追求与你的兴趣、能力和个性以及市场机会完美地结合起来。正确的职业选择所带来的一系列岗位，能给你提供大展身手的机会，令你全身心投入职业，做出非常令人满意的工作，并能较好地平衡工作和个人生活。因此，各方面结合得很好的职业能够培养积极的自我意识，让你从事你认为重要的工作，过你向往的生活。在第一资本金融公司最近所做的一次调查中，66% 的大学毕业生称，一揽子综合福利计划，例如医疗健康保险、401（k）计划、儿童看护和配偶的福利，是他们找工作时最看重的因素；初始薪水排第二，占 64%；工作地点排第三，占 60%。当今的大学毕业生也希望其志愿活动或慈善活动（如免费服务时间或配合捐款）得到回报或补偿。

职业选定以后，就应当开始找工作。然而，我们下面将不讨论找工作、写简历或成功进行面试的详细情况，尽管这些都很重要。我们将跳过这些内容，并假设你已找到了工作，现在应当去上班了！你将如何保住职业以及如何在工作中出类拔萃呢？

7A.3　我如何才能获得职业上的成功

怎样才能提高职业成功的可能性呢？你已在做最重要的事情：你正在接受大学教育！这是增加你一生收入的最可靠方法。现在，高中毕业生平均每年赚 27 915 美元，而大学毕业生平均每年可赚 51 206 美元。就整个工作生涯而言，大学毕业生比高中毕业生平均多赚 80 万美元。投资于教育和培训是你一生所做的最划算的投资之一。其他还有哪些事情可做呢？下面将根据大量的职业管理研究结论提一些建议。

1. 评估你自己的优劣势

你的禀赋在哪方面？相对于其他人，你做哪些事可以给你带来竞争优势？你特别擅长与数字打交道吗？你有很强的人际技能吗？你的动手能力强吗？你的写作能力好过大多数人吗？每个人都有优于别人的长处，也有其弱点。发挥你的优势。

2. 确定市场机会

未来的工作机会在哪里？不论你有怎样的优势，某些工种在未来几十年中可能会衰落，比如银行出纳员、小型农场主、电影放映员、旅行代办人以及秘书等。相反，日益老龄化的社会、持续地对技术的重视、教育和培训投入的增加以及对个人安全的关注可能会创造无数的机会。在老年病咨询、网络管理、培训顾问和安全报警装置等领域可能出现极好的工作机会。

3. 负责管理自己的职业

过去，公司对员工的职业负责，现在这样的公司非常罕见。员工越来越应当对自己的职业负责。把你自己的职业当成你的企业，你是企业的 CEO。为了生存，你必须密切关注市场因素，提防竞争者，随时迅速利用出现的机会。你必须保护你的职业，使其不受损害，并使你自己从环境的变化中获益。

4. 培养你的人际技能

人际技能，尤其是沟通能力，在几乎每一个雇主所要求的技能中占首位。不论是找工作还是职位晋升，良好的人际技能会给你很大的竞争优势。

5. 熟能生巧

越来越多的证据表明，超级成功者与其他人并没有根本的区别，只是他们更努力，更讲究方法。针对世界一流的音乐家、运动员、国际象棋手、科学家和企业家的研究发现，像泰格·伍兹、莫扎特、比尔·盖茨这些人在达到其事业顶峰前持续、专注地训练和学习了大约 10 000 小时（或者 10 年，每年 1 000 小时）。要想在任何领域取得突出的成绩，你就必须有意识地进行大量的练习——为使业绩超越你当前的能力水平而孜孜不倦、坚持不懈地反复练习。

6. 与时俱进

在当今不断变化的世界中，技能会迅速失效。为使你的职业不偏离正轨，你需要终身学习，不断地"上学"，即使不修读正规的课程，也应阅读书籍和杂志，确保你的技能不落伍。

7. 关系网络

关系网络是指为实现自己的目标同他人建立和维持有利的关系。有朋友身处高位对你很有帮助。有熟人让你及时了解你所在的组织及行业中的变化也会很有助益。你可以参加会议，与大学时代的朋友和校友保持联系，参与社区活动，发展一系列广泛的关系。在当今相互联系日益密切的世界中，加入在线业务网络组织诸如 LinkedIn、Spoke 和 Talkbiznow 等。

8. 提高知名度

关系网络可以提高知名度。另外，在专业杂志上发表文章、讲课或发言（在你的专业领域）、参加大会或专业会议也能提高知名度并保证你的成绩得到适当的宣传。让大家注意你可以增加你在市场上的流动能力和价值。

9. 找一个指导者

有指导者帮助的员工可能会上升更快，对组织内部运作情况更了解，接近高层的机会更多，满意度更高，受到的关注也更多。事实证明，指导者尤其有助于促进妇女和少数族裔的职业发展与成功。

10. 利用你的竞争优势

发展能增强你在市场中竞争优势的技能，尤其要重视那些对雇主重要的技能、稀缺的技能，以及竞争较少的领域。尽量避免最不利的一种情况，即人人都可用 30 分钟学会的工作。记住，你越难学会和发展的重要技能，别人也越难掌握。一般而言，一项工作所要求的训练越多，而具有这种训练的人越少，那么，你的安全系数和影响力就越大。

下面是我当学生和当教授多年后体会到的一个观点：要在学校获得成功，你必须是通才，每门功课都很出色。例如，要想各科成绩的平均积分点达到 4.0，你必须在英语、数学、科学、地理和语言等各门功课中都拿高分。然而，"现实世界"奖励专长，你不必样样都在行，你只需掌握一种本领，一种别人不具备而对社会又很重要的本领。你的数学或科学可能一塌糊涂，但这并不妨碍你成为成功的歌剧演员、艺术家、销售员或作家。你英语不好，照样可以当计算机程序员或电气技术员。人生成功的秘诀就是找到你的比较优势，然后不断加以发展。我们在前面已提到，你必须花大约 1 万小时磨砺技能，而后才有可能达到得心应手的程度。

11. 不要回避风险

不要害怕冒险，尤其是当你还年轻，没有太多东西可失去时。重返校园、移居另一个州或国家，或者辞掉工作创办自己的企业都有可能彻底改变你的人生方向。巨大的成功往往需要另辟蹊径，对未知事物心怀恐惧会令你裹足不前。

12. 换工作很正常

过去的几代人常常认为"不要放弃一个好工作"，但这个建议现在已不合时宜了。在当今快速变化的工作市场中，待在一个地方不动往往就意味着你落伍了。雇主不再要求长期的忠诚。要使你的技能不断更新、收入增加和工作有趣，你需要变换雇主的可能性越来越大。

13. 机会 + 准备 + 运气 = 成功

成功的人通常都是有抱负、有智慧且勤奋努力的人，但同时他们也很幸运。许多极为成功的技术企业的创始人，比如微软的比尔·盖茨和保罗·艾伦（Paul Allen）、苹果的史蒂夫·乔布斯、太阳微系统（Sun Microsystems）的斯科特·麦克尼利（Scot McNealy）、诺维尔和谷歌（Novell and Google）的埃里克·施密特（Eric Schmidt），都是在 1953 年 6 月～ 1956 年 3 月短短 3 年间出生的，这并不是偶然的巧合。的确，他们聪明，对计算机和技术感兴趣，但他们也很幸运。在个人计算机刚刚开始时的 1975 年，他们正好十几岁或 20 多岁。若这些具有相似兴趣和天赋的人出生在 20 世纪 40 年代中期，那么，他们可能会在大学毕业后进入 IBM 这样的公司，并把全部注意力投入大型计算机中。如若他们出生在 20 世纪 60 年代早期，那么，他们就会错过技术革命的开始阶段。

成功就是把机会、准备和运气三者结合起来。人们普遍认为我们一生最多只有两三次特殊的机会。如果你很幸运，你会发现这些机会，并已做了适当的准备，然后利用机会。

你无法控制你的出生时间、出生地点、父母的经济状况之类的因素，这些都是运气。但是，你可以控制的是你的准备和当机会来临时你利用机会的意愿。

8

第 章

变革与创新管理

管理偏见

管理者对如何缓解当今工作中的固有压力束手无策。

如今，员工都会对不断增加的工作压力发表意见。裁员、工作量的增加、工作和生活的冲突以及每周 7 天、每天 24 小时的通信联系都只是工作压力增加的部分因素。然而，组织已经无法忽视这个问题。正如你会在本章中所看到的，造成压力的原因有太多，有些是在管理学研究领域之外的，但很多还是在研究范围之内的。精明的管理者正在通过工作再设计、重新调整计划以及引进员工支援计划来帮助员工处理不断增加的工作压力，以平衡工作和个人生活。

压力是由于工作或个人生活中的变化和焦虑导致的消极后果。然而，变革是组织的常态，因此也是管理者和员工面对的常态。无论是大公司、小企业、新创企业、大学、医院甚至军队，都不得不显著改变以后做事的方式。虽然变革自始至终都是管理者工作的一个组成部分，但近年来它已经愈发频繁。由于变革是不会消失的，因此管理者必须学会如何才能成功应对变革。本章将探究组织为变革做出的努力以及组织如何应对变革，并阐述管理者处理组织内压力以及激发组织创新的各种方法。

学习目标

1. 定义组织变革，比较不同的变革观。
2. 解释如何管理变革阻力。
3. 描述管理者需要了解员工压力的哪些方面。
4. 讨论激发创新的方法。

8.1　定义组织变革，比较不同的变革观

如果没有变革，管理者的工作会相对简单得多。

当李励达（John Lechleiter）担任礼来制药（Eli Lilly）首席执行官一职时，他送给每个高管人员一个时钟，用倒计时来提醒他们为公司创造最多现金盈利的药物专利即将到期的时间。这是一种很直观的提醒方式，让高管人员可以更好地为应对大的变革做好准备。到2016年年底，随着礼来制药三大关键药品的专利到期，公司将会就此损失100亿美元的年收入。毋庸置疑，公司不得不做出部分组织变革以追赶药品开发的脚步。[1]礼来制药的管理者正在进行着任何地方或公司的管理者都必须做的事——实施变革。

变革使得管理者的工作更有挑战性。没有变革，管理工作将会变得相对容易。计划将变得十分简单，因为明天和今天会一模一样。组织设计的问题也将迎刃而解，因为环境没有不确定性，组织也就无须适应。同样，制定决策也将大为简化，因为管理者可以非常准确地预测每一个备选方案的结果。如果竞争对手不推出新产品或新服务，客户不产生新需求，政府法规一成不变，科技永不进步，或者员工需求固定不变，那么管理者的工作将会大大简化。但现实并非如此。

变革是组织面临的现实。应对变革是绝大多数管理者工作中不可或缺的部分。我们将这些变革称为组织变革（organizational change），并归纳为三类：结构变革、技术变革和人员变革（见图8-1）。在本章中，我们稍后将讨论变革的这三个方面。

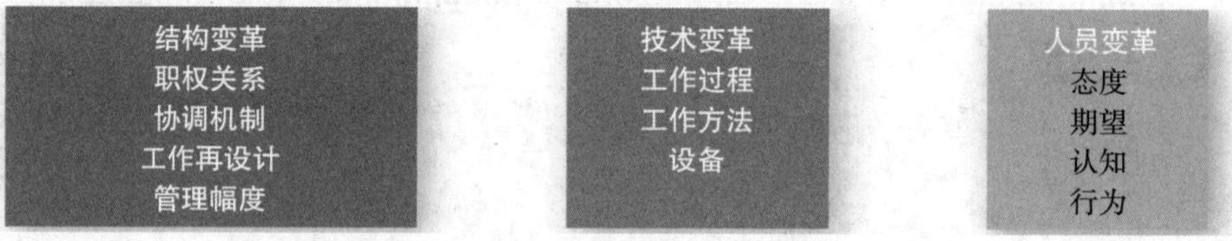

结构变革
职权关系
协调机制
工作再设计
管理幅度

技术变革
工作过程
工作方法
设备

人员变革
态度
期望
认知
行为

图8-1　变革的三种类型

（1）结构变革：包括改变权力关系、协调机制、集权化程度、工作设计或其他结构因素。例如，工作流程重构、导致权力分散化的授权、拓宽管理幅度、降低专业化程度、创建工作团队。所有这些都可能涉及结构变革的一些类型。

（2）技术变革：包括对工作过程或方法以及所使用设备的调整。例如，将工作过程和工作步骤电子化，在工作领域中引入机器人技术，给员工配备移动通信工具，运用社会化媒体工具或是安装新的计算机操作系统。

（3）人员变革：指的是改变员工的态度、期望、认知或行为。例如，改变员工态度和行为，从而更好地支持新的顾客服务战略；通过团队建设来加强团队创新力；或是通过培训来落实"安全第一"的目标。

8.1.1　组织为什么需要变革

本书第2章已经指出，管理者面临来自外部和内部的两种制约力量。这些制约力量同样也产生了对变革的需要。让我们简单回顾一下这些因素。

1. 变革的外部力量

产生变革需要的外部力量有多种来源。近年来,市场中新竞争的出现已经影响到包括美国电话电报公司(AT&T)和劳氏公司(Lowe's)在内的许多公司。比如,美国电话电报公司现在正面临着提供地区电话服务的电报公司和诸如 Skype 免费互联网服务的挑战,而劳氏公司现在也必须接受来自一大群诸如家得宝和美伊娜多公司(Menard)等富有侵略性的公司的竞争。政府法令和法规也是变革的动因之一。在《病人保护和负担得起的医疗法案》经签署成为法律后,数千家企业必须做出决定,如何以最佳的方式为雇员提供医疗保险、改拟福利内容以及教育雇员了解新条款。即使在今天,组织仍需继续提高医疗保险的范围。

技术也会产生变革的需要。互联网已经改变了我们获取信息、销售产品的途径,也改变了我们的工作方式。技术优势已经为许多组织创造了显著的规模经济性。例如,技术允许史考特公司在互联网上向顾客提供无须中间人的交易机会。许多行业的装配线也在经历重大变革,雇主逐渐用技术先进的机器人代替人类劳动,而劳动力市场的波动也迫使管理者进行变革。例如,当前美国注册护士的短缺迫使医院管理者重新设计护士工作,改变其奖酬和福利方案,并与地方大学通力合作解决护士短缺问题。

新闻头条提醒我们,经济变化影响几乎所有的组织。例如,在抵押信贷市场崩溃之前,低利率促使了房地产市场的空前繁荣。这意味着更多的工作、更多的就业机会,并且与建筑行业相关的其他行业销售收入大幅增加。然而,随着经济的恶化、信贷市场的萎缩,它已经对房地产行业和其他行业产生了负面影响,企业难以得到它们所需的运营资金。

2. 变革的内部力量

内部力量也会产生对变革的需求。这些内部力量或产生于组织的内部运行,或产生于外部变革的影响(认识到变革是组织生命周期的一个正常部分也至关重要)。[2]

当管理层重新制定或修正其战略时,通常会产生许多变革。例如,诺基亚引进新设备代表了变革的一种内部力量。在引进新设备后,员工可能面临工作再设计,同时还要进行培训以操作新设备,或者被要求在工作小组内建立新的协作方式。变革的另一个内部力量是组织员工队伍的变化,人员构成会在年龄、教育程度、性别、国别等多个方面发生变化。在一个管理者任职多年且职位未变的稳定组织里,可能需要重新设计工作以便通过提供晋升机会来挽留富有进取心的员工。薪酬和福利制度可能也需要调整,以反映员工队伍多样性的需求以及市场中某一技能供不应求的影响。员工的工作态度,如日益增强的工作不满感,可能会引致缺勤率上升,自动辞职者增多甚至引发罢工。这些事件反过来常常会导致管理政策和实践的变革。

8.1.2 谁将推动组织变革

组织内的变革需要催化剂。

扮演催化剂角色并承担管理变革责任的人,被称为**变革推动者**(change agents)。[3]谁可能成为变革推动者呢?

- 任何管理者都可能成为变革推动者。我们假定变革是由组织内的管理者发起并加以实施的。

- 然而，变革推动者也可能不是管理者，比如，内部的职能专家或者外部的咨询人员，他们的专业技能会被运用于变革的实施过程。

对于系统性的大变革，内部管理层通常会聘请外部的咨询人员提供建议和帮助。因为这些人来自外部，他们通常能够提供一种内部人员所缺乏的客观的观点。然而，外部咨询人员的缺陷在于对组织的历史、文化、运作程序和人事等缺乏足够的了解。他们还比内部人员更为倾向于彻底的变革（这可能有利，也可能有弊），因为他们并不承受推行变革带来的各种后果。相反，内部管理者作为变革推动者时，可能更需要深思熟虑（也可能更加小心谨慎），因为他们与其行动的后果密切相关。

8.1.3 组织变革如何发生

我们通常用两种比喻来说明变革过程。[4] 这两种比喻代表了理解变革并对变革做出反应的两种完全不同的方式。下面将通过对比进行更深入的探讨。

1. 什么是静水行船式的变革观

"静水行船"观（"calm waters"metaphor）把组织描述成一艘在风平浪静的大海中航行的大船。船长和船员都非常清楚他们的目的地，因为他们以前已经做过许多次同样的航行。只有偶遇风暴时才会出现变化，这相对于整个平静、可预见的航程而言，只是一些短暂的小插曲。直到最近，"静水行船"观都还一直统治着管理实践者和理论者的思想领域。"静水行船"观中最为流行的是库尔特·勒温（Kurt Lewin）的变革过程三步描述模型（见图 8-2）。[5]

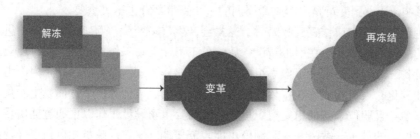

图 8-2 变革过程的三部曲

根据勒温的观点，成功的变革首先是对现状的"解冻"，然后变革到一种新状态，并将其冻结，使之保持一段时间。现状可以被认为是一种均衡状态。要打破这种均衡，解冻是必不可少的。这可以通过如下三种方式之一得以实现：

- 增强驱动力量，使行为脱离现状；
- 削弱妨碍脱离现有均衡状态的限制力量；
- 两种方法结合使用。

一旦"解冻"完成，组织马上可以推行自身的变革，但仅仅引入变革并不能确保其长久。因此，新状态需要被"再冻结"，以使其保持一段时间。除非施行最后一个步骤，否则变革很有可能难以持久，员工很可能会返回原来的均衡状态。因而，冻结的目的是通过均衡驱动力量和制约力量，使新的状态稳定下来（参考"从过去到现在"专栏中有关勒温和他的组织研究的介绍）。

值得注意的是，勒温的三个步骤是将变革看成对组织均衡状态的打破。[6] 在打破现状以后，组织就需要通过变革来建立新的均衡状态。对 20 世纪面临相对稳定环境的大多数组织而言，这种观点可能是适用的，但静水行船式的变革观对当前管理者面临的多变航海环境而言，已逐渐过时。

 从过去到现在

勒温的观点有助于我们更好地理解组织变革

库尔特·勒温是谁

- 德裔美国心理学家，因其对群体动力的研究而闻名（使他在管理学界享有盛誉）。
- 被称为现代社会心理学之父（一门运用科学方法理解和解释个人思想、感情与行为如何受到他人真实的、想象的或者隐含的行为影响的学科）。[7]

他有哪些成就

- 对群体行为进行了解释，即群体行为是个体行为及其相互作用的复杂集合，它不仅影响群体结构，而且还改变个人的行为。
- 他关于第二次世界大战期间家庭饮食习惯变化的研究，为引入变革提供了新的重要见解。

他的研究带来的主要启示

- 与通过讲授和个人影响推行变革的方式相比，群体决策更有利于变革的推行。
- 当人们认为自己有权参与变革的决策而不是简单地被告知要变革时，变革更容易被接受。
- **力场分析法**（force field analysis）为人们寻找影响某情境的因素提供了一个框架。
- 这些因素可能促进或阻碍目标的实现。
- 什么促使变革发生和管理者如何克服变革阻力？增强驱动力、减少阻力，或者两者同时进行。

讨论

- 解释力场分析法以及该方法如何应用于组织变革。
- 在勒温的观点中，你认为有哪些是管理者可以利用的？

2. 什么是激流泛舟式的变革观

苏珊·怀廷（Susan Whiting）是尼尔森媒体调研公司（Nielsen Media Research）的总裁，这家公司以评估电视收视率而闻名，收视率常常被用来决定电视商业广告的价格。媒体研究业务现已不同往日，互联网、视频、手机、iPod、数码摄像机和其他变革中的技术使得数据收集工作变得更具挑战性。怀廷说："如果你观察我一周的工作，你就会知道我是在领导一个不断变革的产业中的一家不断变革的企业。"[8] 这就是对我们的第二种比喻，即激流泛舟式的变革观的生动描述。这也与逐渐被信息、思想和知识统治的现实世界是一致的。[9]

"激流泛舟" 观（"white-water rapids" metaphor）把组织看成是在不断出现险滩的湍急河流中漂流的小木筏。木筏上有几个船工，他们似乎从未一起出航，对这条河流也一无所知，不知道最终的目的地，甚至情况可能更糟，他们不得不在漆黑的夜晚航行。这种观点认为，变革是一种自然状态，管理变革是一个持续不断的过程。

为了便于理解在充满变化的环境中需要什么样的变革管理，不妨假设你进入了一所课时安排长短不一的大学，而且在你注册时，并不了解每门课程会持续两周还是 30 周。此外，授课老师也可以不事先通知，而在他愿意的时候随时结束这门课程。更糟的是，每次课的长度也随时变化，有时只有 20 分钟，有时却长达 3 小时，而下一次上课的时间也完全由老师在上一节课中临时宣布。还有，每次测验都不会事先通知，你得随时做好测验的准备。要在这样的大学里取得成功，你必须具有足够的灵活性以对每次环境变动做出迅速反应。那些过于刻板、行动缓慢的学生迟早会被淘汰。

3. 是否每一位管理者都面临一种持续不断、无序变化的环境

并非每一位管理者都面临一种持续不断、无序变化的环境，但不处于这种环境的管理者数量正在急剧减少。静水行船观所描述的稳定与可预测的环境是不存在的。打破现状并不是偶然和暂时的，而且打破平衡之后也不会停留在静水行船式的状态。很多管理者从来都没摆脱"激流"。像前面提到苏珊·怀廷一样，他们面临着持续的环境压力（内在的和外在的），这促使他们有必要进行组织变革。

大多数组织变革都不是偶然发生的。

---

4. 组织如何实施有计划的变革

在佐治亚州的温德姆会议中心（Wyndham Peachtree Conference Center），企业组织员工体验中国传统的水上运动——赛龙舟。这项体育运动其实是额外福利，参与者在团队建设锻炼中收获的沟通、协作以及责任感才是更长远持续的福利。[10]

我们知道，组织成员经历的大多数变革并不是偶发事件。通常，管理层为了改变组织的某一方面会做出一系列努力。无论发生什么（包括结构或者技术）最终都会影响到组织成员。试图利用有计划的变革帮助组织成员，即为组织发展（organization development，OD）。

为了推动长期的、整个组织范围内的变革活动，组织发展的焦点是建设性地改变组织成员的态度和价值观，以使他们更容易适应组织新的发展方向并且更具效果。[11]一旦推行组织发展，组织领导实质上是在试图改变组织文化。[12]然而，组织发展的关键在于员工的参与并培育一种公开交流、互相信任的氛围。[13]组织发展涉及的人员会感受到变革带来的压力。因此，组织发展试图把工作受变革影响的所有组织成员都包含进去，并且收集员工关于变革如何影响他们工作的各种看法（就像勒温说的那样）。

Kiyoshi Ota/Bloomberg/Getty Images

作为德纳公司（DeNA）——一家日本互联网公司的总裁，守安功（Isao Moriyasu）的管理理念是：在激流勇进的环境下，改变是一种常态并且管理的变革是一个持续的过程。守安功迅速收购公司和开发新的服务使得德纳公司从它在日本的基地扩展到全世界。

任何有助于推行有计划的变革的组织活动都可以视为组织发展技术。然而，更常用的组织发展努力主要依赖于群体之间的相互影响和合作，包括调查反馈、过程咨询、团队建设和群体间发展。

（1）调查反馈（survey feedback）。它用于评估组织成员对所遭遇的变革的态度和认识。员工通常需要回答一系列特定的问题，这些问题是关于组织中的决策制定、领导、沟通效果，以及对工作、同事和管理层的满意度。[14]变革推动者利用这些资料确认成员可能遇到的

问题，并据此采取措施解决问题。

（2）**过程咨询**（process consultation）。外部咨询人员帮助管理者对其必须处理的过程要素形成认知、理解和行动的能力。[15] 这些过程要素可能包括工作流程、单位成员间的非正式关系、正式的沟通渠道等。咨询人员使管理者更好地认识正在发生什么。非常重要的一点是要认识到咨询人员并不能解决这些问题。相反，他们像教练似地帮助管理者诊断哪些过程需要改进。如果在咨询人员的帮助下，管理者仍未能解决问题，咨询人员通常会帮助管理者配备一名具有所需技术知识的专家。

（3）**团队建设**（team building）。组织是由为实现某些目标而在一起工作的个人组成的。由于组织成员需要经常与周围的人互相合作，因此组织发展的一个基本功能就是帮助他们组成团队。团队建设通常是帮助工作团队确定目标、发展积极的人际关系、确定每个团队成员的角色和责任的活动。这里没有必要对每一方面加以说明，因为团队也许已经在理解自己的使命方面取得了一致。团队建设的重点是增强成员间的信任感和开放性。[16]

（4）**群体间发展**（intergroup development）。不同群体都把重点放在帮助工作团队更具有凝聚力上，而群体间发展是试图改变一个群体对另一个群体的态度、成见和认知。这样，不同群体间的良好合作就可能实现。

8.2　如何管理变革阻力

我们都知道应该健康饮食并积极参加体育锻炼，但是很少有人真正持续不断地遵循这个建议。我们会抵制生活方式的改变。瑞典大众汽车以及斯德哥尔摩广告代理商 DDB 共同做了一个试验，以观察能否使人们改变行为，让他们选择更健康的走楼梯方式而不是坐电梯。[17]怎么进行的呢？他们在斯德哥尔摩一个地铁站的楼梯处放置了一架工作钢琴键盘（你可以在YouTube 视频网上观看），并观察乘客是否会使用。这个试验取得了轰动的成功效果，将楼梯的使用率提高了 66%。其中的启发是：如果变革足够吸引人，人们愿意做出改变。

因为管理者关心组织有效性的提高，所以应当激励他们去推动变革。但是，在任何一个组织中实施变革都不容易。变革具有破坏性并容易引起恐慌，这样，组织及其成员就会产生反对变革的惰性。

即使这种变革可能有益，他们也会反对。

接下来，我们将探讨组织成员为何会反对变革以及采取何种措施减轻变革的阻力。

8.2.1　人们为什么会抵制变革

显然，绝大多数人都反对不能使他们受益的变革。对于这种变革阻力，早已有人撰文评论过了。[18] 但究竟人们为什么要反对变革？一个人反对变革的原因可能包括：不确定性、习惯、担心个人得失以及认为变革并未出于组织的最佳利益。[19]

（1）**不确定性**（uncertainty）。变革是用不确定性取代已知的东西，而没有人喜欢不确定性。无论学生多么不喜欢进大学念书（或者某些课程），但他们至少了解内情，他们知道自己期待什么。当他们离开校园而开始全职工作时，他们不得不冒着从已知到未知的风险。组织成员也面临同样的不确定性。例如，在制造企业中引进基于统计模型的质量控制手段时，许多质检员必须学会这些新方法。有些人担心他们难以胜任，因而会对变革产生敌对态度，或者在要求他们使用新方法时采取消极的行为。

（2）习惯（habit）。我们做事情总是出于习惯。大多数人每天都会走相同的路去上班或上学。我们是习惯性的高级动物。我们的生活已经够复杂了，我们不希望还要对每天都相同的数百个常规决策做最充分的考虑。要处理这种复杂的情况，我们依赖于习惯或既定反应。但当我们面对变革时，习惯的行为方式成了变革阻力的源泉。

（3）关注个人得失（concern over personal loss）。人们总是担心失去既得利益。变革会威胁到人们对现状的投资。人们对现行体制的投入越多，变革的阻力也就越大。为什么呢？因为他们害怕失去现有的职位、金钱、权力、友谊、个人便利或其他利益。这也就解释了为什么老员工比新员工更反对变革，老员工通常对现行体制投入更多，因此，一旦调整到变革后的状态，失去也将更多。

（4）变革并未出于组织的最佳利益（change is not in organization's best interests）。如果某个员工认为变革推动者所提倡的工作程序会造成生产率或产品质量下降，那么他极有可能反对变革。如果这个员工能正面表达出他的反对意见，那么这种形式的阻力对组织而言可能是有利的。

8.2.2 减少反对组织变革阻力的方法有哪些

在 401（k）的一场年度会议上，北美工具公司（North American Tool）员工在投资购买社保上热情不高，其首席执行官对此大失所望，他带来了一个大袋子，拉开拉链，倒在桌子上。[20] 一大笔现金从包里倒出来，确切地说是 9 832 美元，这是员工上一年没有争取到的社保数额。对着这笔钱，他打着手势说："这是你们的钱。它们本应该在你们的口袋里。明年，你们是希望它们出现在桌子上还是在你们的口袋里？"当 401（k）的登记表格发放下去后，好几个人都报名了。有时候要让别人改变，你首先要引起他们的注意力。

管理层在确认变革的阻力有害时，可以采取哪些方法呢？这里提供几种方法，供管理者或其他变革推动者参考。这些方法包括教育与沟通、参与、促进与支持、谈判、操纵与合作、强制。下面将对这些方法进行概括性的介绍，可参见表 8-1。管理者应该把这些方法视为工具并根据阻力的类型和来源选择最合适的方法。

- 教育与沟通可以通过让员工了解变革努力的合理性来减少变革阻力。当然，这一方法是假定大部分阻力源自信息失真或者沟通不善。
- 参与是指让那些直接受到变革影响的成员参加决策的制定过程，并允许他们表达自己的感受。这能够提高决策过程的质量，增加员工对最终决策的责任感。
- 促进与支持是指帮助员工应对因变革而带来的忧虑和焦急。这种帮助包括向员工提供咨询、治疗、新技能培训以及短暂的带薪休假。
- 谈判就是讨价还价，交换某种有价值的东西达成一种协议以减少变革的阻力。当变革的阻力来自某一权力集团时，这一方法尤为适用。
- 操纵与合作指的是努力对其他人施加影响，它可以是有意扭曲或歪曲事实而使变革显得更具有吸引力。
- 强制也可用于应对变革的阻力，比如对反对者使用直接威胁或强迫。

表 8-1　减少变革阻力的策略

策略	何时使用	优点	缺点
教育与沟通	当阻力源自信息失真时	消除误解	当双方缺乏信任时可能失效
参与	当反对者有技能对组织做出贡献时	提高参与程度及接受程度	耗费时间，可能作为下策
促进与支持	当反对者害怕并焦虑不安时	可以促进所需要的调整	花费较大，没有成功的把握
谈判	当阻力来自权力集团时	可以收买人心	潜在成本高，会面临来自其他人的压力，旁门洞开，无疑自找压力
操纵与合作	当需要一个权力集团的支持时	成本不高，便于得到支持	可能会后院失火，导致变革推动者失去信誉
强制	当需要一个权力集团的支持时	成本不高，便于得到支持	可能是非法的；可能有损变革推动者的信誉

8.3 组织变革中员工有哪些反应

变革通常会给员工带来压力。

6 个主要经济体的员工压力水平如下表所示。[21]

英国	35% 的员工
巴西	34% 的员工
德国	33% 的员工
美国	32% 的员工
中国	17% 的员工
印度	17% 的员工
全球平均水平	29% 的员工

8.3.1 什么是压力

- 压力（stress）是因为强烈的要求、限制或机会所产生焦虑的反应。[22, 23]
- 压力并不总是坏事。压力也有积极的一面，尤其当环境能为某人创造有所收获的机会时。功能性压力（functional stress）可以使人在关键时刻发挥出最佳水平。
- 压力常常与限制（constraints）、要求（demands）和机会（opportunities）相伴。限制是阻止我们做自己希望做的事情的障碍。要求是指想要得到的东西的缺失。机会是新的、从未得到过的事物的可能性，比如参加考试或者进行年度工作绩效考核。
- 尽管在以上条件下压力可能会表现出来，但并不一定会真的产生。

潜在的压力变为真实的压力有两个条件：一是结果的不确定性；
二是该结果必须很重要。

压力的征兆有哪些

压力过大可能会带来很严重的后果。在日本有一种压力症状被称为过劳死（karoeshi），意思是"工作过度而死"。压力的征兆如图 8-3 所示。

8.3.2 什么是产生压力的原因

有 52% 的员工表示，同事是产生工作压力的一部分原因。[24]

1. 工作相关因素

比如避免错误或在限定时间内完成任务的紧迫感、报告归档方式的改变、要求苛刻的主管、不友善的同事。下面将讨论 5 类压力因素：任务要求、角色要求、人际关系要求、组织结构和组织领导。

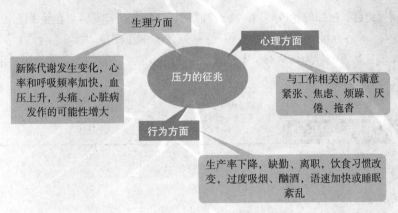

图 8-3　压力的征兆

（1）**任务要求**（task demands）：与员工工作相关的压力，包括工作的设计（自主性、任务多样性、自动化程度）、工作条件（温度、噪声等）以及工作场所的布置（在过度拥挤的房间工作或在一个干扰不断的公开场合工作）等。当员工认为定额过高时，这会对他们产生压力。[25] 员工任务之间的相互依赖程度越高，潜在的压力也越大（供参考：自主性可以减轻压力）。

（2）**角色要求**（role demands）：有关的压力来自员工在组织中所扮演的特定角色。

- 由于**角色冲突**（role conflicts）而产生的多种期望可能是难以调和或满足的。
- **工作超负荷**（role overload）是指要求员工在几乎不可能完成的时间内完成更多的任务。
- 当对角色的期望不清楚、员工不确定他应该做什么时就会产生角色模糊（**role ambiguity**）。

（3）**人际关系要求**（interpersonal demands）：产生的压力来自其他员工。缺乏同事的支持以及恶劣的人际关系都会造成巨大的压力。

（4）**组织结构**（organization structure）：过多的规章制度和员工缺乏参与影响自己的决策的机会会影响员工。

（5）**组织领导**（organization leadership）：代表组织管理层的监督风格。有些管理者有意制造充满紧张、担心和焦虑的文化。他们通过建立虚假的紧迫感要求员工在短期内完成任务，施行过度严密的控制，并且随时解雇达不到标准的员工。

2. 个人因素

任何一种生活上的要求、限制或者机会。

（1）家庭问题、个人经济问题，等等。

- **不能忽视！管理者必须理解这些个人因素。**[26]

（2）员工内在性格特征——A 型性格或者 B 型性格。

- **A 型性格**（type A behavior）的特点是一种强烈

道德观察

有 1/5 的公司会提供某种形式的压力管理项目。[27] 尽管如此，许多员工并不一定会参加。他们不大愿意寻求帮助，尤其是当职业安全感缺失是造成这些压力的主要原因时。毕竟，人们总觉得压力是一件见不得人的事。人们不想让其他人觉得他们无法完成工作上的要求。尽管他们可能前所未有地需要压力管理，但也很少有员工愿意承认自己存在压力。

讨论

- 这种矛盾该如何解决？
- 组织是否有道德上的责任去帮助员工处理压力问题？

的时间紧迫感、超强的竞争动力，对于闲暇时间不知如何打发，更容易表现出压力的症状。

- B 型性格（type B behavior）则恰好相反：从不急切或不耐烦。

只有当 A 型性格人的行为与敌对和愤怒联系在一起时，才会带来消极的压力。而 B 型性格的人对这些产生焦虑的因素同样敏感。

8.3.3 如何减轻压力

1. 总体方针

- 并不是所有压力都是消极的。
- 压力是不能从个人生活中完全消除的。
- 可以通过控制某些组织因素来降低与工作相关的压力，也可以在一个有限范围内帮助员工减轻个人压力，从而减少压力的消极影响。

2. 工作相关因素

- 员工选拔——管理者提供真实的工作预览，需要确保员工能力与工作要求相匹配。
- 在职工作——完善的组织沟通能大大降低由模糊性所导致的压力。同样地，一个好的绩效管理方案，比如目标管理法（MBO），能明晰责任，提供清晰的绩效目标，并通过反馈降低模糊性。工作再设计也是减少压力的一种方法。如果压力源自工作的枯燥或者超负荷，那么必须重新设计工作增加挑战性或者降低工作负荷。人们发现，那些能增加员工参与决策的机会以及获得社会支持的工作再设计同样能减少压力。[28]

3. 个人因素

- 管理者很难对其进行直接控制。
- 涉及道德层面的问题。

> 管理者是否有权去打扰（哪怕是不易察觉地）员工的个人生活？

如果管理者认为这是道德责任，并且员工对此也是接受的，可以考虑以下几种做法。

- 设计员工支援计划和保健计划，[29] 在员工遇到困难的时候提供帮助（个人理财、法律事务、健康、健身以及压力）。[30]
- 员工支援计划（employee assistance programs，EAP）[31] 的基本原理就是尽快让员工恢复到高效率的状态。
- 保健计划（wellness programs）的基本要义则是保护员工的身体健康。

8.4　讨论激发创新的方法

"创新是保证持续成功的关键所在。"

"今日的创新是为了守护企业的明天。"

以上两句引言反映了创新对于组织的重要性。前一句出自万事达卡（MasterCard）的 CEO 彭安杰（Ajay Banga），而后一句出自施乐创新团队的首席技术官苏菲·范德布洛克（Sophie Vandebroek）。[32] 如今要取得商业成功，创新必不可少。在动态、混沌的全球竞争中，组织要想脱颖而出就必须创造新的产品和服务，并采用最新技术。[33]

当你想到成功的创新者时，哪些公司会浮现在你的脑海中？也许是开发出各种出色的工作和娱乐工具的苹果公司；也许是有着超过 10 亿用户的 Facebook；也许是制造了第一台大众市场全电动汽车，即日产聆风的尼桑公司；又或者是像四方达公司这样，通过让用户在不同地点检入，解锁各种古怪的虚拟勋章，获取商家优惠券，从而推动"社交–本地化–移动化"（SoLoMo 模式）的趋势。[34] 这些创新冠军成功的秘密是什么？如果有的话，其他组织的管理者可以做些什么，使其组织更富创新能力呢？在下面这部分中，我们将尝试从探讨创新背后的因素来回答这几个问题。

企业家尼克·伍德曼（Nick Woodman）把他的创造力倾注在一款有用的产品上。作为 GoPro 公司的创始人，伍德曼设计了一种小型可穿戴相机，冲浪者、跳伞者和其他体育爱好者可以使用它来拍摄高质量的照片和视频。图中所展示的是伍德曼在一次大学校友会上用他的 Gopro 腕带给学生们拍照。

K.C. Alfred/U-T San Diego/ZUMAPRESS/Alamy

8.4.1　创造力与创新有何关系

创造力（creativity）是指以独特的方式整合各类思想，或在多种思想之间建立独特联系的能力。[35] 一家富有创造力的公司有独特的工作方式或解决问题的新办法。例如，在美泰公司，管理层引入了一项普拉提普斯计划（Project Platypus）。这一专门小组由来自不同专业的员工组成（如工程学、营销学、设计学和销售学），旨在使员工理解"儿童游戏模式背后的社会与心理机制"，从而"跳出框架思考"。为了协助达到此目的，小组成员从事想象力练习、集体喊叫、丢掷填充式小兔子玩偶等活动。丢掷小兔子玩偶与创造力有关吗？这是玩耍课程的一部分，参与的成员要尽量学会投掷两个球和一个小兔子玩偶变戏法。大多数成员能很容易地学会扔出两个球的戏法，但不能扔出第三个物品。创造力，就像这个戏法一样，是要学会放手，即扔出小兔子玩偶。[36] 但仅有创造力本身并不够。

创造性过程产生的结果需要转化为有用的产品或工作方法，我们将这一过程定义为创新（innovation）。因此把创造力转化为有用的产出是创新公司的一大特征。当管理者谈到要进行组织变革，使其更具创造力时，他们通常指的是要激发创新。

8.4.2　创新需要什么

有人认为创造力是天生的，而有人认为通过培训，任何人都可以具有创造力。后者把创造力看成是包括感知、孵化、灵感、创新四个组成部分的一个过程。[37]

（1）感知（perception）是指你观察事物的方式。具有创造力意味着从一个奇特的角度去观察事物。一个员工可能会找到解决某一问题的方法，而其他员工不能或者根本没有发现。然而，从感知到现实的过程并不是即刻发生的。

（2）思想还要经历一个孵化（incubation）过程。有时候，员工需要"坐"在他们的思想上，但这并不意味着"坐"在那儿无所事事。相反，在这个孵化过程中，员工应当收集大量储存的、修正过的、研究过的、整理过的信息与资料，最后形成一种新的思想，这一过程通常要持续多年。回想一下，你在考试中绞尽脑汁搜索某一答案的时刻。尽管你尽力去唤起记忆，但毫无结果，突然，答案像闪电般出现在脑海中，你终于找到了它！

（3）灵感（inspiration）在创造过程中也与此极为相似。灵感就是你付出的所有努力成功汇集在一起时的那一刻。尽管灵感可以带来一时的兴奋，但创造工作并未结束。它还需要创新的努力。

（4）创新（innovation）指的是吸收灵感并把它转化为有用的产品、服务或某种做事的方式。托马斯·爱迪生（Thomas Edison）曾说过："天才就是1%的灵感加上99%的汗水。"那99%，或者说创新，包括试验、评价、再试验得到的灵感。通常在这个阶段，个人会让更多人参与到他的创造工作中。这种参与非常重要，因为如果个人不能有效地与别人沟通，获得有创造性的想法，即使是最伟大的发明也会被耽搁，甚至被浪费。

 技术与管理者的工作：促进创新蓬勃发展

当员工忙于完成日常工作任务时，创新是如何蓬勃发展的呢？对于希望更具创新性的组织来说，这是个真正的挑战。[38]谷歌有"20%的时间"的倡议，鼓励员工把20%的时间花在与他们的工作无关的项目上。其他公司，比如Facebook、苹果、LinkedIn、3M、惠普等也采取了类似举措。每周有一天的时间来研究与公司相关的想法看起来好得有些不真实。但更重要的是，它真的能激发创新吗？确实可以。在谷歌，这类举措推动了自动完成系统——谷歌新闻、Gmail和Adsense的诞生。然而，这样的"公司"举措的确面临着强大的障碍，尽管它们在理论上貌似不错。这些挑战包括：

- 在时间和资源上的严格监督使得员工不愿意使用这段时间，因为他们大多数都有足够的日常工作需要完成。

- 当基于目标绩效发放奖金时，员工马上就会明白该把他们的时间花在这上面。

- 员工会产生什么想法？

- 管理者和同事可能会认为这种做法是"不劳而获的"因而不支持你。

- 企业官僚主义的障碍。

那么，公司如何才能使其发挥作用？我们有以下建议：管理者需要支持那些有着个人热情和动力的员工，并为他们的想法开辟道路，或者让员工有更多的创新动力（设计权等），并且不要把创新制度化。创造力和创新本身就涉及风险和回报，请给有创造力的人一些不断去尝试和失败的空间。

讨论

- 你能从这样的实践中看出这些举措对于组织和个人有什么好处？

- 这些举措面临哪些障碍？管理者应如何克服这些障碍？

8.4.3　管理者如何才能激发创新

系统模型（输入→转换→输出）能帮助我们理解组织如何变得更具创新性。[39]一个组织如果想要拥有创新性产品和工作方法（输出），那么它必须通过输入和转换才能得到。输入包括组织中具有创造力的人和群体。但是我们之前就曾说过，仅有创造力的人是不够的。转换过程要求营造合适的环境以将输入转化为创新产品或工作方式。"合适"的环境，也就是能激发创新的环境，包括三类变量：结构因素、文化因素和人力资源因素（见图 8-4）。

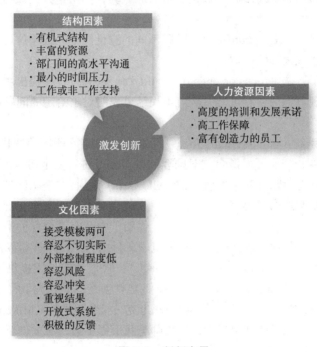

图 8-4　创新变量

1. 结构因素如何影响创新

基于大量研究，我们可以总结出有关结构因素对创新作用的 5 个结论。[40]

（1）有机式结构对创新有正面的影响，因为其规范化、集权度与工作专业化程度均低，有机式结构可以提高组织的灵活性、有利于思想共享，这对创新至关重要。

（2）容易获取的丰富资源是创新的一个重要基石。充裕的资源使管理层可以购买创新成果，承担创新的巨大成本并能够承受失败的损失。

（3）跨部门的各单位之间频繁的沟通有利于清除创新的潜在障碍。[41]跨职能型团队、任务小组和其他有利于跨部门互动的组织设计在创新型组织中得到了广泛的应用。

（4）创新型组织总是力图使创新活动的时间压力最小化，即使面对着"激流泛舟"式的环境。尽管时间压力可能会让人工作更努力，或更有创造力，但研究表明时间压力会削弱人们的创造力。[42]

（5）研究表明，员工的创造性表现会随着组织结构对创造力的明确支持而加强。有效的支持手段包括鼓励、开放式交流、倾听和有效的反馈等。[43]

2. 文化如何影响创新

富有创新能力的组织通常具有相似的文化。[44]这些组织鼓励试验，不论成功与失败都予以奖励。它们也颂扬失误。充满创新精神的组织文化通常有如下 7 个特征，详细分述如下。

- **接受模棱两可**（acceptance of ambiguity）：过于强调目的性和专一性会限制创造性。
- **容忍不切实际**（tolerance of the impractical）：不打击对"如果……那么……"这类问题做出不切实际，甚至是愚蠢回答的员工。乍看起来不切实际的回答，可能会带来对问题的创新性解决。
- **最低程度的外部控制**（keep external controls minimal）：规则、条例、政策这类控制被保持在最低限度。
- **容忍风险**（tolerance of risk）：鼓励员工大胆试验，不用担心失败的后果，并将错误看成学习机会。
- **容忍冲突**（tolerance of conflict）：鼓励不同的意见。个人或单位之间的一致和认同并不意味着能实现很好的绩效。
- **重视结果甚于方法**（focus on ends rather than on means）：在提出明确的目标后，鼓励个人探索实现目标的各种可能方法。重视结果表明对于给定的问题可能有好几个正确的答案。
- **强调开放式系统**（open-systems focus）：组织时刻监控环境的变化并迅速做出反应。例如在星巴克，产品开发源自"对顾客和顾客偏好进行实地考察所产生的灵感"。公司执行营销副总裁米歇尔·加斯（Michelle Gass）说道："把队伍带到巴黎、杜塞尔多夫、伦敦考察当地的星巴克和其他餐厅，你就会对当地的文化、行为习惯以及当地的潮流有更好的认识。"[45]当你回来的时候，你脑子中会充满着各种不同的想法、不同的思考方式。这些是你以前通过杂志或者电子邮件的方式所不能得到的。"
- **提供积极的反馈**（Provide positive feedback）：管理者向员工提供积极的反馈、鼓励员工、给予员工支持，让员工感觉到他们富有创意的想法得到了重视。例如，RIM（Research In Motion）公司董事长兼CEO迈克·拉扎里迪斯（Mike Lazaridis）说："我认为我们有一种创新的文化氛围，工程师与我形影不离，激发创新是我的生活。"[46]

3. 哪些人力资源因素影响创新

在人力资源这一类因素中，我们发现富有创新能力的组织总是积极推动员工培训和员工发展以保持其知识的更新，并向员工提供高工作保障以减少他们对因犯错误而遭解雇的顾虑，同时也鼓励员工成为革新能手（idea champions）：一旦产生新思想，革新能手会积极、热情地将这一思想深化。组织要提供支持并克服阻力，以确保创新得到推行。研究表明，革新能手有一些共同的性格特征：异乎寻常的自信、有持久力、精力充沛、敢于冒险。他们也显示出了与动态式领导相似的特征。他们会以创新带来的潜在美好前景及自己对使命的坚信不疑来激励和鞭策他人。他们也善于从他人处争取支持其使命的承诺。另外，革新能手的工作被赋予相当大的决策自主权，这有助于他们引入并推行创新。[47]

Netflix 创始人和首席执行官 Reed Hastings 创造了一种鼓励员工成为革新能手的创新文化。公司给予员工自由提出新想法的权利，员工也因此有责任通过跨部门成立工作小组的形式来使他们的想法"社会化"。

Robin Utrecht/ABACAPRESS/Newscom

8.4.4 设计思维是怎样影响创新的

在第 7 章中，我们已经介绍了设计思维的概念。毋庸置疑，设计思维和创新之间有着很强的联系。"设计思维对于创新，就像全面质量管理（TQM）对质量一样重要。"[48] 正如同TQM 为组织内的质量改善提供了一套流程一样，设计思维也可以提供一套流程，让人们能提出尚不存在的东西。当将设计思维的思路用于商业模式时，其重点在于对客户需要以及想要什么有更深的理解。设计思维需要将客户看成有着实在诉求的一般人，而并不只是销售目标或人口统计数据。设计思维还需要能够将这些客户的诉求转换成实际且实用的产品。例如发明TurboTax 软件的财捷集团（Intuit），其创始人斯科特·库克（Scott Cook）就认为公司的创新发展不够快。[49] 因此，他决定采用设计思维。他将这种首创性称为"设计以怡情"，即通过实地研究客户来理解"痛点"，也就是在他们办公室或者家庭工作中的最大阻挠。之后，财捷的员工通过头脑风暴（他们戏称为"痛苦风暴"）提出各种解决问题的方案，并通过对客户进行试验来找出最佳选择。例如，其中一个团队发现的一个痛点是怎样让客户拍下纳税申报表来减少输入错误。对一些习惯用智能手机拍照的年轻客户而言，不能在手机上申报税务是很令人失望的。为了解决这个问题，财捷开发了一款叫作"Smap Tax"的手机应用。该公司称，该应用在 2010 年首次投入使用后已经被下载超过 100 万次。设计思维就是这样在创新中发挥作用的。

本章概要

1. 定义组织变革并比较变革过程的两种观点。

组织变革是组织在人员、结构、技术方面的一系列改变。静水行船观认为变革是事物正常运转过程中的偶然中断，变革可以按勒温的"变革三步曲"（解冻→变革→再冻结）加以计划与管理。激流泛舟观则认为变革是持续不断的，对变革的管理也是个持续的过程。

2. 解释如何管理变革阻力。

人们抵制变革是因为不确定性、习惯、关注个人得失或者认为变革可能并非出于组织的最佳利益。减少变革阻力的方法包括教育与沟通（通过让员工了解变革努力的合理性来减少变革的阻力）、参与（让那些直接受到变革影响的成员参加决策的制定过程）、促进与支持（给予员工实施变革所需的支持和帮助）、谈判（交换某种有价值的东西达成一种协议以减少变革的阻力）、操纵与合作（使用消极举动来影响他人）、选取乐于改变并愿意接受变革的人、强制（使用直接威胁或强迫）。

3. 描述管理者需要了解员工压力的哪些方面。

压力是人们在面对超出他们承受范围的过度的需求、限制或机会时的一种反常反应。压力的症状可以是生理的、心理的或者行为上

的。压力可由个人因素以及与工作相关的因素导致。管理者可以通过使员工与工作相匹配、改善组织沟通、实施绩效管理方案或工作再设计等手段来减轻员工的压力。解决产生压力的个人因素是很棘手的，但管理者可以采用员工咨询、时间管理和健康计划等方法。

4. 讨论激发创新的方法。

创造力是指以独特的方式整合各类思想，或在各类思想之间建立独特联系的能力。创新则是指吸收一种创造性思想并将其转化为有用的产品或工作过程。一个创新的环境包括结构、文化以及人力资源等因素。

重要的结构因素包括有机式结构、丰富的资源、组织各部门之间频繁的沟通、最小的时间压力、组织支持。重要的文化因素包括接受模棱两可、容忍不切实际、最小的外部控制、容忍风险、容忍冲突、重视结果甚于方法、强调开放式系统、提供积极的反馈。重要的人力资源因素包括高度的培训和发展承诺、高工作保障、鼓励个人成为革新能手。

设计思维也可以在创新中起到一定作用。它提供了一套流程，让人们能提出尚不存在的东西。

复习思考题

8-1　为什么处理变革是管理者工作中必不可少的组成部分？

8-2　比较静水行船观和激流泛舟观，你会用哪一种来描述你的生活现状？为什么？

8-3　阐述勒温的三步骤变革过程。它与激流泛舟式变革中的变革过程有何不同？

8-4　机会、限制和需求如何影响压力？分别举例说明。

8-5　通常组织对所能承受的变革有一个限度。作为管理者，你会利用什么指标来反映你的组织已经超过了其变革承载力？

8-6　为什么说组织发展是有计划的变革？解释在当今动态环境下有计划的变革对组织的重要性。

8-7　创造力和创新有何区别？试各举一例。

8-8　查阅资料，说明怎样才能成为一个有创造力的人。逐条记录下你的建议并在课堂上分享。

8-9　创新文化如何使组织更有效？你认为创新文化是否会导致组织低效？为什么？

8-10　当你发现自己正经历不正常的压力时，记录下压力形成的原因，有什么征兆，以及你是怎样处理这些压力的？在日志中记下这些信息，并评估这些减压方法是否有效，你可以怎样更好地处理压力。你的目标是能够意识到面对的压力，并可以采取积极的行动应对压力。

8-11　在组织中，有计划的改变通常被认为是最好的方法。无计划的变化会有效吗？请解释。

8-12　请讨论对于创新而言必要的组织架构、企业文化和人力资源变量。

管理技能建设：压力管理

如今员工的压力要普遍比上一代大很多，这已经不是什么秘密了。工作负荷更加繁重，时间更加漫长，持续不断的整顿，技术将工作和个人生活间的传统间隔打破，工作保障减少，这些都是增加员工压力的因素。这种压力会导致工作效率降低，缺勤率增加，工作满意度降低，还有离职率的上升。当产生过度压力时，管理者需要了解减缓压力的办法。

个人评估清单：控制职场压力

正如我们所揭穿的管理偏见一样，职场压力是种现实，并且管理者有能力对此做些什么。在此个人评估清单中，你可以了解如何控制职场压力。

技能基础

我们既不可能也不应该消除工作中的所有压力。压力是生活中难免会出现的问题，当重点放在专注和创意上时，它同样有积极的一面。但是当压力引起了愤怒、沮丧、恐惧、失眠等，我们就应该对此足够重视。

许多组织都为员工引入了减压干预措施，包括改善员工选取和派遣，帮助员工确立切实可行的目标，进行实践管理培训、工作再设计，增加员工在相关决策中的参与度，扩大社会支持网络，改善组织沟通以及组织支持的保健计划。然而，如果你的上司并没有提供这些措施，又或者你要采取额外手段时，你自己可以做些什么呢？我们建议采用以下个体干预方法。

（1）实施时间管理技术。每个人都可以提高自己的时间利用度。时间作为一种资源，其独特之处就在于一旦被浪费了，就再也回不来了。尽管人们总是说要节省时间，时间却总是无法被"省"出来。时间一旦流失，就再也不可逆了。好的一面是我们都有着同等的资源量，因为每个人都有一周7天、一天24小时的时间。但是当我们手上的时间不足以完成任务时，压力就来了。有效的时间管理可以缓解压力。例如，时间管理培训可以教你如何按紧急程度和重要程度对任务进行排序，再根据轻重缓急来安排活动，防止将花时间做事和完成任务相混淆，还可以使你认识到自己的工作效率周期，这样就能将最吃力的任务放在该周期中效率最高的部分，也就是你最敏捷和高效的时段来完成。

（2）建立个人目标。目标设定是为了使你更好地对活动区分优先次序，并更好地分配工作力度。目标实际上是个人计划的工具。例如，设定长期目标可以提供总体方向，而短期目标（比如每周或每天的任务清单）则可以减少忽视重要活动的可能性，并帮助你最大化地利用时间。

（3）进行体育运动。大量证据显示，非竞争性的体育运动可以帮助你缓解在压力环境下形成的紧张情绪。这些运动包括有氧运动、慢跑、游泳、骑单车。体育运动可以增加心脏的能力，降低静止心率，将精力从工作压力中转移，并提供发泄的渠道。

（4）实施放松训练。你可以通过冥想、深呼吸锻炼和引导性想象来指导自己缓解紧张。这些训练可以将你的思绪从压力源头转移，使你进入一种深度放松的状态，并降低身体的紧张感。

（5）扩大你的社会支持网络。当压力水平上升时，找朋友、家人或者同事聊聊可以发泄情绪。正因为如此，扩大你的社会支持网络也是缓解紧张的一种手段，这样有人可以倾听你的难题并根据情况提供客观的意见。[50]

技能应用

达娜（Dana）对于自己在泰勒出版社（Taylor Books）（一家在佐治亚州和佛罗里达州有 22 家连锁书店的出版社）的工作深感沮丧。在担任了 13 年的营销主管后，她感到自己需要新的挑战。因此当她在坦帕市舞者广告公司（Dancer Advertising in Tampa）获得财务总监这个工作机会时，她把握住了这次机会。现在，她已经在新岗位上工作了 4 个月，她不知道这一步走得是否正确。

在泰勒出版社，她遵循着一周 5 天、一天 8 小时的工作时间，因此能轻松地平衡好工作责任与作为妻子和两个孩子（一个 4 岁，一个 7 岁）母亲的私人责任。但是，她的这份新工作确实很不一样。客户会随时打电话过来提出要求，白天、晚上、周末都有可能。在舞者创意部门的人持续不断地要求达娜在项目上投入，她的上司希望她不仅能取悦现有客户，还能准备和参与展示并逐步建立预算，以此帮助获取新的客户。达娜计算过，单单上个月她在办公室工作了 67 小时，并在家里额外为舞者的项目工作了 12 小时。由于缺乏睡眠，她被忙碌的节奏弄得疲惫不堪，也没有时间陪家人或做家务，达娜已经瘦了 5 磅，还突发荨麻疹。她的医生告诉她荨麻疹是由工作压力诱发的，她需要调理自己的生活。

达娜的确很热爱这样一份财务总监的工作，但她也觉得工作的要求和影响将要把她淹没。昨天她给泰勒出版社的前上司打电话，并咨询了回去工作的事。上司的回复是："达娜，我们很乐意让你回来，但是我们已经请人填补了你的职位空缺。我们可以为你在营销方面找到一个职位，但是你不可能再当主管，薪水也至少会降低 1/3。"

如果你是达娜，你会怎么做呢？请详细说明。

实践练习：员工压力计划管理

公　司：Performance Pros
收信人：蒂拉·桑切斯，人力资源总监
寄信人：阿瑞·斯科特，总裁
主　题：员工压力管理计划

蒂拉：

你好！我们已经成功地完成了重构计划的第一阶段。变革对于我们中的任何人都不容易，我们仍然有很长的路要走。现在我需要你的帮助，帮助我们减轻软件开发和销售人员的压力。我认为，我们需要提出一个能够马上实施的员工压力管理方案。但由于财务资源有限，我们没有多余的资金购置健身器材，因此想请你在此财务限制下开展工作。请你简短地列一个提纲（最好不要超过一页）来说明一下你认为这个压力管理计划应当包括哪些内容，并说明每项建议能发挥什么作用。我希望能在周末收到你的建议，请尽快提供报告。

注：文中提及的公司和信息都是虚构的，只是为了教学目的而设，并不是对那些同名公司的管理实践进行正面或反面的披露。

应用案例 8-1

下一个大事件

用创新来捍卫企业!

一切都是从制造一件出众的 T 恤的简单计划开始的。20 世纪 90 年代中期,马里兰大学橄榄球队的一位队长凯文·普兰克很讨厌不停更换运动衫里面的纯棉 T 恤,因为比赛时它会被汗水打湿并变重。[51] 他觉得必须要有一件更好的 T 恤选择,并且开始研究起来。普兰克采用了第一件安德玛压缩产品——穿在制服或运动衫里,就像第二层皮肤的合成衬衫,这立刻引起了轰动! 这件丝绸的纺织物很轻,运动员穿起来觉得速度更快、更加神清气爽,根据普兰克的说法,这件衣服给予了他们心理上的优势。今天,安德玛通过不懈地追求创新和设计,依旧在热情地努力为所有运动员提供更好的体验。在这家公司设计工作室的门上可以看到这样一条体现公司哲学的明显标示:"我们还没有完成我们所定义的产品。"

总部设在巴尔的摩的安德玛(UA)现在是一家市值 19 亿美元的公司。在 17 年的时间里,它从一家大学生创业公司成长成为"俄勒冈州比弗顿巨兽(也就是广为人知的耐克公司,一家市值 240 亿美元的公司)的强大竞争对手"。安德玛占有分散的美国运动服装近 3% 的市场份额,出售的产品从衬衫、短裤、鞋子到内衣。此外,超过 100 所大学穿安德玛的制服。公司的标志(互锁的 U&A)正在变得几乎和耐克旋风一样有品牌知名度。

起步之后,普兰克利用他仅有的优势,即他在体育圈的人脉来售卖衬衫。"从他的球队到高中、军校再到马里兰大学,他至少认识 40 个可以联系并出售衬衫的橄榄球运动员。"另外一名马里兰曲棍球运动员基普·福尔克斯加入普兰克的行列中,他在曲棍球运动圈里也同样使用了"六度战略"(福尔克斯现在是公司的首席运营官)。信不信由你,这项战略奏效了。安德玛的销量有了十足的动力。然而,只限于在球队和学校里销售产品,公司业务是走不了多远的,这时普兰克开始将眼光放到了大众市场上。2000 年,他和一家大型量贩店 Galyan's(最终被迪克体育用品收购)做成了第一单大市场生意。到今天,安德玛 30% 的销量都来自迪克和运动用品店,尽管如此,它并没有忘记自己是从何处起家的,公司在 10 所一级学校内开展校园业务。"尽管这些生意并不能带来大额利润,但是品牌知名度得以传播……"

尽管安德玛在市场营销上取得了成功,但创新才是公司一直以来的制胜之道。创新对于这家公司的心脏和灵魂有多重要? 进入公司的新产品实验室之前,看看你要做什么:"把双手放在最先进的扫描仪前,它会读取并计算你的静脉模式。如果模式被识别出来了——5 000 个员工里只有 20 个人才可能被识别,你才可以进去。如果识别失败,那扇圆拱形的门是不会打开的。"在巴尔的摩公司校园总部里,没有标记的实验室中正在开发的产品有可以监控运动员心率的衬衫、设计得像你的背部脊椎一样的跑鞋,以及几乎像鸭子一样防水的汗衫。他们还在研究一种通过读取生命迹象来帮助身体散热的汗衫。

安德玛还会给我们带来什么呢? 本着捍卫公司的口号,创新始终是极其重要的。在自己有所建树的领域(即制造运动员贴身服装)之外进行创业将会十分具有挑战性。然而,普兰克"下定决心要征服一片接一片的领土",他说:"没什么产品是我们创建不了的。"

讨论题

8-13 你认为安德玛的创新方式是什么? 你会期待在运动服装公司看到这种类型的创新吗? 为什么?

8-14 你认为安德玛的公司文化是怎样看待创新的(参考第 8.4.3 节的内容)?

8-15 设计思维可以帮助安德玛改善创新吗? 请讨论这个问题。

8-16 对于突出地展现在设计工作室门上的公司哲学,你是怎么解读的? 它是怎样看待创新的? 其他公司可以从安德玛创新的方法上学到些什么?

应用案例 8-2

改变雅芳

不良业绩迫使改革。

你听说过雅芳（Avon）的产品吗？有没有购买过它们？我们猜你可能听说过雅芳，但很可能没有购买过任何雅芳产品，尤其是你如果是个生活在北美的年轻人的话。[52]

作为全球最大的化妆品和美容品直销商，雅芳已经建立了一个主要通过直销进行销售的全球品牌和产品组合。尽管总部设在美国，但雅芳在北美的收入不断下降。目前，雅芳86%的销售额来自全球其他地区。公司的首席执行官正在研究想解决业绩问题需要做出哪些组织上的改变。

雅芳成立于1886年（是的，你没看错），在过去5年中一直非常成功。这家公司最初是通过招聘女性作为上门销售商，并从那里扩展业务。如今雅芳在全世界60个国家和地区共有600万名积极的销售代表。巴西是它最大的市场。然而，随着竞争对手越发强势和技术急剧改变等行业变化，雅芳一直在苦苦挣扎。雅芳处理过的一个棘手问题涉及自2009年以来持续进行的复杂的全球订单管理系统推广。雅芳已经启动了一个大规模的程序升级，这将使跟踪订单和补偿更加容易，但是，2013年在加拿大试点之后，该程序被取消。虽然雅芳公司最终完成了其网站10年来的首次重大改革，但现在发现自己正在与更为灵活的电子商务对手竞争，比如Birchbox、CultBeauty、Bliss、Doobop，甚至是香奈儿和倩碧。除了在线上销售竞争中的苦苦挣扎，雅芳还缺乏一个有凝聚力的社交媒体战略，因此其正在被包括欧莱雅、联合利华和科蒂在内的其他行业巨头所打击，这些公司都加大了在国内市场占有率上的努力，并进军有利可图的发展中国家的市场，而雅芳在这些市场的销售方面一直表现最佳。

改变一个组织需要考虑外部和内部市场条件。雅芳的首席执行官Sherilyn McCoy在2012年从强生公司跳槽到雅芳董事会，并一直在努力寻找能成功扭转局面的关键。她试图通过解雇、招聘和调任来改革公司的最高管理层，通过扩大销售范围来解决销售下降特别是在北美市场上的问题，通过扩大销售范围（想想各种各样的菜市场商家），让更多的销售代表迅速进入系统，并试图确定雅芳想成为什么样的公司。

世界已经改变了。现在雅芳不得不努力找到人、产品和技术的合适组合，才能再次繁荣起来。

讨论题

8-17 在这个例子中，你看到了哪种外部改变力量？你会把雅芳的环境描述为更稳定的还是动荡的？请解释。

8-18 站在CEO的角度上看，为何外部因素对于进行变革组织的计划来说是重要的？

8-19 为何变革一家百年企业十分困难？

8-20 作为一家名副其实的全球企业，它对雅芳的CEO实行组织变革的行为可能会造成怎样的影响？

应用案例 8-3

压力杀手

变革→压力→严重的影响

我们知道过度的压力会对身体健康有害，而这种关系在法国电信（France Telecom）痛苦并悲剧地应验了。[53] 从2008年起，该公司已经有50多个员工自杀。这个情况引起了世界范围内媒体、公众以及法国政府的关注，因为许多自杀和十几例自杀未遂都是缘于工作相关问题。进行抗议的电信公司员工都戴着写有"隆巴德杀害了我"的面具。在发生这些自杀案时，迪迪埃·隆巴德（Didier Lombard）是当时法国电信董事会的主席兼首席执行官。尽管法国的自杀率比其他西方大国要高，但这种情形还是非常麻烦的。这股自杀浪潮突出了法国社会的一种怪现象："即使有最健全的劳工保护，工人在全球化中依然深刻地认为得不到保障，许多工人都控诉被逼到了极限。"

以下是最近几年关于员工压力的调查。

- 75% 的美国人觉得处于中等或较高的压力水平。
- 44% 的美国人觉得在过去 5 年里压力水平有所上升。
- 81% 的人力资源经理认为员工疲劳问题比以往更加突出。
- 50% 以上的美国工人和加拿大工人在一天工作日结束后，会觉得十分疲劳。至少 40% 的工人觉得工作让他们很压抑。
- 20% 的英国工人因为压力大请过病假，但是这其中 90% 对于待在家里的真正原因进行了隐瞒。
- 员工觉得工作压力大的原因：低薪、通勤、超负荷工作、害怕被解雇、令人反感的同事以及难缠的上司。

正如你所看到的，压力及其对员工的影响是（也应该成为）雇主要认真考虑的问题。当人们从太多的要求和限制中感到过度的压力时，他们会觉得自己没有任何选择。在法国电信，2008 年以来的员工自杀潮引起了人们的关注。工会领袖对这样一个在 10 年内从沉闷呆板的国企变成电信行业领先公司后的残暴管理文化进行了强烈谴责。然而，这几个月以来法国电信的管理层却"将这些自杀案例只是当成工人中的传染性流行趋势一样不予理会"。工会于是又对该公司干瘪的辞令进行了批评。

法国检察院基于心理虐待的控诉对法国电信展开了调查。司法调查从工会对法国电信前首席执行官以及高层管理团队的两名成员的投诉开始。这项投诉指控管理层在进行"致病性的重组"。尽管尚未公开，检查报告的部分内容已经在法国媒体上发布了。摘录内容描述了 2006～2008 年，该公司是怎样利用各种形式的心理压迫努力精减了 22 000 个工作岗位。伴随着这些剧变的压力可能会产生心理上的危险，公司的医生也就此对管理层发出了警告。尽管有以上发现，但法国电信的一名律师对公司有组织地压迫员工予以否认。

公司的管理者意识到了需要采取严厉的措施来解决这个问题。首批变革之一是任命新的首席执行官史蒂芬·理查德（Stéphane Richard），他表示当务之急是"重振那些受过创伤、经历过苦难或更糟糕情况的员工的士气"。公司还终止了一些被认定具有破坏性的职场行为，比如非自愿转移，同时还鼓励包括在家工作等支持性活动。公司的一个发言人表示公司已经完成了和工会达成一致的 6 个协议中的两个，这些协议涵盖了广泛的职场问题，比如流动性、工作生活平衡以及压力。尽管法国电信采取了许多措施，但在 2011 年 4 月还是有员工自杀了。一位工会的官员表示："这位员工一直在被迫频繁换工作的问题上苦苦挣扎。"这位员工之前曾在几个场合给管理层写信说明自己的状况，但人们相信他并没有收到回复。法国电信的执行总裁史蒂芬·理查德承诺会对这次自杀事件进行彻底调查。"我们需要对这件事进行深度并且详细的分析。我会让它成为一次仔细并且透明的调查。"

讨论题

8-21 对于本案例中所描述的情形，你有什么反应？这种情况是由哪些内部和外部因素造成的？

8-22 法国电信的工作场所里发生了什么？管理者可能对什么样的压力症状产生了警惕？

8-23 管理者可以只顾公司利益却不顾员工反应随意做决策吗？请讨论这个问题。这对变革管理有什么启示吗？

8-24 法国电信的管理者做了些什么来解决问题？你认为这些足够吗？他们还可以采取其他措施吗？如果可以，请列举出来。如果不可以，请说明原因。

8-25 其他公司和管理者从这个案例中可以学到什么？

PART4

第四篇

领 导

第9章

个体行为基础

管理偏见

好的管理者对于所有员工都一视同仁。

随着时间的推移，你也许已发现，面对人生中的困境，你与朋友们的反应竟会如此不同。有些朋友很淡定，另一些则焦虑不安。有些朋友能洞察他人的意图，另一些却不知所措。管理者所管理的员工也同样是各有千秋。正因为如此，优秀的管理者会尽力去了解其团队成员独特的个人特征，以便能够有效地管理他们每一个人。

大部分组织想吸引和留住那些有正确的态度与个性的员工。他们期望员工正常上班，努力工作，与同事和客户融洽相处，有良好的态度，并以多种方式表现出良好的工作行为。但就像你已经意识到的那样，人们并不总是像"理想的"员工那样行事。他们会从第一份工作跳槽到别处或在博客上发表批评言论。人们的行为大相径庭，甚至同一人今天会以这种方式行事而明天又以完全不同的另一种方式行事。例如，难道你没有遇到家人、朋友或同事的行为让你感到困惑的情况吗？为什么他们会那样做呢？在本章中，我们将要考察 4 个心理学概念：态度、个性、感知和学习，并阐述这些概念如何帮助管理者了解与其共事者的行为。我们将通过考察管理者面临的当代组织行为问题而对本章进行总结。

学习目标

1. 界定组织行为关注的重点和目标。
2. 解释态度在工作绩效中的作用。
3. 描述不同的个性理论。
4. 描述感知与影响感知的因素。
5. 讨论学习理论及其与塑造行为的联系。
6. 讨论组织行为学的当代专题。

9.1 组织行为的重点和目标

管理者需要良好的人际关系技能。

本章及其后 4 章主要研究组织行为（organizational behavior，OB）。虽然这一领域涉及研究人们行为的一般层面，但组织行为着重研究的是人在工作中的行为方式。

理解组织行为的难点之一在于它所涉及的一些问题并不是显而易见的。就像海水中的冰山，组织行为有一小部分是可以看得见的，但是更大的部分是隐藏的（见图 9-1）。当我们考察组织时，通常看到的是组织的正式方面：战略、目标、政策和程序、结构、技术、正式权威及指挥链。但是在这些表象的下面，隐藏了管理者需要了解的非正式因素，即那些同样影响员工工作表现的因素。组织行为理论为管理者深入了解组织中这些重要却隐藏着的内容提供了大量的真知灼见。

图 9-1 "组织像一座冰山"的比喻

9.1.1 组织行为研究的重点是什么

组织行为研究主要集中于三个领域：

（1）**个体行为**（individual behavior）。这个领域主要基于心理学家的贡献，包括态度、个性、感知、学习和动机等主题。

（2）**群体行为**（group behavior）。它包括规范、角色、团队建设、领导力和冲突。我们关于群体的知识主要来源于社会学家和社会心理学家的研究工作。

（3）**组织的其他方面**（organizational aspects）。它包括结构、文化及人力资源政策和实践。我们在前面章节已经阐述了组织的某些方面。在本章中，我们将阐述个体行为。在第 10 章中，我们将阐述群体行为。

9.1.2 组织行为研究的目标是什么

组织行为研究的目标是解释、预测和影响行为。管理者必须能够解释为什么员工表现出某些行为而不是另外一些行为，能够预测员工对于各种不同的行为和决策会如何反应，以及影响的员工行为方式。

管理者需要特别关注的解释、预测和影响员工行为的 6 个重要方面分别为：员工生产力、缺勤、离职、组织公民行为、工作满意度及职场不当行为。

（1）**员工生产力**（employee productivity）是衡量工作效率和效能的绩效指标。管理者希望了解影响员工效率和效能的因素。

（2）**缺勤**（absenteeism）是指未能上班。如果员工无法上班，工作就很难完成。研究表明，所有主要类型的缺勤成本占工资成本的 35%，公司每年每个员工非计划的缺勤成本达到 660 美元。[1] 尽管缺勤无法完全消除，但较高的缺勤率会对组织的运作造成直接和即时的影响。

（3）**离职**（turnover）是指自愿或非自愿地离开组织。它会带来很多问题，如增加招聘、甄选和培训的成本以及工作分歧。就像缺勤那样，管理者永远无法消除离职，但他们希望员工的离职率最低，尤其是减少那些高绩效的员工离职。

（4）**组织公民行为**（organizational citizenship behavior）并不属于员工正式的工作要求的某些行为，但能够促进组织的有效运作。[2] 例如，积极的组织公民行为可能包括帮助工作团队的其他同事，自愿承担额外工作，避免不必要的冲突，或为工作团队和整个公司提出建设性意见。组织需要愿意承担额外工作的员工，有数据表明，拥有此类员工的那些组织的绩效水平高于没有此类员工的组织。[3] 但是，组织公民行为也有不足之处，因为它会造成员工的工作负荷过重，产生压力以及工作 - 家庭冲突。[4]

（5）**工作满意度**（job satisfaction）指的是员工对其工作的一般性态度。尽管工作满意度是一种态度而不是一种行为，但它是很多管理者所关注的结果，因为工作满意度较高的员工一般会有较高的出勤率、较高的绩效及留职率。

（6）**职场不当行为**（workplace misbehavior）是指故意对组织或组织内的个体造成伤害的员工行为。它有 4 种表现方式：异常行为、挑衅、反社会行为和暴力。[5] 具体的行为包括高声播放音乐、打搅同事、言语挑衅以及妨碍工作等，它们对任何组织都会产生破坏。

接下来，你将进一步了解 4 种心理因素——员工态度、个性、感知和学习是如何帮助管理者预测和解释员工行为的。

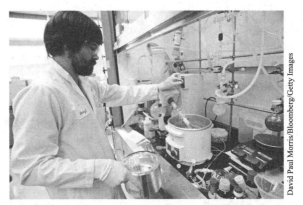

工作满意度是吉利德生物制药科学公司（Gilead Sciences）管理者甚为关心的一个问题，吉利德生物制药科学公司是一家为艾滋病毒／艾滋病和其他尚未满足医疗需求的新药进行药品开发的公司。像研究员达里尔·加藤（Darryl Kato）这样有高满意度的员工，对于吉利德生物制药科学公司实现改善患有危及生命疾病的病人的生活目标有着重要的作用。

9.2 态度在工作绩效中起什么作用

你一定要有自己的态度！

态度（attitudes）是关于事物、人或事件的评价性陈述。无论喜欢与否，态度反映了个体对某事的感受。当一个人说"我喜欢我的工作"时，这就是在表明他对工作的态度。

9.2.1 态度的三个组成部分是什么

态度有三个组成部分：认知、情感和行为。[6]

- 态度的认知成分（cognitive component）是由一个人所持有的信念、意见、知识及信息组成。例如，布莱德（Brad）强烈认为吸烟是不健康的。
- 态度的情感成分（affective component）是指态度的情绪或感受部分。这一部分可以反映在布莱德下面的陈述中："我不喜欢埃里卡（Erica），因为她吸烟。"认知和情感能够导致行为结果。
- 态度的行为成分（behavioral component）指的是以某种方式对某人或某事表现出某种行为的意图。我们仍沿用上面的例子，由于对埃里卡的吸烟习惯很反感，布莱德可能不想见她。

把态度看成由三个部分（认知、情感和行为）所组成，有助于说明它们的复杂性，帮助我们在某些事情发生之前更好地理解某人的反应或行为。但是要记住，当人们使用"态度"这个词的时候，比如"那个人态度不好"或者"我很高兴你对此持有积极的态度"，他们通常只是指实际的情感成分。记住，管理者试图解释、预测且影响人们的行为，并且知道"态度"不仅仅是情感的一部分，这有助于它更好地认知态度。

9.2.2　员工应持什么态度

自然，管理者不会对员工可能持有的所有态度感兴趣。事实上，他们只对和工作有关的态度感兴趣。[7]

与工作有关的态度指标具体分述如下：

- 工作满意度是指员工对其工作的一般性态度。当人们谈到员工态度时，他们通常指的是工作满意度。
- 工作投入（job involvement）是指员工认同自己的工作、积极参与工作、认为自己的工作绩效对自我价值重要的程度。
- 组织承诺（organizational commitment）是指员工对组织的忠诚度、认同度及投入的程度。

一个与工作态度相关并引起广泛兴趣的新概念是员工参与（job engagement），即员工与其工作的联系、对工作的满意度以及对工作的热情。[8]参与度高的员工对工作非常热情并与工作紧密联系。参与度低的员工本质上工作不认真，上班没有动力或激情。一项对全球12 000名员工进行的调查发现影响员工参与的5个重要因素是：[9]

- 尊重；
- 工作类型；
- 工作与生活之间的平衡；
- 为客户提供良好的服务；
- 基本工资。

参与度高的员工具有很多好处。首先，参与度高的员工获得最高绩效的概率比参与度低的员工高2.5倍。另外，拥有高参与度的员工的公司会有较高的留职率，从而保持较低的招聘和培训成本。而这两个结果——较高的绩效和较低的成本，则造就了出色的财务绩效。[10]

9.2.3　个体的行为和态度需要保持一致吗

我所相信的就是我所做的……我希望是这样。

你是否注意过人们是如何改变自己的说法以免和自己的做法相矛盾的？也许你的一个朋友一直和你争辩美国制造的轿车质量低劣，他用的一直都是进口货。后来，他的父母送给他一辆美国产的最新款式的轿车，于是在他的口中，美国车不那么低劣了。或者，当女生联谊会流行的时候，一个大学新生相信女生联谊会不错，有必要加入。但是，如果她未能加入女生联谊会，她也许会说："总之，我认为女生联谊会并不像它所宣传的那么好。"

研究表明，人们寻求态度之间的一致性以及态度和行为之间的一致性。[11] 个体试图协调不同态度并使态度和行为保持一致，从而使自己显得理性和始终如一。那么，个体该怎么做呢？个体可以通过改变他们的态度或行为，或者通过使不一致合理化。

9.2.4 什么是认知失调理论

根据一致性原则，我们能否做出这样的假设：如果知道个体对某事的看法，那么我们就能预测他的行为？遗憾的是，答案并不像说"是"或"不是"那样简单。为什么？因为认知失调理论。

20世纪50年代后期，利昂·费斯廷格（Leon Festinger）提出了认知失调理论，试图解释态度和行为之间的关系。[12] 认知失调（cognitive dissonance）指的是态度之间，或者行为和态度之间的不协调或不一致。该理论认为，不一致令人不舒服，个体将会试图减少这种不舒服或减少失调。

当然，没有人能完全避免失调。你知道每天都应该刷牙，但你没有做到。这就是态度与行为的失调。人们应该如何处理这种情况呢？该理论指出，人们在减少失调时的困难程度由以下3个因素决定：造成失调的因素的重要性、个人认为他对这些因素的影响程度、失调可能隐含的报酬。

如果造成失调的因素相对不重要，那么纠正这种不一致的压力就比较小。但是，如果这些因素比较重要，那么个体也许会改变行为，或者认为失调行为并不是那么重要且改变态度，或找出一些比失调因素更重要的其他因素。

个体认为自己对这些因素的影响力也将影响他们处理失调的方式。如果认识到他们对失调别无选择，他们就觉得没有必要改变态度，或觉得需要接受它。例如，如果失调的行为是执行上级的指示所产生的，减少失调的压力就比本人自愿减少失调的压力要小得多。尽管失调总是存在，但它可以被合理化，人们会辩解这是在执行上级的指示，即个人无法进行选择或控制。

最后，报酬也会影响个体减少失调的动机程度。当严重的失调伴随着高额报酬时，可以通过激励个体相信一致性的存在而降低失调所产生的不适感。

我们来看一些认知失调的例子。公司经理特蕾西·福特（Tracey Ford）本来

人们可能认为自己是安全的驾驶者，却同时又可能认为在开车时发短信会造成不安全的路况。为了减少这种认知的不一致，他们有两个可行的办法：一是戒除开车时发短信的习惯；二是为自己的行为找个合理的理由，即这不会对他人的安全构成威胁，并且他们能够控制局面。

Robert Crum/Shutterstock

主张任何公司都不应该裁员。不幸的是，特蕾西为了公司的战略规划不得不做出一些决策，这些决策不符合她有关裁员的信念。她知道，因为公司重构，一些工作不再需要了，裁员是为了公司的经济利益。她会怎么做呢？毫无疑问，特蕾西正处于高度的认知失调状态。让我们来解释她的行为。

1. 因素的重要性

由于这个例子中造成失调的原因很重要，因此她不能忽视这种不一致。她可以通过几种方法来解决她的困境：一是她可以改变她的行为（裁员）；二是她可以认为失调的行为并不是那么重要（"我必须面对现实，作为公司的决策者，通常不得不把公司的利益放在组织成员的个人利益之上"）；三是特蕾西改变她的态度（"裁员没有什么不对的"）；四是寻找更协调的因素来胜过不协调的因素（"保留下来的员工由于公司重构获得的长期利益，将远大于目前由于公司紧缩开支所受到的损失"）。

2. 影响程度

特蕾西认为，自己对这些因素的影响程度也将影响她处理失调的方式。如果认识到失调是不可控制的，即他们别无选择，他们就觉得没有必要改变态度。例如，如果是她的上司告诉她得裁员，那么减少失调的压力就比特蕾西本人主动裁员时小。失调总是存在，但也往往能被合理化，人们也总是为之辩解。这就是建立道德文化对今天的组织领导者非常重要的原因。没有领导者的影响和支持，当面临是否道德地或不道德地做某事的决定时，员工就不会感受到太大的不一致性。[13]

道德观察

你有没有假装过微笑？我们每个人都会在某时、某地假笑过。现在研究表明，员工在上司身边的时候会假装积极的态度。[15]这种两面性（或者甚至是负面行为）对你的工作或组织的工作可能是明显的损害。上司希望看到员工有激情。他们希望你热爱自己的工作，为上班和工作感到兴奋。如果你没有呢？如果你想保住你的工作，你就得假装。但是，所有的假装都会付出代价。

讨论

- 在这种情况下，员工和管理者可能会产生什么样的道德问题？
- 管理者如何创造一个环境，让员工不必假装积极的态度？

3. 报酬

报酬也会影响特蕾西减少失调的动机程度。当严重的失调伴随着高额报酬时，就容易看轻失调所产生的严重程度。报酬通过增加个体平衡的一致性来减少失调。特蕾西可能会觉得她有时也不得不做一些诸如辞退员工的艰难决策，因为她会从工作中获得很好的补偿。

因此，关于失调和员工行为，我们能说什么呢？这些调节因素表明，即使个体感受到失调，他们也不会必然地转向一致性，也就是转向减少失调。如果造成失调的因素并不重要，个体认为失调是外部施加的、根本无法控制的，或者报酬十分诱人足以抵消失调，个体就不会有太强的紧迫感来减少失调。[14]

9.2.5　对态度的理解如何使管理者更有效率

管理者应该关注员工的态度，因为它们会以下列方式影响员工行为。

首先，满意度高、尽职的员工的离职率和缺勤率较低。如果管理者希望保持较低的离职率和缺勤率，尤其是那些生产率较高的员工，他们必须采取措施，激发员工积极的工作态度。

其次，对于满意的员工是否就是生产率高的员工这一争论，已经持续了将近 80 年。在霍桑实验之后，管理者认为愉快的员工是生产率高的员工。但由于难以确定究竟是工作满意"导致"工作效率，还是工作效率"导致"工作满意，部分管理研究者认为这种理念通常是错误的，愉快的员工并不一定就是生产率高的员工。但是，我们可以比较确定地说满意度与生产率之间具有较强的相关关系，[16] 即满意度高的员工的确表现出更高的工作绩效。因此，管理者应关注那些能够造就较高的员工工作满意度的因素，如使工作充满挑战和趣味、给予公平的报酬，以及营造支持型的工作环境和支持型的同事。[17] 这些因素可能帮助员工提高工作效率。

再次，管理者还应该对员工的态度进行调查。正如某研究指出的那样，"一套完善的衡量整体工作态度的调查是组织所掌握的关于员工的最有用的信息。"[18] 然而，研究还表明，对于准确找出员工不满意的原因，进行多次态度调查比只进行一次更有效。[19]

最后，管理者应该知道员工会努力减少失调。如果要求员工从事的活动与员工格格不入，或者与员工的态度相矛盾时，管理者应该记住，当员工感觉到这种失调是外部施加的、不可控制的时，员工减少失调的压力就会降低。如果报酬优厚足以抵消失调，这种压力也会降低。所以，当管理者向员工解释需要从事某些有可能会引起失调行为的工作时，应该指出这有可能是诸如竞争者、客户等外部力量所施加的或者管理者可以提供个体所期望的报酬。

9.3　管理者需要了解个性的什么内容

很多大学使用室友的融洽度测试来安排学校宿舍分配。[20] 如果你曾经跟别人同住一室（家属或非家属），你就知道与室友相处融洽多么重要。这种融洽度受到我们自己和别人个性的影响。

一些人比较安静和被动，而另一些人则活跃和好斗。当我们用安静、被动、活跃、进取、雄心勃勃、外向、忠诚、紧张或者随和之类的词汇来形容人时，我们实际上是在形容他们的个性。人的个性（personality）是融合了该个体情感、思想和行为方式的特有的组合，它会影响该个体对环境的反应及其与他人的交往。通过个体表现出来的一些可衡量的品格来描述其个性的现象甚为普遍。我们关注对个性的考察，因为就像态度那样，它也会影响人们的行为与行为方式。

78% 的雇主认为个性是求职者最重要的特征。[21]

9.3.1　我们如何才能最好地描述个性

你的个性是你行事和与他人相处的方式，而你的个性特质影响你如何与他人相处以及如何解决问题。实际上，很多行为都可以归因于个体的个性特质。但我们如何最好地描述个性呢？近年来，研究人员试图着重研究哪些个性类型和个性特质能够识别人的个性。其中，两项研究成果已经得到了广泛认同：迈尔斯 - 布里格斯个性分类指标和大五个性模型。此外，不考虑个体的情感，我们不可能描述其个性和行为。

1. 什么是迈尔斯－布里格斯个性分类指标（Myers-Briggs Type Indicator，MBTI）

它是辨别个性类型时广为使用的方法之一。MBTI 对人们做了一个将近有 100 个问题的问卷调查，然后在此基础上，利用个性的 4 个维度划分出 16 种不同的个性类型。世界财富前 1 000 家公司的 80% 使用 MBTI 个性评估方法。[22]

16 种个性类型建立在 4 个维度之上，具体分述如下。

- 外向与内向（EI）。EI 维度描述个体是倾向于外部的环境世界（E：extraversion）还是内心的思想和情感世界（I：introversion）。
- 感知与直觉（SN）。SN 维度则表现个体是倾向于在事实信息的基础上关注标准常规（S：sensing）还是关注整体并将各项事实相联系（N：intuition）。
- 理性与感性（TF）。TF 维度反映个体评价信息是倾向于用分析的方式（T：thinking）还是以自己的价值观和信念为基础（F：feeling）。
- 判断与理解（JP）。JP 维度反映个体对待外部世界的态度是倾向于按计划和有序的方式（J：judging）还是倾向于按灵活和自发的方式（P：perceiving）。[23]

让我们来看一些例子。

- ISTJ（introversion-sensing-thinking-judging）：安静、严肃、可靠、实际、注重事实；
- ESFP（extraversion-sensing-feeling-perceiving）：开朗、友好、主动，喜欢与他人共事，通过和他人尝试新的技能能学得更好；
- INFP（introversion-intuition-feeling-perceiving）：理想主义，忠于自己的价值观，理解他人并且帮助他们发挥潜力；
- ENTJ（extraversion-intuition-thinking-judging）：坦诚、果断、承担领导责任，喜欢设立长远的计划和目标，表达观点时很有说服力。[24]

MBTI 如何帮助管理者呢？这一方法的支持者认为知道这些个性类型是很重要的，因为它们影响着人们相互交流和解决问题的方式。[25] 例如，如果你的上司是一个凭直觉做事的人，而你是一个凭感知做事的人，那么你就要用不同的方式来收集信息。你的上司是直觉类型，关注直观感受，而你是感知类型，注重事实基础。为了更好地与上司工作，在报告某件事情的时候，你就不能只准备一些事实，还必须告知对于这件事情你的内心感受。MBTI 评估系统被证实在关注企业家类型的成长倾向方面非常有效，同样，在调查情商方面也行之有效（我们将马上了解情商的内容）。[26]

2. 什么是大五个性模型

另一个考察个性的方法是五因素个性模型，更为常用的名称是"大五个性模型"（Big-Five model）。[27] 大五个性模型的因素具体如下所述。

- 外向（extraversion）：描述个体社会交际、健谈、自负程度的个性维度。
- 认同（agreeableness）：描述个体和善、合作和诚信程度的个性维度。
- 责任（conscientiousness）：描述个体负责、可信赖、执着、成就导向的个性维度。
- 情绪稳定（emotion stability）：描述个体冷静、热情、安心（积极）或者焦急、紧张、沮丧、不安心（消极）程度的个性维度。
- 开放（openness to experience）：描述个体富于想象、艺术性、智慧程度的个性维度。

大五个性模型提供的不仅仅是一个个性框架。研究表明，这些个性维度和工作绩效之间有着重要的联系。[28] 例如，一项研究考察了 5 种职业：专业人员（如工程师、建筑师、律师）、警察、管理者、销售人员、半熟练和熟练的员工。工作绩效由以下几个指标来反映：员工绩效等级、培训能力和诸如工资水平的个人信息。研究结果表明，责任这一特性与 5 个职业群体的工作绩效都有联系。[29] 其他个性维度的预测取决于环境和职业群体。例如，外向预测管理和销售职位的绩效，因为这两个职位需要很强的社交能力。[30] 开放则在预测培训能力方面颇为重要。具有讽刺意味的是，情绪稳定和工作绩效之间并不是正相关的。冷静的、安心的员工绩效更好，这一点似乎合乎逻辑，但事实并非如此。也许因为情绪稳定型员工经常安于他们现有工作不思改变，而情绪不稳定型员工却不是这样的，所以才会导致这一事实。假设研究中所有参与的人都被雇用，这一维度的差异性可能会比较小。

大五个性模型中的外向维度适用于 Spanx 公司的创始人，即企业家萨拉·布莱克利（Sara Blakely）。她善于交际、健谈、自信的个性，为布莱克利的成长和发展做出了贡献，她成功地创立了一家内衣公司。图中展示的是布莱克利（左）在坦帕的一家新的塑身裤商店向顾客介绍她的员工团队。

3. 什么是情商

那些了解自己的感情，并且善于洞察他人情绪的人也许工作效率更高。实际上，这就是情商研究所揭示的本质。[31]

情商（emotional intelligence，EI）：指的是那些非感知性的技巧、素质、能力的综合，这些因素影响一个人处理环境需求和压力的能力。[32] 情商是由 5 个维度组成的，分述如下。

（1）自我意识（self-awareness）：知道自己的感受。

（2）自我控制（self-management）：控制自己情绪及冲动的能力。

（3）自我激励（self-motivation）：面对困难和失败，坚持不懈的能力。

（4）移情（empathy）：感受到他人情感的能力。

（5）社交技巧（social skills）：适应和处理他人情感的能力。

技术与管理者的工作：对情商依赖的增加

尽管现在的技术使得越来越多的员工在工作场所之外的地方完成工作，但这并不意味着他不会与他人互动。他们仍然会与同事和客户保持联系。无论是以情商、社交能力或其他什么的名义，理解自己和他人的能力是组织在雇用员工时所需要考虑的技能。事实上，在一项对 2020 年劳动力关键技能的调查中，社交能力在最关键技能的列表中排名第二。[33] 与同事、同伴、团队成员、上司和客户融洽相处的能力对于大多数工作的成功至关重要。那些拥有强大的技术能力但情商不足的员工会发现找工作和保住工作的难度越来越大。

讨论

• 为什么你认为与他人相处的能力如此重要？

• 你如何培养这种能力？

　　几项研究表明，情商在工作绩效中也许有着重要的作用。[34] 例如，一项研究考察了贝尔实验室工程师的性格，这些工程师被同行视为精英。科学家得出结论，这些精英更善于理解他人。也就是说，是情商（EQ）而不是智商（IQ）带来了高绩效。第二项针对空军招募者的研究也得出相似的结论：表现最为优异的招募者都显示出高情商。利用这些结论，空军部队修改了它的甄选标准。随之而来的调查发现高情商的人成功的概率比低情商的人高 2.6 倍。一些公司（如美国运通公司）发现情商项目有助于提高公司效率；其他公司也发现了类似的结论，认为情商能促进团队效率的提高。[35] 例如，在明尼阿波利斯的联合印刷公司（Cooperative Printing）所进行的对 45 位员工的调研得出结论，在对成功的促进作用方面，情商在重要性上几乎是智力和专业技能的两倍。[36] 最近对人力资源部经理的一项调查中提出了这样一个问题：员工的情商对于其晋升究竟有多重要？40% 的经理回答"非常重要"，还有 16% 的经理回答"比较重要"。其他研究也表明，情商对于改善当代组织结构的质量大有帮助。[37]

　　根据情商的例子所体现出来的含义，雇主在甄选过程中应将情商作为考核标准之一，尤其是那些需要频繁社交的工作。[38]

9.3.2　个性特征能够预测现实中的工作行为吗

　　是的！人们已经证实有 5 项个性特征能最有效地解释组织内的个人行为。下面我们将分别加以考察。

　　（1）谁能控制个人的行为？有一些人相信他们能掌握自己的命运。另一些人认为自己受到命运的操纵，认为生活中发生的一切都是由于运气或机会所致。前者的控制倾向（locus of control）是内控型。后者的控制倾向是外控型，这些人相信他们的生活受到外部力量的控制。[39] 管理者可能会发现，"外控型"人将他们不良的工作绩效归咎于上司的偏见、同事或其他自己无法控制的因素，而"内控型"人则会从自己的行为方面解释同样的情况。

　　（2）第二个特征被称为马基雅维利主义（Machiavellianism, Mach），是以尼科洛·马基雅维利（Niccolo Machiavelli）的名字命名的，此人曾在 16 世纪教授人们如何获得和操控权力。马基雅维利主义的信奉者比较现实，对人保持着情感的距离，相信为达目的可以不择手段，[40] 并缺乏足够的道德信仰。[41] "有用即用"这一观点与马基雅维利主义信奉者的观点一致。马基雅维利主义信奉者中会有好员工吗？答案取决于工作的类型，以及你在评估绩效时是否考虑道德含义。对于那些需要谈判技能的工作（如劳工谈判者）或者那些表现优异能带来丰厚收益的工作（如代理销售商），马基雅维利主义信奉者是出色的，而对于那些结果不能证明手段合理性的工作或那些工作绩效缺乏绝对标准的工作，我们则很难预测马基雅维利主义信奉者的表现。

　　（3）人们喜爱或不喜爱自己的程度各有不同。这种特质被称为自尊（self-esteem, SE）。[42] 有关自尊的研究为组织行为提供了一些有趣的见解。例如，自尊直接关系着对成功的预期，自尊程度高的人相信他们拥有工作成功所需的能力。自尊程度高的人与自尊程度低的人相比，选择工作时更加冒险，更有可能选择非常规性的工作。[43] 有关自尊的最普遍的发现是，自尊程度低的人比自尊程度高的人更容易受到外部影响。自尊程度低的人需要从别人那儿得到积极评价。因此，他们更乐于寻求别人的认可，更倾向于认同他们所尊敬的人的信念和行为。从管理的角度看，自尊程度低的人更注重取悦他人，因此很少会不受欢迎。很显然，自尊和工作满意度也很有关联。许多研究证实自尊程度高的人比自尊程度低的人更满意自己的工作。

（4）另一个最近受到广泛关注的个性特征被称为自我监控（self-monitoring）。[44] 它指的是个体根据外部环境因素调整自己行为的能力。自我监控程度高的人根据外部环境因素调整自己的行为时，表现出很强的适应能力。[45] 他们对外部线索极其敏感，在不同的环境中表现各异，能够使自己在公众中的角色和私人的自我之间表现出显著的差异。自我监控程度低的人不能改变自己的行为，他们倾向于在各种环境中都表现出自己真实的性格和态度。因此，在他们是谁和他们做什么之间存在着高度的一致性。证据表明，自我监控程度高的人比自我监控程度低的人更加关注他人的活动。[46] 我们还可以推断自我监控程度高的人在管理岗位上更容易成功，因为管理岗位要求个体扮演多重的甚至是互相矛盾的角色。

（5）最后一项影响员工行为的个性特质反映了个体把握机会的意愿，即风险偏好（risk taking）。这种承担或规避风险的倾向性，影响着管理者做决策所需的时间及做决策之前所需得到的信息量。例如，在一项经典的研究中，79 名管理者进行了一个模拟的人力资源管理练习，练习要求他们做出聘用决定。[47] 高风险偏好的管理者与低风险偏好的管理者相比，能够更快做出决定，并且在做决定过程中所用的信息也更少。有趣的是，两组的决策准确性是一样的。

尽管一般认为，组织中的管理者属于风险规避型，特别是在大公司和政府机构里面，[48] 但在冒险这一方面还是存在着个体差异。[49] 因此，认识这些差异甚至在具体的工作要求中考虑风险偏好，是很有意义的。例如，对一名股票经纪人来说，高风险偏好的倾向可能会带来出色的业绩，这一类型的工作要求迅速做出决策。对创业者而言也是一样的。[50] 不过，对从事审计活动的财会人员来说，这一个性特质可能会成为一个主要障碍，审计活动最好是安排低风险偏好的人来从事。

9.3.3 个性如何与工作匹配

我们都想要一份与我们个性相匹配的工作。

"如果你对你的工作不满意怎么办？有没有可能你完全处于错误的职业生涯中？"[51] 当你日复一日地重复你的工作时，你可能意识到你的工作并没有很好地与你的个性或才能相匹配。使你的个性和你选择的工作或职业路径达到匹配，这岂不是更有意义吗？

显然，个体的个性互不相同，工作也是如此。我们如何使个性与工作相匹配呢？引用最多的个性–工作适应理论是由心理学家约翰·霍兰德（John Holland）提出的。[52] 他的理论指出，一名员工对工作的满意度以及辞职的倾向性取决于个体的个性与工作环境的匹配程度。霍兰德在表 9-1 中划分了 6 种基本的员工个性类型。

表 9-1　霍兰德的个性类型与职业匹配

类　型	个性特点	适合职业
现实型：偏好需要技能、力量、协调性的体力活动	害羞、真诚、执着、稳定、顺从、实际	机械师、钻井操作工、装配线工人、农夫
研究型：偏好需要思考、组织和理解的活动	分析、创造性、好奇、独立	生物学家、经济学家、数学家、新闻记者
社会型：偏好能够帮助和提高别人的活动	社交、友好、合作、善解人意	社会工作者、教师、议员、临床心理学家

（续）

类　型	个性特点	适合职业
传统型：偏好规范、有序、清楚、明确的活动	顺从、高效、实际、缺乏想象力、缺乏灵活性	会计、业务经理、银行出纳员、档案管理员
企业型：偏好那些提供机会影响他人和获得权力的活动	自信、进取、精力充沛、盛气凌人	律师、房地产经纪、公共关系专家、小企业主
艺术型：偏好需要创造性表达的、模糊的、非系统化的活动	富于想象力、无序、理想化、情绪化、不实际	画家、音乐家、作家、室内装潢人员

资料来源：Robbins, Stephen P., Coulter, Mary, *Management*, 13th Ed., © 2016, p. 444. Reprinted and electronically reproduced by permission of Pearson Education, Inc., New York, NY.

霍兰德的研究指出，当个性和职业相匹配时，员工的工作满意度最高，离职率最低。[53]社会型个体应该从事有关"人"的工作，传统型个体应该从事传统性的工作，依此类推。这一模型的关键在于：不同个体的个性的确存在着本质的差别；工作具有不同类型；当人们的工作环境与自己的个性协调一致时，会产生较高的工作满意度，离职的可能性也较小。

9.3.4　不同的民族文化中个性特质不同吗

就像大五个性模型那样，个性框架在不同文化的背景下会有差异吗？像控制倾向那样的个性维度与文化相关吗？让我们尝试回答这些问题。

大五个性模型中研究的五类个性因素几乎在所有跨文化研究中都会出现。[54]这包括大量的多元文化，如中国、以色列、德国、日本、西班牙、尼日利亚、挪威、巴基斯坦和美国。差异在于各国对个性维度的强调有所不同。例如，与美国人相比，中国人更经常使用"责任"的类型而较少使用"认同"的类型；然而，研究也发现了数量惊人的一致性，尤其是那些来自发达国家的个体。正如一个例子指出的那样，通过对前人研究欧洲国家居民的文献进行综述，人们发现"责任"是对工作和职业群体的绩效进行预测的有效指标。[55]美国研究也发现了同样的结果。

我们知道，对某个国家而言，不存在普遍性的个性类型。例如，你可以在任何文化背景下找到高风险偏好和低风险偏好的人。但是，一个国家的文化能够影响本国人的主要个性特征。我们可以通过考察其中一种我们刚刚讨论过的个性特质——控制倾向来了解这种国家文化的影响。

在人们认为自己可以控制环境的程度上，国家文化表现各异。例如，北美人相信他们可以支配他们的环境，而其他国家，如中东地区，则相信生活其实是命中注定的。这与控制的内控倾向和外控倾向十分相似。根据这种特殊的文化特点，我们可以推测内控型的员工在美国和加拿大所占的比例要高于其在沙特阿拉伯或伊朗所占的比例。

Jean-Paul Pelissier/Thomson Reuters

从个性的维度来理解不同国家的差异对全球企业的管理者而言很有帮助。例如，由于清楚地知道责任这一特质对欧洲国家而言是一个有效的绩效指标，这就有助于美国公司汉堡王管理其诸如在法国的员工。

正如我们在这一部分中已经阐述过的，个性特质影响员工行为。对具有全球视野的管理者来说，当从国家文化的角度看问题时，理解个性特质差异就显得更为重要了。

9.3.5 对个性的认识如何帮助管理者提高效率

管理者应该对员工的个性感兴趣，因为这些个性会以下述方式影响员工的工作表现。

（1）工作－个人匹配度。62% 的公司在招聘时采用个性测试，这可能就是理解个性差异的主要价值所在。[56] 如果管理者考虑个性与工作的匹配度，那么他就很可能拥有更高的绩效和更满意的员工。

（2）理解不同的工作方式。通过了解人们解决问题、做决策和工作互动的差异性，管理者可以更好地理解如下情况，例如，为什么一个员工对于快速地做决策感到不适或者在解决问题之前坚持要尽可能多地收集信息。再如，管理者可以认为，相较于内控型的员工，具有外部控制倾向的个人对工作会更加不满意，而且他们更不愿意为自己的行为承担责任。

（3）做一个更好的管理者。做一个成功的管理者并实现目标意味着要与组织内外部的人很好地共事。为了有效地共事，你需要互相理解，起码是部分地互相理解。这种理解，至少部分来自对个性特质和情感的赞赏。同时，作为一名管理者，你还需要学习根据情境对自己的情绪反应做出调整。总之，你必须学会"何时要笑而何时要发火"。[57]

9.4 描述感知与影响感知的因素

我们诠释所见之物，并称之为事实。

"L ke y ur b ain, the n w L nd Rov r autom tic lly adj sts to anyth ng."[58] 路虎越野车的这句广告语阐述了工作中的感知过程。你能够读懂这句广告语即使它缺失了部分字母，因为你理解单词的构成模式并能够把它们组织和翻译出来使其有意义。

感知（perception）是一个过程，通过这一过程，个体组织和解释他们的感觉印象，从而给他们所处的环境赋予意义。有关感知的研究一直表明，虽然个体面对同样的事情，但是会产生不同的感知。例如，对于助手通常要用几天才能做出重大决策这一事实，某个管理者可以将其解释为这个助手反应迟钝，缺乏组织性，害怕做决策，而另一个管理者则会将同一助手的同一行为解释为这名助手考虑周全、细致、缜密。前者对助手评价消极，而后者对助手评价积极。其原因在于，没有人真正看到事实。我们诠释所见之物，并称之为事实。当然，就像前面的例子所表明的，我们按照感知行事。

9.4.1 什么因素影响感知

一家大型石油公司的营销主管——52 岁的卡斯在对应聘者比尔进行面试时注意到了他的鼻环，而人力资源招募者——23 岁的肖恩却没有注意到。对于这一事实，我们如何解释呢？许多因素影响感知的形成，有时是感知的失真。这些因素存在于感知者中、被感知的物体或目标中，以及感知产生的情境中。

（1）个体在试图对他所看到的目标做出解释时，会在很大程度上受到个人特质的影响。这些个人特质包括态度、个性、动机、利益、过去的体验和期望。

（2）被观察的目标的特征也会影响感知。在群体中，活跃的人比安静的人更容易引起注意。同样，极具吸引力的人和不具吸引力的人也是如此。由于目标是不能孤立地看待的，因此，目标与背景的关系也影响感知（见图9-2的示例），同样，我们倾向于将关系密切及相似的事物归于一类，这种倾向性也对感知有影响。

（3）我们看待目标或事件时的情境也很重要。我们观察目标或事件的时间、地点、光线、温度和其他环境因素都会影响我们的注意力。

年老的还是年轻的女人？　　两张脸还是一个容器？　　马背上的骑士？

图9-2　感知的挑战：你看到了什么

9.4.2　管理者如何评判员工

大多数关于感知的研究针对的是无生命的物体，然而管理者更关注的是人。我们对人的感知不同于对无生命物体（如计算机、机器人、建筑物等）的感知，因为我们总是对人的行为，而不是对无生命物体进行推断。观察人时，我们试图解释为什么他们以某种方式行动。因此，对于个体行为的感知和判断很大程度上受我们对个体内在特征所做假设的影响。大量的此类假设引导研究者提出了归因理论。

1. 什么是归因理论

归因理论（attribution theory）认为，我们如何对人们进行不同的判断，取决于对给定的行为归因于何种解释。[59] 该理论表明，观察个体行为时，我们试图判定该行为是由内在还是外在原因引起的。内因行为被认为是在个体的控制之下的，外因行为是由外部原因产生的，也就是说，个体因环境因素而被迫采取某种行为。然而，这种判定取决于三种因素：差异性、一致性和一贯性。

差异性（distinctiveness）涉及个体是在许多情况下表现出某种行为，还是仅在特定环境下表现出这种行为。一名今天迟到的员工是否被同事视为"游手好闲"之人？我们想知道的是这种行为是否不常见。如果是，观察者就有可能将这种行为归因于外部因素，否则，就可能判断这种行为由内部因素造成。

如果每个人面对相似情境都有相同的反应，我们就说行为表现出一致性（consensus）。如果所有走同一路线的员工今天都迟到了，那么这种迟到行为就符合上述定义。如果一致性程度高，我们把员工的迟到行为归因于外部。反之，如果走相同路线的其他员工准时上班，则我们认为迟到原因来自内部。

最后，管理者考察员工行为的**一贯性**（consistency）。员工从事某些行为是否有规律性和一贯性？是不是无论何时，该员工都有同样的行为？如果上班迟到 10 分钟对某一员工来说是一件不同寻常的事（她有 7 个月未曾迟到过），而对另一个员工来说却是家常便饭（他一个星期迟到两三次），那么对于迟到这一行为，就不能等同看待。行为越具有一贯性，观察者越倾向于将其归因于内部因素。

表 9-2 概括了归因理论的主要因素。该表告诉我们，以员工弗林为例，如果他完成当前工作的水平与其他工作的水平大致相同（低差异性），从事这项工作的其他员工的绩效通常与弗林不同——更好或更差（低一致性），而且无论何时弗林完成这项工作的绩效都是稳定的（高一贯性），他的经理或其他判断弗林工作的人就有可能将弗林的工作绩效归于他自身的因素（内部归因）。

表 9-2　归因理论

观察	解释	归因
个体在不同情境下	是：低差异性	内因
是否表现出不同行为	否：高差异性	外因
个体面对相似情境	是：高一致性	外因
是否都有相同的反应	否：低一致性	内因
个体从事某些行为	是：高一贯性	内因
是否有一贯性	否：低一贯性	外因

资料来源：Robbins, Stephen P., Coulter, Mary, *Management*, 13th Ed., © 2016, p. 447. Reprinted and electronically reproduced by permission of Pearson Education, Inc., New York, NY.

2. 归因能失真吗

由归因理论得出的一个有趣发现是：错误或偏差使归因失真。例如，大量证据表明，当我们对其他人的行为做判断时，我们倾向于低估外部因素的影响，而高估内部或个人因素的影响。[60] 这被称为**基本归因错误**（fundamental attribution error）。它可以解释，为什么销售经理可能倾向于将下属不佳的业绩归咎于他们的懒惰而不是竞争对手引进了全新的产品线。个体也倾向于将他们的成功归功于内部的诸如能力或努力等因素，而把他们的失败归咎于外部的诸如运气等因素。这被称为**私利偏差**（self-serving bias）。它表明，员工会对那些有关他们业绩评价的反馈信息产生曲解，而不管其是积极的还是消极的。

3. 我们使用哪些感知的简便方法

我们所有人，包括管理者在内，使用许多简便方法来判断他人。感知和解释他人的行为需要大量的工作，因此，我们开发了许多技术手段使这项工作更易管理。[61] 这些技术手段是很有价值的，它使我们迅速做出精确的感知，并为预测提供有效的信息。然而，这些手段也不是不会出错的，它们能使且的确会使

传统观念普遍认为，妇女缺乏成功参加赛车所需的专业技能以及情感和体力。在宣布成立格雷斯汽车运动公司时，第一个全女性赛车队 Indyer 的英国选手凯瑟琳·莱格（Katherine Legge）（右边）声称，性别不应成为在赛车运动中追求成功事业的障碍。

我们陷入麻烦（表9-3归纳了这些简便方法）。

表9-3 通过简便方法评判个体的失真

捷 径	说 明	失 真
选择性	人们在他们所观察到的信息中，根据自己的兴趣、背景、经验和态度有选择地吸收零碎信息	"快速阅读"他人可能会绘出不准确的图像
假设相似性	人们假定他人与自己类似	也许没有考虑到个体差异性，导致不正确的归类
刻板印象	人们以对某人所在群体的感知为基础判断他	可能会导致失真的判断，因为很多模式印象缺乏事实依据
晕轮效应	人们仅以个体的单一特质就形成了对其的总体印象	不能认识到个体的完整特征

个体不能掌握他们所观察到的所有信息，而只能选择性地接受。他们吸收各种各样的零碎信息，这些零碎信息并不是随机选择的，相反，它们是观察者根据自己的兴趣、背景、经验和态度有选择性地挑选出来的。选择性感知（selective perception）使我们"快速阅读"他人，但是有可能得出一个不准确的结论。

如果我们假定他人与我们类似，则很容易判断他人。在假设相似性（assumed similarity）或称"像我"效应中，观察者对于他人的感知更多地受观察者自身特征，而不是那些被观察者的特征所影响。例如，如果你希望工作具有挑战性及责任感，你就会假设别人也希望如此。当然，这些假设他人与自己类似的人有时候被证明是对的，但并不总是对的。

当我们以对某人所属群体的感知为基础判断他时，我们便是在使用被称为刻板印象（stereotyping）的简便方法。例如，"已婚人士是比单身人士更稳定的员工"或"年长的员工缺勤的次数更多"就是刻板印象的例子。如果是基于事实，刻板印象也许会产生正确的预测。但是，很多刻板印象缺乏事实依据，扭曲了我们的判断。

仅以个体的某一特质诸如智力、社交能力或外表等就形成了对其的总体印象，我们便是受到了晕轮效应（halo effect）的影响。例如，当学生评价他们的老师时，这种效应便经常出现。学生也许会将某一特质诸如热情分离出来，并使他们的整体评价受到这一特质感知的影响。一个安静的、自信的、知识渊博的、高水平的老师，如果他的课堂教学风格缺乏热情，那么这个老师的其他特点也许会被评价得更低。

 从过去到现在

学习如何影响他人的行为！

为了更好地理解操作性条件反射，我们首先需要从一个不同的角度学习——传统的条件作用理论。传统的条件作用是：某事发生了，我们以某种方式做出反应。它可以解释简单的反射行为。例如，传统的条件作用可以解释为什么当公司最高负责人（top brass）将要来进行视察时，某大型零售公司的一个当地销售商会对卖场内部进行一系列的清洁、整理和重新安排等活动。但人们工作中的大部分行为是自愿的而不是反射的，即员工可以选择按时上班，向上司寻求帮助解决某个问题，或在无人监督时"偷懒"。

一个对行为更好的解释是操作性条件反射，操作性条件反射认为人们以某种方式做出行为，从而得到他们想要的东西或者避免他们不想要的东西。它是自愿的或学习得来的行为，而不是反射的或先天的行为。哈佛大学心理学家 B. F. 斯金纳首先指出了操作性条件反射的过程。[62] 他认为，在某一具体行为之后，如果它能带来令人满意的结果，那么这一行为的频率将会增加。他表示，如果人们在从事某一所期望的行为时得到了积极强化，那么他们就最有可能重复这项行为。如果对所期望的行为立即给予奖励，那么它将是最有效的；不被奖励的行为或受到惩罚的行为则较少可能重复。例如，每当一个学生在课堂讨论中有所贡献时，教授就给这个学生一个分数。操作性条件反射认为这个行为是具有激励性的，因为它给学生设定了条件，即每次学生做出特定行为（在课堂发言）就可以得到期望的奖励（获得课程学分）。操作性条件反射也能在职场里看到。聪明的管理者很快就认识到他们可以运用操作性条件反射来规范员工的行为，从而使工作以最有效能和效率的方式来完成。

讨论

- 传统的条件作用理论和操作性条件反射有何不同？
- "塑造"某人的行为可能在道德上有什么顾虑？

9.5　学习理论如何解释行为

学习是什么？

- 这比普通人的看法："学习就是你在学校所做的事"，范围宽泛得多。
- 我们不断地从经验中学习，所以学习随时发生。

9.5.1　操作性条件作用：行为是其结果的函数

- 人们学习做出一定的行为来获得他们想要的一些东西或者是避免他们不想要的一些东西。
- 自愿的或者学习行为，不是反射性的或者未学习的行为。
- 重复学习行为倾向受以下因素影响：
  - 强化———→强调一种行为和增加它将会发生的可能性；
  - 缺少强化———→弱化一种行为和减少它将会发生的可能性。
- 操作性条件作用比比皆是，在强化（奖励）取决于你的行为的任何情境（明确的或者隐含的）中都可能发生。
  - 想要更多关于操作性条件作用的信息，阅读"从过去到现在"专栏。

9.5.2　社会学习理论：通过观察和直接经验学习 [63]

- 榜样（如父母、老师、同辈、名人、上司等）的影响是社会学习观点的核心。
- 有 4 个过程决定榜样对个体的影响，具体分述如下。
  - **注意过程**（attentional processes）。当人们认识并注意到榜样的重要特点时，会向榜样学习。
  - **记忆过程**（retention processes）。榜样的影响取决于个体对榜样行为的记忆程度，即使榜样不再轻易出现。
  - **行动重现过程**（motor reproduction processes）。当个体通过观察榜样发现了一个新行为时，观察一定会转化为行动。
  - **强化过程**（reinforcement processes）。如果个体受到正面激励或奖励，就会激发个体效仿榜样行为的积极性。被强化的行为将会受到更多的注意，学习得更好，出现得也更为频繁。

9.5.3　行为塑造：把学习理论用于实践

1. 为什么

管理者可以教导员工以最有益于组织的方式行事。[64]

2. 如何做

管理者通过逐步指导员工的学习来塑造行为。

3. 行为塑造的 4 种方式

（1）正面强化（positive reinforcement）。鼓励肯定期望的行为，比如管理者表扬工作出色的员工。

（2）负面强化（negative reinforcement）。通过终止或撤销讨厌的事情，实现期望的行为。例如，管理者告诉某位员工，如果他开始按时上班，就不会被扣钱。这个员工不被扣钱的唯一方法就是按时上班，这正是管理者希望的行为。

> 正面强化和负面强化都导致学习。
> 它们强化了理想反应，提高了其重复的可能性。

（3）惩罚（punishment）。它是指对不良行为进行处罚。例如，对于酗酒的员工，令其停职两天、不发薪水。

（4）忽视（extinction）。它是指不强化（忽视）某种行为，让其逐渐消失。

> 惩罚和忽视也会导致学习，然而它们弱化了行为，
> 并且倾向于减少其以后的发生频率。

9.5.4　怎样通过认识学习来提高管理者的效率

1. 管理员工的学习

员工会在工作中学习。管理者将会如何管理员工的学习呢？是通过设置奖励和树立榜样，还是让其随意发生？

2. 关注你奖励什么

如果管理者想要行为 A，却奖励行为 B，那么他们就会发现员工在学习行为 B，这就不足为奇了。

3. 关注你做什么

管理者应该知道员工是以他们为榜样的，并且做管理者所做的。

9.5.5　对感知的理解如何帮助管理者更有效地工作

管理者应该对感知感兴趣，因为它会以下列方式帮助他们理解员工行为。

（1）管理者需要认识到，员工是对感知而不是客观现实做出反应。不管管理者对员工的评价是否真正客观、公正，或者不管组织的工资水平在同行业中是否的确最高，都不及员工在这些方面的感知。如果员工感觉到评价是不公正的或者工资水平低，则他们的行为表现就好像这些条件真的存在似的。

（2）员工将他们所看到的事情联系起来，并加以解释，所以潜在的感知失真总是存在的。管理者应该明确这一点，要密切注意员工对他们的工作及管理实践的感知。记住，一个有价值的员工因为不准确的感知而辞职，与一个有价值的员工因为正当理由而辞职一样，对组织来说，都是很大的损失。

9.6　管理者面临的当代组织行为专题

到目前为止，你也许已经认识到为什么管理者需要理解员工行为的过程和原因。我们将考察对管理者今天的工作起重要作用的两个组织行为专题，以对本章进行总结。

9.6.1　代与代之间的差异如何影响职场

他们年轻、聪明、自负，穿着人字拖到办公室，或在办公桌听着 iPod 音乐。他们想工作，但不希望工作是生活的全部。这就是 Y 一代，在全美约有 7 000 万人，许多人正开始发展事业，在日益增多的多代同堂的职场中崭露头角。[65]

1. 谁是 Y 一代

尽管对 Y 一代应归属于哪个确切的时间段并没有达成共识，但多数定义认为其包括 1982 ～ 1997 年出生的个体。有一件事是肯定的，即他们为职场带来了新的态度。Y 一代的成长伴随着大量令人惊讶的经历和机遇，他们希望职场生活也能有很多体验和机会，如图 9-3 所示。例如，斯特拉·肯依（Stella Kenyi）对国际开发很感趣，并获得其雇主——美国国家乡村电力合作协会（National Rural Electric Cooperative Association）的派遣，去苏丹的菩亚寺地区进行能源利用的调研。[66]百思买公司总部办公室的一位资深规划专家贝丝·特里皮（Beth Trippie）认为只要能得到结果，过程并不重要，尽管过程中可能还玩电子游戏、打电话。[67]在亚特兰大工作的一位会计主管助理形容自己和她的 Y 一代同事为专业

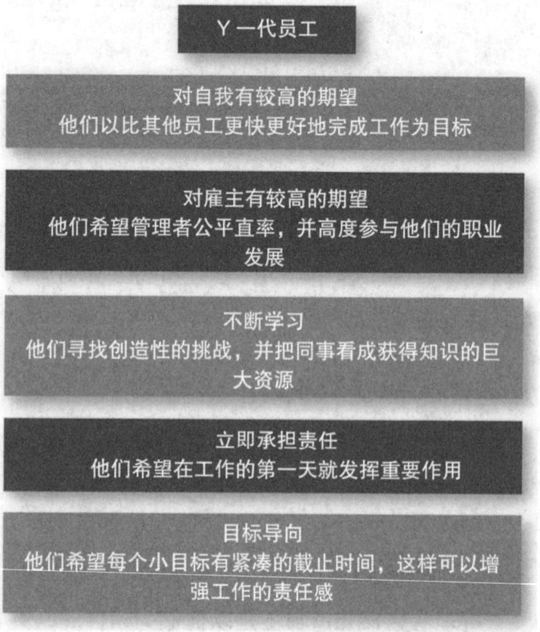

图 9-3　Y 一代员工

资料来源：© Rainmaker Thinking, Inc. Reproduced with permission.

技术风险偏好者——他们很愿意改变现状。从她的角度来看，吸引人的工作环境是那些提供独立工作和有创造性工作机会的环境。[68]

2. 处理管理的挑战

如何管理 Y 一代员工，对管理者来说是独特的挑战。着装、科技和管理风格等方面都会产生冲突和抱怨。

在"恰当的"办公室着装这一问题上，组织应具备怎样的灵活性呢？这要看工作的类型和组织的规模。许多组织接受员工穿牛仔裤、T 恤和人字拖上班，但有些组织则要求员工穿正装上班。但即使是在那些比较保守的组织里，要处理 Y 一代较为随意的着装问题，一个可能的办法就是更为灵活地予以接受。例如，工作指引也许可以说明，个人在不是与组织外的人进行工作接触时，可以（在某些限制下）穿着较为随意的服装。

Fab 网站是一个品牌产品的购物门户，它了解 Y 一代的态度，创造了一个对他们很有吸引力的随意而有趣的购物环境。Fab 为其技术娴熟的员工（如图中所示的德国办公室的员工）提供机会，使他们在快速发展的电子商务公司不断成长，取得事业上的进步。

科技呢？这一代人的生活更多地依赖自助存取款机、影碟、手机、电子邮件、短信、笔记本电脑和互联网。他们在找不到所需的信息时，就会输入关键字搜索。Y 一代伴随着科技而成长，他们已经完全适应了拥有科技的生活。他们喜欢通过多媒体会议解决问题，但困惑的"婴儿潮"一代则希望通过面对面的会议处理重要的问题。婴儿潮一代抱怨 Y 一代无法集中精力在一项任务上，而 Y 一代则认为同时处理多项任务并没有错。再一次，双方持有灵活性的态度是解决分歧的关键。

最后，如何管理 Y 一代呢？就像老爷车广告以前说的："那不是你爸爸的小汽车"，我们可以说"那不是你爸爸、妈妈的管理方式"。Y 一代所期望的管理者是思想开放的，是该领域的专家，即使并不精通科技（tech-savvy），也是条理清晰的；是员工的老师、培训师和导师；不专制、不专断；尊重 Y 一代；理解他们需要工作与生活之间的平衡；能够不断提供反馈；以生动和令人信服的方式进行沟通；给员工提供刺激和新颖的学习体验。[69]

Y 一代可以带给组织很多东西，包括他们的知识、热情和能力。但是，管理者需要认识和了解这个群体的行为，这样才能营造出一个可以使工作得以有效率和有效果地完成，且不会出现破坏性冲突的环境。

9.6.2　管理者如何处理职场的消极行为

杰里注意到铲车剩下的油量已经很少，但他仍然继续驾驶直到铲车过热不能使用；在忍受了上司长达 11 个月的不断骚扰和虐待之后，玛丽亚终于辞职；办公室某职员每当计算机死机时，就会猛砸键盘并大声咒骂。粗鲁、敌意、挑衅以及其他职场的消极行为在今天的组织中已经变得非常普遍。在一项对美国员工的调研中，10% 的人称他们每天都会在职场中目睹粗鲁的行为，20%的人称他们至少每周一次会成为不文明行为的直接对象。在一项对加拿大员工的调研中，25%的人称他们每天都会看到不文明行为，50%的人称他们至少每周一次会成为不文明行为的直接对象。[70] 据估计，消极行为导致美国经济一年要付出3 000亿美元的成本。[71] 管理者应该做些什么来管理职场上的消极行为呢？

问题的关键是认识消极行为的存在。假装认为消极行为不存在或忽视这些不当行为，只会让员工困惑什么才是组织所期望和所接受的行为。尽管研究人员对如何拒绝和回应消极行为还存在争辩，但现实中两者都是需要的。[72] 我们可以通过仔细观察潜在员工的某些个性特质，并对不可接受的消极行为做出即时果断的反应，阻止消极行为，这样可以更好地管理职场上的消极行为。关注员工的态度也很重要，因为它也会出现消极的一面。正如我们前面提到的，当员工对其工作不满意时，他们将以某种方式做出回应。

本章概要

1. 界定组织行为研究关注的重点和目标。

组织行为关注三部分内容：个体行为、群体行为和组织的各方面。组织行为学的目标是解释、预测和影响员工的行为。员工行为主要包括以下6个方面：员工生产力是衡量工作效率和效能的绩效指标；缺勤是指未能上班；离职是指自动或非自动地离开组织；组织公民行为并不属于员工正式的工作描述部分，但能够促进组织的有效运作；工作满意度指的是员工对其工作的一般性态度；职场不当行为是指对组织或组织内的个体产生潜在的不利影响的员工行为。

2. 解释态度在工作绩效中的作用。

态度是关于人、事物或事件的评述性陈述。感知成分是指个体的信念、意见、知识或信息。情感成分是个体的情绪或感受部分。行为成分是指以某种方式对某人或某事表现出某种行为的意图。

与工作有关的态度有4种：工作满意度、工作投入、组织承诺和员工参与。工作满意度是指员工对其工作的一般性态度。工作投入是指员工认同自己的工作、积极参与工作、认为自己的工作绩效对自我价值重要的程度。组织承诺是指员工对组织及其目标的认同度，以及继续留在组织中的期望。员工参与是指员工与其工作的联系、对工作的满意和热情。

根据认知失调理论，个体通过改变态度、行为和理性化不一致性，以降低态度与行为不一致。

3. 描述不同的个性理论。

MBTI的衡量方法包括4个维度：社会交际、数据收集的倾向、制定决策的倾向以及制定决策的风格。大五个性模型包含五种个性特质：外向、认同、责任、情绪稳定和开放。另一种考察个性的理论是通过5项个性特征解释组织内的个人行为：控制倾向、马基雅维利主义、自尊、自我监控及风险偏好。

最后，人们如何在情感上做出反应和如何处理情感是个性的表现。情商高的人具有观察和处理情感、信息的能力。

4. 定义感知和描述影响感知的因素。

感知是如何通过组织和解释感觉印象，赋予环境意义。

归因理论帮助解释我们如何对人们进行不同的判断。它取决于3种因素。差异性是指个体是否在不同情况下表现出不同行为（即行为是不同寻常的）。一致性是指其他人面对相似情境时是否都有相同的反应。一贯性是指员工从事某些行为是否有规律性和一贯性。这3个因素的高低可以帮助管理者决定员工行为是归因于外部还是内部的因素。

基本归因错误是指我们倾向于低估外部因素的影响和高估内部因素的影响。自利偏差是指我们倾向于将成功归咎于内部因素而把失败归咎于外部因素。对他人进行判断时所使用的简便方法包括选择性感知、假设相似性、刻板印象和晕轮效应。

5. 讨论学习理论及其与塑造行为的联系。

操作性条件反射认为行为是其结果的函数。社会学习理论认为个体通过观察他人身上发生的事情和直接经验进行学习。

塑造员工行为可以通过以下几种方式实现：正面强化（通过鼓励肯定来强化期望的行为）、负面强化（通过撤销讨厌的事情来强化期望的行为）、惩罚（通过惩罚来消除不良行为）、忽视（通过不强化去消除某种行为）。

6. 讨论组织行为的当代专题。

管理 Y 一代员工的挑战是他们给职场带来了新的态度。着装、科技和管理风格等都是主要挑战。

要处理职场不当行为，关键是要认识它的存在；仔细观察潜在员工有可能做出消极行为的倾向；最重要的是，通过调查员工的工作满意度和不满意度来关注员工的态度。

复习思考题

9-1 为什么说组织像一座冰山？利用冰山比喻描述组织行为的研究领域。

9-2 组织行为知识的重要性会因为管理者在组织中的地位而产生差异吗？如果有差异，为什么？如果没有差异，为什么？请具体说明。

9-3 定义 6 种重要的员工行为。

9-4 阐明个体如何协调态度和行为之间的不一致。

9-5 描述术语情商的含义。举例说明情商在现代企业中的运用。

9-6 "企业与其担忧工作满意度，不如努力营造一种促进绩效的环境。"你认为这句话是什么意思？请解释。你对这句话有什么反应？你是否认同这句话？为什么？

9-7 一个管理者会如何根据个性特质来改善本部门甄选员工的方式？试讨论。

9-8 描述管理员工所用的社会学习理论的含义。

9-9 一项盖洛普民意测验显示，大部分员工认为在一个体贴的上司手下工作比获得金钱或利益更重要。管理者应该如何理解这条信息？其内涵是什么？

9-10 写下你的 3 种态度。区分这些态度的认知、情感和行为因素。

9-11 为什么理解组织行为对管理者很重要？

9-12 描述归因理论的主要要素。讨论基本归因错误和自利偏差是如何起作用的。

管理技能建设：理解员工情绪

员工每天都带着他们的情绪工作，尽管管理者认为员工总是理性的，但他们不是。如果一个管理者在处理员工问题上忽略情绪（如害怕、生气、关爱、厌恶、愉悦和悲伤）对员工日常行为的塑造，那么他就不是一个有效的管理者。

个人评估清单：理解员工情绪

你的情商有多高？运用这份个人评估清单，评估你了解员工情感的能力。

技能基础

理解他人的情绪是一项困难的任务，但我们可以去学习读懂他人的外露情绪。我们可以聚焦于实际的行为，如言语、非言语和副语言的暗示。[73]

- 评估他人的情商。有些人会更容易了解和掌控自己的情绪。这些能够理解和管理自己情绪的人是高情商的。当人们表现出以下行为时，你会发现他们情绪变化少，也容易被读懂。高情商的人理解他们自己的感受（自我认知），会敏感地捕捉到其他人的情绪（同理心），自愿帮助他人（社会责任感），客观看待事物而不是主观臆想（事实导向），主动与人交往并对他人的利益表示关心（社会取向）以及能够很好地管理他们自身沮丧或愤怒的情绪（冲动控制）。

- 情绪询问。要知道他人的情绪是怎样的，最简单的方式是询问他们。通过简单的言语，比如"你好吗？发生了什么事情吗？"通常能给你提供信息去判断对方的情绪状态是怎样的。但依赖口头的回复有两个缺点。第一，我们通常会把自己的情绪在一定程度上隐藏起来，再表现给外界。所以我们可能不愿意去分享我们真实的感受。第二，即使我们想口头传递我们的感受，也可能传递不了。一些人在理解自身情绪上存在困难，因此，不能很好地表达自身的感受。所以，言语的回复只能提供部分信息。

- 观察非言语的暗示。你正在和一位同事对话，他背部僵硬，牙齿紧咬，面部肌肉紧张的事实可以告诉你他的情绪状态吗？这很可能可以告诉你他的情绪状态。面部表情、手势、身体动作和身体距离是提供对方额外的情绪信息的非言语线索。面部表情，就是一个人情绪的窗口。留意面部特征的差异：脸颊的高度、眉毛的高低、嘴巴的转动和嘴唇的位置以及眼周肌肉的松紧程度。甚至一些微妙的距离，像某人可以选择与你之间的身体距离来表达他们的感受——缺乏亲密性、表示攻击性、厌恶或者退出。
- 观察事物是如何被阐述的。正如珍妮特和我之间的谈话，当她在讲话的时候，我观察到她音调和语速上的较大变化。我正在踏入第三种他人情绪信息来源——副语言。这是超过了特定言语词汇的沟通，包括音高、幅度、速率和演讲的音质。副语言提醒我们

人们在传递情绪时不仅在于他们说什么，还在于他们怎样表达。

技能应用

Part A：两个人一组。每个人花几分钟思考（双方先不分享）过去对某些事情的情绪态度。例子包括对父母、兄弟姐妹或朋友的失望情绪；对学术或体育运动成绩的兴奋或沮丧；对某人侮辱或看轻自己时的愤怒；厌恶某人说或做的事情；或者因发生了好事而感到高兴。

Part B：现在你们进行角色扮演，每个人将进行一个面谈。一个人扮演面试官而另一个人扮演求职者。职位是大型零售连锁店的暑期管理实习生。每个角色扮演的时间长度不要超过10分钟。面试官进行正常的面试，即除了不断重新思考你在 Part A 设想的情绪事件外，在尽力表达情绪的同时，专业地面试职位申请人。

Part C：第二轮角色扮演交换彼此的位置。面试官成为求职者，反之亦然。新的面试官除了不断重新思考在 Part A 中的情绪事件外，会进行正常的面试。

Part D：花10分钟解析面试，试述你认为对方表达的是怎样的情绪，你发现了什么暗示或线索，你解读这些暗示的准确性有多高。

在日常交往中继续练习这些技能。很快，你就会感到更有能力去阅读别人的情感暗示。

实践练习：招聘

公　司：木材设计公司
收件人：泰德·西格勒，人力资源总监
发件人：米歇尔·德普瑞斯特，总裁
主　题：招聘

泰德，就像上周五我们讨论的那样，我们的加工制造已经发展到一定阶段，需要增加人员到我们的管理团队之中。具体来说，我们需要一个公司财务总监和一个国内销售总监。财务总监负责为不同部门制定运营和财务的标准（即需要运用财务和生产数据进行大量数字运算）。国内销售总监将与销售人员紧密工作，并与客户建立长久和互利的关系。

我想起在大学的管理学课程中学到的一些东西，即特定的个性类型与特定工作类型相匹配。你能在这方面帮我做些调研吗？请用一个简短的报告（不超过一页纸）描述与上面两个新职位相匹配的个性类型，并在本周末送交给我。

注：文中提及的公司和信息都是虚构的，只是为了教学目的而设，并不是对那些同名公司的管理实践进行正面或反面的披露。

应用案例 9-1

在谷歌变得情绪化

自我探索！

作为《财富》杂志连续 6 年排名第一的最佳工作公司，谷歌一定在做正确的事情！事实上，它做了很多正确的事情！你可能会感到惊讶的是一个提供给谷歌员工自我提升的课程（众多课程中的一个）。这门课程于 2007 年首次开设，被称为自我探索课程（SIY）。它非常受欢迎，以至于成千上万的谷歌员工正在排队等待上课！

自我探索课程是谷歌工程师陈一鸣开发的。几乎从一开始陈一鸣就在谷歌工作，他是谷歌的第 107 号员工。他目前的工作职位是一个"快乐的好伙伴"，他的工作描述说他想要启发思想，敞开心扉，创造世界和平。[74] 这对非常成功的科技公司来说是一个有趣的概念，你不觉得吗！但这似乎是一个无足轻重的话题，有着严肃的一面。该课程旨在向谷歌人展示如何更多地了解自己的情绪，对他人更有同情心，建立可持续的关系（内部的和外部的），当然，也可以为世界和平做出贡献（我们不是在开玩笑）。自我探索课程是基于情商的 5 个维度（这里有一个简单的回顾：自我意识、自我管理、自我激励、同情心和社交技巧）分为三部分。课程的第一部分集中在注意力训练上，要求你能够在周围发生的任何事情中冷静而清晰地集中注意力……讲出压力、冲突或者其他什么。第二部分涉及自我认知，即了解自己的情绪，并最终掌握这些

情绪。第三部分是培养心理习惯，即控制自己的情绪，能够自然地思考如何平静和友善地与他人相处。尽管所有这些听起来都很有趣而且非常有用，但这并不是其中最吸引人的部分。

最有趣的是，这门课程在那些非常聪明、富于逻辑思考、实用、坦率的人群中非常流行。毕竟，谷歌雇用了最优秀、最聪明的工程师，他们拥有丰富的知识和培训经历，但他们可能并不总是拥有最好的社交/人际技能。那么，陈一鸣是如何吸引这些人的呢？其吸引力在于，这门课程是为知识分子设计的，其基础是通过情商体验行为自我控制的神经科学。尽管谷歌需要非常聪明、能干、以技术为导向的员工，但事实是，即使是在谷歌工作，人们也必须共同努力解决问题，设计新的方法来使公司前进。因此，即使对他们来说，成功的合作也需要情商技能。

讨论题

9-13　为什么情商对谷歌的工程师很重要？

9-14　这个自我探索课程的目的是什么？

9-15　描述自我探索课程的三个部分。你认为哪一个部分是最难掌握的？为什么？

9-16　谷歌是如何让自我探索课程吸引工程师的？

应用案例 9-2

奇特的搭档

在工作中将不同年代的人结合在一起……并使之发挥作用！

一个 29 岁，另一个 68 岁，他们会有多少共同之处？他们又能从彼此身上学到什么？在美国曼哈顿地区任仕达集团（Randstad Holding

NV）的办公室里，这样的员工搭档十分常见。一对工作伙伴面对面办公，互相只隔几英寸。[⊖]"他们能听到对方接听的每个电话，能浏览对

⊖　1 英寸 = 2.54 厘米。

方发送和接收的每封电子邮件，有时还能帮助对方润色回信语句。"[75]

任仕达集团是一家荷兰公司，在40多年前建立之初就开始采用搭档理念。创始人的座右铭是"没有人应该独自工作"。最初目的是想让销售代理共享一份工作和共同承担工作责任，以提高生产效率。现在，这种家庭办公室的搭档安排是这样的：这一周其中一人留在办公室里工作，另一人则外出跑销售；然后下一周轮换。公司于20世纪90年代末将这种搭档方法引进美国分公司。但在公司开始甄选新员工时，由于大部分员工只有20多岁，公司意识到把不同年代的员工进行搭档所存在的挑战和潜力。"任达仕集团的高层意识到这些年轻一代需要在工作中大量学习，并指出如果他们能和那些曾经得到别人帮助而获得成功的人分享同一份工作，他们这些年轻人肯定可以得到所有应有的训练。"

任仕达集团并不是在简单的配对后就期望它产生效果，后面还有很多事情要做！为了找到能与他人融洽共事的员工，公司进行了广泛的面试，并要求应聘者跟着经销代理工作半天。"任仕达集团会向应聘者提出的一个问题是：在一个团队里，你最难忘的时刻是什么？如果回答是当我打进制胜一球触地得分时，那将注定会失败。因为我们组织的一切都是建立在团队和群体合作之上的。"当新雇用的员工和一个资深的销售代理搭档后，双方都要做出调整以适应对方。任仕达集团组织系统中最有趣的一点是双方都不是对方的"领导"，公司希望彼此互相学习。

讨论题

9-17 你从本案例中学到了什么组织行为知识？请解释。

9-18 你怎么看待这个"搭档合作"的概念？你会满意这种安排吗？为什么？

9-19 在这种组织安排中，员工最需要具备什么性格？为什么？

9-20 年轻新员工和老一辈资深员工的搭档组合将面临什么问题？双方将如何在环环紧扣的组织安排中解决这些问题？双方如何使这种适应变得更容易？

应用案例 9-3

员 工 优 先

"员工优先"文化会是什么样的？

"员工优先"（Employee First）是爱渠西来信息技术有限公司（HCL Technologies）最重要和最关键的文化价值，总裁温尼特·纳亚尔（Vineet Nayar）坚信它能引领公司走向未来。[76]尽管大多数经理认为应该客户优先，但纳亚尔认为应该把员工满意度放在首位。

作为印度最大的公司之一，HCL销售多种信息技术产品和服务，如手提电脑、软件开发定制和技术咨询。因此，如何吸引和留住顶尖人才是公司面临的挑战之一。此外，以其规模而言，它无法为员工提供那种新创企业才有的既有趣又有创意的氛围。

不裁员政策是HCL"员工优先"思想的一部分，但它在经济低迷的压力下很难维持。就像其竞争对手那样，HCL以前也有过量员工，也会延缓加薪。不过，HCL信守承诺，没有解雇任何一个HCL人（HCLite，纳亚尔对HCL员工的称呼）。但随着经济的复苏，员工们开始跳槽到竞争对手那里。仅在2010年第一季度，HCL就流失了22%的员工。或许是监控和追踪员工的满意度的时候了。

由于HCL的总部在印度，因此把工作场所民主测评放在新德里公司内进行就显得格外合适。首席执行官纳亚尔致力于创造一家公司，在这家公司里，领导者的工作是发掘员工的潜力并在公司内找到适合自身发展的位置。正如我们在开头提到的那样，纳亚尔开创了一种员工优先的文化。那么他为实现员工优先采取了什么措施呢？首先，他通过重组组织结构来改革文化。HCL 改变了组织结构，把更多的权力授予一线员工，尤其是那些与客户和经销商有直接联系的员工。公司在员工自我提升方面投入了大量资金，并通过更大的透明度来促进沟通。公司鼓励员工与纳亚尔直接交流。为此，公司建立了一个名为"你和我"的论坛，纳亚尔每周会回答员工提出的 100 个问题。纳亚尔说："我随时敞开大门，欢迎批评。"然而，代表公司文化使命的也许是 HCL 所谓的"信用薪水"。与员工每月收入中浮动工资平均占总收入 30% 的行业标准相比，HCL 决定提高固定工资比例和降低浮动工资比例。

HCL 这一独特的员工优先文化是否真的吸引到了独特的员工呢？公司的欧洲总裁拉杰夫·索内（Rajeev Sawhney）给予了肯定的回答。他以获得 2009 年奥斯卡最佳影片的《贫民窟的百万富翁》为例："这部电影反映了印度种族制度，展示了逆境迫使人们奋发进取。

每当遇到困境时，大家都会有一种不断努力以摆脱困境的强烈渴望。"索内说企业家精神就是 HCL 企业文化的一个核心价值："即使远在一英里外，你也可以分辨出谁是 HCL 的员工。我想这是因为 HCL 的员工都有一种特殊基因，它包含了对成功的高度追求和高超的说服技巧，而且个个充满斗志，总想做更多事情并甘愿为公司冒险。"

讨论题

9-21　你对"员工优先"文化有什么想法？它对其他组织是否有用？为什么？怎样才能发挥作用？

9-22　组织行为知识对纳亚尔总裁领导公司有什么帮助？请具体回答。对公司基层主管又有什么帮助？请具体解释。

9-23　从本案例中你观察到 HCL 哪些方面的特质？ HCL 员工的性格特点对其企业文化的形成有什么作用？

9-24　为 HCL 员工设计一份态度调查表。

10

第 **10** 章

认识群体和管理工作团队

管理偏见

团队协作几乎总是
胜过员工单打独斗。

根据一些新闻的报道，你也许会以为每一个组织都围绕团队进行了重组。以团队为基础的组织总是会比围绕个人构建的传统组织要好，这几乎已经成了一种信仰。在本章中你将会看到，团队可以是非常有效地完成任务的方法，但是没有一种方法是放之四海而皆准的。对那些要求具备跳跃性创造思维的任务而言，个人往往比团队做得好。另外，团队会稀释责任——这将会导致巨大的风险，并且会让参与者以这是别人的工作为借口，淡化个人责任。

当今的管理者相信创建团队能让组织增加销售量，或者以更低的成本更快地生产更好的产品。虽然创建团队的努力并不总是成功的，但是计划周密的团队能提高组织的生产率。

你也许有很多群体工作的经验，比如课堂讨论项目小组、运动队、募捐筹款委员会或者工作中的销售团队。在当今动态变化的全球环境中，工作团队是管理需要应对的众多现实和挑战之一。许多组织已经开始围绕团队而不是基于个人进行重组工作。这是为什么呢？这些团队包含哪些内容？管理者如何打造高效团队？本章将会回答这些问题。在更好地理解团队之前，我们首先需要了解群体和群体行为的一些基础知识。

1. 定义群体和描述群体发展的阶段。
2. 描述群体行为的主要概念。
3. 讨论群体如何发展为有效的团队。
4. 讨论管理团队的当代专题。

10.1　什么是群体以及群体发展要经历哪些阶段

群体中的每个人都有特定的角色：观察员、算牌人、打手、大玩家。在过去10年里，几个前麻省理工学院（MIT）的学生组成了一个秘密群体——黑杰克俱乐部（Black Jack Club），他们凭借非凡的算术能力、专业的训练、团队合作以及人际沟通技能，在美国几个主要的赌场赢走了数百万美元。[1] 尽管大多数群体的建立并不是为了达到这种欺骗性的目的，但该群体在成功完成任务方面还是给人留下了深刻的印象。管理者希望他们的工作小组也可以如此成功地完成任务。因此，我们首先要理解群体是什么以及它是怎么发展的。

10.1.1　什么是群体

群体（group）就是两个或两个以上相互影响、相互依赖的个体为了达到某一特定目标而组成的集合体。正式群体（formal groups）是由组织结构所确立的工作团体，有着明确的分工和指定的任务，为实现组织目标而服务。表10-1给出了一些例子。非正式群体（informal groups）就是社会群体。这些群体是在工作环境中形成的自发组合，通常是因为友谊和共同兴趣而形成的。例如，来自不同部门的5个员工经常在一起吃午餐，就形成了一个非正式群体。

表10-1　正式的工作群体的例子

- 命令型群体（command groups），这是由组织结构图决定的群体，成员向某个指定的管理者直接汇报工作
- 任务型群体（task groups），这是为了完成一项特定的工作任务而将个人组成的群体，其存在通常是暂时性的，任务完成后，群体就会解散
- 跨职能型团队（cross-functional teams），该群体将来自各个领域和部门个体的知识与技能整合在一起，这些领域和部门的成员经过培训去完成他人的工作
- 自我管理型团队（self-managed teams），这种工作团队本质上非常独立，成员除了完成他们自己的任务，还要担负传统的管理职责，如招聘、规划和安排以及绩效评估

10.1.2　群体发展经过哪些阶段

群体发展会经过5个阶段。

研究表明，群体的发展会经过5个阶段。[2] 如图10-1所示，这5个阶段包括：形成阶段、震荡阶段、规范阶段、执行阶段和解散阶段。

形成阶段（forming）有两个时期。第一个时期出现在人们加入群体的时候。在正式群体里，人们因为一些工作分配而加入群体。一旦加入，就开始了第二个时期：界定群体的目标、结构和领导关系。这一时期充满大量的不确定性，因为群体成员要进行"试水"以确定什么样的行为是可接受的。当成员开始意识到自己已是群体中的一部分时，这个阶段便完成了。

震荡阶段（storming）很可能是因为群体内部所发生的冲突而得名。冲突的焦点在于谁将控制群体和群体需要做什么。当这一阶段完成时，群体内部将会形成一个相对明确的领导阶层和对群体方向的认同。

在规范阶段（norming）中，群体中成员之间的紧密关系进一步发展，群体更富有凝聚

力，并且更强烈的群体身份感与友谊也就形成了。当群体的结构固定下来，并且对什么是正确的成员行为达成共识时，这一阶段也就完成了。

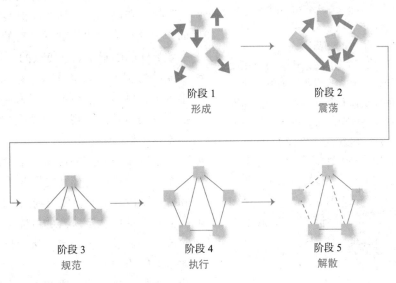

阶段 1　　　　　　　　　　　　　　阶段 2
形成　　　　　　　　　　　　　　　震荡

阶段 3　　　　　　　阶段 4　　　　　　　阶段 5
规范　　　　　　　　执行　　　　　　　　解散

图 10-1　群体发展的各个阶段

　　第四个阶段是执行阶段（performing），此时群体结构开始完全发挥作用并被群体成员所接受。成员的精力也从相互认识与相互了解转移到了执行必要的工作上。对于长期存在的工作群体，执行阶段是团队发展的最后一个阶段。但对于临时性群体，如项目小组、任务小组或类似的执行有限任务的群体，最后一个阶段是解散阶段（adjourning）。在这个阶段中，群体在为它的解散做准备。高水平的工作绩效已不再是群体成员首要关注的问题，他们的注意力已经从工作绩效转移至收尾活动中。群体成员反应各异，有的人积极乐观，为群体的业绩而激动；有的人对即将失去的友谊和同事之情而感到难过。

　　你们许多人可能已通过班里的群体项目而经历过这些阶段了。群体成员在经过甄选或分配后首次见面，然后会进入"探索期"，去确定群体将要做什么和将如何去做。接着群体中通常会出现对控制权的争夺：谁担任负责人？一旦解决了这个问题并对群体里的"层级"进行认同后，群体就要明确需要完成的具体工作，谁将完成哪一部分工作，以及所分配的工作需要完成的日期。同时，群体还要确定大体的期望目标。这些决策有助于构建你所希望的、能够出色地完成项目的协作型群体。当项目完成并上交报告后，群体就解散了。当然，有

帕尔默·拉基（Palmer Luckey，中间）是虚拟现实头戴式显示器的发明者，并且开了一家公司来推出他的产品。正在展示 VR 产品的是硬件工程师克里斯·德库斯（Chris Dycus）；最左面那个是产品副总裁奈特·米切尔（Nate Mitchell）；右面第二个是首席执行官布伦丹·伊莱布（Brendan Iribe）；另一个是首席软件架构师迈克尔·安东诺夫（Michael Antonov）。

Ana Venegas/ZUMA Press/Newscom

些群体可能止步于形成阶段或震荡阶段，这也许是因为它们存在着严重的人际关系冲突，工作令人失望，以及所得分数较低等。

在经过前 4 个阶段后，群体会变得更加有效吗？[3] 部分研究认为是这样的，但实际上并不是如此简单。这种假设也许通常是对的，但是成为一个有效群体的因素是非常复杂的。

- 在某些情况下，高水准的冲突常会导致高水准的群体绩效。这可能是因为处在震荡阶段的群体可以比处在规范阶段或执行阶段的群体干得更好。
- 群体也并不总是按顺序从一个阶段发展到下一个阶段。有时群体可能同时处于震荡阶段和执行阶段，甚至会倒退到前一阶段。
- 我们不能就此认定所有的群体总是按照这种阶段顺序而发展的，或者认为只有执行阶段才是最好的。

我们最好是将这些阶段纳入一个整体框架中考虑，强调群体是动态的实体，管理者也需要知道群体所处的阶段，从而更好地认识在群体发展过程中最有可能暴露的各种问题。

关于群体，你需要知道什么？让我们看看群体行为的某些重要方面。

道德观察

当团队项目的同事紧密合作时会不会出现信息过多现象？[4] 某公司刚刚完成一个重大项目的团队出去吃午餐庆祝。午餐时，一个团队成员提到他正在为 20 英里自行车比赛进行训练。除了讨论他的新头盔和莱卡短裤，他还描述了如何调整身体以减少空气阻力。随后，另一个团队成员说，她不想从同事而非朋友这里听到这种类型的信息，不知道为什么这个人竟然会想与工作团队的其他成员分享这类信息。在其他公司中，管理者经常从年轻的 Y 一代员工那里听到令人尴尬和有争议的评论，例如下班后或周末太多聚会活动或者他们正在寻找另一份工作。

讨论
- 像这样分享信息能够带来什么好处和弊端？
- 在工作中分享这类个人信息会产生什么伦理问题？

10.2 群体行为的五个主要概念

10.2.1 角色

角色是居于某一社会单位中某一特定位置的个体被期望的行为模式。

- 我们根据当时所属的群体调整自己的角色。
- 员工通过阅读岗位说明书，从上司那里获取建议，观察同事所做的事，试图确定哪些行为是被期望的。
  - 当员工遇到不一致的角色期望时，就会发生角色冲突。

10.2.2 规范 / 一致性

规范是指团队成员共同接受的标准。

每个团队都有自身独特的一套规则。大部分组织的规则有一些共同特点。

- 努力和表现：
  - 可能是最广泛的规则；
  - 能够最大力度地影响单个员工的表现。
- 着装要求（工作场所可以穿什么）。

一致性是指调整个人行为以符合团队规则。

- 我们都希望被我们所属的组织接受，这使得我们容易受到一致性压力的影响。
- 参见"从过去到现在"专栏，从所罗门·阿希（Solomon Asch）关于一致性的经典研究中学习更多关于一致性的知识。[5]

> 在阿希的研究中，35% 的参与者会遵循群体行为或"跟随群体"。

10.2.3 地位系统

团队内部的威望、地位或等级，是我们理解行为的一个重要因素。

- 人类组织总是存在等级分层。
- 个体自己认为的地位和别人所认为的地位之间存在差异，这是行为后果的一个重要驱动因素。
- 如果事物或人能得到群体其他人的欣赏，则他就有地位、价值。
- 群体成员可以轻松地将个体成员放入等级体系中，他们通常一致同意：谁地位高，谁地位低，谁在中间位置。
- 保证群体的一致性（个体感知到的地位和个体实际拥有的地位的一致性）以避免破坏行为对群体来说非常重要。

10.2.4　群体规模

群体规模会影响一个群体的绩效，但是效果取决于你使用的标准。[6]

小群体（5～7人）更擅长：

- 更快完成任务；
- 明确该做什么；
- 完成任务。

大群体（12人或以上）更擅长：

- 解决问题；
- 搜寻事实；
- 获取各种不同的信息。

大群体的弊端：

- 随着群体规模的扩大，个体成员的贡献却往往下降了。这种行为被称为群体懈怠（social loafing）[7]——责任的分散使个体松懈。
  - 当群体的成果不能归功于任何个体时，个体也许会倾向于"搭便车"，依赖于群体的努力，因为他们认为自己的贡献无法衡量。

当采用大的工作群体时，管理者需要找到可以判别个体努力的方法。

10.2.5　群体凝聚力

群体凝聚力是指成员相互吸引、参与实现群体目标的程度。

- 那些存在许多内部分歧、缺少合作的群体要比个体意见统一、共同合作、互爱互助的群体效率低。
- 成员之间越是相互吸引，群体目标与个人目标越是一致，群体的凝聚力就越强。
- 凝聚力强的群体比凝聚力弱的群体更有效率。

但是，凝聚力和效率之间的关系更为复杂。[8]

- 一个关键的调节变量就是群体的态度与它的正式目标，或者是与它所属的更大组织的正式目标相一致的程度，[9] 如图 10-2 所示。
- 群体越有凝聚力，群体成员会越遵从群体目标。如果这些目标是有利的，凝聚力强的群体会比凝聚力弱的群体更具生产力。
- 如果凝聚力很强，而成员态度消极，生产力便会下降。

- 如果群体凝聚力低，但是目标得到支持，生产力便会提高，但这一生产力低于凝聚力强且支持率高的群体。
- 如果凝聚力低且目标没有得到支持，则凝聚力对生产力没有显著影响。

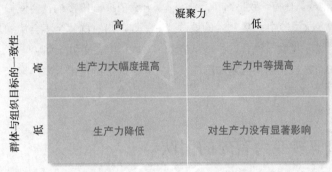

图 10-2　群体凝聚力与生产力

 从过去到现在

你曾经被迫屈从于和群体保持一致吗

希望被群体接纳，会使个体易于顺从群体规范吗？群体会不会施加压力改变成员的态度和行为？根据阿希的研究，答案是肯定的。[10]

阿希的研究

将被试者编成七八个人的小组，让他们都坐在一个教室里，对两张卡片进行比较。每一组的被试者要求大声宣布 3 条直线中的哪一条与单一直线相一致。

一张卡片上画有一条直线，另一张卡片上画有 3 条长短不一的直线。画有 3 条直线的卡片上有一条直线与另一张卡片上的直线一样长，直线的长度差异是非常明显的，如图 10-3 所示。

在一般情况下，判断出错的人少于 1%。但是，如果小组中的成员开始给出错误答案，情况又将如何呢？

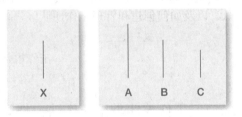

图 10-3　阿希试验所使用的卡片实例

服从群体的压力会不会使毫不知情的被试者改变他的意见以保持和群体其他成员一致呢？

小组被提前安排好，不知内情者最后一个说出他的判断结果，这样就不会意识到试验是被操纵的。

被试者先进行了两套匹配练习。所有的被试者都回答正确。

然而在第三套试验中，第一个被试者给出

了明显错误的答案，比如他回答说是图 10-3 中的 C。第二个被试者也给出了同样错误的答案，其他人也是如此。轮到最后一个不知内情的被试者了，他知道是 B 与 X 相同，但是其他每个人都说是 C。不知内情者面对的决策就是：你会当众说出一个和大家刚才所说的完全不同的答案吗？或者，你会说出一个你明知错误的答案以求和群体的其他成员保持一致吗？

在阿希所做的多次试验中，有 35% 的被试者顺从了群体的意见。也就是说，这些被试者给出了他们明明知道是错误的，但是和群体其他成员的回答相一致的答案。

管理启示
- 阿希的研究为管理者理解群体行为提供了大量的真知灼见。正如阿希所指出的，个体成员倾向于随大流。为了消除这种顺从性的负面影响，管理者应该制造出一种开放的气氛，使员工能够毫无顾忌地畅所欲言。

讨论
- 希望被群体接纳，会使得个体易于顺从群体规范吗？群体会不会施加足够大的压力改变成员的态度和行为呢？
- 在这个讨论中，你学习到了什么，以帮助你成为一个更好的管理者？

10.3 群体如何转变为有效的团队

当戈尔（W. L. Gore）、沃尔沃（Volvo）和卡夫食品（Kraft Foods）这些公司引进团队管理模式时，曾轰动一时，因为当时还没有公司这样做。但是，如今正好相反：那些没有应用团队模式的组织反而受到关注。据估计，《财富》500 强中大约有 80% 的公司至少一半的员工运用了团队模式；超过 70% 的美国制造商都采用了工作团队。[11] 团队模式似乎继续盛行。这是为什么呢？研究认为，当任务需要多种技能、判断力和经验才能完成时，团队明显会比个体取得更高的绩效。[12] 组织也正采用团队为基础的结构，因为它们发现，团队比传统的部门或其他形式的固定工作群体更能灵活而迅速地应对不断变化的事件。团队可以快速地组成、分配、巩固和解散。在本节中，我们将讨论什么是工作团队，组织所采用的不同类型的团队，以及如何创建和管理工作团队。

工作群体 = 工作团队？

10.3.1 工作群体与工作团队一样吗

在这个问题上，你可能会产生疑问：群体和团队是同样的事情吗？不是。在这里，我们将定义并明确工作群体与工作团队的区别。[13]

绝大多数人可能都对团队很熟悉，特别是如果你观看或者参加了有组织的体育赛事。工作团队不同于工作群体，它们拥有自己独特的个性（见图 10-4）。工作群体（work groups）相互交流主要是为了共同分享信息并做出决策，进而帮助每个成员更有效率和更有效果地完成工作。工作群体没有必要或机会参与那些需经共同努力才能完成的集体创作。不过，工作团队（work team）却能通过成员积极的协作努力、个体和相互之间的责任以及互补的技能致力于具体的共同目标。

上述描述有助于廓清许多组织围绕团队进行工作流程重构的真实目的。管理就是要寻求这种会使组织提高绩效的积极协同作用。[14] 团队更广泛的作用还在于，它为组织在不增加投入（甚至会减少）的基础上增加产出创造了潜力。例如，直到经济衰退前，瓦查维亚（Wachovia）资产管理部门（现在已属于富国银行）的投资团队都能够明显提高投资绩效。因此，瓦查维亚团队帮助银行提高了在晨星公司财务评价中的等级。[15]

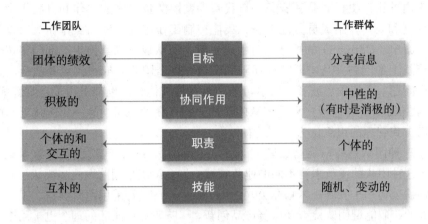

图 10-4　工作群体与工作团队的主要区别

　　需要注意的是：这些增长仅仅只是"潜在的"。在创建工作团队的过程中，并不必然能够保证协同效应的产生以及相应生产效率的提高。因此，仅将一个群体称为一个团队并不能自动提高自身的绩效。[16]正如我们在本章后面所要讲到的，成功的或者高绩效的工作团队通常会有某些共性。如果管理层希望组织的绩效获得提高，那么就必须保证其团队具备这些共性。

团队工作是谷歌成功的关键要素。在整个公司里，要求多种技能的小团队，利用它们积极的协同作用，为一个具体的共同目标而工作。这里展示的是多伦多的谷歌食物准备团队，它的目标是为同事准备既营养又美味的膳食。

10.3.2　工作团队的不同类型

　　团队可以做很多事情。它们可以设计产品、提供服务、协商谈判、协调项目、提供建议和做出决定。[17]例如，在北卡罗来纳州的罗克韦尔自动化公司（Rockwell Automation）的工厂里，团队就被应用于工作过程优化项目。在阿肯色州的阿克西鄂姆公司（Acxiom）里，一个人力资源专家团队计划并实行了一次企业文化变革。在每个夏季周末的全国赛车联合会（NASCAR）比赛中，当车手进站加油时你都能看到团队工作。[18]组织中 4 种最常见的团队形式是：问题解决型团队、自我管理型团队、跨职能型团队、虚拟团队。

　　（1）当工作团队刚刚开始盛行时，其中的大多数团队都是问题解决型团队（problem-solving team），即来自相同部门或职能领域的员工聚在一起讨论如何改善工作活动或是解决特定问题。在问题解决型团队中，成员就工作流程和方法的改进交换意见或提出建议。然而，这类团队往往很少能得到授权去执行他们所建议的行动。

（2）虽然问题解决型团队很有用，但是它并没有让员工参与到工作相关的决策和过程中来。这就导致了另一种类型的团队——自我管理型团队（self-managed team）的出现。自我管理型团队是一种由员工组成的正式群体，在没有管理者对整个工作过程负责的情况下，向组织内外用户提供产品和服务。自我管理型团队负责完成工作和自我管理。这通常包括工作计划和安排，给成员分配任务，集体控制工作进度，做出操作性决策以及解决问题。例如，康宁（Corning）的团队没有值班主管，团队成员同其他生产部门密切合作，从而解决生产线上的问题并且协调完成期限和配送。这个团队有权力制定并执行决策，完成项目和解决问题。[19] 施乐、波音、百事可乐和惠普等其他组织也都采用了自我管理型团队。据估计大约 30% 的美国老板正采用团队的形式，并且在大公司中这一比例接近 50%。[20] 绝大多数采用自我管理的组织认为自身是有效的。[21]

（3）第三种团队是跨职能型团队（cross-functional team），我们已经在第 6 章中介绍过该类团队。这种团队的成员来自不同的业务领域。许多组织采用跨职能型团队。例如，世界上最大的钢铁公司——安赛乐米塔尔公司（Arcelor Mittal）就采用由科学家、工厂经理和销售人员组成的跨职能型团队检查和监督产品创新。[22] 跨职能型团队的理念也被用于卫生保健领域。例如，在马里兰州贝塞斯达市郊区医院里，加护病房（ICU）的团队成员就包括一个接受过重症监护医学培训的医生、一个药剂师、一个社会工作者、一个营养师、一个加护病房护士长、一个呼吸治疗师和一个牧师，他们每天都要与每个病人的床边护士讨论最佳的疗程。这家医院认为这种团队护理方法能够减少失误，缩短病人在加护病房的时间并且能够改善病人家属和医务人员的沟通。[23]

（4）最后一种团队是虚拟团队（virtual team），虚拟团队利用技术使地域分散的团队成员互相联系，完成共同的目标。例如，波音火箭动力实验室（Boeing-Rocketdyne）的虚拟团队在开发全新产品的过程中起了关键作用。[24] 另一家公司 Decision Lens 采用虚拟团队产生和评估创造性的想法。[25] 在虚拟团队中，成员通过一些工具可以在网上进行合作，如广域网、视频会议、传真、电子邮件或者网站；在网站上，团队还能举行网上会议。[26] 虚拟团队可以进行其他一切团队能做的所有事：共享信息，做出决定，完成任务。但是，它们缺乏正常的面对面讨论所产生的意见交换。这就是为什么虚拟团队倾向于任务导向，尤其是当团队成员从未见过面时。

10.3.3　什么造就了团队的有效性

造就有效团队。

许多研究考察了提高团队有效性的因素。[27] 通过这些努力，我们现在有了一个比较集中的模型对那些特征加以区分。[28] 图 10-5 归纳了我们现在所知的、提高团队有效性的因素。在考察这个模型时，要记住两点。第一，团队在形式和结构上存在差异。该模型试图概括所有团队，因此你应该只把它当成一个指引。[29] 第二，该模型假设管理者已经决定采用团队工作而不是个体工作。在个体可以更好地完成工作的情况下，创建有效的团队将白费努力。

技术与管理者的工作：保持联系——信息技术和团队

30 % 的管理者说他们的工作团队使用新的电子渠道进行良好的沟通，而且这些渠道是十分顺畅的。[30] 工作团队需要信息才能完成工作。由于工作团队中的成员有时相距甚远，因此，为成员提供沟通与协作的渠道就显得尤为重要。信息技术可以为这些组织提供帮助，可以让各种类型的团队更广泛地进行在线沟通和协作。[31]

运用技术协作的理念实际上源于在线搜索引擎，互联网的初衷是帮助科学家和研究人员这样的群体分享信息。而后，随着越来越多的信息被放到网上，用户可以通过各种各样的搜索引擎查找他们需要的信息。现在，我们可以看到许多协作技术的例子，像维基网页、博客以及多媒体虚拟游戏。

今天，在线协作工具使得工作团队可以通过更有效率和有效果的方式完成工作。例如，丰田汽车公司的工程师运用协作沟通的工具分享流程的改进和创新。他们开发了一种"广泛传播并为集体所拥有的知识库，其推进创新的速度是其他很多企业系统无法比拟的"。全球的管理者都应该考虑，信息技术可以如何有力地帮助工作团队改善工作的完成方式。

讨论

● 对于必须依靠 IT 进行沟通的团队，管理者会面临什么样的挑战？

● 运用图 10-5 团队有效性的模型，讨论团队有效性的 4 个要素是如何影响团队使用 IT 的？反过来，团队有效性的 4 个要素又可能受到 IT 团队怎样的影响？

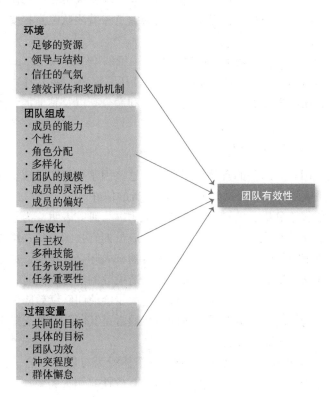

图 10-5 团队有效性的模型

资料来源：Stephen P. Robbins and Timothy A. Judge, *Organizational Behavior*, 14th edition, 2011, p. 319. Printed and electronically reproduced by permission of Pearson Education, Inc., Upper Saddle River, New Jersey.

在考察模型前我们需要明确一点，即我们所说的团队有效性是什么意思。一般来说，它包括对团队生产率的客观衡量、管理者对团队绩效的排名以及成员满意度的综合衡量。正如你能从模型中看到的那样，有效的团队具有 4 个要素，即环境（context）、团队组成（team composition）、工作设计（work design）和过程变量（process variables）。

1. 什么环境因素可以造就团队的有效性

4 个环境因素看起来与团队绩效具有显著相关关系，这 4 个因素包括足够的资源、团队领导与结构、信任以及绩效评估和奖励机制。

作为一个大型组织系统的一部分，团队需要依靠其外部的资源以维持其发展。如果没有足够的资源（adequate resources），团队有效完成工作的能力就会下降。这一因素对团队绩效至关重要，一项研究归纳说："也许有效工作团队的一个重要特征就是它可以从组织那里获得支持。"[32] 资源包括及时的信息、适合的设备、激励、足够的人员以及行政支持。

如果团队在何人做何事上无法达成一致意见，或无法使成员相信大家对工作做出了相等的贡献，它就无法恰当地发挥职能。要在工作细节上获得认同并将团队成员的个人技能相互匹配，就需要团队领导与结构（team leadership and structure）。这可以来自组织或团队自身。即使是在自我管理型团队中，管理者的工作更多也是扮演教练的角色，支持团队的努力和管理团队的外部（而不是内部）。

有效团队的成员相互信任（trust）。此外，他们还信任其领导者。[33] 信任为什么这么重要？因为它可以促进合作，减少监督相互行为的需要，并使成员相信团队里的其他成员不会占别人的便宜。信任团队的领导者也很重要，因为它意味着团队愿意接受和努力完成领导者制定的目标与决策。

有效团队的最后一个环境因素是绩效评估和奖励机制（performance evaluation and reward system）。团队成员需要对个人和共同的职责承担责任。因此，除了对员工的个人贡献进行评估和奖励，管理者还应该考虑基于群体的评价、利润分享以及其他加强团队努力和承诺的措施。

2. 团队组成的什么因素造就有效性

团队组成的几个因素对团队的有效性很重要。这些因素包括团队成员的能力、个性、角色分配、多样化、团队的规模、成员的灵活性和成员的偏好。

团队绩效部分依赖于其成员的知识、技能和能力。[34] 研究表明，为了达到较高水平的绩效，团队需要三种不同类型的技能。第一，它需要成员拥有技术专长；第二，它需要成员拥有解决问题和制定决策的技能；第三，它需要成员拥有人际交往技能。如果团队的成员没有这些技能或没有培养这些技能，团队就无法发挥创造绩效的潜能。同时，对这些技能进行恰当的组合也非常重要。一种技能太多而另一种技能太少会使团队绩效降低。不过，团队不一定需要立即拥有所有的技能，成员需要学习的技能通常是其团队最缺乏效率的技能。通过这种方式，团队就能发挥其全部的潜能。

正如我们在第 9 章中所看到的那样，个性对个体行为有显著影响，它对团队行为也如此。研究表明，大五个性模型中的 3 个维度与团队有效性有相关关系。[35] 例如，高水平的责任和开放通常会带来较高的团队绩效。认同也会影响团队绩效。如果团队里有一个或一个以上的成员有高度的不认同感，那么团队的绩效就会比较差。也许你曾在这样的团队项目里有过不太愉快的经历！

　　研究指出了团队成员可能要承担的 9 种角色（见图 10-6）。高绩效的工作团队需要配备成员以承担所有的角色，并根据其技能与偏好甄选成员来承担这些角色。[36] 在许多团队里，个体也许要扮演多种角色。对管理者来说，重要的是了解成员可以为团队带来的个体力量和甄选出拥有那些力量的团队成员，从而确保他们可以胜任这些角色。

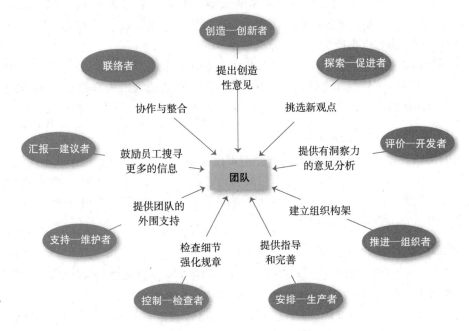

图 10-6　团队成员所承担的各种角色

资料来源：C. Margerison and D. McCann, *Team Management*: *Practical New Approaches* (London: Mercury Books, 1990).

微软的界面设计团队拥有必要的技术和人际关系技能，能够有效地创造公司的新平板电脑。在这里展示产品创新设计的就是这个团队，从左到右是团队成员史蒂文·辛诺夫斯基（Steven Sinofsky）、迈克·安吉洛（Mike Angiulo）和团队领导帕诺斯·潘奈伊（Panos Panay）。

　　团队多样化（diversity）是另一个影响团队有效性的因素。尽管我们大多数人持有乐观的看法，认为多样化是可取的，但研究似乎给出了相反的结果。某评论发现"过去 50 年对团队多样化的研究表明，表面的社会类型差异，如种族、性别和年龄，通常会……消极地影响"团队绩效。[37] 然而，有些证据确实表明，多样化的破坏性影响会随着时间的推移而逐渐减少，但是没有证实多样化团队最终会取得更好的绩效。

多大的规模（size）可以使团队更有效？在亚马逊网站上，工作团队在创新和开发新理念方面拥有相当大的自主权。公司创始人和 CEO 杰夫·贝佐斯采用了"两块比萨"的思想，即团队应该小到用两块比萨就足以喂饱其成员。"两块比萨"的思想通常把团队人数限制在 5～7 个，当然，这也要视成员的胃口而定！[38] 一般来说，最有效的团队应该有 5～9 个成员。专家也建议应该甄选出最少的人来完成工作。

对于团队的成员偏好（preference），我们也需要加以考虑。为什么呢？因为有一些人就是不愿意参与团队的工作。如果让他们选择，许多人不愿意成为团队的成员。如果强迫喜欢单干的人参与团队的工作，这会对团队的士气和个体成员的满意度造成直接威胁。[39]

3. 工作设计如何影响团队的有效性

有效的团队需要成员一起工作和共同分担责任才能完成任务。有效的团队不仅仅"只是名义上的团队"。[40] 重要的工作设计要素包括有自主权、多种技能的运用、完成整个明确的任务或产品的能力，以及会对他人产生重要影响的任务或项目。研究指出，这些特征可以增强团队成员的动力和提高团队的绩效。[41]

4. 团队过程与团队的有效性有什么联系

研究表明，5 个团队过程的变量与团队有效性存在关系。这些变量包括共同的计划和目标、具体的目标、团队功效、可处理的冲突以及最小化的群体懈怠。

有效的团队拥有一个共同的计划和目标（a common plan and purpose）。这一共同的目标为团队成员提供了方向、动力和承诺。[42] 在一个成功的团队里，成员会将大量时间和精力投入到讨论、塑造、认同属于个体与团队共有的目标上。

团队还需要具体的目标（specific goals）。它们可以使沟通更清楚，并帮助团队保持自身对所追求的成果的集中性。

团队功效（team efficacy）描述了团队相信自己的能力并坚信自己能够获得成功。[43] 有效的团队对其自身及成员充满信心。

63.5% 的团队经理认为他们能有效解决冲突。[44]

有效的团队需要某种冲突（conflict）。对团队来说，冲突并不一定是坏事，实际上，它还能改善团队的有效性。[45] 但是，冲突的类型必须是恰当的。关系冲突，即基于人际关系对他人的排斥、对立和控制，几乎都是恶性的。而任务冲突，即基于对任务内容的不认同，则可能是有益的，因为它可以激发讨论，改善对问题和备选方案的批评性评估，并有助于制定出较好的团队决策。

最后，有效的团队还要致力于将群体懈怠（social loafing）的倾向降到最低程度，对此，我们在本章前面已有所讨论。成功的团队会使其成员为了团队的方向、目标和任务而共同承担责任。[46]

10.3.4 管理者怎样规范团队行为

管理者在规范团队行为时，可以采取几种方法：甄选、员工培训以及对正确的团队行为给予酬报。让我们分别说明这些方法。

1. 甄选有何作用

一些人已经拥有成为一个有效团队参与者的人际交往能力。在招募团队成员时，组织不仅要检验申请者是否具备成功履行工作所需的技术能力，还要确保他能够胜任团队的不同角色。

有些申请者已经适应个人做出贡献，就会缺乏团队技能；由于组织重构而将现有的、团队外的一些员工纳入团队时，这些员工也会欠缺团队技能。一旦遇到了这种情况，管理者可以做这样几件事情。第一，也是最主要的，如果候选人的团队技能十分欠缺，那么就不予选用。因为好的团队绩效需要参与者的相互作用，所以拒绝这样的候选人是正确的。第二，对于某些只具备一些基本技能的候选人，团队可以进行试用，同时需要进行正规培训，以使他们能够成为合格的团队参与者。倘若他们通过学习和培训还不能获得这种能力，则不予聘用。

> 57% 的团队领导说，如果团队中有人厌倦了他们的工作，
> 他们会鼓励他们去找另一份工作。
> 只有 7% 的人说他们会改变他们的角色，让他们开心。[47]

2. 可以将个体培养成为团队参与者吗

良好的团队工作表现体现在诸多行为方面上。[48] 正如我们在前面章节中所讨论的那样，新的行为是可以学到的。甚至，许多原本很看重个体成就的人也可以被训练成为团队参与者。培训专家可以进行引导练习以使员工体验到团队工作所能提供的满足感。培训的主题内容可以包括：团队问题的解决、沟通、谈判，解决冲突和训练技能等。这些个体通常需要经历我们在前面讨论过的团队发展的 5 个阶段。[49] 例如，威瑞森通讯公司（Verizon Communication）的培训专家在团队形成前要集中讲述团队是如何经历不同阶段的。由于团队做事情（诸如决策）时要比个体行为占用更长的时间，因此要不时地提醒员工保持耐心的重要性。[50]

集装箱商店经理杰米·默勒（Jaimie Moeller）带领着一个团队，他在员工开始工作之前就和他们打成一片。由于员工在为客户服务的过程中像一个团队一样工作，所以管理者在面试应聘者时就开始塑造团队行为，并且只雇用一小部分热衷在团队导向的环境中工作的求职者。

3. 报酬在规范团队成员行为中有何作用

组织中的报酬系统需要激励协作性努力而不是激励竞争。例如，洛克希德·马丁公司（Lockheed Martin）的太空发射系统部门组织约 20 000 名员工加入团队。报酬的设计是：在实现团队绩效目标的基础上，根据设定的考核底线按增长的百分比奖励团队成员。

管理者应该给予那些有效合作的团队成员晋升、加薪，以及被其他团队成员认可等其他形式的报酬。但这并不意味着可以忽略个体的贡献，而是将个体的贡献融入团队中进行平衡。管理者应该给予报酬的行为还包括对新成员的培训，同团队成员分享信息，帮助解决团队中的冲突，以及掌握团队中欠缺的新技能，等等。[51] 最后，管理者不应忘却其成员可以从团队工作中

得到的那部分内在报酬。工作团队能产生出同志般的友情，能够成为一个成功团队中的一员是件令人激动和满意的事情。对员工来讲，能有机会使自身得到发展并帮助团队成员成长是令人非常愉快和值得褒奖的经历。[52]

10.4　当代管理者在管理团队时要面对什么问题

没有什么像工作团队的运用那样影响组织工作的完成方式。从独立完成工作转变为在团队里工作，需要员工与他人合作，分析信息，面对差异，以及为了团队更大利益而牺牲个人利益。管理者可以通过了解影响绩效和满意度的因素来创建有效的团队。但是，管理者在管理团队时也要面对一些当今的挑战，包括如何管理全球团队和什么时候不需要团队。

10.4.1　管理全球团队包含什么内容

当代组织有两个明显的特点：一是全球化；二是工作日益通过团队来完成。这意味着管理者通常需要管理一个全球团队。我们对管理全球团队有何认识呢？我们知道采用全球团队有利有弊（见表 10-2）。那么，管理全球团队要面临什么相关的挑战呢？

表 10-2　全球团队

弊	利
不喜欢团队成员 不信任团队成员 刻板模式 沟通问题 压力和紧张	观念的多样化 有限的群体思维 在理解他人的思想、观点等方面增强注意力

资料来源：Based on N. Adler, *International Dimensions of Organizational Behavior*, 4th ed. (Cincinnati, OH: Southwestern Cengage Publishing, 2002), pp.141-47.

1. 团队组成的因素对管理全球团队有什么影响

在全球组织内，成员独特的文化特征，使得理解团队的有效性与团队的组成变得更加富有挑战性。除了了解团队成员的能力、技能、知识和个性，管理者还要熟悉和理解其所管理的群体及群体成员的文化特征。[53]例如，某全球团队是来自对不确定性规避程度较高的文化吗？如果是，成员在处理不可预测和含糊不清的任务时将会感到不舒服。同时，由于管理者要与全球团队一道工作，他们需要认识刻板模式的潜在可能，不然就会出现问题。

2. 团队结构对管理全球团队有什么影响

在管理全球团队时，我们可以从顺从性、地位、群体懈怠和凝聚力这几个视角看到差异。

对顺从性的研究是否发现在不同文化里它具有一致性？研究认为，阿希的发现与文化相关。[54]例如，正如我们所期望的，人们遵守社会规则的程度在集体主义文化里比在个人主义文化里更高。但是，群体思维在全球团队里则不大可能成为问题，因为成员在服从群体观念、结论和决策时不易产生压力。[55]

另外，地位的重要性在不同文化里也存在差异。例如，法国人就非常看重地位。同时，不同国家在看待地位的标准上也有所不同。例如，在拉丁美洲和亚洲，地位通常来自家族地位和个人在组织中的正规角色。与此相反，尽管地位在像美国和澳大利亚这样的国家里也很重要，但不大表现在面子上；它通常是基于个人的成就而不是头衔和家族历史。当管理者与跟自己来自不同文化的员工进行互动时，他必须明白谁最具有地位及其地位的来源。如果美国管理者不了解办公室大小并不能用来衡量日本总裁的地位，或没有领悟英国人对家族宗谱和社会地位的重视，就很可能会无意识地冒犯他人并削弱其人际交往的有效性。

群体惰怠存在西方式的偏见。它与美国、加拿大以个人利益为主的个人主义文化具有一致性，而与个人受到群体目标所激励的集体主义文化不相符合。例如，有研究对来自美国的员工和来自以色列（都是集体主义）的员工进行了对比，发现以色列人没有群体惰怠的倾向。实际上，他们在群体中的实际绩效要优于单独工作时的绩效。[56]

凝聚力是另一个可能使管理者面临挑战的群体结构因素。在凝聚力强的群体里，成员共同合作、行动一致、互助友爱，并具有高度的组织认同感。但是，由于全球团队存在较高水平的"不信任、不当沟通和压力"，因此凝聚力经常难以实现。[57]

贾布·帕拉尼亚潘（Jambu Palaniappan）是优步公司在东欧、中东和非洲的区域总经理，优步公司正在世界迅速扩展汽车服务。他负责管理在不同国家推出这项服务的市场战略、运作和扩展团队，在管理团队的过程中，他感受到了团队成员独特的文化特征所带来的挑战。

3. 团队过程对管理全球团队有什么影响

全球团队所采用的工作过程对管理者尤其具有挑战性。一方面，由于并不是所有的团队成员都能熟练地运用团队的工作语言，因此沟通方面经常会出现问题。这会导致不准确性、误解和低效率。[58]另一方面，研究也发现，如果可以广泛地采纳信息，多文化的全球团队也可以从多样化的观念中有所获益。[59]

管理全球团队的冲突并不容易，尤其是当那些团队是虚拟团队的时候。冲突会干预团队对信息的运用。不过，研究发现在集体主义文化里，协作冲突的管理模式最有效。[60]

10.4.2　什么时候不需要运用团队模式

团队工作比个体工作需要更多的时间和资源。[61]团队模式要求管理者增加沟通、处理冲突和召开会议。因此，采用团队的收益需要大于成本。但事实并不总是如此！[62]由于匆忙地采用团队模式完成工作，一些管理者使自己陷入了这样一种状况，即如果让个体完成工作的话，也许可以取得更好的绩效。所以，你不能因为大家都说团队模式很流行，就匆忙地采用这种模式，你应该认真地评估工作是否需要集体努力，或是否能从集体努力中获益。

你怎么知道通过个体还是团队可以更好地完成工作呢？研究建议可以通过三个"测试"得到结果。[63]第一，工作由两个或两个以上的人去做可以得到更好的绩效吗？任务复杂性也许可以从不同的角度很好地衡量某种需要。不需要多种投入的简单任务最好是由个体来完成。第二，工作可以为团队成员创造一个共同的目标或一系列的目标，并超越个体目标的总和吗？例如，许多汽车经销商通过团队将客户服务人员、机械修理工、零部件专业人员和销售代表联系在一起。这些团队可以更好地达到出色的客户满意度这一目标。第三，评估通过团队还是个体可以更好地完成工作的最后一个测试是考察个体之间的相互依赖程度。当任务之间需要相互依赖时，就有必要采用团队模式，这是指每个成员的成功依赖于个体的成功，且个体的成功又依赖于他人的成功的时候。例如，足球明显是一种团队运动，成功需要互相依靠的运动员之间的大量合作。不过，除了在接力比赛上，游泳队并不是真正的团队，即通过个人取得成绩，而团队总成绩只是个人成绩的总和。

本章概要

1. 界定群体的定义和描述群体发展的阶段。

群体就是两个或两个以上相互影响、相互依赖的个体为了达到某一特定目标而组成的集合体。正式群体是由组织建立的工作团体，有着明确的分工和指定的任务，且行为由组织目标所规定，并为其服务。非正式群体具有社会属性。

形成阶段有两个时期：加入群体和界定群体的目标、结构和领导关系。震荡阶段的内部冲突在于谁将控制群体和群体需要做什么。在规范阶段中，当规范确定后，成员将建立起紧密的关系和凝聚力。在执行阶段中，群体成员开始致力于群体的工作。在解散阶段中，群体为其解散做准备。

2. 描述群体行为的主要概念。

角色是居于某一社会单位中某一特定位置的个体所期望扮演的一组行为模式。在特定时期，员工根据当时他们所属的群体调整自己的角色。规范是群体成员共同接受的标准。它们非正式地向员工传出哪些行为是可以接受的，哪些是不可以接受的。地位是指个体在一个群体中的威望程度、位置或级别。另外，群体规模会从多方面影响群体行为。小群体完成任务比大群体快。但是，由于多样化的投入，大群体经常在搜寻事实方面表现得更好。因此，大群体通常比较擅长解决问题。最后，群体凝聚力的重要性在于其能够影响群体实现目标的有效性。

3. 讨论群体如何转换为有效的团队。

有效的团队具有共同的特征。它们有足够的资源、团队领导与结构、信任以及反映团队贡献的绩效评估和奖励机制。这些团队的成员拥有技术专长和解决问题、制定决策、人际交往方面的技能以及良好的个性，尤其是对于新经验的意识和开放态度。有效的团队还倾向于较小的规模和多样化的背景。其成员可以承担不同角色并愿意成为团队的一部分。工作为成员提供了自由和自主权、运用不同技能的机会、完成整个明确的任务或产品的能力，以及会对他人产生重要影响的任务或项目。最后，有效团队的成员相信团队的能力，并致力于共同的计划和目标、具体的目标、团队功效、可处理的冲突以及最小化的群体懈怠。

4. 讨论管理团队的当代专题。

管理全球团队具有多方面的挑战，包括团队组成的因素，尤其是多样化的文化特征；团队结构，尤其是顺从性、地位、群体懈怠和凝聚力；团队过程，尤其是沟通和管理的冲突；管理者使团队得以运作所承担的角色。

管理者还需要知道什么时候不需要运用团队模式。为此，他们可以评估工作由多于一个人去做是否做得更好；工作是否可以为团队成员创造一个共同的目标或一系列的目标；团队成员之间的相互依赖程度。

复习思考题

10-1 想想你所在的（或者曾经所在的）群体，通过图 10-1 所示的群体发展阶段跟踪该群体的发展历程。它的发展与群体发展模型关系如何？群体发展模型如何用于改善群体效益？

10-2 分别对比：自我管理团队和跨职能型团

队、虚拟团队和面对面的团队。

10-3　你如何解释工作团队在美国和加拿大这些高度推崇个人主义的国家中这么流行？

10-4　"所有的工作团队都是工作群体，但并非所有工作群体都是工作团队。"你是否同意这种说法？请讨论。

10-5　你希望单独工作还是作为团队的一部分？为什么？

10-6　"建立一个成功的团队，首先要找到一个伟大的领导者。"你怎样看待这种说法？你是否同意？为什么？

10-7　你认为优秀的团队成员所拥有的特征是什么？做一些研究并回答这个问题，用清单形式简要报告你的发现。

10-8　对比多元化团队的优点和缺点。

10-9　对于组织中越来越多采用团队的现象，你认为科学管理理论家会有何反应，行为科学理论家又会做何反应？

10-10　管理者在面对全球团队时会面临哪些挑战？管理者该如何应对？

10-11　为什么理解群体发展的阶段对管理者很重要？

10-12　有效团队需要具备何种特性？

管理技能建设：培养你的教练技能

越来越多的组织围绕团队进行设计。20年前，个人是组织的基本单位，而今天，团队是基本单位。管理者如果不能有效地领导团队，缺乏这些技能，其在管理职位上的任期往往不长。

个人评估清单：团队建设的需要

作为一名教练，想要创造和管理一个有效的团队意味着知道一个团队什么时候需要帮助。使用这个个人评估清单可以评估你所领导的团队。

技能基础

有效的团队管理者越来越多地被描述为教练而不是老板。就像教练一样，他们会提供指导、建议和鼓励，以帮助团队成员提高他们的工作表现。通过练习这些行为，你可以学习成为一名优秀的团队教练：

- 分析如何提高团队的表现和能力。教练为团队成员寻找机会来增强他们的能力和提高他们的表现。怎么做？你可以通过以下方法：观察你的团队成员的日常行为，向他们提问：你为什么要这样做？可以对它进行改进吗？还可以采用哪些其他办法？以个人身份对团队成员表现出真正的兴趣，而不仅仅是作为员工；尊重他们；听每个员工的意见。

- 创造一种支持性的氛围。教练有责任促进形成减少个人发展障碍、鼓励个

人表现改善的氛围。怎么做？你可以通过以下方法：创造一种有助于自由和公开交流意见的气氛；提供帮助和援助；在被问及的时候给予指导和建议；鼓励你的团队；乐观上进；不要使用威胁；要问："我们从中学到了什么，它可以在未来帮助我们吗？"；减少障碍；向团队成员保证，你重视他们对团队目标的贡献；对结果负起个人责任，但不要剥夺团队成员的全部责任；确认团队成员的努力；当他们成功时，指出他们失败时缺少了什么；不要因为成绩不佳而责怪团队成员。

- 影响团队成员改变他们的行为。教练效能的最终检验标准是员工的表现是否有所提高。你必须鼓励持续的增长和发展。怎么做？尝试下面的方法：认识并奖励一些小的改进，把培训作为一种帮助员工不断改进的方法；使用协作风格，允许团队成员参与识别和选择改进的想法；把困难的任务分解成简单的任务；向你的团队展示你所期待的品质；如果你想要团队成员的开放、奉献、承诺和责任感，那么你可以自己先展示这些品质。

技能应用

你是一个由 5 名成员组成的项目团队的领导者，团队的任务是把你们的工程公司转移

到城际高速铁路建设的发展区域。你和你的团队成员一直在研究这个领域，确定具体的商业机会，与设备供应商谈判结盟，以及评估来自世界各地的高速铁路专家和顾问。在整个过程中，一位非常有能力且受人尊敬的工程师托尼娅对你在团队会议和工作场合说到的许多事情都提出质疑。例如，在两周前的一次会议上，你向团队提交了10个可能的高速铁路项目清单，并开始评估你的组织是否有能力竞争这些项目。托尼娅对你所有的话都进行了反驳，质疑你的统计数据，并且对能否获得项目合同持相当悲观的态度。闹了这次不愉快之后，团队的另外两个成员布莱恩和玛姬来找你，抱怨托尼娅的行为正在损害团队的效率。你最初让托尼娅加入团队是因为她独特的专业知识和洞察力。你希望找到一种能赢得她合作的方法，让团队走上正轨，并充分发挥潜力。

在课堂上组成三人小组。每个小组都应该分析这个领导者的问题，并提出解决方案来指导托尼娅（和其他团队成员，如果你觉得这很重要的话）。班里的每个小组都应该准备向全班提出自己的结论。

实践练习：调查团队的冲突

协　　会：科罗拉多州立高校体育协会
收信人：埃里克·格什曼，违规调查项目管理者
发信人：奥德丽·科斯塔，协会服务总监
主　　题：调查团队的冲突

　　埃里克，我们目前碰到了一个问题。我接到了很多投诉，说我们派去高校调查违规指控情况的五人调查团队的成员存在冲突。由于这些团队成员在访问他人、解释规则和撰写报告时需要紧密合作，我担心这一冲突会破坏团队调查过程的质量。我们需要马上解决这个问题，以便保护我们在公平合理地实施规则时的声誉。请用一个列表式报告（不超过一页纸）描述你将如何解决这一问题，并尽快发给我。一看完你的报告，我们就可以对此进行讨论。

　　注：文中提及的公司和信息都是虚构的，只是为了教学目的而设，并非是对那些同名公司的管理实践进行正面或反面的披露。

应用案例 10-1

方法：团队合作

为了更好的结果而合作。

　　医疗保健行业是美国经济增长最快的行业，年收入预计超过 1.6 万亿美元，员工超过 18 万人。[64] 卫生保健行业面临许多挑战，包括法律/法规的改变、技术变化、人口老龄化、慢性疾病增加以及劳动力短缺（这里指医生和护士），但其目标仍然是同样有效且高效地为病人提供高质量（适当和及时）的保健服务。鉴于这些挑战，卫生保健组织正在寻找更好的方法来做到这一点。一种方法是采用"基于团队的护理"的方法，研究表明这种方法可以改善病人的治疗效果，降低成本。

　　许多医院、诊所和医疗实践都采用了这种团队治疗方法。这意味着什么？一个病人从一个医疗专业人员团队接受治疗，他们将分工负责执行传统上由病人的主治医生完成的任务。尽管主管医生仍然在管理（监督）病人的治疗工作，但是诸如完成处方替换要求、调整药物剂量、帮助治疗慢性疾病（例如，教导糖尿病患者如何服用血糖和注射胰岛素）这样的

任务，以及其他常规任务现在由一个医疗人员团队完成。例如，美国最大的非营利性医疗保健公司之一——凯萨医疗机构，创立了一个名为"完全护理"的新项目模式，旨在使医护人员能够协同工作，及时察觉和发现病人的顾虑、需要和病痛预防等情况。[65]正如有人所描述的那样，工作人员经常在走廊上追寻患者，让他们安排所需的检查。但是团队方法正在发挥作用。使用这个模型数年之后，对凯萨团队模型的研究表明，在一系列广泛的标准化方案中，患者治疗效果都得到了显著提高。然而，要取得这样的结果并不容易。习惯于独自工作的不同部门现在必须合作。专家团队现在不再只专注于自己擅长的领域，而是共同为病人提供全面的医疗保健体验。医生必须接受再培训，学会将自己视为团队的一部分，并得到护士、助理等其他专业人员的支持。由于医疗环境仍将充满挑战性，团队合作是一种有效的方法吗？

讨论题

10-13　卫生医疗机构的管理者面临哪些挑战？

10-14　卫生医疗机构的管理者在以团队为基础的模式中所采用的管理方式会有何不同？

10-15　解释角色、规范、地位制度和团队凝聚力如何影响团队模式的成功？

10-16　你认为基于团队的模式能够改善病人的治疗效果和降低成本的原因是什么？

应用案例 10-2

红雀方式

赢得团队胜利的途径。

当你想到团队的时候，你会自动想到运动队吗？对我们大多数人来说，这是我们第一次介绍团队概念。有一个运动队——圣路易斯红雀队是有效团队的完美典范。[66]从它身上我们可以了解到有效团队的哪些情况呢？它的战绩就是最好的证明：红雀队在过去 4 年（2011～2014 年）中赢得了一次世界职业棒球大赛和两个冠军奖杯，并且首次连续 4 个赛季进入季后赛；在过去 15 年（2000～2014年），这支球队 11 次进入季后赛。自 2009 年以来，红雀队参加的季后赛比任何一支球队都多；从 1960 年起，红雀队在 55 年中只有一次连续输了赛季（是的，只有一次），即 1994 年和 1995 年连续两个赛季。红雀队是一支管理良好的团队，无论是在场上还是场外。它是如何达到这些成就的？以下是它成功的一些关键因素：

- 人才培养。红雀队非常重视自己的球员以及他们给团队带来的技术。它的人才培养方法常常是（以更少的钱）选用不那么有天赋的小联盟球员，然后将他们转变为大联盟的贡献者。红雀队是怎么做的？它有一个完善的培养制度。红雀队不同级别联盟的球员时刻谨记球队想赢并且知道它能赢。

- 极度重视棒球比赛的基本功（任务）。红雀队的比赛非常精彩：他们球艺精湛，在赛场上得心应手（或者，采用耐克的口号，他们"只管去做"）。运动员和教练非常虔诚地把 86 页的操作手册（标题为"红雀方式"）奉为他们的指南。该手册包括这样的细节，如接手在 3-2 计数时应该采取的位置和第二垒手可能面临的 12 个不同地面球的细微差别。教练明白传授细节的重要性。他们实时指导和训练球员，不断地强调他们技能的提高。他们帮助球员从实际比赛中学习。投手教练和击球教练在现场指导球员完善比赛中的动作。

- 成功、关怀和支持的文化。这是一个有着悠久成功历史的组织。他们流露出必胜的信心，期望按规则公平竞赛。他们热爱和遵守传统，团队成员真诚地相互关心。当一名队友在2014年赛季结束时因车祸丧生，他们以同情和关心团结在一起。

红雀队方法的核心是其组织理念，它指导着所有团队成员，包括球场上的球员、教练、前台办公人员、营销团队和组织中的所有其他人。这个理念就是打球！

讨论题

10-17 圣路易斯红雀队是如何体现团队合作的？

10-18 你认为像圣路易斯红雀队这样的运动队会经历团队发展阶段吗？为什么？

10-19 根据图10-6，讨论圣路易斯红雀队是如何建立有效的团队的。

10-20 其他组织（即使是非体育组织）能从圣路易斯红雀队中学到什么？

应用案例 10-3

合作促成起飞

员工团队应对创新挑战。

波音737是一款中短程双引擎窄体喷气式飞机，于1967年首次下线。[67]约半个世纪后，它成了航空史上最畅销的喷气式客机。随着航空公司更换老化的窄体喷气式飞机，波音的重任就是迅速增加产量以满足需求并有效地做到这一点。波音管理者所面临的挑战是在不扩大生产设施规模和范围的情况下生产更多的飞机。管理这些以千万美元计算的产品的生产，（如一架波音737-800的售价为8440万美元），意味着"要精确地区分产生现金与消除飞机供应过剩二者之间的差别"。波音现在依靠员工创新团队来迎接这个挑战。

20世纪90年代，波音在华盛顿州伦顿市的制造工厂开始采用精益生产技术，自那时起，它就一直在采用员工的创意。如今，员工团队不断寻求创新方法（或大或小）以提高效率、优化效果。例如，一个团队的成员想出了如何解决当飞机轮胎进入下一道装配线时被离散金属紧固器刺穿的问题。其解决方法是用帆布轮罩裹住着陆装置的4个主要轮子。另一个团队想出了怎样重新安排他们的工作空间，从而可以一次生产4个（而不是3个）引擎。另一个负责涂漆流程的团队修改了其工作流程，从而使每道工序缩短了10～15分钟。还有一个团队在完善飞机着陆装置液压管的安装工序上花了5年时间，这些努力最终取得了成功。

这些团队由7～10个拥有不同技能的员工组成，包括机械师、组装人员和工程师。各团队专门负责飞机的不同部分，比如飞机的起落架、乘客座椅或者飞机厨房。这些团队会面的频率达到每周一次。团队的业绩怎样呢？现在，他们大约花11天就能完成整架波音737飞机的组装，10年前则需要22天。近期目标是再减少2天，将组装时间"缩短为9天"。

讨论题

10-21 这些员工团队属于哪种类型的团队？请解释。

10-22 正如本案例所阐述的，有时团队可能要花很长的时间去实现目标。作为经理，你会如何激励团队继续努力？

10-23 你认为团队领导者在这种情况中应扮演怎样的角色？请解释。

10-24 根据图10-6，这些团队具备有效团队的哪些特征？请解释。

第11章

激励和奖励员工

管理偏见

激励就是"给我钱"。

　　也许关于激励的最大偏见是，认为人人都只接受金钱的激励。许多效率低下和缺乏经验的管理者天真地相信，金钱是主要的激励工具。因此，他们往往忽视他们可以采用的许多其他激励工具，这些激励工具即使不比金钱更重要，起码也是同样重要的。在本章中你将看到，某一种方法并不适用于所有情况，而成为一个有效的激励者的秘诀就是去了解每一个个体的独特需求。

　　成功的管理者必须知道能够激励他们自己的东西用于他人可能效果甚微或者毫无效果。正如你因为自己是某个具有凝聚力的工作团队的一分子而受到激励，并不能保证其他任何人都会受到激励一样。或者，正如你受到自己工作的激励，并不意味着任何人也受到这样的激励。还有，员工获得免费的食物、按摩，可以免费使用洗衣机，或者获得免费的M&M巧克力等，也并不意味着这些额外的福利能够阻止他们寻找别的职业机会。有效的管理者能使员工尽最大努力去工作，他们知道怎样和为什么员工会受到激励，因而能够选取满足员工需要和愿望的激励手段。激励和奖励员工是管理者最重要和最具挑战性的一项实践。为了使员工尽最大努力地工作，管理者需要知道，员工是怎样受到激励的，为什么他们会受到激励。

学习目标

　　1.定义和解释激励。

　　2.比较早期激励理论。

　　3.比较当代激励理论。

　　4.讨论当代员工激励问题。

11.1 什么是激励

一些 CEO 参加了主题为"员工的愿望是什么"的会议。[1]与会的 CEO 依次描述他们为员工提供的利益，说明他们怎样在每个星期三免费分发 M&M 巧克力，给员工配发股票期权和提供免费的停车位。但是会议的主题发言人指出："员工不需要什么巧克力，他们希望自己能够热爱所从事的工作。"正等着听众发笑的主题发言人高兴和惊奇地看到，与会的 CEO 一个接着一个站起来表示同意。他们都认可："公司的价值来自那些受到激励的员工。"

这些 CEO 懂得员工激励有多么重要，而且像他们一样，所有的管理者都必须能够激励员工。这就要求理解什么是激励。让我们从指出激励不是什么来开始我们的讨论。为什么要这样做呢？因为许多人错误地将激励视为一种个人特性，也就是说，他们认为有些人是可以被激励的，而另一些人则无法被激励。但是有关激励的知识告诉我们不可以对人们做这样的区分，因为人与人在激励驱动上是有差异的，对他们的全部激励随着环境条件的变化而变化。比如，你在某个班组会比在其他班组受到更多的激励而努力工作。

78% 的管理者表示他们在激励员工方面做得很好。[2]

激励（motivation）是指一种过程，通过这个过程，一个人的努力被调动、指向和持续直到目标的实现。[3]这个定义包含三个关键的要素：精力、方向和坚持。

精力（energy）要素是对强度或干劲的衡量。当某人被激励时，他会努力地工作。但是，这种努力的质量必须与努力的强度相一致。高度努力并不一定会产生令人满意的工作绩效，除非这种努力指向有利于公司的方向（direction）。指向组织目标并与其保持一致的努力才是我们所追求的。最后，激励还包括一个坚持（persistence）的维度。我们希望员工坚持努力直到目标实现。

对员工高水平的业绩进行激励是一个组织必须特别重视的事情，管理者必须保持对员工反应的关注。例如，最近的一项盖洛普民意调查发现，美国的大多数员工（约 64%）都不满意他们的工作。有关的研究人员描述了这种脱离工作状态的程度[4]："这些员工实际上'心不在焉'，工作的时候好像在梦游，在打发时间，无精打采，缺乏热情。"[5]所以管理实践界和学术界都需要理解与重视员工激励问题。

11.2 早期激励理论比较（20世纪五六十年代）

我们必须首先了解早期激励理论的理由，至少有以下两个：①它们是当今激励理论的基础；②实践中的管理者经常使用这些理论和术语来解释对员工的激励。

11.2.1 马斯洛的需求层次理论

亚伯拉罕·马斯洛（Abraham Maslow）是一个心理学家，最著名的激励理论应该数马斯洛的需求层次理论（hierarchy of needs theory，见图11-1）。[6] 他提出每个人都有5个层次的需求。

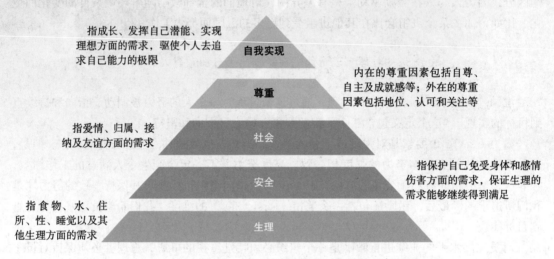

图 11-1 马斯洛的需求层次理论

资料来源：Maslow, Abraham H.; Frager, Robert D.; Fadman, James, *Motivation and Personality*, 3rd ed., 1987. Printed and electronically reproduced by permission of Pearson Education, Inc., Upper Saddle River, New jersey.

- 当一种需求得到满足后，另一种更高层次的需求就会占据主导地位。个人的需求是一层一层逐渐上升的。
- 低层次的需求主要是从外部得到满足，较高层次的需求则是从内部得到满足。

马斯洛的理论怎样解释激励

- 管理者必须去做满足员工需要的事情。
- 记住：一旦某种需要得到较大满足之后，它不再具有激励作用。
- 马斯洛的理论得到管理者的普遍认可，因为它比较直观和易于理解。[7]
- 但这种理论没有实证或经验支持，其他研究也没有验证它。[8]

11.2.2 麦格雷戈的X理论和Y理论

- 麦格雷戈的X理论和Y理论均以两种关于人类本性的假定为基础。[9]

- X 理论：以对人性的消极评价为基础，它假定工人没有什么抱负，不喜欢工作，只想逃避责任，必须严格地控制他们才会使他们有效地工作。
- Y 理论：以对人性的积极评价为基础，它假定员工热爱工作，勇于承担责任，具有自觉性。
- 为了最大化地激励员工，企业应该运用 Y 理论，即允许员工参与决策，为员工提供负责任和挑战性的工作，鼓励良好的群体关系。
- 并无证据证实某一种假设是正确的，也无证据表明采用 Y 理论的假设是激励员工的唯一方法。

11.2.3 赫兹伯格的双因素理论

- 弗雷德里克·赫兹伯格（Frederick Herzberg）的双因素理论（也被称为激励 – 保健因素理论（motivation-hygiene theory））认为，一些内在的因素与员工对工作的满意程度有关，而一些外在的因素则与对工作的不满意程度有关。[10]
  - 他的理论从 20 世纪 60 年代到 20 世纪 80 年代早期广为流传。
  - 批评者认为该理论太过简单。
  - 它影响了当前有关工作设计的研究（详见本章"从过去到现在"专栏）。
- 研究的焦点：在什么情况下，人们对其工作感觉好（满意，见图 11-2 左栏），或者不好（不满意，见图 11-2 右栏）。

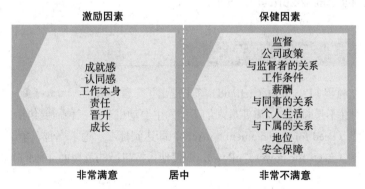

图 11-2　赫茨伯格的双因素理论

- 员工对这些问题的回答表明它们确实是两种不同的因素。
  - 如果人们对他们的工作感到满意，他们倾向于将这归因于从工作本身产生的诸如成就感、认同感和责任等内在的因素。
  - 当他们对工作感到不满意时，他们则常常抱怨外部因素，如公司的政策、管理、监督、人际关系、工作条件等。
- 回应也给我们一个关于满意和不满意的新的观点（见图 11-3 ）。

图 11-3　满意和不满意的相反观点

资料来源：Robbins, Stephen P., Coulter, *Management*, 13th Ed., 2016, p.465. Reprinted and electronically reproduced by permission of Pearson Education, Inc., New York, NY.

- 他指出，认为满意的对立面是不满意的传统观念是错误的。
- 他相信，导致工作满意的因素与导致工作不满意的因素是有区别的。
- 消除工作中的不满意因素并不一定能使工作令人满意，它只是使人"较少"不满意。
- 他提出，满意的对立面是没有满意，不满意的对立面是没有不满意。

激励员工

- 当保健因素得到充分改善时，人们就没有不满意感了，但也不会受到激励。
- 为了激励员工，企业必须运用激励因素。

11.2.4　麦克利兰的三需要理论

- 戴维·麦克利兰（David McClelland）等人提出了三需要理论（three-needs theory），他们认为满足三种（不是固定的）需要是人们工作的主要动机。这三种需要包括：[11]
  - 成就需要（need for achievement，nAch），即达到标准、追求卓越、争取成功的需要；
  - 权力需要（need for power，nPow），即使他人按自己的意愿而非他们本身的意愿行事的需要；
  - 归属需要（need for affiliation，nAff），即建立友好、密切的人际关系的愿望。
- 成就需要被研究得最多，具体分述如下。
  - 具有很高成就需要的人努力工作，与其说是为了得到成功的利益和奖励，还不如说是为了实现个人成就。
  - 他们有把事情做得比此前更好、更有效的愿望。[12]
  - 他们乐于选择：那种在解决问题时个人负有责任的工作；能够快速得到他们业绩的明确反馈，以便知道自己是否有所改进的工作；恰当的挑战性目标。
  - 具有高成就需要的人会避免接受非常容易或者非常困难的工作任务。

- 具有较高的成就需要的人并不意味着就是一个优秀的管理者，特别是在大组织里。这是因为具有较高成就需要的人注重的是他们自己的成绩，而优秀的管理者注重的是帮助别人实现他们的目标。[13]
- 把员工置于具有个人责任、反馈和适度风险的工作情境中，可以激发他们的成就需要。[14]
- 最优秀的管理者一般具有较高的权力需要和较低的归属需要。[15]

11.3 当代激励理论如何解释激励

美国艺电公司（Electronic Arts，EA）是世界上最大的视频游戏设计公司之一，员工投入极艰辛的劳动开发游戏软件。但是，公司只是通过组织日常体育活动，提供弹球游戏场所、团队健身课程以及允许在工作时带宠物等方式来关心其游戏开发人员。[16] 它拥有来自 20 多个国家的略多于 8 000 名工人，EA 的管理者必须懂得激励员工。

本节将介绍目标设定理论、工作设计理论、公平理论和期望理论，它们代表了当前对员工激励问题的认识。也许这些理论不如上节所讨论的那些理论著名，但它们都得到了有关研究的支持。[17]

11.3.1 什么是目标设定理论

目标可以是强有力的激励因素！

在进行重要的作业或课程任务展示前，老师是否曾鼓励你要尽最大的努力？"尽最大的努力"这句含意不明的话究竟意味着什么？你的成绩高过老师要求的 93% 评为 A 等？让我们探讨目标设定理论是怎样对待这个问题的，你会发现，目标的具体化、挑战性、反馈对绩效具有重要的影响。[18]

有大量的研究支持目标设定理论（goal setting theory），它认为，具体的目标会提高工作绩效，困难的目标如果被接受会比相对容易的目标带来更好的绩效。目标设定理论究竟告诉了我们什么？

（1）指向某个目标的活动是工作激励的主要来源。目标设定研究指出，具体的和具有挑战性的目标具有良好的激励作用。[19] 这样的目标比那种要求你"尽最大努力"的一般化目标会导致更好的结果。目标的具体化本身就是一种内在的刺激。例如，当要求一个销售代理每天打 8 次销售电话时，这种意向本身就给他提出了具体要达到的目标。

（2）如果员工有机会参与目标的设定，他们会不会更加努力地工作？不一定。在有些情况下，员工参与目标设定会引发更优秀的绩效。在另一些情况下，当管理者指定目标时，个人业绩最好。然而，如果员工不愿接受困难的挑战，吸收员工参与目标设定也许是可取的。[20]

（3）我们知道，如果得到实现目标进度的反馈，人们会做得更好，因为这个反馈有助于人们确定自己已经做了的和达到目标要做的任务之间的差距。但是，并非所有的反馈具有同等的效应。自己提供的反馈（当员工自己管着自己的工作进度时）与来自他人的反馈相比，是一种更有力的激励因素。[21]

除了反馈之外，有另外三种因素影响目标与绩效的关系。它们是目标承诺、足够的自我效能和国家文化。

对玫琳凯化妆品公司的美容顾问来说，为实现目标而工作是重要的激励源泉。她们确立自己的销售目标，通过实现目标来获得回报。在这张照片里，美容顾问香农·纳尔逊（中）及其姐姐与母亲所展示的是由于香农实现了一个宏伟的销售目标而获得的奖励。

首先，目标设定理论认为，个人会致力于目标的实现。当目标公开设定时，当个人具有内在控制意愿时，目标最有可能被接受，而且自我设定的目标比他人指定的目标更容易被接受。[22]

其次，自我效能（self-efficacy）是指个人相信自己有能力执行任务。[23]自我效能越高，对自己完成任务的能力、信心就越强。这样，在困难的情况下，我们会发现，那些自我效能比较低的人有可能放松努力甚至完全放弃，而那些自我效能评价比较高的人会更加努力来应对挑战。[24]此外，自我效能评价高的人似乎是用更大的努力对消极的反馈做出反应，而那些自我效能评价低的人面对消极的反馈很有可能放松努力。[25]

最后，目标设定理论的价值受到国家文化的影响。它很适用于北美国家，因为它的主要观点契合那些国家的文化。它假定下属具有一定的独立性（不是很热衷于追求权力），人们愿意接受具有挑战性的目标（不会老是躲避不确定性），而且管理者和下属都相当看重工作绩效（高度自信）。在其他文化背景不同的国家中，不要期望目标设定理论会导致更高的员工绩效。

图11-4总结了目标、激励和绩效之间的关系。我们的总体结论是使工作指向艰巨和具体的目标具有强有力的激励作用。在恰当的情况下，它可以导致更高的工作绩效。但是，没有证据表明，这样设定目标会提高工作满意度。[26]

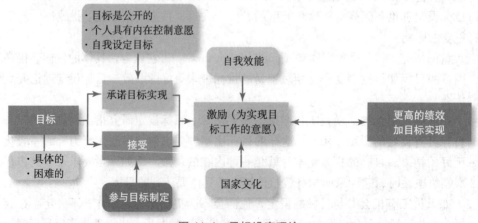

图11-4　目标设定理论

11.3.2　工作设计怎样影响激励

是的，你能设计出激励人的工作！

因为管理者要激励工作中的个体，所以有必要考察设计具有激励作用的工作方法。如果你密切关注组织是什么、它是怎样运行的，你就会发现其中包括成千上万项任务。这些任务又汇聚在一起成为工作。我们用**工作设计**（job design）这个词来表示把任务结合起来组成完整工作的方式。所以，人们在组织中从事的工作不是偶然出现的。管理者应该根据环境变化、组织的技术，以及员工的技巧、能力和偏好等方面的需要，对要分派的工作进行精心设计。[27]如果能够这样设计工作，员工就可能受到激励而努力工作。管理者可采用哪些方式来设计激励性工作呢？我们可以运用 J. 理查德·哈克曼（J. Richard Hackman）和格瑞格·奥德姆（Greg R. Oldham）提出的**工作特征模型**（job characteristics model，JCM）来回答这些问题。[28]

 从过去到现在

工作设计：怎样完成工作任务？

决定怎样执行各项工作任务是管理者一直感兴趣的事情。[29]从科学管理试图找到一种最佳工作方法到试图揭示工作中人类行为模式的霍桑实验，研究人员一直在探索理想的工作设计方法。20 世纪 50 年代，赫茨伯格等人开始研究并"发现工作态度和员工对于工作满不满意的经历的重要性"。他想知道是一些什么因素使得人们在工作中感到愉快和满意，或者感到不愉快和不满意。他的发现改变了我们评价工作设计的方法。关键在于，工作满不满意是由工作环境的多方面因素决定的。赫茨伯格的双因素理论使实践中的管理者深入考察工作情境和工作内容这两个方面。如果你想激励员工，就必须更多地关注工作内容的各个方面（激励因素）而不是工作情境的各个方面（保健因素）。

此外，赫茨伯格的研究激发了人们对工作设计的更大兴趣。例如，工作特征模型就是建立在赫茨伯格 5 个独立的核心工作维度的发现基础上的。随着管理者和各种组织继续不断地探索影响员工的工作设计方法，赫茨伯格关于人们在什么情况下对工作满不满意的研究作为一种经典的理论也在发展。

讨论

- 你认为为什么工作需要"设计"？
- 工作设计对员工激励有何作用？

哈克曼与奥德姆认为，任何工作都可以通过以下 5 个核心工作维度来描述。

（1）**技能多样性**（skill variety）：指一项工作所需活动多样性的程度，从而要求员工使用各种技术和才能；

（2）**任务同一性**（task identity）：指一项任务要求完成完整的和具有同一性的工作的程度；

（3）**任务重要性**（task significance）：指一项工作对其他人的工作和生活具有实质性影响的程度；

（4）**自主性**（autonomy）：指一项工作要求任职者在安排工作进度和决定从事工作所使用的方法方面提供的自由、独立和自主程度；

（5）反馈（feedback）：指个人为从事所要求的工作获得有关工作绩效的信息的直接和清晰的程度。

图 11-5 向我们提供了这个模型。请注意：前三个维度（技能多样性、任务同一性和任务重要性）能共同创造出有意义的工作。一项工作如果具有这三个特征，我们预期任职者会将他的工作视为重要的、有价值的和值得做的。另外，我们还须注意的是：拥有自主性的工作会给任职者带来一种工作结果的责任感；反馈则使员工知道他所进行的工作效果如何。

图中这位在德国一所儿童医院工作的儿科护士在照顾新生婴儿，她的工作具有重要的意义，这是因为她利用自己的专业知识和技能来照顾从婴儿到十几岁的孩子以及他们的家庭。工作的重要性赋予了她工作的意义和内在的工作动机。

从激励的角度来看，工作特征模型指出，当一个人知道（对结果的了解）他个人（责任感的体验）所关注（有意义的体验）的任务完成得很好时，他就会获得一种内在的激励。工作越是具备这三个条件，员工的激励、绩效和满意度就会越强，而旷工和辞职的可能性也就越低。正如模型所表示的，工作维度与效果之间的联系是中等程度的，并被个人成长需求（个人自尊和自我实现的愿望）所强化。其工作涉及核心维度的人比那些成长需求较低的人，更可能具有挑战性的心理状态并做出积极反应。这也许可以解释效果与工作丰富性（job enrichment，通过增加计划和评价责任实现工作的纵向扩展）之间的结合：那些成长需求比较低的个人不会由于工作丰富性比较强而提高绩效和满意度。

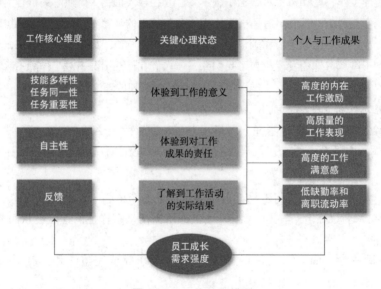

图 11-5　工作特征模型

资料来源：Reprinted by permission from Judith D. Hackman, (w/o) J. Richard Hackman.

工作特征模型给管理者为个人和群体的工作设计提供了有益的指导。[30] 图 11-6 根据工作特征模型，具体指明最有可能改善五个核心工作维度的工作设计方面的变化。

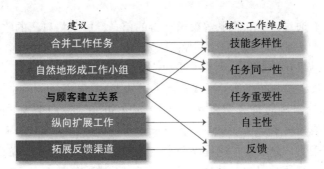

图 11-6 工作设计指导

资料来源：Reprinted by permission from Judith D. Hackman, (w/o) J. Richard Hackman.

11.3.3 什么是公平理论

你可能总是想知道坐在你旁边的同学在考试或者重要的课程作业中得了多少分。我们大多数人都是这样，总是拿自己和别人做比较。如果有人在你大学刚毕业时就提供给你一份年薪 55 000 美元的工作，你可能会很乐意接受，并且工作积极，随时准备完成需要你做的任何事情，你对自己的收入会十分满意。可是，如果你工作了一个月后，发现另一位最近毕业的，与你年龄、教育经历和工作经历相当的同事年收入为 60 000 美元时，你会有何反应呢？你可能会很失望。虽然对一个刚毕业的大学生来说，55 000 美元的绝对收入已相当可观（你自己也知道这一点），但这并不是问题所在。现在问题的关键是你本人的公平观念：什么是公平？公平是关于合理性的概念，涉及与其他同等状况的人相比较而言的平等待遇。许多事实表明员工经常将自己和他人进行比较，而由此产生的不公平感将影响这个员工以后工作的努力程度。[31]

公平理论（equity theory）是由斯达西·亚当斯（J. Stacey Adams）提出的，认为员工首先会考虑自己投入 – 结果的比率，然后将自己的投入 – 结果比率与其他人的投入 – 结果比率进行比较（见表 11-1）。如果员工感觉到自己的比率与他人的相同，则不会出现什么问题。但是，如果这个比率是不相等的，他们就会认为自己的收入过低或过高。这种不公平感出现后，员工就会试图去纠正它。[32] 结果可能是更低或者更高的生产率，改善或者降低产品质量，时常旷工，或者自愿辞职。

表 11-1 公平理论的关系

觉察到的比率比较[①]	员工的评价
$\dfrac{\text{A 的结果}}{\text{A 的投入}} < \dfrac{\text{B 的结果}}{\text{B 的投入}}$	不公平（过低）
$\dfrac{\text{A 的结果}}{\text{A 的投入}} = \dfrac{\text{B 的结果}}{\text{B 的投入}}$	公平
$\dfrac{\text{A 的结果}}{\text{A 的投入}} > \dfrac{\text{B 的结果}}{\text{B 的投入}}$	不公平（过高）

①设 A 为某员工，B 为参照员工。

参照点（referent）——为了评价是否公平而选择与自己进行比较的其他人、其他系统或者自我（以往的情况），在公平理论中是一个重要变量。[33] 三种参照点中的每一种都是重要的。①作为参照点的"其他人"包括同一组织中从事相似工作的其他个体，还包括朋友、邻居及同行员工。依据他们通过口头、报刊等渠道获得的信息，员工将自己的收入与他人的进行比较。②作为参照点的"系统"包括组织中的薪金政策、程序以及分配。③作为参照点的"自我"适应于投入－结果比率对当事人来说是独一无二的情况，它反映了员工个人的过去经历与交往方式，受到员工过去的工作标准或家庭承诺的影响。

　　原来，公平理论强调的是分配公平（distributive justice），即个人之间所得报酬的合理性。最近的研究则强调程序公平（procedural justice）的问题，它涉及对报酬分配程序合理性的评价。相关研究表明，分配公平比程序公平在员工满意度方面有更大的影响，而程序公平倾向于影响员工对组织的承诺、对其管理者的信任以及进退的意向。[34] 程序公平对管理者有什么要求呢？他们应该考虑公开分配决策是怎么做出的，坚持按程序办事，坚持一贯的做法以提高对程序公平的认可。通过提高对程序公平的认可，员工有可能更正面地评价他们的老板和组织，即使他们不满意自己的报酬、升迁和其他个人利益。

11.3.4　期望理论怎样解释激励

- 我必须付出多大努力才能达到某一工作绩效水平？
- 我有能力达到这一绩效水平吗？
- 我达到这一绩效水平后将得到什么报酬？
- 这种报酬对我有多大吸引力？

　　现今对激励问题最全面的解释是维克托·弗鲁姆（Victor Vroom）的期望理论（expectancy theory）。虽然它也受到了一些批评，[35] 但大多数的研究证据还是支持这一理论的。[36]

　　期望理论认为，当人们预期某一行为能给个体带来某种既定结果，且这种结果对个体具有吸引力时，个体将趋向于以此为基础采取这一特定行为。它包括以下三项变量或者说三种联系（见图 11-7）。

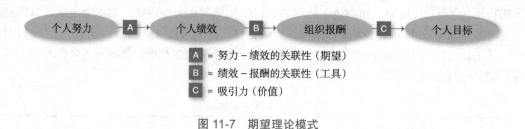

图 11-7　期望理论模式

　　（1）期望或努力－绩效的关联性。个体感觉到通过一定程度的努力而达到工作绩效的可能性。

　　（2）工具或绩效－报酬的关联性。个体认为达到一定工作绩效有助于获得理想报酬的程度。

　　（3）价值或报酬的吸引力。个体对工作可能获得的潜在结果或酬报对个体的重要性程度评估。评估的结果取决于个体的目标和需要。

　　虽然这样解释激励看起来有些复杂，但其实并不难理解。我们可以将它们归结为以下几个问题：我必须付出多大努力才能达到某一工作绩效水平？我有能力达到这一绩效水平吗？我达到这一绩效水平后将得到什么报酬？这种报酬对我有多大吸引力？它是否有助于我实现自己的目标？在任何既定的时间，个体是否因受到激励而付出某种努力（即努力工作）取决于个体的目标以及个体是否接受某种水平的绩效是达到目标所必需的。让我们看一个例子，多年以前有一个女士去 IBM 做销售代理。她喜欢的工作"报酬"是乘坐 IBM 的飞机到某个好玩的地方，找到她最好的客户，在某个有趣的高尔夫球场一起度周末。但是，为了得到这份特殊的"报酬"，她必须取得某种水平的业绩，即她的销售量必须超过目标的一定百分比。她愿意付出多大的努力去工作（即她受到多大的激励）取决于必须达到的绩效水平和达到这个绩效水平后能够得到她所希望的报酬的可能性。由于她"看重"这份报酬，她总是努力工作以超额完成销售目标。工具或绩效 – 报酬的关联性是明确的，因为她努力工作取得了这样的绩效之后，她总是从公司得到她看重的酬报（乘坐公司飞机）。

期望理论的要点是，理解个体目标以及努力和绩效之间的关联性、绩效和报酬之间的关联性以及报酬和个体目标满足度的关联性。期望理论强调回报或报酬的重要性。结果，我们不得不相信，一个组织所提供的报酬必须与个人的欲望相配合。期望理论认为，在解释激励个体的因素时不存在普遍适用的原则，因此它强调管理者必须理解员工为什么评价某些结果是有吸引力的或没有吸引力的。毕竟，公司应该用个体对之有积极评价的事物去回报他们。还有，期望理论强调预期的行为，员工知道公司对他们的要求是什么以及公司怎样评价他

富士康的创立者及董事会主席郭台铭表彰了在中国深圳工作的、业绩优秀的 140 名员工。在表彰宴会上，郭台铭站在被表彰者及其亲属中间。这种表彰活动对于激励员工的上进行为具有重要作用。

们吗？最后，期望理论关心员工的感觉。现实与感觉是不同的。是个体本身对于绩效、报酬和目标的感觉，不是绩效、报酬和目标本身，决定个体受激励的程度（努力的程度）。

11.3.5　如何才能综合当代的激励理论

当代各种激励理论基础的许多观点是相互补充的，如果我们将它们融会贯通，就会更好地理解怎样激励员工。[37] 图 11-8 提供了综合我们已经知道的各种激励理论的模型。它的基础是期望理论模型。让我们从左侧开始说明这个模型。

- 有一个箭头指向"个人努力"，这个箭头来自"个人目标"。这与目标设定理论一致。目标 – 努力这一环路提醒我们应注意目标引导行为。
- 期望理论认为，如果个体感到在努力与绩效之间、绩效与报酬之间、报酬与个人目标的满足之间存在密切关联性，那么他就会非常努力。反过来，每一种关联性又会受到一些因素的影响。从模型中可以看到，个体绩效水平不仅取决于个人的努力程度，而且也取决于个人的执行能力和组织是否具有公平与客观的绩效评估系统。对绩效与报酬之间的关系来说，如果个人感到自己是因绩效因素而不是其他因素（如资历、个人爱好等）而获得报酬的，那么这种关系最为紧密。期望理论的最后一种关联性是报酬

与目标的关系。

- 在这方面,传统的需要理论做了很好的解释。当个人由于他的绩效而获得的报酬满足了与其目标一致的主导需要时,他工作的积极性会非常高。

- 仔细研究这个模型,不难发现,它也考虑了其他理论。

- 就成就需要理论而言,高成就需要者不会因为组织对他的绩效评估以及组织报酬而受到激励。对他们来说,努力与个体目标之间的关系是一种直接关系。请记住,对高成就需要者而言,只要所从事的工作能使他们产生个体责任感、有信息反馈并提供中等程度的风险,他们就会产生内在的驱动力。他们并不关心努力–绩效、绩效–报酬以及报酬–目标之间的关系。

- 由于考虑到了组织的报酬会强化个人的绩效,因此,我们在这个模型里也可以看到强化理论的作用。如果管理者设计的报酬系统被员工当成对良好绩效的回报,那么这种报酬就会强化并鼓励员工继续取得良好绩效。

- 在公平理论中,报酬也发挥着关键的作用。个人会和相关人员比较投入(努力)与报酬(结果)之间的比率关系。如果存在不公平,他们付出的努力就会受到影响。

- 最后,我们在这个综合模型中,还可以看到工作特征模型。任务特征(工作设计)在两个方面影响工作激励:一是围绕着 5 个工作维度来设计的工作很可能导致较好的实际工作表现,因为员工受到工作本身的激励,即这样的工作设计会增加努力和绩效的联系;二是围绕这 5 个工作维度来设计的工作还会增加员工对工作重点的把握。因此,向那些希望可以控制自己工作的员工提供具有自主性、反馈性以及具有复杂性特征的工作可以使他们满意。

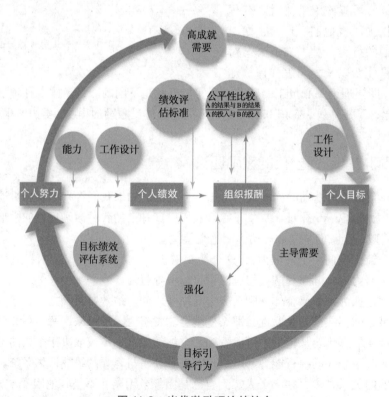

图 11-8 当代激励理论的综合

11.4　当代员工的激励问题

　　理解和预先考虑员工激励是管理研究中最受到普遍关注的领域之一。我们已经向读者介绍了若干种激励理论。但是，当下员工激励的研究还受到一些具有重要意义的现实问题的影响，包括在困难的经济环境下的激励问题、跨文化管理的挑战、独特工作群体的激励，以及设计恰当的报酬项目等。

11.4.1　在经济萧条的环境中，管理者怎样激励员工

　　Zappos 是拉斯维加斯一家奇特的网上鞋业零售商（现在是亚马逊网的一部分），长期享有有趣工作单位的声誉。[38] 但是在经济衰退期间，该公司和许多其他公司一样必须裁员，总共解雇了 124 人。公司 CEO 托尼·谢（Tony Hsieh，中文名字为谢家华）希望尽快发布消息，以减少员工的压力。于是，他通过电子邮箱、博客和微博发出了裁员通知。虽然有人可能认为对这种信息而言，这是可怕的沟通方式，但是大多数员工对他的公开和诚实表示感谢。公司也非常关注这次裁员。如果在公司服务不到两年的员工被解雇，其薪酬将一直支付到年底。具有更长工龄的员工如果被解雇，每年补偿 4 周薪酬。公司为所有被辞退者继续支付 6 个月的健康保险，并根据被解雇员工的要求，将他们按 6 折购买商品的权利保留到圣诞季。在经济景气时期，Zappos 一直都是善待员工的典型，这次它展示了在困难时期如何对待员工。

　　经济衰退给许多组织，特别是员工带来了困难。裁员、收紧预算、实行最低工资或不加薪、削减福利、没有奖金、延长工作时间来完成被解雇员工的工作，这些都是许多员工面对的现实。随着工作环境的恶化，员工的信心、乐观情绪和工作参与度都会急剧下降。你可以想象，在如此严峻的情况下，管理者要激励员工并不容易。

　　在不确定的经济环境中，管理者必须采用创造性的方法来加强、引导和维持员工的努力以实现目标。他们必须寻找一些金钱以外的或相对便宜的方法来激励员工。[39] 因此，他们可采取以下方式，如召开员工会议，以保持沟通渠道畅通，并且征求他们对问题的看法；确立共同的目标，如保持优秀的客户服务，使每一个人都致力于创造一种共同氛围，从而让员工感觉到管理者关心他们和他们的工作；给员工继续学习和成长的机会。当然，激励的话语也有很大的作用。

11.4.2　国家文化怎样影响激励

> 对**有趣的工作**的追求看上去是全球性的。

　　在今天的全球经营环境中，管理者不能自然而然地假定在一个国家和地区有效的激励手段在其他国家和地区也同样有效。大多数当代激励理论是在美国由美国人根据美国的实践提出来的。[40] 在这些理论中，最为明显的美国特征可能是强调个人主义和成就。例如，目标设定理论和期望理论都强调目标的实现和理性的个人思想。让我们考察有关激励理论是否具有跨文化的转移性。

　　马斯洛的需求层次理论认为，人们从满足生理需求开始，然后在需求层次上顺序上升。

这种需求层次理论，如果真的有什么应用价值的话，它是与美国文化相适应的。在日本、希腊和墨西哥这样的国家，不确定性规避的特征很强，安全需求可能处于需求层次的顶层。在那些看重培育特征的国家，诸如丹麦、瑞典、挪威、荷兰和芬兰，可能把社会需求放在顶层。[41] 我们可以预见，例如，当国家文化看重培育标准时，群体工作会更具激励作用。

另一个明显具有美国偏好的激励概念是成就需要。把高成就需要看成内在激励要素的观点体现出两个文化特征：一是愿意接受适度风险（这不适用于那些不确定性规避特征很强的国家）；二是关心绩效（这特别适用于具有强烈成就特征的国家）。这种结合在美国、加拿大和英国这样的国家中可以看到。[42] 不过，这些特征相对不适用于智利和葡萄牙这样的国家。

Jae C. Hong/Associated Press

与大多数文化中的工作者一样，对有趣工作的追求是日本任天堂公司许多游戏角色（包括真野）的创造者宫本茂（Shigeru Miyamoto）工作的动力。作为视频游戏的设计者和制作人，宫本茂醉心于创造独特的游戏，为全世界各个年龄段的人提供乐趣和快乐。

在美国，比较重视遵循公平理论。不足为怪，美国式报酬体系建立在这样一个假定基础上，即员工对于报酬分配是否公平高度敏感。在美国，公平意味着报酬与绩效密切相关。但是，最近的证据表明，在集体主义国家，特别是在中东欧国家，员工希望报酬既能满足他们的个人需求，也能反映他们的绩效。[43] 此外，符合计划经济的传统，员工表现出较大的"权利"意识，即他们期望结果大于他们的投入。[44] 这些发现表明，美国式的报酬实践在其他一些国家可能需要修改，以便员工认为合理因而能够接受。

尽管在激励问题上存在这些跨文化的差别，但不能由此假定没有跨文化的一致性，因为事实上存在这样的一致性。例如，得到有趣工作的愿望似乎对于所有员工都是重要的，而不管他们处于怎样的国家文化背景下。涉及 7 个国家的一项研究表明，比利时、英国、以色列和美国的员工把"有趣的工作"放在 11 项工作目标的首位。将其排在第二位和第三位的是日本、荷兰和德国。[45] 同样，一项比较工作偏好的研究结果表明，在美国、加拿大、澳大利亚和新加坡的大学毕业生中，成长、成就和责任清一色地都排在前三位。[46] 这两项研究表明赫茨伯格双因素理论所确定的内在因素的重要性具有某种普遍性。最近还有一项研究考察了日本的现场激励趋势，似乎也表明赫茨伯格的模式适用于日本员工。[47]

道德观察

一件可怕的事正在发生，面对超强工作要求的工人正纷纷服用治疗注意力缺陷多动障碍症（ADHD）的药物来提高精力。这些药丸是以苯丙胺为基础的兴奋剂，可以提高使用者的精力。有些学生会在考试复习期间或者是对研究论文/报告做最后修改的过程中使用兴奋剂，但专家说现在工作场所已出现了滥用兴奋剂的情况。许多使用这些药物来提高效率的年轻工人说："吸食这些药物不是为了寻求刺激和快感，而是为了保住工作。"这种看似无害的滥用行为会导致严重后果。[48]

讨论

- 你认为这是一个员工激励的问题吗？请解释。
- 为什么这是一个潜在的道德问题？管理者该如何解决这个问题？

11.4.3　管理者怎样激励不同的员工群体

激励员工从来都不是很容易的事情。员工是带着不同的需要、个性、技术、能力、兴趣和态度来到组织的。他们对自己的雇主有不同的期待，对于雇主有权希望他们做什么也有不同的看法。他们想从工作中得到的利益也是多种多样的。例如，有些员工从个人兴趣和追求，以及每周拿一次工资中得到更多的满足，并不在乎更多的好处。他们对工作更具有挑战性、趣味性或者在绩效比赛中获胜不感兴趣。另一些员工则从他们的工作中得到更大的满足和激励，因而工作更努力。在具有这许多区别的背景下，管理者怎样才能有效地激励今天在各种场合工作的独特的员工群体呢？他们要做的事情之一是必须理解这些工作群体包括多样化的员工、专业人员和非全职员工的激励要求。

1. 激励多样化员工队伍

为了对每一个个体进行最大程度的激励，管理者有必要进行灵活的考虑和处理。例如，有关研究表明男性与女性相比更看重工作的独立性；与此相对应，女性则比男性更看重学习的机会、方便和机动的工作时间以及良好的人际关系。[49] 获得独立工作和不同经验的机会对于年青一代的员工是很重要的，而年龄较大的员工更感兴趣的可能是高度结构化的工作机会。[50] 管理者要清楚地认识到，对一个有两个未成年孩子、靠从事全日制工作以维持家庭生活的单身母亲来说，激励她工作的动力，与一个单身且从事兼职工作的员工或者与一个只是为了补充退休后收入的老员工是完全不同的。因此，管理者需要采用多种多样的报酬来激励具有多样化需要的员工。一些组织已经采用多种协调工作与生活的方案（参见第 7 章）以适应多样化员工队伍的各种需要。此外，许多组织采用灵活的工作安排（参见第 6 章）以适应不同的需要。随着雇主正在探讨以各种方式帮助员工应对燃油价格上涨，一些工作方案和安排可能会被更加普遍地采用，包括远程办公、压缩工作周、灵活的工作时间以及工作分享制等。

灵活的工作安排能够激励员工吗？虽然这样的工作安排看起来具有很强的激励作用，但也是有利有弊。例如，最近针对远程办公方式对工作满意度的影响所做的一项研究发现，随着远程办公范围的扩大，工作满意度最初是提高的，但是，随着远程办公所花工作时间的增加，工作满意度开始持平，继而缓慢下降，最后趋于稳定。[51]

2. 激励专业人员

与上一代人不同，今天典型的员工比工厂里的蓝领工人更加专业和具有更高的学历。当管理者试图激励英特尔印度开发中心的工程师、北卡罗来纳 SAS 研究所的软件设计师或者新加坡埃森哲的咨询师时，他们需要特别关注的是什么呢？

专业人员与非专业人员是不同的。[52] 他们对于自己的专业领域具有强烈和长期的奉献精神。为了在专业领域内赶上潮流，他们必须及时更新自己的知识。由于他们对专业的投入，他们很少把自己的工作周定义为朝八晚五、一周五天。

是什么激励着这些专业人员呢？通常他们关心的重点不是薪水或提升进入管理层，为什么呢？因为他们的薪水已经很高了，他们喜欢自己的专业。相反，工作的挑战性对他们来说是重要的。他们希望寻找问题，并发现解决问题的方案。他们主要的报酬是工作本身。专业人员通常还看重支持，希望其他人认为他们的工作是重要的。这可能对所有员工都适用，但是专业人员倾向于把他们主要的生活乐趣集中在工作上，而非专业人员明显具有工作以外的兴趣,以弥补在工作中不能满足的需要。

3. 激励非全职员工

通过规模紧缩和其他组织重构,全职工作被逐步淘汰,兼职工、合同工以及其他形式的临时工增加了。这些非全职员工没有长期员工那种安全感和稳定性,他们不认为自己属于某个组织,不承担其他员工具有的责任。临时工明显收入较少甚至没有医疗保险和养老金那样的福利。[53]

可以说,没有简单的解决方案来激励非全职员工。对宁愿选择临时工作以获得自由的少数个体来说,缺乏稳定性可能不是问题。此外,能够获得很高报酬的医生、工程师、会计师、理财规划师也可能宁愿选择临时工作,不想做全职工作。但是,这些是例外。对大多数这类员工来说,做临时工并不是自愿的选择。

什么会激励非自愿的临时员工呢?一个明显的答案是获得成为长期员工的机会。在长期员工是从临时员工中挑选的情况下,临时员工通常会努力工作以期成为长期员工。临时工作所提供的学习机会通常没有多少激励作用。临时员工找到新工作的能力主要是依赖他们自己的技术。如果一个员工觉得自己做的工作有助于提高找工作的能力,那么激励会加强。从公平的立场看,要临时员工与那些报酬和福利高得多的长期员工做同样的工作,临时员工的绩效可能要差些。把这两类员工分开,或者使他们之间的相互依赖最小化,也许有助于管理者应对可能的问题。[54]

11.4.4 管理者怎样设计恰当的报酬体系

加州蓝十字会根据病人的满意程度对为其组织人员提供健康服务的医生发放奖金。联邦快递激励其驾驶员的支付系统根据他们的及时性和送货的多少计发奖金。[55]毋庸置疑,雇主发放的奖金对员工行为的合理性具有强有力的激励作用。一些普遍采用的奖励办法包括公开管理、员工奖赏以及根据工作绩效支付报酬。

1. 公开管理怎样激励员工

在斯普林菲尔德再制造公司(SRC)重型部的管理者集中讨论了厚厚的财务文件之后24小时内,工厂内的每一个员工都能看到同样的信息。如果员工能够实现发货目标,他们都可以分享一大笔年终奖金。[56]规模不同的许多公司都通过公开财务报表让员工知道企业的决策。信息共享使员工受到激励,使他们在自己的工作中做出更好的选择,更加能够理解他们的工作任务和工作方式的重要性,以及最终的影响。这种方法称为**公开账本的管理**(open-book management),许多组织都采用这种方法。[57]

公开账本的管理的目的是让员工像上司一样思考,看到他们的决策对于财务状况的影响。由于许多员工没有理解财务报表的知识或背景,因此必须告诉他们怎样阅读和理解公司财务报表。然而,一旦员工具备这些知识,管理者必须定期向员工公开账目。通过这些信息的共享,员工开始理解他们的努力以及业绩与企业经营效果之间的联系。

2. 管理者怎样利用员工奖励计划

员工奖励计划(employee recognition programs)是指个人对优秀工作的关注、奖励和赏识。[58]它可以采取许多不同的形式。例如,凯利服务公司(Kelly Services)采用一种新的积分奖励制度，以便提高生产率和减少员工流动。这种奖励制度被称为凯利荣誉，设计更多奖项让员工选择，允许员工在一个较长的时期内积累获奖的分数。[59] 这种方法很有效。参加者比未接受积分的员工多出 3 倍的工作时间和收入。但是，大多数管理者都采用一种更加非正式的方法。例如，现任 DineEquity 主席和 CEO 朱莉娅·斯图尔特（Julia Stewart），在担任阿普尔比的餐厅经理时，经常等所有人都下班以后留下密封的信函在员工的座位上。[60] 在这些信函中，她解释这个员工所做的工作在她看来是多么重要，表示她是多么赞赏工作完成得多好。斯图尔特还非常重视下班以后给员工发语音邮件，告诉员工她是多么赞赏那些做得很好的工作。褒奖不必总是仅仅来自管

在密歇根安阿伯的金格曼熟食店的这位面包师，获得的信息让他能够像店主一样思考和行动。金格曼熟食店采用信息公开的管理方式，分享员工所需的财务、产品、客户服务等各种信息，帮助他们了解公司如何运作以及他们的决策如何影响公司的盈利能力。

理者。大约有 35% 的公司鼓励同事之间互相赞赏出色的工作。[61] 例如，百胜品牌公司（Yum! Brands Inc.，建立在肯塔基州的塔科贝尔、肯德基和必胜客食品连锁店的母公司）的管理者总是在设法减少员工流动。他们创立了一个成功的顾客服务计划，其中包括在澳大利亚的肯德基快餐店中鼓励同行之间的互相认可与赞赏。那里的员工会自发地用冠军卡（Champs cards）奖赏同事，Champs（冠军）是诸如清洁（cleanliness）、好客（hospitality）、准确（accuracy）等词的首字母组合词。百胜品牌公司在世界各地的其他快餐店都采用了这种方法，它发现员工之间相互认可与赞扬使小时工的流动性从 181% 减少到 109%。[62]

一项对组织的调查发现，84% 的人用某种程序来
识别员工的成就。[63]

有研究发现，84% 的组织都有某种员工业绩奖励计划。那么，员工也认为这些计划很重要吗？对各行各业的员工进行的一项调查直接询问员工，他们认为最有力的激励因素是什么？他们的回答是：奖励、奖励，更多的奖励！[64]

与强化理论相一致（参见第 9 章），直接奖励某种行为，有可能鼓励这种行为的重复。奖励可以有多种方式，你可以私下亲自表扬员工做得很好，也可以手写一封信函或者发一封电子邮件告诉员工你知道他所做事情的积极意义。因为员工具有强烈的获得社会承认的需要，你可以公开表扬员工所取得的成绩。为了提高群体的凝聚力和积极性，你可以庆祝团队的成功。例如，你可以简单地举行一次比萨饼宴会来庆祝团队的成功。这样的事情看起来很简单，但是它们在表示员工得到怎样的评价方面具有深远的意义。

3. 管理者怎样利用根据工作绩效支付薪酬来激励员工

有关的调查统计可能使你感到意外：40% 的员工不清楚绩效与报酬之间的联系。[65] 你可以想想：这些公司支付给员工的报酬究竟是什么？员工明显不清楚绩效与期望之间的联系。[66] **根据工作绩效支付薪酬计划**（pay-for-performance programs）是一种可变的薪酬计划，以某种

绩效标准为基础给员工支付报酬。[67] 计件工资制、工资奖励计划、利润分红、一次性奖金都是这样的例子。使这些付酬形式与更加传统的支付形式区别开来的特征是，它不是按照一个人的工作时间来支付报酬，而是根据某种绩效标准来调整报酬的多少。这种绩效标准可以包括诸如个体的生产率、团队或者工作小组的生产率、部门生产率、整个组织的利润水平等指标。

根据工作绩效支付报酬计划也许与期望理论最相一致。个体应该知道他们的绩效和有可能得到的最大数量报酬之间的紧密联系。如果报酬分配只是根据与绩效无关的因素，例如论资排辈、工作头衔或者笼统的全员加薪等，那么员工就有可能降低他们的努力程度。从激励的角度看，使员工的部分报酬或者全部报酬以某种绩效标准为条件，会使他们密切关注和努力达到这个标准，继而强化这种有报酬的努力的连续性。如果员工、团队或者整个组织的绩效下降了，报酬也会相应下降。所以，根据工作绩效支付报酬计划具有保持努力的强烈激励效果。

根据工作绩效支付报酬的做法非常流行。美国的大公司有 80% 都采用某种形式的灵活报酬计划。[68] 加拿大和日本等其他国家也在试用这些报酬支付方式。大约有 30% 的加拿大公司和 22% 的日本公司在整个公司采用根据工作绩效支付报酬计划。[69]

根据工作绩效支付报酬计划真的有效吗？有关研究表明，它们在大多数情况下都有效。例如，有一项研究发现，采用根据工作绩效支付报酬计划的公司比那些不采用该计划的公司经济效益更好。[70] 另一项研究表明，根据工作绩效支付报酬计划对于销售额、顾客满意度和利润都具有积极的影响。[71] 如果一个组织内有不同的工作团队，管理者应该考虑以群体为基础的绩效奖励，这会强化团队的努力和团队精神。但是，不管这些计划是以个人绩效为基数，还是以团队绩效为基数，管理者必须保证在个人报酬和员工预期的恰当绩效水平之间具有明确的关系。员工必须明确地理解：他们或者组织的效绩怎样会转变为他们工资单上的美元。[72]

4. 关于员工报酬计划的最后注意事项

在经济和金融不确定时期，管理者奖赏和回报员工的能力通常会受到严重的限制。在危机时期，很难保持员工的生产力，尽管这样，处理好员工报酬问题尤其重要。这不足为怪，因为员工很容易觉得经济形势与他们的工作没有多少关系。事实上，公司咨询委员会（Corporate Executive Board）最近的一项研究发现，员工投入度的下降已经导致总体生产力减少了 3%～5%。[73] 但是，有些管理者还是能够采取行动维持甚至提高员工的积极性。方法之一是进一步明确每一个员工在组织中的作用，向他们阐明他们的努力怎样能够对改善公司的整体状况做出贡献。另一种重要的方法是保持信息渠道畅通，利用高层管理者和员工之间的双向交流缓和恐惧，表达关心。采取任何行动的关键都是继续表明公司对员工的关心。正如我们在本章开头所说，公司的价值源于受到激励而在其中工作的员工。管理者必须给员工理由，使他们想留下来。

本章概要

1. 定义和解释激励。

激励是指一种过程，通过这个过程，一个人的努力被调动、指向和持续到目标实现。这个定义包含 3 个关键的要素：精力、方向和坚持。

精力要素是对强度或干劲的衡量。高度的

努力需要指向通往组织目标能够实现的道路。员工必须坚持自己的努力直到这些目标实现。

2. 早期激励理论的比较。

根据马斯洛的理论，随着需求的大幅满足，个人的需求依照 5 个层次（生理需求、安全需求、社会需求、尊重需求、自我实现需求）上升。已经满足了的需要不再具有激励作用。

遵循 X 理论的管理者相信，人们并不喜欢工作，也不想负责任，所以他们必须受到恐吓和胁迫才会工作。遵循 Y 理论的管理者假定人们喜欢工作，愿意承担责任，所以他们具有自己的动机和方向。

赫茨伯格的双因素理论认为，与工作满意相联系的内在因素对人们具有激励作用。与对工作不满意相联系的外在因素只会使人不满意。

麦克利兰的三需要理论认为满足三种需要是人们工作的主要动机。这三种需要包括成就需要、归属需要和权力需要。

3. 当代激励理论的比较。

目标设定理论认为，具体的目标会提高绩效，相对困难的目标如果被接受，则会导致比容易的目标更高的绩效。目标设定理论的要点包括达到目标的工作意向是工作激励的重要源泉；具体的、相对艰巨的目标比一般化的目标会产生更好的效果；员工参与目标设定可能有利于分配工作任务，但不一定总是这样；反馈，特别是自我生成的反馈，可以引导和激励员工行为；影响目标设定的因素包括接受目标的承诺、自我效能评价以及国家文化。

工作特征模型认为，存在 5 种核心工作维度（技能多样性、任务同一性、任务重要性、自主性、反馈）可以用来使工作设计得具有激励作用。

公平理论强调员工会怎样与相关人员比较他们的劳动付出与所得报酬的比率。如果员工认为自己受到了不公平待遇，则会影响他们的行动。程序公平比分配公平对员工满意度有更大的影响。

期望理论认为，当人们预期某一行为能给个体带来某种既定结果，且这种结果对个体具有吸引力时，个体将趋向于以此为基础采取这一特定行为。期望是努力－绩效的关联性（个体感觉到通过一定程度的努力而达到工作绩效的可能性）；工具是绩效－报酬的关联性（个体对于达到一定工作绩效后即可获得理想报酬的确定程度）；价值是报酬的吸引力（这个报酬是不是我想得到的）。

4. 当代员工激励问题的讨论。

在困难的经济条件下，管理者必须采取创造性的方法来加强和维持员工的努力，并使其指向目标的实现。

大多数激励理论是在美国提出来的，具有北美特征。有些理论（马斯洛的需求层次理论、成就需要和公平理论）在其他文化背景下的作用可能不会很明显。但是希望从事有趣的工作似乎对所有员工来说都是重要的，赫茨伯格的内在激励因素也许具有普适性。

在激励各种独特的员工群体时，管理者面对的挑战如下：多样化的员工队伍需要灵活性；专业人员希望工作具有挑战性和得到支持，他们从工作本身得到激励；非全职员工希望有机会成为全职员工或得到技术训练。

公开账本的管理重视与员工共享财务信息，使员工由此了解到他们工作的意义。员工奖励计划是指个人对工作优秀的关注、认可和赏识。根据工作绩效支付报酬计划是以某种绩效标准为基础的可变酬报计划。

复习思考题

11-1　我们大多数人必须为了生活而工作，工作是我们生活的主要部分。既然这样，管理者为什么还如此担心员工激励问题？

11-2　什么是激励？试解释激励的三个关键要素。

11-3　试比较马斯洛需求层次理论中，较低层次的需求和较高层次的需求有什么不同。

11-4　金钱在需求层次理论、双因素理论、公平理论、期望理论和用高成就需要激励员工这些理论中，各自发挥什么作用？

11-5　如果员工认为他们的劳动付出和报酬之间的比率相比其他人不合理，可能会出现什么后果？

11-6　试解释根据工作绩效支付报酬计划激励员工有什么优点？有什么缺点？

11-7　许多研究过改变工作性质的工作设计专家认为，当人们受到目标感而不是金钱的激励时，工作做得最好。你同意吗？请解释你的看法？这对管理者意味着什么？

11-8 为了鼓励和支持多样化的员工队伍，管理者能够采用什么激励理论或方法？请解释。

11-9 个体有可能被过分激励吗？请讨论。

11-10 当前管理者在员工激励问题上面临哪些挑战？

11-11 管理者激励员工时面临哪些经济和跨文化挑战？

11-12 期望理论中的3个变量是什么？它们怎样解释激励？

管理技能建设：做一个优秀的激励者

优秀的管理者必定是优秀的激励者。他们能够发现激励员工充分发挥其潜力的"魔药"。有关激励的数百本商业著作以及许多专家专门从事激励研究，这一事实就足以说明激励问题对于管理效果的重要性。

个人评估清单：工作动机

你的动机是什么？使用此个人评估清单来评估你自己的工作动机水平。你也可以用它来评估他人的工作动机水平。

技能基础

试图激励其他人是一项复杂的任务。令人遗憾的是，没有什么万能的激励工具能够保证对于任何人任何场合都有效。尽管如此，我们确实了解在激励他人时什么有用什么没用。下面总结了我们所知的有可能起作用的一些激励建议的精髓。[74]

- 承认个体差异。人们具有不同的需要，不要采取完全相同的方法来激励他们，而且应该花费必要的时间来理解对每一个人而言重要的是什么。这有助于你设定个性化的工作目标、参与程度和报酬以适应个性化的需要。
- 运用目标和反馈。人们都喜欢有自己的目标。如果你处于为其他人分配工作或参与目标设定的地位，请帮助他们设定有难度和具体的目标。这些最可能具有激励作用。此外，当员工得到你对他们在追求工作目标过程中的表现有多好的反馈意见时，他们最有可能受到激励。
- 允许员工参与影响他们自身工作的决策。如果你处于能够影响参与程度的地位，请积极寻找和吸收那些你想激励的人参与决策。当员工被允许参与

设定工作目标、报酬体系、解决生产或质量问题等方面的决策时，他们特别有可能做出积极的反应。

- 在报酬和未得到满足的需要之间建立联系。对于试图激励员工或团队成员的管理者或团队负责人，第二、三条建议最为适用。有效地把报酬和未得到满足的需要联系起来是一种更加普遍的方法：可用于激励同事、朋友、配偶、客户，同样也用于激励员工和团队成员。它建立在第一条建议和个别差异的基础上。

根据你在一个组织中的地位和所拥有的资源，你控制的报酬是不同的。例如，高层管理者显然可以控制薪酬的增加、奖金、确定是否晋升，以及工作分配和培训等。他们通常也可以决定工作设计，比如允许员工更加自由地控制其工作，改善工作环境，在工作场所增加社会交往，合理确定工作负荷等。但是，每个人都可以给其他人提供报酬，如认可或在别人遇到问题时给予同情和体察入微的帮助等。关键是确定什么需要是主要的和未得到满足的，然后选取有助于满足这些需要的报酬工具。

- 报酬与绩效挂钩。你选取的报酬工具应该是可以分派的，以便能够持续地影响绩效。重要的是，你试图激励的人员必须意识到二者之间的明确联系。不管报酬与绩效标准之间的实际关联有多紧密，真正重要的是感觉。如果员工认为二者之间的关联度低，那激励和绩效都会受到影响。
- 保持公平。组织成员应该感到报酬与他们对工作的投入相当。简而言之，员工的经验、技术、能力、努力程度

和其他明显的投入应该能够解释他们不同的绩效，也因此能解释薪酬、工作任务以及其他明显的报酬。

技能应用

肖恩从专科学院毕业后的第一份工作是担任莱尔餐饮服务公司的主管。公司的主要业务是管理大学和医院的餐饮服务。

肖恩的工作是负责圣保罗学院的自助餐厅，管理大约 12 个全职员工和 15 个兼职员工。餐厅每周营业 7 天，从早晨 6 点半到晚上 8 点。

肖恩在那里工作了 8 个月，由于员工流动率很高，他颇为沮丧。自他担任主管以来，有 3 个全职员工和 6 个兼职员工辞职。肖恩回到

公司查阅了过去 5 年的人事档案，发现一直都是这样。他对因不断地招聘和培训新人而花费的成本和时间很不满，于是他决心要采取措施解决这个问题。

肖恩开始非正式地和员工谈话。看上去没有人对工作特别热心，甚至一些"老人"，即在餐厅工作了 6 年以上的人也没有什么工作热情。事实上，兼职员工比全职员工更加受到激励，尽管兼职员工每小时平均工资是 11.5 美元，而全职员工每小时平均工资是 15 美元。

将班上的同学分成小组，假定你是肖恩，你将怎样改进员工激励和降低流动率？

实践练习：留住服务员

公　　司：La 墨西哥餐厅
收件人：琳达·巴斯坦曼特，运营经理
发件人：马特·珀金斯，轮班经理
主　　题：留住服务员

琳达，请帮帮我！我们一直都很难留住在我们餐厅工作的服务员。我刚刚培训完他们，他们就走了。我们都知道，要给顾客提供优质服务，服务员是关键因素。我们能够提供城里最优质的食物（我们也做到了），但是，如果我们不能激励服务员提供优质服务，我们就不会有任何顾客。

虽然这些岗位的员工只能领取最低工

资，但是你我都知道，积极的服务员可以得到较多的小费。然而，这些都不足以留住他们。请问你有什么高见？你能不能介绍一下在激励这些服务员方面有什么好的经验？谢谢！

注：文中提及的公司和信息都是虚构的，只是为了教学目的而设，并非是对那些同名公司的管理实践进行正面或反面的披露。

应用案例 11-1

为了钱……

金钱 = 幸福，是吗？

金钱能买到幸福吗？位于西雅图的 Gravity Payments 信用卡处理公司的 120 名员工中有几位决定要去弄清楚这个问题。[75] 该公司创始人、29 岁的丹·普莱斯（Dan Price）在 2015 年春季决定将 70 名员工的年薪大幅提高到 7 万美元，以此作为公司新的最低工资水平，这

件事在当时引起了轩然大波。现在公司里每个人的年薪至少有 7 万美元。一些通常拿 4.8 万美元的员工现在薪水翻了一番，其他人的薪水也提高了不少（可能已经够高了），你估计员工会为此感到很开心！

为什么普莱斯这么做？他表示，近来他一

直在考虑雇员薪酬问题，特别是在读了几篇关于企业首席执行官和雇员之间巨大薪酬差距的新闻报道后，他说他认为这种差距极不合理。此外，他还读到了一篇由普林斯顿大学两位研究者（一位是获诺贝尔奖的心理学家）写的关于幸福的文章，他们就金钱是否能买到幸福调查了45万美国居民——既探究金钱对整体幸福的影响，也研究它会怎样影响日常生活。他们得出的结论是，人们声称收入每增加一倍就会更快乐，但这只是从一定程度而言的。更有意思的是，受访者表示会使他们的日常生活更愉快的工资额是每年约7.5万美元。普莱斯决定给他的员工提供最低7万美元的工资。他觉得给员工这个数额的工资可使他们大部分人买房子，并支付孩子的教育费用。

为了支付加薪，普莱斯将他自己的年薪从100万美元减到7万美元。此外，公司将不得不使用75%～80%的利润来支付人工成本。一些管理顾问对这一举措提出质疑，他们不知道这是否会影响员工的工作效率，以及从长远来看是否会得到回报。对员工激励所产生影响的担忧包括：员工会不会缺乏努力晋身到更高职位的动力？那些在完成手头的任务后还愿意承担更多工作的员工会不会因此失去努力工作的动力（"如果大家都拿同样的薪水，我为什么要做更多的工作"）？首席执行官的干劲会受到哪些影响——普莱斯自己将来会不会无心发展公司？另外，还有一个问题是，如果公司的盈利能力下降，情况将会怎样？这些问题是否重要只有靠时间来检验。

讨论题

11-13 回顾本章开头的"管理偏见"以及"矫正管理偏见"。结合这一点，再评估这项提升工资的决策。

11-14 解释所有的员工效率/动机问题。你认为哪一个最关键？为什么？

11-15 选择本章中所讨论的一个当代动机理论，并为普莱斯先生把这个理论写出来，解释如何以及为什么这是一个很好的员工动机替代方案。

11-16 在这种新的薪酬办法下，管理人员可能面临哪些问题？如何利用有关雇员积极性的知识来帮助他们解决这些问题？

应用案例 11-2

追 求

如何留住最优秀的人才？

谷歌每天收到3 000多份求职申请。[76] 这一点也不奇怪！它为员工提供：隔周一次的按摩，工作现场的洗衣店、游泳池和温泉水疗场，免费随意吃的美味工作餐，以及巨大滑梯一类的有趣活动设施。员工还想要什么呢？这听起来是一份理想的工作，难道不是吗？但是，一些员工决定离开这家公司的行为表明，所有这些福利（上面提到的还只是一小部分）都不足以把人们留住。

谷歌连续6年一直处于《财富》杂志"最佳雇主"榜单的首位。但是，毫无疑问，谷歌高管提供这些极好的福利有以下几个原因：在竞争激烈、残酷的市场中吸引最优秀的知识工作者；有助于员工长时间工作而不必处理耗费时间的家务琐事；让员工感到他们受到重视；让员工长期做谷歌人（谷歌公司员工的称呼）。然而，员工还是不断跳槽。一位分析师评论说，谷歌是如此成功，雇用了最优秀、最聪明的人，并提供了绝佳的工作环境，但人们依然会离开公司。

例如，肖恩·南普与两个同事——布里斯马克和贝尔萨萨·利珀兄弟，找到了如何处理网络视频的方法。但是他们离开了谷歌，或者正如有个人所说的那样，"他们抛弃了美好生活，试图创办自己的公司"。当他们三人离开公司时，谷歌真心希望留住他们和他们的项目，并提供了他们想要的任何东西。但是，他们三人认识到，若留下来，所有艰苦的工作将由他们来做，而拥有其产品的将是谷歌。所以，他们离开了，开始了激动人心的创业历程。

如果这只是一个孤立的事件，问题倒也不大。但事实并非如此，其他一些能干的员工也离开了。事实上，离开谷歌的人很多，他们甚至成立了一个前谷歌人企业家非正式联谊俱乐部。

谷歌正在采取积极的措施来留住有才能的人，特别是那些具有创业雄心的人。公司采取的措施之一是，给那些说想要离开以追求自己理想的工程师提供机会，让他们在谷歌追求其理想。这些人可以独立工作，还可以聘用其他工程师。此外，他们可以利用诸如源代码和计算机服务等谷歌的资源。此外，从一开始，谷歌的创立者（拉里·佩奇和谢尔盖·布林）就同意给每个人 20% 的时间用于他们自己的项目上。

还有一些谷歌人离职是因为他们觉得谷歌已经发展得太大，成了一家行动迟缓的官僚型公司。当然，公司还在为挽留其他人而努力。例如，当谷歌的一名产品经理对其上司说他将离职到 Facebook 去工作时，他们就给他大幅加薪。但是，他说这不是钱的问题。于是他们就给他晋升，给他提供在不同领域工作的机会，甚至让他在谷歌内部建立他自己的公司。然而，这个前雇员说："Facebook 提供了迅速办事的机会，这是谷歌所没有的。"此外，新创企业还能给经验丰富的员工提供另一个好处：它们是"尚未上市的私营企业，可以通过首次公开发行（IPO）前的股份来吸引员工"。

讨论题

11-17　在谷歌工作是怎样的？（提示：登录谷歌公司网站，查阅有关在谷歌公司工作的内容。）你怎样评价该公司的工作环境？

11-18　谷歌为其员工提供了许多福利，但是明显不足以留住那些能力强的员工。结合你所学过的各种激励理论，思考谷歌在员工激励方面的情况能够给你什么启示？

11-19　你认为在保持员工激励方面，谷歌面临的最大挑战是什么？

11-20　如果你管理谷歌的一个员工团队，你打算怎样激励员工？

11-21　重读本章激励专业人员的内容，利用其信息，看看你能为谷歌的管理者提供什么建议？

应用案例 11-3

充满激情的工作

以正确的方式激励员工。

在加利福尼亚文图拉总部，巴塔哥尼亚的办公室空间更像是一个国家公园旅舍，而不是一个价值 6 亿美元的零售商的总部。[77] 里面有北美黄松楼梯和优胜美地国家公园中大岩壁的照片。公司餐厅提供的是有机食品和饮料。公司还专为员工提供婴幼儿托管所，这里离太平洋仅短短一个街区的距离，员工的冲浪板整齐地摆放在自助餐厅里，随时准备迎接海浪的到来（最新的波浪预报写在大厅的白板上）。在冲浪、慢跑或骑自行车之后，洗手间里有淋浴龙头供员工冲凉。公司没有私人办公室，如果员工不想被打扰，可以戴上耳机。来访的客人因穿着正式的服装很容易分辨。公司鼓励员工举办庆祝活动以提高士气。例如，在里诺商店，"娱乐巡逻队"会在一年的不同时间里举办派对。

巴塔哥尼亚长期以来被认为是已做了母亲的女性理想的工作场所，而公司也赢得了拥有忠诚员工的美誉，这是很多零售商难以企及的事情。其零售店自愿离职率和非自愿离职率加在一起约为 25%，而总部只有 7%（零售行业平均离职率约为 44%）。巴塔哥尼亚的首席执行官凯西·希恩（Casey Sheahan）说，公司文化、同事情谊以及经营方式对员工非常有意义，他们知道其工作活动有助于保护和保持他们所热爱与享有的户外环境。管理者还学会了向员工提出预期的要求和规定最后期限，然后让员工自己去找完成任务的最佳方法。

巴塔哥尼亚由自然环境炽热的捍卫者伊冯·乔伊纳德（Yvon Chouinard）创立，公司最初最喜爱的领域是户外和环境。这也吸引了那些对户外和环境满怀热情的员工。但是巴塔哥尼亚的管理者意识到自己所经营的首先是一家企业，尽管它致力于做正确的事情，但公司必须保持盈利，才能继续做自己热衷的事情。20世纪90年代初美国经济陷入衰退，巴塔哥尼亚不得不进行其历史上唯一的一次大规模裁员。但自此以后，盈利似乎不是一个问题。

讨论题

11-22　在巴塔哥尼亚工作是什么感觉？（提示：访问巴塔哥尼亚的网站，在公司信息中找到关于工作的部分。）你对公司的工作环境有什么看法？

11-23　利用你从研究各种动机理论中学到的知识，思考巴塔哥尼亚的情况让你对员工激励有哪些了解。

11-24　你认为巴塔哥尼亚在保持员工积极性方面面临最大的挑战是什么？

11-25　如果你在巴塔哥尼亚零售店管理一组员工，你会如何激励他们？

12

第 章

领导与信任

管理偏见

领导力是无法被传授的。

很多人错误地认为领导者是天生的。例如，人们常常会指着那些在四五岁的时候就带着一群孩子在操场上玩耍的小孩，认为他们从小就具备领导者的潜质。证据显示，虽然有些个性特质确实与领导力有关，而且这些特质更多应归于天生而不是后天培养，但领导力是可以传授的。

在现代组织中，如何成为一个有效的领导者？职场应该变成一个让员工觉得自己是被倾听和信任的地方吗？在所有的组织中，使管理者有能力成为有效的领导者是非常重要的。为什么领导者这么重要？因为在组织中，是领导者做出决策使事情发生。但是，是哪些因素区别了领导者与非领导者呢？最合适、最恰当的领导方式应该是什么？又是什么使领导者变得有效？这些都是我们接下来在这一章中所要讨论和解决的问题。

学习目标

1. 定义领导者和领导。
2. 比较早期的领导理论。
3. 描述4种主要的权变领导理论。
4. 描述领导的当代观点以及领导者面临的新问题。
5. 探讨信任是领导的本质。

12.1　定义领导者与领导

让我们首先来弄清谁是领导者和什么是领导。我们所定义的领导者（leader）是那些能够影响他人并拥有管理职权的人。而领导（leadership）是指带领一个群体和影响这个群体实现目标的过程，这就是领导者的工作。

所有的管理者都应当是领导者吗？因为领导是管理的四大职能之一，所以，在理想的情况下，所有的管理者的确都应该是领导者。因此，我们将从管理的角度来研究领导者和领导。[1] 然而，即使从管理的角度来看待这些问题，我们还注意到，在群体中常常会有非正式领导者的出现。虽然这些非正式领导者也对其他人产生影响，但是他们从未成为大多数有关领导研究的焦点，而且他们也不是本章要讨论的领导者类型。

就像激励一样，领导者与领导都是组织行为学领域的热门话题。这些研究中的一大部分都是为了回答这样一个问题："什么是有效的领导者？"接下来，我们将回顾那些试图回答这一问题的早期领导理论，并以此作为我们研究领导的开端。

 从过去到现在

员工和任务对领导者来说都是重要的。

俄亥俄州立大学以及密歇根大学的研究都对我们理解有效的领导起了很大作用。[2] 在这些研究完成之前，研究者和管理者普遍都认为，一种领导风格要么有效，要么无效。然而，正如研究所显示的，领导行为的两个维度（密歇根大学的以工作为中心和以员工为中心，以及俄亥俄州立大学的定规和关怀）对有效的领导而言都是必需的。直到今天，人们还是认为领导者需要同时关注这两个方面。他们认为，管理者应该同时关注任务以及他们所领导的成员。即使是后来的权变领导理论也区分了人员、任务两个维度来定义领导者的风格。最后，这些早期的领导行为研究在"引进系统的方法论和提高对领导行为重要性的关注"方面起到重要作用。虽然行为理论不可能成为本书中领导理论的终结，但它"充当了今后领导研究的跳板"。

这些早期关于领导行为的研究之所以重要，是因为研究者严格的研究方法，以及现在人们对于领导行为重要性认识的提高。尽管领导行为理论并没有成为书上关于领导的最后一章，但是它为我们提供了非常重要的研究视角，是领导权变理论的基础。

讨论

- 领导的工作是专注于任务和人员这种说法是否过于简单化？请解释。
- 行为理论是如何用作下面所讨论的领导力研究的跳板的？

12.2　早期的领导理论

关于领导者和团队已经有漫长的研究历史！

- 直到 20 世纪早期，学者才真正地开始研究"领导"这一课题。
- 早期的领导理论主要关注：
  - 领导者本人（特质理论）
  - 领导行为，他们如何跟团队成员进行互动（行为理论）

12.2.1　领导者有什么特质

- 如果问一问走在大街上的普通人，在他们的脑海中领导者是什么样的，你得到的答案可能会是一系列品质，如才智、魅力、决断力、热情、实力、勇气、正直和自信，等等。
- 这些回答本质上反映出了领导的特质理论（trait theories of leadership）的内容，也就是寻求区分领导者与非领导者的特质或特征。
- 如果特质的概念成立，那么所有的领导者都应当具有某些特定的品质特征，在组织中找到领导者就容易多了。
- 然而，许多试图分离出特质的研究最终都以失败告终。人们也找不到一些能有效区分领导者与非领导者的特质。
- 不过，考察与领导过程而非与领导者个人高度相关的特质研究却要成功得多。研究发现有 8 种特质与有效的领导行为相关联，表 12-1 简要地概述了这些特质。[3]

表 12-1　有效领导的 8 种特质

（1）进取心（drive）　领导者表现出极高的努力程度，他们对成就有较高的渴求，富有进取心，精力充沛，不知疲倦地执行各项活动，积极主动

（2）强烈的领导欲（desire to lead）　领导者有强烈的意愿去影响和领导其他人，并展现出勇于担当的意愿

（3）正直和诚实（honesty and integrity）　领导者在上下级之间通过诚信和不欺骗以及言行一致来建立信任关系

（4）自信（self-confidence）　下属希望自己的领导者是一个不自我怀疑的人，因此，领导者必须展现出充分的自信以使下属对目标和决策的正确性确信不疑

（5）才智（intelligence）　领导者必须具备足够的才智去收集、综合和解释大量信息，并能够创造美好的愿景、解决问题和做出正确的决策

（6）工作相关知识（job-relevant knowledge）　有效的领导者必须对公司、行业和技术问题有高水平的了解。渊博的知识能够使领导者做出信息充分的决策和理解这些决策的内涵

（7）外向（extraversion）　领导者都是精力旺盛、活泼的人，他们善于交际、坚定而自信，而且很少沉默或退缩

（8）内疚倾向（proneness to guilt）　内疚倾向与领导力的有效性呈正相关，因为内疚会产生对他人强烈的责任感

资料来源：Based on S. A. Kirkpatrick and E. A. Locke, "Leadership: Do Traits Really Matter?" *Academy of Management Executive*, May 1991, pp. 48-60; T. A. Judge, J. E. Bono, R. Ilies, and M. W. Gerhardt, "Personality and Leadership: A Qualitative and Quantitative Review," *Journal of Applied Psychology* (August 2002): pp. 765-80.

现在的观点

　　仅仅是特质并不能充分地解释领导。这是因为仅仅基于特质的解释忽视了领导者与群体成员的互动以及情境因素。

- 具备恰当的特质只能使个人更有可能成为有效的领导者。
- 从 20 世纪 40 年代末期到 60 年代中期，有关领导的研究强调的是领导者表现出来的行为风格偏好。

领导者在行为方面是否有独特之处？

12.2.2 领导者都表现出什么行为

- 领导的行为理论（behavioral theories of leadership approach）是否能够提供更为明确的有关领导本质的答案呢？
- 如果行为研究找到了有关领导方面的关键性行为因素，则可以通过训练将人培养为领导者。这正是企业开展管理开发计划的前提。

艾奥瓦大学 [4]

行为的维度

民主式（democratic style） 指领导者倾向于让员工参与制定决策，主张授权以鼓励员工参与制定工作方法和工作目标。

独裁式（autocratic style） 指领导者通常倾向于集中职权，强制规定工作方法，单方面做出决策，并限制员工的参与。

自由放任式（laissez-faire style） 指领导者通常完全放任员工，让员工用自己认为合适的方式做出决策和完成工作。

结论

民主式的领导风格更加有效，尽管在之后的研究中对于哪种领导风格有效还有着更为复杂的结果。

俄亥俄州立大学 [5]

行为的维度

关怀（consideration） 指体谅下属的想法和感受。

定规（initiating structure） 指领导者为达到期望目标而对自己与员工角色进行界定和构造的程度。

结论

在定规和关怀方面均高的领导者（高—高型领导者）常常比低关怀、低定规或两者都低的领导者更能使下属实现高效率和高满意度。然而，高—高型领导风格并不总是产生积极的效果。

密歇根大学 [6]

行为的维度

员工导向（employee oriented）的领导者重视人际关系，他们总会考虑下属的需求。

生产导向（production-oriented）的领导者倾向于强调工作的技术或任务方面。

结论

员工导向型领导者能带来群体的高生产率和高工作满意度。

什么是管理方格论[7]

行为维度

关注员工　按照从 1 到 9 的尺度（从低到高）来评价领导者对员工的考虑程度。

关注任何　按照从 1 到 9 的尺度（从低到高）来评价领导者对工作任务完成的考虑程度。

结论

当领导者处于 "9, 9"（高度关注任务和高度关注员工）这一状态时能达到最好的领导效果。

当今的观点又是什么

- 领导行为具有双向性，关注需要完成的任务以及员工，这一点也是以上每项研究发现领导行为所具备的一个重要的特点。

- 领导理论的研究者越来越清楚地认识到预测领导成功，要远比单独分离出一些领导特质或行为复杂得多。

- 人们开始重视情境的影响。具体来说，哪几种领导风格可能会适合不同的情境呢？而这些不同的情境又是什么呢？

12.3　4 种主要的权变领导理论

"企业界充满了领导者因不能理解他们的工作环境而失败的故事……"[8] 在这一节中，我们来探讨 4 种权变理论：菲德勒权变模型、赫西和布兰查德的情境理论、领导者 – 参与模型和路径 – 目标理论。每一种理论都定义了领导风格和情境，并试图回答 "如果……那么……" 的问题，即在某种特定的背景或情境下，哪一种领导风格是最适合的。

12.3.1　第一个全面的权变领导模型是什么

第一个全面的权变领导模型是由弗雷德·菲德勒（Fred Fiedler）提出的。[9] 菲德勒权变模型指出，有效的群体绩效取决于领导风格与情境对领导者的控制和影响程度之间的合理匹配。这个模型的前提假设是：某种领导风格在某种情境中最有效。这就涉及两个关键问题：① 定义不同的领导风格和不同的情境；② 识别出领导风格与情境的适当组合。

菲德勒相信个人的基本领导风格，或者是任务导向，或者是关系导向，是领导成功的一个重要因素。他设计了最难共事者问卷（least-preferred coworker questionnaire，LPC）来研究领导者的基本风格。问卷包括 18 组对立的形容词（如愉快 – 不愉快、冷漠 – 热心、无聊 – 有趣或者友善 – 不友善）。问卷要求作答者回想一下与自己共事过的所有同事，找出一个最难共事者，并按 1～8 个等级对 18 组形容词分别进行评价（8 是用来形容积极的一方，1 是用来形容消极的一方）。

如果对最难共事者的描述相对比较积极（LPC 得分高——64 分或以上），则说明作答者很乐于与同事形成友好的人际关系。也就是说，如果你用较为积极的词语描述最难共事者，菲德勒就称你为关系导向型。反之，如果你用相对不积极的词语描述最难共事者（LPC 得分低——57 分或以下），则你主要感兴趣的是生产，因而是任务导向型。菲德勒也注意到，有少部分人的分数可能会落在两个极端之间而没有一个确切的领导风格类型。值得注意的是，菲德勒认为无论处于何种情境，个人的领导风格都是固定的，即要么是关系导向型，要么是任务导向型。

利用 LPC 问卷确定了个人的基本领导风格之后，接下来是评估情境并将领导者与情境匹配。菲德勒引出了 3 种情境因素或权变维度，其定义如下所述。

- 领导者 – 成员关系（leader-member relations）：下属相信、信任和尊重领导者的程度，以好和差两个维度来衡量。
- 任务结构（task structure）：下属工作分配的规范化或结构化程度，以高和低两个维度来衡量。
- 职位权力（position power）：领导者在诸如雇用、解雇、惩罚、晋升、加薪等权力变量上的影响程度，以强和弱两个维度来衡量。

每一种领导情境都可以用这 3 个权变变量来评估，并可以组合出 8 种对领导者有利或不利的情境（见图 12-1 下半部分）。其中，情境 I、II、III 对领导者非常有利；情境 IV、V、VI 对领导者适度有利；情境 VII、VIII 对领导者非常不利。

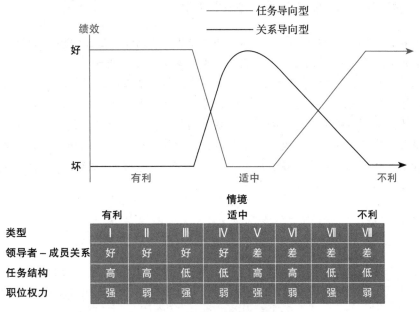

图 12-1 菲德勒模型的研究结果

在描述了领导者的变量和情境的变量以后，菲德勒下一步的工作就是要定义哪一种具体情境对领导者来说更有效。在他对 1 200 多个群体的研究中，他分别比较了 8 种情境下的关系导向型风格和任务导向型风格，并得出结论：任务导向型领导者在情境非常有利或不利的条件下通常表现最佳（见图 12-1 上半部分，纵轴是绩效，横轴是情境）；适中的情境则适合于关系导向型领导者。

由于菲德勒认为个人的领导风格是固定不变的，因此，只有两种途径可以提高领导者的

效果。第一，可以更换领导者以适应情境。例如，如果一个群体的情境非常不利，但现在群体的领导者是关系导向型管理者，那么，要想提高群体的绩效，只有更换为一位任务导向型领导者。第二，改变情境以适应领导者，这可以通过任务重构，加强或削弱领导者对加薪、晋升和惩罚等方面的控制力来实现，或者通过改善领导者 – 成员关系来实现。菲德勒模型的整体效度已经得到大量研究的验证。[10] 然而，菲德勒的理论也受到了一些批评，首先，也是主要的一个方面是，他认为领导者不能根据情境来改变领导风格的观点是

维珍集团的创始人兼首席执行官理查德·布兰森（Richard Branson）是一个关系导向型的领导者。图为一个飞行的队友在展示一架新飞机的内部构造。布兰森充满爱、关注员工的需求，强调人际关系，接受员工之间的个体差异。

不现实的，有效的领导者的确能够根据具体的情境来调整他们的领导风格。其次，LPC 的实操性不强。最后，情境变量难于评估。[11] 尽管如此，但菲德勒模型指出的有效的领导风格需要与情境因素相匹配，仍然具有重大的意义。

12.3.2　下属的意愿和能力如何影响领导者

保罗·赫西（Paul Hersey）和肯尼斯·布兰查德（Kenneth Blanchard）的领导模型在培养管理专家方面获得了广泛的推崇。[12] 这一模型被称为情境领导理论（situational leadership theory，SLT），这一理论体现了领导者如何调整其领导风格以反映下属的需求。在继续讨论之前，我们首先要明确两点：为什么要关注下属？术语"成熟度"的含义是什么？

在领导效果方面重视下属这一因素，反映了接受或拒绝领导者的是下属这一事实。无论领导者做什么，其群体的绩效取决于下属的行为。但是，这一重要的维度被大多数领导理论忽视或低估了。赫西和布兰查德认为成熟度（readiness）是指人们能够并且愿意完成某项特定任务的程度。

领　导

与菲德勒一样，赫西和布兰查德将领导的维度划分为任务行为和关系行为。不同的是，赫西和布兰查德认为，每个维度可以进一步划分为高或低，并可以组合成以下 4 种具体的领导风格。

- 告知（高任务 – 低关系）：领导者定义员工的角色，并告知员工做什么、怎么做、何时完成，以及在哪里完成各种各样的任务。
- 推销（高任务 – 高关系）：领导者为下属提供指导和支持。
- 参与（低任务 – 高关系）：领导者与下属共同制定决策，领导者的主要角色是支持与沟通。
- 授权（低任务 – 低关系）：领导者提供极少量的指导和支持。

下 属

情境领导模型的最后一个组成部分是员工成熟度的 4 个阶段。

- R1：人们缺乏承担责任的能力和意愿。下属缺乏能力和自信心。
- R2：人们愿意承担必要的工作任务，但缺乏能力。下属有工作积极性但缺乏合适的技能和能力。
- R3：人们有能力但不愿意承担领导者要求的工作。下属有能力但缺乏意愿。
- R4：人们既有能力又有很高的工作意愿。下属既有能力又有意愿。

将两者结合起来！

实际上，SLT 理论将领导 – 下属的关系视同父母与孩子的关系。正如当孩子长大成人，更有责任心时，父母必须放手一样，领导者也应当这样做。当下属达到更高成熟度的时候，领导者不仅应该减少控制下属的行为，而且也要减少关系行为。其主要观点如下。

- 当员工处在 R1 阶段（既没能力，也没意愿去完成工作）时，领导者要采取"告知式"的领导风格，给予员工清晰、明确的指示。
- 当员工处在 R2 阶段（没能力，但有意愿）时，领导者要采取"推销式"的领导风格，表现出高任务导向来补充下属的能力不足，并采用高关系导向使下属按照领导者的意愿来行事。
- 当员工处在 R3 阶段（有能力，但没意愿）时，领导者需要采取"参与式"的领导风格来获得下属的支持。
- 当员工处在 R4 阶段（既有能力，又有意愿）时，领导者则可以采取"授权式"风格，而不需做太多的工作。

情境领导理论直观上富有吸引力。它强调下属的重要性，其理论基础是领导者可以弥补其下属所缺乏的能力和动力。然而，验证和支持这一理论的研究往往令人备感失望。[13] 可能的原因包括内部的含糊性、模型自身的不一致性以及验证理论的研究方法存在问题。因此，尽管情境领导理论很直观，也广为流传，但至少在目前，它还需要努力加以完善。

法国企业家伯廷·内厄姆（Bertin Nahum）是医疗技术公司（Medtech）的创始人和首席执行官。这是一家开发、设计和销售计算机辅助神经外科机器人的公司。因具有高度的追随能力和追随意愿，内厄姆的管理者和员工拥有创新的技能和经验，并提供优越的技术支持。

12.3.3 领导者需要多大程度的参与

1973 年，维克托·弗鲁姆和菲利普·耶顿（Philip Yetton）提出了与领导行为和参与决策相关的领导者 – 参与模型（leader-participation model）。[14] 考虑到常规活动与非常规活动对任务结构的需求各不相同，研究者认为领导者的行为必须加以调整以反映这些任务结构。弗鲁姆和耶顿的模型是规范化的。也就是说，它提供了在不同类型的情境下，确定参与决策制定的形式和程度应遵循的一系列规则。这一模型是一棵决策树，包括 7 个权变变量（其关系可以通过是非选择进行判断）和 5 种可供选择的领导风格。

弗鲁姆和阿瑟·杰戈（Arthur Jago）最近对这一模型进行了修正。[15]虽然新模型保留了原来的 5 种可供选择的领导风格，但将权变变量增加到了 12 个，从领导者完全独自制定决策到与群体商讨问题得出一致的决策。这些变量列于表 12-2 中。

表 12-2 修正的领导者－参与模型的权变变量

---

1. 决策的重要性
2. 员工的承诺对于决策的重要性
3. 领导者是否有充分的信息做出高质量的决策
4. 问题的结构是否清楚
5. 如果是你自己做决策，你的下属是否一定会对这一决策做出承诺
6. 下属在解决这一问题中是否认同所要实现的组织目标
7. 下属在决策方案选择上是否会发生冲突
8. 下属是否有必要的信息以做出高质量的决策
9. 时间限制使领导者不能让下属参与
10. 将地理上分散的员工集合起来的成本是否很高
11. 领导者在最短时间内做出决策的重要性
12. 使下属参与以培养其决策技能的重要性

资料来源：Stephen P. Robbins and Timothy A. Judge, *Organizational Behavior*, 13th ed., ©2009, p. 400. Reprinted and electronically reproduced by permission of Pearson Education, Inc., New York, NY.

对早期领导者－参与模型进行验证的研究令人十分兴奋。[16]但遗憾的是，这一模型如果让一般的管理者正常使用实在太过复杂。事实上，弗鲁姆和杰戈已经开发出一套计算机程序用于指导管理者完成修正模型中的所有决策分支。尽管我们在这里的讨论不能清楚地评价这一模型的有效性，但这一模型可以帮助我们充分地理解与领导效率有关的关键性权变变量。此外，领导者－参与模型证实了领导研究应该指向情境而非个人。也就是说，讨论专制和参与的情境，要比讨论专制和参与的领导者更有意义。与豪斯的路径－目标理论（将在下面讨论）相同，弗鲁姆、耶顿、杰戈也反对领导者行为固定不变的观点。领导者－参与模型认为领导者可以调整其风格以适应不同的情境。[17]

只有 53% 的领导者愿意走出领导舒适区，尝试新方法。[18]

12.3.4 领导者如何帮助下属

目前，最受关注的领导观点是路径-目标理论（path-goal theory），该理论的本质就是认为领导者的工作是帮助下属实现各自的目标，并提供必要的指导和支持以确保其个人目标与群体或组织的整体目标相一致。该理论由罗伯特·豪斯（Robert House）提出，并从激励的期望理论中吸收了一些关键要素（见第 11 章）。[19]"路径－目标"的概念来自这样一种观念：有效的领导者通过明确指出下属实现工作目标的路径，减少各种障碍和危险，从而使下属沿着这一路径的"旅行"更加容易。

豪斯确定了 4 种领导行为，分述如下。

- 指导型领导者（directive leader）：让下属知道他对他们的期望是什么以及完成工作的时间表，并提供完成任务的详细指导。

- 支持型领导者（supportive leader）：待人友善并关心下属的需求。
- 参与型领导者（participative leader）：与下属商讨并在决策前充分考虑他们的建议。
- 成就导向型领导者（achievement-oriented leader）：设定富有挑战性的目标，并期望下属以最高的水平实现。

与菲德勒的领导行为观点相反，豪斯认为领导者是灵活的，同一领导者可以根据情境表现出任何一种领导风格或所有领导风格。

如图 12-2 所示，路径 – 目标理论提供了两类情境或权变变量来调节领导行为 – 结果关系：

（1）员工控制范围之外的环境变量（任务结构、正式职权系统、工作群体）。

（2）员工个性特征中的部分变量（控制点、经验、感知能力）。

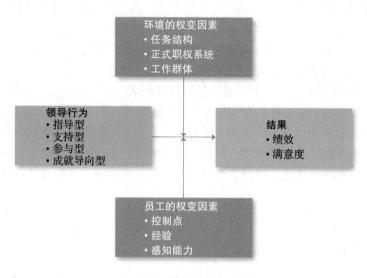

图 12-2　路径 – 目标理论

如果要使员工产出最大化，那么环境因素决定了要求的领导者行为类型，而下属的个人特点决定了如何解释环境和领导者行为。这一理论指出，当领导者行为与环境结构的各个权变因素相比显得多余或领导者行为与下属特点不一致时，效果均不佳。例如，路径 – 目标理论就有如下预测。

- 与高度结构化的且有计划性的任务相比，当任务是模糊的或有压力的时候，指导型的领导风格能给下属带来更高的满意度。下属不确定应该做什么，领导者需要提供指导。
- 当下属执行结构化的任务时，支持型的领导风格能为员工带来更高的绩效和满意度。在此情境下，领导者只需对员工给予支持，而不必告知他们应该做什么。
- 当员工有足够的能力和经验去完成

通用汽车公司首席执行官玛丽·巴拉（Mary Barra）是一位参与式的领导者。她让员工参与决策过程，鼓励他们表达自己的意见。她还举行会议来收集建议。巴拉的参与式风格培养了高度敬业的员工、有凝聚力的组织和有效的工作团队。

任务时，如果采用指导型的领导风格，则员工可能会把这种指导行为视为多余。下属足以胜任时，不需要领导告知他们应该做什么。

- 如果正式权力关系清晰、明确并且是行政化的，那么领导者更应该采用支持型的领导风格并减少指导性的领导。组织情境给下属提出了明确的期望，因此领导者的角色就是简单地支持。
- 当工作群体里存在直接冲突时，采用指导型的领导风格会给员工带来更高的满意度。在这种情境下，员工需要一个负责的领导者。
- 内控型的下属相信他们能控制自己的命运，他们愿意参与决策，因此参与型的领导风格能使他们获得更高的满意度。
- 外控型的下属相信外在力量决定他们的命运，他们更希望领导者能告诉他们做什么，所以，指导型的领导风格能让他们获得更高的满意度。
- 当任务结构模糊时，成就导向型的领导风格能够提高下属对通过努力实现高绩效的期望。通过设定挑战性的目标，下属能认识到这个期望。

因为这一理论需要去测量很多变量，所以关于路径－目标理论的研究结果是非常复杂的。虽然并非每次研究都能提供积极的支持，但验证路径－目标理论的研究通常是令人振奋的，大部分证据支持了理论背后的逻辑关系。[20] 也就是说，领导者对员工或工作环境不足的弥补有助于提高员工的绩效与满意度。但是，当任务已经十分明确或员工有能力和经验处理而无须干涉时，如果领导者还花时间去解释这些任务，那么员工可能会把这种指导行为视为多余甚至是冒犯。

12.4　当今的领导是什么样的

关于领导的最新观点是什么？今天的领导者需要处理什么新问题？在这一节中，我们将阐述 4 种最新的领导观：领导者－成员交换理论、变革－事务型领导、魅力－愿景型领导和团队领导。另外，我们还将讨论在当今环境中影响有效领导的一些问题。

12.4.1　4 种当代的领导观告诉了我们什么

本章开篇的时候我们说过，一直以来，关于领导的研究的目标都是要描述如何成为有效的领导者。即使在当代的领导观中，这一目标也没有改变，而且它们都有一个共同的主题：领导者激励和支持下属。

1. 领导者如何与下属互动

你在群体中是否有过这样的体验：领导者是否常常以不同的方式对待不同的下属？是否将他喜爱的下属划为圈内人？如果你的回答是肯定的，那么这一现象也就是领导者－成员交换理论的基础。[21] 领导者－成员交换理论（leader-member exchange，LMX）认为，领导者会将下属划为圈内或圈外，而那些属于圈内的成员将会有更多的表现机会、较低的离职率和更强烈的工作满意度。

该理论指出，在领导者与某一下属接触的初期，领导者就暗自将其划为圈内或圈外，并且这种关系在一段时间内保持稳定。领导者根据员工与他们是否有密切关系来实施奖惩，从而推进领导者－成员交换。[22] 但是想要领导者－成员交换理论完美无缺，领导者和下属都要对这一关系进行投资。

我们尚不清楚领导者如何将某一下属划为圈内或圈外，但是有证据表明领导者更倾向于将具有以下特点的人归入圈内：个人背景特征、态度或个性特点甚至性别与领导者相似，或相比圈外人有更高的竞争力。[23] 可以这么说，是领导者选择了这个下属作为圈内人，但同时更应该注意的是，促使领导者做出这个选择的是该下属所具有的性格特点。

92% 的高管在职位晋升上受到过偏袒。[24]

针对领导者－成员交换理论的研究总体上提供了明显的证据支持。领导者以不同的方式对待下属，而且这种差异绝不是随机发生的。与圈外人相比，圈内人得到的绩效评估等级更高、对工作积极性更高、离职率更低且对主管满意度更高。[25] 既然领导者更加倾向于将时间和资源投资给那些他们认为更加有能力的圈内人，那么对于圈内人的这些积极表现就不应该感到太意外。

2. 事务型领导者和变革型领导者有何区别

很多早期的领导理论都把领导者视为**事务型领导者**（transactional leaders），即领导者主要使用社会交换（或交易）来领导。事务型领导者用报酬来交换产出以指导或激励下属达成既定的目标。[26] 但是另一种领导者——**变革型领导者**（transformational leaders）用激励和鼓舞使下属达到非凡的成就。这是怎么做到的呢？他们关注每一个下属的日常及发展需求；他们通过帮助下属以新观念看待旧问题，从而改变下属对问题的看法；他们能够激励、唤醒和鼓舞下属为达到群体目标而付出更大的努力。

事务型领导和变革型领导不能被视为处理问题的两种截然不同的方法。[27] 事务型领导是变革型领导的基础，变革型领导带来的员工努力程度和绩效水平远远超过了单纯的事务型领导。此外，变革型领导不仅仅具有领导魅力。单纯的魅力型领导者仅仅满足于让下属接受他的观点，而变革型领导者试图培养下属的能力，使他们不但质疑约定俗成的观点，而且最终勇于向领导者的观点挑战。[28]

有非常充分的证据支持变革型领导优于事务型领导。例如，对不同组织（包括军队和企业中）的管理者进行的大量研究表明，在效率、绩效、晋升与亲和力等方面，对变革型领导者的评估都比事务型领导者好。[29] 另外，有证据表明，与事务型领导相比，变革型领导与低离职率、高生产率、员工满意度、创造性、目标实现和员工健康高度相关。[30]

3. 魅力型领导与愿景型领导有何区别

亚马逊公司的创办者杰夫·贝佐斯是一个精力充沛、热情并富有进取心的人。[31]

Reed Saxon/AP Images

亚马逊的创始人兼首席执行官杰夫·贝佐斯是一个有魅力的领导者。这里显示了他正介绍亚马逊的新款 Kindle Fire 平板电脑，他被人们描述为充满活力、热情、乐观、自信。贝佐斯有创立和追求有风险的新事业目标的意愿，并用他的个人魅力激发员工努力工作去实现它们。

他喜欢娱乐（有人说他笑起来像一只加拿大的呆头鹅），但是他以认真的热情去追求他的亚马逊梦想，并且有能力激励他的员工适应这家快速成长企业的起起落落。贝佐斯就是我们所指的魅力型领导者（charismatic leader），即热情、自信并利用其自身魅力和行为影响人们做出既定行为的领导者。

有些研究者试图识别和确认魅力型领导者的个性特点。[32] 有一个最全面的分析识别出魅力型领导者所具有的 5 个特征：他们有一个愿景；具有清晰表达出这个愿景的能力；为了实现愿景，他们愿意承担风险；对环境约束和下属的需求敏感；行事独具风格。[33]

成为**魅力型领导者**是非常好的。

越来越多的研究表明，魅力型领导者与员工的高绩效和高满意度之间存在显著的相关性。[34] 尽管有一项研究指出，魅力型 CEO 对组织绩效没有影响，但是魅力仍然被认为是一个吸引人的领导品质。[35]

如果领导气质如此令人向往，人们能否通过学习成为魅力型领导者呢？魅力型领导者有与生俱来的特质吗？尽管有少数人仍然坚信领导气质无法通过后天习得，但是大多数专家相信个人可以通过培训表现出魅力型领导者的行为。[36] 例如，研究者成功地通过训练使一些本科生变得具有魅力。那么，他们是怎么做到的呢？研究者训练那些学生去描述一个长远目标，传达出高的绩效期望，在下属面前表现出实现目标的自信，了解下属的需求，表现出强有力、自信、有活力的形象，练习用有吸引力的声调说话。研究者还训练他们使用有魅力的肢体语言，例如，在与下属沟通的时候身体要倾向下属，保持眼神接触，保持放松的姿势以及活泼的面部表情。与那些缺乏魅力的领导者所在的小组相比，在拥有训练有素的魅力型领导者的小组中，其成员有着更出色的工作表现、更强的任务适应能力以及对领导者和群体成员的适应能力。

但是有一点很重要，必须注意，魅力型领导未必总能促进较高的员工绩效产生。当下属的工作包含理想主义成分或环境具有较大的压力和不确定性时，魅力型领导似乎是最佳的方式。[37] 这也可以解释为什么魅力型领导者大多出现在政治、宗教领域、战争时期或当企业处于初创期或面临生存危机时。例如，马丁·路德·金（Martin Luther King Jr.）以他的魅力，通过非暴力手段达到了社会平等的目标。史蒂夫·乔布斯在 20 世纪 80 年代初通过描述个人电脑能改变全世界人们的生活方式这一愿景，赢得了苹果公司的技术人员的忠诚与承诺。

尽管"愿景"一词经常与魅力型领导联系在一起，但是愿景型领导与魅力型领导还是有区别的。愿景型领导（visionary leadership）是针对现状，为其未来创造和清楚地表达一个现实的、可信的、有吸引力的前景这样一种能力。[38] 如果选择和推行得当，这种愿景非常有激励性，以至于它事实上成为调动技巧、天赋和资源迅速迈向未来的启动能力。[39]

一个组织的愿景应该清晰并能触动人们的情感，从而激励人们去追求组织的目标。愿景能创造一种可能性，即它是鼓舞人心的、独特的，并能提供一种新的规则使组织及其成员变得卓越。人们更容易理解和接受被清楚表达且想象力丰富的愿景。例如，迈克尔·戴尔（Michael Dell）创造了一个商业愿景，使得戴尔电脑公司能够将最终的 PC 机在 7 天内直接销售并送达消费者。玫琳凯·艾施（Mary Kay Ash）认为任何一位女士都是化妆品销售专家，她们能提高自我形象并为她的化妆品公司 Mary Kay Cosmetics 注入活力。

4. 领导者与团队之间有何关系

存在于团队背景下的领导者日渐增多，随着团队的盛行，团队领导者的作用也日益重要。这一角色与充当一线管理者的传统领导角色大不相同。达拉斯的德州森林仪器公司 Forest Lane 工厂的管理人员 J. D. 布赖恩特（J. D. Bryant）发现了这一点。[40] 一天，他心情愉快地监督着 15 条电路板装配线的全体员工。第二天，他接到通知，全公司将转变成多个团队，而他自己将成为其中一个"推动者"。他说"公司希望我将自己知道的所有知识传授给团队，然后让员工自己做决策。"由于对自己的新角色感到迷惑，他承认，对于自己应该做什么，他并没有一个清晰的计划。那么，如何才能成为一名团队领导者呢？

最"危险"的领导特点：32% 的团队成员认为是
犹豫不决和过于谨慎，26% 的人认为是自私。[41]

许多领导者并没有准备好如何应对团队带来的变革。一位著名的咨询专家指出："甚至最有能力的管理者在转变过程中都遇到了麻烦。因为以前提倡的命令 – 控制方式如今已不再适用，这方面的技巧或意识已无用武之地。"[42] 这位咨询专家还估计："大约有 15% 的管理者是天生的团队领导者，另有 15% 的管理者无论如何也成不了团队领导者，因为这与他们的个性相违背，他们不能根据团队改变自己固有的风格。在这两者之间存在一个相当大的群体：虽然他们不能自然地拥有成为团队领导的技能，但是他们可以学习。"[43]

这样，大多数管理者面临的挑战是如何成为有效的团队领导者。他们必须培养自己分享信息的耐性，相信他人并授权的能力，知道何时应该进行干涉。有效的领导者必须掌握何时让团队独自行动、何时进行干涉的尺度。然而，当团队成员需要更多的自主权时，许多新的团队领导者却可能试图保留过多的控制权，或者当团队成员需要支持和帮助时，他们时常放手不管。[44]

一项研究发现，已重组为团队式组织里的所有领导者都体现出了某些共同的责任。这些责任包括指导、推动、处理惩罚问题、考查团队 / 个人绩效、培训和沟通。[45] 一种用于描述团队领导者工作更有意义的方法聚焦于以下两个主要的方面：对团队外部边界的管理和对团队进程的推动。[46] 我们将这些主要方面分解成 4 种特定的角色（见图 12-3）。

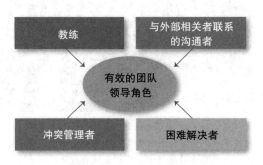

图 12-3 团队领导者的角色

🌐 道德观察

你看过《卧底老板》吗？它讲述的是公司的老板在自己的公司做卧底，以了解公司到底是如何运作的。在通常情况下，公司老板会卧底一个星期，然后那些与这个老板一起工作过的雇员会被召进公司总部，他们会因其行为而受到奖励或惩罚。诸如废物管理公司、白色城堡公司、美国赛车协会、斯特拉公司和多特公司等组织的老板都参加了这个节目。

讨论

● 你怎么看这件事？一个领导人在他自己的组织里做卧底是否合乎道德？为什么？

● 这样做可能会出现什么样的道德问题？管理者会如何处理这些问题？

12.4.2 当代领导者面临哪些问题

如今担任企业的首席信息官（CIO）不是一件容易的事情。他负责管理企业的信息技术活动，并且需要承受很多内外部的压力。科技变迁日新月异，商业成本增加，竞争对手在开展新的战略，即使在专家眼里，经济环境也变得越来越复杂。联邦快递（FedEx）的CIO罗伯·卡特（Rob Carter）正面对着这些问题带来的挑战。[47] 他负责联邦快递的所有计算机和沟通系统，这些系统24小时不间断地支持着全球的联邦快递产品和服务。如果这些系统出现任何故障，后果将不堪设想。然而，卡特却能够在这个非常混乱的环境中成为一个有效的领导者。

大多数领导者要想成为当今环境中的有效领导者，多数都会遇到上面所提出的挑战。由此可见，21世纪的领导者确实要面对一些重要的领导问题。接下来，我们将讨论这些问题：对员工授权、跨文化领导以及情商与领导。

说什么？无为而治。

---

1. 为什么领导者需要授权

正如本书中多次提到的，管理者逐步通过减少领导者来进行领导，这就是对员工授权。授权（empowerment）涉及增加员工的决策权。数以百万的员工以及员工团队正在进行重要的决策，这些决策将直接影响他们的工作。他们制定预算，安排工作量，控制库存，解决质量问题，以及从事直到最近仍被视为类似于管理者职责的那部分工作。[48] 例如，在货柜商店公司（The Container Store），任何员工都有权限去满足客户提出的要求。这家公司的名誉主席加勒特·布恩（Garret Boone）说："我们雇用的每一位员工都是领导者，他们可以做任何管理者所做的事情。"[49]

导致越来越多的公司对员工授权的一个原因是需要通过那些最了解问题的人做出快速的决策——他们通常是组织中较低层次的员工。如果企业要在动态的全球经济环境中竞争并获得成功，它的员工就必须能够快速决策并实施变革。另一个原因是组织规模紧缩使管理者的管理幅度与以前相比更大了。为了适应管理负担的增加这一情况，管理者不得不进行授权。尽管授权不能普遍适用，但是当员工有足够的知识、技能和经验胜任他们的工作时，授权是能够使组织获益的。

技术的进步也有利于管理者对员工授权。正如本章"技术与管理者的工作"专栏所讨论的，技术进步解决了管理者对不在同一工作场所工作的被授权下属进行领导的挑战。

2. 民族文化是否影响领导

关于领导的研究得出了一个一般性的结论：领导者并不只是运用单一的风格，他们会根据情境来调整自己的风格。尽管相关研究中没有明确提及，但民族文化肯定是决定领导风格是否最有效的一

在中国，集体主义的文化价值影响领导者和员工之间的关系。例如，时装零售商Folli Follie中国区的总裁谈雪晶在参观商店的过程中，展示了她有效地照顾其忠诚、可靠、辛勤工作的员工的家长式领导风格。

个重要情境因素。在中国有效的管理风格到了法国或加拿大就未必有效了。例如，一项对亚洲领导风格的研究指出，亚洲的管理者更希望他们的领导者是有能力的决策制定者、有效的沟通者以及员工的支持者。[50] 另一项对撒哈拉沙漠以南的地区领导风格的研究则发现魅力型领导可以帮助克服腐败的文化问题、改善贫穷落后现状、提高部落忠诚和解决暴力问题。[51]

民族文化会影响领导风格，因为它会影响下属如何做出反应。领导者不能任意地选择自己的风格，他们受限于其下属期望的文化条件。表 12-3 归纳了一些跨文化领导研究的结论。由于大多数领导理论都产生于美国，因此难免会产生来自美国文化的偏见。例如，它们强调下属的责任胜过权力；假设乐观主义而非对职责的承诺或利他主义动机；假设以工作为中心和民主价值导向；强调理性胜过灵感、信仰或迷信。[52] 但是，本书第 3 章中介绍的在跨文化领导方面最广泛和最全面的 GLOBE 研究计划指出，领导存在一些共同的特征。具体而言，无论在哪个国家，变革型领导所表现出来的一些因素与有效领导存在相关关系。[53] 这些因素包括：有愿景、有远见、提供鼓励、值得信任、充满活力、有积极性以及有主动性等。这些结果使 GLOBE 团队中的两个成员认为，在任何一个国家中，下属都期望有效的企业领导者为他们提供有关公司未来的强大的和有前瞻性的愿景，具备强有力的激励技能以鼓励所有员工去实现这个愿景，具备出色的计划技能以支持愿景的实现。[54] 一些人认为，变革型领导者所表现出来的这些普遍特征是由全球竞争和跨国公司影响下的共同的技术与管理实践的压力所引起的。

表 12-3　跨文化领导研究的结论

- 韩国的领导者希望与员工建立家长式的关系
- 如果阿拉伯的领导者在没有要求的情况下显示出友善和慷慨，则会被其他阿拉伯人认为是软弱的表现
- 日本的领导者被认为是谦虚的并需要经常发言
- 北欧和荷兰的管理者在公众场所赞扬某个人时，很可能是为了使他尴尬而不是为了激励他
- 在马来西亚，与采用参与式领导风格相比，有效的领导者更多地采用独裁式的领导风格，同时会表现出同情心
- 有效的德国领导者的特征是高绩效导向、低关怀、低自我保护、低团队导向、高度自治和高度参与

资料来源：Based on J.-H. Shin, R. L. Heath, and J. Lee, " A Contingency Explanation of Public Relations Practitioner Leadership Styles: Situation and Culture," *Journal of Public Relations Research* (April 2011): pp.167-90; J. C. Kennedy, " Leadership in Malaysia: Traditional Values, International Outlook," *Academy of Management Executive,* August 2002, pp.15-17; F. C. Brodbeck, M. Frese, and M. Javidan, " Leadership Made in Germany: Low on Compassion, High on Performance," *Academy of Management Executive,* February 2002, pp.16-29; M. F. Peterson and J. G. Hunt, " International Perspectives on International Leadership," *Leadership Quarterly,* Fall 1997, pp.203-31; R. J. House and R. N. Aditya, " The Social Scientific Study of Leadership: Quo Vadis?" *Journal of Management* 23, no. 3 (1997): p.463; and R. J. House, "Leadership in the Twenty-First Century," in A. Howard (ed.), *The Changing Nature of Work* (San Francisco: Jossey-Bass, 1995), p.442.

成为**明星**领导者。

3. 情商如何影响领导．

我们在第 9 章中探讨情绪时介绍了情（EI）商的概念。这里我们再次涉及这一主题是因为近期的研究表明情商——而非智商（IQ）、专业技能或任何其他单一因素——是预测谁将成为领导者的最佳因素。[55]

技术与管理者的工作：虚拟领导

当你和下属处在不同地理位置而只能通过数字技术进行书面沟通时，你如何有效领导你的下属呢？[56] 这就是对于虚拟领导者的挑战。不幸的是，大多领导研究都是针对面对面直接交流的情境。但是，我们不能忽略当今的管理者和员工的关系已经越来越依靠技术连接而非空间的相邻。对于需要鼓舞和激励位于不同地区的员工的领导者，我们能提供什么指引呢？

在面对面的交流中，我们可以很容易地通过非语言行为对严厉的措辞进行软化。例如，当需要对下属传达失望、不满、不够好或低于预期等信息时，一个微笑或一个安慰的动作可以减轻下属的不愉快感，而这些非语言成分在在线交流中是不存在的。不过数字沟通中所使用的语言结构也能够增强或减弱所表达的情感。例如，如果管理者漫不经心地向下属发出一些短句或是所发信息全用大写字母来表达的话，相对于使用正确的标点和完整的语句而言，他会得到很不一样的回复。

为了成为有效的虚拟领导者，管理者在使用数字技术沟通的时候必须注意所采用的词语和语句结构。他们也必须要学会读懂信息中字里行间所要表达的意思，并能诠释其中的情感表达。虚拟领导者也必须认真思考他们传递的信息会引发的行为，必须对期望与进一步的行动有清楚的认识。

由于越来越多的管理者采用虚拟方式来进行管理，因此人际技能需要重新定义，它应该包括使用数字沟通技术正确表达情感的能力和正确读懂信息中的情感的能力。在这个沟通的新世界中，写作技巧很可能会成为人际技能的扩展。

讨论

- 虚拟领导者面临哪些挑战？
- 虚拟领导者如何利用信息技术使自己变成更有效的领导者？

正如特质研究所描述的，领导者需要基本的智力和与工作相关的知识。但智商和专业技能仅是"入门能力"，它们是领导的必要而非充分条件。情商的 5 个组成部分——自觉、自我管理、自我激励、移情和社会技巧会使个人成为明星人物。一个人即便有出色的教育背景、高超的思维能力、长期的愿景、无穷无尽的绝妙点子，但如果没有情商，则仍然不能成为伟大的领导者。一个人在组织中活动时尤其如此。研究表明，一个人越是被当成明星人物，就越是可以用情商能力来解释其工作效率的原因。特别是当我们对比高层管理岗位上的明星人物和普通一员时，接近 90% 的工作效率差异可以归因于情商因素而非基本智力。

鲁道夫·朱利亚尼的情商发展之路

鲁道夫·朱利亚尼（Rudolph Giuliani）领导效率的成熟与其情商培养密不可分。在他担任纽约市市长长达 8 年的大部分时间里，他通过铁腕方式进行管理。他讲话强硬，挑起争斗，追求结果。这个结果就是一个更清洁、更安全和治理更好但也更为两极分化的城市。评论家称朱利亚尼为"长着铁耳"的暴君。在许多人眼中，他的领导缺乏某些要素。然而，评论家认为随着世贸中心的倒塌，这些要素出现了。这是人们最近发现的他在控制危局中的仁慈之心：一种使数百万人感到安慰的决心、移情和鼓舞的混合体。[57] 朱利亚尼的情感能力和对他人的仁慈之心可能是受到一系列个人困境的刺激后产生的，包括前列腺癌和非常明显的婚姻裂痕——这两者均在世贸中心遭到恐怖袭击前一年内发生。[58]

情商和各层次员工的工作绩效都呈正相关。但看起来，在需要高水平社会互动的工

作中，这种相关性尤其显著。这种互动也就是领导的内容。伟大的领导者通过五个重要部分——自觉、自我管理、自我激励、移情和社会技巧展现他们的情商。

尽管对情商在领导中扮演的角色还一直存在着很多争议，[59] 但是很多研究证据强有力地支持这样一个结论：情商是领导有效性的基本要素。[60] 因此，我们应当把它纳入本章所描述的领导特质列表中。

12.5 为什么信任是领导的实质

信任或缺乏信任，是当今组织一个越来越重要的问题。[61] 在当今不确定的环境中，领导者需要建立或者是重建信任和信用。在我们讨论领导如何建立信任和信用之前，我们首先要了解它们是什么以及它们为什么重要。

信用的主要元素是诚实。调查显示，诚实总是排在大多数受人敬重的领导者特征列表中的最前面。"诚实绝对是领导者必不可少的，如果人们自愿追随某人，无论是上战场还是进会议室，他们首先想确认的是这个人是否值得信任。"[62] 除了诚实以外，可信的领导者还是有能力的和令人鼓舞的，他们能够充分地展示他们的自信和热情。因此，下属通常是依据诚实、胜任力和激励下属的能力等方面来评价领导者的信用（credibility）。

信任与信用的概念是密切相关的，事实上，这两个概念经常交替使用。在这里，信任（trust）是指对领导者的诚信、品质和能力的信念。当下属信任一位领导者时，他们就容易受领导者的行为影响，相信自己的权力和利益不会被滥用。[63] 研究表明，信任有如下 5 个维度。

- 诚信（integrity）：诚实和老实。
- 能力（competence）：专业的和人际关系的知识、技能。
- 一致性（consistency）：可靠性、可预见性和对情境的准确判断。
- 忠诚（loyalty）：从行为和精神上维护与保全他人面子的意愿。
- 开放性（openness）：与他人自由地分享思想和信息的意愿。[64]

在这 5 个维度中，诚信在评价别人是否可信的时候最为重要。[65] 事实上，如果回想一下我们讨论过的领导特质，你会发现诚信和能力是包含在与有效领导密切相关的特质中的。

工作场所的变革使得这些领导品质变得更为重要了。例如，向员工授权以及使用自我管理团队的趋势减少了很多用于监督员工的传统控制机制。当一个工作团队可以自由安排自身的工作、评价自身的绩效，甚至是自己做出聘用决策时，信任就会变得至关重要。员工必须相信管理者能公平地对待他们，而管理者也必须相信员工能自觉地承担责任。

此外，越来越多的管理者需要领导不属于他们工作团队的下属，甚至是不在同一工作场所的下属，比如跨职能的成员或

Donald Heupel/Corbis

百事公司首席执行官卢英德（Indra Nooyi）是一位具有高情商的领导者。这里所展示的是她在听公司酸奶厂的一名员工说话。她拥有的五大情商要素使其工作业绩非常出色，她的工作要求她与世界各地的员工、顾客和企业领导人进行大量的沟通。

者虚拟团队、供应商或客户单位的员工，甚至可能是战略联盟中代表其他组织的成员。这些情境不允许领导者利用正式的职权施加影响，这些关系事实上是流动的和短暂的。所以，快速建立信任关系和维持这种信任关系对于取得成功非常重要。

为什么下属对领导者的信任是重要的呢?

研究表明，信任与包括工作绩效、组织公民行为、工作满意度和组织承诺在内的工作产出存在着明显的正相关性。[66] 既然信任对领导者而言这么重要，那么领导者该如何建立信任呢? 表 12-4 中将会给出一些建议。

表 12-4　建立信任的建议

- **锻炼开放性**　不信任源于人们对情况的不了解，也源于人们对情况的了解；开放性带来信心和信任，因此，可以使人们消息灵通，清楚做决策的标准，解释所做决策的合理性，坦述所有的问题，完全公开相关信息
- **公平**　在做出决策或采取行动之前，考虑其他人如何看待其客观性和公平性；在需要的时候提供信用，在绩效考评时客观、公平，注意分配报酬时的公正感
- **诉说感受**　仅仅传达事实的领导者会遭遇冷漠和疏远他人；当你说出自己的感受时，其他人会认为你是真诚而有亲和力的。他们会加深对你的了解，同时对你更加尊重
- **告知真相**　如果诚实对信用非常重要，那么你一定要让别人觉得你是一个说真话的人；当你告诉下属他们"不想听"的事情，而不是欺骗他们时，他们更能够容忍
- **保持一致**　人们希望有预见性。不信任源自不知道会发生什么；花点时间去考虑你的价值观和信仰，然后让言行一致指导你的决策；当你知道自己的中心目标时，你的行为将与之保持一致，你将通过一致性而获得信任
- **履行诺言**　信任要求人们相信你是可靠的，因此你必须遵守诺言，你应该许下可以兑现的诺言
- **维持信任**　你会信任那些独立的以及可以依赖的人；如果人们信赖你，私下里跟你讲一些传出去可能会对自己不利的事情，他们必定是认为你不会与其他人讨论这些事情或背叛这种信任；如果人们发现你缺乏信用或不能依靠时，你就会被认为是不值得信任的
- **证明信任**　通过证明自身具有专业的、职业的能力来获取他人的钦佩和尊重；要特别注意培养和展现你的沟通、谈判以及其他人际关系技巧

资料来源: Based on P. S. Shockley-Zalabak and S. P Morreale, "Building High-Trust Organizations," *Leader to Leader*, Spring 2011, 39-45; J. K. Butler Jr., "Toward Understanding and Measuring Conditions of Trust: Evolution of a Condition of Trust Inventory," *Journal of Management* (September 1991): 643-63; and F. Bartolome, "Nobody Trusts the Boss Completely—Now What?" *Harvard Business Review*, March-April 1989, 135-42.

与以往任何时候相比，当今管理和领导的效果更加取决于获取下属信任的能力。[67] 例如，裁员、财务造假、临时员工的增加正在逐渐削弱许多员工对领导者的信任，也动摇了投资者、供应商和客户的信心。一项调查发现，只有 39% 的美国员工和 51% 的加拿大员工信任他们的主管领导。[68] 当今的领导者需要面对重要的挑战，那就是建立和维持员工以及其他重要的组织利害相关者对他们的信任。

关于领导的最后一点思考

尽管人们认为一些领导风格在各种情境下都是有效的，但是领导可能并不总是重要的！研究表明，在某些情境中，领导者表现出来的任何行为都是不重要的。换句话说，个人、职务和组织变量都能成为"领导的替代物"，从而使领导者的影响失效。[69]

例如，下属的特征，如经历、培训、职业取向或者对独立性的要求，弱化了对领导的需求。这些特征可以替代对领导者支持的需要或对创造结构能力的要求，减少任务模糊性。同

样，工作本来就是明确的、常规性的或者工作本身的满意度高，这些都可以代替对部分领导变量的要求。最后，组织的特征，如明确的正式目标、一成不变的规则和程序或者是有凝聚力的工作群体都可以发挥正式领导的作用。

本章概要

1 定义领导者及领导。

领导者是指拥有管理权力并能够影响他人行为的人。领导就是带领并影响一个团队，实现其目标的过程。领导是管理的四大职能之一，所以所有的管理者都应该是领导者。

2. 比较早期的领导理论。

早期尝试定义领导者特质的研究都没有取得成功，后来有学者归纳了领导的 7 个特质。

艾奥瓦大学的研究总结出 3 种领导风格，得出的结论是：民主式领导下的群体成员满意水平通常比独裁式领导下的要高。俄亥俄州立大学的研究则指出了领导行为的两个维度——定规与关怀。定规与关怀均高的领导者常常能获得更高的团队绩效和满意度，但也并非总是如此。密歇根大学的研究小组也得出了领导行为的两个维度，他们称为员工导向和任务导向，并指出员工导向型领导者能带来群体的高生产率和高工作满意度。管理方格论在"关心员工"和"关心生产"两个维度的基础上提出了 5 种领导风格。尽管该理论认为同时高度关心员工和任务的领导者表现最佳，但是也没有足够的证据支持这一结论。

上面的领导行为理论表明，领导者行为具有两个本质：一是关心任务，二是关心人。

3 描述 4 种主要的权变领导理论。

菲德勒的模型尝试去定义各种特定情境下的最佳领导风格。他设计了最难共事者问卷来测量领导者的基本风格的两个维度——关系导向或任务导向。菲德勒还假设领导者的领导风格是固定不变的。他用了 3 个权变维度来衡量各种管理情境：领导者－成员关系、任务结构和职位权力。他的模型表明在非常有利或非常不利的情境下，任务导向型领导者会取得更好的绩效；在适度有利的情境下，关系导向型领导者会取得更好的绩效。

赫西和布兰查德的情境领导理论根据下属的成熟度区分了 4 种领导风格：告知（高任务－低关系）、推销（高任务－高关系）、参与（低任务－高关系）和授权（低任务－低关系）。他们还划分了成熟度的 4 个阶段：既没能力也没意愿（使用告知式领导风格）、没能力但有意愿（使用推销式领导风格）、有能力但没意愿（使用参与式领导风格），以及既有能力又有意愿（采用授权式领导风格）。

领导者－参与模型将领导行为和参与决策联系起来。这一模型是一棵决策树，包括 7 个权变变量和 5 种可供选择的领导风格。

豪斯的路径－目标理论确定了 4 种领导行为：指导、支持、参与和成就导向。他认为领导者可以根据情境采用任何一种领导风格。这一理论发现两类情境或权变变量会调节领导行为－结果关系：环境变量以及员工个性特征。它还指出，领导者应该在员工需要的时候提供指导和支持，为员工安排通往目标的路径。

4 描述有关领导的当代观点以及领导者面临的新问题。

领导者－成员交换理论指出，领导者在与下属相互作用的时候会将其划为圈内或圈外成员，而那些属于圈内的成员将会有更多的表现机会、较低的离职率和更强的工作满意度。

事务型领导者通过提供报酬来换取产出，而变革型领导者则通过鼓励和激励使员工达到目标。

魅力型领导者热情、自信，他们用其自身的人格魅力和行为影响人们做出既定的行为。愿景型领导者能创造和清楚地表达一个现实的、可信的、有吸引力的、面向未来的愿景。

团队领导者的工作集中在两个主要的方面：团队外部边界的管理和团队进程的推动。领导者的角色可分解成 4 类：与外部相关者联系的沟通者、困难解决者、冲突管理者和教练。

当代领导者面临的问题包括：对员工授

权、民族文化和情商。当领导者对员工授权后，领导者的角色就变成了非领导。当领导者根据情境来调整他们的管理风格时，他们必须注意民族文化特征这一重要因素。最后，情商被证明是有效领导的基本要素。

5 探讨信任是领导的本质。

信任的5个维度包括：诚信、能力、一致性、忠诚和开放性。诚信是指一个人具有诚实和老实的品质。能力是指一个人的专业和人际关系方面的知识与技能。一致性是指一个人的可靠性、可预见性和对情境的准确判断。忠诚是指一个人维护和保全他人面子的意愿。开放性是指你信赖别人会告知你全部事实的意愿。

复习思考题

12-1 定义领导者和领导，以及讨论管理者为什么应该是领导者。

12-2 讨论特质理论的优缺点。

12-3 每一种领导行为理论是如何讨论领导的？

12-4 管理者使用菲德勒的权变模型时需要了解哪些知识？请详细描述。

12-5 你认为现实中大多数管理者会使用权变理论来提高管理效率吗？请讨论。

12-6 你是否同意"所有的管理者都应该是领导者，但并不是所有的领导者都是管理者"？请证明你的观点。

12-7 你认为信任是来自个人的特质还是具体的情境？请解释。

12-8 下属是否会对领导者的有效性产生影响？请讨论。

12-9 组织应如何培养有效的领导者？

12-10 在哪些情况下，领导者是无关紧要的？

12-11 领导的特质理论和行为理论之间有什么区别？

12-12 为什么信任是领导的本质？

管理技能建设：成为一个优秀的领导者

管理和领导这两个词经常被交替运用，这其实是用词不当。虽然这两个词有关联，但它们是不同的。尽管成为一个领导者，你并不需要有一个管理的职位，但是如果你不是一个有效的领导者，你是不可能成为一个有效的管理者的。

个人评估清单：领导风格

你的领导风格是什么？拿着这份个人评估清单去看看吧！

技能基础

简单地说，领导风格可以被分为任务取向和员工导向两种。其中，任何一种都不会适用所有的情境。尽管有很多的情境变量会影响一个有效的领导风格的选择，但是其中有4个变量的相关性最大，分述如下。[70]

工作结构：结构化的任务有固定的程序和规则可以降低员工的模糊感。工作结构化程度越高，领导者提供任务指导的必要性越低。

压力层次：不同情境的时间和绩效压力不同。在高压环境下，组织需要有经验的领导者，而在低压环境下，组织则更需要具备一定智力和知识的领导者。

组织支持的层次：关系紧密和相互支持的群体能够相互帮助。他们自己可以提供工作上的帮助和关系上的支持。相互支持型的群体对领导的需要较低。

下属特性：下属的个人特征，如经验、能力、动力等都会影响某一种领导风格成为最有效的。拥有丰富的经验、能力很强以及高激励型的员工并不需要太多领导者在任务方面的指导行为。对他们而言，采用员工导向的领导风格更加有效。相反，对于那些经验不足、能力不够、动力不足的员工采用任务导向的领导风格时，他们会表现更好。

技能应用

你最近刚从大学毕业，获得了工商管理学位。在过去的两个暑假里，你都在康涅狄格州互助保险公司（CMI）实习，你的主要任务是在公司员工休假时，承接他们所做的各种不同的工作。你已经收到了CMI的工作邀请，将担任其保单续保部门的全职主管。

CMI 是一家大型保险公司，仅总部办公室（你将在那里工作）就有 1 500 多名员工。公司非常重视员工的个性发展。这种源于公司最高管理层的观念转化成了一种对所有 CMI 员工信任和尊重的理念。该公司还经常名列"最适合工作的公司"排名榜之首，这主要是由于其不断改进的工作 / 生活计划以及尽量减少裁员的坚定承诺。

在新工作中，你将管理 18 个保单续保职员。他们做的是很常规性的工作，几乎不需要培训。他们的责任是要确保发送现有保单的续保通知，用表格列出保费的变动情况，在保单因未按期缴费而将遭取消时通知销售部门，回答和解决与续保有关的问题。

你这个部门人员的年龄从 19 岁到 62 岁不等，平均年龄为 25 岁。大部分人是没有工作经验的高中毕业生。他们的月收入介于 2 350

美元到 3 200 美元之间。你将接替简·埃里森（Jan Allison）担任保单续保部的主管。简是CMI 的老员工，在公司工作了 37 年，现在即将退休，过去 14 年她一直是保单续保部的主管。去年夏天你在简的部门实习了几个星期，对简的风格很熟悉，并且认识了部门的大部分员工。但是他们并不太了解你，并且对你持怀疑态度，因为你刚从大学毕业，缺乏在这个部门工作的经验。事实上，你得到这份工作是因为管理层希望用一个有大学文凭的人来管理这个部门。你最直言不讳的批评者是莉莲·兰茨（Lillian Lantz）。她 50 多岁，干了十几年的保单续保工作。作为部门的"大太太"，她对这里的人员具有举足轻重的影响。你知道，若你得不到莉莲·兰茨的支持，将很难领导这个部门。

结合你所学的有关领导的知识，你将会选择哪一种领导风格？为什么？

实践练习：领导力培训

公　司：首选银行卡公司
收信人：员工关系副总裁 Pat Muenks
寄信人：客服主管 Jan Plemmons
主　题：领导力培训

我完全同意你的建议，我们确实需要为客户服务团队的领导者开展一个领导力培训项目。他们在保持客户服务质量方面遇到了困难，因为我们的目标是要为有疑问或有抱怨的持卡人提供及时、准确和亲切的服务。

你能否撰写一份简短的报告来描述一下这个培训计划应该包含哪些培训内容，同时针对

如何以一些生动有趣的方法来开展这个培训给出一些建议。最后，我们需要马上行动，时间紧迫，请你在下周前提交这份报告。

注：文中提及的公司和信息都是虚构的，只是为了教学目的而设，并不是对那些同名公司的管理实践进行正面或反面的披露。

应用案例 12-1

培养年轻一代领导人

优秀的领导者源于培养和发展。

优秀的领导者对组织有多重要？理论上说当然非常重要。然而，无数组织的行为却表明答案并非如此。只有 38% 的组织具有正式

的一线领导发展计划。[71] 对组织而言，致力于培养强有力的领导人才很重要，但尤其重要的是要着手培养年轻一代员工，使他们为走上关

键领导岗位做准备。为什么？10 年之内（到2025 年），这些 Y 一代预计将占全球劳动力的75%。这就是组织极其需要领导培养计划的原因。[72] 我们来看看一些公司正在如何培养下一代以便他们将来能够担当领导重任。

3M 公司的领导培养计划非常成功，它在过去 7 年中有 6 年进入"领导力排名前 20位的公司"之列，并且海氏咨询公司（Hay Consulting Group）认为，3M 公司在培养领导人才方面位列排名前 25 位的公司。[73] 3M 公司的领导培养计划究竟是怎样的呢？几年前，公司前首席执行官和高层团队用了 18 个月的时间为公司开发了一个领导模式。在经过多次头脑风暴和激烈的讨论之后，他们最终得到了 6项"领导特质"。他们认为这些特质对于管理者来说是必不可少的，可促使公司熟练地执行战略并承担责任。这 6 种特质分别是：制订和实施计划的能力；鼓舞和激励他人的能力；有道德、可信赖和守规则；能取得成果；追求卓越；是有能力和创造力的创新者。公司不断地从这 6 个方面来加强对卓越领导能力的培养。

其他公司，如安永，在招聘和培养未来领导人方面起步较早，往往追求有才华又有领导潜力的大学新生。它们招纳最优秀的人才，在学校读书期间和毕业后让他们参与各种领导力培养计划。[74] 德勤公司（Deloitte）是另一家因其领导力培养计划而获得高度评价的公司，它致力于帮助其 Y 一代员工学习和吸收将来领导公司所需的领导技能。首先，公司有一套非常具体的招聘 Y 一代的策略，以及为期一年的"欢迎来到德勤"的计划。该计划旨在教授这一年龄段的人员客户管理技能和团队建设技能，并提供专业发展机会。[75] 毫不奇怪的是，培养计划主要是通过社交媒体完成的，采用互动活动，如角色扮演、模拟、游戏，还运用了一个可以帮助员工跟踪第一年任务的工具。

Facebook 是第一家在千禧年开始运营的《财富》500 强公司，其领导力发展是围绕迅速发展的公司需求来设计的。[76] 公司领导力发展计划负责人表示，公司之所以能发展领导力是因为发展计划与公司所属的工程技术类型很契合。工程师只关心"什么有用"，在这里，任何类型的领导力发展计划要取得成功都应关注这一点，重点是什么有用。此外，由于Facebook 是一个极其扁平的组织，管理层级极少，员工很早就清楚，要完成任务，就要能够影响和激励他人。因此，根本不需要去告诉Facebook 的领导人际交往技能的重要性。若没有人际交往技能，就无法在 Facebook 立足。

讨论题

12-13　为什么你认为领导力发展的理论（我们知道我们应该做什么）和实践（我们实际上正在做的）之间存在着巨大的差距？

12-14　公司没有设立年轻一代领导力发展项目的原因是什么？

12-15　理解和领会 3M 公司认为重要的 6 项领导特征中的每一项。解释你认为每一项所包含的内容，然后讨论如何开发和测量这些特征。

12-16　这 6 个领导属性中是否有一项适合上述除 3M 公司以外的任何其他公司？解释一下。

12-17　前面介绍了 3 种不同类型的组织：3M公司主要是一家制造企业，安永和德勤是专业服务机构，Facebook 是一家科技公司。比较它们年轻一代领导力发展的不同方法。

应用案例 12-2

为领导者服务

让自己沉浸于领导体验。

考虑以下事情：3 500 万美元、5 000 棵　　　咖啡树苗、1 000 件照明工具、120 个扬声器、

21 个投影屏幕。这些数字所描述的还仅仅只是星巴克领导实验室场面的一小部分。[77] 2012 年秋天，来自世界各地的 9 600 名星巴克店面经理长途跋涉来到休斯敦参加一场为期 3 天的盛大交流会。在那里，这些人都被星巴克这个品牌的魅力所折服，沉浸其中。

这个领导实验室一部分用来进行领导培训，另一部分则用于商业展示。在这个实验室里，公司的店面经理来到幕后近距离地了解到是什么推动了星巴克这个品牌的发展。从一个囊括咖啡灌木丛到干燥天井的展览，他们可以感受从咖啡豆到卡片提示的各种有关消费者的体验（类似"走进我的场所"主题）。门店经理都能从这些体验中受益颇多。然而，除此之外，这些夜以继日都在前线的门店经理在这里还有机会与公司在烘焙过程、融合发展以及客户服务职能方面的高层经理进行交流。同时这些经理会在陈列着一排计算机的地方驻足，然后被邀请去分享他们在领导实验室所学到的东西。

炫目的灯光、美妙的音乐以及引人注目的演示无不吸引这些经理沉浸在星巴克的品牌和文化中。它的目标就是动员员工成为其品牌的传播者。展示一向是星巴克体验的重要部分，该体验是建立在视觉、声音和味觉之上的，所以这一领导实验室整个展示的过程都是经过精心策划和准备的。

讨论题

12-18　描述在星巴克领导实验室，你认为他们为店面经理提供了什么样的领导课程？

12-19　结合本案例故事谈谈，一个组织的领导者在进行领导时，该组织的文化在其中扮演了什么样的角色？

12-20　参照行为学理论，你认为对星巴克店面经理而言，是采取工作导向还是采取员工导向更重要，或者两者都重要？说明理由。

12-21　星巴克店面经理将如何使用领导情境理论、路径－目标理论和变革型领导？

应用案例 12-3

领 导 遗 产

疯狂而又伟大的领导者！

关于已故的史蒂夫·乔布斯，有很多的报道和著作。[78] 他是怎样把苹果这样一个如此小众的业务变成世界上市值最高和最有价值的公司的？他是一个极具个人魅力和能够把大家都吸引过来并相信他的领导者。同时，他也是一个完美主义的追求者。所以今天我们就来讨论，乔布斯留下来的有关领导的经验或者说是遗产有哪些。

疯狂是乔布斯非常喜欢的一个描述词，将产品变得既疯狂又伟大在他看来就是创新。而他的愿望：把苹果变成一个创新性的产品是他用尽方式做一切事情的动力。这种在别人看来奇怪的聚焦点将他的领导风格塑造成外界所描述的专制独裁。就像一个记者所说的那样："乔布斯违反了管理的所有定律。他并不是一个共识的构建者而是一个只听自己直觉的独裁者。他是一个狂躁的部门经理，在会议上能变得特别残酷。"[79] 他对员工的口头攻击是非常可怕的。当苹果公司推出其基于 3G 网络的第一代苹果手机时，它包含电子邮件服务，其功能是同步邮件，这与当时非常火爆的黑莓手机相似。然而，问题是它无法良好运行，导致用户的产品评价颇低。因为"乔布斯当然不能允许产品背负着这样不好的评论"，[80] 所以在发布产品不久之后他就将电子邮件服务小组的全体成员召集到了苹果公司的礼堂。据当时会议的一名参与者回忆，乔布斯穿着他标志性的黑色高领毛衣和牛仔裤走进来，只是简单地问了一下是否有人能告诉他设计 Mobile Me 的目的是什么。当他最终得到了一个可以接受的答案时，他直截了当地问为什么做不到。然后接下来的30分钟，乔布斯开始对这个团队展开强烈的抨击。"你们玷污了苹果这个品牌的荣誉。你们相互嫌弃，因为你们让彼此失望了。"[81] 当然，这并不是他对员工工作任务苛刻的唯一一个例子。他对自己身边的员工都很严厉。当有人说他对身边的员工越来越不体贴的时候，他的回答就是："和我工作的人都是非常聪明的，如果他们觉得我非常残酷的话，那么他们中的任何一个人都可以离开，去别的地方找到一份很好的工作。但是，结果是他们都还在这里。"[82]

另外，史蒂夫·乔布斯体贴周到、热情洋溢、拥有令人痴狂的魅力。他能鼓励人们去做他们认为不可能做到的事情。他与人共同创立的公司一直在改变市场，这一事实毫无争议。毫无疑问，他研发出来的产品大大改变了手机市场的格局。从苹果电脑到苹果音乐播放器，再到苹果手机、苹果平板电脑，苹果产品更新换代，促进了产业的革新，同时也培养了一大批对苹果品牌忠诚的"果粉"顾客和对公司忠诚的员工。

讨论题

12-22 想一想在看这篇案例之前，你是如何看待乔布斯的？你认为他的领导风格是怎样的？

12-23 看了这篇案例后，你又是如何解释他的领导风格的？

12-24 看了这篇案例后，最让你感到吃惊的是什么？

12-25 讨论一下乔布斯的这种领导方式对其他人奏效吗？

13

第 **13** 章

沟通与信息管理

管理偏见

管理者应努力制止传言。

传言是组织中常见的八卦和消息来源。对经验不丰富的管理者而言，它就如同组织沟通网络中的毁灭性元素。但传言永远不会消失。就像水在大海中的角色一样，传言在组织中的存在是很正常的。精明的管理者认可传言的存在并学会以有益的方式利用它。

欢迎来到沟通世界。在这个"世界"中，管理者必须了解不同沟通方式甚至包括传言的重要性和缺点。沟通每天都会以各种不同的方式在每个组织、领域、组织成员间发生。大部分沟通都与工作相关，但正如我们将会看到的，有时沟通会产生一些非预期的结果。在本章中，我们将讨论人际沟通的基本概念、人际沟通的过程与方法、有效沟通的障碍以及消除这些障碍的途径。另外，我们将探讨当代管理者面临的沟通问题。

学习目标

1. 描述管理者需要了解有效沟通的哪些方面。
2. 解释科学技术如何影响管理沟通。
3. 讨论当代沟通问题。

13.1　管理者如何进行有效的沟通

糟糕的沟通可使公司的损失达到每个员工每年 5 000 美元！[1]

对管理者而言，有效沟通是不容忽视的，因为管理者所做的每件事都涉及沟通。注意，不只是一些事情，而是所有事情！没有信息，管理者就不能制定战略，也无法做出决策，而信息只能通过沟通获得。管理者一旦做出决策，又要进行沟通，否则，将没有人知道决策已经做出。最好的想法、最有创意的建议、最优秀的计划，都要通过沟通表达出来。因此，管理者需要掌握有效的沟通技巧。当然，这并不是说仅有好的沟通技巧就能成为成功的管理者，但是我们可以说，无效的沟通技巧会使管理者陷入无穷的问题与困境中。

13.1.1　沟通过程如何起作用

传达什么？
3 个 I：信息（information）、想法（ideas）、指示（instructions）。

沟通可以被看成一个过程或流程。当流程因偏差和障碍而中断时，沟通问题就出现了。在进行沟通前，我们需明确沟通目的，即要传递的信息。该信息在发送者与接收者之间传递。信息首先通过编码转化为符号形式，然后通过媒介物（渠道）传送至接收者，再由接收者通过解码将信息进行转换。这样信息就从一个人传到了另一个人，这就是**沟通**（communication）。[2]

图 13-1 描述了这种沟通过程（communication process）。这一模型包括 7 个部分：①信息发送者；②编码；③信息；④渠道；⑤解码；⑥信息接收者；⑦反馈。

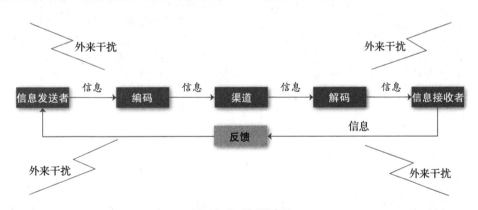

图 13-1　沟通过程

信息发送者把意图进行**编码**（encoding）就产生了信息。信息的产生受到 4 种情况的影响：技能、态度、知识和社会文化体系。沟通中信息的传递有赖于沟通者的写作技能。如果教科书的作者没有必备的写作技能，就很难用理想的方式把信息传递给学生。成功沟通的技能还包括听、说、读以及逻辑推理技能。正如第 9 章所述，态度影响行为。我们对许多事情先入为主的态度会影响我们的沟通。另外，沟通活动还受到沟通者在某一具体问题上所掌握的知识的限制。我们无法传递自己不知道的东西，相反，如果我们的知识极为广博，接收者也有可能不理解我们的信息。也就是说，我们关于某一问题的知识影响着我们要传递的信息。最后，正如态度影响行为一样，人们所处的社会文化体系中的观念也会影响行为。信息发送者受其信仰和价值观（均是文化的组成部分）的影响。

信息（message）是信息源编码的产物。我们说话时，话语是信息；我们动笔时，文字是信息；我们绘画时，图画是信息；我们打手势时，手臂动作、面部表情是信息。[3]我们用于传递意思的编码和符号群、信息内容本身，以及编码和内容的选择与决策安排，都影响我们的信息。[4]

渠道（channel）是指传递信息的媒介物。它由信息源进行选择，信息源必须分清哪一种渠道是正式的，哪一种渠道是非正式的。组织建立正式渠道用以传递那些与其成员活动相关联的信息。正式渠道通常与组织内部的职权网络相一致，而其他信息诸如个人或社会信息则会沿着组织中的非正式渠道传递。

接收者（receiver）是指信息指向的个体。但在信息被接收之前，我们必须先将其中包含的符号翻译成接收者可以理解的形式，这就是对信息的解码（decoding）。前面说编码者受到自身技能、态度、知识和社会文化体系的限制，信息接收者也同样受到这些限制。信息发送者应当擅长写作或说话，接收者则应擅长阅读或倾听，而且二者均应该具备逻辑推理能力。正如对信息发送能力的影响一样，一个人的知识、态度和文化背景也影响着其接收信息的能力。

沟通的最后一环是反馈（feedback）。"如果沟通中信息源对他所编码的信息进行解码，信息又返回到系统中，我们就有了反馈。"[5]反馈可以检验我们按设想传递信息成功的程度，同时也可以让我们知道沟通内容是否得到理解。由于现今工作群体中存在文化多样性，因此，提供有效反馈以确保沟通顺畅的重要性即便再三强调也不为过。[6]

Steven Shi/Reuters

阿里巴巴——中国最大的电商企业，它的员工在公司总部参加一个会议，探讨沟通过程中的环节。这是阿里巴巴召开的一个正式会议，旨在让员工传达与工作相关的信息。

13.1.2　书面沟通是否比口头沟通效果更好

书面沟通包括便笺、信函、电子邮件、组织内部期刊、简报以及其他任何传达书面语言和符号的媒介。为什么信息发送者选择使用书面沟通呢？因为与口头沟通相比，书面沟通是有形的、可复核的，也能保存得更久。信息发送者和信息接收者都有沟通记录，这一信息可以无限期保存。如果双方对信息的内容有疑问，还可以去查证。这一特点对长期或复杂的沟通而言尤为重要。例如，新产品的营销计划往往涉及今后数月的一系列任务，把它写下来，以书面形式保存，可供计划制订者在计划有效期内参考。书面沟通的最后一个优点来自沟通过程本身，它往往是仔细思考的结果，合乎逻辑且清晰明了。除了如正式演讲这样极少数的情况，一般而言，沟通者对书面语言的考虑比口头语言的考虑更仔细。如果必须把内容写出来，沟通者就不得不更认真地思考其要表达的思想。因此，书面沟通可能会更周密、更有逻辑、更清晰。

当然，书面信息也有其缺陷。也许它更为精确，但需要耗费很多的时间。在一个小时的测验中，口试比笔试传达的信息要多得多。事实上，对于要用一个小时来写的内容，我们用10 ～ 15 分钟就可以说完。书面沟通的另一个主要缺点是缺乏反馈。口头沟通允许接收者对其所听到的东西迅速提出自己的意见，然而书面沟通就不具备这种内在的反馈机制。发出的便笺可能丢失，可能无法被接收者看到，即便被看到了，也不能保证接收者会按照发送者的原意来理解。在口头沟通中也存在这样的缺点，但在口头沟通的情况下，沟通者可以较容易地请接收者对他所说的话加以概括。如果接收者能准确地进行概括，就表明他已接收并理解了所传达的信息。

13.1.3　"传言"是否也是一种有效的沟通方式

传言是否可靠？

传言（grapevine）是发生在组织内部的非正式沟通方式，组织既不认可也不支持这种方式。信息（传言）是通过口头甚至电子方式传播的。具有讽刺意味的是，好消息会快速传开，但是坏消息传得更快。[7] 传言使得组织成员可以尽可能快地得到信息。

然而，传言的最大问题是其准确性，有关的研究结论不一。在开放式组织中，传言可能非常准确。在官僚式组织中，传言可能不准确。但即使这样，传言仍然具有某种可信的成分。在大规模裁员、关闭工厂之类的传言中，有关事件波及的人员或事件发生时间的传言可能毫无根据，但某事件将要发生的消息则可能是准确的。若你想对传言有更多的了解，可以参见本章的"从过去到现在"专栏。

 从过去到现在

传言：重要的信息来源。

有关传言的一项最著名的研究是管理研究学者基思·戴维斯（Keith Davis）所做的。他调查了67 名管理者的沟通方式。[8] 其运用的方法是研究每位沟通的对象是如何接收信息，然后向信息发送者做出反馈的。他发现，尽管传言是一种重要的信息来源，但只有10% 的管理者会成为其传播者（即将信息传送给一个人以上）。例如，当某位管理者决定辞职去保险公司工作时，有81% 的管理者知道这一消息，但其中只有11% 的人会将此消息透露给其他人。当时，这项研究不但因其所发现的结果而让人感觉很有趣，更重要的是它展示了沟通网络是如何运作的。

最近，IBM 和麻省理工学院运用类似的分析方法进行研究，但它们更多地关注的是人们工作中的社会网络，而不是信息如何通过组织的传言而传递的。不过，该研究明显的有趣之处在于，它发现与管理者建立强大的沟通联系的员工比那些回避上司的员工往往能获得更多的报酬。

管理者可以从这两项研究中发现，了解员工在工作时所使用的社会及沟通网络很重要。管理者应该知道谁是主要的联系点，这样，如果想找出信息的发出者或传播者，他们就知道应该可以找谁了。

讨论

- 为什么对管理者来说了解员工在工作中运用的社会和沟通网络非常重要？
- 你经历过哪些"传言"，并从处理这些作为沟通源头的"传言"中学到了什么？

13.1.4　非语言信息如何影响沟通

一些极有意义的沟通既非口头的也非书面的，而是**非语言沟通**（nonverbal communication）。刺耳的警笛和十字路口的红灯都不是通过语言告诉我们信息的。当看到学生无精打采的眼神或是在课堂上翻阅校报时，大学老师无须言语就可以知道，学生已感到厌倦。同样，当学生合上笔记本，哗哗地收拾书和笔时，信息也十分明确，下课时间就要到了。一个人的穿戴或办公室和办公桌的大小，无一不在向人传递信息。不过，非语言沟通中最为人所知的领域是身体语言和语调。

身体语言（body language）包括手势、面部表情和其他身体动作。[9]比如，咆哮所表达的信息当然与微笑不同。手部动作、面部表情和其他姿势都能够传达诸如攻击、害怕、腼腆、傲慢、愉快、愤怒等情绪或性情。[10]

关键不是你说什么，而是**你怎么说**。

语调（verbal intonation）指的是人们对某些词或词组的强调。下面我们举例说明语调如何影响信息的意义。假设学生问老师一个问题，老师反问道："你这是什么意思？"反问的声调不同，学生的反应也就不同。轻柔、平和的语调与刺耳尖利、重音放在最后一个字所产生的意义不同。大多数人都会觉得第一种语调表明老师在寻求一种更为清楚的解释，而第二种语调则表明老师具有攻击性或防卫性。因此，管理人员在沟通时应当牢记"关键不是你说什么，而是如何说"这句格言。

这里要特别强调的事实是：任何口头沟通都包含着非语言信息。[11]为什么？因为非语言要素在沟通中可能起着最重要的作用。研究发现，在面对面的交谈中，65%～90%的信息是从身体语言中察觉到的，当口头语言与身体语言不太一致时，信息接收者更可能将身体语言视为"真实含义"。[12]

13.1.5　有效沟通的障碍有哪些

人际及个人内心方面的多种障碍有助于解释为什么信息接收者所理解的信息与信息发送者的原意常常不同。在表 13-1 中，我们对有效沟通的主要障碍进行了概括，并做出了简要描述。

表 13-1　有效沟通的障碍

障　碍	描　述
过滤	故意操纵信息，使信息显得对接收者更为有利
选择性感知	接收者会根据自己的需要、动机、经验、背景及其他个性特征有选择地去看或去听信息
信息过载	需要处理的信息量超出了人们的处理能力
情绪	接收者接收信息时的感觉状况
语言	同样的语言对不同的人来说含义是不一样的，接收者使用他所理解的含义
性别	男性和女性对沟通的反应方式可能有所不同，他们拥有不同的沟通风格
民族文化	沟通的差异源自个人用以沟通的语言差异和他们所属的民族文化差异

1. 过滤如何影响沟通

过滤（filtering）是指发送者故意操纵信息，使信息显得对接收者更为有利。例如，管理者告诉上司的信息都是他认为上司想听的，这时他就在过滤信息。这种情况在组织内部常见吗？回答是肯定的。当信息向上传递给高层管理者时，下属必须压缩和综合信息，以避免较高层管理者信息过载。下属往往会根据其自身的利益和对信息重要性的判断来压缩和综合信息，这种处理信息的方式将引起过滤。

在法国巴黎 Facebook 办公室的休息室里，员工正在用手势交流。身体语言，如手势、面部表情等是非语言沟通方式，可以表达恐惧、害羞、傲慢、喜悦、愤怒以及其他情绪和情感。

Tomas van Houtryve/VII/Corbis

过滤的程度往往是组织纵向层级数和组织文化的函数。组织的纵向层级越多，过滤的可能性就越大。当组织较少依赖于森严的层级安排而使用更多的协作和合作安排工作时，信息过滤将不再成为大问题。另外，组织沟通中电子邮件的使用不断增加，这在一定程度上也减少了过滤，因为中间层越少，沟通就越直接。最后，组织文化通过对某类行为进行奖励来鼓励或阻止过滤。组织奖励越强调风格和外表，管理者就越被激励以其偏好过滤信息。

2. 选择性感知如何影响沟通

第二个沟通障碍是**选择性感知**（selective perception）。这一问题在本书前面已有提及，在这里再次提到是因为在沟通过程中，接收者会根据自己的需要、动机、经验、背景及其他个性特征有选择地去看或去听信息。接收者还会把自己的兴趣和期望带到所接收的信息中。如果一位面试主考官认为女性求职者总是会把家庭放在事业之上，则无论求职者是否真有这种想法，他都会在女性求职者中看到这种倾向。第 9 章已经提及，我们不是看到了事实，而是对我们所看到的东西进行解释并称之为事实。

3. 信息过载如何影响沟通

个人处理数据的能力有限。例如，一名国际销售代表外出回家后，发现其电子邮箱中有 600 多封邮件。要是她每一封都仔细阅读并回复，那就会面临信息过载（information overload）问题。现在的管理者常常抱怨信息过载。[13] 电子邮件、电话、传真、会议和专业阅读资料带来的大量信息使人应接不暇，要处理和消化几乎不可能。如果信息超出了个人处理和使用的能力，他们往往会剔除、忽视、不注意或忘记信息，或者等到信息量较少时再做进一步的处理。无论哪种情况都会导致信息流失和沟通效率的降低。

4. 情绪如何影响沟通

接收信息时，接收者的感受会影响他对信息的理解。你经常会对同一条信息做出不同的理解，这取决于你高兴还是不高兴。极端情绪很可能会阻碍有效沟通。在此类情况下，我们经常忽视理性和客观的思考过程而以情绪判断代替它。当你情绪低落时，最好不要对信息做出反应，因为你有可能不能清晰地思考。

5. 语言如何影响沟通

同样的语言对不同的人来说含义是不一样的。语言的意义不在词汇，而在于使用者。[14] 年龄、教育和文化背景是 3 个更为明显的变量，它们影响人们所使用的语言及对词义的界定。专栏作家乔治 F. 威尔（George F. Will）和说唱歌手内利（Nelly）都说英语，但他们所使用的语言大相径庭。

40% 的员工认为在正常的工作谈话中使用流行语非常普遍。[15]

在一个组织中，员工常来自不同的背景，有着不同的说话风格。另外，部门的划分使得专业人员发展了各自的行话（jargon）和技术用语。[16] 在大型组织中，成员分布的地域也十分分散（有些人甚至在不同的国家工作），而每个地区的员工都使用当地独有的词汇或者习惯用语。[17] 纵向等级的存在同样造成了语言问题。例如，那些生产线上的操作员工通常不懂得管理术语，因此公司高层管理人员的语言往往会使他们迷惑。记住，虽然讲同一种语言，但是我们使用语言的方式很不一致。发送者往往认为他们使用的词或词组对接收者而言也有相同的意思。这种想法当然是错误的，并会造成沟通障碍。了解每个人如何措辞将有助于减少障碍。

6. 性别如何影响沟通

为了实现组织目标，性别（gender）之间的有效沟通是重要的。但我们如何处理管理风格的不同差异呢？避免使性别差异成为有效沟通的持久障碍，这需要相互接受、相互理解，以及双方对有效沟通的投入。男性和女性都应该知道在沟通风格方面存在差异，各种不同的风格没有好坏之分，双方要付出努力，交谈才会成功。[18]

7. 民族文化如何影响沟通

沟通差异也能由个体用以沟通的不同语言及其所属的民族文化（national culture）所引起。[19] 例如，让我们比较一下高度重视个人主义的国家（如美国）和强调集体主义的国家（如日本）。[20]

在美国，沟通模式往往针对个人，并且表述清楚、详细。美国管理者主要依靠备忘录、通知、职务说明及其他正式的沟通形式来表述他们对问题的主张。上级为了树立更好的形象，可能会隐藏一些信息（过滤），并以之作为说服下级接受决定和计划的方式。为了自我保护，低级别的员工也常会这么做。

在集体主义导向的国家中，例如日本，存在更多出于自身原因的互动和非正式的人际沟通方式。与美国管理者相反，日本管理者首先会就某一问题向员工进行广泛的口头咨询，随后起草正式文件以描绘达成的协议。日本人重视一致通过的决定，开诚布公的沟通是工作环境的内在部分，同时也鼓励面对面的沟通。[21]

文化差异会影响管理者选择沟通的方式。[22] 若不对这些差异加以识别和考虑，毫无疑问它们将成为有效沟通的障碍。

13.1.6　管理者如何克服沟通障碍

对于这些沟通障碍，管理者如何去克服呢？以下建议将帮助你更为有效地进行沟通（见表 13-2）。

表 13-2　克服沟通障碍的有效途径

运用反馈	核对已沟通的信息或者你认为你所听到的信息
简化语言	使用听众能够理解的语言
积极倾听	善于听取完整的信息而不预先下结论或做解释，也不急于思考如何对所接收的信息做出反应
抑制情绪	认识自己的情绪，情绪激动时，不要沟通，等平静下来时再做沟通
注意非语言信息	应该意识到行动比语言更有说服力，保持语言和行动一致

1. 为什么要进行反馈

很多沟通问题可以直接归因于误解或不准确。如果管理者在沟通过程中使用反馈环节，这些问题就不大可能发生。这里的反馈可以是口头的，也可以是非口头的。

为了核实信息是否按原本意图被接受，管理者可以询问有关该信息的一系列问题。然而最好的办法是，管理者可以让接收者用自己的话复述信息。如果管理者听到的复述正如本意，则会增强理解，提高准确性。反馈还包括比直接提问和对信息进行概括更精细的方法，比如综合评论可以使管理者了解接收者对信息的反应。

当然，反馈并不一定要以言语的方式表达。比如，销售主管要求所有下属填好上月的销售报告，当有人未能上交报告时，管理者就得到了反馈。这一反馈表明销售主管应该澄清最初的要求。同样，销售主管也可以通过非语言信息以了解他们是否得到了自己所发出的信息。

西班牙桑坦德银行（Banco Santander）执行董事长安娜·博廷（Ana Botin）很受敬重，因为她是一位善解人意的倾听者、良好的沟通者和共识的建立者。这里所展示的是博廷在伦敦的一家银行与员工交流的情况，她提出问题，并听取员工、客户和股东的反馈意见，这有助于她规划公司的战略。

2. 为什么要使用简单的语言

由于语言可能成为沟通障碍，因此管理者应该以接收者容易理解的方式选择用词和组织信息。管理者应当考虑信息所指向的听众，以使所用的语言适合接收者。记住，有效的沟通不仅需要信息被接收，而且需要信息被理解。比如，医院的管理者在沟通时应尽量使用清晰易懂的术语，并且对外科医务人员传递信息所使用的语言应和对行政人员所使用的语言有所不同。行话在圈内人士中使用有助于沟通理解，但在圈外使用行话则会造成很多问题。

倾听（listen）or 只是听（hear）？

---

3. 为什么要积极倾听

当别人说话时，我们在听，但我们常常并不是在倾听。倾听是对信息进行积极主动的搜寻，而听则是被动的。在倾听时，接收者和发送者双方都在思考。

我们中的许多人并不是好听众。为什么？因为倾听很难，所以我们中的大部分人宁愿讲话。事实上，倾听常常比说话更容易引起疲劳。与听不同，**积极倾听**（active listening）要求集中全部注意力，以便听明白全部意思，且不急于做事前判断或解释。我们说话的速度是平均每分钟 125 ～ 200 个单词，而倾听的能力则是每分钟可以接收近 400 个单词。[23] 二者的差异显然留给大脑充足的时间，使其有机会神游四方。

通过与信息发送者的**移情**（empathy），即设想自己处于发送者的位置，可以强化积极倾听。发送者在态度、兴趣、需求和期望方面各有不同，因此移情更易于理解信息的真正内涵。一个体恤他人的倾听者会认真聆听他人所说的内容，而不急于对信息的内容进行判定。这使得信息不会因为不成熟的判断或解释而失真，从而提高获得信息完整意思的能力。积极倾听者使用的其他具体行为包括眼神接触、点头、适当的面部表情、避免分散注意力的动作或暗示无聊的手势、提问题、用自己的话重述、避免打断讲话者、不讲太多的话以及从倾听者向讲话者平稳过渡。

4. 为什么要控制情绪

如果认为管理者总是以完全理性的方式进行沟通，那就太天真了。我们知道情绪会严重阻碍和扭曲意思的表达。当管理者对某事十分失望时，他很可能会对所接收的信息发生误解，并无法清晰和准确表述自己的信息。管理者应该如何做呢？最简单的方法是暂停沟通直到完全恢复平静。下面的例子很好地解释了为什么在沟通前了解自己的情绪是很重要的。

5. 为什么强调非语言信息

行动比语言更有说服力，因此很重要的一点就是注意你的行动，确保行动与语言一致并起到强化语言的作用。有效的沟通者要注意自己的**非语言信息**（nonverbal cues），以保证它们传达希望表达的信息。

13.2 技术与管理沟通

信息技术获用武之地！

信息技术已经彻底改变了组织成员的沟通方式：

- 明显改进了管理者监控个人和团队绩效的能力；
- 允许员工拥有更加完整的信息来更快地决策；
- 为员工合作和共享信息提供了更多的机会；
- 使得组织中的人无论身处何地都能一天 24 小时、一周 7 天进行充分沟通；
- 信息技术发展对当前的管理沟通产生了极为重大的影响。

Steven Senne/AP Images

信息技术的发展已对管理沟通产生了重大的影响。

13.2.1 网络沟通能力

1. 网络计算机系统

- 组织通过互相兼容的软硬件将计算机连接起来，创造一个整合的组织网络。
- 无论处在室内、城镇或地球上任何地方，组织成员都能彼此沟通并传递信息。

2. 网络沟通应用

- **电子邮件**（E-mail）是互相连接的计算机上信息的瞬时传输。信息保留在接收者的计算机上，并在接收者方便时阅读。电子邮件既迅速又便宜，并且可以一次向许多人发送同样的信息。如果需要，还可以打印出来。当然，也有一些组织成员认为电子邮件速度慢且不方便。
- **即时信息**（instant massages）是一种互动的、实时的沟通，可供同一时间在网络上登录的计算机使用者使用。有了即时信息，我们就不必等待同事阅读电子邮件了。然而，即时信息也有缺点。它要求一组使用者同时登录组织的计算机网络。这就导致网络存在安全漏洞。
- **语音邮件系统**（voice mail）将口头信息数字化，通过网络传递，并将信息保存在磁盘上，供接收者稍后重新获得。[24] 即使接收者不在场，语音邮件系统也允许信息传递。接收者还可以选择保存信息（以备将来使用）、删掉信息或者将信息发送给其他人。但是，它可能得不到立即的反馈。
- **传真机**（fax machines）允许包含文本和图片的文件通过普通电话线进行传递。不过，它可能会产生隐私或泄密问题。信息能以打印的形式浏览，也便于组织成员快速共享。
- **电子数据交换**（electronic data interchange，EDI）是组织交换商业交易文件的方法，诸如发票和采购订单等文件可以通过直接的、计算机对计算机的网络进行交换。因为 EDI 可以节省时间和金钱，所以组织经常与卖主、供应商及客户以 EDI 进行交易。

- 电子会议和视频会议（teleconference and videoconference meetings）允许一群人同时使用电话、电子邮件或者通过电子屏幕进行协商。位于不同地方的工作团队，无论大小，能够使用这些网络沟通工具进行协作并共享信息。这么做的费用常比将不同地方的人召集在一起所产生的差旅费用要少得多。

- 组织内部网（intranets）。内部网是使用互联网技术但仅限于组织员工登录的组织沟通网络。许多组织使用内部网作为各地员工共享信息及进行文件和项目合作的途径，也借之获取公司政策指南和诸如员工福利等与员工相关的材料。[25]

- 组织外部网（extranet）。外部网是使用互联网技术并允许组织内的授权使用者与诸如客户和卖主等特定外部人员进行交流的组织沟通网络。外部网快速，便于沟通，但无论是内部网还是外部网，都存在网络和数据安全问题。

- 基于互联网的语音视频沟通（internet-based voice/video communication）。诸如斯盖普（Skype）、沃尼奇（Vonage）和雅虎!（Yahoo !）这样的流行网站可让使用者快速、方便地进行语音/视频聊天。当然，它也存在网络和数据安全问题。

13.2.2　无线沟通

Monkey Business/Fotolia

Oleksiy Mark/Fotolia

无线沟通系统的优点：
- 员工可以在不亲临工作现场的情况下保持相互联系！
- 移动技术非常受欢迎！
- 改进工作方式就是回报！

无线沟通的应用
- 人们不必身处办公室也能与管理者和同事进行交流、合作和分享信息。[26]

- 管理者和员工使用智能手机、平板电脑、笔记本电脑和移动通信设备"保持联系"。
- 无线通信无处不在。比如人们可以在珠穆朗玛峰山顶上向地球上最偏远的地方发送信息或接收其信息。

🖧 技术与管理者的工作：未来的办公室

未来的办公室在某些方面仍有可能与今天的办公室相似。也就是说，可能不会有机器人乘着气垫飞行器或其他自动运载工具投递邮件，然而，大多数变化可能会发生在沟通的方式上。[27] 员工将依赖多种沟通渠道，如社交网络、短信、即时通信、移动技术以及各种可让员工直接相互联系的应用程序，智能手机将会像现在的大型机一样强大，员工可以随时进行大量的计算。软件将能够跟踪员工的位置，然后将这些数据与当前项目的信息相结合，并发掘潜在的合作者。电子邮件的受欢迎程度可能会下降，主要是因为其他沟通渠道更快、更流畅、更直接。

超过 83% 的管理者正在使用移动技术来改善与员工的沟通。[28]

准确预测明天的技术是不可能的。但是，一些模式似乎正在逐步形成。例如，多种功能融合于一个设备，这很可能使员工将来只要携带一件产品，就能享用电话、短信、互联网接入、摄像头、电话会议和语言翻译等多种功能。人们可以用它阅读电子文本的提案、法律文件、新闻或几乎其他任何文献。它不需要键盘，而是通过语音命令进行操作。它也可能不是手持设备，而可能是一件类似于将阅读放大镜和耳机结合起来的东西。你可以通过看起来像普通的阅读放大镜的镜片来阅读文件，而耳机或麦克风又可免去你手捧文件之烦。谷歌眼镜就是这种可穿戴技术的一个例子。[29] 然而，随着这类技术变得越来越普遍，各个组织将不得不解决信息安全的使用问题和可能出现的法律困境。

技术带来的另一个结果将是商务旅行的大幅度减少。计算机中介组件的改进将使个人能够在模拟面对面互动的环境中举行会议。在这些设置中，实时翻译将被记录下来并显示在屏幕上，远程会议将能够听到和看到翻译出来的词句。

讨论
- 你认为使用技术进行交流更多的是一种帮助还是一种阻碍？请解释。
- 可穿戴技术在工作场所会产生什么问题？你认为管理者需要做些什么来处理这些问题？

13.3 当今管理者面临什么样的沟通问题

脉冲午餐（Pulse Lunches）是全马来西亚的花旗银行（Citibank）管理者过去常用来解决客户忠诚度下降、员工士气衰退和员工流动率增加等紧迫问题的场合。通过在非正式午餐环境中与员工交流，倾听他们关心的问题（即给员工把脉），管理者因而能够改变不利现状，使客户忠诚度和员工士气上升近 50%，员工流动率几乎降为 0。[30]

在当今的组织中做一个有效的管理者意味着与他人交流，最主要的是与员工及客户交流，但实际上是要与组织中的任何一个利害相关者交流。在这一部分中，我们将探讨 5 个对当代管理者具有特别意义的沟通问题：在互联网世界中管理沟通、管理组织的知识资源、与客户沟通、让员工提供信息和符合伦理地沟通。

13.3.1　如何在互联网世界中管理沟通

拉斯·达尔加德（Lars Dalgaard）是人力资源管理软件公司 SuccessFactors 的创始人和董事长，最近他给他的员工发了一封邮件，禁用内部邮件一星期。他的目的是什么？是要让员工彼此真诚地交流问题。[31] 不仅仅他一人如此，其他公司也有做过类似的事情。如我们在前面所说，邮件会耗费员工的时间，即使员工知道那是文本化的广告（intexticating），但很难忽略它们。邮件仅是互联网世界的沟通挑战之一。最近一项研究发现，在大企业中，20% 的员工表示他们会定期浏览和使用博客、社交网站、维基和其他网络应用。[32] 惨痛的经历和教训让管理者意识到这些新技术形成了特别的沟通挑战，其中两个主要的挑战就是法律和安全问题、缺乏个体互动。

这个大受欢迎！

---

1. 法律和安全问题

雪佛龙公司花了 220 万美元来摆平一个性骚扰法律纠纷，引起该纠纷的原因是一个员工用公司邮件发了一个不恰当的笑话。由于员工发了一封邮件称公司的竞争者西部规划协会（Western Provident Association）陷入了财务危机，英国公司诺威治联合（Norwich Union）花了 45 万英镑与西部规划协会达成庭外和解。全食超市（Whole Foods Market）因其 CEO 约翰·麦基（John P. Mackey）用笔名在博客上攻击其竞争对手野燕麦有机超市（Wild Oats Markets）而被美国联邦管理局和公司董事会调查。[33]

尽管邮件、博客、微博和其他线上沟通方式非常便捷、简单，但管理者应当意识到若运用不当会带来的潜在法律问题。电子信息在法庭上是极有可能被采纳的。比如在安然舞弊案中，检察官将一些可以证明被告人欺骗投资者的电子邮件和其他文档呈上法庭。一位专家表示："如今，邮件与即时信息是如同 DNA 证据一般的电子等价物。"[34] 但法律问题不是唯一的问题，安全问题也需重视。

一项关于对外发送邮件及其内容安全性的调查显示，26% 的受访公司的业绩曾受到敏感信息或尴尬信息暴露的影响。[35] 管理者需要确保机密信息是保密的。不管是无意还是有意，员工的邮件和博客都不能传播公司的专有信息。公司的计算机和邮件系统应受到保护，免受黑客（未经授权就试图进入计算机系统的人）袭击和垃圾邮件（垃圾电子邮件）困扰。要想获取沟通技术带来的好处，这些问题都需要管理者重视。

2. 个体互动

在我们生活和工作所处的互联网时代，也可称为社交媒体时代，另一个沟通挑战就是缺乏个体互动（personal interaction）。[36] 即使两个人面对面交流，彼此理解也不是一件易事。当我们在虚拟环境中沟通时，双方彼此理解并合作完成工作就更加困难了。为此，如我们早前所说，一些公司在某些特定的工作日禁用邮件，一些公司鼓励员工多一些当面合作。然而，有些时候和有些情况下，个体互动不太可能，如同事在不同的洲甚至在全球不同的地方工作。在这些情况下，实时的合作软件（如维基私人工作场所、博客、即时信息和其他群组软件）会是比发邮件更好的沟通选择。[37] 与压制不同，一些公司鼓励员工利用社会化媒体进行工作上的合作与建立紧密联系。这种趋势对于那些善于利用这种沟通方式的年轻工作者更有吸引力。一些公司甚至已经建立了公司内部的社交媒体，如星传媒体集团（Starcom Media Vest Group）的员工接入 SMG 连接（SMG Connected）来查看同事的简介，从中可以了解他们的工作情况、他们喜欢的品牌以及他们的价值观。公司的一个副总经理表示："让我们的员工在世界范围内连接到互联网很重要，因为他们以往就在这样做。"[38]

爱尔兰都柏林的 IBM 员工利用内部社交媒体与世界各地 IBM 办事处的同事进行沟通和合作。他们使用 IBM 连接系统（一个社交网络平台）和 Sametime 8.5.2 系统（IBM 内部即时信息系统）分享知识、改进决策和加速创新。

员工和社交媒体

77% 的人说他们使用社交媒体与同事建立联系。

35% 的人认为社交媒体破坏了工作关系。

61% 的受访者表示，社交媒体带来了新的或更好的工作关系。

32% 的人说他们使用社交媒体来改善与工作相关的方案或解决问题。[39]

13.3.2　知识管理如何影响沟通

创造一个有益于学习和有效沟通的环境，以及提高整个组织的学习能力是管理者责任的一部分。这必须在所有领域由低层向高层扩展。管理者如何做到这一点？一个重要步骤是理解知识作为重要资源的价值，就像现金、原材料或办公设备一样。为了说明知识的价值，想想你该如何完成大学课程吧！你与选过某位教授课程的其他人讨论过吗？你听取了他们有关此人的经验，并依据他们所说的（他们在此方面的知识）做出你的决策了吗？如果你这么做了，你就利用了知识的价值。但是在组织中，仅仅认识到知识和智慧积累的价值还不够。管理者需要有意识地管理知识基础。**知识管理**（knowledge management）需要培养一种学习文化，在这种文化中，组织成员系统地汇聚知识并与组织内其他人共享，以便获得更好的绩效。[40] 例如，世界五大专业服务企业之一安永公司的会计师和咨询师将他们做得最好的工作、曾经处理的非正常问题，以及其他工作信息记录下来。这种"知识"通过计算机进行申请，并通过全公司内定期见面的兴趣小组团体与全部员工共享。其他许多组织，比如通用电气、丰田、惠普，已经意识到在学习型组织中知识管理的重要性（参见第 6 章）。现在，组织获得的技术使得知识管理可以改善和促进组织的沟通与决策。

13.3.3　什么与管理组织的知识资源有关

卡拉·约翰逊（Kara Johnson）是产品设计公司艾迪欧（IDEO）的材料专家（material

expert）。为了更容易地找到合适的材料，她建立了一个材料样本的图书馆，这些样本被连接到一个解释材料属性和制作工序的数据库中。[41] 约翰逊现在做的就是管理知识，让艾迪欧的其他员工更简单、便利地学习和利用她的知识。这就是当今管理者管理组织的知识资源时所需要做的：让员工更简单、便利地交流和分享他们的知识，使他们可以互相学习到更有效的工作方法。组织管理知识资源的其中一种方法就是建立线上信息数据库并向员工开放。例如，小威廉·里格利公司（William Wrigley Jr. Co.）开发了一个交互性网站，这个网站可以让销售代理获取市场数据和其他产品信息。销售代理可以向公司专家提关于产品的问题，也可以搜索线上的知识库。在第一年，里格利预计可以为销售人员减少 15 000 小时的搜索时间，使他们工作更有效。[42] 这个例子和其他很多例子一样，表明管理者可以用沟通工具来管理组织中宝贵的知识资源。

除了分享知识的线上信息数据库，公司可以建立实践社团（communities of practice）。在这里，人们分享共同关心的问题或对某一话题的热爱，并通过持续的互动不断深化其在这些领域的知识。要使这些社团真的起作用，通过运用必要的工具（如交互性网站、邮件和视频会议）进行沟通以维持较紧密的人际互动是很重要的。此外，这些社团面临着和个体一样的沟通障碍，比如过滤、情绪、自我保护和信息过载等。但是，这些社团可以用我们前面讨论的方法来解决这些问题。

13.3.4　沟通在客户服务中扮演着什么角色

你做过很多次消费者，实际上，你可能发现自己一天会接受好几次客户服务。那么，在沟通方面，客户服务需要做些什么呢？答案是需要做的有很多。沟通内容和沟通如何展开对客户在服务上的满意度和成为回头客有极大的影响。在服务型组织中，管理者需要确保和客户接触的员工能恰当、有效地与客户沟通。如何做到这一点呢？首先，要识别出在任何服务传递过程中的三大要素：客户、服务组织和个人服务提供者。[43] 每个要素都对沟通是否有效很重要。显然，管理者无法控制客户的沟通内容和沟通方式，但是管理者可以影响其他两个要素。

一家有强烈服务文化的公司重视照顾好它的客户：发现他们的需求、满足他们的需求，并且确保客户满意地实现了其需求。这里的每一个活动都包含沟通，不管是面对面沟通、打电话、发邮件或者其他方式。此外，沟通是组织追求的定制客户服务战略中的一部分。很多服务型组织使用的一种战略是个性化服务。例如，丽思·卡尔顿酒店不仅仅给顾客提供干净的床和房间，曾在此酒店住过的顾客表示额外的枕头、热巧克力或者特定品牌的洗发水等物品对他们很重要，而这些物品就在他们入住的房间等候他们。酒店的数据库使得酒店的个性化服务符合顾客的期望，而且酒店要求所有员工互相沟通与服务条款相关的信息。如果一个楼层服务员听到顾客计划庆祝周年纪念日，他应传递这个信息以便酒店提供相应服务。[44] 沟通对于酒店的顾客个性化服务战略非常重要。

Facundo Arrizabalaga/EPA/Newscom

沟通对伦敦的大都会银行（Metro Bank）而言是其客户服务战略中很重要的一部分。知道沟通是怎样发生的对于客户满意度有很重要的影响，银行希望所有员工都能以微笑和友好的问候、接待客户，并教导员工如何用热情、礼貌和尊重对待客户。

沟通对个人服务的提供者或者联系的员工也非常重要。客户和负责联系的员工之间的沟通质量会影响客户的满意度，特别是在服务接触不符合客户预期的时候。[45] 在一线参与关键服务接触的员工经常是第一个听到或注意到服务失败或者出问题的人，他们必须决定在这些事情发生时如何与客户沟通、沟通什么内容。他们的积极倾听和与客户恰当沟通的能力对这一情形是增加客户满意度还是不受控制发展下去有很大影响。如果服务提供者不能亲自获取信息，组织中应有其他渠道确保信息的获取简易快捷。[46]

13.3.5　如何让员工提供信息和为什么要这样做

诺基亚的内部网肥皂盒，即人们熟知的博客中心，开放给了全球的员工博主。在那里，员工抱怨其雇主，而不是默不作声。诺基亚的管理者希望员工"开火"。他们将诺基亚的成长和成功归功于"鼓励员工说出想法的传统以及对好创意随之而来的信念。[48]

在当今极富挑战性的环境中，公司需要让员工融入。你曾在有员工建议信箱的公司工作过吗？当员工对做某一工作有了新的想法，如减少费用和改善交货时间等时，他可以将这个建议投递到信箱中，直到负责的同事清理这个信箱并处理这个建议。商务人士经常笑话这个箱子，漫画家讽刺将想法放到建议箱中是徒劳的。不幸的是，在很多组织中，对待建议信箱的这种态度依然存在。事情不应该是这样的。管理者在当今世界经营企业，他们无法承受因忽视这些具有潜在价值的信息而带来的损失。表 13-3 展示了一些让员工感到他们的意见很重要的一些方法。

道德观察

你想发泄一下对你老板或者你公司的不满吗？现在，有一些应用程序可以做到这一点，比如 Yik Yak、Whisper 和 Memo 等。[47] 在这些应用程序中，使用者上传关于他们老板的匿名信息。给予和接受反馈对于员工和管理者来说是一个重大的挑战。的确，为员工提供机会让他们可以如实地说出其对管理者和工作场所的看法是值得称道的事情。但是，为员工提供平台让他们只以匿名方式发表意见的应用程序能解决问题吗？

讨论

- 这些让员工发表匿名反馈意见的应用程序如何使员工和管理者受益？
- 这些应用程序可能导致什么样的道德困境？

表 13-3　如何让员工感到他们的意见很重要

- 举行全员大会，分享信息和寻求融入
- 提供正在进行的事情的信息，好的与坏的一并提供
- 投资培训，让员工知道他们会如何影响顾客体验
- 管理者和员工共同分析问题
- 采用不同的方式（线上、建议信箱和预先印好的卡片等）使员工更简便地给出自己的意见

资料来源：Robbins, Stephen P., Coulter, Mary, *Management*, 13th Ed., © 2016, p. 421. Reprinted and electronically reproduced by permission of Pearson Education, Inc., New York, NY.

13.3.6　为什么管理者要关注沟通的道德

> 15% 的员工说他们希望他们的经理能够提高他们的沟通技巧，特别是在清晰度和透明度方面。[49]

组织沟通符合伦理非常重要。符合道德的沟通（ethical communication）是指包含所有相

关的信息，并且在各种方面都是真实的，不带任何欺骗成分。[50] 相反，不道德的沟通（unethical communication）经常扭曲真相或者误导受众。公司所采用不道德的沟通方法有哪些？公司省略某些必需的信息，例如不告诉员工公司将要进行并购，部分员工将丢掉工作，这是不道德的沟通方式。剽窃，即将他人的话或者其他创造性产品作为自己的予以展示，也是不道德的。[51] 选择性的错误引用（selectively misquote）、歪曲数据、扭曲视角、不尊重他人隐私或者信息安全需要也都是不道德的。例如，尽管英国石油公司（British Petroleum）努力公开及真诚地与公众沟通墨西哥湾漏油事故，但公众感觉到该公司的大部分沟通是不符合道德的沟通。

那么，管理者如何鼓励符合道德的沟通呢？一种方法是建立清晰的道德行为指引，包括符合道德的商务沟通。[52] 国际商业交流者协会（International Association of Business Communicators）的一项全球调查发现，70% 的专业沟通人员（communication professionals）表示公司清晰地定义了什么是符合道德的行为、什么不是。[53] 如果还没有一个清晰的指导，那么回答下列问题就很重要。

- 这种情形已经被公平、准确地定义了吗？
- 为什么这个信息需互相沟通？
- 那些可能会被这个信息影响的人和那些接收到这个信息的人将会受到怎样的影响？
- 信息是否可以在帮助实现最大好处的同时将坏处降至最低？
- 目前符合道德的信息在将来也符合吗？
- 你对自己目前沟通活动的满意程度如何评价？一个你敬重的人将如何看待你的努力？[54]

作为一名管理者，记住你有责任全面考虑你的沟通选择和这些选择所带来的后果。如果你能谨记这一点，你很有可能做到符合道德的沟通。

本章概要

1 描述管理者需要了解沟通的哪些方面。

沟通是意思的传递与理解。沟通过程有 7 个要素。首先沟通需要有信息发送者或信息源。信息需要有传送的目标。编码是将信息转化为符号。渠道是信息传送的媒介。解码是接收者将发送者的信息进行再次翻译。最后，反馈使发送者知道沟通是否成功。有效沟通的障碍包括过滤、情绪、信息过载、自我保护、语言和民族文化。管理者克服沟通障碍的技巧包括使用反馈、简化语言、积极倾听、克制情绪和观察非语言信息。

2 解释技术如何影响管理沟通。

信息技术已经彻底改变了组织成员的沟通方式。它改进了管理者监控业务活动执行的能力；允许员工拥有更加完整的信息来更快地决策；为员工合作和共享信息提供了更多的机会；使人们无论何时何地都能进行充分的沟通。信息技术通过网络计算机系统、无线技术对管理沟通产生了极大的影响。

3 讨论当代沟通问题。

在互联网时代，管理沟通的两个主要挑战为法律和安全问题以及缺乏个体互动。

组织可以通过让员工更简单、便利地交流和分享他们的知识来管理知识，使得他们可以互相学习以便更有效率地工作。一种方法是通过线上信息数据库，另一种方法是通过建立实践社团。

和顾客沟通是一个重要的管理问题，因为沟通的内容和方式会显著影响顾客对服务的满意度和成为回头客的可能性。

对组织而言，从其员工中获取信息是很重要的。这些有潜在价值的信息不应该被忽视。

最后，组织的沟通符合道德这一点是很重要的。通过清晰的指引和回答一些能迫使沟通者思考经过沟通所做出的选择及其所带来的后果等问题，有利于鼓励大家进行符合道德的沟通。

复习思考题

13-1 在工作环境中，你认为哪一种沟通方式最有效？为什么？

13-2 说明为什么有效沟通不是沟通双方意见一致的代名词。

13-3 你认为准确讲话与积极倾听哪个对管理者更为重要？为什么？

13-4 "沟通无效是发送者的错误。"你同意这个说法吗？为你的观点提供支持证据。

13-5 信息技术是否有助于管理人员更有效率和效果地进行沟通？为什么？

13-6 管理者如何利用传言为自己服务？说明你的观点。

13-7 研究一个良好沟通者的特征，将你的发现写成表格形式的报告，并引证资料的出处。

13-8 讨论管理者所面临的当代五大沟通问题。

13-9 记录下你一天中观察到的他人的非语言沟通。你观察到了哪些类型？非语言沟通与同步发生的语言沟通总是一致的吗？描述一下。

13-10 沟通有什么作用？

13-11 描述沟通的三大障碍，管理者应如何克服这些障碍？

管理技能建设：成为一个好的倾听者

比起倾听，大部分人更喜欢说话。实际上，人们开玩笑说，倾听是我们付出的让他人听我们说话的代价。如果管理者要做好他的工作，那他一定要成为一个有效的沟通者。有效沟通的一部分是传达清晰易懂的信息。但有效沟通同样包括用积极倾听的技巧去准确解读他人的信息。

个人评估清单：沟通方式

你使用什么类型的沟通方式？使用这份个人评估清单，了解更多关于你的沟通方式，这样你就可以成为一个更好的沟通者。

技能基础

很多人都对倾听技巧不以为然，但其实他们把"听"误以为是"倾听"。听仅仅是知道声带震动，而倾听则使我们所听到的内容具有意义。倾听要求集中注意力、解释并且记住所听到的信息。积极倾听很困难，并且要求倾听者如同置身于讲话者的脑海中一般，以便能够从他的角度理解问题。

这里有 8 个关于积极倾听的技巧，使用这些技巧可以提高积极倾听的效率。[55]

- **眼神接触**。我们可能常常使用耳朵来听，但其他人可以通过看我们的眼睛来判断我们是否真的在倾听。
- **肯定地点头和适当的面部表情**。有效的积极倾听者会通过非语言信息来表示他们对讲话者的内容感兴趣。
- **避免分散注意力的动作和手势**。当你

在倾听的时候，不要看手表、揉纸、玩笔或者进行类似的分散注意力的动作，这些动作会使得讲话者以为你觉得很无聊或者对内容不感兴趣。

- **提问题**。明断的倾听者会分析他所听到的并提问题。这种行为能够确保你理解对方的话并告知讲话者你真的在倾听。
- **用自己的话重述**。用自己的话重述讲话者所说的内容。有效的积极倾听者会使用诸如"我听到你所说的是……"或者"你的意思是……"等句子来复述。用自己的话改述讲话者的内容是一个检查你是否真的在倾听以及理解准确度的有效控制方式。
- **避免打断讲话者**。在做出回应前，让讲话者完整地表述他的想法。不要试图预测讲话者的想法。
- **不要说太多**。大多数人都倾向于表达我们自己的想法而非倾听别人说话。尽管说话会更有趣而沉默会很让人觉得不舒服，但你不可以同时说话和倾听。好的积极倾听者能够清楚地意识到这一点，他们不会说太多的话。
- **在倾听者和讲话者两个角色中平稳过渡**。在大多数工作情境中，你会不停地在倾听者和讲话者两个角色中频繁切换。有效的积极倾听者可以做到在这二者中的平滑切换。

技能应用

分成两组，进行辩论。A可以随便选择一个当代的话题，如商业伦理、联盟价值、更严厉的大学等级制度、金钱激励等。B选择一个角色，A则自动为反面角色。这个辩论持续8~10分钟，只有一个回合。在一个人说话前，另一个人必须先总结对方说的话，而且只能用自己的语言，不能做笔记。如果他总结的内容不能使对方满意，则继续，一直修改到正确为止。

实践练习：办公室谣言

公 司：斯通、哈特威克与米勒人才管理联盟
收件人：克里斯·理查德
发件人：达纳·吉布森
主 题：办公室传言

克里斯，我需要你的一些建议。你知道，我的部门和部门的所有员工将从洛杉矶搬迁到达拉斯。由于竞争的原因，我们要对此消息保密。然而，我的一个员工昨天私底下询问我她听到的一个传言，即搬迁将要开始进行。我没有直接回答她的问题，但我担心这个办公室传言会散播出不恰当的信息，从而影响士气和工作效率。我现在该怎么做呢？如果是你，又会怎么做呢，请尽快给我些书面的回应（请用密送形式）。

注：文中提及的公司和信息都是虚构的，只是为了教学目的而设，并不是对那些同名公司的管理实践进行正面或反面的披露。

应用案例 13-1

社会的福音还是灾难

推特的优缺点。

"Tweets、Twittering"，早在2006年以前，我们对于这些词唯一的定义是鸟及其叫声。现在，每个人都知道，推特还是一种线上服务，用于在网络、电话和其他设备上交流不多于140字的短信。推特现有5亿注册用户，每天发出4亿条推特信息以及每天有16亿次问题搜索。[56]根据推特的创建者（多尔西、斯通和威廉姆斯），推特可以是很多东西：信息服务商、满足顾客需求的客服工具、实时搜索引擎以及微博客。数据显示，推特变得越来越流行。

推特在一个领域里很流行，这就是运动领域，尤其是在大学的运动领域。例如，内布拉斯加大学（University of Nebraska）的橄榄球教练迈克·莱利（Mike Riley）深知即时通信的力量，他使用推特来让球迷了解最新情况。密西西比大学的休·弗里兹（Hugh Freeze）教练是很早就使用社交媒体的人，他通过社交媒体来招聘新成员。他发现推特是一种简单有趣的沟通方式，可以向粉丝、校友和其他喜欢使用Twitter的人快速传递信息，还可以让球队的工作人员和潜在的招聘对象便捷地交流。美国全国大学生体育协会（NCAA）对于潜在的新人和教练之间的直接接触有着相当严格的规定，但这些规定对于直接的信息传递是无限制的。然而，教练仍很谨慎，唯恐违反招聘规定。因此，由于可使用推特来说明招聘目标，教练可以间接地分享招聘信息而不用说出名字。[57]

然而，很多大学教练都在监控甚至禁止运动员使用社交媒体，因为如果球员在推特上发表的评论会对学校产生负面影响、冒犯球迷或可能违反NCAA的规定，那么就有可能引发意想不到的问题。以下是一些因推特而引起的不幸事件：一个西肯塔基大学（Western Kentucky University）球队的跑锋因为在推特上发表了对球迷的批评性话语而被禁赛；

NCAA 根据一名球员的推文进行调查，取消了 15 个足球奖学金获得者的获奖资格；里海大学球队（Lehigh University）的一名外接手因为在推特上发表了种族诋毁言论而被禁赛。我们甚至可以看到在伦敦奥运会上，推特也导致了意外事件：一个希腊的三级跳远运动员因为发表了带有种族歧视色彩的推文被禁止参加奥运会。这确实是管理者（比如教练和管理人员）试图控制信息流动的一个充分理由。但禁止使用就能解决问题吗？一些分析人员认为并不是这样的。他们指出，那些制定规则的人不了解社交媒体究竟是什么，也不知道它作为营销和招聘工具的价值，他们有必要好好了解第一修正案的权利部分（其中一部分包括言论自由）。许多大学并未禁止运动员使用社交媒体，但雇用公司监控他们发布的内容。这势必要求运动员允许监视的公司访问他们的账户，有人称这是侵犯隐私权的行为。但随着时间的推移，社

交媒体上的交谈和聊天正变得越来越普遍，也越来越受期待。到索契奥运会开幕时，社交媒体已经改变了奥运新闻和观点的传播方式。[58]

讨论题

13-12　大学使用社会化媒体与学生、潜在的学生、校友、捐赠者等利害相关者进行交流的优缺点有哪些？

13-13　你认为使用社交媒体的障碍会越来越多还是越来越少？请探讨。

13-14　管理者应该做些什么以保证他们使用社会化媒体时能够有效地沟通？

13-15　看到某些大学所设置的规定，你认为企业是否应该对员工在使用社会化媒体方面制定规则？你认为需要什么类型的规则？尽可能具体化。

13-16　你在使用社交媒体时有过哪些好的或不好的经历？根据你的经历，你对管理者和企业有什么建议？

应用案例 13-2

禁止电子邮件 + 禁止语音邮件

什么是组织沟通所必需的？

据估计，平均每个企业用户每天发送和接收约 112 封电子邮件。[59] 这大约相当于每小时 14 封电子邮件，即使其中的一半不需要太多的时间和精力，但这个数量的电子邮件也会带来压力，并导致无效的时间。曾经被认为节约时间的电子邮箱是否已成了负担？语音邮件怎么样呢？电话信息对组织沟通而言是必需的吗？这些问题迫使许多组织更仔细地了解如何传递信息。

几年前，美国移动电话公司的执行副总裁每周五都会实施电子邮件禁令。他在备忘录中宣布了一项要求员工改变的命令：要他们走出办公室，与同事进行面对面的交流，而不是坐在那里发电子邮件。这项指令受到强烈的抵触。一名员工当着他的面说他不知道员工得做多少工作，也不知道使用电子邮件会使工作何等的轻松，但最终员工同意做出改变。由于必须使用电话，结果一位员工发现，他原以为

远在国外的同事正站在离他不远的大厅的另一边。如今，其他高管也发现了禁止使用电子邮件的好处。

游戏开发公司 Arkadium 的创始人兼总裁杰西卡·罗韦洛（Jessica Rovello）将电子邮件形容为"一种商业注意力缺失症"。她发现自己及其员工会停下手中的任何工作，第一时间处理收件箱中的邮件。她决定每天只查看电子邮箱 4 次，并且关掉邮件通知。全球公关公司万博宣伟（Weber Shandwick）的高管蒂姆·弗莱（Tim Fry）花了一年时间，准备让员工"戒除"电子邮件系统。他的目标是大幅度减少员工发送和接收电子邮件的数量。他首先采用公司办公室之间的沟通系统，该系统已成为一个内部社交网络，具有 Facebook、工作组协作软件和员工公告栏诸多要素。欧洲最大的 IT 公司源讯（Atos）的负责人蒂里·布雷顿

（Thierry Breton）宣布了一项"零电子邮件政策"，以一项更像 Facebook 和推特二者合在一起的服务取代电子邮件。

组织沟通选择中首当其冲的是语音信箱。在削减成本的压力下，摩根大通、花旗集团和美国银行等几家大型金融机构正在放弃电话语音邮件。一些公司高管解释他们的行为时提到，现实中很少有人再使用语音邮件了。然而，问题仍然存在：客户是否仍然希望能够与他们的财务顾问保持语音联系？

讨论题

13-17　你对此有何看法？你认为电子邮件和语音邮件在工作场所是无效的吗？

13-18　你对普通员工每天收到的电子邮件数量感到惊讶吗？处理大量电子邮件的挑战是什么？你每天收到多少封电子邮件？你的电子邮件数量增加了吗？你必须改变电子邮件习惯吗？

13-19　你对有些公司正在使用的电子邮件"替代品"——社交媒体工具有什么看法？在哪些方面，它可能更好？在哪些方面可能更糟糕呢？

13-20　客户服务在选择采用哪种组织沟通方式方面扮演什么角色？

应用案例 13-3

传达坏消息

明智地选择渠道！

管理者/高管总是很难办的事就是向员工传达坏消息。因此，这就更有必要仔细考虑这些情况。[60] 然而，并不是所有的首席执行官都能这样做！下面是最近的几个例子。看看你会有什么想法！

- IBM 首席执行官罗睿兰（Ginni Rometty）在收到令人失望的收益报告之后，通过一条 5 分钟的内部视频，公开训斥该公司的 43.4 万名员工。她特别斥责销售人员错过了几笔大生意。当媒体听到这个消息时，许多人说这是公开打脸。[61]
- 美国在线（AOL）的首席执行官蒂姆·阿姆斯特朗（Tim Armstrong）在电视网络财经频道（CNBC）上透露了公司决定减少雇员 401K 养老金缴存额度（401K 计划是美国从 20 世纪七八十年代开始发展的一种社会保障和养老金体系）的消息。在把这个决定告知华尔街之后，阿姆斯特朗才举行全公司员工参与的电话会议，讨论这件事情并解释其原因。员工在推特和其他社交媒体网站上抗议公司"秘密"削减

福利。阿姆斯特朗试图将这一改变归因于新的联邦医疗法以及与 AOL 员工"两个痛苦的婴儿"有关的医疗费用。他的这一说法犹如火上浇油，使事态进一步恶化。在经历一周的负面舆论压力后，阿姆斯特朗通过电子邮件告诉员工，他将撤销原有的决定，并为自己引发争议的言论道歉。[62]

- 福特汽车（Ford Motor）芝加哥组装厂约 90 名工人收到一条自动电话留言，说他们刚刚被解雇了。[63]

尽管以上提及的每一个管理者可能都认为他们在做正确的事情，但他们所做的选择导致了他们意料之外的结果。

讨论题

13-21　你对这些场景中发生的情况有什么印象？这些场景中的管理者是否有效地进行了沟通？为什么？

13-22　对于每一个场景，讨论如何以更好的方式传达信息。

13-23　在这些情况下，如何使用道德沟通准则？

13-24　从上面的事例中，其他管理人员对沟通或错误沟通有了哪些了解？

PART5

第五篇

控 制

控制的基础

管理偏见

没有人员流失是
管理者优秀的标志。

　　员工离职率高的公司几乎很难有效运转，但离职率低也不见得是特别好的事情。没有人员流失的情况往往意味着管理者安于现状不思进取，对员工差强人意的业绩听之任之。有效的组织控制制度会激励管理者发现和辞退勉强合格的员工。只有当应当离开的人——业绩最差的那些人离开了，然后，低水平的员工离职率才是值得称道的。

　　控制是管理过程的最后一步。管理者必须对是否有效完成了在计划过程中制定的目标进行监控，这是他们在控制时从事的工作。正确的控制能帮助管理者找到绩效差异和可改进的领域。活动并非总是按计划进行，而这正是控制如此重要的原因。在本章中，我们将审视控制的基本要素，包括控制过程、管理者使用的控制类型，以及当代控制问题。

学习目标

1. 解释控制的性质与重要性。
2. 描述控制过程的 3 个步骤。
3. 讨论组织和管理者使用的控制类型。
4. 讨论当代控制问题。

14.1　什么是控制以及它为何重要

"救助"（bailout）是一个有魔力的单词，它使达美乐比萨（Domino's Pizza）损失了 11 000 个免费比萨。公司为一次考虑过的广告行动准备了一份网上优惠券，但该行动未获批准。然而，当有人将"救助"键入达美乐比萨的促销指令视窗时，发现可以得到一份免费的中号比萨，于是这个单词在网上如野火般流行开来。有时不知怎么的，缺乏控制会耗费企业大量的时间。[1]

14.1.1　什么是控制

你怎么知道一个控制制度是有效的？就看目标是否得以实现！

控制（control）是一种管理职能，它涉及对活动进行监督，以确保活动得以按计划完成，并能够纠正任何明显的偏差。管理者在评估哪些活动已完成，并且把实际绩效与期望标准进行比较前，是无法真正知道他们的工作团队是否正确运作了的。一个有效的控制系统能确保活动的完成有利于组织目标的实现，其有效性取决于它促进目标实现的程度。越能帮助管理者实现组织目标的控制系统就越好。

14.1.2　控制为何重要

- 丹佛铸币厂（Denver Mint）的印刷机操作员发现了一个错误：5 台印刷机中有一台印出的威斯康星州 25 美分的硬币上多出了一片朝上或朝下的叶子。他停下了机器，出去吃饭。当他返回时，看到机器正在运转，于是认为已有人修改了机器中的模具。然而，经过例行检查，机器操作员发现模具没有变。错误的印刷进行了一个多小时，上万枚缺陷硬币与无瑕疵的硬币混在一起，难以分辨。多达 50 000 枚缺陷硬币进入了流通，引发了硬币收集者的购买狂潮。[3]
- 至少有 400 万份联邦政府雇员的个人数据记录被黑客入侵获取。这些黑客试图获取他们的社会安全号码以及其他个人信息。[4]
- 在新墨西哥州的一个核废料储存库里，发生了一起放射性物质的泄漏事故，而一份报告指责相关管理者未能"理解和控制风险"。[5]
- 在食品中发现了包括牙齿和塑料等物品之后，麦当劳日本公司已经向顾客道歉，并承诺将更好地控制产品安全。[6]

> ### 🌐 道德观察
>
> 下面这种做法被称之为"负罪行走"（walk of shame）：管理者让自己的员工戴着手铐在商店里走动，以此来警醒他人不要再出现盗窃或做出其他违法行为。[2] 在加利福尼亚州帕萨迪纳市的一家塔吉特商店里，一名从未被指控犯罪的员工就受到了戴手铐工作的羞辱，尽管他后来被"释放"了。然而，该事件中产生的情绪困扰导致这个员工后来自杀。事件公开后，塔吉特公司其他商店的员工也纷纷道出他们曾亲眼看见或者体验这种屈辱的经历。可是塔吉特公司否认它有这样的政策。该公司也没有提供详细说明当员工发生涉嫌盗窃或其他可能的违法行为后，管理者应当如何处理这些问题。
>
> #### 讨论
>
> - 你认为该公司的这项举措会带来积极作用还是消极作用？请讨论。
> - 一个组织该如何确保它在控制员工行为和实现组织目标方面能够符合相关道德标准？

- 在发生了有关嘉年华公司游轮的一系列负面报道之后，公司加快了其维修计划。[7]
- 沃尔玛网站上的一个技术错误导致某些产品的定价变得特别低（例如，一台跑步机售价 33 美元）。这个技术错误并不是黑客攻击的结果，而是一个内部的小型技术故障，但很快得到纠正。[8]
- 服装退货欺诈使美国零售商每年损失近 90 亿美元。为了解决这个问题，许多高端零售商已经开始在礼服和其他昂贵的服装的显眼位置上放置大尺寸黑色塑料标签。[9]
- 所有快餐连锁店都不希望它的员工在后厨做出一些令人恶心的事情，但是社交媒体在网上曝光的照片和视频显示：塔可钟（Taco Bell）的一位员工正伸长舌头舔一沓玉米卷，温迪（Wendy）的一位员工正俯身在冰激凌制作机下面大口吞食冰爽的美味，多米诺比萨（Dominos Pizza）的一位员工正以不堪入目的肮脏行为制作食物。[10]

77% 的高管表示，组织的最大威胁来自组织内部。[11]

你现在知道为什么控制是一项如此重要的管理职能了吗？我们能够制订计划，设计组织结构以有效促进目标的实现，并通过有效的领导来激励员工。然而，我们无法保证活动正如事前计划的那样进行并达到员工和管理者为之工作的目标。因此，控制非常重要，因为它是管理者了解组织目标是否实现（如若没有，原因何在）的唯一方式。控制职能的价值存在于以下 3 个具体的领域中。

1. 计划

在第 5 章中，我们曾指出，计划的基础是向员工和管理者提供方向明确的目标。然而，仅仅确定目标或让员工接受目标并不能保证他们会采取必要的行动。正如老话所说："精心准备的计划常常出岔子。"有效的管理者接下来必须进行追踪以确保员工采取了期望的行动，并实现了应该实现的目标。作为管理过程的最后一步，控制与计划存在重要联系（见图 14-1）。如果管理者不进行控制，他们就无法了解目标与计划是否实现，以及未来该采取什么行动。

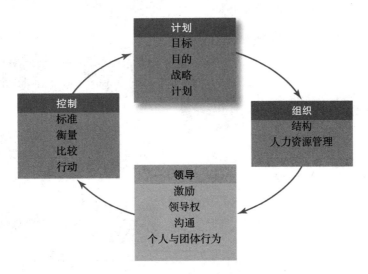

图 14-1 计划—控制链

2. 向员工授权

使得控制重要的第二个原因是向员工授权。很多管理者不愿向员工授权，因为他们担心会出错，并会为此承担责任。但有效的控制系统可以提供关于员工绩效的信息和反馈，使出现潜在问题的可能性降到最低。

3. 保护工作场所

管理者实施控制的最后一个原因是为了保护组织及其资产。[12] 组织面临着很多威胁，包括自然灾害、财务压力与丑闻、工作场所暴力、供应链崩溃、安全漏洞，甚至可能的恐怖袭击。管理者必须在这些可能发生的情况下保护组织的资产。全面的控制和支持计划将确保对工作造成最小的破坏。

媒体和公共信息经理约翰·贾马森（John Jamason）正在对棕榈滩县紧急行动中心（Emergency Operations Center）社交媒体监控室的工作人员讲话。Facebook和推特等社交媒体帮助该中心追踪和监控暴风雨肆虐时的信息，以便陷入困难的人们能及时得到帮助。

14.2 管理者如何从事控制工作

当玛金·富恩特斯（Maggine Fuentes）加入总部在俄亥俄州的核心系统公司（Core Systems）任人力资源经理后，她知道自己的首要任务是减少公司远远高于行业平均水平的员工伤害事故数量。公司的员工伤害事件数"猛增，超过了行业平均水平"。伤害事件的高发率和严重程度不但影响了员工士气，而且导致工作时间减少，影响了利润。[13] 玛金依靠控制过程来改变这种情况。

控制过程包括 3 个步骤：衡量实际业绩，将实际业绩与标准进行比较，以及采取管理措施，纠正偏差或不适当的标准（见图 14-2）。控制过程假定业绩标准已经存在，确实如此，它们是在计划过程中被创造出来的明确目标。

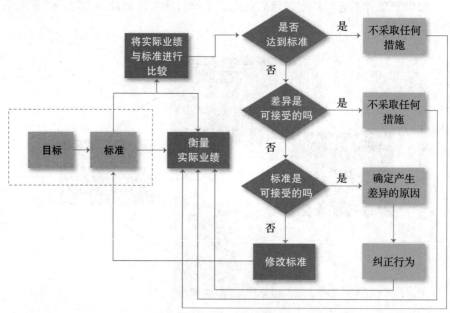

图 14-2 控制过程

明确的目标就是业绩标准。

14.2.1　什么是衡量

为了确定实际业绩，管理者必须得到有关的信息，所以控制的第一步就是衡量。

1. 管理者如何衡量

在衡量实际业绩时，有 4 种最常用的信息来源：亲自观察、统计报告、口头报告和书面报告。每种信息来源都有各自的优缺点，但混合使用将既能增加输入信息来源的数量，又能提高获得可靠信息的可能性。

亲自观察提供了有关实际活动的第一手的、详尽的信息，即一种未经他人转述的信息。由于不管是重要的还是次要的行为都能被观察到，因此该种方法能提供密集的信息量。同时，它使管理者有机会了解到某些言外之意。走动式管理（management by walking around，MBWA）这个词描述的是管理者走进工作场所，直接与员工接触，并交换有关工作进展的信息。走动式管理能收集到那些在采用其他方法时容易出现的遗漏、面部表情和语调等信息。然而，当信息量代表着客观程度时，亲自观察常被视为一种欠优的信息来源。它可能存在感性偏差，某位管理者看到的东西，另一位管理者未必能看到。亲自观察还会耗费大量的时间。最后，它可能不受员工欢迎，员工可能会把管理者的公开观察视为对他们缺乏信心和信任的信号。

计算机的广泛运用使得管理者越来越依赖统计报告来衡量实际业绩。但这一衡量方法并非仅限于计算机的输出结果，还包括曲线图、条形图，或管理者可以用于评价业绩的任何数字显示。虽然统计信息很容易形象化且能有效地说明事物之间的关系，但它所能提供的有关活动的信息是有限的。统计报告的内容仅限于少数一些关键领域，而且可能忽略一些重要的、常常是主观的因素。

信息也可以通过口头报告获得，即通过会议、一对一面谈或电话会谈来获得。在员工间紧密合作的员工导向型组织中，这可能是监督工作业绩的最好方式。例如，加州埃斯孔迪多（Escondido）的肯·布兰佳公司（Ken Blanchard Companies）要求管理者至少每两周与每位员工进行一次一

通过一次握手、一个微笑和一句热情洋溢的欢迎词来迎接顾客，这是苹果零售店从丽思·卡尔顿那儿学来的做法，丽思·卡尔顿是一家豪华连锁酒店，以顾客服务的黄金标准而闻名。苹果以丽思·卡尔顿为标杆，是因为它希望通过员工向顾客提供优质服务，来实现顾客忠诚。

对一的会谈。[14] 这种行为衡量方法的优缺点与亲自观察相似。虽然信息经过转述，但速度快、允许反馈，且不但能通过语言还能通过语调来表达意见。在以前，口头报告的一个最大缺陷在于无法将信息记载下来以供日后参考。然而，在过去几十年中，技术能力已经发展到能将口头报告有效地录制下来，并能像被写下来一样永久保存。

实际业绩可以通过书面报告来衡量。书面报告像统计报告一样，虽然在速度上慢一些，但比第一手或第二手的口头衡量更正式。这种正式形式使其传递的信息比口头报告更全面，而且更精确。另外，书面报告通常更易归类和查阅。

4 种不同的衡量技术都有各自的优缺点，管理者应该综合运用以获得全面的控制效果。

73% 的雇主在努力解决工作中阻碍生产力提升的问题。[15]

---

2. 管理者衡量什么

对控制过程来说，衡量什么也许比怎样衡量更为重要。为什么？标准选择错误可能导致控制功能失调的严重后果。另外，衡量的内容在很大程度上决定了组织成员努力的方向。[16] 例如，假定你的老师要求在学完课本的每一章后交一篇书面作业，总共需完成 10 篇作业。然而在期末计算课程成绩时，你却发现这些作业并未计分。当你问老师时，她回答说这些书面作业是为了对你自己有所启发，并不影响你的课程成绩，课程成绩完全取决于你在 3 次考试中的表现。可以预见，你会将你的大部分（即使不是全部）精力放到准备 3 次考试上。

某些控制标准适用于任何管理情况。例如，因为从定义上讲，所有的管理者都在指导其他人的行动，所以诸如员工满意度、辞职率和缺勤率等指标可以作为衡量的内容。大多数管理者在其负责的领域都有以货币单位（美元、英镑、法郎、里拉等）表示的预算，因而把成本控制在预算内成为一种相当常用的控制措施。然而，任何一个全面的控制系统都必须认识到不同管理者之间的活动差异。例如，一家便笺用纸制造工厂的生产经理可能使用日产量、每人小时产量、单位产出消耗的废料、遭顾客退货的数量或百分比等衡量指标。另外，政府部门某行政单位的管理者也许会衡量每天完成的文件页数、每小时处理的指令数，或每处理一个服务电话所需要的时间。营销经理通常使用市场占有率、每个推销员拜访的顾客数量、每一种广告媒介所产生的消费者印象数等作为衡量的内容。

正如你可能想到的，有些活动的绩效是很难用数量指标来衡量的，例如，管理者要衡量一位化学研究人员或中学教师的业绩就比衡量一位寿险业务员的业绩更为困难。但大多数活动都能被分解为可被衡量的客观部分，管理者必须确定个人、部门或单位对组织的价值是什么，然后将其转化为衡量的标准。

多数工作和活动都能以明确的和可衡量的术语来表达，当某项业绩指标无法量化时，管理者应寻找并使用主观的衡量指标。当然，主观指标存在很大的局限性，但总比根本没有标准并因此忽略控制职能部门要好。若某项活动非常重要，则以难于衡量作为借口是不合适的。在这种情况下，管理者应使用主观的绩效标准。当然，在做主观标准的分析和决策时，管理者应考虑到有关数据的局限性。

 从过去到现在

标杆管理：我们如何衡量

在第 5 章中，我们介绍了标杆管理是组织提高质量的一种方式。[17] 由于计划和控制的联系如此紧密，因此毫不奇怪，标杆管理也影响到控制。标杆管理是一种非常有用的管理工具。虽然施乐常常被誉为美国第一家广泛实施标杆管理的公司，但实际上这一实践可以被追溯到更早以前。

制造业早就认可了标杆管理的好处。在米德维尔钢铁公司（Midvale Steel Company）的工厂中，弗雷德里克·泰勒（因科学管理而知名）

使用标杆概念找到了完成工作的"最好办法"和完成工作的最佳人员，甚至连亨利·福特也承认其好处。芝加哥屠宰场把动物尸体挂在挂钩上，而挂钩安在单轨上。每个人完成自己的工作后，就把尸体推到下一个工作点。基于芝加哥屠宰场的这一技术，1913 年，秉持同样原理的福特生产线开始生产轿车。"革新制造的主意是从其他行业引入的。"

今天，诸如卫生保健、教育和金融服务等不同行业的管理者发现了制造商早就认可了的标杆管理的好处。例如，美国医学会（American Medical Association）提出了 100 多个业绩衡量标准以提高医疗质量。日产公司（Nissan）的总裁卡洛斯·戈恩（Carlos Ghosn）以沃尔玛的采购、运输和物流运营为标杆。标杆管理最基本的含义是向他人学习。然而，作为一种监督、衡量组织与工作业绩的工具，标杆管理可以用于确定业绩差距和可能的改进领域。

讨论

- 标杆管理有哪些好处？
- 标杆管理的挑战是什么？

14.2.2 管理者如何确定实际业绩与计划目标之间的差异

"比较"这一步骤决定了实际业绩与标准之间的差异程度。虽然在所有的活动中都可以预料到会存在一定的偏差，但确定可接受的差异范围（range of variation）还是很重要的（见图 14-3）。超过这一范围的差异应予以关注。让我们来看一个例子。

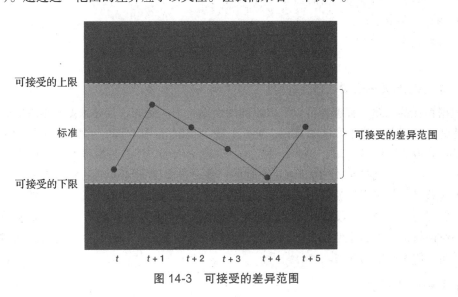

图 14-3　可接受的差异范围

克里斯·坦纳（Chris Tanner）是绿色地球园艺供应公司（Green Earth Gardening Supply）的销售经理，该公司是一家位于太平洋西北部的特色植物和种子的经销商。克里斯在每个月的第一周会准备一份报告，按产品线分类，对上个月的销售情况进行描述，表 14-1 显示了 6 月的销售目标（标准）和实际的销售数据。在看了这些数据后，克里斯应予以关注吗？销售额比起初制定的目标稍高一点，但这是否就意味着不存在重要的差异呢？这取决于克里斯认为什么是重要的，即超出了可接受的差异范围。尽管总的业绩相当不错，但有几个产品需要进行更仔细的审视。例如，若家传种子、球根花卉和一年生花卉的销售额持续超预期，克里斯可能需要从苗圃订购更多的产品，以满足顾客的需求。由于蔬菜植物的销售额比目标低

15%，克里斯可能需要特别关注它们。正如这一例子所揭示的，过多差异和过少差异都需要引起管理者的关注，这构成了控制过程的第三步。

表 14-1　确定重要差异的例子：绿色地球园艺供应公司 6 月的销售额

产品	标准	实际	超过（不足）
蔬菜植物	1 075	913	−612
宿根花卉	630	634	4
一年生花卉	800	912	112
草本植物	160	140	−20
球根花卉	170	286	116
球根花卉	225	220	−5
家传种子	540	672	132
合计	3 600	3 777	177

14.2.3　可以采取哪些管理行动

管理者可以从以下三种行动中择其一

- 不采取任何行动（不言而喻）；
- 纠正实际业绩；
- 修改标准。

1. 如何纠正实际业绩

根据存在的问题，管理者可以采取不同的纠偏行为。例如，若导致差异出现的原因是不良的业绩，管理者就将采取诸如培训、惩罚、改变报酬等纠偏行动。管理者必须做出的一个决定是：采取立即纠偏行动（immediate corrective action），还是采取根本性纠偏行动（basic corrective action）。前者要求立即纠正出现的问题，使业绩回到设定的轨道上来，而后者会先找出偏差是如何出现、为何出现等问题的答案，然后采取行动纠正偏差产生的根源。管理者常常据理力争，说他们没有时间寻找问题的根源（采取根本性纠偏行动），因而只能继续依赖立即纠偏行动，无休止地扑火。有效的管理者会分析偏差，并在认为值得时，花时间准确找出并纠正偏差产生的原因。

2. 如何修改标准

差异的产生也可能是标准不现实的结果——目标定得过高或过低。在这种情况下，需要对标准而不是业绩进行修正。如果业绩持续超过目标，管理者就必须审视目标是否定得太容易，需要提高。反之，管理者必须谨慎对待，降低标准。当员工和团队达不到目标时，他们的自然反应就是对目标进行指责。例如，在考试中得低分的学生常常攻击及格线定得太高，他们不是接受自己表现不够好这一事实，而是认为标准制定得不合理。同样，未能完成月指标的推销员常常抱怨指标制定得不现实。管理者需把握住一个要点：当业绩没有达到标准时，不要马上去指责目标或标准。如果你相信标准是现实的、公平的、可达到的，那么就告诉员工你希望他们改进将来的工作，然后采取必要的纠偏行动，把期望变成现实。

14.3　管理者应该控制什么

成本效率、留住顾客的时间长度、顾客对所提供服务的满意度，这些只是竞争激烈的呼叫中心服务行业的管理者采用的一些重要的业绩衡量指标。为了做出好的决策，该行业中的管理者需要这类信息来控制工作业绩。

管理者怎么知道控制什么呢？在这一部分中，我们先根据控制何时发生来审视控制什么的决策。然后，我们将讨论管理者选择实施控制的一些不同领域。

14.3.1　控制何时发生

管理者可以在活动开始前、活动进行过程中或活动完成后实施控制。第一类被称为前馈式控制，第二类被称为同步式控制，第三类被称为反馈式控制（见图 14-4）。

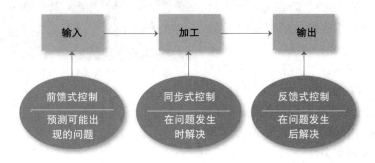

图 14-4　控制何时发生

1. 什么是前馈式控制

最理想的控制类型，即前馈式控制（feedforward control），能防止可能出现的问题，因为它发生在实际活动开始之前。[18] 例如，当麦当劳在莫斯科开店时，它派去了公司质量控制专家，帮助俄罗斯的农民学习种植高质量马铃薯的技术，帮助面包师学习烤制高质量面包的方法。为什么？因为麦当劳要求不管地理位置在哪儿，产品质量必须保持一致。它希望莫斯科的干酪汉堡包的味道与奥马哈的一样。前馈式控制的另一个例子是主要航空公司推行的定期飞机维护计划，这些计划设计来检测并期望防止可能导致航空灾难的结构性损害。

前馈式控制的关键是在问题发生前采取管理措施。前馈式控制能防止问题出现，而不是在破坏已经出现后（如产品质量差、顾客流失、收入减少等）再去纠正。但这种控制要求及时、准确的信息，而这通常是难以满足的。所以，管理者常常使用另外两种类型的控制。

2. 何时使用同步式控制

顾名思义，同步式控制（concurrent control）发生在活动进行过程中。例如，G 公司的企业产品管理总监和他的团队密切注意 G 公司最赚钱的业务——在线广告。他们密切观察"搜索量与点击量、用户对广告的点击率、产生的收入，连续跟踪这些信息，将其与一周前的数据进行对比，并制成图表"。[19] 如果他们发现有些指标运行得不太好，就会做调整。

55% 的员工表示微观管理会降低他们的工作效率。[20]

技术设备（如计算机和计算机化的设备控制）也能用于提供同步式控制。例如，你可能已在使用文字处理软件时体验到了同步式控制，该软件会及时提醒你单词拼写错误和语法使用上的错误。另外，许多组织的质量项目都依赖同步式控制来告诉员工，他们生产的产品是否达到了质量标准。

然而，同步式控制最广为人知的形式是直接监督。例如，英伟达公司（NVIDIA）的总裁黄仁勋（Jen-Hsun Huang）打掉了办公室里的小卧室，代之以一张会议桌，所以他现在就能在任何时间与员工讨论工作的进展。[21] 通用电气的总裁杰夫·伊梅尔特（Jeff Immelt）甚至把一周工作时间的60% 花在路上、与员工交谈、巡视公司无数的下属部门所在地。[22] 所有的管理者都能从使用同步式控制中获益，因为他们可以在问题变得过于严重前予以纠正。我们在本章前面描述的走动式管理就是管理者进行同步式控制的好方法。

微软使用同步式控制来跟踪其能源使用情况。在图中所示的运营中心，控制技术人员雷·尼科尔斯（Ray Nichols）监控公司大楼里的供暖、制冷和其他系统的实时数据，这些数据将帮助微软实现其碳足迹改善的目标，减少对环境的影响。

3. 为何反馈式控制如此普及

最普及的控制类型依赖于反馈。在反馈式控制（feedback control）中，控制发生在行动之后。例如，回想一下我们前面提到的丹佛铸币厂的例子。威斯康星州25美分的缺陷硬币就是在反馈式控制中被发现的。即便组织一发现问题就予以纠正，损失也已经产生。这就是反馈式控制存在的主要问题。当管理者获得有关信息时，导致浪费或破坏的问题已经发生。然而，对很多工作而言，财务工作就是一个例子，反馈是唯一可选择的控制类型。

14.3.2 保持追踪（什么得到了控制）

在组织的不同地点和职能领域发生着数不清的活动！

1. 追踪组织的财务

想要盈利吗？

那么你需要进行财务控制！

传统的财务控制包括以下两大方面。

- 比率分析。计算比率用的是从组织的资产负债表和利润表中选择的信息（见表 14-2）。

表 14-2　常见的财务比率

目标	比率	计算公式	含义
流动比率：衡量组织偿还流动负债的能力	流动比率	流动资产 / 流动负债	测试组织偿还短期负债的能力
	速动比率	（流动资产 – 存货）/ 流动负债	当存货周转速度慢或难以出售时，它可用于更精确地测试流动性
杠杆比率：分析组织利用负债来筹集购买资产所需要的资金，以及是否能偿还债务利息	资产负债率	负债总额 / 资产总额	该比率越高，组织的杠杆程度越大
	已获利息倍数	息税前利润 / 利息总额	衡量组织能够支付利息的倍数
营业比率：评价企业使用资产的效率	存货周转率	销售额 / 存货	该比率越高，存货资产的利用效率越高
	总资产周转率	销售额 / 资产总额	获得一定销售额所使用的资产越少，组织对总资产的利用效率越高
盈利能力比率：测量企业利用资产而产生利润的效率与效果	净利率	税后净利润 / 销售额	确定产生的利润
	投资回报率	税后净利润 / 资产总额	衡量利用资产获得利润的效率

- 预算分析。计划和控制都会使用预算。
  - 计划工具：表明活动是否重要，以及应该向这些活动分配什么资源和多少资源。
  - 控制工具：向管理者提供衡量什么和比较资源消耗的定量标准。若出现重要差异就需要采取行动，管理者要检查发生了什么，并分析原因，然后采取必要的行动。

2. 追踪组织的信息

A. 信息——控制组织其他活动的重要工具

为什么　管理者需要在正确的时间获得正确数量的正确信息，以帮助他们监控和衡量组织活动：

- 关于在其职责范围内发生的事件。
- 关于标准，以便能够将实际业绩与标准进行比较。
- 帮助他们确定差异是否可接受。
- 帮助他们提出适当的行动方案。

信息很重要！

怎样做 管理信息系统（MIS）

- 虽然大多数组织的管理信息系统都是在计算机支持下运用的，但它也可以是基于人工的。
- MIS 中的系统意味着规则、安排和目的。
- 特别强调向管理者提供信息（经过处理和分析的数据），而不是单纯的数据（原始的、未经分析的事实）。

B. 信息——需加以控制的组织资源

2014 年：
79 700 起被报道的安全事故与 2 122 起被证实的数据违规事件。[23]

- 对于组织做的每一件事，信息都非常重要。
  - 控制：数据加密、系统防火墙、数据支持以及其他技术。[24]
  - 在可能根木未加考虑的领域如搜索引擎中找问题。
  - 诸如笔记本电脑、平板电脑甚至电子标签等设备都容易受到病毒和黑客的攻击。
  - 对信息管理进行定期监控，以确保所有保护重要信息的预防措施都在工作。

3. 追踪员工绩效

- 员工按计划工作并达到事先设定的目标了吗？
- 若没有，则可能需要向员工提供建议或进行处罚（见第 7 章）。

超过 81% 的管理者说他们提负面反馈的工作做得不好。[25]

---

4. 追踪平衡计分卡的使用

平衡计分卡（balanced scorecard）能审视对公司业绩做出贡献的四个领域，[26] 而不仅仅是财务。
①财务 ③内部流程
②顾客 ④人 / 创新 / 成长性资产

管理者应该为上述四个领域中的每一个制定目标，
然后，衡量目标能否达到。

反馈式控制有两个好处。[27] 第一，反馈会给管理者提供有意义的信息，让他们知道其规划活动的效果如何。如果反馈显示实际绩效与所定目标几乎一致，则表明规划总体上是正确、有效的。如果离目标很远，管理者则可以利用这些信息来制订新的计划。第二，反馈可以更好地激励员工，因为员工都希望了解自己的业绩情况，而反馈所提供的信息可以让他们清楚自己的差距和不足。

14.4　管理者会面对哪些当代控制问题

整合信息系统公司（Integrated Information Systems Inc.）的员工没有对在他们建立的专用服务器上交换数字音乐进行仔细的考虑。就像大学职业体育中的办公室赌博，这在技术上是违法的，但无害，或许他们是这样认为的。但当公司不得不向美国唱片业协会（Recording Industry Association of America）支付 100 万美元后，管理者多么希望他们当初更好地控制了局面。[28] 控制是一项重要的管理职能，我们将考虑管理者当前面对的两个控制问题：跨文化差异和工作场所关心的问题。

14.4.1　需要根据文化差异对控制进行调整吗

我们讨论的控制概念适用于不存在遥远的地理距离和文化差异的组织。那么，在全球范围内经营的组织又是怎样一种情况呢？它们的控制系统会不会有区别？管理者应怎样根据国别差异对控制进行调整？

在不同的国家中，控制员工行为和业务运作的方法可能存在很大的差异。实际上，跨国公司控制系统的主要区别在于控制过程中的衡量和纠偏这两个步骤。例如，在一家全球性公司中，外国子公司的经理往往不会受到总公司的严密控制，这完全是因为距离妨碍了对工作进行直接观察。由于距离创造了正式控制的倾向，因此全球性公司的总公司通常依赖于广泛的正式报告来进行控制。全球性公司也可能利用信息技术的力量来控制工作行为。例如，Seven & i 控股公司（日本最大的零售集团和美国 7-11 便利连锁店的母公司）之所以使用自动收款机，不但是为了记录销售额和监控存货，也是为了给商店经理计划任务，并跟踪他们使用内置的分析图表和预测功能的情况。如果经理没有充分使用它们，就会被告知要增加这方面的活动。[29]

在对技术发达国家和经济发展水平较低的国家进行比较时，技术对控制的影响是最明显的。位于美国、日本、加拿大、英国、德国和澳大利亚等技术发达国家的组织除了标准化的规章制度和直接监督外，还使用非直接控制技术（特别是基于计算机的报告和分析）来确保活动按计划进行。在技术发展水平较低的国家，直接监督和高度集中的决策制定是控制的基本方式。

另外，对所能采取的纠偏措施的限制也可能影响外国子公司的经理，因为有些国家的法律不允许经理关闭工厂、解雇员工，或从外国带入新的管理团队。最后，全球性公司在收集数据时遇到的另一个挑战是可比性问题。例如，一家公司在墨西哥的制造厂可能生产与其在苏格兰的工厂同样的产品。然而，墨西哥工厂的劳动密集程度可能比苏格兰工厂更高（因而可以利用墨西哥的低劳动力成本）。如果高层经理打算通过计算单位产出的劳动力成本或单位工人的产出来控制成本，那么数据可能是不可比的。全球性公司的经理必须应对这些类型的全球控制挑战。

技术与管理者的工作：对员工进行监控

技术进步使组织的管理过程变得容易多了。[30] 但技术发展也为雇主提供了复杂的员工监控手段。虽然其中大多数用于提高员工的生产率，但它可能而且已经成为员工隐私的忧虑源泉。这些优点同时也带来了困难的问题，那就是在了解员工时，管理者享有多大的权力？

而在控制员工工作中和工作外的行为时，管理者又能做到什么程度？考虑以下事例。

- 科罗拉多斯普林斯的市长看了市议会成员从家里发给对方的电子邮件信息，他为自己的行为辩护说，他是在确定议员相互发的电子邮件没有用于废止他所在州的"会议公开化"法案，该法案要求大多数议会事务都必须公开处理。
- 美国国税局的国内审计组对一个显示员工接触纳税人账目情况的计算机记录进行监控。这一监控行为使管理层得以检查和了解员工在他们的计算机上做了些什么。
- 美国运通公司（American Express）有一个监控电话的精细系统，向管理者提供日常报告，详细列出员工打电话的次数和时间长度，以及打入的电话被接听的速度。
- 有些组织的管理层要求员工在公司时必须一直佩戴徽章。这些徽章中包含一些数据使员工得以进入组织中的特定位置。这些聪明徽章也能随时告知员工所在的位置。

那么，问题是公司应该对员工的私生活在多大程度上施加控制呢？雇主制定的规则与控制应止于何处？在属于你自己的时间和在你自己的家里时，老板有没有权力摆布你？你的老板能禁止你骑摩托车、跳伞、吸烟、喝酒或吃垃圾食品吗？这些问题的答案可能再次令你感到惊讶。今天，许多组织出于控制安全和健康保险成本的要求，正在探查员工的私生活。

虽然控制员工工作内外的行为可能显得不正确、不公平，但我们的法律系统并未阻止雇主从事这些活动。在更大程度上，法律是建立在"如果员工不喜欢这些规则，他们有权辞职"这一假定基础之上的。经理也用保证质量、生产率和正确的员工行为等典型理由来为自己的行动进行辩护。例如，美国国税局通过对它的东南地区办公室的审计发现，166位员工未经授权查看朋友、邻居和名人的纳税申报单。

讨论

- 管理层了解员工行为信息的需要何时会越界，从而侵害了员工的隐私权？
- 只要事先告知员工他们将受到监控，管理层的任何举动就都可被接受吗？

14.4.2　在控制工作场所时，管理者面临哪些挑战

当今的工作场所对管理者提出了大量的控制方面的挑战。从监控员工在工作中对计算机的使用，到保护工作场所、防止不满意的员工故意搞破坏，管理者必须采取控制措施以确保工作按计划有效完成。

有68%的员工承认他们曾使用公司的计算机来查看个人电子邮件。[31]

---

1. 我工作用的计算机真的是我的吗

如果你有工作的话，你认为在工作场所有隐私权吗？雇主在你和你的工作中会发现些什么？答案可能会令你感到惊讶。除了别的事以外，雇主能够（而且确实在）查看你的电子邮件（甚至连那些标明了私人或保密的信息也不例外），窃听你的工作电话，利用计算机监督你的行为，保存并检查计算机文件，在员工浴室或更衣室对你进行监控，当你使用公司车辆时追踪你的去向。这些活动并不是不寻常的。实际上，大约有30%的公司解雇了滥用网络的员工，另外28%的公司与滥用电子邮件的员工解除了合同。[32]

为什么经理感到他们必须对员工的行为进行监控呢？一个重要原因是员工是受雇来工作

的，而不是被雇来在网上冲浪查阅股票价格，看在线视频，玩梦幻棒球，或为家庭、朋友购买礼物的。据说娱乐性的在职网上冲浪每年耗损数十亿美元的生产率。事实上，对美国雇主的一项调查显示，87% 的员工在工作时浏览与工作无关的网站，超过一半的员工每天上个人网站冲浪。[33] 看在线视频成为一个日益严重的问题，这不仅是因为浪费了员工的时间，还因为它阻碍了已经很紧张的公司计算机网络。[34] 如果要你猜在工作中最常浏览的视频网站，你会猜什么？如果你说是YouTube，那绝对正确！[35] 虽然这看起来似乎是无害的（毕竟它可能只不过是一段 30秒的视频），但这种非工作行为累积起来对企业来说产生了巨大的成本。

思杰（Citrix）是一家提供虚拟化网络和云技术业务的企业，这里的员工可以使用自己的设备，即自备设备（Bring Your Own Device，BYOD）。尽管越来越多的公司采用了自备设备政策，但其带来的控制风险与挑战仍然非常大。所以，即使在自备设备环境中，工作场所的监控政策也是非常必要的。

管理者监控员工的电子邮件和计算机使用情况的另一个理由是，他们不想由于在同事的计算机屏幕上出现了攻击性的信息或不合适的图像而被指控制造了一个敌对的工作环境的风险。对种族和性骚扰的担忧是企业可能想监控和备份所有电子邮件的原因之一。电子记录能帮助确定真实发生的事，这样管理者就能做出迅速的反应。[36]

最后，管理者希望确保公司的秘密不被泄露。[37] 除了典型的电子邮件和对计算机的使用外，企业还在监控即时通信、博客和其他社会化媒体，并禁止在办公室使用照相机。管理者需要确定，员工没有，即便是无意中把信息传递给可能利用这一信息来损害公司的人。

由于潜在的严重代价，以及考虑到现在许多工作都需要计算机，很多企业都有工作场所监控政策。这类政策应该以一种非侮辱的方式控制员工行为，并且企业应将这些政策告知员工。

2. 员工偷窃行为在上升吗

当发现将近 85% 的组织偷窃和欺诈都是由员工而不是外部人员干的，你会感到惊讶吗？[38] 而且这是一个代价高昂的问题，估计每个员工每年遭偷窃的金额约为 4 500 美元。[39]在一项近期对美国企业的调查中，20% 的被调查企业认为工作场所偷窃已经成为一个从中等严重到非常严重的问题。[40]

员工偷窃（employee theft）被定义为任何出于个人用途未经授权拿走公司财产的行为，[41]从盗用和非法保存费用报告到从公司中拿走设备、零件、软件和办公用品。虽然零售企业很久以来都面临着由于员工偷窃造成的潜在严重损失，但新成立的企业或小企业松散的财务控制和能够获得的信息技术使得员工偷窃成为各种类型和规模的组织中不断上升的问题。这是管理者需要通过训练使自己了解并准备好应对的控制问题。[42]

全球员工的欺诈每年给组织增加估计为 3.7 万亿美元的成本。[43]

员工为什么要偷窃？答案取决于你的询问对象。[44] 不同领域的专家，比如行业安全、犯罪学、临床心理学，都有不同的观点。行业安全人士认为，人们偷窃是因为松懈的控制和有利的环境提供的机会。犯罪学家认为，人们偷窃是因为他们有财务压力（如个人财务困难）或恶习压力（如赌债）。而临床心理学家则认为人们偷窃是因为他们能够把自己的一切行为都合理化为正确的和合适的行为（"人人都这么做""他们让这件事发生""这家公司赚了足够多的钱，这些一点都不会给它造成任何损失""我忍受了这么多，应该得到这个"等）。[45] 虽然这些研究都对员工偷窃问题提供了非常有说服力的观点，也能为设计程序来阻止偷窃提供帮助，但不幸的是，员工仍然在继续偷窃。管理者能够做什么呢？

　　前馈式控制、同步式控制和反馈式控制的概念可用于确定防止或减少员工偷窃的措施。[46] 表 14-3 对几种可能的管理行动进行了归纳。

表 14-3　控制员工偷窃行为

前馈式控制	同步式控制	反馈式控制
细致的雇前筛选	尊重员工	当公司出现偷窃或欺诈行为时，一定要让员工知道，不必点名道姓，但要让他们认识到这样的行为是不能容忍的
制定具体的政策来界定偷窃和欺诈并规定惩戒措施	把偷窃的后果和代价传达给所有的员工	聘请专业的调查人员
让员工参与政策的制定	定期让员工知道他们在防止偷窃和欺诈行为上的贡献	重新设计控制措施
就相关政策对员工进行教育和培训	如果条件允许，使用影像监控设备	评估组织文化以及管理者与员工的关系
对内部安全控制进行专业评估	在计算机、电话和邮件中安装"锁定"选项 使用公司热线报告案件 树立良好的榜样	

资料来源：Robbins, Stephen P., Coulter, Mary, *Management*, 13th Ed., © 2016, p. 541. Reprinted and electronically reproduced by permission of Pearson Education, Inc., New York, NY.

3. 管理者如何处理工作场所暴力

　　2015 年 1 月，波士顿布莱根妇女医院的一位心脏病专家被一名男性开枪打死，该男子的母亲在接受该医生手术后死亡，在杀死心脏病专家后，他选择了自杀；2014 年 9 月，一名最近被 UPS 解雇的男子回到了他曾经的工作场所并杀死了两个人，然后自杀；2014 年 4 月，一名包裹装卸工在位于亚特兰大附近的联邦快递工场开枪射伤了 6 名员工；2010 年 8 月，康涅狄格州的哈特福德（Hartford）分销公司一名即将被辞退的司机开枪杀害了 8 名同事后自杀；2010 年 7 月，一名曾在新墨西哥州阿尔伯克基（Albuquerque）太阳能产品工厂工作过的员工走进他原来的公司，开枪行凶，导致 2 人死亡，4 人受伤；2009 年 11 月 6 日，在佛罗里达州的奥兰多，一名因表现不佳而被解雇的工程师回到工作场所开枪打死了 1 人，另致使 5 人受伤；仅仅一天之前，美国军队里的 1 名精神病医生在的胡德堡（Fort Hood）哨所狂暴地射杀了 13 人，另致 27 人受伤。[47] 这些只是近年来在工作场所发生的几起伤亡攻击事件。工作场所的暴力真的是管理者需要关注的问题吗？是的。庆幸的是，尽管存在以上这些例子，但是工作场所发生的枪击事件数量在减少。[48] 然而，美国国家职业安全与健康研究所（The U.S. National Institute of Occupational Safety and Health）仍然表示，每年大约有 200 万美国工人成为各种工作场所暴力事件的牺牲品。平均每周就有 1 名员工被杀害，而且至少有 25 人在现同事或前同事的暴力袭击中身受重伤。根据美国劳工部（Department of

Labor）的一项调查，58% 的公司报告显示管理者曾收到来自工人的口头威胁。[49] 工作场所的愤怒情绪、狂暴和暴力行为会对同事造成恐吓，并对他们的工作效率产生负面影响。工作场所暴力每年对美国企业造成的损失估计在 200 亿到 350 亿美元之间。[50] 工作场所的愤怒情绪和暴力行为并不是美国独有的问题，一项针对英国工作场所暴力行为的调查发现，18% 的管理者表示他们曾亲身经历过骚扰或言语欺凌，9% 的人则声称曾经遭受过人身攻击。[51]

哪些因素被认为会影响工作场所暴力？无疑，员工的工作压力是由工作的不确定性、退休账户的价值缩水、工作时间长、超负荷的信息、日常干扰、不切实际的最后期限、漠不关心的管理者等所致。甚至让员工在噪声和喧闹中工作的办公室小间设计也被认为是促成这一问题的因素。[52] 其他专家对危险的、功能紊乱的工作环境做了描述，将以下问题视为造成工作场所暴力的主要因素。[53]

- 由 TNC（时间、工作量、危机）驱动的员工工作。
- 快速且不可预测的变化、不稳定性和不确定性使员工感到苦恼。
- 破坏性的沟通风格，管理者以过于侵略性的、高傲的、暴躁的或消极反抗的方式进行沟通；过分地取笑或找替罪羊。
- 独裁式的领导，管理者对员工具有严格的、军国主义的思想倾向；不允许员工对观点提出质疑、参与决策制定或进行团队建设努力。
- 防御性态度，很少提供或不提供绩效反馈；只计算数量；在处理冲突时喜欢采取大叫、胁迫或回避等方式。
- 在政策、程序和培训机会上，对管理者和员工采用双重标准。
- 未解决的委屈，因为没有解决机制，或只有对抗性的解决机制；由于长期存在的规则、联合合同条款或不愿处理问题，导致失常的人受到保护或被忽略。
- 情感上遭遇困扰的员工，而管理者没有努力为这些人提供帮助。
- 工作重复、枯燥，没有机会做其他事，也没有新人进入。
- 不完善或不安全的设备，或不完善的培训，使员工不能有效率和有效果地工作。
- 在温度、空气质量、重复性动作、过于拥挤的空间、噪声水平、过分超时工作等方面存在危险的工作环境。为了降低成本，在工作负担过重时不另行雇用员工会导致危险的工作条件和预期。
- 暴力文化，有个人暴力或虐待的历史；暴力的或暴躁的行为榜样；容忍在职酗酒或滥用药物。

看了上述主要因素后，你一定希望自己职业生涯所在的工作环境不要像这样。然而，在全球经济中获得成功的竞争性需求以多种方式对组织和员工造成压力。

管理者可以做些什么来防止或减少可能的工作场所暴力？前馈式控制、同步式控制和反馈式控制的概念又一次帮助管理者确定可以采取的行动。[54] 表 14-4 对一些建议做了归纳。

表 14-4 控制工作场所暴力

前馈式控制	同步式控制	反馈式控制
• 确保管理者致力于营造起作用的而非机能紊乱的工作环境 • 提供员工帮助计划，帮助员工解决行为问题 • 执行不允许任何工作场所愤怒、侵略或暴力的组织政策	• 通过走动式管理确定可能的问题；观察员工如何对待他人和相互交往 • 在重大的组织变化期间，允许员工或工作团队"感到伤心" • 在如何对待他人问题上，做一个好的行为榜样	• 就事件和正在做的事进行公开的沟通 • 对事件进行调查并采取恰当的行动 • 检查组织政策，并在必要时做出改变

（续）

前馈式控制	同步式控制	反馈式控制
<ul><li>进行仔细的聘用前甄选</li><li>永远不要忽视威胁</li><li>培训员工，让其了解在问题出现时如何避免危险</li><li>清楚地与员工沟通政策</li></ul>	<ul><li>利用公司热线或一些其他机制，报告并调查事件</li><li>进行快速而果断的干预</li><li>在发生暴力时寻求专家的专业帮助</li><li>提供必要的设备或程序（手机、警报系统、代号或暗号等），处理暴力情况</li></ul>	

资料来源：Based on M. Gorkin, "Five Strategies and Structures for Reducing Workplace Violence," *Workforce Management Online,* December 3, 2000; "Investigating Workplace Violence: Where Do You Start?" *Workforce Management Online,* December 3, 2000; "Ten Tips on Recognizing and Minimizing Violence," *Workforce Management Online,* December 3, 2000; and "Points to Cover in a Workplace Violence Policy," *Workforce Management Online,* December 3, 2000.

本章概要

1 解释控制的性质与重要性。

控制是一种管理职能，涉及对活动进行监督，以确保其按计划完成，并纠正任何重要的偏差。

作为管理过程的最后一步，控制提供了与计划的联系。如果管理者不进行控制，他们将无法知道目标是否实现。

控制是重要的，因为它是了解目标达到与否及其未达到的原因的唯一途径；提供了信息与反馈，这样管理者会对授权给员工感到舒服；能够帮助保护组织及其资产。

2 描述控制过程的 3 个步骤。

控制过程的 3 个步骤是衡量、比较和采取行动。衡量要确定如何衡量实际业绩，以及衡量什么。比较是审视实际业绩与标准（目标）之间的差异。可接受范围外的偏差需要引起关注。

采取行动可能包括以下方面：什么都不做、纠正实际业绩，或修正标准。什么都不做是不言而喻的。纠正实际业绩可以采取两种不同的纠偏行动：立即纠偏行动和根本性纠偏行动。修正标准可以是提高标准，也可以是降低标准。

3. 讨论组织和管理者使用的控制类型。

前馈式控制发生在工作开始之前。同步式控制发生在工作进行过程中。反馈式控制发生在工作完成之后。

管理者可以使用的财务控制包括财务比率（流动性、杠杆、营业以及盈利能力）和预算。管理者可以使用的一种信息控制是管理信息系统，它有规律地向管理者提供必要的信息。其他信息控制包括综合控制与安全控制，如对组织信息起保护作用的数据加密、系统防火墙、备份数据等。平衡计分卡也提供了从 4 个不同方面而非仅从财务角度衡量组织绩效的一种方式。

4. 讨论当代控制问题。

由于跨文化差异而需要对控制进行的调整，主要体现在衡量和采取纠偏行动方面。

工作场所关心的问题包括工作场所隐私、员工偷窃以及工作场所暴力。对于每一个问题，管理者都需要有合适的政策，控制不恰当的行动，确保工作有效率且有效果地完成。

复习思考题

14-1 控制在管理中的作用是什么？

14-2 描述管理者可以使用的获得实际工作业绩信息的 4 种方式。

14-3 计划与控制之间有何联系？控制职能与管理的组织和领导职能有联系吗？请解释。

14-4 比较前馈式控制、同步式控制和反馈式控制。

14-5 你为何认为反馈式控制是最普遍的控制类型？解释你的观点。

14-6 在第 8 章中，我们讨论了变化的"激流险滩观"。你认为在这样的环境中有可能建立并坚持有效的标准吗？请讨论。

14-7 为什么对控制过程而言，衡量什么比如何衡量更重要？

14-8 "组织中的每个员工都在控制工作中发挥着作用。"你同意这一说法吗？或者你认为只有管理者才对控制负责？请解释。

14-9 哪些工作活动可接受的偏差范围大于平均水平？哪些小于平均水平？（提示：从工作活动的产出、影响对象以及可能的影响方式来考虑。）

14-10 在你的个人生活中如何运用控制概念？请详细说明（思考在你生活的不同方面，比如学校、工作、家庭关系、朋友、业余爱好等采用的前馈式控制、同步式控制和反馈式控制，以及特殊的控制措施）。

14-11 为什么理解控制过程对管理者很重要？

14-12 讨论用于监测和衡量组织绩效的各种工具。

管理技能建设：管教刺头员工

几乎所有的管理者都将或曾经不得不应对难以相处的人。一些性格缺陷会使得一个人难以共事，包括脾气暴躁、苛刻、有暴力倾向、易怒、心存戒备、爱抱怨、咄咄逼人、具有侵略性、孤芳自赏、傲慢自大以及教条死板等。成功的管理者知道如何应对难以相处的人。

个人评估清单：职场纪律指标

管教刺头员工，通常不是管理者情愿做的事情。但这很重要。运用这份个人评估清单，看看你管教员工的意愿有多大。

技能基础

在应对难以相处的人时，没有哪一种方法总是有效的。然而，我们可以提供几个建议，这些建议可能会减少这些人给你造成的焦虑，并可能对他们产生一些影响，从而减少难以相处的行为。

- 不要被你的情绪所支配。面对难以相处的人，我们的第一反应往往是情绪化的。我们生气，表现出受挫。我们在认为被他们侮辱或贬低时，会想着还击或报复。这一反应不太可能减少你的焦虑，反而会让他人的负面行为升级。所以，与你自然的行为倾向对抗，并保持冷静。保持理性与深思熟虑。退一万步讲，这一方法即便不能使情况得以改善，至少也不太可能鼓励和使不期望的行为升级。

- 尽量减少接触。如果可能，尽量减少与难以相处者的接触。避开他们闲逛的地方，避免非必要的交往。还有，使用面对面接触和语音交流最少化的沟通形式，如电子邮件和手机短信。

- 尝试礼貌的交锋。如果你无法避开难以相处的人，那就尝试以礼貌而坚定的态度面对他们。让他们知道你意识到了他们的行为，你认为这是不可接受的，不会容忍。如果那些人没有意识到其行为对你造成的影响，交锋可能唤醒他们，从而改变自己的行为。而对于那些故意为之者，你的明确立场可能使他们重新考虑自己行为的后果。

- 使用积极强化。我们知道积极强化是改变行为的有效工具。用称赞或其他积极评价来努力强化期望的行为而不是批评不期望的行为。这往往会弱化或减少不期望行为的出现。

- 征集受害者和证人。最后，我们知道，数量决定了力量。如果你能找到其他也被难以相处者冒犯的人来支持你，就可能发生一些积极的事情。第一，你的挫折感会减轻，因为其他人会证实你的感受，并能提供支持。第二，当投诉来自多个渠道时，组织中有权惩戒的人更可能采取行动。第三，当一群人直言反对他的特定行为而不是一个人抱怨时，难以相处者更可能感到压力从而做出改变。

技能应用

你的职业生涯进展得比你想象得还快。在从大学毕业并获得会计学位后，你通过了注册会计师资格（CPA）考试，并在一家著名的会计师事务所工作了3年。然后，你加入了通用电气公司财务部。在先后受雇于2位雇主和从事了4份工作之后，你被一家进入《财富》

100强的矿业公司聘为主管财务的副总裁。对于这份新工作，你没有想到的是必须应付马克·亨德利（Mark Hundley）。

马克是负责公司运营的副总裁，他已经在这家公司工作了8年。你对马克的第一印象是他"无所不知"。他急于贬低你，他做起事情来就像是你的上级而不是同级。基于你在办公室听到的议论，你并不孤单。其他经理似乎都认为马克是一个非常优秀的工程与运营经理，但很难相处。你听到的议论包括："态度粗鲁""说话居高临下""傲慢""认为别人都很愚蠢"以及"糟糕的倾听者"等。

在从事这份新工作的短时间内，你已经和马克发生了好几次口角。你甚至和你的上司公司总裁谈过马克。总裁的反应并不令人惊讶："马克不好相处，但没有人像他这么了解公司的运营。如果他离开了，我不知道我们怎么替代他。不过即便如此，他还是给我制造了很多麻烦。有时候他让我觉得是我在为他工作而不是他在为我工作。"你应该怎样提高与马克共事的能力？

实践练习：尽可能减少学生的作弊行为

学　校：柯林斯州立大学会计学院
收信人：道德委员会主席马特·罗贝克
寄信人：理事丽贝卡·罗德里格斯博士
主　题：尽可能减少学生的作弊行为

马特，你可能已经听说了，我们的一些教职员工打算提出一些明确的控制措施，以尽可能减少学生在家庭作业和考试中作弊的机会。作为道德委员会的主席，我希望你能和他们一起提出一些建议。当你看到这一主题时，请考虑控制作弊的方式：在发生前、在进行课堂考试或作业时、在发生后。

列一份简明扼要的清单（大概一页纸），在这周末寄给我。我想在下一次例行月度会议上向全体教职员工公布。

注：文中提及的公司和信息都是虚构的，只是为了教学目的而设，并不是对那些同名公司的管理实践进行正面或反面的披露。

应用案例 14-1

最 高 机 密

维萨的东海岸运营中心比监狱还难进！

"维萨信用卡最大、最新和最先进的美国数据中心东部最高机密运营中心（Operations Center East，OCE）比监狱还难进。"[56] 维萨高级副总裁、原全球运营与工程总监尼克·耐特（Rick Knight）负责该中心的安全和运行。为什么要采取这些防预措施？维萨认为：①黑客越来越聪明；②数据是越来越受青睐的黑市商品；③保证自身安全的最佳方式就是保护信息网络，使之万无一失，以随时应对威胁。

维萨每年要处理超过916亿笔来自全球各地的零售电子支付。每天，维萨的系统连接22亿张借记卡和信用卡、数百万的接收点、210万台自动提款机，以及14 400家金融机构。[57] 目前，维萨已完成了其系统的年度"压力测试"，准备假期的到来。最近处理的峰值是每秒56万条信息。[58]（稍做计算就会使人惊讶不已！）在我们看来很简单的一次刷卡，或在在线交易中输入卡号，实际上会触发一套完整的活动，包括基本的交易处理、风险管理以及基于信息的服务。正因为如此，OCE的员工负有两大责任："把黑客挡在外面；保持网络运转。无论如何，务必做到。"这也是维萨不透露OCE所在位置的原因，在东海岸已算是说得非常具体了。

在通往 OCE 的道路下埋着液压桩，它们能迅速升起，逼停时速达到 50 英里的小车。车不能开那么快，否则会错过一个"'不怀好意的'急转弯"，然后冲进一个蓄水池里。在中世纪，被称为城堡的护城河，也是被设计以起保护作用的。另外，还有数以百计的安全摄像头和由退伍军人组成的杰出的保安队伍。如果你足够幸运，受邀成为 OCE 的客人，你的相机会被收走，右手食指指纹被记录在一个徽章上。你会被锁在一个"陷阱入口"处，你要把你的徽章放在阅读器上，然后再把你的手指放在指纹检测器上，以确定你是你。如果你通过了检测就可以进入网络运营中心。每个员工的面前都有一堵屏幕墙，他们坐在桌旁，桌上有 4 个监视器。在主中心区的后面有一个房间，里面的 3 个超级安全专家在监视着一切。

耐特说："每天大概有 60 个事件引起注意。"

虽然首要关注的是黑客，但耐特也关注网络能力。现在，网络的最大能力是每秒处理 56 000 笔交易。"当信息量在某个时刻超过 2 400 这一限制时，网络不是停止处理一个信息，而是停止处理所有信息。"耐特说。OCE 被称为"4 级"中心，这是从一个数据中心组织那儿获得的认证。为了获得这一认证，每一个（是的，我们说的是每一个）主机、空调和电池都有备份。

讨论题

14-13　是维萨过度小心吗？请说说原因。

14-14　这种水平的管理控制为何必要？

14-15　哪种控制对维萨更重要：前馈式控制、同步式控制，还是反馈式控制？请解释。

14-16　还有哪些管理控制可能对这家公司有用？

应用案例 14-2

如果你不能说好话，那就什么也别说

不许否定！

管理员工的绩效是管理者一项极其重要的责任。毕竟，是你的员工在努力完成设定的目标，而你需要做的是确保这些目标按计划实现。因此，员工的绩效难道不是应包括优良绩效和不怎么样的绩效两种情况吗？是这样，但有些组织鼓励管理者减少负面反馈，只专心做正面反馈。[59]

现在，波士顿咨询集团的管理者经常赞扬与鼓励员工，哪怕员工只有一些"小成就"，并且在进行绩效评估时重点关注员工表现好的方面，而不是纠结于那些可能犯错的事项。管理者只需要提出一两个需要改进和扩展的方面。这种做法在以前从来没有过。在以前，当员工没有很好地完成客户的任务时，经理会关注哪些地方出了问题，以及员工需要在哪方面以及如何提高和开发自己的技能。公司之所以转向正面反馈是因为公司发现，员工不能正确对待负面的绩效评价。得到负面评价后，有些人会离职，另一些人会长时间都不安。波士顿咨询集团并不是唯一采用这种评价方法的公司，其他组织也纷纷采用正面反馈，尽量

少谈不足之处。例如，普华永道会计事务所要求管理者与员工共同讨论他们在公司的未来发展规划。这些关于"职业前景"的讨论关注的是员工称职胜任的方面，而不提他们办砸的事情。该公司还鼓励员工以电子贺卡传达祝贺，称赞同事或下属所做的工作。此外，管理者还会拿出一笔经费，奖励员工的工作成就。

但是也有一些公司没有遵循这种管理趋势。这些公司采取更加"严厉的爱"的方式，毫不回避地对员工给出负面反馈。例如，在 Netflix 公司，首席执行官里德·海斯廷斯（Reed Hastings）认为他们是一支"职业运动队，而不是一个少年棒球队"，他指出"做出足够优秀的表现就会得到一笔令人满意的奖励"。但这并不意味着公司里的每个人都能够得到奖杯。该公司对员工有很高的业绩期望。

讨论题

14-17　管理员工的绩效是管理者的重要职责吗？请讨论。

14-18 为什么管理者应该倾向于给出积极的反馈？

14-19 仅为员工提供正面反馈，而对他们做得不好的事情反馈很少，这种做法会带来哪些风险？

14-20 在什么公司让你感到更为愉快？你更喜欢波士顿咨询集团的绩效评估方法还是 Netflix 公司的绩效评估方法？为什么？

应用案例 14-3

服装缺陷与奇迹

有损仪态……

随着瑜伽课程的普及，一家名为露露柠檬（Lululemon）的公司因此收获颇丰。事实上，它曾一度连续 3 年出现在《财富》增长最快的公司排行榜上。公司高管将其品牌定位为某种生活方式的代表，由此吸引客户和保持其对品牌的忠诚度。可是在此之后，出现了过错。由于产品的布料过薄，公司召回了一大批黑色的带有"Luon"标志的瑜伽裤。[60]

露露柠檬是由丹尼斯·威尔逊（Dennis Wilson）创立的，他在瑜伽课上注意到，学生在课后弯腰卷起垫子时，他们的瑜伽服会因为拉伸而产生透视感。当时，他刚刚卖掉自己的冲浪/滑板/滑雪板运动服装公司，因此，他意识到这是一个好机会，可以利用自己在"技能"运动服装方面的知识和专长来满足瑜伽爱好者急剧增加的需求。他开发出了前所未有的新款式。其他商家做女性运动服的方法是把男性运动服改小，再配上适合女性的颜色。与它们不同的是，威尔逊认为女性进行锻炼时更愿意穿切实适合她们的服装。因此，除了注重潮流时尚之外，他还专注于新产品的技术元素，包括无缝贴合和透气面料。令人惊讶的是，女性愿意为公司的瑜伽服装支付 100 美元或更高的价格。于是，露露柠檬顺利开业并持续运行。与许多规模较小的公司一样，高管关注的是产品，而不是公司的"基本职能"方面（人力资源、IT、金融）。在某种程度上说，这样的做法是高效的。新聘用的首席信息官发现，实施一些必要的技术的工作对她来说相当容易，因为其实际上没有多少需要发挥的空间。

前高管认为公司需要重点关注生产制造领域。因为公司缺乏严格的制造范式，并且没有进度计划或者必须完成任务的时间节点。公司管理者反驳说，这是希望保持企业的灵活性。但实际上，其生产制造领域的缺陷还体现在明显缺乏服装制造技术方面的专业人才。例如产品的质量管控或原材料方面的人才，而这就造成了前面所说的瑜伽裤的质量问题。这款瑜伽裤是公司的核心产品。随着客户开始退回产品，并且该产品的投诉率已经达到 12%，露露柠檬别无选择，只能把产品从货架上撤回。当时的首席执行官说这款裤子已经通过了质量保证测试，但是他承认公司实际测试产品质量的唯一方法就是让员工穿上它们，然后弯腰观察。至此公司再做什么补救都已经于事无补。

2013 年，公司仍在努力挽回客户的忠诚，并努力改善其产品的销售情况。尽管公司的核心业务仍然是面向女性群体，但实际上男性与女性的业务都在强劲增长。露露柠檬也不再是增长最快的公司之一，但它确实学到了控制产品质量的重要性。

讨论题

14-21 在案例情境下，哪种控制更加有效：前馈式控制、同步式控制还是反馈式控制？请解释你的选择。

14-22 参考图 14-2，讨论是否本可以防止这种情况以及本该如何防止。

14-23 露露柠檬的控制能否更加有效？怎么做？

14-24 在这种情况下，信息控制起什么作用？顾客互动控制又起什么作用？你认为还有哪些控制方式可能是有效的？

第15章

运营管理

管理偏见

在未来的制造业，机器人将有可能替代所有人工。

近期的新闻宣称机器人将淘汰组织中的人员，有些工作岗位可能真的会出现这种情况。但机器人更可能是协助人们工作，而不是完全取代他们。机器人将从事烦琐的粗活或危险的工作以及单调重复性的工作，所以某些类型的工作很可能被技术取代。然而，技术也意味着人们可以把全部精力放在需要创造性和灵活性的、更复杂的工作上。

每个组织都生产某种东西，或是产品或是服务。技术已经完全改变了经营管理活动。本章将重点考察组织的运营管理过程。我们也将讨论管理者在管理这些运营活动时所发挥的重要作用。

学习目标

1. 界定运营管理及其作用。
2. 界定价值链管理的本质和目标。
3. 描述价值链管理的过程。
4. 讨论运营管理的当代专题。

15.1　为什么运营管理对组织这么重要

你可能从来没有想过你所购买或使用的产品和服务是如何由组织"制造"出来的。但这是一个重要的过程。没有它的话，你可能不会有可供驾驶的汽车或当零食那样吃的麦当劳薯条，甚至无法享受社区公园供路人散步的小径。组织需要深思熟虑和设计良好的运营体系、组织控制体系和质量计划，这样才能在竞争日趋激烈的全球环境中生存下去。管理好这些事情正是管理者的工作。

15.1.1　什么是运营管理

运营管理（operations management）是指转换过程的设计、操作和控制，它将劳动力和原材料等资源转换为可以出售给客户的产品和服务。图 15-1 描绘了将投入转换为产出从而创造价值的转换过程。这一系统将人力、技术、设备、原材料和信息作为投入，通过各种流程、程序和工作活动，将它们转换为最终产品和服务。这些流程贯穿于组织之中。例如，营销、财务、研发、人力资源和会计等部门人员将投入转换为诸如销售、增加市场份额、投资的高回报率、新的创新产品、有士气和责任感的员工以及会计报告等产出。作为管理者，你需要熟悉运营管理的概念，不能忽视你所管理的领域，这样才能更有效率、更有效果地实现你的目标。

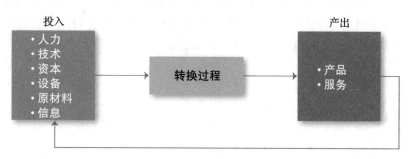

图 15-1　运营系统

为什么运营管理对组织和管理者如此重要

第一，它将流程纳入组织之中——不管是服务业还是制造业。

第二，它对于管理生产的效率和效果十分重要。

第三，它在组织竞争成功中起着重要的战略作用。

15.1.2　服务性公司和制造性公司有什么不同

芝士蛋糕工厂（Cheesecake Factory）的酒店通过其具有良好调节能力的生产体系，处理超过列有 200 种食物的菜单。一位食品服务咨询家说："在将高效率的厨房与非常复杂的菜单相融合的过程中，酒店得到不断的提升。"[1]

所有组织都通过转换过程（transformation process）生产产品和服务，简言之，每个组织都有一个运营系统，通过将投入转换为最终产品和服务这样的产出而创造价值。对于制造商，他们生产汽车、手提电话或者食品。毕竟，制造业组织（manufacturing organizations）

生产有形的产品。在这些典型的组织中很容易看到运营管理（转换）过程的作用，因为在其作用下，原材料被转换成有形的产品，但在服务业组织（service organizations）中转换过程就不是那么明显，因为它们以服务的形式生产出无形的产出。例如，医院提供医疗和卫生保健服务，帮助人们维护他们的个人健康；出租车公司提供交通服务，把人们从一个地方送到另一个地方；旅游航线提供度假和娱乐服务；居住区水电维修工人为电力和供水服务提供保证。所有这些服务性组织都将投入转换成产出。又如，大学的管理者汇聚教师、书籍、多媒体教室和其他类似的资源，把学生培养成有知识、懂技术的人。

Eri Otsubo 是日本桃子航空公司（Peach Aviation Ltd.）的空姐。桃子航空公司是提供低成本航空运输服务的公司，它的运营系统通过将飞机、乘务员等投入转换为航空旅行这种非实物形态的产出来创造价值。正如其他发达国家一样，日本是一个服务型经济的国家。

　　我们要强调这点的原因就是，在美国经济乃至更大范围的全球经济中，服务业的产出及其销售已占据主导地位。事实上，在现今世界上大部分发达国家占主导的是服务业经济。[2] 例如，在美国，在所有经济活动中，服务业的比例几乎占到 78%；在欧盟，服务业所占比例接近 73%。在欠发达国家，服务业则没有那么重要。例如，在乍得共和国，服务业只占经济活动的 32%；在老挝，只有 44%；玻利维亚是 48%。

15.1.3　企业如何提高生产率

　　一架喷气式客机需要 400 万个零部件。高效率地组装这样一个高质量的机械产品需要高度的集中能力。全球两大制造商——波音公司和空中客车公司，都复制了丰田的生产方式。不过，并不是所有的生产方式都是可以复制的，因为航空公司比小汽车购买者需要更多的订制服务以满足客户的需求，喷气式客机也比小汽车更需要严格的安全条例。[3] 位于罗得岛州东普罗维登斯的埃文斯发现公司（Evans Finding Company）生产洁牙线盒子里那个极小的剪线配件，其每天的生产轮值并不需要人管理。[4] 公司的目标是尽可能地减少劳动力。这不是因为它不关心员工。实际上，就像美国的许多制造商，埃文斯发现公司需要改进生产效率以确保生产，尤其是当要面对低成本的竞争对手时。因此，当机器性能稳定且在无人操作之下零部件的生产仍能达到完美无瑕时，制造商就可以转向"远程管理"（lights-out）生产。

　　尽管大部分组织并不生产有 400 万个零部件的产品，也不可能在无人管理的情况下运作，但改进生产率已经成为现实中每个组织的一个主要目标。对国家而言，高生产率可以带来经济的发展，人们可以获得较高的工资，且企业的利润得以增长，不致引起通货膨胀。对组织而言，不断提高的生产率可以带来更有竞争力的成本结构，使其有能力提供更有竞争力的价格。

　　在过去的 10 年里，美国企业极大地提高了生产效率。例如，在位于康涅狄格州谢尔顿地区的乳胶泡沫国际公司（Latex Foam International）最先进的数码工厂，工程师要对工厂的所有运作进行监控。工厂将一个较小空间的容纳能力提高了 50%，并将效率提高了 30%。[5] 追求生产率提高的并不仅仅是制造企业。佩拉公司（Pella Corporation）的采购部门将采购订单输入计算机的时间减少了 50% ~ 86%，将票据处理时间减少了 27%，并精简了 14 个财务系统，从而提高了生产率。公司的信息技术部门大幅削减电子邮件的数量，并为像呼叫中心之类需要频繁使用公共计算机的人员实施工作设计改善措施。人力资源部门削减时间，使补贴登记的时间缩短为 156.5 天。财务部门现在只用 2 天而不是过去的 6 天，就可以完成月底的结余。[6]

希望推进全球化的组织正在寻找方法去改进生产率。例如，麦当劳神奇地缩短了炸薯条的时间，从以前的 210 秒钟变成现在的 65 秒钟，节省了时间和其他资源。[7]位于多伦多的加拿大商业帝国银行（Canadian Imperial Bank of Commerce）通过自动化购买功能，每年节省了数百万美元。[8]捷克轿车公司斯柯达（Skoda）则通过对其制造流程的深度重构提高了生产率。[9]

生产率 = 人力 + 运营变量

生产率是由人力和运作变量组成的。要改进生产率，管理者必须把重点放在两者上面。已故管理顾问和质量专家爱德华·戴明认为，提高生产率的首要来源主要是管理者而不是工人。他提出了 14 条改进生产率管理的原则（要获得更多这方面的信息，请阅读后面的"从过去到现在"专栏）。这些建议反映了他对人力与运营变量之间互动的认识。高生产率不仅仅来源于良好的"人的管理"。真正有效的组织通过成功整合人力到整个运营系统中来最大限度地提高生产率。例如，在佐治亚州阿梅里克斯的新普利斯五金制造公司（Simplex Nails Manufacturing）里，员工成为公司努力转变的过程中不可或缺的一部分。[10]一些生产工人被重新分配到清洁岗位，打扫工厂以腾出更多的地面空间。公司对销售队伍进行了再次培训，并重新聚焦于向客户出售其所需要的产品而不是库存产品。这些努力取得了显著成果：库存率下降超过 50%，工厂增多了 20% 的地面空间，订单更加稳定而持续，员工的士气也得到了极大的提高。这是一家明白人力与运营系统之间具有重要的相互作用的公司。

15.1.4　运营管理起到了什么战略作用

现代制造起源于 110 多年前的美国，具体而言，主要是底特律汽车工厂。美国在第二次世界大战期间所经历的制造业成功，使制造业的管理者天真地相信，棘手的生产问题已经解决。因此，这些管理者专注于去改善诸如财务和营销等其他职能领域的问题，而很少去关注生产的问题。

在美国企业的管理者忽视公司生产方面的同时，日本、德国和其他国家企业的管理者却抓住时机去开发现代的、基于计算机的先进技术设备，将生产完全地整合到战略计划决策中。竞争者的成功使世界的制造业领导地位重新排名。美国的制造商发现，外国制造商的产品不仅更便宜，而且质量更好。20 世纪 70 年代末，美国企业的管理者认识到，他们正在面临着一场危机，必须做出回应。他们进行了大量的投资来改进制造技术，提升公司权威性和生产主管的预见力，开始将现在的和未来的生产需要融合到公司的整体战略计划之中。今天，成功的制造商认识到，运营管理是建立和保持公司全球领导地位的整体战略中的关键部分。[11]

运营管理在成功的组织活动中所扮演的战略角色，在那些以价值链为导向的组织中体现得更加明显。这是我们接下来所要讨论的问题。

15.2　什么是价值链管理以及它为何重要

如下面的例子所示，通过**价值链管理**，许多不同的人紧密融合
共同参与到工作活动中。

- 大的管理任务将会在一周内到期，而你的计算机却崩溃了！不！！！你的定制化设计的梦想计算机已经按照你的精确要求定制并且将在 3 天后递送。管理任务完成！
- 零存货仓储。下单过程仅仅涉及一次换手动作。这发生在德国福希海姆的西门子公司的计算机断层扫描生产工厂，因为它的 30 名供应商共同为工厂的整个过程绩效承担责任。
- 布莱克和德尔克的手持胶水抢——整个外包给先进的胶水枪生产商。[12]

15.2.1　什么是价值链管理

让我们从头开始……

- 任何公司都需要顾客来生存和繁荣。
- 顾客想要从他们购买和使用的产品或服务中获得价值，并且是他们在决定什么拥有价值。
- 组织必须提供价值来吸引和留住客户。
- 价值被定义为绩效的特征、特色和属性，以及消费者愿意放弃资源（通常是钱）去追求的产品或服务的其他任何方面。
- 价值通过将原材料和其他资源转换成一些能够满足使用者的需求和欲望的产品或服务的方式被传递给消费者。这些服务能够满足消费者在何时何地和怎样想要获得它们的需求和欲望。

那些看似简单地把多种资源转换成客户喜欢并且愿意为之付钱的
活动，涉及大量相互关联的工作活动，这些活动由不同的参与者
（供应商、生产商，甚至是消费者）参与，即它涉及**价值链**。[13]

- **价值链管理**（value chain management，VCM）是外部性导向的并且聚焦于材料输入以及产品和服务输出。价值链管理是效果导向的并且旨在为顾客创造最高的价值。[14]
    - 与价值链管理相反，供应链管理是效率导向的（它的目标是减少成本和使组织更加多产）和内部导向的通过关注于输入材料（资源）到组织的有效流动。
- 在价值链中谁拥有力量？
    - 是提供需要的资源和材料的供应商吗？毕竟，供应商拥有决定价格和质量的能力。
    - 是那些把资源组装成有价值商品或服务的制造者吗？一个制造者在创造产品和服务上的贡献是至关重要的。
    - 是那些确保产品或服务能够让消费者需求在任何时候任何地点都可以满足的经销商吗？

实际上，并不是这些人！

在价值链管理中，客户是最有力量的人！[15]

> 价值链：在从原材料到最终产品的每个步骤中增加价值的一系列活动。

> 价值链管理：在整个价值链上管理一系列活动和信息的过程。

- 他们定义价值是什么以及怎样创造和提供价值。
- 通过价值链管理，管理者试图去寻找能够真正满足客户需求的解决方案的独特组合，以及其竞争对手不能匹敌的价格。[16]

Durand Florence/SIPA/Newscom

价值链管理的目标

- 一系列参与者一起工作形成一个团队，在整个过程中，每个人增加一部分价值，例如更快的组装、更精确的信息或者是更好的顾客回应和服务。[17]
- 多样的供应链参与者合作越好，客户问题解决越好。
- 当为客户创造价值，且客户的需求和欲望得到满足时，供应链上的每个人都会受益。[18]

15.2.2 价值链管理是怎样使商业受益的

- 采购改善（获取所需要的资源）；
- 物流改善（材料管理、服务和信息）；
- 产品开发改善（和客户的亲密关系导致研发的产品更受他们喜欢）；
- 客户订单管理能力增强（管理每一步以确保客户是满意的）。[19]

nickylarson974/Fotolia

 从过去到现在

　　爱德华·戴明是美国的统计学家、教授、作家、演讲家和咨询家。[20] 他因第二次世界大战期间致力于改善美国的生产而著称，尽管他在日本所从事的工作可能更有名。自 1950 年以后，他教授日本高层管理者运用统计方法改进产品设计、产品质量、检验和销售。戴明博士的思想体系很简单：通过运用恰当的管理原理，组织可以在提高质量的同时降低成本（通过减少浪费、返工、员工怠工和诉讼以及提高客户忠诚度）。关键是实行持续改进，并把生产看成是一种体系而不是零散的部分。

戴明：提高管理者的工作效率。

要将这一思想体系付诸实践，需要遵循戴明提出的用于改进生产率管理的 14 条原则。这些建议包括：

- 为将来做长期规划；
- 永远不要放松对产品质量的重视；
- 对生产流程建立统计控制，并要求你的供应商也这样做；
- 与最好的和最少的供应商建立关系；
- 找出你的问题是局限在生产流程的某个部分

还是根源于整个流程本身；

- 培训员工使其能够完成所要求的工作；
- 提高基层主管的素质；
- 赶走恐惧；
- 鼓励不同部门紧密合作而不是仅关注本部门的工作；
- 不要采用刻板的数字目标；
- 要求员工有质量地工作；
- 培训员工使其明白统计方法；
- 在有需要的时候培训员工新的技能；
- 高层管理者有责任实施这些原则。

这些原则已经接受了时间的考验，管理者仍在运用它们以改进生产率。

讨论

- 为什么持续改进和将制造看成一种体系对于运营管理来说至关重要？
- 解释为什么这 14 条原则在今天是适用的。

15.3 价值链管理是如何实现的

现代全球化组织所面临的动态竞争环境要求有新的方法去应对。[21] 了解价值如何并为什么由市场决定，已促使某些组织去实验一种新的商业模式（business model），即公司如何从其战略、过程和活动的广泛部署中获益的战略设计。例如，作为家居家具制造商，宜家通过对家居家具业的价值链再造，从原来一家生产小型邮购家具的瑞典公司，变成世界上最大的家具零售商。宜家以相当低的价格向客户提供设计良好的家具产品，以此换取客户愿意承担一些关键性工作，诸如把家具运回家，自己装配，而这些工作以前是由制造商和零售商做的。[22] 采用新的商业模式，摒弃旧的方法和流程，在宜家取得了良好的效果，这也帮助宜家意识到价值链管理的重要性。

15.3.1 成功的价值链管理有什么要求

成功的价值链管理有什么要求呢？图 15-2 归纳了 6 个方面的主要要求：协调与合作、技术投资、组织流程、领导、员工 / 人力资源以及组织文化与态度。让我们详细考究其中每个要素。

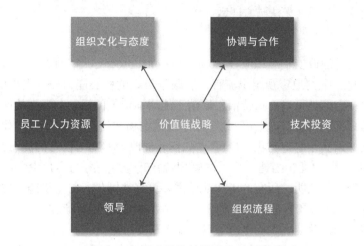

图 15-2　成功价值链管理的 6 项要求

1. 协调与合作

对价值链来说，要实现其满足并超出客户需要和愿望的目标，链上所有成员的广泛和紧密的配合是绝对必要的。在价值链上的所有合作伙伴都必须确认哪些事情对他们没有价值，而对客户有价值。在价值链上共享信息和保持灵活性，是建立协调与合作的重要步骤。信息的共享与分析要求价值链上的合作伙伴进行开放式沟通。例如，作为特种聚合物产品的制造商 Furon 公司相信与客户和供应商的良好沟通能促进产品与服务的及时配送，为价值链上的所有合作伙伴创造其他商业机会。[23]

2. 技术投资

如果没有实质性的信息技术的投资，价值链管理的成功是不可能的。投资的回报在于信息技术可以用于重构价值链，更好地服务于终端用户。[24] 例如，Rollerblade 公司通过大量投资建设网站，用于教客户如何使用它们的产品。虽然公司担心影响其代理商的销售网络，并没有选择在网上售卖产品，但管理者有足够的灵活性，如果感到网上直销可以更好地将价值提供给客户，他们会重新加以考虑。[25]

什么技术是重要的？根据专家的意见，关键性的工具包括一个支持性的企业资源计划（ERP）系统，它将组织的活动、复杂的工作计划和进度安排、客户关系管理系统、商务智能以及与市场网络伙伴相关联的电子商务等全部结合起来。[26] 例如，戴尔公司就将其供应商关系几乎毫无例外地放到网上进行管理。公司有一个客户的网站和一个供应商的网站。供应商网站就

图中是可口可乐公司首席执行官穆泰康（Muhtar Kent）与可口可乐公司合作包装公司的管理者一起在俄罗斯新开的可口可乐工厂里的场景。穆泰康和其他公司管理者非常坚定地将公司的全球价值链从农业原料的生产者引向包装伙伴和零售商。

是戴尔公司与其最大供应商之间沟通的基本模式，公司在信息技术上的投资使它能满足客户的需要，而其他竞争对手又无法与它匹敌。[27]

3. 组织流程

价值链管理迅速地改变了组织流程（organizational processes），即组织工作的方式。[28] 管理者必须从头到尾、批判地审视组织流程，着眼于组织的核心能力——组织所独有的技能、能力和资源，以决定何处可以增加价值，取消不能增加价值的活动。下面的问题是每个流程都应该要加以考虑的：“内部知识在何处可用于改进实物和信息的流动？”“如何能够把我们的产品设计得更好以满足客户与供应商？”“如何才能改善实物与信息的流动？”以及“如何才能改善客户服务？”因此，当迪尔公司的管理者在其全球商务与客户设备部门实施价值链管理时，总的流程评估表明，所有的工作活动需要更好地同步，与价值链多方关联的相互关系要更好地处理。为了改善这些关系，他们改变了大量的部门工作流程。[29]

关于组织流程如何改变，我们得出了以下 3 个重要结论。

第一，更好的需求预测是必要的和可能的，因为它加强了与顾客和供应商的联系。例如，为了确保货架上有一定存量的李斯特（Listerine）漱口水供顾客购买，沃尔玛与产品制造商——辉瑞制药公司合作，改进产品需求预测信息系统。它们共同努力，把李斯特漱口水在沃尔玛的销售额提高到了 650 万美元。消费者也从中受益，因为他们能够在他们所需要的时间和地点购买到所需要的产品。

第二，所选择的功能可能需要与价值链上的其他合作伙伴合作完成。这一合作甚至延伸到共同使用员工。例如，总部在马萨诸塞州诺斯伯勒的圣戈班高性能塑料公司（Saint-Gobain Performance Plastics），把它的员工安置在客户方工作，使供应商的员工和客户共同完成他们的使命。圣戈班高性能塑料公司的 CEO 说：“如果组织要从单纯的某一个元件的供应商转变成提供解决方案的供应商，这种协作是必不可少的。”[30]

第三，需要有新的措施来评估价值链上各种活动的绩效。因为价值链管理的目标是要满足或超出客户需要和愿望，管理者需要有一幅更全面的图景，了解价值是如何创造并提供给客户的。例如，美国雀巢公司实施了价值链管理方法，重新设计了测量系统，专门测量一整套的要素，包括需求预测的精确度、生产计划、按时配送以及客户服务水平。这一重新设计能使管理者更快地发现并及时采取行动去解决问题。[31]

4. 领导

领导对价值链管理的价值重要性是显而易见的：没有强有力的坚定的领导，价值链管理就不可能成功。[32] 从高层到基层，管理者必须支持、推动和激励价值链管理的实施与推进。管理者必须要做一系列的努力去确认什么是价值，如何才能最好地提供价值，这些努力取得了怎样的成功。如果没有组织领导的郑重承诺，要形成努力为客户提供最好的价值，这种组织氛围或文化是不可能的。

同样，领导对于表述组织从事价值链管理的期望是什么也十分重要。理想上，提出期望是从组织的愿景和使命开始的，表达组织确认价值、把握价值和提供最高价值给客户的承诺。例如，美标公司（American Standard Companies）在开始进行价值链管理时，公司CEO 跑遍全美，出席了数十次会议，以了解变化中的竞争环境，以及公司为什么需要与它的价值链合作伙伴一道创造良好的工作关系。[33] 这样，在整个组织中，管理者就能阐明对每一个员工在价值链上的期望，同样也能阐明对合作伙伴的期望。例如，美标公司的管理者明确了对供应商的要求，并剔除那些不能满足要求的供应商。公司的期望是如此严格，以至于剔除了上百家空调、盥洗间、厨房设备及汽车控制系统的供应商。这样能使那些满足公司期望的供应商从更多的业务中获利，同时公司也拥有能够向客户提供更好价值的合作伙伴。

5. 员工 / 人力资源

从整本教材中对管理理论和方法的讨论可以知道，员工是组织中最重要的资源。因此，毫无疑问，员工在价值链管理中必然起着重要作用。价值链管理对人力资源有 3 项主要的要求：一是灵活的职位设计方法；二是有效的雇用程序；三是持续的培训。

灵活性是价值链管理中职位设计的关键。传统的功能性工作角色，像市场营销、销售、会计出纳、客户服务代表等在价值链管理的环境下都不合适了。职位必须围绕着工作流程进行设计，将所有功能结合起来，创造价值和向客户提供价值。这种灵活的职位设计可以支持公司的承诺，向客户提供最好的价值。[34] 企业在按价值链方法进行职位设计时，重点应该放在员工所进行的活动如何能够最好地为客户创造和提供价值。这就要求员工在做什么和如何做上有灵活性。

实施价值链管理的组织的职位设计必须有灵活性这一事实导致了第二个要求：灵活的工作要求灵活的员工。一个价值链组织会安排员工到遵循某种流程的工作团队中去，并根据需要在不同的时期做不同的工作。在协作关系可能会随着客户需求变化的环境中，员工的应变能力是很重要的。所以，组织的雇用程序设计必须能够确认哪些员工有能力迅速学习和适应环境变化。

最后，对灵活性的需要也要求组织在持续不断的员工培训中有实质性的投入。培训课程是否包括学习如何使用信息技术的软件，或者如何改进整条链上的物流，如何确认哪些是能增加价值的活动，如何更快地做出更好的决策，如何改进其他大量潜在的工作活动，这就在于管理者必须确保员工具备了其工作所需的知识和技能。例如，英国朴次茅斯的国防电子合同承包商阿勒尼亚·马可尼系统公司（Alenia Marconi Systems），把持续培训作为公司有效地满足客户需要的承诺部分。员工不断地接受公司的专门培训和包括强调个人与客户等战略问题的培训，而不仅仅是销售与利润。[35]

作为美国全食超市（Whole Foods Market）团队成员服务事业部的全球副总裁，马克·埃姆斯坦（Mark Ehmstein）确保了这家零售商分享、尊重和信任的文化可以扩展到所有价值链的成员。公司的核心价值观是与供应商建立双赢的伙伴关系，提升客户的满意度，增加员工的幸福感和成就感。

灵活性、**灵活性**、灵活性.

---

6. 组织文化与态度

价值链管理的最后一个要求是支持性的组织文化与态度。这些文化态度包括共享、协作、开放、灵活、相互尊重和信任。这些态度不仅要体现在价值链的内部工作伙伴上，也要体现在外部合作伙伴上。例如，美标公司选用传统的方法——大量的洽谈时间和电话联系去实践它们的态度。然而，正如我们前面所言，戴尔公司则采取了完全不同的方法，几乎完全是通过网络与其价值链合作伙伴一道工作。[36] 不过，这两种方法都反映了公司有针对性地、更好地满足客户需要，建立长期、互利互惠、相互信任关系的承诺。

15.3.2 价值链管理存在哪些障碍

要从价值链管理中获益，管理者就必须处理好管理中的几个障碍。这些影响价值链管理过程有效运作的障碍包括组织障碍、文化态度、要求的能力以及员工（见图 15-3）。

1. 组织障碍

组织障碍是管理者所要处理的最为棘手的障碍。它包括对信息共享的拒绝与抵制、不愿接受改变以及安全问题等。没有信息共享，紧密的协调和合作是不可能的。员工对变化的拒绝与抵制会阻碍价值链管理的成功实施。最后，由于价值链管理非常依赖坚实的信息技术基础设施，因而系统安全和互联网安全就成为重要议题。

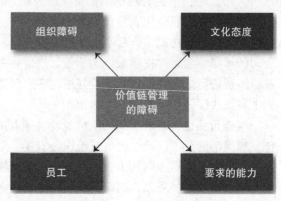

图 15-3 成功价值链管理的障碍

2. 文化态度

缺乏文化态度，尤其是信任和控制，也是价值链管理的障碍，无论缺乏信任或是过于信任都是颇为关键的问题。为了追求效果，价值链合作伙伴必须相互信任，互相尊重，讲求诚信，每个伙伴的活动都是围绕价值链进行的。如果缺乏信任，伙伴就会拒绝共享信息、能力和过程，但过于信任也是问题。例如，许多组织的知识产权（intellectual property）容易被盗。知识产权是公司有效运作和获得竞争力的关键。你要信任价值链合作伙伴，但也要防备珍贵的资产被盗。[37] 另一个成为价值链管理障碍的文化态度是这样一种观念，认为当组织与外部和内部伙伴合作时，它就不能控制自己的命运。然而，这无须举例。尽管紧密的合作必须发生，组织还是可以控制关键的决策，包括客户的价值是什么，他们所希望的价值是多少，哪些分销渠道甚为重要，等等。[38]

3. 要求的能力

从前面对价值链成功实施的讨论中我们可以得知，价值链合作伙伴必须具备若干能力，包括绝佳的协调与合作、设计产品以满足客户和供应商的能力、教育内外部合作伙伴的能力。这些要素对把握和扩大价值链价值来说是最基本的，但往往又是难以实现的。在我们的讨论中描述过的许多公司常常也难以评估自身的能力和流程在价值链管理中是否变得更有效率与效果。

你们一定要实施价值链管理。

4. 员工

成功价值链管理的最后一个障碍是组织的员工，如果没有组织员工坚定的承诺和做好工作的愿望，价值链管理是不可能成功的。如果员工拒绝或抵制工作的灵活性，就难以做出必要的调整去适应不断变化的环境需求。如果员工不愿意在做什么、如何做、与谁一道做上展现灵活性，整条价值链上关键的协调和合作就难以实现。另外，价值链管理需要组织的员工付出大量的时间和精力。管理者必须为激励员工做出很大的努力。

15.4 管理者所面对的当代运营管理问题

沃尔玛和好市多已采用的牛奶罐经过重新设计后，航运费用更加低廉，对环境更加友好，成本大为下降，并使牛奶保存更为新鲜。专家称，这种类型的重新设计是"未来 20 多年里将在美国经济中出现众多变化中的一个例子。在全球需求以及能源和原材料成本急剧上升的年代，我们需要重新审视经济中的方方面面，许多产品也需要为了提高效率而重新设计"。[40]

如果你认为在当今 7 天 24 小时的在线全球经济中运营管理并不重要，不妨再思考一下。实际上，它非常重要。我们将考察管理者在管理运营时需要面对的 3 个当代专题：技术在运营管理中的作用、质量优先和项目管理。

15.4.1 技术在运营管理中的作用

从前面对价值链管理的讨论中可以得知，今天的竞争市场给组织施加了巨大的压力，要求组织及时按客户所要求的方式配送产品和提供服务。一些聪明的公司采用网络技术改进运营管理。许多快速食品公司正相互竞争，看谁能提供更快和更好的服务，即让客户可以得到免于下车的服务（drive-through）。这种服务如今在销售里占有很大的份额，更快、更好的服务可以是重要的竞争优势。例如，温迪公司（Wendy）在其部分菜单板上增加了雨篷，并用食品的图片代替文字。其他公司则运用确认屏幕（confirmation screens），这一技术帮助麦当劳将准确率提高了 11%。另外，有两家美国连锁店所采用的技术可以计算免于下车线路（drive-through line）内的车辆数目，并将当前促销和大受欢迎的样品食物纳入需求，从而可以告诉管理者他们需要准备多少食物。[41]

尽管组织的生产活动是由"客户就是'上帝'"的认知所驱动的，但管理者仍需认识到组织的生产活动必须具有更快的反应能力。例如，运营管理者需要这样的系统：能够显示生产线的潜在产能、订单状况、产品质量的情况，而不是滞后的事实。为了更紧密地与客户相

道德观察

这里有一个不寻常的道德困境，它很适合为本书的最后一章做个结论。为什么？因为它说明了道德问题会在一些最普通的环节中出现。假设你来到了一个很繁华且停车位紧张的购物区，你在某一家店的停车区找到了一个空位，而这家店主声明只有他们的顾客才能在这里停车。你把车停在了那里，并且花了些钱在这家店买东西。这之后你去了附近别家的商店购物，但你并没有让出停车位，因为你觉得你已经在之前的店购物了，你享有这个停车位的权利。但是有人说，既然你已经结束了在之前那家店的消费，你就应该让出停车位。[39]

讨论

- 这里的道德问题是什么？为什么说它是一个道德问题？
- 这个场景中其他利害相关者有哪些？你不让出停车位的决定会如何影响到他们？

联系，整个企业的运作，包括制造，都必须同步。为了避免生产和配送的"瓶颈"，制造功能必须与整个电子商务活动相匹配。

技术使广泛的参与和合作成为可能。技术使制造工厂得以控制成本，特别是在设备维修、远程诊断和公共设施成本节省方面。例如，让我们来看看电子制造技术是如何影响设备维修功能的。新一代的互联网兼容设备包含的网络服务器是可以进行事前沟通的，即如果一台设备坏了，或者其仪器显示它要出故障，它就会发出求救信号。这与新型汽车警示灯的"检测机器"原理是类似的。这样的警示会告诉你，某个地方有毛病，需要引起注意。但是电子技术比声音或亮灯警示更为高超。一些装置能够向供应商、维修部门或承包商发送电子邮件或信号，反映特别的问题，以及需要的零部件和服务。这样一种电子维修控制可以防止设备故障以及随之而来的生产停顿。

那些对技术利于提高绩效的效率和效能有所了解的管理者知道运营管理并不仅仅是传统观念上的产品制造。相反，其重点在于组织的所有业务部门通力合作，从而找到方法解决客户的业务困难（要获得技术是如何影响未来工作的更多信息，请阅读"技术与管理者的工作"）。

技术与管理者的工作：欢迎来到未来工厂

未来理想的工厂将是怎样的呢？[42] 佐治亚技术制造研究中心（Georgia Tech's Manufacturing Research Center）的专家称，未来工厂的面貌将受到3个重要趋势的影响。第一个趋势是供应链的全球化（globalization of supply chain）。在未来的工厂里，设计和业务流程将更加富有效率和效能。例如，波音787客机的零部件将在全球生产，然后运到波音在美国的工厂。第二个趋势是减少产品材料的同时极大地增加其复杂性的技术。运营管理的挑战是产品简化的同时生产过程却变得更加复杂。第三个趋势是人口统计的特点及其对需求模式的影响（demographics and the impact on demand patterns）。产品的生命周期将会缩短，并有更多的种类和选择。"对未来的工厂而言，挑战是既要适应许多不同的产品生命周期，又要灵活处理在同一时期生产的不同产品的数量。"

考虑到这些趋势，很明显，技术将在需要协作、适应、灵活和当地化的转变过程中继续发挥重要的作用。但要记住，技术只是一种工具。未来的工厂还需要富有才能和熟练的员工队伍，以及对管理运作流程的清晰认识。这些都是管理者在确保组织的生存和蓬勃发展时所面临的众多挑战。

讨论

● 技术在运营管理中发挥了怎样的作用？企业在将技术运用于运营管理的过程中，可能会有哪些负面影响？

● 在未来工厂中，管理者扮演了什么角色？

15.4.2 管理者如何控制质量

1亿美元，苹果公司解决质量问题的成本。

质量问题会造成高昂的成本。例如，尽管苹果公司在iPod上取得了巨大的成功，但前3个版本所使用的电池只能持续4小时，而不是购买者所期待的12小时。苹果为解决消费者的投诉付出了高达1亿美元的成本。在先灵葆雅公司（Schering-Plough），长期存在的质量控

制短板导致公司的吸药器和其他药物产生了诸多问题，公司为此付出了 5 亿美元的罚金。另外，汽车行业每年要为保用和保修付出 145 亿美元的成本。[43]

许多专家认为，如果组织不能生产出高质量的产品，就无法在全球市场上成功地竞争。什么是质量？当你认为某个产品或服务需要质量时，这是什么意思？是表示这个产品没有破损或可以持续运作，即它是可靠的吗？是表示这个服务的提供方式是按照你的设想进行的吗？是表示这个产品发挥了其应有的作用了吗？还是其他意思？表 15-1 描述了多个有关质量的维度。我们将质量定义为产品或服务可靠地起到其预期的作用并满足了客户期望的能力。

表 15-1 什么是质量

产品质量的维度
（1）性能——操作特点
（2）特征——重要和专门的特点
（3）灵活性——某段时间内达到操作的特别要求
（4）耐久性——性能老化前使用的年限
（5）适配性——与预定标准的相配
（6）服务性——维修或常规服务的简便和速度
（7）美学性——产品的外观和给客户的感受
（8）质量的主观性——对（产品形象的）特征的主观评价

服务质量的维度
（1）及时——在承诺的时间内提供服务
（2）礼貌——愉快地提供服务
（3）持续——使所有客户每一次都体验到相似的经历
（4）方便——客户获得服务的容易程度
（5）完整——按照要求提供周全的服务
（6）准确——每次都正确地提供服务

资料来源：Based on J. W. Dean and J. R. Evans, *Total Quality*: *Management, Organization, and Society* (St. Paul, MN: West Publishing Company, 1994); H. V. Roberts and B. F. Sergesketter, *Quality Is Personal* (New York: The Free Press, 1993); D. Garvin, *Managed Quality*: *The Strategic and Competitive Edge* (New York: The Free Press, 1988); and M. A. Hitt, R. D. Ireland, and R. E. Hoskisson, *Strategic Management,* 4th ed. (Cincinnati: South-Western Publishing, 2001), 121.

1. 如何达到质量要求

如何达到质量要求是管理者必须面对的问题。质量考察的一个好方法是按照管理的职能，即计划、组织和领导以及控制来进行。

进行质量计划时，管理者必须确定质量改进的目标和战略以及实现这些目标的计划。目标可以让大家集中注意力朝着某些客观的质量标准而努力。例如，卡特彼勒公司的目标是应用质量改进技术以便削减成本。[44] 尽管该目标很具体、很有挑战性，但需要管理者和员工一起努力，制定良好的战略以实现目标，并深信他们能做得到。

AFP/Stringer/Getty Images

意大利的汽车制造商法拉利（Ferrari）通过开发和制造各方面（设计、性能、持久性）都具有高质量的汽车而在全球市场竞争中取得了胜利。如图中所展示的那样，员工在生产线最末端进行着质量检查，且他们将"卓越"的理念贯穿到平时的思考、计划、行动和完成任务中。

在对质量工作进行组织和领导时，对管理者而言，重要的是依赖员工。例如，在通用电缆公司（General Cable Corporation）位于加拿大萨斯喀彻温省慕斯爵市的工厂里，每个员工都参与了持续质量保证的培训。另外，工厂的管理者认为应该全心全意地为员工提供他们需要的信息，使他们更好地完成工作。他说："向操作机器的员工提供信息是至关重要的。你可以建立网状结构，可以交叉培训员工，还可以使用精益工具，但如果你不向员工提供促进改善的信息，那就没有热情可言。"不用说，该公司还与员工一起分享生产数据和财务绩效指标。[45]

实施了广泛和成功的质量改进项目的组织倾向于依靠两个重要的人力资源途径：跨职能的工作团队和自我指导或授权的工作团队。既然实现产品质量是从高层到基层所有员工都必须参与的事情，那么以质量为导向的组织依靠培训良好、灵活和授权的员工也就不足为奇了。

最后，管理者必须认识到在进行质量控制时，如果没有某种方法监督和评估质量改进的过程，质量改进是不可能行得通的。不管是否涉及库存控制、原材料采购、故障率或其他运营管理方面的标准，质量控制都是重要的。例如，位于伊利诺伊州罗灵梅多斯的诺斯洛普格鲁公司（Northrup Grumman Corporation）的工厂，实行了多个质量控制项目，包括自动检验和信息技术，将产品设计、制造和质量改进追踪过程融为一体。同时，公司授权员工，让他们决定是否接受或拒绝制造过程中的产品。工厂经理解释说："这种方法是用以建立而不是检查产品的质量。"但他们所做的最重要的一件事是与客户一起"奋斗"，即为解决现场问题而共同努力。工厂经理说："我们和其他公司的区别是，我们认为如果我们能够很好地明白客户的使命，就可以帮助他们提高效能。我们不会等着客户让我们做事，而是会找出客户正尝试做的事情，然后帮助他们制订解决方案。"[46]

在全球都可以找得到有关质量改进成功的故事。例如，在位于墨西哥马塔莫罗斯的德尔福公司（Delphi）的组装工厂里，员工努力改善质量并获得巨大的进步。以航运产品的客户拒绝率为例，以前每100万个部件中有3 000个部件出差错，而现在每100万个部件里只有10个部件出差错，差错率几乎改善了300%。[47]多个实行了质量优先的大洋洲公司，包括澳大利亚阿尔卡公司（Alcoa of Australia）、沃莫尔德安全公司（Wormald Security）、卡尔顿联合啤酒厂（Carlton and United Breweries），都极大地改进了质量。[48]位于德国巴罗得的法雷奥克里马斯特米有限公司（Veleo Klimasystemme GmbH）的组装小组为包括梅赛德斯和宝马等高端德国轿车设置了不同的气候控制系统。那些小组实施的质量改进项目都大大提高了质量。[49]

2. 组织应追求什么质量目标

为了公开地表达它们对质量的承诺，世界各地许多组织正致力于追求富有挑战性的质量目标。最有名的两个是 ISO 9000 和六西格玛。

ISO 9000　ISO 9000 是一系列国际质量管理标准，是由国际标准组织（International Organization for Standardization）建立的（www.iso.org）。它对生产过程设立了标准指引，以确保产品符合客户的要求。这些标准的涉及面甚广，包括从合同审阅到产品设计和产品运输等。ISO 9000 已成为对全球市场内的企业进行评估和比较的一套国际认可的标准。实际上，这类认证是在全球从事业务活动的先决条件。获得 ISO 9000 认证的企业表明其拥有良好的质量管理体系。2009 年对 ISO 9000 认证的调研显示，全球已有 175 个国家的超过 100 万家企业获得了这一认证。几乎有 40 000 家美国企业通过了 ISO 9000 认证，超过 200 000 家中国企业通过了此认证。[50]

　　六西格玛　30 多年前，摩托罗拉公司在广泛运用严格的质量标准时，更多是通过一套名为六西格玛（Six Sigma，6σ）的特定质量改进项目。[51] 简单地说，六西格玛这一质量标准要达到每 100 万个部件或流程中不超过 3.4 个差错的目标。这是什么意思呢？　σ 是一个希腊字母，统计学家用其界定钟形曲线的标准差。σ 值越高，与常态的差异就越小。1σ 表明任何被测量的事物有 2/3 位于曲线之内，2σ 表明覆盖了 95% 的范畴，6σ 表示你能做到几乎零缺陷。[52] 这可是一个雄心勃勃的质量目标！尽管这是相当高的标准，但许多质量导向的企业正把它运用到生产中，并从中受益。例如，通用电气公司的总裁称，自 1995 年以来公司估计节省了数十亿美元。[53] 其他运用了六西格玛技术的公司还包括美国 ITT 工业集团（ITT Industries）、陶氏化学公司（Dow Chemical）、3M 公司、美国运通、索尼公司、诺基亚公司和强生公司。除了大量制造企业采用六西格玛技术，许多金融机构、零售商和医疗组织等服务性企业也开始采用它。六西格玛带来了怎样的影响？让我们看一个例子。

　　过去，医疗管理公司 Wellmark Blue Cros & Blue Shield 要花 65 天或以上才能在医疗规划中增加一名新的医生。现在，受益于六西格玛，公司发现其运作的过程有一半是多余的。在精简了不必要的步骤后，现在的工作只需较少的员工在 30 天以内就可以完成。公司每年因此节约 300 万美元的管理支出，并将其转化为较低的医疗费用，从而让消费者获益。[54]

　　尽管让管理者认识到获得 ISO 9000 认证或六西格玛的积极效益是很重要的事情，但最主要的益处在于质量改进过程本身。换言之，质量认证的目标应该是建立一套工作流程和运作体系，使组织得以满足客户需求，并让员工持续地以高质量的方式完成工作。

15.4.3　如何进行项目管理

　　正如第 6 章讨论的那样，许多组织围绕着项目而构建。**项目**（project）是有明确的起点和终点的一次性活动。[55] 从一次 NASA 的航天飞机发射到举办一个订婚仪式，项目在大小和范围上存在很大区别。**项目管理**（project management）的任务是使活动按照要求，在预算内按时完成。

　　项目管理在诸如建筑和电影制作等行业已存在了很长时间，而现在它已延伸到几乎每一个行业。项目管理为何越来越受欢迎？因为它很好地适应了动态的环境和对环境做出灵活、迅速反应的需要。对于那些有着某些特殊性、明确的完成期限、包含复杂的相互联系且要求特殊技能的任务和暂时性的活动，组织越来越多地采用项目的方式来完成。因为对于这些类型的

音乐行业的项目管理包括诸如乡村歌手肯尼·切斯尼（Kenny Chesney）等艺术家的巡回演出。管理一个巡回演出涉及协调从第一场到最后一场音乐会的日程安排，音乐家和乐队成员在不同城市的活动、住宿、交通和演出场地等。

项目，制定用于指导常规和持续进行组织活动标准化的操作程序并不适用。[56]

　　在典型的项目中，小组成员被临时分派给项目经理并向其汇报，项目经理需要与其他部

门协调活动并直接向高层经理汇报。项目是暂时性的：在完成特定目标后就会结束，项目成员会转到其他项目、回到原部门，或离开组织。

如果你花几天时间观察一组部门经理，你会发现他们通常会详细设计哪些活动必须完成，完成这些活动的顺序，由谁来完成，以及完成的时间。我们把经理所从事的工作称为计划。下面将讨论一些有用的计划工具。

1. 怎样使用甘特图

甘特图（Gantt chart）是亨利·甘特（Henry Gantt）在 1900 年发明的一种计划工具，它的原理相当简单。最基本的甘特图是一种条形图，横轴代表时间，纵轴代表计划完成的活动，条块代表一段时期内的计划和实际产出。甘特图能有效地反映任务应该何时完成，并将计划日期与实际进展相比较。这一简单而重要的工具使管理者得以轻松地了解工作和项目的哪些步骤尚未完成，评估工作的实际进程是快于、落后于还是同步于计划。

图 15-4 是一家出版公司的管理者用于图书生产的甘特图，图的上端代表时间，以月份为单位。主要的活动由上至下排列在图的左端。该计划按需要完成的活动、活动完成的顺序和每一活动的时间安排制订。图 15-4 中的阴影部分代表每一活动的实际进程。

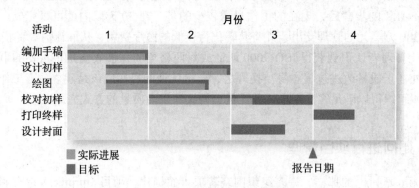

图 15-4　一个使用甘特图的例子

当管理者检查实际工作与计划之间的偏差时，甘特图就成为一种管理控制工具。在本例中，大多数活动是按时完成的。然而，看一看图标中"校对初样"这一活动，你会注意到它实际花费的时间比计划多出两周。针对这一信息，管理者可以采取一些干预措施，弥补失去的两周时间，或确保不会发生其他延误。这样，管理者可以预期，若不采取干预措施，书的出版至少会推迟两周。

负荷图（load chart）是甘特图的修正版本，其纵轴不代表活动，而代表整个部门或特殊的资源。这一信息使管理人员可以就能力的利用进行计划和控制。换句话说，负荷图可以按工作点来安排能力。例如，图 15-5 是一个有 6 个产品编辑的出版社使用的负荷图。每一个编辑都负责几本书的策划和出版工作。通过检查负荷图，这 6 个编辑的主管编辑就可以知道谁有时间，可以承接一本新书。如果每一个人都很忙，那么主管编辑可能会决定不再承接新书，或者承接部分新工作而推迟其他工作，要求编辑加班，或者决定聘用更多的编辑。

2. 什么是 PERT 网络分析技术

当同时进行的项目不多且彼此独立时，甘特图与负荷图是很有用的。但是当管理者要策划诸如复杂的重组活动、大规模的降低成本活动，或开发新产品之类的大项目时，情况会怎么样呢？这就需要来自市场营销、生产和产品设计人员的合作与投入。这样的项目需要统合成百上千个活动，其中的某些活动必须同时进行，而另一些必须等待其前面的活动完成后才能开始，这就像在建一个大型的购物中心时，在地基没有打好之前，你显然不能建墙一样。那么，如何管理一个复杂的项目呢？你可以使用项目评估和审查技术。

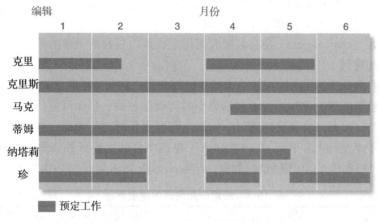

图 15-5　一个使用负荷图的例子

PERT 技术：项目评估和审查技术。

项目评估和审查技术（program evaluation and review technique）通常被称为 PERT 技术，或者 PERT 网络分析技术（PERT network analysis），最初是在 20 世纪 50 年代开发北极星潜水艇武器系统时，为了协调 3 000 多家承包商和代理商的工作而发展起来的。这项需要统合成百上千个活动的工作复杂得令人难以置信。但通过采用 PERT 技术，整个北极星计划的完成时间缩短了两年。

　　PERT 网络是一种类似于流程图的图表，用以描述完成一个项目所需活动的顺序，以及每项活动需要的时间和费用。借助于 PERT 网络，项目经理可以完全掌握哪些工作需要完成，并决定某些活动对另一些活动的依赖关系，以及可能出现故障的位置（见表 15-2）。它也容易用来比较可选择的方案对进度和成本带来的影响。PERT 使管理者可以监控项目的进度，确定可能的瓶颈，对资源分配做出必要的调整以保证项目按计划进行。

表 15-2　制定 PERT 网络

开发 PERT 网络要求管理者明确界定完成一个项目的所有关键活动，并且按依赖关系把它们标识出来，同时估计完成每项活动的时间，这一过程可以分为 5 个步骤，分类如下

- 界定为了完成项目而需要实现的每项活动，完成每项活动将导致一系列的事件发生
- 确定完成这些事件的顺序
- 画出从项目开始到结束的各活动流程，明确界定每项活动及其与所有其他活动之间的关系；用圆圈来标注事件，用箭头表示活动，这样就形成了一个被称之为 PERT 网络的流程图
- 采用加权平均法估算完成每项活动所需要的时间，分别估计：在理想状况下完成活动所需要的乐观时间 t_0，在正常情况下完成活动所需要的最可能的时间 t_m，以及在最坏情况下完成活动所需要的悲观时间 t_p，按下列公式计算完成活动的预期时间 t_e

$$T_e = \frac{t_0 + 4t_m + t_p}{6}$$

- 最后，通过使用标注了每项活动预计完成时间的网络图，管理者可以为每项活动和整个项目做好安排。在关键路径上的任何延迟都需要给予最严密的关注，因为这会推迟整个项目的完成时间，也就是说，在关键路径上是没有松弛量的，因此在这个路径上的任何延迟都会直接影响整个项目的完成期限

要理解怎样建立 PERT 网络，我们必须理解 3 个术语：事件、活动和关键路径。下面我们将定义这些术语，描述绘制 PERT 图的步骤，然后举例说明。

- **事件**（event）代表完成主要活动的终点，有时候也被称为转折点。事件表示发生了某些有意义的事（如收到购货发票）或完成了一项重要的工作。在 PERT 图中，事件以时点来表示。
- **活动**（activities）是采取的行动。每项活动所耗费的时间取决于从一个事件到另一个事件所需要的时间和资源。
- **关键路径**（critical path）是在最短时间内完成某个项目所必需的最长或最耗时的事件和活动的序列。[57]

下面，我们将 PERT 技术运用于一位建筑经理修建一间 6 500 平方英尺房屋的工作。

作为一名建筑经理，你知道在业务活动中时间就是金钱。延误可能使一个本来有利可图的项目变为亏损，因而，必须确定建好一间房屋需要多长时间。为此，你已经仔细地把整个项目分解为若干个活动和事件。表 15-3 列出了建筑项目的主要事件和你对完成每项活动所需时间的预测。根据表 15-3 所提供的数据，绘制出如图 15-6 所示的 PERT 网络。

表 15-3 修建一间房屋的主要活动

事件	描述	时间（周）	前一活动
A	通过设计方案并获得批准	3	无
B	挖掘 / 清场	1	A
C	浇注	1	B
D	打地基	2	C
E	建房	4	D
F	装窗	0.5	E
G	封顶	0.5	E
H	砌面砖和石英砖	4	F、G
I	装电线、水管和加热管	6	E
J	安装绝缘体	0.25	I
K	装石膏灰胶质夹板	2	J
L	完成并给石膏灰胶质夹板磨砂	7	K
M	内装修	2	L
N	内外油漆	2	H、M
O	装橱柜	0.5	N
P	铺地板	1	N
Q	完工，把房交给屋主	1	O、P

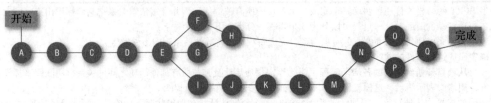

图 15-6 修建一间定制房屋的 PERT 网络

3. PERT 是如何运作的

从上述 PERT 网络可以得知，如果所有活动都按计划进行，修好这间房屋需要 32 周。这是通过追踪网络的关键路径"A→B→C→D→E→I→J→K→L→M→N→P→Q"计算出来的。在这条路径上任何一个事件的延误都将会导致整个项目推迟完成。例如，如果建房（事件 E）花 6 周而不是 4 周时间的话，整个项目将延迟两周。但是，砌砖活动（事件 H）拖延 1 周则并无影响，因为这一事件不在关键路径上。通过使用 PERT 网络，建筑经理知道在这种情况下不需要采取纠正措施。然而，砌砖活动若进一步延误，则会产生问题，因为这一延误可能导致新的关键路径的产生。下面我们回到原来的关键路径这一难题。

关键路径通过活动 N、P 和 Q。PERT 图（见图 15-6）告诉我们，这三个活动需要 4 周时间。可能你会问，N→O→Q 这条线路不是更快一点吗？是的，PERT 网络显示它只需要 3 周半时间。那么为什么 N→O→Q 不在关键路径上呢？这是因为活动 Q 只有在完成了活动 O 和 P 后才能进行，虽然活动 O 只需要 0.5 周，但活动 P 需要 1 周，所以，活动 Q 最早只能在 1 周后开始。关键活动（活动 P）时间和非关键活动（活动 O）时间有什么区别呢？在本例中，这一区别为 0.5 周，被称为松弛时间。**松弛时间**（slack time）是关键路径和所有其他路径之间的时间差。松弛时间有什么用处呢？如果项目经理注意到关键活动的进行落后于计划，或许可以考虑将非关键活动的松弛时间临时分派给关键活动。

正如我们所看到的，PERT 技术既是一个计划工具，也是一个控制工具。PERT 不仅能通过制定进度表估计项目完成的时间，还能使我们明白控制的重点应该放在哪里。由于关键路径上事件的任何延迟都将拖累整个计划（不仅会耽误时间，而且会造成超支），因此我们的注意力必须自始至终集中在关键活动上面。例如，上一个例子中的事件 F（安装窗户）由于供应延误而被延迟了 1 周，不会是一个大问题，因为它不在关键路径上。但是如果事件 P（铺地板）被耽误了一两周，那么整个计划就将会延迟 1 周。因此，任何直接影响关键事件的潜在因素都必须密切关注。

正如本章开始所述，正确管理组织的运营体系、组织控制体系和质量计划是管理者的职责。这也是企业在当今竞争日益激烈的全球环境中可以生存下去的唯一方法。

本章概要

1 界定运营管理及其作用。

运营管理是将资源转化为最终产品和服务的转换过程。制造性组织是生产有形产品的组织。服务性组织是以服务的形式生产无形产出的组织。生产率是人和运作变量的合成物。管理者需要寻找各种途径将人力资源成功地融入运营系统之中。组织必须认识到运营管理在组织活动成功的整体战略中的重要作用。

2 界定价值链管理的本质和目标。

价值链是组织工作活动的整个系列，从原材料加工到完成产品的每一个步骤都增加价值。价值链管理是沿着整条价值链流动的产品与信息整合的管理过程。

价值链管理的目标是制定价值链战略，从而满足和超越客户的需要与期望，并使价值链上所有成员的联系更加全面和紧密。

价值链管理可以使组织从 4 个方面获益：改善采购、改善物流、改善产品研发以及加强客户订单管理。

3 描述价值链管理的过程。

成功的价值链管理有六大要求：协调与合作、技术的投资、组织流程、领导、员工/人力资源、组织文化与态度。

价值链管理的阻碍包括组织障碍（拒绝信息共享、不愿接受改变或安全问题）、不支持的文化态度、缺乏要求的能力，以及员工不愿意或没有能力完成任务。

4 讨论运营管理的当代专题。

企业正在寻找如何运用技术的各种方法，并通过广泛的协作和成本控制以改善运营管理。

ISO 9000 是一系列国际质量管理标准，对流程给予正式的指导，从而确保产品符合客户需要。六西格码是一套质量标准，它建立了一个目标，即每百万个零件或流程只有不超过 3.4 个缺陷。

项目管理是在一定预算之内，按时实现

特定要求以完成项目活动的过程，项目是有明确起点和终点的一次性活动。流行的项目计划工具包括甘特图、负荷图和 PERT 网络分析技术。

复习思考题

15-1 什么是运作管理？如何将其应用于制造型和服务型组织？

15-2 运作管理起到了什么战略性的作用？

15-3 除了控制以外，如何将运作管理应用于其他管理职能？

15-4 解释一下是制造型组织还是服务型组织更需要运作管理？

15-5 价值链是什么？价值链管理是什么？价值链管理的目标是什么？

15-6 价值链管理带来的是哪种组织好处？实施价值链管理时会遇到哪些障碍？

15-7 解释生产率管理在运作管理中的重要性。

15-8 在价值链中谁最有影响力？请解释。

15-9 选择两种你每周都要做的任务（例如，去杂货店购物，主持一场扑克牌聚会，为房子或公寓搞卫生，洗衣服）。对每种任务，找出你如何：①提高完成任务的效率；②提高完成任务的质量。

15-10 选择一家你熟悉的公司并尽可能详细地描述它的价值链。评估它是如何利用价值链创造价值的。

15-11 你如何在日常生活中使用价值链管理？请具体说明。

15-12 技术如何影响运作管理决策？

管理技能建设：做一个优秀的冲突管理者

管理任何项目都需要良好的冲突管理技能，因为项目管理常常要求你跨越组织的纵向部门和横向部门进行工作，与不属于你管辖的人打交道，并且与组织内部以及外部的人商谈时间安排、截止日期和工作任务等。

个人评估清单：处理冲突的策略

一帮人在一起做项目，随时都可能产生冲突。运用个人评估清单来评估处理冲突的不同策略。

技能基础

为了有效地管理冲突，你需要了解你自身以及冲突各方，理解造成冲突的情况，并了解你的选择。[58]

- **你对冲突处理方式的理解是什么？** 我们大多数人都有能力根据情况改变我们对冲突的反应，但我们每个人都有处理冲突的偏好方式。这些方式包括合作（为寻求双赢的解决方案提供各种不同的观点）；妥协（我们都放弃了一些东西，没有明确的赢家或输家）；乐于助人（自我牺牲，把别人的利益置于自己之上）；强制（满足你自己的兴趣而不顾对他人的影响）；回避（避开或隐瞒差异）。

- **有选择地确定你想要处理的冲突。** 并

不是每一场冲突都值得你去注意。回避似乎是一种退缩的行为，但有时可能是最恰当的回应。避免琐碎的冲突，并致力于处理那些重要的冲突。

- **评估冲突各方。** 谁卷入了这场冲突？你或者他们各自代表什么利益？冲突各方的价值观、个性、感情和资源是什么？

- **评估冲突的根源。** 组织中最常见的人际冲突来源是沟通差异和结构差异（例如规则、领土之争、预算冲突、权威问题）、个性和价值差异。沟通冲突通常是最容易解决的，而个性和价值差异则是最难处理的。了解冲突的根源将会有助于对解决方案的选择。

- **选择最佳方式。** 除了以上提到的 5 种处理冲突的方式之外，另外的解决方法还包括扩大导致冲突的稀缺资源（如预算或晋升机会）；创建一个要求冲突各方进行合作的共同目标；行为改变干预和咨询；重新组织工作或部门。

技能应用

以 3 个人为一个小组。分析以下每一种情况并制定一个冲突处理策略。

情境 1　你是一名业务主管，被分配了两个项目：一个项目由你的下属负责，另一个项目由另一个部门的主管负责。你虽然有足够的时间在截止日期前完成这两个项目，但难以保证这两个项目都能够很好地按组织的要求完成。在这种情况下，你会怎么做？

情境 2　你和另外 5 个人一起参加小组会议，而你是主持人。会议的目的是制订一个需要所有参与者同意的计划。其中一名参与者对计划的重要细节非常投入，以至于会推迟该计划的达成。作为主持人，在这种情况下，你会怎么做？

情境 3　上司把你叫进了他的办公室，你发现他想要你发表对一个同事的表现的看法。这个同事是你最好的朋友和邻居，但你更倾向于认为他的表现是不合格的。你会告诉上司什么？

实践练习：ISO 9001 认证

公　司：西木旅游服务
收件人：埃本·克劳福，运营总监
寄件人：安妮·曼德斯，董事长
主　题：ISO 9001 认证

我阅读了很多关于全面质量管理的文章，读了之后我想我们要关注采用全面质量管理的原则。随着我们公司规模的壮大，从一个营业点 12 个员工发展到现在的 5 个营业点近 50 名员工，我需要保证我们每个员工尽最大的努力满足客户的需要，主要因为我们流失的一些客户成了竞争对手的客户。请你做一下分析来说明如何将客户导向、持续改进、标杆管理、培训、团队协作和授权运用到我们的旅游服务业务上，以此来提高我们的竞争力。将你的分析写成要点列表形式（不超过两页）并在这周内交给我。

注：文中提及的公司和信息都是虚构的，只是为了教学目的而设，并不是对那些同名公司的管理实践进行正面或反面的披露。

应用案例 15-1

服装界最严重的灾难

服装行业史上最致命的灾难。

2013 年 4 月孟加拉国达卡的一座厂房倒塌，导致 1 100 多名工人丧生，但有一名非常幸运的年轻女子在被埋 17 天后获救。[59] 热那大厦（Rana Plaza）倒塌事件被视为迄今为止服装业史上最严重的一场灾难。如本章所述，当代全球企业面对动态的竞争环境，需要找到新的解决方法来应对。但此次工厂倒塌事件也清楚地表明，有时候这些解决方法会带来一定的后果，甚至是惨痛的后果。随着全球服装零售商重新评估自身的运营管理战略，改变可能就要来临。

全球服装巨头在孟加拉国的投资始于 2005 年左右，其非常低廉的劳动成本吸引了许多以便宜和"快速"著称的零售商在此建厂。这些品牌零售商包括 H&M（瑞典连锁服饰品牌）、Zara（西班牙连锁服装品牌）、Lee（美国牛仔裤品牌）、Wrangler（美国牛仔裤品牌）、彭尼百货（美国零售公司）以及沃尔玛（世界连锁零售企业）。当你销售的大量衣服价格仅为 20 美元甚至还要低时，那就意味着你必须严格控制成本（尤其是全球航运时需要中途转船到另一地）。同时，20 年来人们对于潮流的认识也发生了一定的改变。以前当季的时装可以流行整整一个季度，可如今时装的风格、颜色和造型等似乎一夜之间就会改变。

像 Zara 和 H&M 的零售商，已经成功地把顾客吸引到快速时尚，这是一种在数周内就完成从构思、设计到在各地商场销售整个过程的服装销售模式，服装在此变成了一种"一次性外在商品"。如今消费者总是追求新颖的、与众不同的服装。为了应对这种快速而廉价的时尚，零售商需要对服装的造型和风格进行持续不断的研发，这对其运作系统是一个巨大的考验。如何使工厂的产能快速扩张，如何使政府放宽实施经营许可的限制，如何用尽一切方法维持尽量低的成本，都已经成了这个发展中国家工厂劳动文化建设的重心。由于孟加拉国的服装厂不像中国那样拥有大量比较先进的机器，它们在时尚产业中的优势就只能停留在制造一些基本的、简易的服装上。随着时尚产业不断改变的时尚重点，孟加拉国对于全球服装贸易的重要性也随之提升。实际上，6 年里该国已从原第 8 大服装出口国上升到第 3 位（仅次于中国和意大利）。孟加拉国的企业所有者和政府都充分认识到服装产业对于整个国家的重要性。

发展中国家的工厂员工的工作条件一直差强人意。爆炸、火灾和其他不安全因素一直存在（不幸的是，这个问题不仅仅存在于时装零售业）。虽然工作场所的保护设施是昂贵的，并且它并不为那些着迷于"平价的"时尚服饰的消费者服务，但随着最近发生的服装厂命案悲剧，时尚产业的决定，无论好坏，已经登上世界舞台，就应接受世人的监督和批评。有一个批评是这样说的："因为事态的严重性和巨大的生命损失，在孟加拉国发生的一切改变了时尚产业的游戏规则。"现在全世界的公共政策组织和政府组织都在对孟加拉国施加压力，促使其改革劳动标准，并迫使全球零售商对采购标准进行更严格的监控。最近，几家全球最大的服装公司达成了一个重要的协议，以加强消防安全建设和改善建筑情况。该协议为期 5 年，当中有部分内容提到不会使用那些厂房没有达到安全标准的服装制造商。H&M、Inditex（Zara 在西班牙的总公司）、Tesco PLC 等著名的欧洲零售商都已经签署了该协议。但包括沃尔玛、塔吉特和盖璞在内的美国主要零售商选择不签署该协议，因为它们觉得这让它们承担了无限责任。[60] 然而，近 20 家北美零售商签署了这一项协议，同意对所有与它们有业务的工厂进行检查，并建立基本的安全标准。

讨论题

15-13　从价值链管理的角度讨论本案例，发生了什么事件？怎么发生的？为什么会发生？

15-14　类似事件是怎样影响管理者对价值链的管理的？

15-15　进行一些关于离岸生产的研究。离岸生产是什么？就管理运营系统而言，离岸生产有何利与弊？

15-16　从该案例中，管理者能学到运营管理的什么知识？

15-17　社会道德问题：尽管孟加拉国工人安全措施的执行不到位，但当地政府官员明显不想让全球企业从该国撤资（并把这些问题带到其他地方），因为这会使该国变得更加贫穷。请对此进行讨论。

15-18　个人道德问题：你愿意花更多的钱来买"合乎生产道德的"服装吗？为什么？请讨论。

应用案例 15-2

梦幻客机的噩梦

波音 787：由全球供应商网络开发和建造。

波音 787 梦幻客机（Dreamliner）诞生于绝境之中。[61] 2003 年，全球最大飞机制造商的名号不再属于波音公司，而属于空中客车（Airbus）——波音公司的欧洲竞争对手。那时波音公司的首席行政执行官刚刚因军购合同的丑闻而辞职，公司的股价也跳水至 10 年来最低点。要记得这时距离"9·11"恐怖袭击事件才刚过去两年，陷入财政困难的航空公司并不愿意投资购买新的设备。波音公司需要某种革新来挽回客户。

这种革新便是由全球供应商共同开发和

制造一架技术先进的飞机。飞机的主要部件会在全球各地预装，然后运往华盛顿州的埃弗里特，在 3 天内拼好，而传统的生产模式则要耗时 1 个月。这是波音公司首次采用轻质复合材料（石墨、钛、碳纤维）而不是传统金属制造飞机，这使得波音 787 比以前的机型更轻便、更高效。为何此举如此富有改革意义呢？那是因为波音 787 能飞得更远，燃料消耗更少，并能为乘客提供比现有条件更舒适的环境。波音 787 有自带的传感器，可以反向抵消湍流的影响，使得飞行更加平稳。同时，新的设计使得机舱内有更多湿润的空气，引擎噪声更少，照明设施更完善，以及飞机窗户在同行业内最大。理所当然地，航空公司为了节省开支和吸引乘客，订购了大批量这样的飞机。尽管波音 787 具备这些创新特质（或正因为这些创新特质，如一些批评家所言），但它遇到了许多生产问题和延误（该机型原定于 2008 年 5 月出厂）。这些延误是设计和生产方面的几个挑战性问题导致的，包括如何协调全球众多的供应商，如何在飞机制造中使用新材料，以及如何组装复杂的部件。然而，在最初预定出厂日期的 3 年后，即 2011 年 9 月 26 日这个狂风大雨的日子，在华盛顿的埃弗里特，波音公司将第一架波音 787 移交给了日本的全日空航空公司（All Nippon Airway Co.）。波音公司商务机部门的执行总裁说道："人们将永远记住这一天，这一天正是商务航空界的黎明。"

在波音 787 投入使用的第一年，至少有 4 架飞机遇到过某种类型的电力问题。尽管这种问题很常见，尤其是对第一年投入使用的最新设计的飞机来说，但其后大量事故接踵而来，其中包括全日空航空公司梦幻客机发生的电火花事件，类似情况还发生在已经降落在波士顿罗根国际机场的波音 787 客机上。这些事故导

致联邦航空局（Federal Aviation Administration）要求有关负责人重新审核梦幻客机的设计和产品。很明显，对于联邦航空局所发现的有关梦幻客机存在的问题，世人高度关注，而这造成所有波音 787 客机全部停飞。航空安全调查员把重点放在了波音 787 客机的锂离子电池上，它是由日本京都的汤浅公司（Gs Yuasa）生产的。波音公司的团队立即着手解决这件事，因为飞机停飞是个大问题！在 2013 年 3 月中旬，波音公司宣布它已经找到了解决梦幻客机存在问题的方法。波音 787 客机的首席工程师说："我们发现问题并不是由单一原因造成的。"工程师着眼于 80 个可能引起电池起火的原因，把这些原因归为 4 组并为每组分别制定解决方法。"修复"的一个主要部分就是电池外壳由不锈钢制作而成，通过迅速消灭任何一丝氧气来防止电池起火，而不是简单地设计成能够遏制火势蔓延。在适当的修复和美国联邦航空局的认可下，梦幻客机的技术人员奔赴全球各地更换波音 787 客机的电池。到了 2013 年 4 月末，所有梦幻客机重新恢复运行。

讨论题

15-19　创新在公司的运营管理中起到了什么作用？

15-20　技术在公司的运营管理中起到了什么作用？（请回顾一下本章"技术与管理者的工作"专栏的内容。）

15-21　描述一下波音 787 梦幻客机团队面临的运营管理问题。这些问题原本是否能够避免？为什么？

15-22　你认为全球化的供应商网络是运营管理的未来吗？请讨论。

15-23　在这个案例中，你还吸取到哪些关于运营管理的教训？

应用案例 15-3

磨制咖啡

星巴克的价值链：从咖啡豆到咖啡杯再到你。

无论在哪一家星巴克，顾客拿到手的那杯　　热气腾腾的咖啡都是源自咖啡农场种植出来的

咖啡豆。[62] 从收割、储藏、烘焙、零售到咖啡杯，星巴克明白价值链上每一个参与者所发挥的作用。

星巴克为全球提供了多种咖啡以供选择，其咖啡购买者会亲自到咖啡的原产地，包括拉丁美洲、非洲和亚洲等，在当地挑选和采购质量最上乘的阿拉卡比（arabica）咖啡豆。当这些咖啡豆运到其 5 间烘焙工厂（分别位于华盛顿、宾夕法尼亚、内华达、南卡罗来纳州和阿姆斯特丹）的任何一家时，星巴克的专业烘焙师就会发挥其"神奇"的作用，这些专业烘焙师在咖啡方面积累了丰富的经验，他们知道如何调和每种咖啡的独特口感及研制出公司最负盛名的咖啡。要将原材料转化成高品质的产品并让顾客在星巴克获得享受，具有很多潜在的挑战。天气、运输和物流、技术、政治不稳定性等因素都有可能影响星巴克的运营。尽管这都是运营管理范畴内重要的挑战，但今天星巴克所面临的最大挑战是如何让顾客在星巴克获得独特的咖啡体验这一愿景与其要付出每一杯 4 美元的现实之间找到平衡。对很多人来说，星巴克的产品是支付不起的奢侈。随着收入和利润在经济不景气时的下降，CEO 霍华德·舒尔茨意识到"公司需要改变几乎所有与运营相关的事情"。尽管公司是作为"反快速食品联盟"（anti-fast-food joint）而建立的，但经济倒退和愈加激烈的竞争迫使星巴克采取措施精简组织。它的美国连锁店实施了新措施改变员工种种浪费时间的行为，例如弯腰从柜台舀取咖啡，在等待倒掉过期的咖啡时呆站着，或其他游手好闲的行为。现在，员工不停地忙碌工作，如帮助顾客做清洁工作。在其中一家首先实行"精益"管理的连锁店，管理者为其他员工寻找各种方法，使他们更有效率地完成一些简单的工序，保持物品在原来的场地，将调味品放到靠近顾客的地方并递送给顾客，改变装配的顺序等。实行新方法两个月后，该咖啡店的业务量增加了 10%。

舒尔茨另一个富有创新的举措是：选一个周二的晚上，所有咖啡店暂停营业 3 小时，让星巴克 135 000 名咖啡师（是指制作和调配浓缩咖啡的人）接受培训。培训期间培训师会告诉咖啡师，无论是在制作一杯极好的咖啡还是在创造极好的消费体验方面，他们都有着十分重要的地位。尽管业界有警告说暂停营业对公共关系不利，在财务上也是错误的，但这个决定看起来效果不错。在培训后的几周内，星巴克的咖啡质量提升了不少并一直保持着那个水平。

讨论题

15-24　你会将星巴克零售店所采用的生产/运作技术描述成单件生产（unit）、大规模生产（mass）还是流程生产（process）？解释你的选择（提示：你可能需要回顾第 6 章中"从过去到现在"专栏中的内容）。该生产/运作技术的途径是如何影响产品的生产方式的？

15-25　星巴克在价值链上面临什么不确定性？它能解决这些不确定性吗？如果可以，如何解决？如果不可以，为什么？

15-26　登录 www.starbucks.com，找到该公司从咖啡豆到咖啡杯等与环境活动有关的信息。选择价值链上其中一个步骤（或由你的教授指定一个步骤），描述其所进行的环境活动，以及它们是如何影响星巴克"生产"其产品的。

15-27　研究"精益生产"这一概念。它的意思是什么？"精益"可以带来什么好处？一家像星巴克这样的公司可以如何运用这一概念达到精益生产？

15-28　从星巴克的行动中，其他组织能借鉴什么？

拉塞尔·西蒙斯（Russell Simmons）是一位企业家。他参与创立了德弗·詹姆唱片公司（Def Jam Records），因为新兴的纽约嘻哈歌手群体需要一家唱片公司，而当时的唱片公司是拒绝在不知名艺术家身上冒险的。德弗·詹姆唱片公司只是西蒙斯的公司的一部分，他的公司拉什信息公司（Rush Communications）还包括一家管理公司、一家叫嘻哈风格（Phat Farm）的服装公司、一家电影制片厂、多个电视频道、一本杂志，以及一家广告代理店。西蒙斯在 1999 年把他在德弗·詹姆唱片公司的股份卖给了环球音乐集团（Universal Music Group），并在 2004 年卖掉了嘻哈风格服装公司。现在西蒙斯开设了一家广告业务公司，为多家广告代理机构提供数字化解决方案。从他最近的一次声明来看，西蒙斯正在将说唱音乐搬到百老汇的舞台。这个演出是一部以 30 多年的说唱歌曲为主题的音乐剧。《今日美国》将西蒙斯评选为 25 位最具影响力的人之一，《公司》杂志则将他评为美国最成功的企业家之一。

在这里，我们将学习诸如西蒙斯这样的企业家所从事的活动。我们将先从了解创业背景开始，然后从 4 个管理职能（计划、组织、领导、控制）的视角来考察创业。

15A.1　什么是创业

创业（entrepreneurship）是根据当下的机会而开创新业务的过程。例如维京公司（Viking Range Corporation）的创始人弗雷德·卡尔（Fred Carl）抓住了时机，创造出将商业化和居家化完美融合的设备。

很多人认为新创企业和小企业是一样的，其实这种想法是错误的。企业家创造的新创企业（entrepreneurship venture），是一种通过创新的做法来把握机会，并将成长和盈利作为主要目标的组织。而小企业（small business）则是员工少于 500 人的独立企业，并不需要新的或创新性活动，对整个行业的影响甚微。小企业不会因为其规模小就一定是创业型企业。新创企业意味着具备创新性和把握时机的能力。新创企业在初期也许规模较小，但它会寻求成长。一些新的小企业也会成长，但是许多小企业也可能因选择或疏忽而停留在小型规模。

15A.2　谁在创办新企业

"把他们称为偶然的创业者、不经意的创业者，或是被迫的创业者。"当失业率高达两位数时，很多公司的"难民"成了创业者。这些人选择创业，并不是因为他们发现了很好的商机，而是因为他们没有工作。由考夫曼基金会（Kauffman Foundation）提供的创业活动指数显示，2010 年成立的新创企业有稍许的上升。这项报告指出"这个模式提供了一些早期的证据，那就是'生存型'创业正在增加，而'机会型'创业正在减少"。但是，"不管是偶然的还是有计划的"，创业重新处于上升阶段。正如许多创业者（成功的和没有那么成功的）将证实的那样，作为一个创业者并不容易。据小企业局（Small Business Administration）的统计，只有 2/3 的新创企业存活两年以上。这样的存活率在第四年下降到 44%，而到了第七年下降到 31%。有趣的是新创企业的存活率在经济繁荣和经济萧条的时候大体一致。

15A.3　创业者都做些什么工作

要想描述出创业者在做什么不是一件容易和简单的事情。我们找不出两位创业者的工作是完全一样的。一般来说，创业者创造的是新的、不同的东西。他们寻求变革，响应变革，利用变革。

最初，创业者需要评估新创事业的潜力，然后着手启动准备工作。在分析创业环境时，创业者需要搜集信息，识别潜在机会，并精确地找到潜在的竞争优势。有了这些信息，创业者开始研究新创事业的可行性：找到创业点子、分析竞争对手、探求融资方式。

在考察了新创事业的潜力以及成功的可能性之后，创业者开始进行新创事业的计划工作，这方面的工作包括：提出一个可行的组织使命，探索组织文化内容，撰写一份思考缜密的商业计划书。一旦这些计划工作落实下来，创业者就必须着眼于新创事业的组织工作。这方面的工作包括：选择一个合法的组织形式，处理好专利及版权调查之类的法律问题，确定合适的组织结构以保证工作的完成。

只有当这些启动工作都已经完成时，创业者才算是准备好真正开始新创事业。新创企业的工作包括：制定目标与战略，确定技术生产方法、营销计划、信息系统、财会系统及现金流管理系统。

一旦该新创企业开始运作，创业者就必须把注意力转移到公司的管理上。管理新创企业实际上包括哪些活动呢？一个重要的活动就是管理好每一家企业内都会发生的各个过程，诸如决策、制订行动计划、分析内外部环境、测量及评估绩效、进行必要的变革等。同时，创业者必须落实人员管理活动，诸如甄选及招聘、评估及培训、激励、冲突管理、任务授权以及成为一名有效的领导者。最后，创业者还必须管理好新创企业的成长，诸如制定和设计成长战略、处理好危机、探寻各种增收的途径、想方设法为新企业增值，甚至还包括最终从企业中抽身。

15A.4　创业者需要制订怎样的计划

计划对于新创企业很重要。一旦对创业的可行性进行了全面的考察，创业者就要计划这项创业活动。创业者在计划这项创业活动中最重要的是要形成一份商业计划书，一份总结了商业机会以及明确和解释了如何获取与开发这些被识别的机会的书面文件。书面的商业计划书有各种类型，从最基本的到最完整的应有尽有。最基本的商业计划书只包括执行摘要（executive summary），一份不超过两页纸的微型商业计划书。而概要型计划书（synopsis-type plan）包含的内容就要稍微多一些，它被称为"甾体激素执行摘要"（executive summary on steroids）。除了执行摘要外，它还包括一份商业建议书，用来说明这个创意为什么与潜在投资者有联系。一份**总结型商业计划书**（summary business plan）包括执行摘要，并且会用大约一页纸来说明这份商业计划书里的各关键组成部分。而一份**完整型商业计划书**（full business plan）是个传统的商业计划，我们将在下面进行全面的描述。最后，**运营型商业计划书**（operational business plan）是最详细的（50 页以上），因为它被用于在既定战略下运营中的企业。运营型商业计划书通常被用来"计划业务"，但也可以用来集资或吸引潜在的收购者。对创业者来说，知道什么类型的商业计划书是他们需要的很重要。

完整型商业计划书包含哪些内容

对于许多**可能的创业者**（would-be entrepreneurs），构思并且撰写一份商业计划书似乎是一件令人畏惧的任务。然而，一份好的商业计划书很有价值。它把创业者愿景中的所有关键要素集中成一个连贯的文件。商业计划需要仔细的计划和有创意的想法。如果设计得好，它就是一份令人信服且可以发挥很多作用的文件。在业务运作中，它可以作为一个蓝图和指示说明。此外，这份商业计划书是一个"活的"文件，用以指导整个商业活动中的组织决策和行动，而不仅仅是在起步阶段。

如果创业者完成了可行性研究，其中的大部分信息可以作为商业计划书的基础部分。一份好的商业计划书包含 6 个主要部分：执行摘要、机会分析、环境分析、业务描述、财务数据及预测以及支持性文件。

执行摘要　执行摘要总结了创业者想说明的有关这个新创企业的要点。这些可能包括一个简单的使命陈述，主要目标，新创企业史简述（可能按时间顺序），主要相关人员，企业的性质，精简的产品或服务描述，目标市场、竞争对手以及竞争优势的简要说明，提议的战略，部分关键财务信息。

机会分析　在商业计划书的这个部分中，创业者展示了所感知到的机会的细节内容。本质上，这意味着通过描述目标市场的人口统计数据来估计市场的大小，描述和评估产业趋势，识别和评估竞争者。

环境分析　鉴于机会分析关注特定产业和市场中的机会，环境分析则有更广阔的视野。在这一部分中，创业者描述的是在经济、政治法律、科技以及全球环境中发生的更为广阔的外部变化和趋势。

业务描述　在这一部分中，创业者描述的是将会如何组织、发起和管理该企业。它包括：一个完整的使命陈述的描述；理想组织文化的描述；市场计划，包括整体的市场战略、定价、销售策略、服务保修政策（service-warranty policies）以及广告和促销策略；产品开发计划，诸如开发状况、任务、困难、风险以及预期成本的说明；运营计划，包括提议的地理位置的描述、设备以及需要的改进、装备、工作流程；人力资源计划，包括主要管理人员的描述，董事会人员的描述（这包括他们的背景经历以及技能），当前以及未来的员工需求、薪酬福利、培训需要情况；大事件的全部日程和时刻表。

财务数据及预测　每一份有效的商业计划书都包括财务数据及预测。虽然这些计算和解释可能很困难，但它们绝对是很关键的。没有财务信息的商业计划书是不完整的。财务计划应该包括至少 3 年的财务数据，而且还要包含预测的利润表、预测的现金流量分析（第一年以月为单位，后两年以季度为单位）、预测的资产负债表、盈亏分析以及成本控制。如果需要购买主要设备或者添置其他资产，这个物品、成本以及附属担保物要列出来。所有的财务预测和分析都应该包含说明注释，尤其是数据看起来矛盾和有疑问的地方。

支持性文件 这确实是一份有效的商业计划书中的重要部分。创业者要用饼图、曲线图、表格、照片或其他图像工具来支持他的描述。另外，将新创企业的关键参与人的信息（个人或与工作有关的）包含在里面也很重要。

正如一个新创企业的创意需要花很多时间才能萌芽，一份好的商业计划书也如此。创业者在商业计划书中的认真思索和考虑格外重要，这不是一件容易的事情。然而，无论是对当前还是未来的计划工作，这份最终形成的文件都是非常有价值的。

15A.5 在组建新创企业时存在哪些问题

一旦明确了新创企业的启动和计划问题，创业者就开始准备组建新创企业。其中，创业者最主要解决的组建问题包括合法的组织形式、组织设计和结构、人力资源管理。

1. 对新创企业而言，组织的法律形式有哪些

创业者必须做出的第一个组织决策很关键，这就是企业的法定所有权形式。有两个主要因素影响这项决策，分别是税收和法律责任。创业者都想将这两项因素的影响最小化。一个明智的选择是可以在短期以及更长一段时间内在法律责任上保护创业者，还能帮助创业者节省税款。

这里有 3 种基本的方式来建立新创企业：独资、合伙以及公司制。然而，当将这些基本方式的变种也包含其中时，就会得到 6 种可能的选择，每一种都有它自己的税收结果、责任问题以及优缺点。这 6 种选择分别是独资（sole proprietorship）、一般合伙制（general partnership）、有限责任合伙制（limited liability partnership）、C 公司制（C corporation）、S 公司制（S corporation）以及有限责任公司（limited liability company）。

关于公司法律形式的决策是重要的，因为它会产生重要的税收和责任上的后果。虽然一个组织的法律形式可以改变，但这并不容易。创业者需要仔细想想什么是重要的，尤其是在选择最佳组织形式时要在灵活性、税收以及个人责任方面考虑清楚。

2. 对新创企业而言，应采用什么样的组织结构

当组建一家新创企业时，选择合适的组织结构也是一个重要的决策。在某种程度上，成功的创业者也发现他们没法事事精通，他们需要人。因此，创业者必须采用最适合的结构，以便有效率和有效果地执行组织的任务。如果没有一个合适的组织结构，新创企业很快就会发现自身处在混乱的状态中。

在很多小企业中，组织结构常常很少有精心设计和深思熟虑后的计划。在大多数情况下，结构一开始可能是很简单的，创业者一个人处理所有的事情。随着新创企业的成长，创业者逐渐发现很难再单独行动，于是雇用员工在创业者自己难以处理的职能和责任上发挥作用。随着公司的持续成长，这些员工在一些同样的职能上发挥作用。很快，各个职能部门都需要管理者和员工。

随着企业发展成一个更精致的结构，创业者面临着一系列全新的挑战。突然之间，他要

授权决策制定和运作责任。对创业者来说，这是典型的最困难的事情：放手，让其他人做决策。他会争论说：毕竟，还有谁能够像我这么懂这门业务呢？同样地，在组织很小的时候，相对非正式的、松散的和灵活的组织氛围能够运行得很好，但现在不再有效了。很多创业者即使在企业成长起来并且更具结构化时，仍然很注意保持"小企业"的氛围。但是，结构化的组织并不一定意味着要放弃灵活性、适应性以及自由性。事实上，结构设计要让创业者感到舒适，同时也要有保证有效运行的严谨性。

在新创企业中组织设计的决策同样也遵从第 6 章所讨论的 6 个组织结构的要素：工作专门化、部门化、指挥链、管理幅度、集权分权以及正规化程度。这 6 个要素的决策将决定创业者设计的是一个更机械的还是一个更有机的组织结构。哪一种在什么情况下会更好呢？当成本效率对企业的竞争优势很关键时，在对员工工作的更多控制是重要的情况下，当企业按既定规范生产标准化产品时，以及当外部环境是相对稳定的和确定的时，机械式结构更好一些。而当创新对组织的竞争优势很重要时，当对于那些较小的企业并不必要进行严格划分和协调时，当组织需要灵活地根据客户要求生产产品时，以及当外部环境是动态的、复杂的和不确定的时，有机式结构更加适用。

3. 创业者必须处理哪些人力资源管理问题

随着新创企业的成长，必须雇用额外的员工来分担逐渐增加的工作负担。就此而言，有两个特别重要的人力资源管理问题，分别是招聘和留住员工。

创业者需要确保一家企业有员工来做必要的工作。招募新员工是创业者面临的最大挑战之一。事实上，小公司能成功招聘到合适员工的能力始终被视为影响组织成功的最重要的因素之一。

创业者尤其想要寻找高潜力的员工，他们能够在企业成长的不同阶段中扮演多种角色。他们寻求那些能"买进"企业的创业文化的人，这些人对这家新创企业富有激情。不像一些大公司，它们通常找一个匹配工作要求的人，而创业者则寻求那些填补关键技能空缺的人。他们寻找的人非常有才能、能自我激励、灵活、掌握多种技能，并且可以帮助新创企业成长。大公司的管理者倾向于采用传统的人力资源管理方式和技能，而创业者更关心的是将个人的个性特质与组织的价值观和文化相匹配，也就是说，他们更关注的是人与组织的匹配。

吸引有能力且合格的员工加入企业只是有效管理人力资源的第一步。创业者要留住他一手雇用和培训的人员，必须处理的一个独特的和重要的员工留任问题就是薪酬。传统组织习惯从金钱回报（基本工资、福利、奖金）的角度来看待薪酬问题，而小公司更愿意从总体报酬的角度来看薪酬问题。对这些公司来说，除了金钱报酬（基本工资和奖金）外，薪酬还包括心理报酬、学习机会以及得到认可。

15A.6　在领导新创企业时创业者会遇到什么问题

领导是重要的创业者职能。随着新创企业成长以及员工开始工作，创业者承担了新的角色——做一个领导者。在这一节中，我们将考察这一角色的相关内容。首先，我们将了解创业者独特的个性特征。随后，我们将讨论创业者在通过授权来激励员工和领导企业以及员工时所扮演的重要角色。

1. 创业者具有什么样的个性特征

想一想你所认识的创业者，可以是你自己认识的身边的人，也可以是像微软的比尔·盖茨那样的人。你会怎样描述这个人的性格呢？在创业中研究得最多的领域之一就是创业者有什么共同的心理特质（如果确实存在的话），创业者具备什么样的个性特征使得他们与非创业者区分开来，以及什么样的特质可以预测谁将成为一个成功的创业者。

存在典型的"创业者特质"吗？虽然找出所有创业者共有的个性特征，就如认定领导的特质理论一样存在相同的问题，也就是说，能够识别所有创业者所共有的个性特质，但是，这并没有阻止创业的研究者列出相同特质。例如，一组个性特质的列表包括如下：高动机、自信、有能力长久地工作、精力充沛、执着的问题解决者、积极主动、设定目标能力强，以及适度的风险爱好者。另一组"成功"的创业者特征包括：精力充沛、意志力强、足智多谋、渴望并有能力自我管理，以及对自主相对高的需求。

在定义创业者个性特征方面的另一个发展是先动性个性量表，以此来预测个体创办新创企业的可能性。**先动性个性**（proactive personality）是一种性格特质，用来描述那些更倾向于采取行动来影响环境的个体，也就是说，他们更有先动性。很显然，创业者更可能在他找寻机会以及利用这些机会时展现出他的先动性。先动性个性量表里的多个项目都被认为是可以很好地预测个人成为创业者的可能性指标，其中包括性别、教育、有创业精神的父母以及拥有先动性个性。另外，研究表明创业者比管理者更有冒险倾向。但是，这个倾向又受到创业者首要目标的调节影响。那些主要目标是成长的创业者比那些更关注于维持家庭收入的人有更强烈的冒险倾向。

2. 创业者如何激励员工

当你受到激励去做一些事情时，你有没有发现自己充满激情并且愿意努力去做任何让自己兴奋的事情？如果企业的所有员工都充满激情、感到兴奋并且愿意努力工作，那该有多好啊！对任何一个创业者来说，激励员工都是一个重要目标，并且授权于员工是创业者可以用到的一项很重要的激励工具。

虽然对创业者来说这并不容易，但是授权于员工，即让员工拥有权力去做出决策和采取行动是一种重要的激励方式。为什么呢？因为成功的新创企业必须快速且敏捷，时刻准备着去追寻机会并且向新的方向进发。被授权的员工可以提供那种灵活性和速度。当员工被授权时，他们通常展现出更强烈的工作动机、提供更高的工作质量、具有更高的工作满意度以及更低的流动率。

授权是创业者不得不"买进"的哲学概念，这并不容易。事实上，这对很多创业者来说都很困难。他们的生活已经拴在了事业上，他们是从头开始创业的，但是为了让新创企业持续成长，最终要把更多权力移交给员工。创业者怎么授权呢？对很多创业者来说，这是一个渐进的过程。

创业者可以采用参与决策的方式开始，在这个过程中员工会对决策有所投入。虽然让员工参与决策算不上完完全全地给员工授权，但创业者至少开始整合所有员工的智能、技术、知识以及能力这些综合资源。

另一种授权于员工的方式是通过委派——分配特定的决策或者具体的工作职责给员工的过程。通过委托决策和责任，创业者移交了完成这些任务的责任。

当创业者最终对员工授权这个想法感到适应时，完全授权于员工就等于重新设计他们的工作，使他们对自己的工作方式有自主权。这就允许员工通过利用他们的创造性、想象力、知识以及技能来高效地完成工作。

如果创业者将员工授权执行得当，也就是说，对授权有完整和全面的承诺，再加上适当的员工培训，对新创企业和被授权的员工双方而言，结果都会让人印象非常深刻。企业将会大大地提高产能，改善质量，客户更满意，员工动力更足，员工士气也更高。而员工会享有更多的机会去做一些更有趣和更有挑战性的工作。

3. 创业者如何才能成为领导者

在这一部分中，我们想讨论的最后一个话题是创业者作为领导者的角色。在这个角色中，创业者有一定的领导责任来领导企业和带领员工工作团队。

如今成功的创业者必须像爵士剧团的领导者一样表现出即兴创作、创新力以及创造力。赫曼·米勒公司（Herman Miller）是一家以创新的领导方式出名的领先的办公家具制造商，公司前首席 Max DePree 在他的《领导与爵士乐》（*Leadership Jazz*）一书中说道："爵士乐队的领导者必须选择音乐，找到合适的音乐家，然后再公开地演出。但是演出的效果取决于很多东西，比如环境、演奏乐队的志愿者，要求每个人既作为个体又作为一个团体演出，领导者完全信赖乐队的成员，以及其他追随者也能演奏好……爵士乐队的领导者拥有这样一个美妙的机会，他要让其他音乐家发挥出最好的水平。我们有太多的东西要向爵士乐队的领导者学习，因为爵士如同领导，将不可预测的未来和个体的天赋融合在一起。"

创业者领导企业的方式应该像爵士的领导者，让每个个体发挥出最好的水平，即使是在不可预测的情况下。创业者做这件事情的一种方式就是通过他为组织创造的愿景。事实上，新创企业早期阶段的驱动力通常是**创业者愿景式的领导**（visionary leadership of the entrepreneur）。勾画一个有凝聚力的、鼓舞人心和富有吸引力的、关于未来的愿景的能力是对创业者领导力的主要考验。如果创业者能做到这一点，前途将一片光明。一项对比愿景型和非愿景型公司的研究表明，愿景型公司的标准财务指标优于非愿景型公司 6 倍，它们的股票表现优于整体市场 15 倍。

就如我们从第 10 章中了解到的那样，很多组织（创业型的以及其他类型的）都采用员工工作团队来完成组织任务，创造新的想法以及解决问题。3 种在新创企业中最常用的员工工作团队类型是：授权团队（团队有权计划和实施改进过程）、自我指导型团队（团队成员几乎都是自治的并且对很多管理活动负有责任）以及跨职能型团队（团队成员由拥有不同专业技能的人构成来共同完成工作）。

发展和采用团队是有必要的，因为科技和市场的要求迫使新创企业更快、更便宜、更好地生产产品。运用企业员工的集体智慧并授权给他们做决策可能是一种应对变化的最好方式。另外，团队文化能够改进整个工作环境的氛围和士气。然而，为了让团队的努力有效果，创业者必须从传统的"指挥－控制"风格转变成"教练－合作"风格。

15A.7 创业者面临哪些控制难题

为了保证短期和长期的生存与繁荣，创业者必须留心控制他们企业的运作。创业者面临的独特控制问题包括：管理成长、管理衰退、企业退出以及管理个人的生活选择和挑战。

1. 怎样管理成长

对新创企业来说，成长是一个自然的和令人渴望的成果。成长是新创企业的标志之一，新创企业追求成长。缓慢的成长和快速成长都可能是成功的。

成功的成长并不是随机或者幸运地出现的。成功地追求成长要求创业者能够管理所有与成长有关的挑战。这就使得对成长进行计划、组织以及控制成为必然。

2. 怎样管理衰退

虽然对新创企业来说，组织的成长是一个令人渴望和重要的目标，但是万一当事情并不像计划那样发展时，当成长战略并不带来预期的成果，而且事实上导致了绩效下降时，怎么办呢？管理衰退同样也充满挑战。

没有人愿意失败，尤其是创业者。然而，当新创企业面临困境时，创业者可以做些什么呢？如何才能成功地管理衰退？第一步就是创业者要意识到危机正在爆发。创业者必须对那些使企业陷入困境的警告信号产生警惕，一些绩效下降的潜在信号包括不充足或负的现金流量、员工人数超标、非必要和繁重的行政手续、对冲突和冒险的恐惧、对工作不合格的容忍、缺乏清晰的使命或者目标，以及组织中低效或无效的沟通。

虽然创业者希望永远不要处理组织的衰退、绩效的下降或者是危机，但可能会在某一时期他必须处理这一问题。毕竟，没有人喜欢事情变得糟糕或者到了一个转折点变得更糟糕。但那正是创业者应该做的，即在这些到来之前就思考好（想想第14章的前馈式控制）。有一个及时更新的处理危机的计划是很重要的。这就如同在家里标记好出口路线，万一发生火灾就可以用到。创业者应该在紧急情况出现之前就做好准备。这个计划应该侧重于提供一些具体的细节来控制运营企业最基础和关键的方面——现金流、应收账款、成本以及负债。除了有控制企业关键流入和流出的计划之外，其他行动还应该包括降低成本和重造企业的具体战略。

3. 新创企业退出涉及哪些方面

对创业者来说，从新创企业退出看起来是一件很奇怪的事情。然而，当创业者决定是时候离开的时候，他们就会遇到这种情况。这样的决策可能是因为创业者希望在财务上获得投资回报，又称获利（harvesting），或者是创业者正面临着严峻的组织绩效问题并且希望走出困境，甚至可能是创业者想要有其他方面的追求（个人的或者是事业上的）。企业退出涉及的问题包括选择一种合适的生意评估方式，并且清楚在出售生意的过程中会涉及的方方面面。

虽然在准备企业退出中最艰难的部分可能是评估，但是其他因素同样很重要。这些包括要有所准备，决定谁将会卖掉生意，考虑税收的影响，筛选潜在的买家，以及决定是在出售之前还是之后告诉员工这个消息。新创企业退出的过程应该像发起的过程一样小心审慎。如果创业者正当业绩好的时候出售企业，他就会希望实现这一业务的价值。如果是在绩效下降的时候而退出，则创业者想最大化其潜在收益。

15A.8 作为一名创业者，为什么管理个人挑战是重要的

成为一个创业者既令人兴奋又让人很有成就感，然而实现条件也是极其苛刻的。因为随之而来的是很长的工作时间、困难的要求以及极高的压力。不过，成为一个创业者同样也有很多回报。在这一部分里，我们想去探究一下创业者是怎样同时做到的。也就是说，他们是如何成功而且又有效地平衡他们工作和生活的需求的？

创业者是一个很特别的群体。他们很专注，有毅力，努力工作，头脑聪慧。他们在创建企业和让企业成长方面投入了很多精力，因此很多人就忽视了他们的个人生活。创业者通常要做出牺牲来追求他们的创业梦想。但是，他们是可以同时做到的。他们能够平衡他们的工作和个人生活。然而，这是怎样做到的呢？

对创业者来说最重要的一点就是成为一个好的时间管理者（become a good time manager）。优先做那些需要做的事情，使用计划书（日、周、月）来帮助安排事情的优先次序。一些创业者不喜欢花时间去计划或者确定优先次序，或者认为这是在浪费时间。然而，事实上识别出重要的责任并将之与那些不重要的事情加以区分可以使创业者工作更有效率和效果。另外，成为一个好的时间管理者的一个方面就是要将那些不需要非由创业者自己参加不可的决策和行动委派给可信赖的员工。虽然很难做到把创业者一直从事的某些事情委派给员工，但是一个有效授权的创业者将会见证他们个人的生产率水平上升。

另一个寻找那种平衡的办法就是在那些有需要的商业领域中寻找专家建议（seek professional advice）。虽然创业者可能会很不情愿去花这钱（钱毕竟是稀缺的），但是，从节省时间、精力以及解决长期潜在问题来看，这项投资是值得的。有能力的专业咨询师能为创业者提供一些信息来做出更明智的决策。同样，在问题出现时解决这些冲突（deal with conflicts）也是很重要的，这同时包括工作场所和家庭的冲突。如果一个创业者不能处理好这些冲突，负面情绪就很有可能突然出现，同时导致沟通中断。当沟通中断时，至关重要的信息可能就会丢失，人们（员工和家庭成员）可能开始设想最坏的结果。这将导致自我滋生式的噩梦般的情形，最好的策略就是在它们出现时就解决。谈话、讨论、争辩（如果必须的话）都行，但是创业者不应该回避这些冲突或者假装它们不存在。

在工作和个人生活中达到平衡的另一个建议就是形成一个可信赖的朋友和同行圈子（develop a network of trusted friends and peers）。对创业者来说，跟同行交流是全面地思考问题和难题的好方法。这些人提供的支持和鼓励对创业者来说是无价的力量来源。

最后，你在压力太大时，要意识到这个问题（recognize when your stress levels are too high）。创业者确实是成功者，他们想把事情做成，以努力工作来使自己成长壮大。然而，过多的压力将导致身体上和情绪上出现严重问题（正如我们在第 8 章中讨论过的一样）。创业者必须学会当压力快淹没他们时，如何做点其他事情来调节。毕竟，如果你没有享受它，那么创建一家成功的新创企业又有什么意义呢？

术 语 表

A

absenteeism 缺勤 未能上班。

active listening 积极倾听 听取他人完整的意思，在此之前不做不成熟的判断或解释。

activities 活动 采取的行动。

adjourning stage 解散阶段 临时性团队发展过程的最后阶段，团队为它的解散做准备。

affective component 情感成分 指态度的情绪或感受部分。

affirmative action programs 赞助性行动计划 保证公司的决策和活动能够强化对受保护群体的雇用、晋升和留用。

assumed similarity 假设相似性 在假设相似性中，观察者对于他人的感知更多地受观察者自身特征，而不是那些被观察者特征所影响。

attitudes 态度 关于事物、人或事件的，有利的或不利的评价性陈述。

attribution theory 归因理论 归因理论认为，我们如何对人们进行不同的判断，取决于对于给定的行为归因于何种解释。

authority 职权 管理职位所赋予的发布命令和希望命令得到遵守的权利。

B

balanced scorecard 平衡计分卡 从包括财务在内的多种角度评价组织业绩的方法。

basic corrective action 根本性纠正行动 确定业绩为何出现偏差以及如何出现偏差，然后采取行动纠正偏差产生的根源。

behavior 行为 人们的行动。

behavioral component 行为成分 以某种方式对某人或某事表现出某种行为的意图。

behavioral theories of leadership 领导的行为理论 寻找有效领导者区别于无效领导者的理论。

benchmarking 标杆管理 搜寻竞争对手或非竞争对手中那些能够使组织获得最好绩效的实践方法。

big data 大数据 通过高度复杂的数据处理能够进行分析的大量的可量化数据。

Big Five Model 大五个性模型 一个个性特质模型，评估五个个性特质，包括外向型、认同型、责任型、情绪稳定型、开放。

board representatives 董事会代表 指雇员成为公司董事会成员，并代表公司员工的利益。

body language 身体语言 诸如手势、面部表情和其他身体动作的非语言沟通。

boundaryless career 无界限职业 为自己的职业承担更多个人责任的观念。

boundaryless organization 无约束组织 不受传统结构所固有的边界或类型限制的组织。

bounded rationality 有限理性 管理者可以理性地制定决策，但受限于自身获得信息的能力。

brainstorming 头脑风暴法 通过禁止批评的方法来鼓励不同方案产生的过程。

break-even analysis 盈亏平衡分析 识别总收入刚好等于总成本的临界点的技术。

business model 商业模式 公司如何从其战略、过程和活动的广泛部署中获益的战略设计。

business plan 商业计划书 一份总结了商业机会以及明确与解释了如何获取与开发这些被识别的机会的书面文件。

C

"calm waters" metaphor "静水行船"观 对传统实践的一种描述，这一关于组织的理论将组织比喻成在平静大海中航行的大船，其旅程是可预见的，期间只会偶遇风暴。

capabilities 能力 指的是完成业务活动所运用的技能和才能。

career 职业 一个人一生所从事的一系列工作。

centralization 集权 指在多大程度上将决策权放到组织中上层。

certainty 确定性 因为所有结果可知，因此决策制定者可以制定准确决策的情况。

chain of command 指挥链 一个连续的职权体系，其范围从组织上层延伸到组织基层，其作用是阐明谁向谁汇报的问题。

change agents 变革推动者 扮演变革催化剂角色，并承担管理变革责任的人，被称为变革推动者。

channel 渠道 传递信息的媒介物。

charismatic leaders 魅力型领导者 热情、自信并利用其自身的魅力和行为影响人们做出既定行为的领导者。

code of ethics 道德规范 它是这样一种正式文件，阐明了组织的主要价值观以及组织希望管理者与员工遵守的一些道德标准。

cognitive component 认知成分 态度的组成成分之一，指一个人所持有的信念、意见、知识及信息。

cognitive dissonance 认知失调 两种或更多态度之间的不一致，或者行为和态度之间的不一致。

commitment concept 承诺概念 指计划周期应该足够长，可以兑现制订计划时所做出的承诺。

communication 沟通 人与人之间意思的转换与理解。

communication process 沟通过程 人与人之间意思的转换与理解的七步骤过程。

communities of practice 实践社区 具有共同的兴趣，面临同一组问题，或对某个方面有共同爱好的群体，他们通过持续的互动提升相关领域的知识和专业技能。

competitive advantage 竞争优势 即如何使公司与众不同的独特优势。

competitive intelligence 竞争情报 一种为管理者获取竞争对手准确信息的环境观测。

competitive strategy 竞争战略 指组织如何在其所经营的业务中开展竞争。

compressed workweek 压缩工作日 压缩工作日期间员工每天工作时间延长，一周内的工作日减少。

conceptual skills 概念技能 管理者分析和判断复杂形势的能力。

concurrent control 同步式控制 发生在活动进行过程中的控制。

conformity 一致性 调整个体的行为去与群体的规范保持一致。

contingency approach (or situational approach) 权变理论 一种管理思想，指的是个体组织、员工以及他们所处的情境是不同的，需要不同的管理方式。

contingent workers 临时工 指的是暂时的、自由的或者合同工，其就业根据他们的服务要求而定。

contingent workforce 非固定工 根据需要而设的非全职员工、临时员工与合同工。

control 控制 一种管理职能，包括监督活动以确保活动得以按计划完成，并能够纠正任何明显的偏差。

controlling 控制工作 监督活动以确保活动得以完成。

control process 控制过程 控制过程包括3个步骤：衡量实际业绩，将实际执行情况与标准进行比较，以及采取管理措施，纠正偏差或不适当的标准。

core competencies 核心竞争力 组织主要的价值创造能力。

corporate strategy 公司战略 一种组织战略，详细说明公司正在从事或希望从事哪些业务，以及公司准备如何从事这些业务。

cost leadership strategy 成本领先战略 企业想成为它所处的行业中最低成本生产者时所采用的战略。

creativity 创造力 提出新奇且有用思想的能力。

credibility 信用 下属通常是通过诚实、胜任力和激励下属的能力等方面来评价领导者的信用。

critical path 关键路径 在最短时间内完成某个项目所必需的最长或最耗时的事件和活动的序列。

cross-functional team 跨职能型团队 由来自组织不同部门的成员组成，并且跨越传统的部门界限的团队。

customer departmentalization 按客户划分部门 根据客户划分部门。

D

dcentralization 分权 指在多大程度上中下层管理者能做出努力和实际做出决策。

decisional role 决策角色 包括制定决策和做出选择。

decision criteria 决策标准 与决策相关的因素。

decision implementation 决策实施 将决策付诸行动。

decision-making process 决策过程 包括识别问题、选择备选方案及评估方案效果等 8 个步骤。

decision trees 决策树 能够用来分析决策进程的一种图表。当用图形表示时，决策树就像一棵带着枝干的树。

decoding 解码 翻译接收到的信息。

demographics 人口统计学 用来进行社会研究的人口特性。

departmentalization 部门划分 把工作进行归类的方式。

design thinking 设计思维 正如设计者处理设计问题一样去处理管理问题。

differentiation strategy 差异化战略 一家企业想在它所处行业中的广阔市场实现独特性时所采用的战略。

directional plans 指导性计划 一种有灵活性的计划，它确定一般性的指导方针。

discipline 纪律 管理者强制执行组织标准和规则的行为。

distribute justice 分配公平 个人之间所得报酬的合理性。

divisional structure 分公司结构 由独立的单位或部门组成的组织结构。

division of labor（or job specialization） 劳动分工 将工作分解成狭小的、重复的任务。

downsizing 规模紧缩 有计划地削减组织中的工作岗位。

E

economic order quantity, EOQ 经济订货量 用来平衡订购成本和库存成本的模型，从而最小化与订购和库存有关的总成本。

effectiveness 效果 指做正确的事，或完成实现组织目标的活动。

efficiency 效率 指通过正确地做事，反映投入与产出之间的关系，追求资源成本的最小化。

electronic meeting 电子会议 一种将参与者通过计算机沟通在名义上集合在一起的方法。

emotional intelligence, EI 情商 那些非感知性的技巧、素质、能力的综合，这些因素影响一个人处理环境需求和压力的能力。

employee assistance programs, EAP 员工支援计划 组织用于帮助员工克服私人和健康问题的计划。

employee benefits 员工福利 用于提高员工生活质量的非货币奖励。

employee counseling 员工咨询服务 帮助员工克服有关绩效问题的过程。

employee engagement 员工敬业度 员工与其工作的联系、对工作的满意度以及对工作的热情。

employee productivity 员工生产力 衡量工作效率和效果的绩效指标。

employee recognition programs 员工奖励计划 指由个人对优秀工作的关注、奖励和赏识组成的计划。

employee theft 员工偷窃 任何出于个人用途未经授权拿走公司财产的行为。

employment training 雇用培训计划 一种旨在持久改善员工工作能力的学习经历。

employment planning 雇用计划 雇用规划是一个过程，在这个过程中，管理者能够确保在适当的时间、适当的地点获得适当数量和种类的员工。

empowerment 授权 增加员工决策自主权的行动。

encoding　编码　将信息转换为某些符号的形式。

entrepreneurial ventures　新创企业　这种组织努力发现机遇，以创新实践为特征，将成长与收益作为首要目标。

entrepreneurship　创业　创业是一个开创新事业的过程，一般对于创业者来说，就是去把握机会。

environmental complexity　环境的复杂性　组织环境的构成要素的数量和组织拥有关于这些要素的知识范围。

environmental scanning　环境分析　指对外部环境的分析，包括观测大量的信息，从而发现发展趋势。

environmental uncertainty　环境不确定性　组织环境变化和复杂的程度。

equity theory　公平理论　公平理论认为员工首先会考虑自己的投入－产出比率，然后将自己的投入－产出比率与其他人的投入－产出比率进行比较，纠正不公平感。

escalation of commitment　认同强化　尽管已经存在负面的信息，但是决策者仍然会增加对原有决策的认同。

ethical communication　符合道德的沟通　呈现的材料包括了各种相关的信息的交流，这种交流在任何意义上是真实的，不存在任何方式的欺骗。

ethics　道德　判定行为是"正确"还是"错误"的一系列准则或原则。

ethnicity　种族特点　一定数量的人口所共有的社会特质，比如一个人的文化背景或忠诚。

events　事件　事件代表完成主要活动的终点。

expectancy theory　期望理论　期望理论认为，当预期某一行为能给个体带来某种既定结果，且这种结果对个体具有吸引力时，个体将趋向于以此为基础采取某一特定行动。

exporting　出口　在国内制造产品并销售到国外。

external environment　外部环境　影响组织绩效的外部因素、力量、情景或事件。

F

family-friendly benefits　家庭亲和福利　这种福利提供一系列广泛的选择方案，保证员工的工作有更多的灵活性，满足他们工作／生活平衡的需求。

feedback　反馈　检验传递信息成功的程度。

feedback control　反馈式控制　发生在行动之后的控制。

feedforward control　前馈式控制　发生在行动之前的控制。

fiedler contingency model　菲德勒的权变模型　这一领导理论认为有效的群体绩效取决于与下属相互作用的领导风格和情境对领导控制与影响程度之间的合理匹配。

filtering　过滤　指发送者故意操纵信息，使信息显得对接受者更为有利。

first-line managers　基层管理者　负责指导业务人员的日常活动的监督者。

fixed-point reordering system　定点再订货系统　一种让系统根据在过程中预设的点去提示需要重新订购库存的方法。

flextime（or known as flexible work hours）　灵活工作时间　一种工作安排，其间要求员工在一周内必须完成多少小时的工作，什么时候工作员工可以自由安排。

focus strategy　聚焦战略　在一个狭小范围的市场或利基市场中获取成本优势（成本化集中），或者差异化优势（差异化集中）。

foreign subsidiary　国外子公司　在外国直接投资，建立独立的工厂或办事机构。

formal planning department　正式规划部门　内有一群规划专家，这些专家唯一的责任是帮助管理者制订各种组织计划。

formalization　正式化　一个组织工作标准化的程度以及员工行为受规章制度和程序影响的程度。

forming stage　形成阶段　群体发展的第一阶段，在这个阶段中，人们加入群体，并定义群体的目标、结构和领导关系。

franchising　特许经营　特许经营主要是由服务型组织采用，一家公司给予另一家公司使用其品牌和经营方法的权利，并收取费用。

functional departmentalization　按职能划分部门　根据活动所承担的职能划分部门。

functional strategy　职能战略　组织的各个职能部门需要采用的战略，目的是支持竞争战略的实施。

functional structure 职能式结构 将相似或相关的业务活动组合在一起的组织结构。

fundamental attribution error 基本归因错误 当对其他人的行为做判断时，低估外部因素的影响，而高估内部或个人因素影响的倾向。

G

gamification 游戏化 将游戏设计的手段应用于工作场景活动之外的其他的场景。

Gantt chart 甘特图 一种以条形图标示的计划工具，反映任务应该何时完成，并将计划日期与实际进展进行比较。

general administrative theory 一般管理理论 对管理者工作和良好的管理实践的论述。

geographic departmentalization 按地区划分部门 根据不同地理区域的活动划分部门。

global corporation 全球化公司 跨国公司的一种类型，其管理决策权和其他决策权都集中在母国。

global sourcing 全球筹供 从全球任何地方购买最便宜的原材料或雇用最廉价的劳动力。

global strategic alliance 全球战略联盟 一个组织和外国公司建立伙伴关系共同分享资源和知识来研发新产品或建设生产设施的公司中间成立的伙伴关系。

global village 地球村 指一个没有界限的世界，即在全世界范围内进行产品和服务的生产与营销。

GLOBE 全球领导和组织行为有效性 全球领导与组织行为效果研究计划，一个研究跨文化领导行为的项目。

goal (objectives) 目标 期望达到的结果或产出。

goal-setting theory 目标设定理论 目标设定理论认为，具体的目标会提高工作绩效，困难的目标如果被接受会比相对容易的目标带来更好的绩效。

grapevine 传言 一种非正式的沟通方式。

group 群体 两个或两个以上相互影响、相互依赖的个体为了达到某一特定目标而组成的集合体。

group cohesiveness 群体凝聚力 成员相互吸引、参与群体目标的程度。

groupthink 群体思维 为了显得达成了一致，群体对个人施加压力以抑制不同意见。

growth strategy 成长战略 组织通过当前的业务或新业务，扩展所服务的市场或增加所供应产品的数量。

H

halo effect 晕轮效应 仅以个体的某一个性特征形成对其的总体印象。

harvesting 收割 企业家将自己在企业中的投资变现的行为。

Hawthorne studies 霍桑实验 西方电器公司霍桑工厂的工程师在 20 世纪 20 年代末和 30 年代初设计了一项研究，旨在研究不同工作环境的变化对工人生产力的影响，它发现了个人的态度在决定其组织行为与实现组织目标方面起到重要作用。

heuristics 直觉 做判断的捷径，或简化决策制定的"经验法则"。

hierarchy of needs theory 需求层次论 马斯洛的理论认为人的需求有 5 个层次，它们分别是生理需求、安全需求、社会需求、尊重需求、自我实现需求。

human resource inventory 人力资源信息库 一份列明了组织中员工的姓名、教育程度、培训、工作经历、语言能力和其他信息的报告。

human resource management, HRM 人力资源管理 关于获取、培训、激励以及留用高素质员工的管理职能。

hygiene factors 保健因素 能够减少对工作不满，但无激励作用的因素。

I

idea champions 革新能手 一旦产生新思想，革新能手会积极、热情地将这一思想深化，提供支持并克服阻力，以确保创新得到推行。

immediate corrective action 立即纠偏行动 立即纠正出现的问题，使执行回到设定的轨道上来。

importing 进口 在国外进行产品制造并且在国内进行销售。

industrial revolution 工业革命 它是以机器取代人力、大规模工厂化生产和高效交通运输为代表的一场开始于 18 世纪晚期，发源于英国的革命。

informational roles 信息转换角色 包括搜集、接收以及传递信息。

information overload 信息过载 当信息超过处理能力时产生的结果。

innovation 创新 采用一种创造性思想并将其转化为有用的产品、服务或作业方法的过程。

intergroup development 群体间发展 试图使几个工作群体更加具有凝聚力的活动。

interpersonal roles 人际关系角色 跟其他人（下级以及组织之外的人）有关以及礼仪性和象征性的职责。

interpersonal skills 人际关系技能 人际关系技能是指管理者了解、指导、激励相关的个体和群体并与之一起工作的能力。

intuitive decision making 直觉决策方式 根据经验、感觉和所积累的判断制定决策。

ISO 9000（ISO 9000 体系） ISO 9000 是一系列国际质量管理标准，对生产过程设立了标准指引，以确保产品符合客户的要求。

J

jargon 行话 对规则或行业的专业性语言。

job analysis 工作分析 对成功完成组织的每项工作所需的技能、知识和能力种类的评估。

job characteristics model，JCM 工作特征模型 哈克曼与奥德姆的工作描述模型认为工作的 5 个核心工作维度分别是：技能多样性、任务同一性、任务重要性、自主性、反馈。

job description 工作说明书 描述一项工作的书面陈述。

job design 工作设计 把任务结合起来组成完整工作的方式。

job enrichment 工作丰富性 通过增加计划工作和责任评价实现工作的纵向扩展。

job involvement 工作投入 员工认同自己的工作、积极参与工作、认为自己的工作绩效对自我价值重要的程度。

job satisfaction 工作满意度 员工对其工作的一般性态度。

job sharing 工作分享 两个或更多的员工分担一份全职工作。

job specialization 工作规范书 对员工成功完成某一工作所应具备的基本资格的描述。

joint venture 合资企业 战略联盟的特定类型，其中各方为了某个商业目标建立一个独立的组织。

K

karoshi "过劳死" 一个日本单词，是指因为工作超负荷而突然死亡。

knowledge management 知识管理 涉及培养一种学习型文化，以使组织成员系统地获得知识，彼此分享。

L

layoff-survivor sickness 解雇 – 留职并发症 在裁员中留下来的员工的一系列态度、感受和行为。

leader 领导者 能够影响他人并拥有管理职权的人。

leader-member exchange（LMX）theory 领导 – 成员交换理论 该理论认为领导会将群体成员划分为圈内或圈外，而在圈内的成员会有更高的绩效、更低的流失率和更高的工作满意度。

leader-participation model 领导者 – 参与模型 这一领导理论提供了在不同类型的情境下，领导者确定参与决策制定的程度应遵守的一系列规则。

leadership 领导 带领一个群体和影响这个群体实现目标的过程。

leading 领导 引导和协调组织员工的工作活动。

learning 学习 由于经验而产生的相对长久的行为改变。

learning organization 学习型组织 有能力持续学习、适应和改变的组织。

least-preferred coworker（LPC）questionnaire 最难共事者问卷 测量领导者的行为是任务导向型还是关系导向型的问卷。

licensing 许可证经营 指一种主要是由制造型组织采用，一家公司给予另一家公司生产或者销售其产品，使用其技术或产品规范的权利，并收取费用的协议。

linear programming 线性规划 一种解决资源配置的数学方法。

line authority 直线职权 指给予管理者指导其下属工作的职权。

load chart 负荷图 甘特图的一种修正版本，列出全部部门或特殊资源。

locus of control 控制倾向 个人相信他们能主宰自己命运的程度。

long-term plans 长期计划 时间跨度超过 3 年的计划。

M

Machiavellianism（"Mach"） 马基雅维利主义 衡量个体务实、对人保持着情感的距离、相信为达目的可以不择手段的程度。

management 管理 指通过与其他人的共同努力，既有效率又有效果地将工作做好的过程。

management by objectives, MBO 目标管理 一个设定双方都认同的目标，并以这些目标的实现来评价员工绩效的过程。

management by walking around, MBWA 走动式管理 管理者走到工作现场，与员工进行互动。

management information system, MIS 管理信息系统 用于定期向管理者提供所需信息的系统。

managerial grid 管理方格 对领导风格进行评价的两维度方格。

managerial roles 管理者角色 指管理者行为的各种特定类型，它通常可以分为以下 3 种类型：人际关系类型、信息转换类型以及决策类型。

managers 管理者 在一个组织中直接督导他人工作的那群人。

manufacturing organizations 制造业组织 生产有形产品的组织。

mass production 大规模生产 大批量生产。

matrix structure 矩阵式结构 在这种结构中，来自各职能部门的专家在一位项目经理的领导下完成项目。

means-ends chain 手段-目标链 一个目标网络，高层级的目标与低层级的目标紧密相连，低层级的目标是高层级目标实现的手段。

mechanistic organization 机械式组织 一种科层制组织，专业化、正式化和集权程度高的组织结构。

message 信息 被传达的意图。

middle managers 中层管理者 明显特征在于要负责把高层管理者制定的目标落实到具体事务中，让基层管理者监督执行。

mission 使命 组织目标的陈述。

motivation 激励 "激励"是指一种过程，通过这个过程，一个人的努力被调动、指向和持续到目标的实现。

motivators 激励因素 赫茨伯格认为，要想真正激励员工努力工作就必须强调激励因素，只有内在的因素才会增加员工的工作满意感。

multidomestic corporation 多国公司 跨国公司的一种类型，它把管理和其他决策权都集中到商业运行所在的当地国家。

multinational corporations, MNC 跨国公司 在多个国家经营的各种国际公司。

Myers-Briggs Type Indicator, MBTI 迈尔斯-布里格斯个性分类指标 辨别个性类型的方法之一，利用个性的 4 个维度划分出不同的个性类型。

N

need for achievement, nAch 成就需要 即达到标准、追求卓越、争取成功的需求。

need for affiliation, nAff 归属需要 即建立友好、密切的人际关系的愿望。

need for power, nPow 权力需要 即使他人按自己的意愿而非他们本身的意愿行事的需要。

network organization 网络组织 利用自己的员工完成部分工作活动，同时也利用外部供应商网络提供其所需要的其他产品部件或工作流程的组织。

nominal group technique 名义群体方法 一种群体成员出席但不参与讨论而各自独立决策的方法。

nonmanagerial employees 非管理类员工 直接从事某项工作或任务，不必负有责任去监督他人工作的那些员工。

nonprogrammed decisions 非程序化决策 独一无二的、不会重复发生的决策，需要做出有针对性的反应。

norming stage 规范阶段 群体发展的第三个阶段，以亲密的关系和凝聚力为特征。

norms 规范 群体成员共同接受的标准或期望。

O

omnipotent view of management 管理万能论 认为管理者直接对一个组织的成功或失败负责的观点。

open-book management 公开管理 公司通过公开财务报表让员工知道企业的决策，信息共享使员工受到激励。

open systems 开放系统 与环境动态交互作用的系统。

operant conditioning 操作性条件反射 一种学习理论，认为行为是其结果的函数。

operations management 运营管理 对转换过程的研究和应用。

opportunities 机会 正的外部环境要素。

organic organization 有机式组织 专业化、正式化和集权程度都很低的组织结构。

organization 组织 将人员有系统地安排在一起，以达到某些特定的目标。

organization design 组织设计 管理者建立或改变组织结构的过程。

organization development, OD 组织发展 利用有计划的变革帮助组织成员的尝试，其重点在于组织成员的态度和价值观。

organizational behavior, OB 组织行为 对人在工作中的行为方式的研究。

organizational change 组织变革 组织人员、结构或技术的变化。

organizational citizenship behavior 组织公民行为 并不属于员工正式的工作描述部分，但能够促进组织的有效运作。

organizational commitment 组织承诺 员工对组织的忠诚度、认同度及投入的程度。

organizational culture 组织文化 组织成员所共有的价值观、原则、传统以及行动方式，它影响组织成员行动的方式。

organizational processes 组织流程 组织工作的方式。

organizing 组织工作 组织工作的内容包括决定要执行哪些任务，如何完成以及谁来完成。

orientation 情况介绍 把新员工导入工作岗位和组织的过程。

P

parochialism 本位主义 一种狭窄的思想，带有这种思想的管理者仅以自己的眼光、自己的感受孤立地看待事物。

path-goal theory 路径-目标理论 这一领导理论认为领导者的工作是帮助下属实现各自的目标，并提供必要的指导和支持以保证下属的目标与组织或群体的目标相配适。

pay-for-performance programs 根据工作绩效支付薪酬计划 可变的薪酬计划，根据特定的绩效衡量方法支付员工薪酬。

perception 知觉 一个过程，通过这一过程，个体组织和解释他们的感觉印象，从而对他们所处的环境赋予意义。

performance management system 绩效管理系统 指建立绩效标准并评估绩效以完成客观的人力资源决策（如增加工资和培训需求等），并为人事决策提供事实依据的过程。

performance-simulation tests 绩效模拟测试 基于实际的工作行为的甄选方法。

performing stage 执行阶段 群体发展的第四个阶段，群体结构开始完全发挥作用并被群体成员所接受，成员的精力也从相互认识与相互了解转移到了执行必要的工作上。

personality 个性 一个人的个性融合了该个体独有的情感、思想和行为模式，它会影响该个体对环境的反应及其与他人的交往。

PERT network analysis PERT 网络分析技术 一种类似于流程图的图表，用以描述完成一个项目所需活动的顺序，以及每一活动需要的时间或费用。

planning 计划 包括定义目标，建立战略，制订用于整合并协调活动的计划。

plans 计划 关于目标如何实现的书面表述。

policy 政策 决策的准则。

political skills 政治技能 管理者建立权力基础

并维系社会关系方面的能力。

power 权力 个体影响决策的能力。

principles of management 管理原则 法约尔的基本管理实践原则。

proactive personality 积极个性 这一个性特质描述那些倾向于用自己的行动来影响周围环境的个体。

problem 问题 存在于现实与期望状态间的差异。

problem-solving team 问题解决型团队 这些团队往往是来自相同部门或职能领域的员工聚在一起讨论如何改善工作活动或是解决特定问题。

procedural justice 程序公平 涉及对报酬分配程序合理性的评价。

procedure 程序 管理者用于处理结构性问题的相互关联的一系列步骤。

process consultation 过程咨询 使用外部的咨询人员评价诸如工作流程、内部成员之间的非正式关系和正式沟通渠道等过程事件。

process departmentalization 按流程划分部门 依据工作或客户流程活动划分部门。

process production 流程生产 连续的流程生产。

product departmentalization 按产品划分部门 根据所生产的产品不同划分部门。

programmed decision 程序化决策 那些重复的、可以通过常规性方法处理的决策过程。

project 项目 有明确的起点和终点的一次性活动。

project management 项目管理 任务是使活动按照需求，在预算内按时完成。

project structure 项目结构 员工不断地从事项目的组织结构。

Q

quantitative approach 定量研究方法 使用定量技术来改进决策的方法。

queuing theory 排队论 也叫等候线理论，一种平衡服务成本和客户等待成本的方式。管理层希望尽快开设尽可能少的服务站，以便在不挑战客户耐心的情况下尽量降低成本。

R

race 种族 人们能够用来识别他们自己的生物遗传，比如一个人的肤色和相关的特质。

range of variation 差异范围 可接受的实际业绩与标准之间的不一致。

rational decision making 理性决策制定 描述在具体的约束条件下做出的一致的、价值最大化的决策。

readiness 成熟度 人们能够并且愿意完成某项特定任务的程度。

real goals 真正目标 组织实际上追求的那些目标，由组织成员正在做的事情所显示。

realistic job preview, RJP 实际工作预示 对工作的预示，同时提供有关工作及公司的正面和负面的信息。

recruitment 招聘 寻找、确定以及吸引有能力的求职者的过程。

referent 参照点 个人用于与自己进行比较来评估是否公平的人员、系统或自我。

reliability 可靠性 运用某一甄选方法反复测度同一事物所得结果的一致程度。

renewal strategy 更新策略 当一个组织处于困境之中时，管理层就需要采取行动，解决正在下滑的绩效问题，这种战略被称为更新战略。

resources 资源 即组织的资产，公司使用这些资源以开发、生产并将产品交付给客户。

responsibility 责任 履行指定活动的义务。

rights view of ethics 道德权利观 认为道德决策是为了尊重和保护个人的自由与特权的观点。

ringisei 禀议制 日本用于形成一致意见的群体决策制度。

risk 风险 指管理者能够对可能产生的结果估计概率的情境。

role 角色 居于某一社会单位中某一特定位置的个体所期望扮演的一组行为模式。

role ambiguity 角色模糊 对角色的期望不清楚。

role conflicts 角色冲突 工作期望难以满足。

role overload 工作超负荷 要求员工在超过允许范围的时间完成更多的任务。

rule 规则 一种清晰的描述，告诉员工应该做什么，不应该做什么。

S

satisfice 满意 接受"足够好"的决策。

scientific management **科学管理** 应用科学方法确定从事某项工作的最佳方法。

selection process **甄选过程** 审查工作求职者以保证最合适的应聘者得到雇用的过程。

selective perception **选择性感知** 接受者根据自己的需要、动机、经验及其他个性特征有选择地听取信息。

self-efficacy **自我效能** 个人相信自己有能力执行任务。

self-esteem，SE **自尊** 个体喜爱或不喜爱自己的程度。

self-managed work team **自我管理型工作团队** 一种工作团队，在没有管理者参与运作的情况下，负责一个完整的工作流程或部分。

self-monitoring **自我监控** 衡量个体根据外部环境因素调整自己行为的能力。

self-serving bias **私利偏差** 个体将他们的成功归于内部因素，而把他们的失败归咎于外部因素的倾向性。

service organizations **服务性组织** 以服务的形式生产无形产出的组织。

sexual harassment **性骚扰** 任何明显或潜在地影响个人工作、绩效、工作环境的不受欢迎的与性有关的行为或活动。

shaping behavior **行为塑造** 管理者经常尝试通过逐步指导员工的学习来塑造员工，这个过程被称为行为塑造。

sharing economy **共享经济** 指的是一种经济环境，在这种环境中资产所有者通过一种点对点的服务与其他个人分享他们未充分利用的实物资产，以及知识、专业才能、技能或时间等，同时收取一定费用。

short-term plans **短期计划** 时间跨度低于1年的计划。

simple structure **简单结构** 部门少，管理幅度宽，职权集中于一人，正式化程度低的组织设计。

single-use plan **一次性计划** 专为满足独特情况的需要而设计的一次性计划。

situational leadership theory，SLT **情境领导理论** 这一理论体现了领导者如何调整其领导风格以反映下属的需求。

six Sigma **六西格玛** 六西格玛这一质量标准要达到每100万个部件或流程中不超过3.4个差错的目标。

skill-based pay **基于技能的薪酬制度** 根据员工的技术和能力表现给他们付报酬。

slack time **松弛时间** 关键路径和所有其他路径之间的时间差。

small business **小企业** 员工在500人以下，不必一定从事全新的或者具有创新性的实践活动，相对而言对其所在行业影响甚微的独立经营单位。

social learning theory **社会学习理论** 一种学习理论，认为人们能够通过观察和直接经验来学习。

social loafing **群体懈怠** 当群体中个体的责任和成果无法衡量时，个体倾向于减少他们的努力。

social media **社会化媒体（社交媒体）** 使用者通过创造线上社区去分享想法、信息、个人消息或其他内容的电子通信方式。

social obligation **社会义务** 一家公司因负有承担某些经济和法律责任的义务而要从事的社会行为。

social responsibility（corporate social responsibility，CSR）**社会责任** 企业除了承担法律和经济责任的事情外，以一种对社会有利的方式去行事。

social responsiveness **社会响应** 一家公司为响应一些普遍的社会需求而从事的社会行为。

span of control **管理幅度** 一位管理者能够有效率且有效果地指导的下属数目。

specific plans **专项计划** 有着清晰、明确的目标，不会令人误解的计划。

stability strategy **维持战略** 组织保持现有业务的公司层面战略。

staff authority **参谋职权** 指一种拥有支持、协助和建议直线职权拥有者的职权的职位。

stakeholders **利害相关者** 在组织环境中受到组织决策与行动影响的任何群体。

standing plans **经常性计划** 一种需要不断执行的计划，这些计划为需要重复完成的行为提供具体的指导。

stated goals **宣称目标** 组织所表述的以及它

422 术 语 表

希望其利害相关者相信的关于目标的正式
声明。

status 地位 在一个群体中的威望等级、位置
或是级别。

stereotyping 刻板模式 以对某人所属群体的
感知为基础判断这个人。

storming stage 震荡阶段 群体发展的第二个
阶段，特征是群体内部发生冲突。

strategic business units, SBU 战略业务单元
组织中独立和制定自身竞争战略的单一业务。

strategy management 战略管理 指管理者制
定组织战略所要做的工作。

strategic management process 战略管理过程
一个包含 6 个步骤的过程，其中包括战略计
划、实施及评估。

strategic plans 战略计划 应用于整个组织，
为组织设定总目标的计划。

strategies 战略 指一个组织所制订的系列计
划，这些计划包括从事怎样的业务，如何竞
争成功，以及如何吸引和满足客户以达到组
织目标。

strengths 优势 组织做得好的事项或拥有的独
特资源。

stress 压力 当某人面临他认为不确定但重要
的机会、限制或要求时，影响其感受的一种
力量。

stressors 压力因子 产生压力的因素。

strong cultures 强势文化 价值观根深蒂固并
得到普遍接受的组织文化。

structured problem 结构性问题 指直观的、
熟悉的且容易被定义的问题。

survey feedback 调查反馈 评估组织成员对
变革的态度和认识的方法。

sustainability 可持续性 组织通过将经济、环
境和社会机会整合进商业战略，以实现企业
目标和提高长期股东价值的能力。

SWOT analysis SWOT 分析法 内外部分析的
结合。

symbolic view of management 管理象征论 认
为组织的成功与失败是由于管理人所不能控
制的外在力量所致的观点。

systems approach 系统学派 一种管理学派，
认为组织是由一组相互联系、相互依赖并按

某种方式构成的统一体。

T

tactical plans 战术计划 将组织要达到的总体
目标进行专门细化。

team-building 团队建设 帮助工作团队确定目
标、发展积极的人际关系，确定每一团队成
员的角色和责任的活动。

team leaders 团队领导者 负责管理和促进整
个工作团队的个人。

team structure 团队式结构 完全由工作团队
组成的组织结构。

technical skills 技术技能 管理者所具备的与
工作相关的知识或技术来完成工作任务的
能力。

technology 技术 那些可以使工作更具效率的
设备、工具以及生产方法。

telecommuting 远程办公 员工可以在家里工
作，通过技术手段与公司相连接。

theory of justice view of ethics 道德公正观 认
为道德决策是公正无私地运用和执行规则的
观点。

theory X X 理论 一种假设，认为员工不喜欢
工作，是懒惰的，只要可能就会逃避责任，
对他的工作必须采取强制的办法。

theory Y Y 理论 一种假设，认为员工是具有
创造性的、享受工作的，会主动寻求承担责
任，并且会进行自我引导。

threats 威胁 负的外部环境要素。

three-needs theory 三需要理论 即麦克利兰
德理论，认为成就、权力、归属是工作的主
要动机。

360-degree appraisal 360°评估法 一种从
不同来源获取对员工的绩效反馈信息的评估
工具。

top managers 高层管理者 负责制定有关组织
发展发向的决策，要建立对所有员工都有影
响的组织政策的管理者。

total quality management, TQM 全面质量管
理 一种致力于持续改进和响应客户需求与
期望的管理理念。

traditional goal setting 传统的目标设定 在传
统的目标设定中，目标由最高管理者设定，

然后自上而下贯穿整个组织，并成为组织内各个领域的子目标。

trait theories of leadership 领导的特质理论 寻求领导者区别于非领导者特征的理论。

transactional leaders 事务型领导者 领导者主要使用社会交换（或交易）来领导。

transformation process 转换过程 把资源转化为产成品（产品或服务）的过程。

transformational leaders 变革型领导者 变革型领导者通过激励和鼓舞（改变）使下属达到非凡的成就。

transnational (borderless) organization 跨国或无边界组织 采用一种消除人为地理障碍的组织方式的跨国公司。

trust 信任 对领导者诚实、特征和能力的相信。

turnover 离职 自动或非自动地离开组织。

two-factor theory 双因素理论 赫茨伯格的激励理论认为，一些内在的因素与员工对工作的满意有关，而一些外在的因素则与对工作的不满意有关。

type A personality A 型行为 长期具有时间紧迫感，具有超强竞争欲望的人。

type B personality B 型行为 放松、悠闲并易于接受变革的人。

U

uncertainty 不确定性 指管理者不确定结果，甚至无法对可能产生的结果做出合理的概率估算的情境。

unit production 单位生产 单个或小批量产品生产。

unity of command 统一指挥 每个员工应当只向一个上司汇报的组织结构。

unstructured problem 非结构性问题 新的或是不寻常的问题，有关此类问题的信息是模糊的和不完全的。

utilitarian view of ethics 道德功利观 认为道德决策是仅仅基于他们的结果或后果的观点。

V

validity 有效性 甄选方法与相关测度之间能被证实存在的相关性。

value 价值 一种行为特征、特质、特性，或者是客户希望用资源来交换的产品或服务中的任一方面。

value chain 价值链 组织工作活动的整个系列，从原材料加工开始，到完成产品结束，每一个步骤都增加价值。

value chain management 价值链管理 沿着整个价值链流动的产品活动与信息整合的管理过程。

variable pay 可变薪酬制度 根据员工的绩效确定薪酬。

verbal intonation 语调 对传递含义的某些词或词组的强调。

virtual organization 虚拟组织 由少数全职核心员工和临时聘请来做项目的外部专业人员组成。

virtual team 虚拟团队 运用计算机技术连接分散在各地成员的团队，以实现共同的目标。

visionary leadership 愿景型领导 从改善组织的现有情况出发，创造和清楚地表达一个现实的、可信的、有吸引力的前景的能力。

W

weaknesses 劣势 组织需要却欠缺的某些资源或者是组织无法做好的活动。

wellness programs 保健计划 组织提供的用于帮助员工处理健康问题的计划。

"white-water rapids" metaphor "激流泛舟"观 一种关于组织变革的描述，把组织看作在不断出现险滩的湍急河流中漂流的小木筏。

work councils 工作委员会 由提名或选举产生的员工组成，管理层做人事决策时，必须征询他们的意见。

workforce diversity 员工队伍多样性 指员工队伍在性别、年龄、民族、性取向、种族、文化背景以及身体健全和残疾等方面的相似和不同。

workplace misbehavior 职场不当行为 故意对组织或组织内的个体造成伤害的员工行为。

work specialization 工作专门化 把工作活动分成单个的任务，因而又称为劳动分工。

work team 工作团队 工作团队能通过成员积极的协作努力、个体和相互之间的责任以及互补的技能致力于具体的、共同的目标上。

译 者 后 记

美国著名管理学家斯蒂芬 P. 罗宾斯的《管理学：原理与实践》的第 3 版、第 5 版、第 6 版、第 7 版、第 8 版和第 9 版的中译本，先后由东北财经大学出版社、中国人民大学出版社、机械工业出版社邀请我主译出版，得到读者的广泛好评。最近，机械工业出版社又邀请我主译了斯蒂芬 P. 罗宾斯等人著的《管理学：原理与实践》的第 10 版。

与前面几版相比，本版内容有增有减，注意反映新的趋势，同时在教学形式、教学工具的安排和提供，以及培养学生技能等方面都做了精心的安排，以帮助学生的学习。

本书的翻译分工如下：中山大学管理学院的刘阳春老师翻译了前言、作者简介、第 4 章、第 5 章、第 6 章、第 10 章、第 11 章、第 12 章、第 13 章，毛蕴诗翻译了第 1 章、第 2 章、第 3 章、第 7 章、第 8 章、第 9 章、第 14 章、第 15 章、术语表。此外，霍梓轩、吴志豪、黄泽楷、李思远、王晓晨、鲁斯特姆、李田、王婧、王婕等协助我们进行了文字校对和图表整理工作。

感谢本书的编辑和机械工业出版社为本书的出版所做的努力和工作。

毛蕴诗
中山大学管理学院
2019 年 3 月

注　　释

 请扫左侧二维码查阅本书注释。

推荐阅读

中文书名	作者	书号	定价
公司理财（原书第11版）	斯蒂芬 A. 罗斯（Stephen A. Ross）等	978-7-111-57415-6	119.00
财务管理（原书第14版）	尤金 F. 布里格姆（Eugene F. Brigham）等	978-7-111-58891-7	139.00
财务报表分析与证券估值（原书第5版）	斯蒂芬·佩因曼（Stephen Penman）等	978-7-111-55288-8	129.00
会计学：企业决策的基础（财务会计分册）（原书第17版）	简 R. 威廉姆斯（Jan R. Williams）等	978-7-111-56867-4	75.00
会计学：企业决策的基础（管理会计分册）（原书第17版）	简 R. 威廉姆斯（Jan R. Williams）等	978-7-111-57040-0	59.00
营销管理（原书第2版）	格雷格 W. 马歇尔（Greg W. Marshall）等	978-7-111-56906-0	89.00
市场营销学（原书第12版）	加里·阿姆斯特朗（Gary Armstrong），菲利普·科特勒（Philip Kotler）等	978-7-111-53640-6	79.00
运营管理（原书第12版）	威廉·史蒂文森（William J. Stevens）等	978-7-111-51636-1	69.00
运营管理（原书第14版）	理查德 B. 蔡斯（Richard B. Chase）等	978-7-111-49299-3	90.00
管理经济学（原书第12版）	S. 查尔斯·莫瑞斯（S. Charles Maurice）等	978-7-111-58696-8	89.00
战略管理：竞争与全球化（原书第12版）	迈克尔 A. 希特（Michael A. Hitt）等	978-7-111-61134-9	79.00
战略管理：概念与案例（原书第10版）	查尔斯 W. L. 希尔（Charles W. L. Hill）等	978-7-111-56580-2	79.00
组织行为学（原书第7版）	史蒂文 L. 麦克沙恩（Steven L. McShane）等	978-7-111-58271-7	65.00
组织行为学精要（原书第13版）	斯蒂芬 P. 罗宾斯（Stephen P. Robbins）等	978-7-111-55359-5	50.00
人力资源管理（原书第12版）（中国版）	约翰 M. 伊万切维奇（John M. Ivancevich）等	978-7-111-52023-8	55.00
人力资源管理（亚洲版·原书第2版）	加里·德斯勒（Gary Dessler）等	978-7-111-40189-6	65.00
数据、模型与决策（原书第14版）	戴维 R. 安德森（David R. Anderson）等	978-7-111-59356-0	109.00
数据、模型与决策：基于电子表格的建模和案例研究方法（原书第5版）	弗雷德里克 S. 希利尔（Frederick S. Hillier）等	978-7-111-49612-0	99.00
管理信息系统（原书第15版）	肯尼斯 C. 劳顿（Kenneth C. Laudon）等	978-7-111-60835-6	79.00
信息时代的管理信息系统（原书第9版）	斯蒂芬·哈格（Stephen Haag）等	978-7-111-55438-7	69.00
创业管理：成功创建新企业（原书第5版）	布鲁斯 R. 巴林格（Bruce R. Barringer）等	978-7-111-57109-4	79.00
创业学（原书第9版）	罗伯特 D. 赫里斯（Robert D. Hisrich）等	978-7-111-55405-9	59.00
领导学：在实践中提升领导力（原书第8版）	理查德·哈格斯（Richard L. Hughes）等	978-7-111-52837-1	69.00
企业伦理学（中国版）（原书第3版）	劳拉 P. 哈特曼（Laura P. Hartman）等	978-7-111-51101-4	45.00
公司治理	马克·格尔根（Marc Goergen）	978-7-111-45431-1	49.00
国际企业管理：文化、战略与行为（原书第8版）	弗雷德·卢森斯（Fred Luthans）等	978-7-111-48684-8	75.00
商务与管理沟通（原书第10版）	基蒂 O. 洛克（Kitty O. Locker）等	978-7-111-43944-8	75.00
管理学（原书第2版）	兰杰·古拉蒂（Ranjay Gulati）等	978-7-111-59524-3	79.00
管理学：原理与实践（原书第9版）	斯蒂芬 P. 罗宾斯（Stephen P. Robbins）等	978-7-111-50388-0	59.00
管理学原理（原书第10版）	理查德 L. 达夫特（Richard L. Daft）等	978-7-111-59992-0	79.00

推荐阅读

中文书名	作者	书号	定价
创业管理（第4版）（"十二五"普通高等教育本科国家级规划教材）	张玉利等	978-7-111-54099-1	39.00
创业八讲	朱恒源	978-7-111-53665-9	35.00
创业画布	刘志阳	978-7-111-58892-4	59.00
创新管理：获得竞争优势的三维空间	李宇	978-7-111-59742-1	50.00
商业计划书：原理、演示与案例（第2版）	邓立治	978-7-111-60456-3	39.00
生产运作管理（第5版）	陈荣秋，马士华	978-7-111-56474-4	50.00
生产与运作管理（第3版）	陈志祥	978-7-111-57407-1	39.00
运营管理（第4版）（"十二五"普通高等教育本科国家级规划教材）	马风才	978-7-111-57951-9	45.00
战略管理	魏江等	978-7-111-58915-0	45.00
战略管理：思维与要径（第3版）（"十二五"普通高等教育本科国家级规划教材）	黄旭	978-7-111-51141-0	39.00
管理学原理（第2版）	陈传明等	978-7-111-37505-0	36.00
管理学（第2版）	郝云宏	978-7-111-60890-5	45.00
管理学高级教程	高良谋	978-7-111-49041-8	65.00
组织行为学（第3版）	陈春花等	978-7-111-52580-6	39.00
组织理论与设计	武立东	978-7-111-48263-5	39.00
人力资源管理	刘善仕等	978-7-111-52193-8	39.00
战略人力资源管理	唐贵瑶等	978-7-111-60595-9	45.00
市场营销管理：需求的创造与传递（第4版）（"十二五"普通高等教育本科国家级规划教材）	钱旭潮	978-7-111-54277-3	40.00
管理经济学（"十二五"普通高等教育本科国家级规划教材）	毛蕴诗	978-7-111-39608-6	45.00
基础会计学（第2版）	潘爱玲	978-7-111-57991-5	39.00
公司财务管理：理论与案例（第2版）	马忠	978-7-111-48670-1	65.00
财务管理	刘淑莲	978-7-111-50691-1	39.00
企业财务分析（第3版）	袁天荣	978-7-111-60517-1	49.00
数据、模型与决策	梁樑等	978-7-111-55534-6	45.00
管理伦理学	苏勇	978-7-111-56437-9	35.00
商业伦理学	刘爱军	978-7-111-53556-0	39.00
领导学：方法与艺术（第2版）	仵凤清	978-7-111-47932-1	39.00
管理沟通：成功管理的基石（第3版）	魏江等	978-7-111-46992-6	39.00
管理沟通：理念、方法与技能	张振刚等	978-7-111-48351-9	39.00
国际企业管理	乐国林	978-7-111-56562-8	45.00
国际商务（第2版）	王炜瀚	978-7-111-51265-3	40.00
项目管理（第2版）（"十二五"普通高等教育本科国家级规划教材）	孙新波	978-7-111-52554-7	45.00
供应链管理（第5版）	马士华等	978-7-111-55301-4	39.00
企业文化（第3版）（"十二五"普通高等教育本科国家级规划教材）	陈春花等	978-7-111-58713-2	45.00
管理哲学	孙新波	978-7-111-61009-0	49.00
论语的管理精义	张钢	978-7-111-48449-3	59.00
大学·中庸的管理释义	张钢	978-7-111-56248-1	40.00

推荐阅读

中文书名	作者	书号	定价
管理学原理（英文版·原书第10版）	（美）理查德 L. 达夫特	978-7-111-61000-7	79.00
组织行为学（英文版·原书第7版）	（加）史蒂文 L. 麦克沙恩	978-7-111-59763-6	79.00
人力资源管理（英文版·原书第11版）	（美）约翰 M. 伊万切维奇	978-7-111-32926-8	69.00
人力资源管理（英文版·原书第2版）	（美）加里·德斯勒	978-7-111-38854-8	69.00
战略管理：概念与案例（英文版·原书第18版）	（美）小阿瑟 A. 汤普森	978-7-111-37853-2	69.00
战略管理：竞争与全球化（概念）（英文版·原书第9版）	（美）迈克尔 A. 希特	978-7-111-38673-5	49.00
商务与管理沟通（英文版·原书第10版）	（美）基蒂 O. 洛克	978-7-111-43763-5	79.00
国际企业管理（英文版·原书第8版）	（美）弗雷德里·卢森斯	978-7-111-49571-0	85.00
管理信息系统（英文版·原书第14版）	（美）肯尼斯 C. 劳顿 等	978-7-111-60839-4	109.00
运营管理（英文版·原书第11版）	（美）威廉 J. 史蒂文森	978-7-111-36895-3	55.00
服务管理：运作、战略与信息技术（英文版·原书第8版）	（美）詹姆斯 A. 菲茨西蒙斯	978-7-111-49377-8	79.00
项目管理（英文版·原书第2版）	（美）杰弗里 K. 宾图	978-7-111-37873-0	69.00
供应链物流管理（英文版·原书第4版）	（美）唐纳德 J. 鲍尔索克斯	978-7-111-47345-9	59.00
物流管理（英文版·原书第4版）	（英）艾伦·哈里森	978-7-111-43863-2	50.00
数据、模型与决策：基于电子表格的建模和案例研究方法（英文版·原书第4版）	（美）弗雷德里克 S. 希利尔	978-7-111-48099-0	85.00
市场营销原理（亚洲版）（英文版·原书第2版）	（美）菲利普·科特勒	978-7-111-38252-2	79.00
营销管理（英文版·原书第2版）	（美）格雷格 W. 马绍尔	978-7-111-57756-0	99.00
消费者行为学（英文版·原书第12版）	（美）德尔 L. 霍金斯	978-7-111-48769-2	89.00
服务营销（英文版·原书第5版）	（美）瓦拉瑞尔 A. 泽丝曼尔	978-7-111-35736-0	85.00
公司理财(英文版·原书第11版)	（美）斯蒂芬 A. 罗斯	978-7-111-58856-6	145.00
公司理财（精要版）（英文版·原书第10版）	（美）斯蒂芬 A. 罗斯	978-7-111-44907-2	99.00
公司金融（基础篇)(英文版·原书第12版)	（英）理查德 A. 布雷利	978-7-111-58124-6	79.00
公司金融（进阶篇)(英文版·原书第12版)	（英）理查德 A. 布雷利	978-7-111-58053-9	79.00
财务报表分析与证券估值（英文版·原书第5版）	（美）斯蒂芬·佩因曼	978-7-111-52486-1	99.00
国际财务管理（英文版·原书第7版）	（美）切奥尔 S. 尤恩	978-7-111-51164-9	75.00
会计学：企业决策的基础（管理会计分册）（英文版·原书第17版）	（美）简 R. 威廉姆斯	978-7-111-58011-9	85.00
会计学：企业决策的基础（财务会计分册）（英文版·原书第17版）	（美）简 R. 威廉姆斯	978-7-111-58012-6	99.00
国际商法（英文版·原书第5版）	（美）罗伊 A. 奥古斯特	978-7-111-29687-4	69.00
当代全球商务（英文版·原书第9版）	（美）查尔斯 W.L. 希尔	978-7-111-57235-0	89.00
国际商务谈判(英文版·原书第6版)	（美）罗伊 J. 列维奇	978-7-111-55634-3	49.00